grands repères culturels

pour l'histoire

Ouvrage dirigé par Denis MENJOT.

L'Antiquité

Xavier LAFON,
professeur d'histoire romaine à l'université de Provence.

Le Moyen Âge

Denis MENJOT,
professeur d'histoire médiévale à l'université de Lyon 2.

Danielle NOTTARA-MINE,
professeur agrégée à l'université de Strasbourg 2.

Les temps modernes

Benoît GARNOT,
professeur d'histoire moderne à l'université de Bourgogne.

La Révolution et l'Empire

Jean-Clément MARTIN,
professeur d'histoire contemporaine à l'université de Nantes.

Le XIXe siècle. D'une guerre à l'autre

Jean-Luc PINOL,
professeur d'histoire contemporaine à l'université de Tours.

Avec la collaboration de François LOYER, Xavier HUETZ DE LEMPS et Jean-Dominique DURAND.

Le temps présent

Hubert NÉANT,
inspecteur pédagogique régional – Académie de Paris.

Jacques STANIEC,
professeur de première supérieure au lycée Chatelet à Douai.

Ralph SCHOR,
professeur d'histoire contemporaine à l'université de Nice-Sophia-Antipolis.

Maquette de couverture : Guylaine Moi

Maquette intérieure et réalisation : ALINÉA

Infographie : Laurent Rullier (41, 46, 48, 53, 60, 61, 62, 63, 71, 84, 86, 90, 112, 123, 129, 147, 153, 185, 201, 207, 216, 230, 263, 269, 375)

ISBN : 2.01.170522-3

43, quai de Grenelle, F 75905 Paris Cedex 15

grands repères culturels

pour l'histoire

sous la direction de Denis Menjot

Collection dirigée par Pierre Desplanques

HACHETTE
Éducation

grands repères culturels

DANS UN MONDE CHAQUE JOUR PLUS COMPLEXE, à une époque d'expansion rapide du savoir, la maîtrise des connaissances fondamentales devient un facteur important de la réussite scolaire, universitaire, professionnelle, sociale. C'est pourquoi la collection grands repères culturels présente en plusieurs volumes un large panorama de l'univers du savoir qu'elle déroule en focalisant sur l'essentiel.

En autonomie complète de conception et d'écriture, les auteurs relèvent un défi. En un seul volume, ils exposent des connaissances, des concepts et des méthodes qui fondent une discipline, ils actualisent des problématiques telles qu'elles sont construites par les chercheurs de notre temps, ils avertissent des enjeux intellectuels. Cette conception impose, dans l'immensité de chaque domaine, d'opérer des choix faisant saillir ce qui est fondamental sans sombrer dans la facilité d'une perspective utilitaire toujours discutable. Pour traiter les thèmes majeurs, chaque volume est conçu selon une disposition commode en doubles pages qui font l'état de la question et présentent un ou deux documents significatifs, ainsi qu'une bibliographie thématique.

Aux professeurs des écoles et du secondaire, aux étudiants, la collection grands repères culturels offre des appuis à une réflexion épistémologique, une aide à l'identification des questions centrales et un guide dans la recherche du sens, prémices indispensables à la compréhension des réalités et à la conception d'un cours. Aux lycéens qui s'interrogent sur leurs études universitaires, la collection présente la physionomie du savoir enseigné dans son ensemble, éclairant leur choix dans le large éventail du possible. À tout esprit curieux et éclairé, cette « encyclopédie de l'essentiel » ouvre directement l'accès aux divers champs disciplinaires et donne ainsi une assise élargie et une plus grande cohérence au savoir.

Pierre Desplanques

Présentation de l'ouvrage

L'HISTOIRE EST UNE INTERPRÉTATION DU PASSÉ qui repose sur des témoignages en majeure partie écrits. Elle n'est pas une succession de faits qui s'apprennent, ni un récit qui captive. L'historien s'efforce de formuler des questions essentielles et d'y apporter des réponses fondées sur un dossier de preuves établies à partir d'un ensemble de documents analysés en suivant les règles de la critique historique.

En construction permanente, l'histoire n'est jamais définitivement écrite. Elle avance en posant de nouvelles questions qui construisent de nouveaux objets historiques dont le champ est potentiellement illimité, et qui nécessitent pour être résolues la mise en œuvre d'un arsenal méthodologique approprié.

Parce qu'elle se veut globale, l'histoire aborde tous les thèmes de l'anthropologie : l'alimentation, la fête, la sexualité, la mort, le corps, la maladie, la violence, la sociabilité, la maison, les femmes, les Juifs, les cultures, la prostitution, les confréries, les dévotions, la vie matérielle, les représentations, les perceptions, les noms de personne, les odeurs, le pouvoir, la religiosité, etc.

Ce formidable foisonnement de travaux, dispersés en une multitude de publications, enrichit considérablement le champ du savoir, mais a tendance à estomper les perspectives d'ensemble. Il rend l'élaboration de synthèses difficile mais indispensable pour que les avancées de la recherche ne se diffusent pas seulement au sein de petits cénacles d'initiés, mais se répercutent dans l'enseignement scolaire et le grand public.

Ce volume, conçu comme une « encyclopédie de l'essentiel », voudrait y contribuer en fournissant aux professeurs des écoles et du secondaire, aux enseignants et aux élèves des instituts français à l'étranger, aux professeurs stagiaires des instituts de formation des maîtres, aux étudiants débutants, aux candidats aux concours et à tous ceux qui souhaitent se familiariser par nécessité ou par plaisir avec l'histoire, une mise au point sur les grandes questions de l'Antiquité à nos jours, ainsi qu'une actualisation des problématiques telles qu'elles sont construites par les historiens de notre temps.

Les auteurs de ce volume, enseignants-chercheurs, ont fait le choix d'un nombre limité de thèmes centraux en tenant le plus grand compte des enjeux scientifiques actuels et en privilégiant les renouvellements. Cet ouvrage n'a donc pas pour but de remplacer le manuel qui doit présenter les connaissances indispensables ; il n'est par conséquent pas la traduction formelle des programmes de l'enseignement scolaire français, bien qu'il tienne compte et respecte les coupures conventionnelles entre Antiquité, Moyen Âge, Temps modernes, Révolution et Empire, époque contemporaine. Il aide à la mise en œuvre de ces programmes en rendant plus intelligible la pluralité de sens des événements, en actualisant les savoirs, en enrichissant les contenus, en présentant des états de questions controversées, en ouvrant de nouvelles perspectives qui stimulent la réflexion pour penser ou repenser le passé.

L'histoire se fait avec les traces laissées par le passé que les questions de l'historien érigent en documents. Cet ouvrage s'appuie donc dans chaque chapitre sur l'étude critique d'un ou de deux documents écrits, figurés ou matériels, choisis en fonction de deux critères : leur caractère fondamental qui en fait des repères « patrimoniaux », constitutifs d'une culture commune, d'une part, et leur particularité à signifier un renouvellement de la question traitée, d'autre part. Une bibliographie générale, placée en tête de chaque partie, et une bibliographie thématique, ajoutée à la fin de chaque question traitée, proposent quelques titres aisément accessibles qui ouvrent au lecteur la possibilité de poursuivre seul dans l'approfondissement ou l'élargissement du thème et d'en découvrir d'autres. À la fin de l'ouvrage, un index des noms propres, ainsi qu'une table des documents, facilitent la consultation et la recherche de données factuelles.

En situant ainsi quelques grands repères culturels, cet ouvrage n'invite pas seulement le lecteur à se souvenir du passé, mais à raisonner sur l'histoire pour être un acteur responsable dans son temps.

Denis Menjot

R*éflexions sur l'histoire et sa pratique*

HILDESHEIMER Françoise, *Introduction à l'Histoire*, Paris, Hachette, coll. « Les Fondamentaux », 1994.

BLOCH Marc, *Apologie pour l'histoire ou le métier d'historien*, Paris, Armand Colin, coll. « Références », 1997 (1re édition 1949), coll. « U-Prisme », 1991.

LE GOFF Jacques, Nora Pierre (dir.), *Faire de l'histoire. 1, Nouveaux problèmes. 2, Nouvelles approches. 3, Nouveaux objets*, Paris, Gallimard, 1974, coll. « Folio », 1986.

VEYNE Paul, *Comment on écrit l'histoire*, Paris, Le Seuil, rééd., coll. « Points », 1996.

NOIRIEL Gérard, *Sur la « crise » de l'histoire*, Paris, Belin, 1996.

Passés recomposés. Champs et chantiers de l'histoire, Paris, Autrement, 1995.

PROST Antoine, *Douze leçons sur l'histoire*, Paris, coll. « Points », 1996.

THUILLIER Guy, TULARD Jean, *La Méthode en histoire*, Paris, PUF, coll. « Que sais-je ? », 1991.

DOSSE François, *L'Histoire en miettes. Des Annales à la nouvelle histoire*, Paris, La Découverte, coll. « Armillaire », 1987, Pocket, coll. « Agora », 1997.

L'Antiquité

Xavier Lafon

Professeur d'histoire romaine à l'université de Provence

b*ibliographie*

- AUFRÈRE Sydney, GOLVIN Jean-Claude, GOYON Jean-Claude, *L'Égypte restituée*, t. I. Sites et temples de Haute-Égypte ; t. II. Sites et temples du désert, Paris, Errance, 1991-1994.
- AUSTIN Michel, VIDAL-NAQUET Pierre, *Économies et sociétés en Grèce ancienne*, Paris, Armand Colin, coll. « U2 », 6e éd. 1992.
- FINLEY Moses I., *L'Économie antique*, Paris, Édition de Minuit, 1975.
- GIARDINA Andréa (dir.), *L'Homme romain*, Paris, Seuil, coll. « L'univers historique », 1992.
- GOUDINEAU Christian, GUILAINE Jean (dir.), *De Lascaux au Grand Louvre, archéologie et histoire en France*, Paris, Errance, 1989.
- GROS Pierre, *L'Architecture romaine*, t. I. Les monuments publics, Paris, coll. « Les manuels d'art et d'archéologie antique », Paris, Picard, 1997.
- Guide-Album, *Les plus beaux sites archéologiques de la France*, Niort, Eclectis-Errance, 1993.
- HANOUNE Roger, SCHEID John, *Nos ancêtres les Romains*, Paris, Gallimard, coll. « Découvertes-Histoire », n° 259, 1993.
- KAPLAN Michel (dir.), *Le Monde grec*, Paris, Bréal, coll. « Grand Amphi, Histoire ancienne », t. I, 1995.
- KAPLAN Michel (dir.), *Le Monde romain*, Paris, Bréal, coll. « Grand Amphi, Histoire ancienne », t. II, 1995.
- LONIS Raoul, *La Cité dans le monde grec, structures, fonctionnement, contradictions*, Paris, Nathan Université, coll. « Fac Histoire », 1994.
- MARGUERON Jean-Claude, *Les Mésopotamiens*, 2 t., Paris, Armand Colin, coll. « Civilisations », 1991.
- ROUX Georges, *La Mésopotamie, essai d'histoire politique, économique et culturelle*, Paris, Seuil, coll. « L'univers historique », 1985.
- SAULNIER Christiane (avec la collaboration de Charles PERROT), *Histoire d'Israël*, t. III, De la conquête d'Alexandre à la destruction du temple (331 av. J.-C. -135 apr. J.-C.), Paris, Éditions du Cerf, 1985.
- VERNANT Jean-Pierre (dir.), *L'Homme grec*, Paris, Seuil, coll. « L'univers historique », 1993.

Pour les paléontologues, l'apparition de l'espèce humaine doit désormais être fixée au-delà de trois millions d'années. Entre 1 million et 10 000 ans avant notre ère, l'usage d'outils, la domestication du feu, l'apparition de rituels funéraires, celle de l'art, marquent les différentes étapes du paléolithique. L'homme est encore un nomade prédateur, c'est-à-dire chasseur, pêcheur et cueilleur, et de vastes territoires lui étant nécessaires, la densité de la population mondiale reste donc extrêmement faible.

Le néolithique correspond à la sédentarisation qui accompagne le développement de l'élevage et la naissance de l'agriculture. Cette rupture, liée à l'origine à un réchauffement climatique, concerne tous les continents mais à des dates différentes : le Moyen-Orient prend, vers 10 000 ans avant notre ère, une avance décisive et devient le premier foyer d'où se diffusent les techniques nouvelles. L'essor démographique est la première conséquence de ces rapports différents avec la nature et la multiplication des hommes rend à son tour nécessaires de nouveaux rapports sociaux dans le cadre de communautés de plus en plus étendues. Celles-ci doivent assumer leur autorité sur leur territoire, éventuellement l'agrandir et s'organiser sur le plan intérieur.

L'apparition de l'écriture, vers 3 200 av. J.-C., et donc l'entrée dans l'Histoire, doit être considérée comme un phénomène secondaire à l'origine, mais fondamental par l'ampleur de ses conséquences. Elle s'explique par des besoins de gestion qu'implique la présence de communautés dont il faut assurer le développement par un pouvoir centralisé. Cet outil permet aussi aux communautés de se reconnaître et de se différencier culturellement les unes des autres.

Le processus de « néolithisation » prend des formes différentes selon les régions, leurs capacités agricoles, l'existence de voisins eux-mêmes plus ou moins développés. Ces diversités sont à la base des multiples civilisations aujourd'hui clairement identifiées dans leurs particularités. Toutefois, il a paru préférable d'insister sur les parallélismes dans les processus et donc d'abandonner une présentation classique par « grandes civilisations ». Pour éviter toutefois une trop grande dispersion, les exemples étudiés appartiennent tous au monde méditerranéen et à ses marges, comme le monde celtique et le Croissant fertile. Il suffit de rappeler l'importance des civilisations extrême-orientales pour comprendre ce que ce choix a de réducteur. En revanche, il permettra de dégager plus facilement, en conclusion, l'héritage que nous ont légué ces civilisations méditerranéennes.

La recherche de pâturages

Peuples migrateurs et transhumance

Les hommes du paléolithique étaient certainement des chasseurs avisés, capables de gérer de façon rationnelle la faune qui les entourait en abattant de préférence les jeunes mâles et les femelles âgées. Le passage à l'élevage, comme à l'agriculture, implique des contraintes nouvelles, et en particulier un travail beaucoup plus important et beaucoup plus constant. Il faut donc des contraintes particulièrement fortes pour qu'au Proche-Orient entre le Xe et le VIe millénaire on découvre de façon quasi simultanée l'élevage et l'agriculture.

La domestication des espèces

On attribue à des changements climatiques (la fin de l'ère glaciaire ayant conduit à une désertification partielle du Proche-Orient et de l'Afrique du Nord) et à une augmentation de la population l'origine des pratiques d'élevage : l'homme doit domestiquer la nature pour en tirer un surcroît de nourriture, en particulier des protéines. Les hommes occupant les territoires actuels de la Syrie et de la Palestine, et peut-être d'autres régions méditerranéennes, ont alors sélectionné, parmi les espèces sauvages, les herbivores vivant en groupes, ovidés, capridés et bovins, attirés par la sécheresse vers les oasis qu'eux-mêmes fréquentaient. Il s'agit d'une domestication primaire, comme pour les céréales, car toutes ces espèces étaient présentes sur place antérieurement. En revanche, pour l'essentiel de l'Europe, ces mêmes espèces sont absentes de la faune et de la flore locales, et l'on parle, dans ce cas, de domestication secondaire, c'est-à-dire à partir d'espèces importées, le plus souvent déjà domestiquées.

Cette sélection de certains types entraîne rapidement des modifications génétiques importantes, en particulier en raison de la modification brutale de l'équilibre entre mâles (10 %) et femelles (90 %). La recherche de lait comme de laine – les moutons sauvages en sont pratiquement dépourvus – accentue certainement la sélection conduite dans l'intérêt de l'éleveur. Les paléozoologues sont ainsi capables de distinguer les restes d'animaux domestiques de ceux demeurés sauvages, même si, par exemple pour le porc, des croisements continuent d'avoir lieu avec les sangliers jusqu'à la fin du Moyen Âge. On enregistre aussi des tentatives de domestication avortées, comme celle des antilopes conduite par les Égyptiens aux environs de 3 000 av. J.-C.

Les Hébreux à la recherche de pâturages

Relief de la tombe de Sebkotep à Thèbes.

Si, dès le départ, un élevage étroitement lié à l'agriculture se développe à proximité des vallées des plus grands fleuves du Proche-Orient, une autre forme d'élevage, impliquant le nomadisme sur les franges de cette zone, se met en place. Les traditions bibliques antérieures à l'installation définitive des Hébreux dans la terre de Canaan en conservent le souvenir, tradition confortée par des documents archéologiques, telle cette stèle égyptienne : des nomades, assimilés aux Hébreux, demandent le droit d'entrée en Égypte avec leurs troupeaux. Ce document officiel égyptien magnifie la position du roi (pharaon) et représente les demandeurs en position de soumission. Dans la réalité, la situation peut être sensiblement différente et les nomades se transforment en pillards, sinon en conquérants, si l'on en croit les tablettes royales de Mari, mentionnant des Habiri, assimilés eux aussi aux Hébreux. Si l'on se tient à la tradition biblique, les groupes emmenés par les Patriarches, à commencer par Abraham (au XVIIIe siècle av. J.-C. ?), sont formés de quelques familles, quelques centaines de personnes au total en comptant les serviteurs et les esclaves. Partis d'Ur, en Mésopotamie, ils parcourent l'ensemble du Croissant fertile jusqu'à la future Palestine et même l'Égypte comme le rappellent à la fois cette stèle et le souvenir de Joseph recevant les terres de Gessen, propices à l'élevage (*Genèse* XLVI, 51-55). Parallèlement à ces grands déplacements, et en particulier une fois établis en Palestine au XIIIe siècle av. J.-C., ils se livrent également à des mouvements de transhumance au cours de l'année : même sur les terrains qu'ils possèdent, leurs maisons restent des tentes.

Le développement du groupe primitif se traduit par l'organisation en tribus – dont l'ancêtre éponyme est l'un des douze fils de Jacob –, dirigées par un prince (nassi) et composées de clans et de familles elles-mêmes dirigées par un chef. Il faudra plusieurs siècles pour que ces groupes s'unifient afin de former une nation sous la conduite de juges puis des rois, à l'aube du Ier millénaire. Le nomadisme n'exclut pas d'autres activités et la Bible conserve le souvenir d'artisans relativement nombreux mais les fouilles de Jéricho montrent que la mainmise des Hébreux nomades sur cette ville se traduit pour un temps par un recul certain de la civilisation et de la technologie (absence de métallurgie du fer, maisons et villes plus simples, etc.). Le souvenir de cette période de déplacements perpétuels constitue un des axes essentiels de la pensée juive.

Les bergers, première étape de la vie civilisée

Dans le monde classique, grec ou romain, l'élevage, comme activité spécialisée, est généralement considéré de façon ambiguë. Il correspond à une période, en quelque sorte idyllique, des débuts de l'humanité, qui se traduit dans des mythes aussi divers que les bergers d'Arcadie ou les grands voyages d'Héraklès-Hercule poussant devant lui ses troupeaux de bœufs le long des voies dites héracléennes, en Italie comme dans le sud de la France. Mais plus souvent, on insiste sur l'état de sauvagerie dans lequel sont maintenus les bergers. L'obligation de changer de pâturage en fonction des saisons (l'hiver dans les plaines littorales, l'été sur les reliefs) concerne la totalité des troupeaux qui dépassent la centaine de têtes. Cette transhumance fait des bergers des êtres asociaux et redoutés, d'autant plus que, surtout en Italie, les grands propriétaires n'hésitent pas à utiliser massivement des esclaves difficiles à surveiller étroitement dans le cadre de ces activités. La menace d'une révolte est un danger permanent et les grands soulèvements serviles, comme celui de Spartacus (73 av. J.-C.), montrent une implication très forte des bergers et des pâtres de ces milieux. Parallèlement, ces pratiques entraînent des conflits aigus avec les agriculteurs que l'idéologie officielle tend à favoriser dans le cadre des cités. La région des Pouilles est plus que d'autres au centre de ces affrontements, et des auteurs comme Varron (Ier siècle av. J.-C.) ou Pline l'Ancien (Ier siècle apr. J.-C.) se font l'écho des dégâts causés par ces grandes migrations annuelles, pourtant à l'origine d'immenses fortunes aristocratiques ; à commencer par celle de Varron lui-même. Les Romains introduisent ces pratiques dans le sud de la France, notamment dans la Crau comme vient de le montrer une série de découvertes archéologiques. Ces bergeries, conçues pour tenir tête au mistral, accueillent plusieurs centaines de brebis, mais témoignent d'un niveau de vie extrêmement précaire de la population qui les occupe l'hiver, à quelques kilomètres des cités les plus florissantes de la Gaule narbonnaise.

Bergerie romaine de la Crau.

L'élevage constitue dans la pensée antique le premier niveau de la civilisation, antérieure à l'organisation politique de la cité, même si un berger est très souvent à l'origine mythique des plus grandes d'entre elles.

bibliographie

MENIEL Patrice, *Histoire de l'élevage*, Paris, Éditions Errance, 1990.

Archéologie de la France rurale, de la préhistoire à la France moderne, Paris, Belin, 1986.

Maisons et villages « danubiens »

Parti de la région de Syrie-Palestine où il naît entre le IXe et le VIe millénaire, le mouvement de sédentarisation atteint la France méditerranéenne vers 5 000 av. J.-C. et, via le Danube, la France de l'Est et du Nord vers 4 500. La faiblesse numérique présumée des populations autochtones a fait naître l'hypothèse de la migration *(voir pp. 16-17)* *de populations dont la croissance démographique continue exigeait sans cesse de nouvelles terres. Parallèlement, on ne peut exclure la possibilité d'acculturation des populations locales gagnées peu à peu par ce nouveau mode de vie. Il n'en reste pas moins qu'aux campements provisoires succèdent des types d'habitat beaucoup plus stables sous forme de hameaux ou de villages.*

Les débuts de l'agriculture

Jusqu'à ces dernières années, les civilisations néolithiques étaient surtout connues à travers les objets découverts en prospection ou dans les tombes, haches et outils de pierre « polie », céramiques. Deux grands ensembles avaient pu être distingués précisément d'après les techniques utilisées pour décorer les vases, les populations à « céramique cardiale » (céramique décorée par impressions de coquillages) dans le midi de la France, et les populations à « céramique rubanée » (décors incisés en forme de rubans) dans l'Est et le Nord. Ce dernier courant est également qualifié de « danubien » car il couvre aussi le sud de l'Allemagne et les régions qui s'étendent de part et d'autre du Danube.

Des moyens plus modernes d'étude ont totalement renouvelé nos connaissances, en particulier la dendrochronologie, l'analyse des macro-restes végétaux ou animaux conservés, mais surtout la fouille de grandes surfaces par décapage mécanique, après repérage par prospection. Désormais il est possible d'appréhender la totalité du cadre de vie, le village, à travers l'analyse des maisons et de leur environnement, et par là même de mieux connaître cette société.

Le village de Cuiry-les-Chaudardes, dans la vallée de l'Aisne, est celui qui a été le plus intensément exploré en France. La durée de son occupation a pu être fixée entre 150 et 200 ans dans la deuxième moitié du Ve millénaire. Le plan regroupe en réalité plusieurs phases et, de fait, toutes les maisons ne datent pas de la même époque. En conséquence chacun des villages réels qui se sont succédé ne comportait que quatre ou cinq maisons habitées de façon simultanée, dont une plus importante.

La longueur de ces maisons varie entre 10 et 40 m et chacune pouvait abriter entre une et trois familles, c'est-à-dire entre sept et vingt-cinq personnes. La toiture végétale reposait sur plusieurs séries de trois poteaux et la disposition de ces « tierces », toujours identique, permet de distinguer un corridor transversal, un secteur d'entrée – toujours orienté à l'est pour se protéger des vents dominants – et plusieurs compartiments. La disparition, par érosion, des sols antiques et donc des traces d'activité, oblige à formuler des hypothèses pour leur utilisation : chaque compartiment pouvait abriter soit des activités spécialisées (habitat, artisanat, stockage), soit des groupes distincts (hommes et femmes, par exemple, suivant des divisions

Avec sa trentaine de maisons, il représente une succession de 5 ou 6 hameaux de 50 à 150 personnes, pendant 100 à 150 ans. Tous les bâtiments sont orientés en fonction des vents porteurs de gros temps ; les plus grandes maisons – une par hameau – abritaient sans doute les proches d'un personnage en charge d'une activité temporaire particulière.

Plan du village de Cuiry-les-Chaudardes.
Toutes les maisons ne sont pas contemporaines : le hameau ne dépasse jamais quatre ou cinq maisons, dont une plus importante.

connues par l'ethnographie). Les traces d'artisanat les plus développées, à commencer par celles du travail des outils lithiques, ont généralement été découvertes à proximité de la plus grande maison.

La répétition pendant près d'un millénaire et à des distances de plusieurs milliers de kilomètres de ce schéma de maison (et de village) et la stabilité des techniques constructives utilisées font de cette architecture un facteur d'unité culturelle extrêmement fort et renforce l'hypothèse des migrations.

Une société égalitaire d'agriculteurs pacifiques

Ces villages, et tout particulièrement les cycles qu'ils connaissent avec reprise des hameaux sur un même site mais pour des durées, au total, assez courtes, renvoient à des modèles d'organisation agricole encore présents aujourd'hui dans le monde intertropical : les communautés restent sur place pendant une trentaine d'années avant de déménager et de revenir quelques cycles plus tard, durée suffisamment longue pour permettre une régénération des sols mais pas assez longue pour qu'on ait oublié totalement les qualités du site. Comme plus tard chez les Germains, on peut également penser d'après le témoignage de Tacite à une propriété collective du sol, avec répartition annuelle des lots à cultiver. Les « grands » hommes de la communauté, résidant dans la grande maison, ne se distinguent pas fondamentalement de leurs semblables.

Ces petites communautés apparaissent cependant comme particulièrement pacifiques : aucune arme ne figure dans leur mobilier et les hameaux ne présentent à l'époque danubienne aucune trace d'un système de défense. On connaît certes quelques cas de fossés (accompagnés de palissades ?) comme à Rosheim (Bas-Rhin) mais sans valeur militaire ou agricole. Il pourrait s'agir d'une « agora », c'est-à-dire d'un lieu de rassemblement pour la tenue d'un marché par exemple. Malgré une augmentation très sensible de la population, la pression démographique n'était pas alors assez grande pour rendre nécessaires de réelles mesures de sécurité.

En revanche, au fur et à mesure que l'on avance dans la période néolithique, les signes de conflits se multiplient : augmentation du nombre d'armes, traces de leur usage sur un certain nombre de squelettes, enceintes à caractère nettement défensif. Certains villages, de plus grande taille, sont alors construits en bordure des lacs alpins ou jurassiens. La montée du niveau de ces lacs a fait croire au XIXe siècle qu'il s'agissait de cités lacustres. Il n'en est rien, mais ces maisons, montées sur pilotis et dont on suit l'évolution de façon extraordinairement précise grâce à la dendrochronologie, confirment ce sentiment d'insécurité.

La pression démographique, vraisemblablement à l'origine de ces phénomènes, s'est accompagnée d'une hiérarchisation de la société : des membres « éminents » se distinguent par le mobilier plus riche de leurs sépultures, en particulier de somptueuses haches d'apparat car toute utilisation pratique est impossible en raison de leur fragilité. Ce mouvement de différenciation sociale commence dès le néolithique, témoignant de communautés désormais plus nombreuses et beaucoup plus engagées dans la voix des échanges comme le montrent, par exemple, la présence de coquillages maritimes au

Maison reconstituée de Chalain.

cœur de l'Alsace et surtout l'origine géologique des plus belles haches : l'utilisation des meilleurs filons conduit à une diffusion sur plusieurs centaines de kilomètres de ces produits.

La naissance de l'agriculture a donc permis un développement spectaculaire de la population, mais très rapidement un nouvel équilibre doit s'établir entre les ressources mobilisables et cette population. La guerre est une des premières conséquences mais aussi un des premiers facteurs de régularisation avant que les progrès techniques ne permettent de dépasser ces nouveaux freins.

b*ibliographie*

COLLECTIF, *3789 av. J.-C. en Bassin parisien : une révolution tranquille au néolithique*, Catalogue d'exposition, Nemours, musée de Préhistoire d'Île-de-France, 1989.

PÉTREQUIN Pierre (dir.), *Les Sites littoraux néolithiques de Clairvaux-les-Lacs et de Chalain (Jura)*, Paris, Maison des Sciences de l'Homme, 3 t., 1997.

Les migrations

L'exemple des Celtes et des Germains

À côté des mouvements de petits groupes se déplaçant lentement et par étapes courtes, l'Antiquité a connu des déplacements massifs de population sur des distances souvent considérables. Ces pulsions profondes sont difficiles à saisir et le plus souvent nous ne connaissons que l'extrémité de la vague, quand celle-ci vient toucher des peuples déjà bien installés et dotés « d'outils de mémoire » comme les reliefs ou les peintures égyptiennes, les textes des auteurs grecs ou romains. Bien que présentant le point de vue exclusif de ceux qui s'estiment lésés par ces nouveaux venus – mais qui n'oublient pas toujours, comme les Grecs, qu'ils sont eux-mêmes le résultat de mouvements antérieurs –, ces textes permettent de mieux saisir les modalités de ces déplacements.

Les Cimbres et les Teutons

Chez les Romains, la crainte des envahisseurs, assimilés de façon automatique à des barbares, se fait particulièrement forte après l'invasion des Gaulois en Italie au début du IVe siècle av. J.-C. La frise de Civitalba, montrant des Gaulois pillant un sanctuaire, rappelle le souvenir de ces raids de pillards en Italie, appelés, il est vrai, comme mercenaires, autant qu'attirés par les richesses disponibles. Même si l'on a aujourd'hui de bonnes raisons de douter de la réalité de la destruction quasi complète de Rome par Brennus, l'événement est régulièrement rappelé comme symbole des malheurs de la ville : pendant longtemps, on sacrifie un couple de Gaulois lorsqu'une nouvelle invasion menace. Inversement, mettre fin victorieusement à une nouvelle tentative de migration massive constitue un titre de gloire parmi les plus recherchés. De ce fait, les auteurs, comme Jules César racontant lui-même ses exploits, ne sont pas « neutres ». Deux épisodes, celui des Cimbres et des Teutons en 102-101 av. J.-C. et celui des Helvètes en 59 av. J.-C., témoignent de la permanence de ces mouvements où Germains et Celtes sont étroitement liés dans la recherche de nouvelles terres pour s'établir.

Les Cimbres et les Teutons pénètrent, d'une part, en Italie et, d'autre part, par la vallée du Rhône, atteignent le sud de la France que les Romains viennent de conquérir. Ils sont battus en 101 av. J.-C. et anéantis par Marius près d'Aix-en-Provence, puis dans la région de Milan. Les chiffres rapportés par les auteurs antiques (300 000 combattants plus les femmes et les enfants) sont vraisemblablement exagérés, mais l'importance quantitative du phénomène ne peut être niée : il s'agit dans ce cas de peuples entiers qui se sont mis en route, attirés par les richesses, à commencer par les terres de leurs voisins. Les auteurs antiques insistent sur la sauvagerie de leurs attitudes, symbolisée tout autant par leurs cris et leur équipement que par le rôle des femmes combattantes.

LA MIGRATION DES HELVÈTES.

Le besoin de terres est à l'origine de ce projet de migration massive. Il résulte d'un jeu de dominos qui met en branle une partie de l'Europe. Pour le romain César, il s'agit de présenter ses adversaires comme des barbares typiques, c'est-à-dire sûrs de leur vaillance et pas encore sédentaires, contrairement à ce que nous savons aujourd'hui grâce à l'archéologie.

« Orgétorix forma une conspiration de la noblesse et persuada ses concitoyens de sortir de leur pays avec la population entière. Il eut d'autant moins de peine à les convaincre que les Helvètes, en raison des conditions géographiques, sont de toutes parts enfermés : d'un côté par le Rhin, d'un autre par le Jura et du troisième par le lac Léman et le Rhône. Cela restreignait le champ de leurs courses vagabondes et les gênait pour porter la guerre chez leurs voisins. Ils estimaient d'ailleurs que l'étendue de leur territoire, qui avait 355 km de long et 266 de large, n'était pas en rapport avec leur nombre, ni avec leur gloire militaire et leur réputation de bravoure.
Ils décidèrent de tout préparer pour leur départ : acheter bêtes de somme et chariots en aussi grand nombre que possible, ensemencer toutes les terres cultivables, afin de ne point manquer de blé pendant la route, assurer solidement des relations de paix et d'amitié avec les États voisins. À la réalisation de ce plan, deux ans, pensèrent-ils, suffiraient : une loi fixe le départ à la troisième année. »

César, *Guerre des Gaules* I, 2-3, trad. L. A. Constans, Paris, Belles Lettres, coll. « Universités de France », 1926.

Les Helvètes et le déclenchement de la guerre des Gaules

Le mouvement des Helvètes, un demi-siècle plus tard, est à l'origine de la conquête du reste de la Gaule par Jules César. Incontestablement celui-ci trouve dans cette tentative un prétexte pour intervenir et se constituer un palmarès militaire, l'Empire romain, malgré ses dires, n'étant pas directement menacé. Ce départ, présenté par César comme le projet d'un chef local ambitieux, traduit en réalité des mouvements plus lointains. L'avant-dernière étape est l'établissement dans la plaine d'Alsace de peuples germaniques dirigés par Arioviste, celui-là même que César devra combattre immédiatement après les Helvètes. Ce n'est donc pas seulement à la suite d'un complot ou d'une folie guerrière que ce peuple gaulois décide d'abandonner son territoire pour, à la force des armes mais aussi par la diplomatie, s'en tailler un autre dans une région réputée plus accueillante. Le souvenir de raids antérieurs joue d'après César un rôle certain dans la définition de l'objectif. Tous ces déplacements traduisent la mobilité de ces tribus et l'imprécision des frontières qui les séparent les unes des autres.

De tels mouvements de peuples ne s'improvisent pas et témoignent, comme le montre le texte ci-contre, d'une organisation et d'une logistique déjà poussées. De plus la mort du «comploteur», Orgétorix, n'empêche pas la réalisation du projet, confirmant son impérieuse nécessité, au-delà des explications politiques fournies par César: après avoir détruit villes et villages, brûlé les récoltes qu'ils ne peuvent emporter (*Guerre des Gaules* I, 5), 368 000 Helvètes se mettent en route, parmi lesquels 98 000 guerriers si l'on se fie aux chiffres mentionnés sur des «tablettes» (*Ibid.* I, 29) découvertes dans leurs bagages après la défaite. Selon la même source 110 000 survivants sont reconduits *manu militari* sur leurs positions de départ pour ne pas se laisser créer un vide devant les pressions germaniques. À la suite d'un traité, ces Helvètes, affaiblis, forment un État-tampon pour protéger les frontières de l'Empire suivant une pratique déjà ancienne que les Romains érigent en règle habituelle de fonctionnement.

Les migrations de grande ampleur et plus ou moins anarchiques des peuples qualifiés de Barbares constituent une des données essentielles de l'Antiquité, signes à la fois du trop-plein démographique et de déséquilibres dans l'occupation du sol. Mais les peuples «civilisés» gardaient eux-mêmes la trace de leurs anciennes errances, comme les Grecs avec les vagues successives de Doriens et d'Ioniens – même si l'historiographie récente a tendance à en réduire l'importance réelle. En Italie, les peuples montagnards, comme les Samnites, pratiquaient le *ver sacrum* ou «printemps sacré»: en cas de nécessité, les fils aînés de chaque famille quittaient ensemble leur communauté pour aller chercher fortune ailleurs. La fondation de Rome par Romulus et Rémus, accompagnés d'une bande de bergers, est la forme mythifiée de ces pratiques. Les conséquences de ces mouvements de populations de très grande ou de beaucoup plus faible amplitude sont importantes. La première est sans doute l'impossibilité de parler de pureté ethnique car, l'exemple des Cimbres l'illustre parfaitement, ces déplacements concernent des peuples divers, eux-mêmes mélangés et qui agrègent sur leur passage une partie au moins des populations déjà sédentarisées. La deuxième conséquence est l'importance des échanges culturels et techniques. L'étude des langues anciennes, en particulier à travers leur survie par le biais de la toponymie, de l'orographie, etc., permet de suivre depuis les époques les plus reculées un certain nombre de ces échanges. Enfin, ces migrations plus ou moins spontanées sont liées à la très grande perméabilité ou plutôt à l'absence de frontières reconnues et continues. De ce point de vue, l'apparition des États organisés marque une rupture profonde et justifie l'importance accordée aux bornages.

Frise de Civitalba: Gaulois pillant un sanctuaire.
Le modèle iconographique est né après la prise de Delphes par les Gaulois. Le Gaulois est toujours représenté nu ou vêtu de peau de bête et portant un collier, le torque.

Les peuples antiques insistent sur la communauté culturelle qui les unit car ils ont particulièrement conscience des mélanges de population dont ils sont le résultat: c'est une des bases essentielles de la constitution d'un Empire romain, relayant les acquis de l'hellénisme.

b*ibliographie*

GOUDINEAU Christian, *César et la Gaule*, Paris, Errance (De la Gaule à la France, histoire et archéologie), 1991.

La colonisation grecque et romaine

Les cadastres antiques

Le besoin de nouvelles terres préoccupe également les peuples les plus évolués socialement et politiquement. Les cités grecques sont les premières concernées en raison d'un déficit chronique de terres agricoles dû autant à la géographie qu'au phénomène d'accaparement. Elles doivent concevoir des modes rationnels d'organisation de ces nouveaux territoires qu'elles entendent « coloniser ». Ces pratiques, extrêmement codifiées, de partage de l'espace, seront reprises et développées par les Romains. Le sud de la France a conservé les traces de ces divisions successives des terroirs agricoles.

Cadastres et centuriation

Les États policés doivent connaître et donc enregistrer pour des raisons fiscales la répartition de la propriété foncière. Ces connaissances permettent également d'arbitrer les conflits en cas de contestation entre différents occupants : l'établissement d'un cadastre répond à ces deux objectifs. Dans des sociétés foncièrement inégalitaires, la répartition irrégulière des terres paraît inévitable sauf dans deux types de situation. Le premier est celui où un nombre très réduit de propriétaires, comme Pharaon et les grands sanctuaires en Égypte, accumulent les biens qu'ils font cultiver par des dépendants. Noyés chaque année par la crue du Nil, ces terrains doivent être repartagés entre les agriculteurs de la façon la plus simple et la plus rapide pour éviter les pertes de temps, les chicanes, et permettre la surveillance des récoltes. Le second est celui où il s'agit de partager des terres nouvellement conquises et occupées entre un groupe de citoyens aux droits égaux. Tel est le cas des colonies fondées loin de la mère-patrie par les cités grecques soumises soit à une croissance démographique trop forte, soit à des phénomènes de concentration de terres au profit de quelques-uns qui laissent sans ressources les autres. La solution coloniale est beaucoup plus fréquente qu'un nouveau partage jugé trop révolutionnaire. Dans les deux cas, un pouvoir supérieur aux individus a intérêt à imposer un partage à la fois égalitaire – pour des raisons d'efficacité technique ou de justice sociale – et le plus simple possible à mettre en place : ce découpage régulier et rationnel du territoire peut être assimilé à ce que les Romains appellent, en raison de l'unité de mesure, la centuriation. Les traces de ces organisations agricoles géométriques se retrouvent aujourd'hui des bords de la mer Noire à l'extrémité occidentale de la Méditerranée comme un des signes essentiels des colonisations grecques et romaines. À partir essentiellement de l'étude des photographies aériennes, on est aujourd'hui capable de déchiffrer, comme dans le Languedoc, la trame complexe de ces partages, leur surimposition éventuelle dans une même région correspondant à l'arrivée de nouvelles vagues de colons. En effet, ces opérations ne se limitent pas à partager de façon purement théorique les terres agricoles mais ce partage s'accompagne d'une modification générale du paysage avec de grands travaux de mise en valeur : réseau de routes et de chemins rectilignes limitant les grandes parcelles et permettant l'accès à chacun des lots ; réseau de fossés pour le drainage et parfois l'irrigation de certains secteurs et les photos révèlent les traces fossilisées de ces opérations. Toutefois ces travaux colossaux par leur ampleur – en raison de la faiblesse des moyens techniques – ne témoignent pas d'un grand souci écologique. Le relief, sauf dans les cas extrêmes, est proprement nié et les preuves d'une érosion très forte consécutive à cette mainmise sont aujourd'hui bien établies par l'accumulation des sédiments au bas des versants, la modification du débit des fleuves que l'on observe à travers les deltas et les variations du niveau de la mer dans un plan horizontal.

Les cadastres d'Orange

En dehors des photographies aériennes, les documents qui permettent de retracer l'importance et les conséquences de la centuriation, non seulement sur les paysages mais aussi sur les hommes, sont exceptionnels. Parmi eux figurent en bonne place les restes découverts à Orange et qui concernent trois cadastres (dits A, B et C) de la vallée du Rhône, gravés dans le marbre. Le passage d'un support fragile comme le parchemin ou le papyrus commun à tous les documents officiels à un support noble et considéré comme pérenne, telle la pierre, résulte d'un acte politique fort. Une inscription précise que c'est l'empereur Vespasien, aux alentours de 75 apr. J.-C., qui, pour lutter contre des abus et des usurpations, prend cette initiative. Le principe d'indépendance de chacune des cités constituant l'Empire romain a fait longtemps penser que ces trois cadastres concernaient uniquement le territoire d'Orange. Il n'en est rien et ces documents centralisés et exposés dans un monument de cette ville concernent en réalité toutes les cités, quel que soit leur statut, indigène ou romain, entre Valence au Nord et Arles au Sud, de la rive gauche comme de la rive droite du Rhône.

Les indications gravées dans la pierre permettent de localiser et de connaître le statut juridique de chaque centurie (709 m de côté dans le cas d'un carré) composée à son tour de 200 jugères. La première ligne inscrite dans le carré ou rectangle qui matérialise la centurie sur le document permet de la situer dans la trame théorique. Pour cela, il est fait référence à un point d'origine défini par le croisement de deux axes, un axe Nord-Sud appelé *Cardo Maximus*, un Est-Ouest appelé *Decumanus Maximus*. L'orientation des cartes antiques plaçant l'Est en haut, on se situe à gauche *(sinistra)* ou à droite (*dextra*) du *Decumanus Maximus*, au-dessus *(supra)* ou au-dessous *(infra)* du *Cardo Maximus*. Les lignes suivantes précisent la nature juridique des 200 jugères. Les lignes suivantes détaillent le statut de la terre, rarement unique pour l'ensemble de la centurie. Les terres affectées aux colons romains, c'est-à-dire propriété officielle de la colonie, ne sont pas autrement précisées. D'autres parcelles sont présentées comme «rendues aux indigènes», en l'occurrence les Tricastini. D'autres enfin sont louées – et le prix du loyer est mentionné ainsi que le nom du locataire – ou disponibles pour des usages communs ou encore laissées à la nature. Les Romains semblent s'être réservés les meilleures terres, «rendant» aux indigènes les collines pierreuses. En revanche, les zones inondables de la vallée du Rhône, qu'il fallait véritablement conquérir sur la nature, sont attribuées à des colons, peut-être en raison des connaissances techniques que leur exploitation exigeait.

La centuriation, éliminant toute trace des parcellaires antérieurs et niant en quelque sorte les accidents de la nature, est un signe éclatant du pouvoir romain. Celui-ci est en mesure de rendre aux populations indigènes une partie des terres qu'il leur avait lui-même enlevées. Symboliquement la loi remplace la force militaire. La matérialisation dans la pierre de ce cadastre confirme le droit de conquête mais aussi un certain partage garanti par l'occupant. Ce mouvement de colonisation et de cadastration contemporain de l'organisation des provinces à l'avènement du principat d'Auguste (27 av. J.-C.) est également étroitement lié à la mainmise de Rome sur l'Égypte : Rome hérite des progrès opérés en matière géographique et cartographique, prolongeant elle-même l'art de la géométrie et de l'arpentage des pharaons. Rome, et plus précisément le pouvoir impérial, s'octroie le monopole de ces disciplines et en fait, pour longtemps, un privilège régalien au même titre que l'émission de la monnaie ou le commandement des forces militaires.

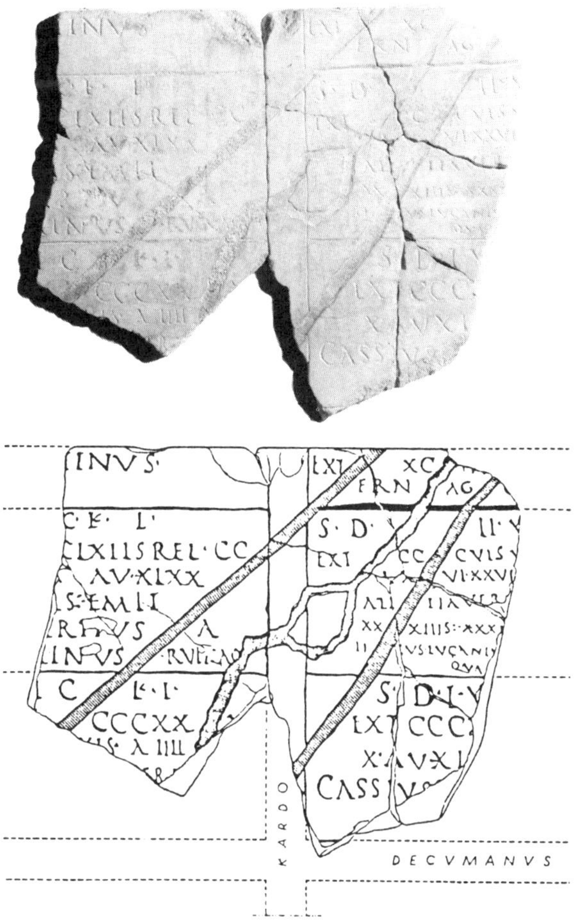

Fragment du cadastre A d'Orange (transcription graphique).
La bande verticale centrale correspond au *Cardo Maximus*. Les deux lignes obliques sont interprétées comme deux axes routiers antérieurs à la centuriation. Elles encadrent le lit d'une rivière où est présente une île. Ces indications topographiques ainsi que la mention d'*Ernag(inum)* permettent de proposer une localisation précise sur un secteur d'un ancien bras de la Durance, au nord des Alpilles, à Saint-Étienne-du-Grés (Bouches-du-Rhône).

Réaliser un cadastre, et plus généralement cartographier, est une opération qui témoigne d'un pouvoir de contrôle et, de façon plus éminente, de propriété. Encore aujourd'hui, la libre disposition des cartes est un signe de régime démocratique.

b*ibliographie*

NICOLET Claude, *L'Inventaire du Monde. Géographie et politique aux origines de l'Empire romain*, Paris, Fayard, 1988.

PEREZ Antoine, *Les Cadastres antiques en Narbonnaise occidentale. Essai sur la politique coloniale en Gaule du Sud*, Paris, CNRS, Revue archéologique de Narbonnaise, suppl. 29, 1995.

De nouveaux besoins

L'exemple de la gestion des stocks

Un meilleur contrôle de la nature, et en particulier des crues annuelles des grands fleuves du Proche-Orient, autorise dès le début du III*e millénaire une production agricole plus abondante. Pour cela il est essentiel qu'un système politique élaboré coordonne l'ensemble des opérations nécessaires tout au long du bassin fluvial et prenne également en charge la gestion des stocks, en particulier des surplus, qui conditionnent sa propre existence puisqu'une partie de la population est détournée de la production proprement dite. Ce travail de coordination et de gestion repose sur une administration qui a besoin d'aide-mémoire pour sa comptabilité comme pour la transmission des ordres, si nécessaire. Ces aide-mémoire sont à l'origine de différentes formes d'écriture.*

L'organisation palatiale

À côté des grands bassins fluviaux qui donnent naissance à de véritables empires comme l'Égypte, d'autres régions du Bassin méditerranéen comme la Grèce et l'ensemble du Bassin égéen connaissent des formes d'organisation centrées autour d'un palais, intermédiaires entre les empires et les tribus.

Le palais désigne à la fois un ensemble de bâtiments et un système socio-politique. Étagé sur plusieurs niveaux, il est organisé autour d'au moins une vaste cour et comprend des espaces résidentiels, des salles d'apparat, des zones de réserve marquées par la présence de nombreuses jarres *(pithoï)*, des ateliers et, vraisemblablement, des lieux de culte. Dans certains cas, comme dans le monde mycénien, le palais est également une forteresse. Ailleurs, comme en Crète, le concepteur a profité d'une colline pour multiplier les niveaux et les points de vue sur le paysage et l'ensemble est largement ouvert sur l'extérieur en raison d'une situation politique beaucoup plus stable.

La répartition de ces palais montre que chacun contrôlait un territoire assez vaste où coexistaient des « grandes maisons » mais aussi une foule de maisons ordinaires dont les surplus alimentaient les réserves du palais qualifiés longtemps « d'Homériques » mais en réalité très éloignés de ceux, beaucoup plus tardifs et en partie imaginaires, décrits dans ces poèmes. Ce système à la fois strictement hiérarchisé et centralisé impliquait un contrôle de la société et une parcellisation très grande des tâches de chacun. Des documents écrits constituaient un des moyens utilisables à cet effet.

Une écriture à usage administratif

Les plus anciens documents écrits ont été découverts dans ces palais proche-orientaux ou égéens sous forme de plaquettes d'argile crue. Des conditions exceptionnelles comme une destruction violente par incendie – qui « cuit » de fait l'argile – sont indispensables à leur survie. De façon paradoxale ces tablettes sont donc, au départ, des bordereaux tout à fait provisoires destinés à établir une sorte d'état des lieux instantané et donc mouvant. Nous ignorons si des supports qui se voulaient plus durables (papyrus ou parchemin, par exemple) n'étaient pas déjà utilisés parallèlement pour des fonctions plus nobles, mais c'est peu vraisemblable.

Tablette cunéiforme.
Il s'agit d'un abécédaire phénicien découvert à Ougarit en Syrie (XIVe siècle av. J.-C.).

Ces écritures disparaissent en Grèce en même temps que la civilisation des palais et les Grecs devront, plusieurs siècles plus tard, « réinventer » l'écriture que nous connaissons à partir de l'alphabet phénicien auquel ils ajouteront de nouveaux signes pour indiquer les voyelles.

Les premières formes d'écriture, apparues vers 3 000 av. J.-C. en Mésopotamie, sont dites cunéiformes en raison du poinçon en forme de coin utilisé pour imprimer des marques dans l'argile molle. Au départ, comme sur la tablette sumérienne représentant un inventaire de chèvres et de moutons, les signes sont complexes et l'on reconnaît des signes symboliques à côté de dessins purement géométriques, comme les petits cercles, obtenus sans doute avec des outils différents. Peu à peu seul le poinçon en forme de coin, formant des petits triangles très allongés, demeure utilisé et c'est la combinaison de plusieurs de ces triangles qui forme la lettre ou la syllabe proprement dite. Ce système exige encore plusieurs centaines de combinaisons que le scribe doit mémoriser. En revanche, cette écriture créée au départ pour exprimer la seule langue sumérienne est également adoptée pour l'akkadien, l'élamite, etc. Ces langues, à la structure très différente, font disparaître presque totalement les signes à valeur d'idéogrammes en faveur des seuls signes phonétiques.

Dans le cas du monde égéen les spécialistes distinguent plusieurs types d'écriture :
– des écritures « hiéroglyphiques » aboutissant aux crétois A et B, aux caractères également de plus en plus conventionnels ;
– des écritures « linéaires », avec, en Crète, le « linéaire A » déjà syllabique mais pas encore vraiment déchiffré et le « linéaire B » dans l'ensemble mycénien.

Le déchiffrement en 1953 de ce dernier par M. Ventris et J. Chadwick, formés aux techniques du chiffrage militaire, a bouleversé nos connaissances. Cet alphabet de 84 ou 87 signes est syllabique. La langue ainsi transcrite, de façon plus ou moins précise, car cet alphabet n'était pas conçu au départ pour elle mais pour une langue d'origine sémitique, est du protogrec. Dès l'origine l'écriture est un outil susceptible d'être exporté vers d'autres cultures pour peu qu'elles soient capables de l'adapter à leurs propres besoins.

Le contenu de ces tablettes confirme qu'il s'agit de bordereaux administratifs, parfois extraordinairement précis sur la nature des marchandises, les titres et fonctions des personnages, leur degré de richesse, les obligations des uns et des autres en matière fiscale. Une partie des stocks est redistribuée sous forme de rations alimentaires aux dépendants du palais – par exemple, les « préposées aux bains » –, sous forme de matière première aux artisans spécialisés. Mais une partie est également destinée aux échanges avec le monde extérieur, en particulier les tissus ou l'huile, afin d'obtenir les matières premières indisponibles sur place comme l'étain : des traces de cette écriture, sous forme de sceaux ou de décors céramiques, ont été repérées jusqu'en Italie mais localement les conditions n'étaient pas encore réunies pour qu'elle soit adoptée en tant que telle par les autochtones.

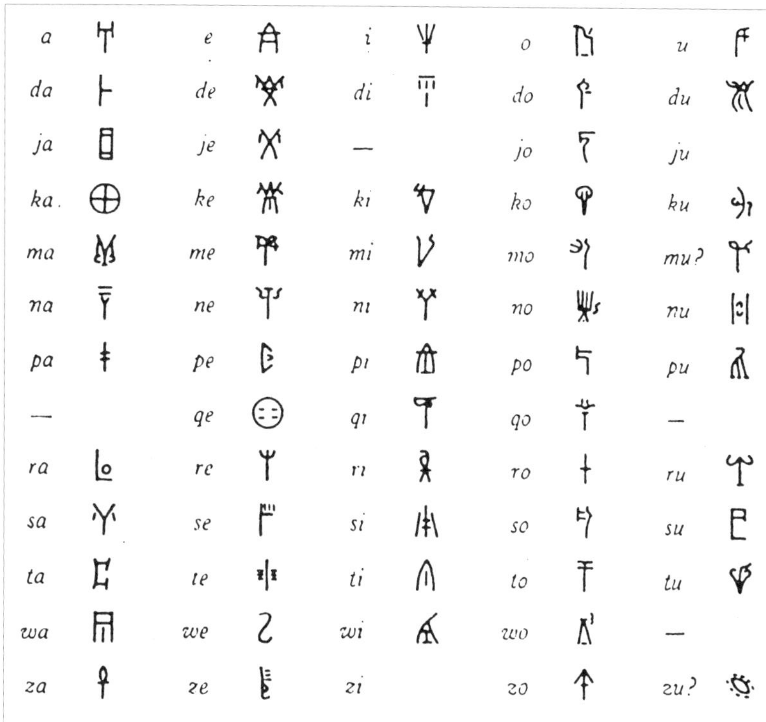

Alphabet du linéaire B tel qu'il a été reconstitué par M. Ventris et J. Chadwick.

Les besoins de l'administration ont donc conduit certains à concevoir mais aussi à adapter sans cesse des moyens d'enregistrer et de communiquer. Ces outils se diffusent au-delà de leur lieu de naissance mais leur apprentissage reste complexe, réservé à une minorité qui tente d'en tirer avantage même si, dans la hiérarchie sociale, ce savoir ne confère pas la première place.

b*ibliographie*

BONFANTE Larissa *et alii*, *La Naissance des écritures du cunéiforme à l'alphabet*, Paris, Seuil, 1997.

CHADWICK John, *Reading the Past, Linear B and Related Scripts*, Londres, 1987.

GODART Louis, *Le Pouvoir de l'écrit. Au pays des premières écritures*, Paris, Armand Colin, coll. « Civilisations U », 1990.

La Bible ou la religion du Livre

Parmi les raisons traditionnellement invoquées pour expliquer la naissance de l'écriture, la satisfaction des besoins religieux figure en bonne place, donnant ainsi une coloration en quelque sorte divine à l'écriture elle-même. Si, en l'état actuel de nos connaissances, cette piste doit être aujourd'hui abandonnée, il n'en reste pas moins vrai que l'écriture trouve très vite dans le domaine religieux un champ d'application privilégié. La religion israélite, fondée sur la Bible, « le livre » en grec, représente au plus haut point tous les liens existant entre religion et écriture, même si sa rédaction proprement dite intervient tardivement dans un milieu géographique, le Proche-Orient, qui connaissait depuis plusieurs millénaires l'usage de l'écriture.

Traditions orales et écriture

Grâce à une tradition érudite pluriséculaire les grandes lignes de l'histoire littéraire de la Bible sont désormais assez bien établies. La rédaction de cet ensemble de textes s'étend sur près d'un millénaire, et deux ou trois langues, si l'on considère également le grec, ont été utilisées à cet effet. Dans une production extrêmement vaste au départ, des choix sont opérés qui permettent de sélectionner, au fur et à mesure, les éléments qui paraissaient les mieux à même de répondre aux impératifs du moment. La nature des composants de la Bible hébraïque est extrêmement changeante, du récit historique comme le *Livre des Rois* aux textes juridiques en passant par les poèmes les plus divers, les récits cosmogoniques ou apocalyptiques. Ce corpus longtemps unique peut être aujourd'hui confronté aux données fournies non seulement par l'archéologie des sites mentionnés mais également, de façon plus générale, aux connaissances sur les différentes civilisations du Proche et du Moyen-Orient. Par exemple, le récit du Déluge (*Genèse* VI, 5 ; VIII, 22) trouve des parallèles étroits à Sumer ou à Babylone : dans ce dernier cas, le récit qui figure dans la onzième tablette de *L'Épopée de Gilgamesh* raconte l'histoire du héros Utnapishtim qui débarque de son arche au sommet du mont Nishir. Les dieux, étonnés de l'avoir vu survivre à leur courroux, l'immortalisent et le font passer dans un pays fabuleux où Gilgamesh vient le rencontrer. Ce mythe de la destruction d'une humanité corrompue voulue par les dieux et sa renaissance, totalement régénérée, n'est donc pas propre à la Bible.

La fixation par l'écrit des traditions orales, communes au départ à plusieurs peuples ou propres aux seuls Hébreux, est parfois attribuée à l'action d'un homme précis comme les différents prophètes mais, même pour ces personnages historiques, un seul nom comme Isaïe recouvre en réalité plusieurs individus. Le plus souvent, l'auteur demeure totalement anonyme et seul le travail des philologues et des exégètes contemporains permet de distinguer les différentes phases d'élaboration et de réélaboration du texte. Ces études décèlent les archaïsmes volontaires destinés à donner un aspect traditionnel à des textes en réalité plus récents.

La période où commence à s'établir la tradition littéraire correspond à celle de la royauté, c'est-à-dire au tournant entre le IIe et le Ier millénaire. Il s'agit du premier effort pour matérialiser l'unité des Hébreux en rassemblant les traditions dispersées

Fragment de manuscrit de la mer Morte.
C'est l'exemplaire le plus ancien conservé d'un texte de la Bible. Il permet de vérifier la fidélité des copistes successifs.

de ce peuple jusqu'alors nomade, en particulier pour créer un code de lois. La création de la monarchie s'accompagne comme ailleurs de la mise en place d'une bureaucratie et donc d'un groupe de scribes capables d'élaborer directement de nouveaux textes. Parallèlement, la construction du Temple de Jérusalem fait de ce lieu l'unique lieu de culte au détriment de tous ceux qui existaient antérieurement.

Les vicissitudes que connaît par la suite le peuple hébreu, notamment la destruction du Temple de Salomon en 587, la déportation à Babylone et, de façon plus générale, la perte progressive d'un pouvoir politique autonome, entraînent de nouvelles modifications sur les textes antérieurs et des créations adaptées aux nouvelles circonstances. Par exemple, le texte d'Ezéchiel, auquel la parole de Dieu se révèle « comme un livre à dévorer », prouve l'importance décisive déjà acquise à cette date par l'écrit. Cela n'empêche pas la pratique ancienne de fixer dans un texte des traditions orales antérieures comme celle des proverbes, de se poursuivre, parfois directement en grec, comme dans le livre de l'Ecclésiastique.

Ce mouvement foisonnant de création pose, à terme, la question du maintien de l'unité religieuse du monde hébreu.

Le mouvement essénien et la fixation des canons

La fin de l'indépendance politique et le mouvement de diaspora qui suivit s'accompagnent de la multiplication des divisions à l'intérieur de la pensée juive. Ces différents groupes religieux sont détaillés par l'historien juif Flavius Josèphe, auteur et témoin privilégié de la mainmise définitive de Rome sur la Palestine en 70 apr. J.-C. Parmi eux, les Esséniens étaient sans doute les plus mal connus jusqu'en 1947 : on découvre alors dans des grottes ménagées dans la falaise dominant la mer Morte les manuscrits qu'ils y avaient cachés près de leur résidence, Khirbet Qoumrân, également mentionnée par Pline l'Ancien (*Histoire naturelle* V, 17). À ce jour, tous les fragments conservés, correspondant à 600 manuscrits, n'ont pas encore été publiés. Pour l'essentiel, ils datent du Ier siècle av. J.-C., constituant ainsi les plus anciens exemplaires conservés des textes bibliques. Les similitudes avec les versions postérieures déjà connues montrent une tradition manuscrite exceptionnellement fidèle. Certains de ces textes expriment la pensée et la doctrine essénienne qui entretiennent des liens indéniables avec le christianisme naissant. En revanche, parmi les textes proprement bibliques figurent encore des livres comme *Tobi* ou *La Lettre de Jérémie* qui seront vers

Le site de Qoumrân.
Il fut utilisé comme lieu de retraite par les Esséniens.

90-95 apr. J.-C. exclus de la liste officielle, ou canonique, de la Bible hébraïque. En effet, ces religions réputées monolithiques, car fondées sur « un livre », connaissent des divergences dans les choix qu'il convient d'opérer : chacune des grandes religions monothéistes dut élaborer son canon, une liste des textes considérés par elle comme inspirés par Dieu et donc seuls susceptibles d'être retenus comme « sacrés ». Les Hébreux, durement marqués par la fin de leur indépendance et la destruction définitive du Temple en 70, organiseront cette collation vers 90-95 sous le contrôle des rabbins. Plus tard, au XVIe siècle, les catholiques et les protestants feront de même, y compris pour l'Ancien Testament.

Désormais la Bible n'évolue plus, elle est devenue le texte figé, mais légèrement différent pour chaque religion que nous connaissons.

bibliographie

LAPERROUSAZ Ernest Marie (dir.), *Qoumrân et les manuscrits de la mer Morte, un cinquantenaire*, Paris, 1997.

Le besoin de mémoire politique

À l'origine, le désir de garder la trace des événements correspond au souci d'exalter le pouvoir en place. Progressivement, les nouveaux venus font preuve à l'égard de ces documents de pratiques contradictoires : « vandalisme révolutionnaire », destruction pure et simple pour effacer l'existence même d'un rival vaincu ou disparu ; au contraire, conservation fidèle pour asseoir sa propre légitimité sur des prédécesseurs utilisés comme caution, falsification, déplacement, etc., pour s'attribuer des actes que l'on n'a pas soi-même réalisés. Pour faire ce qui devient par la suite œuvre de mémoire, plusieurs supports peuvent être utilisés, à commencer par des représentations figurées des événements. Mais l'écriture permet la rédaction d'annales et d'inscriptions placées sur des monuments.

Les écritures égyptiennes

Les hiéroglyphes constituent la forme de l'écriture égyptienne qui nous est la plus familière au point qu'elle suffirait presque à caractériser cette civilisation. Cependant, ce n'est pas celle que les anciens Égyptiens pratiquaient le plus couramment. L'Ancien Empire (3 200-2 200) connaît, semble-t-il, uniquement l'écriture hiéroglyphique mais avec un nombre de signes restreint, environ 700, contre plusieurs milliers à l'époque ptolémaïque (IVe-Ier siècle av. J.-C.). Cette écriture qui paraît immuable n'a donc cessé d'évoluer et plus particulièrement de se complexifier. Depuis le Moyen Empire (première moitié du IIe millénaire) mais peut-être, déjà antérieurement, existe parallèlement ce que Clément d'Alexandrie, un savant de l'époque hellénistique, appelle l'écriture « hiératique » ou sacrée, car réservée, à partir du VIIe siècle, aux livres religieux. Il s'agit en réalité de la forme d'écriture la plus couramment utilisée par les scribes pour rédiger sur papyrus ou ostraka (tessons de terre cuite) tous les types de documents administratifs ou judiciaires comme l'ensemble de la littérature, traités de médecine et de magie compris.

Fondamentalement, il s'agit d'une interprétation cursive de l'écriture hiéroglyphique, plus rapide à mettre en œuvre et qui évolue largement dans le sens d'une simplification toujours plus grande, simplification qui conduit au IIIe siècle au démotique. Le démotique accentue le côté cursif. Il a les mêmes utilisations sur papyrus et ostraka que le hiératique mais, comme le rappelle la pierre de Rosette, on n'hésite pas à en faire usage dans les inscriptions. Dès ses origines il est concurrencé, dans la vie courante, par l'alphabet grec complété par quelques signes démotiques destinés à figurer des consonnes inconnues des Grecs.

L'écriture hiéroglyphique naît en même temps que le système pharaonique. Même si des échanges ont eu lieu avec la Mésopotamie, ce système d'écriture est typiquement africain d'après les objets et les animaux figurés dans les plus anciens hiéroglyphes. Il s'agit, comme l'a montré Champollion, d'un système à la fois idéographique – un signe représente un objet, voire une action – et phonétique – un signe représente alors un son, plus spécialement une consonne ou un groupe de consonnes car l'égyptien ne note pas les voyelles. Ainsi tout ce qui peut être représenté graphiquement l'a été par un pictogramme. Pour exprimer des idées abstraites, on a recours à l'homophonie et au rébus graphique. Ainsi le signe de l'échiquier (men) peut désigner cet objet mais aussi le son m-n (man, men, min, etc.) ou « l'action de demeurer » qui se prononce de la même façon.

Signes-idées et signes-sons.
Fragment mentionnant un chancelier nommé Ouahibre-Ounnefer (VIIe siècle av. J.-C.)

Pour éviter les confusions entre ces différentes utilisations d'un même signe, on ajoute des conventions graphiques (par exemple, un trait après le signe indique qu'il s'agit d'un mot) ou des idéogrammes pour indiquer la catégorie mentale (idéogrammes qui ne se lisent pas), enfin des compléments phonétiques (au nombre de 24) qui confirment la lecture du son. Avec ces derniers signes, les Égyptiens disposaient en fait d'un véritable alphabet mais, dans l'écriture hiéroglyphique, ils ne franchirent jamais le pas : conservatisme foncier ou valeur particulière attachée à l'ensemble des signes, ces deux facteurs ont joué dans ce qui nous paraît un archaïsme. En Égypte, le graphisme demeura totalement naturaliste, avec des ressauts de couleur pour faire ressortir, par exemple, les détails anatomiques des animaux.

Ce respect pour les signes et leur graphie traduit la valeur proprement religieuse ou magique de cette écriture. Une preuve en est donnée par l'usage des encres de couleurs différentes, rouge et noire : les mots et les signes néfastes sont écrits en rouge, couleur de Seth dont on espère ainsi apaiser le courroux. De même dans les tombes, les signes représentant des animaux maléfiques, dont le mort pourrait redouter la présence, sont amputés d'une partie de leur anatomie ou simplement coupés en deux. Cette écriture a donc une fonction au-delà de ce qu'elle exprime directement. Cette fonction est particulièrement reconnaissable dans les inscriptions lapidaires.

Le message des obélisques

Ces colonnes de pierre auxquelles les mercenaires grecs donnèrent le nom d'aiguille, c'est-à-dire proprement « obélisques », apparaissent dès l'Ancien Empire dans les sanctuaires dédiés au seul culte solaire. Ils sont alors formés d'un empilement de blocs posés sur un socle. Rapidement, ils sont monolithes et construits par paire, de part et d'autre de l'entrée des temples. Parallèlement, les souverains rivalisent par une surenchère dans les dimensions. Déplacer et dresser ces masses fascinent les différents pharaons mais aussi leurs adversaires : Assourbanipal après la prise de Thèbes transporte vers sa capitale deux obélisques de Karnak. Les empereurs romains multiplient les transports par mer jusqu'à Rome et Constantinople des plus importants d'entre eux. Cette tradition ne sera pas oubliée de Bonaparte et nombre d'obélisques ornent encore aujourd'hui les places des capitales européennes.

Ces monolithes en relation avec le culte solaire doivent non seulement être imposants par leur hauteur mais aussi par leur brillance. L'écriture hiéroglyphique joue un rôle essentiel dans ce domaine. Les signes gravés en creux accrochent la lumière solaire puisqu'ils sont, de fait, le seul ornement des quatre faces. La possibilité de disposer les signes en colonnes ou de regrouper sur une même ligne deux signes plus petits pour éviter des vides augmentent les possibilités graphiques. Le message que délivre cette écriture est donc double : aux lettrés, minoritaires, elle révèle le nom du commanditaire, la nature de ses exploits ; à la masse des illettrés, elle rappelle la puissance formidable du souverain, puissance d'autant plus grande qu'elle est en quelque sorte cachée par l'écriture même. Dans ces conditions, alors même que le sens de cette écriture était depuis longtemps perdu, les obélisques ont continué de fasciner. Le témoignage de Pline l'Ancien (*Histoire naturelle*, XXXVI, 63-74) à propos d'obélisques rapportés à Rome par Auguste est primordial : « Tous portent des inscriptions qui contiennent l'explication de la nature selon la philosophie égyptienne. »

Obélisque de Psammétique II élevé devant Monte Citorio à Rome.
Il a été longtemps attribué à Sesostris, d'après le témoignage de Pline, comme l'indique encore une inscription papale. Depuis Champollion, nous savons à nouveau lire le nom de Psammétique II (594-589) et le nom de la victoire que cet obélisque commémore. Transporté par Auguste comme stylet de son *horologium* ou cadran solaire, il a été restauré par le pape Pie VI (1792), pratiquement à son emplacement initial.

Ce développement consacré par Pline aux obélisques a constitué jusqu'aux découvertes de Champollion notre principale documentation. De fait les Romains se comportaient en face de ces monuments comme devait le faire à l'époque pharaonique la très grande masse des Égyptiens : admiration globale et incompréhension du sens précis.

bibliographie

VERCOUTTER Jean, « L'écriture égyptienne », *Encyclopaedia Universalis*, vol. 5, 1971.

VERCOUTTER Jean, *À la recherche de l'Égypte oubliée*, Paris, Gallimard, coll. « Découvertes Gallimard » n°1, 1986.

La littérature et la transmission des connaissances

*L'*Iliade *et l'*Odyssée

Parallèlement à la rédaction des innombrables documents administratifs et religieux, des traités techniques et scientifiques (médicaux en particulier), l'écriture permet de transcrire des œuvres proprement littéraires. De fait, nous connaissons grâce aux tablettes d'argile une littérature sumérienne comme une littérature akkadienne ou assyro-babylonienne pieusement recopiée par des scribes pendant près de deux millénaires. En raison de la plus longue survie du grec et du latin, la littérature écrite dans ces deux langues occupe une place privilégiée dans notre culture même si nous regrettons des pertes irrémédiables, dès l'Antiquité, en raison du faible nombre de manuscrits.

Lecture et transmission des textes : la « question homérique »

Comme pour les textes religieux, la mise par écrit des premiers textes littéraires se produit après une longue phase de traditions orales. Cela est particulièrement vrai pour les épopées et donc pour l'*Iliade* et l'*Odyssée*. L'attribution à un même auteur, Homère, de ces deux œuvres que séparent, d'après les travaux des philologues contemporains, un minimum de cinquante ans, est objet de discussion dès l'Antiquité. Depuis on a émis l'hypothèse que chacun de ces deux longs poèmes était lui-même l'œuvre de plusieurs poètes puisant dans un stock oral antérieurement composé. De fait, à l'origine, on admet l'existence d'une confrérie, celle des aèdes, poètes-chanteurs qui, à la façon plus tard des troubadours, vont offrir leurs services de ville en ville. Ils modifient et adaptent sans cesse un texte à partir de canevas, de situations clefs (combat, ambassade), des aide-mémoire comme des formules toutes faites, des procédés mnémotechniques dont la trace s'est conservée sous forme de répétitions et de formules dans le texte actuellement connu.

L'apparition de l'écriture autorise la fixation d'un « texte » de référence résultant de la mise en forme de cet héritage. Toutefois cette opération, une première fois réalisée par le poète que nous appelons Homère, n'est pas définitive. Chaque cité et même des particuliers n'hésitent pas, plusieurs siècles après, à composer « leur » *Iliade* ou « leur » *Odyssée*. D'après Cicéron (*De oratore*, III, 34), le tyran d'Athènes Pisistrate fut au VIe siècle le premier à tenter de mettre de l'ordre dans ce foisonnement. Il s'agit donc d'une entreprise officielle, prise en charge par le pouvoir politique. Au IIIe siècle, les grammairiens d'Alexandrie tentèrent de distinguer le texte initial des multiples ajouts. Après cette opération, les deux poèmes, organisés en vingt-quatre chants, ne connaissent plus de modifications : il a ainsi fallu près de cinq siècles pour parvenir à ce résultat. Le succès immédiat de l'*Iliade* et de l'*Odyssée* n'est sans doute pas étranger à ces multiples variantes et à ce foisonnement, y compris après sa « rédaction ». Les conditions de transmission des textes antiques jouent également un rôle.

De façon à première vue paradoxale, il convient de s'interroger en effet sur le rôle de la lecture proprement dite. La connaissance de ces deux poèmes fait partie du bagage minimum de tout jeune homme si bien que Platon (*La République*, 606 e) peut faire dire à l'un de ses interlocuteurs qu'Homère « est l'éducateur de la Grèce et que pour l'administration et l'éducation des hommes il mérite qu'on le prenne et qu'on l'étudie ». En réalité, il s'agit d'apprendre par cœur un texte que l'on entend plus que l'on ne voit. La raison essentielle est le faible nombre d'exemplaires disponibles, trop précieux pour être mis entre toutes les mains. À cela s'ajoute la difficulté de lire, liée à la forme même du *volumen* : ce n'est que dans l'Antiquité tardive que se développe le codex, c'est-à-dire le livre relié tel que nous le connaissons. Auparavant le texte est disposé en colonnes sur un très long rouleau (3 m au moins) de papyrus que l'on doit dérouler et réenrouler en utilisant ses deux mains. Le lecteur, entièrement mobilisé par cette tâche, lit donc à haute voix pour l'ensemble du public dans une lecture publique ou scolaire ou pour le riche romain capable de s'offrir un secrétaire particulier. En raison de cette technique, la lecture telle que nous la concevons, avec renvois rapides à des pages différentes, est impossible. L'effort de mémoire auditive reste donc fondamental dans l'apprentissage de ces textes, et l'on s'interroge aujourd'hui sur le nombre réel de personnes sachant lire et écrire dans l'Antiquité gréco-romaine, malgré l'importance des inscriptions officielles et le nombre de graffiti découverts sur les murs de Pompéi : la plupart pouvait écrire leur nom et déchiffrer seulement les lettres en grandes capitales des meilleures inscriptions. Cela ne les empêchait pas de connaître par cœur des passages entiers d'Homère ou des autres poètes.

Le succès de l'*Iliade* et de l'*Odyssée*

Malgré les limites d'une alphabétisation qui, en définitive, ne devait concerner qu'un nombre restreint de personnes, le succès de ces deux œuvres a été immédiat et durable. Un des premiers colons grecs établis en Italie dans l'île d'Ischia (à l'extrémité nord du golfe de Naples) grave, vers 725 av. J.-C., sur ce qui devait être son gobelet préféré, trois vers inspirés directement de l'*Iliade* : une génération à peine après sa rédaction par Homère, l'*Iliade* est déjà un texte de référence. Dès lors, les thèmes traités dans les deux poèmes deviennent une source inépuisable de sujets iconographiques : on ne compte plus les vases décorés qui reprennent, souvent avec des détails très précis, des scènes comme celle d'Ulysse échappant aux sirènes, de Polyphène éborgné par le même Ulysse et ses compagnons, etc. Les errances d'Ulysse correspondent parfaitement au mouvement de colonisation qui caractérise le VIIe siècle. On ne croit plus guère aujourd'hui qu'Homère en personne ait pu visiter ces différents sites ou que son œuvre contienne un guide crypté des explorations grecques. En revanche, la mainmise territoriale des Grecs sur l'Italie méridionale a su très vite tirer parti de ce poème comme justificatif de leur présence. La toponymie conserve le souvenir de ces rapprochements comme le Monte Circeo, entre Rome et Naples, où tous les géographes antiques localisent le domaine de Circé, la magicienne qui transforme les compagnons d'Ulysse en pourceaux. Cette pratique sera mise à profit par les nobles romains de la fin de la République qui installent sur le même littoral leurs plus somptueuses villas : ces Romains cultivés qui, comme Tibère, n'hésitent pas à se poser des colles sur le nom de la nourrice d'Achille, entendent s'établir sur les plages foulées par Ulysse. Le même empereur reconstitue, grandeur nature, dans une grotte d'où l'on voit parfaitement le Monte Circeo, plusieurs épisodes de l'*Odyssée*, à commencer par l'éborgnement de Polyphène. Pour cela, il n'hésite pas à faire venir les sculpteurs grecs de Rhodes, les plus connus de son temps, auteurs, entre autres, du célèbre Laocoon. Il est vraisemblable que d'une manière ou d'une autre Ulysse devait être considéré comme un ancêtre de sa famille de la même manière que celle des Julii avait fait de Iule, fils d'Énée et arrière-petit-fils de Priam, son héros éponyme. Romulus ayant lui-même été annexé comme descendant de Iule, la dynastie de César et d'Auguste justifiait son pouvoir grâce à l'*Iliade* et l'*Odyssée* même s'il s'agit, dans leur cas, des Troyens et non des Grecs.

Vase grec (475 av. J.-C.).
On y voit Ulysse attaché au mât, et ses compagnons, les oreilles bouchées, ainsi que les sirènes. Cet épisode est longuement développé dans l'*Odyssée* mais le peintre a ajouté des détails absents du texte.

Ces jeux littéraires n'ont donc rien de gratuit. Le succès de l'*Iliade* et de l'*Odyssée* a contribué à l'attrait de ces textes pour les hommes politiques depuis Pisistrate ; à leur tour, ceux-ci ont certainement renforcé sa diffusion et donc son impact.

b*ibliographie*

ANDREAE Bernard, *Odisseus Archäologie des europäischen Menschenbildes*, Francfort, 1982 (traduction italienne : *L'immagine di Ulisse. Mito e archeologia*, Turin, Einaudi (Saggi 661), 1983.

VALETTE-CAGNAC Emmanuelle, *La Lecture à Rome dans l'Antiquité*, Paris, Belin, coll. « L'Antiquité au présent », 1997.

Pharaon, roi ou dieu ?

La réunion en une seule unité politique de groupes vivant jusque-là de façon autonome dans un cadre géographique adéquat mais contraignant nécessite un certain degré d'organisation administrative et politique permettant de dominer ce territoire. L'Égypte présente l'ensemble de ces caractéristiques et le système monarchique, qui exerce son autorité sur la vallée du Nil et ses bordures, servira encore de modèle et de référence à l'Empire romain plusieurs millénaires après sa création. Cette longévité en Égypte même s'est bien évidemment accompagnée d'une évolution sensible dans les modes de succession des souverains et de gouvernement. Cependant, très tôt la volonté d'archaïsme contribue à figer les principes de base.

Le poids de la géographie

Dans sa partie septentrionale, au-delà de la première cataracte, le cours du Nil présente successivement deux aspects : une vallée étroite encaissée entre deux bandes désertiques, puis un delta où les branches du fleuve se multiplient. Ces deux régions aux possibilités et aux économies différentes peuvent être en réalité complémentaires et cette caractéristique fonde l'unité de l'Égypte. Il faut attendre le changement climatique, c'est-à-dire l'assèchement général qui au Vᵉ et au début du IVᵉ millénaire transforme les steppes en désert pour que les populations locales s'intéressent fondamentalement à la vallée. Jusqu'alors celle-ci s'est avérée peu accueillante, simple réserve de chasse, en raison des eaux divaguantes du Nil. Ce mouvement s'accompagne de la formation d'unités territoriales de dimensions encore modestes, correspondant approximativement aux futurs quarante nomes de l'Égypte pharaonique. Ce qui n'est alors que les « chefferies » se regroupent progressivement en deux « royaumes », la Haute et la Basse-Égypte pour reprendre la terminologie égyptienne. Le titre de roi renvoie sans doute à l'idée d'un chef capable de dominer ses rivaux au nom de son clan et surtout de ses dieux. De ce fait, le roi apparaît comme le protégé, sinon comme l'incarnation de ces derniers. Ces royaumes se montrent également capables d'organiser les premiers travaux susceptibles de maîtriser au moins partiellement les plus grosses crues du Nil et de tirer profit du limon qu'il dépose chaque année. Cela implique également la capacité de redistribuer la terre (voir p. 18) au moment où les eaux se retirent, permet-tant les récoltes dans les meilleures conditions. Le roi, et c'est un deuxième aspect fondamental de ses fonctions, assure ainsi l'existence de son peuple.

L'unité politique de l'Égypte, souvent fragile comme l'attestent les nombreuses périodes de crise, se fait donc par le triomphe d'un des royaumes sur l'autre. L'histoire de l'Égypte montre également que ce n'est pas toujours le même qui l'emporte. Fondamentalement, la justification du système pharaonique réside dans sa capacité à maintenir la paix extérieure, par le triomphe sur les ennemis, et intérieure, par le maintien d'un système de contrôle des eaux du fleuve sur l'ensemble de son parcours, assurant par là même la complémentarité des ressources entre toutes les régions de l'Égypte.

Les pouvoirs de Pharaon

Le mot pharaon nous est connu par la Bible, les Hébreux ayant ainsi transcrit le mot composé égyptien « per-aâ », la « grande maison », attesté dès le milieu du IIIᵉ millénaire. Il désigne à la fois la charge, le titulaire de la charge et le lieu où elle s'exerce prioritairement. Son utilisation pour désigner le titulaire n'intervient en Égypte que très tardivement, après 1370 avant notre ère, et se trouve en concurrence avec plusieurs autres mots comme « roi », «seigneur ». Ce n'est qu'après 970 av. J.-C. qu'il est utilisé, comme dans la Bible, pour indiquer le titre précédant un nom propre.

De façon officielle, le souverain est désigné par une titulature quasi immuable formée de cinq éléments, qui rappellent sans doute les différentes étapes religieuses, correspondant le plus souvent à l'annexion de divinités ayant conduit à l'instauration de ce régime. Ainsi, celui que nous nommons Sésostris III est nommé : « Divin de devenir » (nom d'Horus, premier élément de la titulature), « Divin de naissance » (nom des deux déesses, deuxième élément), « Celui qui devient » (Horus d'or, troisième élément), « les armes de Rè apparaissent en gloire » (quatrième élément rappelant qu'il est roi de Haute et de Basse-Égypte), « l'homme de la déesse Ouseret ou Sésostris » (le pharaon est fils de Rè, cinquième élément). L'élément le plus personnel, qui peut être utilisé seul dans les inscriptions, est le quatrième, le cinquième comme l'indique le nom moderne étant le plus souvent commun à l'ensemble des membres d'une même dynastie.

Les deux derniers sont entourés dans le « cartouche », symbole réservé au seul pharaon : cette corde nouée enserre ce que le Soleil encercle, c'est-à-dire l'Univers. Le pharaon se présente ainsi comme le maître du monde, non comme celui d'un royaume géographiquement limité. Cette distinction sera reprise par l'idéologie impériale romaine et par toutes celles qui s'en inspireront. Par ses titres, dès l'origine, le pharaon est donc considéré

Sarcophage de Toutankhamon.
Le souverain est traité comme un dieu, avec une barbe postiche et le cobra sur son front.

comme le successeur du dieu Horus, « premier pharaon », lui-même fils d'Osiris et d'Isis. Tous les éléments de sa titulature insistent sur cette filiation divine exprimée très concrètement par les formules « fils de Rè », « fils d'Amon-Rè ». La hiérogamie caractérise donc le couple royal et contribue à donner une place importante à la souveraine, unie charnellement au dieu. Elle justifie également les mariages entre frère et sœur dont témoigne encore Cléopâtre. La continuité dynastique est inséparable de la notion de pharaon. La titulature, par sa complexité, insiste en même temps sur le caractère unique de chaque pharaon. Ce souci d'éviter que deux souverains portent le même nom est à l'origine des listes royales officielles *(Canon des rois)*, régulièrement compilées par les scribes.

Malgré des difficultés, ces listes ont permis d'organiser l'histoire de l'Égypte sur plusieurs millénaires en distinguant les trente dynasties qui, officiellement, se sont succédé, sans solution de continuité puisque, dans l'esprit des scribes, Pharaon est indispensable à la survie du pays. Les représentations de Pharaon le distinguent également de ses sujets en le rapprochant des dieux. Cette hiérarchie est manifestée par une plus grande taille, jusqu'à trois fois celle des autres, et surtout des attributs que l'on retrouve sur le couvercle de sarcophage de Toutankhamon : notamment la barbe postiche réservée également aux divinités et les insignes de pouvoir royal, le fouet et la crosse du berger.

La justification du pouvoir temporel de Pharaon est donc fondamentalement d'origine religieuse, et le lien avec les divinités doit être régulièrement entretenu. En particulier, pour garder son efficacité face aux ennemis de l'Égypte et aux menaces de chaos, sa force divine doit être renouvelée après plusieurs années de règne par les rites du « jubilé » qui reprennent ceux de l'avènement. À sa mort, le pharaon est censé rejoindre les autres dieux en étant pleinement assimilé à un nouveau dieu. À ce titre, il est doté d'un lieu de culte personnel, de prêtres, et, seul, il bénéficie pendant longtemps des pratiques de momification, gages de la vie éternelle.

Ces aspects religieux orientent les rapports des pharaons et des prêtres (voir pp. 40-41), rapports parfois conflictuels, mais le plus souvent les confusions entre les deux fonctions sont soigneusement entretenues : ainsi, au Nouvel Empire, la femme du souverain est placée à la tête des prêtresses, les « Divines adoratrices d'Amon », et le fils aîné devient systématiquement « premier prophète d'Amon », grade le plus élevé de la hiérarchie religieuse.

Dans l'Antiquité, le pouvoir monarchique est inséparable d'un appui fourni par les divinités. Cette confusion fait du monarque l'égal des dieux, sinon même un dieu.

b*ibliographie*

DESROCHES-NOBLECOURT Christiane, *Vie et mort d'un pharaon, Toutankhamon*, Paris, Hachette, 1963.

VERCOUTTER Jean, *À la recherche de l'Égypte oubliée*, Paris, Gallimard, coll. « Découvertes Gallimard » n° 1, 1986.

Soldats, citoyens et mercenaires

*Le passage des techniques du combat individuel, immortalisé par les Grecs de l'*Iliade*, à celles du combat collectif des hoplites, est inséparable de la naissance de la cité. Dans le combat hoplitique, chaque membre du groupe se défend avec son bouclier mais protège également son voisin dans la formation compacte et resserrée de la phalange. La volonté égalitariste entre ceux qui s'appellent à Sparte les « égaux » ou les « semblables » caractérise de fait l'ensemble des citoyens. Dès lors, un lien étroit unit la notion de citoyenneté et celle de service militaire.*

Service militaire et citoyenneté en Grèce

Pour les philosophes grecs comme Aristote qui ont les premiers tenté de définir les différents régimes politiques à travers leur constitution, le véritable citoyen est celui qui participe directement à l'effort de défense de sa cité. Suivant la nature du régime, oligarchique ou démocratique, le nombre des citoyens, et donc des hommes en armes, est susceptible de varier considérablement : le service militaire est une obligation pour tous les citoyens, mais la façon de s'en acquitter varie en fonction de la fortune de chacun, y compris, dans les régimes les plus démocratiques comme celui d'Athènes. On admet comme allant de soi que les plus fortunés ont le plus d'intérêt et de capacité à défendre leurs biens comme ceux de la cité. Celle-ci ne prenant en charge qu'une partie seulement de l'effort militaire, en particulier pour l'équipement, les plus riches sont également les mieux à même de s'équiper. Un lien éminent lie depuis les origines de la cité changements politiques et organisation de l'armée.

Le discours funèbre prononcé par Périclès à la fin de la première année de la guerre du Péloponnèse (431 av. J.-C.), qui oppose Athènes et Sparte, est l'occasion pour Thucydide de préciser la doctrine officielle d'Athènes : le respect des lois, le nombre élevé des citoyens mais aussi l'amour de la patrie, les rapports d'entraide mutuelle entre la cité et ses citoyens constituent la meilleure formation au métier militaire, sans que la cité soit obligée d'y ajouter la contrainte. De fait, à Athènes les jeunes de 18 à 20 ans connaissent, au moins au IVe siècle, deux ans de service militaire, l'éphébie. La première année, consacrée à l'apprentissage des armes, s'achève par une remise solennelle du casque et du bouclier offerts par la cité, le reste de la panoplie étant à la charge du citoyen. La deuxième année se passe en garnison dans une forteresse à la frontière de l'Attique. Ensuite, jusqu'à 49 ans, le citoyen reste mobilisable pour l'armée d'active et de 50 à 59 ans pour la réserve territoriale. Il lui reste possible d'avoir une activité professionnelle réelle car on mobilise rarement plus de deux ou trois classes de citoyens à la fois et les campagnes sont généralement courtes, calées à la fin de l'été pour que les récoltes soient déjà faites.

Depuis les réformes de Solon (594 av. J.-C.) et surtout de Clisthène (508 av. J.-C.), les citoyens sont organisés en quatre classes censitaires, déterminant des droits et des devoirs, notamment militaires, différents. Les étrangers résidant à Athènes, les métèques, sont classés comme les citoyens en fonction de leurs richesses. Du point de vue militaire, les plus riches doivent financer la construction d'un navire de guerre puis le commander ; ceux du deuxième groupe servent dans la cavalerie, ce qui nécessite une longue pratique, ceux du troisième comme hoplites, des « fantassins lourds ». Cela implique qu'ils soient capables de financer leur armure. Les thètes qui forment le dernier groupe servent comme fantassins légers et surtout comme rameurs. Même simples soldats, les uns et les autres traitent d'égal à égal avec leur général qu'ils ont élu et qu'ils pourront éventuellement juger à la fin de la campagne. Ils siègent à l'assemblée et leur vote est également essentiel pour déclencher la guerre ou négocier la paix future. Ils touchent, en cas de mobilisation, une solde quotidienne égale pour le fantassin à ce qu'il reçoit les

PÉRICLÈS REND HOMMAGE AUX CITOYENS MORTS AU COMBAT.

« La constitution qui nous régit n'a rien à envier à celle de nos voisins [...]. Parce que notre régime sert les intérêts de la masse des citoyens et pas seulement d'une minorité, on lui donne le nom de démocratie [...]. Nous nous distinguons encore de nos adversaires par la façon dont nous nous préparons à la guerre. Notre cité est accueillante à tous et jamais nous ne procédons à des expulsions d'étrangers (qui pourraient renseigner l'ennemi). Car, plutôt que sur les préparatifs et les effets de surprise, nous comptons sur le courage avec lequel nos hommes se battent. Selon les méthodes d'éducation de certains (= les Spartiates), il faut, pour être un bon soldat, avoir été soumis dès le jeune âge à un vigoureux dressage. Nous, qui prenons la vie sans contrainte, nous sommes aussi prêts que ces gens-là à affronter le combat avec des adversaires à notre mesure. »

Thucydide, *La Guerre du Péloponnèse*, II, 37, trad. D. Roussel, Gallimard, coll. « La Pléiade », 1964.

jours où il est convoqué à l'assemblée ou comme juge : le lien entre ces diverses activités du citoyen ne saurait être plus évident, mettant au second plan les valeurs proprement militaires, et aristocratiques, comme la bravoure.

À Sparte, l'apprentissage commence très tôt, avec exercices de survie dès l'adolescence et encasernement total jusqu'à 30 ans. Les citoyens, moins nombreux, restent mobilisables et, de fait, mobilisés jusqu'à 60 ans. Chaque soir, ils prennent leur repas ensemble et, bien que seuls habilités à posséder des terres sur le territoire de la cité, ils doivent les faire cultiver par des dépendants, les hilotes : leur seule activité reste le métier des armes et le lien entre paysannerie et armée est totalement exclu dans les faits. Pour les auteurs classiques, Sparte constitue la seule cité où il existe une armée professionnelle de citoyens. Ailleurs, on se flatte, comme l'a fait Périclès dans son discours, d'être des « amateurs » seulement préparés par l'exercice de métiers adéquats, au premier rang desquels vient naturellement l'agriculture, et son complément, la chasse.

Scène de cens et d'enrôlement militaire.
Un magistrat enregistre les déclarations d'une recrue à côté de militaires en armes (fin IIe s.-début Ier s. av. J.-C.).

Mercenariat et citoyenneté

L'opposition entre le soldat-citoyen et le mercenaire constitue un poncif. Comme pour Hannibal, un des plus grands éloges que l'on puisse faire d'un général est celui de savoir commander à des mercenaires. Théoriquement, il ne peut s'agir d'autre chose que de barbares, au sens linguistique comme au sens politique, de sujets sans pouvoir de décision autonome. En revanche, le goût du butin constitue une des motivations essentielles des guerres menées par les citoyens. Une des raisons qui poussèrent les Grecs à utiliser les mercenaires ou à devenir eux-mêmes mercenaires est donc la plus grande technicité des combats qui apparaît à l'époque hellénistique : si un hoplite n'a pas, du moins en théorie, besoin d'une formation très poussée – le sens civique, par la solidarité entre combattants, devant y suppléer –, il n'en va pas de même avec les archers, lanceurs divers, de plus en plus efficaces sur le champ de bataille.

Les capacités ainsi acquises sont mises au service de rois étrangers, perses par exemple. L'établissement de monarchies grecques à l'époque hellénistique accentue cette dissociation entre le soldat et le citoyen : la « crise de la cité » se trouve renforcée par ce phénomène, les citoyens répugnant de plus en plus à assurer les tâches les plus fastidieuses ou les opérations lointaines. Les mercenaires peuvent espérer retrouver ensuite, grâce au butin, la dignité d'un véritable citoyen qui leur est refusée au départ en raison d'une fortune trop réduite ou d'une crise politique qui les oblige à quitter leur foyer. De fait, l'opposition entre le soldat-citoyen de Sparte et le mercenaire est souvent plus théorique et idéologique que réelle.

Les rapports étroits entre citoyenneté et service militaire, l'organisation censitaire de l'armée se retrouvent à Rome jusqu'aux guerres puniques (IIIe siècle av. J.-C.) avec le mythe du soldat-paysan poussé à son paroxysme. Ensuite, la multiplication des campagnes et l'éloignement des théâtres d'opération conduisent à une nécessaire professionnalisation de l'armée entérinée à la fin du IIe siècle par Marius et, de fait, à un renversement complet des valeurs : seuls les plus pauvres jusque-là exclus comme « prolétaires », c'est-à-dire riches de leurs seuls enfants, acceptent de s'engager. Là aussi, l'armée devient un instrument de promotion. La grande force des Romains, comme le note l'empereur Claude en 48 apr. J.-C., est d'avoir ouvert par ce biais l'accès à la citoyenneté. Les anciens vaincus peuvent devenir « auxiliaires » et, à l'issue de leurs vingt-cinq ans de service, citoyens romains avec tous les privilèges attachés à ce titre. Ce moyen devient le plus simple et le plus facilement accessible pour augmenter régulièrement le nombre de citoyens indispensables à la constitution et au maintien de l'Empire romain.

Dans la cité, la participation aux activités militaires est fondamentale, indissociable du métier de citoyen. Malgré le retour en force des systèmes monarchiques, l'extension géographique des empires, il en reste des traces essentielles dans les consciences.

b*ibliographie*

GARLAN Yvon, « L'homme et la guerre », dans VERNANT Jean-Pierre, *L'Homme grec*, *op. cit.*

LE BOHEC Yann, *L'Armée romaine sous le Haut-Empire*, Paris, Picard, 2e éd. 1990.

Les dépendants

L'Antiquité se caractérise par l'inégalité entre les hommes, inégalité qui n'est pas seulement économique et culturelle mais, d'après les sources littéraires, fondamentalement institutionnelle. Le clivage de base distingue le citoyen du non-citoyen, à commencer par son épouse et ses enfants, qui n'est pas ou ne sont pas encore citoyens. La pratique plus ou moins généralisée de l'esclavage rend nécessaire une distinction complémentaire entre libres et non-libres, d'autant plus que le citoyen se transforme progressivement en sujet dans les régimes monarchiques. Les formes de dépendance sont multiples, évolutives, et le droit tente de traduire la permanence des formes de domination au service des puissants.

L'esclavage antique

Bien qu'il demeure impossible à quantifier avec précision, l'esclavage est une donnée permanente de l'Antiquité classique, encore plus répandue dans les régimes considérés comme démocratiques, où les autres formes de dépendance, comme le statut des hilotes de Sparte, sont réduites : le citoyen a besoin de temps libre pour participer à la vie politique et à la guerre. L'esclave est donc avant tout le négatif du citoyen et les tâches qu'il assure sont indispensables à l'équilibre général de la cité.

Très tôt cependant, il devient nécessaire de justifier théoriquement ce statut de dépendance dans un monde où l'égalité entre citoyens et, surtout, la liberté, définissaient les rapports humains idéaux. Chez Aristote, c'est la nature qui crée des hommes asservis, sans faculté de délibérer, et donc de se conduire en citoyens. Très vite, le barbare inculte devient donc le prototype de l'esclave, ce que semble justifier une des formes normales de l'asservissement, la guerre. Dans le droit, il est assimilé à une marchandise ou à un « outil parlant » comme disent les agronomes latins et, à ce titre, échangé, légué ou abandonné quand il n'est plus assez productif. Ces permanences sont contre-balancées, spécialement à Rome, par l'évolution générale de la société et de l'économie. Malgré l'unicité du statut général, les situations particulières sont de plus en plus différentes et seules quelques tendances peuvent être analysées.

Le premier changement intervient avec la multiplication des guerres de conquête à la fin de la République, et donc la multiplication des esclaves regroupés dans des espaces spécifiques de production, villas ou manufactures (voir pp. 52-53). L'importance des révoltes serviles, dont celle de Spartacus (73-71 av. J.-C.), reste l'exemple le plus connu, inquiète fortement les possédants : ils voient dans ces masses un allié objectif de la plèbe urbaine aux mains des démagogues comme Clodius et font excercer un contrôle et une répression très sévères. Les guerres civiles servent, de fait, comme exutoire à ces revendications en même temps que disparaît, avec l'avènement du principat, le rôle strictement politique du citoyen.

Ce changement de régime politique est contemporain d'une modification progressive des formes de production. Dans le monde rural, toujours numériquement dominant, les grands propriétaires font appel au colonat, c'est-à-dire à des formes d'exploitation où libres et non-libres ne sont plus clairement différenciés, chacun devant, par contrat, fournir des redevances précises : si les esclaves gagnent sur leur lopin une certaine autonomie, les paysans libres voient leur liberté réduite par les exigences de plus en plus lourdes des propriétaires.

Cette confusion se retrouve en ville où les gens se regroupent, par métiers, et donc quel que soit leur statut dans le cadre de collèges autorisés par le pouvoir impérial et solidement tenus en main par les « patrons », c'est-à-dire les membres des élites urbaines. L'encadrement du monde du travail est donc pris en charge par la communauté plutôt que par les particuliers. Cependant, les plus riches, et plus spécialement les sénateurs, qui ne peuvent se déshonorer en se livrant à des activités mercantiles, continuent de confier la gestion de leurs biens à ceux qu'ils peuvent le mieux tenir en main, leurs esclaves, si bien que certains hommes libres n'hésitent pas à perdre leur liberté pour occuper des

CONTRAT DE VENTE D'UN ESCLAVE.

« Dasius Breucus a acheté et a reçu en propriété l'esclave Apalaustus, ou de quelque nom qu'il s'appelle, grec, de Bellicus, fils d'Alexander, pour la somme de six cents deniers. Marcus Vibius Longus a été prié de donner sa caution. Cet esclave est livré sain ; il est garanti ni voleur, ni délictueux, ni fugueur, ni fugitif, ni épileptique [...]. »

Extrait d'une tablette en bois découverte en 1855 dans une mine d'or de Transylvanie et ainsi conservée de façon exceptionnelle.

postes en définitive rémunérateurs. Ces esclaves, quelle que soit leur origine, ont l'espoir d'être affranchis par leur maître qui y trouve de nouveaux bénéfices, l'affranchi restant sous la dépendance économique de son ancien maître. Il doit le compter parmi ses héritiers au même titre que ses propres enfants.

L'affranchi reste marqué par son origine servile qui lui interdit d'être considéré comme un citoyen de plein droit. En revanche, ses enfants, du moins ceux qui sont nés après son affranchissement, sont rangés dans la catégorie des hommes libres et bénéficient de tous les avantages de cette situation. De fait, sur les monuments funéraires où ces familles d'affranchis sont représentées, le fils occupe la place d'honneur, portant fièrement au cou la bulle (d'or), signe distinctif des enfants libres. Mais globalement, le principe et la pratique de l'affranchissement tendent à gommer les différences fondamentales qui opposent, en Grèce comme dans la Rome républicaine, citoyens et esclaves. Devant le danger que représente à terme la multiplication de citoyens dispensés d'impôt, le pouvoir impérial codifie strictement les pratiques de l'affranchissement. Officiellement, il s'agit de limiter le nombre de citoyens que l'État doit prendre en charge lors de distributions gratuites de blé. Dans les faits, cela revient à rendre de plus en plus confuse la barrière entre les esclaves et les hommes libres puisque, en définitive, un fils d'affranchi est citoyen de plein droit. Parallèlement, même si le but ultime est de maintenir la situation en l'état, la philosophie stoïcienne d'un Sénèque renforce ces confusions entre libres et non-libres: nous sommes tous des esclaves, de nos vices, et l'esclave est libre, dans son âme. La participation commune au culte impérial (voir pp. 46-47) unifie les comportements dans le soutien commun apporté au régime.

De nouvelles formes d'encadrement et de hiérarchie

Il apparaît clairement que seul le droit permet de caractériser l'esclavage, une forme de dépendance qui doit ainsi tout aux hommes. Dans le même temps, les confusions entre libres et non-libres dans les faits fragilisent ce droit: les réalités sociales masquées par les statuts éclatent ainsi au grand jour. Par la loi, l'empereur et donc l'État interviennent de plus en plus pour définir des rapports qui jusqu'alors participaient presque exclusivement de la sphère privée. D'un côté, ils maintiennent une certaine paix civile en protégeant l'esclave des violences du maître en particulier, comme le montre le passage des *Sentences* de Paul ci-dessous, pour son intégrité physique. La mise à mort par le maître est donc interdite et en cas de crime l'esclave est jugé par un tribunal suivant des procédures voisines de celles utilisées pour les hommes libres. De l'autre côté, l'État assure la sécurité du maître par un arsenal répressif complexe.

Plus largement, le droit déplace le problème à partir de la fin du IIe siècle et plus encore après l'Édit de Caracalla (212 apr. J.-C.) qui fait de tous les libres des citoyens: la barrière passe désormais clairement entre les *honestiores* – ceux qui ont des loisirs – et les *humiliores* – ceux qui ont besoin de travailler pour vivre. Dans le code pénal, les châtiments sont distingués non pas en raison de l'importance de la faute, mais selon l'appartenance sociale. Comme le montre le texte de Paul, aux *humiliores* sont réservées les peines traditionnellement infligées aux esclaves: condamnation à mort et travaux forcés; aux autres, l'exil ou le bannissement qui, au début de l'Empire, touchaient principalement les membres contestés de la famille impériale, à commencer par le futur empereur Tibère (banni à Rhodes) ou la fille d'Auguste (confinée dans l'île de Ventotène). Ce texte, qui nous est connu principalement à travers sa version d'époque wisigothique, montre que cette inégalité devant la loi constituera un des fondements du droit médiéval.

L'INÉGALITÉ DEVANT LA JUSTICE.

« Ceux qui arrachent ou arasent les bornes ou les arbres marquant les limites, s'ils sont esclaves et qu'ils l'aient fait de leur propre initiative, sont condamnés aux mines; s'ils sont *humiliores*, ils sont condamnés aux travaux publics; s'ils sont *honestiores*, ils sont relégués dans une île après confiscation du tiers de leurs biens ou contraints à l'exil [...].
Ceux qui violent une vierge, non encore en puissance maritale, s'ils sont *humiliores*, sont condamnés aux mines; s'ils sont *honestiores*, ils sont relégués dans une île ou envoyés en exil [...].
Celui qui, en vue de le livrer au stupre ou d'en tirer plus d'argent, a castré ou fait castrer un homme malgré lui, qu'il s'agisse d'un esclave ou d'un homme libre, est puni de mort; les *honestiores* eux sont déportés dans une île après confiscation de leurs biens [...].
Il n'est permis à personne d'avoir chez soi des livres de magie et ceux chez qui on en trouvera verront leurs biens saisis, les livres brûlés publiquement et eux-mêmes déportés dans une île ou, s'ils sont *humiliores*, punis de la peine capitale. »

Paul, *Sentences*, V, 21-23, trad. J. Rougé, dans *Textes et documents relatifs à la vie économique et sociale dans l'Empire romain*, Paris, SEDES, 1969.

L'inégalité des statuts fonde les sociétés antiques; elle ne cesse cependant d'évoluer et de s'adapter en fonction des besoins et des contraintes nouvelles.

bibliographie

THEBERT Yvon, « L'esclave », dans GIARDINA Andrea (dir.), *L'Homme romain*, Paris, Seuil, coll. « L'univers historique », 1992.

WHITTAKER Charles Richard, « Le pauvre », *ibid.*

Principes et limites de la démocratie antique

Le système «civique» caractérise le monde grec en opposition avec les monarchies orientales ou égyptiennes et les organisations tribales propres au monde des pasteurs. Il passe en Italie où il se développe en dehors du monde colonial grec, en particulier à Rome et dans les cités étrusques. Les constitutions sont extrêmement diverses comme le relèvent Aristote et ses élèves, auteurs des premières recensions systématiques dans ce domaine. La première différence porte sur la façon de compter les citoyens, et par là même sur le rôle attribué au peuple par rapport aux autres instances. Dans les cités démocratiques, l'égalité des citoyens est mise en avant; les cités oligarchiques privilégient le «mérite».

L'octroi de la citoyenneté

La cité se définissant par ses citoyens, les conditions d'accès à la citoyenneté constituent une des clés pour analyser les constitutions antiques. La règle générale est l'hérédité: pour être citoyen, il faut être fils de citoyen. Trois conséquences découlent de ce principe. La plus directe est l'importance de la filiation: le citoyen indique sa citoyenneté en indiquant le nom de son père. De fait, c'est le père qui, sous des formes et à des âges différents, «reconnaît» son fils et lui transmet la qualité de citoyen. Cette formalité est authentifiée par la communauté qui inscrit le nouveau venu dans un groupe dont la réunion constitue la cité proprement dite. Au départ, et cela se maintient dans les cités les plus aristocratiques, ces groupes sont familiaux comme les *gentes* de Rome: ceux qui ne font pas partie des familles reconnues ne peuvent être véritablement citoyens et forment le groupe des plébéiens. Les luttes politiques commencées en Grèce au VIe siècle, à Rome un siècle plus tard, tendent à gommer ce type de groupement au profit de ceux fondés sur le partage territorial: ces «tribus» correspondent à une unité géographique ou, à Athènes, à une combinaison d'unités territoriales pour éviter les luttes de quartier. La mention de la tribu (à Rome), ou du dème (à Athènes), est indispensable pour prouver que l'on est citoyen.

La deuxième conséquence de cette transmission héréditaire de la citoyenneté est l'importance d'un mariage officiel. Dans un monde marqué par l'esclavage, les formes de concubinage sont multiples et le mariage prend une dimension fondamentale, y compris dans les rapports entre cités: le «droit au mariage» est aussi réglementé que le droit à la terre ou au commerce. La «matrone», l'épouse légitime du citoyen romain, occupe, malgré sa position d'éternelle mineure, une place essentielle dans le dispositif. Elle seule est concernée par la question de l'adultère et son complice sévèrement puni par la loi. Pour ces mariages entre citoyens, cérémonies purement privées dans leur principe, le magistrat peut ou doit se porter garant. À Athènes, Périclès est l'instigateur de la loi qui rendait également nécessaire la citoyenneté de la mère pour que l'enfant puisse être déclaré citoyen.

La troisième conséquence, sans aucun doute la plus importante à long terme, est d'ordre démographique. Le monde antique pratique, sous des formes régulières mais avec une certaine constance, la régulation des naissances. Le droit pour le père d'abandonner tout enfant nouveau-né n'est que la forme ultime de ces pratiques. Ce contrôle entraîne ce que les historiens grecs comme Polybe appellent le «manque d'hommes»: même s'il faut faire la part de l'exagération, le nombre de citoyens ne cesse de baisser dans les cités grecques. Prenant conscience de ce phénomène, certaines cités tentent d'accorder la citoyenneté à des étrangers établis sur leur territoire mais ces tentatives font le plus souvent long feu, les citoyens refusant de partager les avantages attachés à la citoyenneté.

À Rome pendant la période républicaine, on tente au contraire de limiter l'arrivée de citoyens extérieurs en organisant tous les cinq ans un recensement. De fait, on admet le principe d'une double citoyenneté, celle du lieu d'origine et celle de Rome, supérieure car elle caractérise le vainqueur: la multiplication des statuts rend les usurpations relativement faciles. En revanche, sous l'Empire, le pouvoir impérial organise de façon officielle l'extension du corps civique romain à un nombre toujours plus grand d'individus. L'armée (voir pp. 30-31), mais aussi l'exercice de magistratures locales, le droit pour un fils d'affranchi d'être considéré comme citoyen, le pouvoir de l'Empereur de «créer» des citoyens, s'additionnent pour assurer un flux régulier. Parallèlement, Auguste, grâce à la fiscalité, met en place une politique nataliste en faveur des familles de citoyens. En 212 apr. J.-C., un décret fait de tous les hommes libres résidant dans l'Empire des citoyens romains.

L'organisation des élections

Pour les Grecs, le moyen le plus démocratique de choisir entre des citoyens réputés égaux est le tirage au sort, largement pratiqué à Athènes : on désigne ainsi les membres du Conseil (Boulé), les juges des tribunaux et la plupart des magistrats. De fait, le tirage au sort est précédé d'une vérification sommaire des aptitudes des candidats au niveau du dème. Cette présélection est fortement tempérée par l'impossibilité d'être choisi plus de deux fois pour la même fonction et par la durée réduite (annuelle) de chacun de ces mandats. En conséquence, toutes les personnes normalement constituées peuvent espérer être élues au moins une fois dans leur vie. Seuls les postes techniques – magistrats chargés des finances ou de la guerre – échappent à ces principes et font l'objet d'élections au sens où nous l'entendons aujourd'hui. Des procédures complexes, impliquant un usage minimum de l'écriture puisque les bulletins sont vierges, sont appliquées.

Le système mis en place dans le monde romain, vraisemblablement au cours du IVe siècle av. J.-C., s'inspire de ces pratiques égalitaires grecques, mais l'esprit est sensiblement différent. Il s'agit d'une démocratie directe, où la présence physique est indispensable. Comme le calendrier compte plusieurs séances mensuelles, seuls ceux qui ne vivent pas de leur travail jouent un rôle régulier, puisque, à la différence d'Athènes, la cité n'octroie aucune indemnité de présence. Deux espaces accueillent ces activités, le *comitium*, lieu de réunion des « comices » ou assemblées, les *saepta* ou « enclos » dans lequel les citoyens sont regroupés avant de voter. À Rome même ces espaces ont disparu, devenus caducs avec la fin de la République mais on les a retrouvés dans les colonies fondées au début du IIIe siècle comme Paestum ou Cosa. De l'extérieur, le *comitium* est de forme quadrangulaire, figure qui rappelle qu'il s'agit d'un espace religieux, construit en bordure du Forum. En revanche, à l'intérieur, des gradins circulaires soulignent l'égalité entre les citoyens qui y prennent place, debout, pour écouter les magistrats qui les haranguent du haut d'une tribune. Les *saepta* constituent à Rome un espace isolé mais à Cosa comme à Paestum, pour chaque vote, des barrières sont mises en place sur le Forum. Convoqués à l'aube, les citoyens prennent connaissance officiellement du but de la réunion, vote d'un projet de loi, élection de magistrats. Ils sont regroupés en centuries suivant leur fortune et leur canton d'origine. Malgré les résistances aristocratiques, le vote est organisé depuis au moins le IIe siècle av. J.-C. à l'aide de tablettes que chacun dépose dans une corbeille pour préserver son anonymat. Mais seul est pris en compte le résultat global de la centurie. Or la première classe, de loin la moins nombreuse, dispose pratiquement, à elle seule, de la majorité absolue avec soixante-dix

Monnaie de P. Nerva : le vote des citoyens à la sortie des *saepta*.
Les barrières séparant les groupes sont bien visibles ainsi que l'urne et le préposé qui remet le bulletin.

centuries. Le système est totalement verrouillé par deux astuces supplémentaires : on commence toujours par les centuries de la première classe et on arrête dès que la majorité absolue est atteinte. Comme le premier vote a valeur de présage, il est tout à fait exceptionnel que l'on dépouille tous les bulletins. Les citoyens romains sont donc, même à l'époque républicaine, étroitement tenus en laisse.

L'acharnement que mettent les Italiens puis les provinciaux à acquérir la citoyenneté est plus lié aux avantages fiscaux et judiciaires, aux distributions frumentaires et à la gratuité des spectacles, qu'au pouvoir politique qui lui est attaché. Cela n'empêche pas les luttes politiques mais la compétition ne concerne qu'un groupe restreint de citoyens.

bibliographie

NICOLET Claude, *Le Métier de citoyen dans la Rome républicaine*, Paris, Gallimard, coll. « Bibliothèque des Histoires », 1976.

HANSEN Mogens Herman, *La Démocratie athénienne à l'époque de Démosthène*, Paris, Les Belles Lettres, 1993.

Les composantes oligarchiques et ploutocratiques

Même dans les cités grecques qui se disent les plus démocratiques, la part du « mérite personnel » n'est pas négligeable dans le choix de ceux qui administrent et dirigent la cité. Avec Clisthène puis Périclès le « démagogue », littéralement le « conducteur du peuple », elle est une donnée fondamentale de la démocratie athénienne qui doit donc être aussi considérée comme une aristocratie, le « gouvernement par les meilleurs ».
Rome se présente sans détour comme un régime à dominante clairement oligarchique. Le groupe minoritaire dispose de plusieurs moyens pour acquérir et conserver la réalité du pouvoir politique.

Une classe politique ?

Pour les périodes où les tendances démocratiques l'emportent à Athènes, le Conseil (la Boulé), qui prépare les délibérations de l'Assemblée, où se retrouvent tous les citoyens, est formé des membres tirés au sort pour un mandat d'un mois. Ailleurs, et à Athènes même, dans les périodes de régime plus oligarchique, ce Conseil est recruté sur des bases très différentes : il s'agit d'hommes considérés comme « expérimentés » (les Anciens), c'est-à-dire le plus souvent les magistrats sortis de charge. À Rome, les « pères de famille » forment à l'origine le Sénat. Très vite, les sénateurs sont également recrutés sur la base des magistratures exercées. En conséquence, l'accès à la magistrature assure à vie le pouvoir politique et acquiert de ce fait une importance considérable pour la formation d'un groupe spécialisé dans les affaires de la cité. Les magistratures deviennent également un formidable enjeu. Il en résulte une kyrielle de procès dont à Rome, à la fin de la République, Cicéron est l'avocat le mieux connu. À Athènes, l'accès aux magistratures, même les plus hautes, demeure théoriquement ouvert à tous mais, dans la pratique, seuls les plus riches, appartenant à la classe des « pentacosiomédimes » – littéralement : ceux qui produisent plus de 50 mesures de blé –, se portent candidats et sont élus. L'opposition à certains relève davantage, d'après les sources littéraires conservatrices, des origines de la richesse que du principe d'un pouvoir réservé aux plus riches.

L'homme exerçant des responsabilités politiques ne doit pas avoir besoin de revenus fournis par la cité mais, au contraire, être capable de prendre en charge des dépenses qui de nos jours sont considérées comme relevant de l'État, par exemple la construction de monuments publics ou même, à Athènes, l'armement des vaisseaux de guerre. De fait, encore à Rome, les « charges » *(munera)* sont indissociables des « honneurs » *(honera)* : le magistrat entrant en charge doit s'acquitter d'une somme minimale qu'il est bien évidemment libre d'augmenter pour acquérir une plus grande reconnaissance de ses concitoyens. Cette ploutocratie a remplacé progressivement un système où la naissance jouait un rôle essentiel comme nous l'avons vu à propos des citoyens ordinaires. Malgré tout, dans

Statue de l'orateur (110-90 av. J.-C.).
La toge est plus simple que celle de l'époque impériale où tout geste violent est interdit.

les milieux dirigeants, les privilèges apportés par l'appartenance à une ancienne famille demeurent essentiels : l'aristocrate de naissance se gausse du parvenu auquel on réserve à Rome le nom d'*homo novus*, celui qui est le premier de la famille à exercer des magistratures.

Nulle part, l'existence d'un groupe privilégié de citoyens auxquels on confie les tâches essentielles de la cité ne repose cependant uniquement sur la richesse et encore moins, officiellement, sur la naissance : même s'il est plus difficile à l'*homo novus* d'arriver aux postes de responsabilités, cela n'est cependant pas impossible. Plusieurs voies s'ouvrent à l'ambitieux pour montrer ses mérites personnels. La valeur militaire, pour avoir des effets sensibles en politique, implique des périodes de guerres civiles plus qu'extérieures et, en définitive, concerne peu d'individus (voir pp. 30-31). L'art oratoire, c'est-à-dire la capacité à convaincre ses concitoyens, est un moyen beaucoup plus fréquent pour s'affirmer, abondamment développé, on peut s'en douter, par les sources littéraires telles que les ouvrages de Démosthène ou de Cicéron.

La formation de l'orateur

Le citoyen actif se présente sur l'agora ou le forum dans une tenue particulière : à Rome, il s'agit d'une toge, vaste vêtement non cousu dont les plis ajustés interdisent les gestes désordonnés, et en particulier toute activité manuelle ou physique. La statue de l'orateur ci-contre, en réalité un noble étrusque d'après l'inscription figurant sur le bord de la toge, montre tous les éléments caractéristiques d'un sénateur romain (sandales à lanières, anneau d'or, tunique bordée d'une large bande, le laticlave) mais, surtout, le bras levé, exprime la force de la parole.

L'art oratoire exige un long apprentissage puisqu'il ne s'agit pas seulement de faire comme Démosthène plaçant des cailloux dans sa bouche afin de renforcer sa voix et d'augmenter sa portée. Il faut bien davantage obéir à des règles de composition, à une gestuelle extrêmement codifiée, imposée, entre autres, par le port de la toge. Malheur au provincial qui a gardé son accent ! Cela implique également une grande capacité de mémorisation, puisque l'on parle sans note, et, de façon plus générale, des connaissances juridiques et une culture historique développées.

Cet apprentissage qui dure plusieurs années se fait en partie dans un cadre que l'on pourrait qualifier d'universitaire, depuis longtemps à Athènes, mais aussi dans l'ensemble des villes grecques comme Marseille où sont présentes jusqu'à la fin de l'Antiquité des écoles philosophiques et rhétoriques. Un autre élément de cette formation, du moins à Rome, consiste à entrer au service d'un Ancien, membre d'une famille alliée qui sert à la fois de maître et de guide, comme Antoine et Crassus dans la formation de Cicéron. À Rome, l'art oratoire ainsi codifié n'est qu'en partie destiné aux assemblées populaires : ses subtilités sont davantage perçues et analysées dans le cadre du Sénat. Les nouveaux venus doivent plus que les autres se conformer aux comportements qu'implique cet art oratoire.

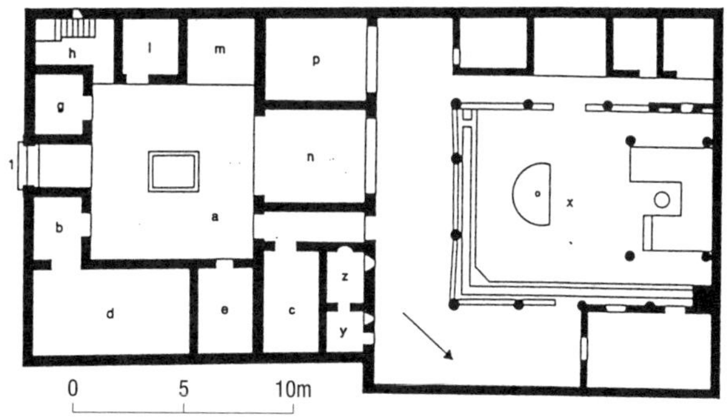

Légende des espaces mentionnés dans le texte : a : *atrium* ; n : *tablinum*. (la fenêtre qui le sépare du péristyle x n'est pas d'origine).

Plan de la maison de Trebius Valens à Pompéi.
La *domus* est un lieu du pouvoir aristocratique au même titre que le Forum.

Un moyen complémentaire pour un *homo novus* de se faire élire est de rendre des services juridiques à la clientèle que tout homme politique doit parallèlement se constituer. Dans un milieu où les partis politiques, au sens actuel, sont interdits mais où les élections sont capitales, il faut disposer d'une force personnelle : c'est précisément le rôle de la « clientèle », un groupe décidé de gardes du corps en période de conflits ouverts et d'agents électoraux lors des élections. Le nombre des clients est donc une donnée essentielle à la fin de la République. Chaque jour, l'espace central de la maison romaine, le *tablinum*, permet de recevoir tour à tour les clients que l'on a fait attendre, pour montrer sa puissance, dans l'*atrium*. Cette foule, ainsi réunie chaque matin dans la maison du magistrat, permet de mesurer, concrètement, la force de chacun.

Une classe politique, en partie héréditaire, tend à voir le jour dans le contexte de la cité. Cette tendance est renforcée par les systèmes monarchiques mais ne fait jamais l'objet d'une théorisation, encore moins d'une loi.

bibliographie

DAVID Jean-Michel, *La Romanisation de l'Italie*, Paris, Aubier, coll. « Histoires », 1994.

DAVID Jean-Michel, *Le Patronat judiciaire au dernier siècle de la République romaine*, Rome, École française de Rome, BEFAR n° 277, 1992.

L'Empereur romain

La légitimité par la force militaire

Toutes les cités antiques ont dû faire place ou se soumettre à des monarchies. Les monarques hellénistiques empruntent certaines de leurs caractéristiques au vieux modèle du tyran grec. Pourtant, celui-ci a été âprement combattu et les rois doivent apparaître différents, au moins dans la forme. L'Empereur romain prolonge cette tradition monarchique dans un monde où le mot même de « royauté » est considéré comme tabou depuis que Tarquin a été chassé du pouvoir en 509 av. J.-C. Dans le système impérial romain, les formes civiles ne sont pas totalement oubliées pour assurer le pouvoir, mais la force militaire joue un rôle essentiel dans sa mise en place.

La tradition des chefs de guerre, les *imperatores*

Les Romains de la fin du Ier siècle av. J.-C. avaient conscience que la disparition d'un ennemi extérieur puissant, comme avaient pu l'être les Carthaginois capables, avec Hannibal, d'envahir l'Italie, était la cause principale de la fin du système républicain. Peu à peu, les généraux, au lieu de combattre pour défendre la patrie, ont détourné les armées à leur profit dans le but de s'approprier le pouvoir au détriment de leurs rivaux. Ce changement d'orientation s'est accompagné d'une double professionnalisation de l'armée : celle des soldats puisque désormais les prolétaires sont les seuls à s'engager (voir pp. 30-31) ; celle des officiers supérieurs, jusqu'alors magistrats temporaires chargés, entre autres tâches, de la guerre, et qui se transforment en « généraux ». Le titre d'*imperator* illustre cette union sacrée entre le chef et ses soudards. Il est attribué sur le champ de bataille par les troupes et confirmé, ensuite, à Rome, par le Sénat qui accorde le droit de triompher. Général et soldats sont donc obligés de vaincre en commun, le premier pour le prestige et le butin qui rend possible le paiement des dettes accumulées en particulier lors des élections, les seconds pour ce même butin et les terres conquises et distribuées qui leur permettent d'espérer quitter le groupe des prolétaires. Les guerres civiles prolongent cette alliance au nom de l'intérêt commun. Elles sont parallèlement l'expression de la rivalité entre un nombre restreint d'*imperatores*. Elles mettent à mal la doctrine officielle défendue par Cicéron qui veut que « les armes cèdent à la toge », c'est-à-dire au pouvoir civil. Les excès auxquels elles conduisent par le biais des proscriptions – les biens des vaincus sont donnés aux vainqueurs – autorisent le dernier survivant, Octave, à fonder un nouveau régime.

En 27 av. J.-C., l'instauration du régime impérial par Octave, devenu Auguste, n'est en effet que l'aboutissement de ce processus avec l'élimination successive de tous ses adversaires. Seul maître, il feint de rétablir l'ancienne constitution avec ses magistrats, ses conseils et ses élections, puisque tout changement *(nova res)* est considéré comme une « révolution » et donc de façon très négative dans ce milieu ultra-conservateur que constitue le monde romain. Dans les faits, il reste cependant avant tout un chef de guerre comme le montre le premier titre qu'il se donne, *Imperator* : c'est à lui et à ses successeurs, seuls chefs des armées, que le triomphe est désormais réservé. Ce titre est également à la base de son pouvoir, l'*imperium* qui caractérisait la fonction des magistrats supérieurs, en particulier hors de Rome lors de leur période de commandement militaire ou de gouvernement des provinces. Concrètement, l'Empereur administre directement toutes les provinces où stationnent des troupes, laissant au Sénat la garde de celles qui en sont démunies parce que depuis longtemps pacifiées. De fait, ce sont d'abord les soldats stationnés à Rome, les prétoriens, qui, au Ier siècle apr. J.-C., choisissent l'Empereur, après avoir, éventuellement, tué eux-mêmes son prédécesseur. Par la suite, les armées en garnison aux frontières prennent l'habitude de proposer leur général comme nouvel empereur au prix, là encore, de nouvelles guerres civiles entre prétendants. Le Sénat ne fait, au mieux, qu'entériner ce choix des militaires : quand il prend l'initiative, il doit le plus souvent renoncer et ses candidats sont exécutés.

Les parades destinées à éviter la destitution par les troupes et à assurer la continuité du régime sont en nombre réduit : faire nommer son héritier, fils naturel ou fils adoptif, avant sa mort est la pratique régulière de la dynastie des Antonins entre 98 et 175 et les contestations sont alors peu nombreuses ; promettre des dons aux soldats, avec une surenchère entre les candidats, devient une pratique courante et quasiment codifiée dès la fin du IIe siècle; multiplier les changements d'affectations, et faire succéder les postes civils et militaires pour des rivaux potentiels, c'est-à-dire des sénateurs, ne constitue jamais une garantie suffisante contre un général ambitieux.

L'idéologie impériale

La statue d'Auguste découverte, au nord de Rome, dans une des villas appartenant à son épouse Livie, illustre l'importance du rôle militaire de l'Empereur, et de façon plus générale le système de représentation extrêmement codifié de ce pouvoir. Debout, cuirassé, seul type de statuaire créé par les Romains selon Pline l'Ancien, il est dans la position de celui qui harangue ses troupes. Les pieds nus indiquent que cette œuvre a été réalisée après la mort d'Auguste car seuls les dieux marchent sans chaussures (voir pp. 46-47). Il s'agit donc d'une adaptation d'un modèle que le pouvoir impérial continue de diffuser dans tout l'Empire après la mort du fondateur de la dynastie.

Statue d'Auguste, dite de Prima Porta.
L'Empereur cuirassé a le même geste que l'orateur. Cette statue a été réalisée après la mort d'Auguste, les traits sont idéalisés et l'absence de chaussures accentue l'aspect divin.

Le décor de la cuirasse est un peu différent mais complète les deux séries de thèmes que l'on retrouve sur les arcs de triomphe érigés en très grand nombre, en particulier dans le sud de la France à la même époque: les ennemis de Rome sont présentés comme des vaincus terrassés, les mains liées derrière le dos. En revanche, le décor floral et végétal très riche, les cornes d'abondance, expriment la prospérité garantie par l'Empereur et son armée à ceux qui se soumettent. Sur la statue, on a en plus, au centre, l'évocation d'un épisode secondaire de son règne qu'Auguste a largement exploité dans sa propagande personnelle: la reddition par les Parthes – seuls ennemis dignes des Romains depuis la disparition d'Hannibal – des enseignes qu'ils avaient précédemment enlevées à Crassus. Auguste se présente ainsi comme le maître du monde, et pas seulement de l'Empire romain. Ce pouvoir est assuré grâce à la protection des deux divinités fétiches, Apollon et Diane, qui figurent au-dessus de cette scène.

Cette faveur divine caractérisait déjà les *imperatores*, comme Marius, toujours accompagné d'une prophétesse, Sylla, dont le surnom Felix est la traduction du grec «protégé d'Aphrodite» (celle qui apporte la victoire) ou César, descendant de la même Vénus selon la légende de la famille des Julii, devenue légende officielle romaine avec Virgile passé au service d'Auguste. Cette familiarité avec les divinités (voir pp. 46-47) assure donc la Victoire. Cette notion abstraite devient dès le début de l'Empire, sur le modèle grec, une déesse. Cette déesse païenne est la dernière dont la statue orne, jusque vers 350, la salle de réunion du Sénat. La fiction peut demeurer: l'Empereur n'est que le «Premier» *(Princeps)* des sénateurs et donc le pouvoir civil est toujours déterminant, mais cette statue placée au-dessus de leurs têtes en dit long sur les rapports de force entre l'Empereur et les premiers de ses sujets.

Pour l'Empereur, être victorieux ou même «invincible», *invictus* comme le rappellent les inscriptions, est le meilleur moyen pour justifier et légitimer son pouvoir: toute défaite pourrait être considérée comme le signe de l'abandon des dieux, ou plus précisément de l'incapacité de maintenir l'harmonie entre les dieux et les hommes.

b*ibliographie*

JACQUES François, SCHEID John, *Rome et l'intégration de l'Empire*, t. I – Les structures de l'Empire romain, Paris, PUF, coll. «Nouvelle Clio», 1990.

Le temple égyptien

L'apparition d'une architecture de pierre, strictement réservée aux temples, coïncide en Égypte avec la mise en place du système pharaonique. Au IVe millénaire, l'existence de lieux de culte plus sommaires accompagnait des formes d'organisations politiques moins élaborées. Ces liens étroits entre sanctuaires et système pharaonique se poursuivent bien après la conquête de l'Égypte par Auguste. Les sanctuaires grandioses, encore restaurés par les empereurs romains, ont été admirés par tous les autres peuples, en particulier les Hébreux et les Grecs qui reconnaissent de façon tout à fait explicite, par la bouche d'Hérodote et de Platon, ce qu'ils doivent à l'Égypte dans ce domaine.

Le triomphe d'un dieu ou d'un groupe de dieux

Le grand nombre de divinités est une des composantes de l'Égypte ancienne et une des caractéristiques de son histoire. Chacune des quarante-deux unités de l'Égypte pharaonique (les nomes) se reconnaît dans un dieu ou plutôt une triade, père, mère et fils, dont l'origine se perd dans la nuit des temps. La réalisation progressive de l'unité politique s'accompagne en parallèle de la suprématie des divinités des vainqueurs sur celles des vaincus qui deviennent ainsi des divinités secondaires. Des théologiens organisent de façon cohérente un système, en fixant pour chaque dieu local la place qu'il occupe dans le panthéon égyptien. Le choix d'une nouvelle capitale par une dynastie entraîne la consécration d'une nouvelle triade locale, plus tard de l'Ennéade, c'est-à-dire le regroupement de trois triades, et le remplacement du dieu hégémonique. Les plus anciens, comme Horus, sont conservés dans la titulature royale. Le pharaon affirme sa puissance en construisant puis en agrandissant les sanctuaires, à commencer par ceux de sa capitale, conférant à son clergé un rang à son tour prédominant. Ces sanctuaires, nommés en égyptien « maison de vie », constituent des centres aux fonctions imbriquées. C'est en leur sein que se concentrent les écoles de scribes comme les ateliers d'artisans les plus renommés. Ils sont également, par leurs richesses foncières mais aussi le nombre de leurs têtes de bétail et de leurs dépendants, des centres économiques capables de rivaliser avec le palais du pharaon.

Ils fonctionnent en effet comme des fondations alimentées par une dotation initiale du pharaon, soigneusement inscrite sur l'un des murs, renforcées par les dons des particuliers et par de nouvelles faveurs royales qui réduisent d'autant les biens de la couronne. Ces richesses accentuent le côté bureaucratique de l'Égypte car il faut inventorier ces biens, non seulement de façon générale, mais aussi pour que chaque équipe de prêtres qui se relaient au cours de l'année puisse justifier de son service, et en particulier prouver que les biens de la divinité n'ont pas été détruits, perdus ou seulement endommagés pendant qu'ils en avaient la responsabilité. Ce modèle d'organisation économique fonctionne au Proche-Orient comme en Égypte jusqu'à la fin de l'Antiquité et le grand prêtre, responsable de l'un de ces sanctuaires, est encore capable de se conduire vis-à-vis de l'autorité romaine à l'égal d'un monarque.

L'organisation interne du sanctuaire

En raison du conservatisme général du monde égyptien, les éléments constitutifs d'un sanctuaire sont assez tôt fixés même s'ils continuent d'évoluer légèrement jusqu'à l'époque ptolémaïque, comme en témoigne un des temples les plus récents, celui d'Horus à Edfou, construit entre 237 et 57 av. J.-C. sur un site cependant occupé par des temples depuis plusieurs millénaires. Sur ses murs ont été scrupuleusement reproduits des rituels et des hymnes religieux, comme l'hymne d'Amon, rédigés sous l'Ancien Empire (IIIe millénaire).

On accède normalement au sanctuaire en barque et le débarcadère aménagé à l'origine pour recevoir une partie au moins des matériaux de construction permet par la suite l'arrivée du pharaon et des statues de divinités par voie d'eau. À Edfou, cet accès est placé à l'est, dans l'axe du premier sanctuaire. Depuis au moins le Moyen Empire, les sanctuaires sont entourés par une enceinte massive de briques crues qui protège des pillards mais isole aussi totalement le domaine religieux du reste de l'agglomération demeurée ouverte. L'essentiel de l'espace est occupé par des bâtiments de briques crues servant de greniers, d'ateliers et de logements pour les prêtres pendant leur période de service. Un lac sacré, nécessaire pour les ablutions et parfois utilisé lors des représentations de mystères ainsi qu'un puits, traditionnellement appelé par les archéologues

« nilomètre », sont également toujours présents. Le temple proprement dit est organisé sur un axe qui conduit, selon un schéma invariable, de l'entrée vers la partie la plus sacrée, le naos. Précédée de sphinx et d'obélisques, l'entrée se présente sous la forme d'un pylône, construction massive sur laquelle figure une représentation du triomphe du pharaon-bâtisseur sur les ennemis extérieurs de l'Égypte. On passe ensuite dans une cour bordée de colonnades dans laquelle sont encore admis les fidèles. En revanche, au-delà, seuls pénètrent les initiés, pharaon et clergé. Le portique nord, beaucoup plus large, est considéré comme le vestibule proprement dit *(pronaos)*. Il est encadré par deux fausses pièces, appelées « bibliothèque » et « maison du matin » d'après la décoration pariétale : les titres des ouvrages sont peints sur les murs, les véritables ouvrages étant cachés ailleurs.

Au-delà, on pénètre dans la salle dite hypostyle, plus réduite, encadrée cette fois de deux véritables pièces, celle du trésor et celle des « offrandes liquides », identifiées là encore par leurs décors muraux, et qu'une porte fait communiquer avec l'extérieur pour l'accès des prêtres et des offrandes. Toujours dans l'axe, on atteint ensuite une salle encore plus petite « la salle du milieu », dotée, de part et d'autre, d'accès par rampe et escalier à la terrasse supérieure, puis une cour où l'on procédait à l'habillage de la statue divine et, enfin, la chambre du dieu principal, le naos. Un déambulatoire entoure ce dernier, desservant, à Edfou, une série de onze chapelles auxquelles on accède par seulement neuf portes correspondant aux neuf divinités de l'Ennéade regroupées autour d'Horus.

Le culte

Le culte repose sur un respect strict du calendrier liturgique tout au long de l'année, comme de l'horaire, au cours de la journée. Tout sanctuaire se doit en conséquence de posséder des plates-formes permettant les observations astronomiques. La méconnaissance du principe de l'année bissextile oblige à prendre en compte un cycle de 1 460 ans pour faire coïncider calendrier humain et calendrier céleste.

L'année religieuse débute avec la crue du Nil si bien que chaque sanctuaire utilise son propre système fondé sur la latitude, même si les grandes périodes se retrouvent d'un lieu à l'autre. L'essentiel du culte consiste à donner à la divinité des soins calqués sur ceux qui sont nécessaires aux hommes, en particulier la toilette et trois repas par jour. Ces opérations ne sont pas visibles des fidèles mais peintes ou gravées à l'endroit où elles doivent être exécutées pour que si, par malheur, elles ne sont pas réalisées,

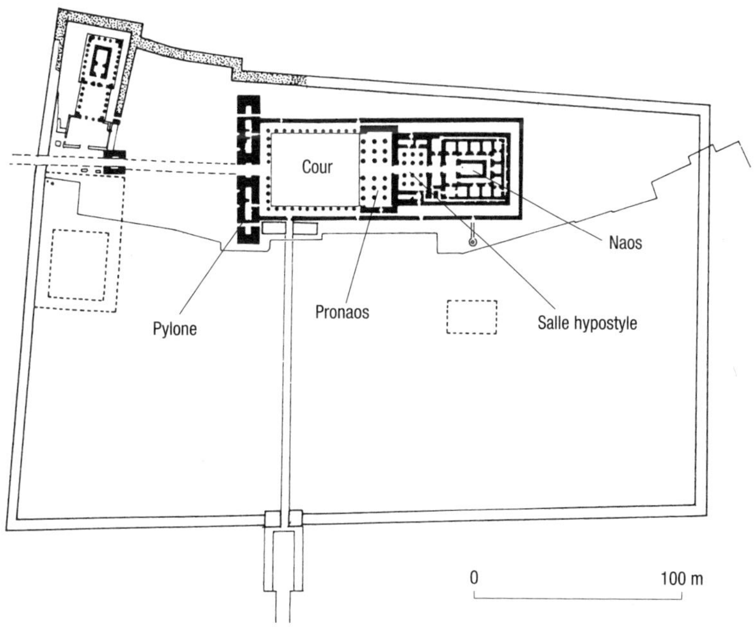

Plan restitué du temple d'Edfou dans son enceinte.

l'image et le texte écrit compensent leur absence. Chaque jour, en pénétrant dans le sanctuaire par le milieu, le grand prêtre vérifie la présence des objets de culte, en particulier la barque du dieu, brise les scellés qu'il a lui-même apposés la veille au soir sur la porte du naos, salue le dieu et simule un baiser. Le clergé, avec ses assistants, sort alors les offrandes de la veille et, après habillage et purification de la statue, on dépose le nouveau repas. Les mêmes cérémonies se reproduisent dans chacune des chapelles si bien que l'on a pu dire que le temple, en ce début de journée, ressemble à une hôtellerie de luxe. Les mêmes opérations, simplifiées pour ce qui est de la purification, se reproduisent à midi et le soir, moment où l'on prend également soin de refermer soigneusement le naos. Pour les grandes fêtes, le rituel prévoit une entrée par la porte axiale du pronaos avec des cérémonies dans la cour, des chants plus nombreux et la statue est alors parée des bijoux conservés dans le trésor.

Ces bâtiments et ces rites font du sanctuaire la copie du palais des dieux l'équivalent des rois.

b*ibliographie*

AUFRERE Sydney Hervé, GOLVIN Jean-Claude, GOYON Jean-Claude, *L'Égypte restituée* ; t. I : Sites et temples de Haute-Égypte ; t. II : Sites et temples du désert, Paris, Errance, 1991-1994.

La religion grecque

Le sanctuaire panhellénique de Delphes

Comme en Égypte, les premiers sanctuaires grecs ne présentaient aucun aménagement monumental. Il faut des contacts répétés avec le reste du monde méditerranéen pour qu'émergent peu à peu de nouvelles divinités et de nouvelles formes de culte. Organisée le plus souvent dans le cadre de la cité (cultes poliades), la religion grecque connaît aussi des formes plus ouvertes, témoignant de l'appartenance à une civilisation commune, dans le cadre de sanctuaires panhelléniques. Même si les luttes pour obtenir le contrôle de ces lieux de culte défrayent régulièrement la chronique, les Grecs se sont donnés la possibilité d'affirmer leur unité, chaque fois qu'ils doivent faire face à une menace de leurs adversaires.

La religion grecque : civique et personnelle

Les récits mythologiques donnent une image ordonnée du groupe de dieux et de déesses, particulièrement dans le monde grec. En réalité, il s'agit d'une construction artificielle élaborée au moment où le système de la cité se met en place mais où l'on peut reconnaître les apports de chaque nouvel envahisseur. À la même époque, pour la première fois en Grèce, sont construits de véritables monuments religieux autonomes. Jusqu'au VIIIe siècle on choisissait comme lieu de culte des espaces naturels. Le sanctuaire de Didymes, matérialisé par des chênes jusqu'à l'époque classique, conserve cette tradition.

Pour des raisons à la fois pratiques et conceptuelles, il n'était pas possible de construire de grands sanctuaires pour la totalité des divinités. Les choix opérés dans la hiérarchie des divinités confirment l'importance prise par l'organisation aristocratique des hoplites. En revanche, les tyrans du VIe siècle, comme Pisistrate à Athènes, ont tendance à rééquilibrer les cultes en faveur des divinités féminines anciennes, par exemple Déméter. On assiste donc à la concurrence de deux types de culte et de pratique religieuse à l'intérieur de chaque cité : une religion poliade proprement dite où la cité, dans sa globalité, célèbre les divinités qui la protègent ; une religion personnelle, héritée des temps plus anciens, où le fidèle poursuit son salut personnel en cherchant à s'assimiler à l'enfant divin, né d'une grande déesse, tué après une vie plus ou moins tourmentée et rendu immortel.

Cette opposition entre religion personnelle et religion civique n'est pas toujours aussi tranchée : la cité investit la première en aménageant également les temples des cultes à mystères ; inversement, l'idéal aristocratique qui inspire les concours physiques ou artistiques, comme ceux d'Olympie, n'empêche pas le vainqueur de se sentir un « initié », choisi pour sa valeur personnelle par la divinité.

Delphes et les sanctuaires panhelléniques

L'affirmation progressive au cours des VIIe et VIe siècles du monde des cités n'a pas entraîné la disparition complète des sanctuaires communs à l'ensemble des Grecs, même si les plus proches des grandes cités, comme Éleusis ou même Délos par rapport à Athènes, passent sous leur contrôle direct. Toutefois, la fiction d'une appartenance à l'ensemble du monde grec demeure : c'est ainsi qu'à Éleusis seuls les « barbares » – ceux qui ne parlent pas le grec – et les meurtriers se voient interdire l'entrée du sanctuaire. Inversement, les cités rivalisent entre elles pour présenter l'offrande la plus considérable. La liste des sanctuaires panhelléniques majeurs a beaucoup évolué, mais Olympie, Délos, Delphes, Némée se détachent particulièrement dès le VIIe siècle.

Le sanctuaire de Delphes, consacré à Apollon depuis le VIIIe siècle, est construit à 7 km de la mer dans un site montagneux impressionnant. Bien qu'implanté sur le territoire de la cité homonyme, le sanctuaire est administré par une amphictyonie, c'est-à-dire un Conseil formé de délégués représentant, signe d'archaïsme, des « peuples » et non des cités.

Deux activités caractérisent la vie de Delphes : la consultation de l'oracle et les concours. La première est organisée à date fixe, au moins une fois par mois. Avec l'aide des prêtres, le demandeur, après paiement d'une offrande, formule sa requête sous une forme qui n'autorise qu'une réponse par oui ou par non. Dans la partie arrière du grand temple, la Pythie, une femme de Delphes, siège sur un trépied lui-même placé sur la faille d'où jaillit le souffle divin. « Inspirée » – ce mot a donné lieu à toutes les interprétations –, elle répond par des sons incompréhensibles qui sont interprétés par les prêtres. Ces derniers ont été accusés de soumission aux puissances du moment, y compris les puissances étrangères comme les Perses au début des guerres médiques. De fait, dès le Vᵉ siècle, la consultation par les cités devient plus un rite qu'un véritable guide que l'on se doit de suivre comme Thémistocle faisant embarquer les Athéniens « dans un rempart de bois » pour se protéger de l'invasion perse. Les consultations des particuliers ne cessent pas jusqu'à la fin de l'Antiquité. Le sanctuaire diffuse une morale conservatrice mais dans laquelle le sentiment du pardon, de l'harmonie avec soi et avec les autres, de la mesure, l'emportent largement : « Rien de trop », « Connais-toi toi-même » sont les formules les plus couramment diffusées par Delphes si l'on en croit Socrate qui n'hésite pas à les faire siennes.

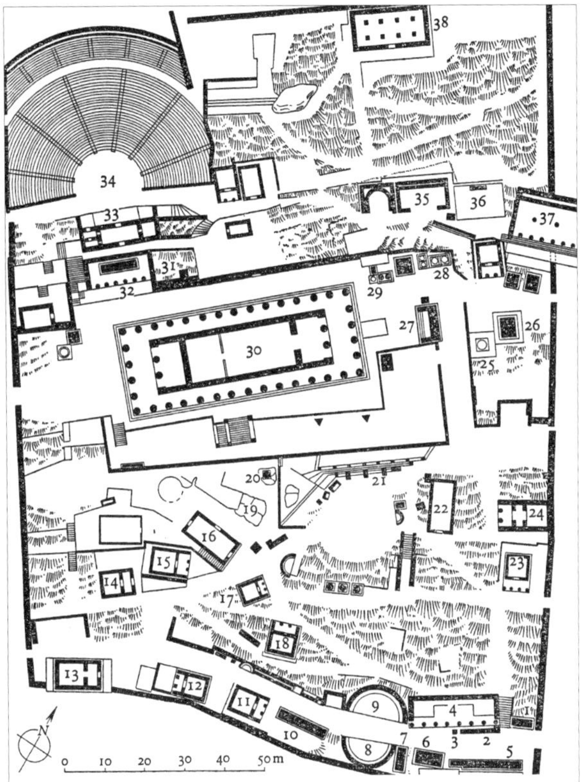

1. Taureau de Corcyre.
2. Base des Arcadiens.
3. Statue de Philopoemen (?).
4. Grande niche anonyme.
5. Offrande de Lysandre.
6. Base de Marathon.
7. Les Sept et le Char.
8. Les Épigones.
9. Les Rois d'Argos.
10. Chevaux et captives.
11. Trésor de Sicyone.
12. Trésor de Siphnos.
13. Trésor de Thèbes.
14. Trésor dit de Potidée.
15. Trésor des Athéniens.
16. Bouleutérion.
17. Trésor de Cnide.
18. Trésor « éolique anonyme ».
19. Rocher de la Sibylle.
20. Sphinx des Naxiens.
21. Portique des Athéniens.
22. Trésor de Corinthe.
23. Trésor de Cyrène.
24. Prytanée.
25. Trépied de Platées.
26. Char des Rhodiens.
27. Grand autel d'Apollon.
28. Trépieds de Gélon, Hiéron, Polyzalos et Thrasybule, fils de Deinoménès.
29. Palmier de l'Eurymédon.
30. Temple d'Apollon.
31. Emplacement où fut découvert l'Aurige.
32. Chasse d'Alexandre.
33. La *skéné* du théâtre.
34. *Orchestra* et *cavea* du théâtre.
35. Offrande du Thessalien Daochos.
36. Téménos de Néoptolème.
37. Portique d'Attale Iᵉʳ.
38. *Lesché* de Cnide.

(D'après P. de La Coste-Messelière.)

Plan du sanctuaire d'Apollon à Delphes.
Il englobe, dans une enceinte sacrée, le *téménos*, le temple principal et les offrandes des cités et des particuliers. Au départ les premières offrent des « trésors » puis des monuments plus simples comme des colonnes.

Les concours, à l'origine musicaux, ne peuvent rivaliser avec ceux d'Olympie sur le plan sportif. Ils sont organisés sur le même schéma, tous les quatre ans, en alternance avec les autres sanctuaires et donnent lieu aux mêmes pratiques : annonce officielle dans toute la Grèce, rassemblement du plus grand nombre de candidats, récompenses pendant longtemps symboliques, comme une couronne de lauriers. Une victoire dans les jeux est considérée encore au IVᵉ siècle comme un événement majeur qui vaut au vainqueur de nombreux témoignages de reconnaissance dans sa cité, à commencer par une statue : plusieurs des chefs-d'œuvre de l'Antiquité comme l'Aurige de Delphes et vraisemblablement les bronzes de Riacce n'ont pas d'autres origines. Ultérieurement, comme à Olympie, les concours se professionnalisent et les récompenses deviennent plus concrètes et plus immédiates, conduisant déjà à des excès regrettables. Les jeux de Delphes donnent aussi l'occasion aux grands orateurs de s'adresser à l'ensemble de la Grèce mais les progrès politiques dans le sens d'une union plus solide ne sont pas à la hauteur des espérances qu'ils ont pu susciter.

Malgré un éclatement en multiples cités, la religion et plus encore les sanctuaires panhelléniques restent un facteur d'unité dans le monde grec. Leur rayonnement va même au-delà, et touche l'ensemble du monde méditerranéen puisque Perses, Étrusques et Romains n'hésitent pas à venir consulter l'oracle. Marseille, cité grecque, sert ainsi d'intermédiaire à Rome, créant des liens de solidarité qui ne se démentent pas pendant plusieurs siècles. Ces sanctuaires constituent donc à la fois le signe d'une communauté et, en même temps, d'une ouverture vers ceux qui entendent partager les mêmes valeurs intellectuelles, notamment la tolérance.

b*ibliographie*

BOMMELAER Jean-François, LAROCHE Didier, *Guide de Delphes, le site*, École française d'Athènes, Sites et Monuments VII, 1991.

Culte des morts et sanctuaires gaulois

Les auteurs de l'Antiquité nous ont transmis une vision totalement ambiguë de la religion gauloise. Ainsi Jules César met-il soigneusement en avant les parallélismes entre divinités romaines et divinités celtiques, préfigurant la politique officielle de syncrétisme que développera l'Empire romain. D'autres, comme Lucain ou Strabon, insistent au contraire sur la barbarie de cette religion et de ces dieux. Des découvertes archéologiques récentes, effectuées pour la plupart en Picardie, permettent d'apporter un éclairage différent, dégagé des a priori *qui encombrent les textes grecs et romains.*

Cultes funéraires et religion

Les pratiques funéraires remontent à l'aube de l'humanité puisque leur existence est attestée dès le paléolithique. Au début de l'époque celtique, les seuls monuments encore érigés sont des tombeaux: les tertres, ou tumulus, recouvrent des sépultures de grandes dimensions, soigneusement aménagées, comme en témoigne encore à la fin du premier âge du fer la tombe de la «princesse de Vix». Très visibles dans le paysage, ils sont entourés de tombes plus modestes et l'ensemble accueille régulièrement des cultes. Ces pratiques funéraires reproduisant la hiérarchie terrestre ne sont pas propres au monde celtique et l'on connaît en Égypte, comme dans le reste du monde méditerranéen, des formes encore plus complexes et hiérarchisées. Toutefois, chez les Gaulois, les liens entre la mort humaine, et d'un côté, le culte des héros, de l'autre, la religion proprement dite, restent puissants.

Le premier lien concerne l'organisation de l'espace dans un enclos matérialisé par un fossé, un talus ou une palissade – ou bien l'accumulation des trois –, premier et parfois unique aménagement des sanctuaires du deuxième âge du fer que l'on nomme «enceintes quadrangulaires». Différentes pratiques tendant à transformer le mort en héros, c'est-à-dire en semi-divinité, sont connues principalement dans le sud de la France et confirment ces liens. La première d'entre elles est celle consistant à établir une tombe à l'intérieur de l'enceinte, qui rappelle le *héroon*, la tombe du héros fondateur des colonies grecques. Plus répandue, la statuaire développe abondamment le thème du guerrier, qu'il s'agisse de représentations de chefs vivants ou de héros divinisés. Ces statues, comme à Entremont ou à Roquepertuse, près d'Aix-en-Provence, sont exposées sous des portiques qui constituent les premiers monuments publics connus, salles de réunion ou embryons de sanctuaires.

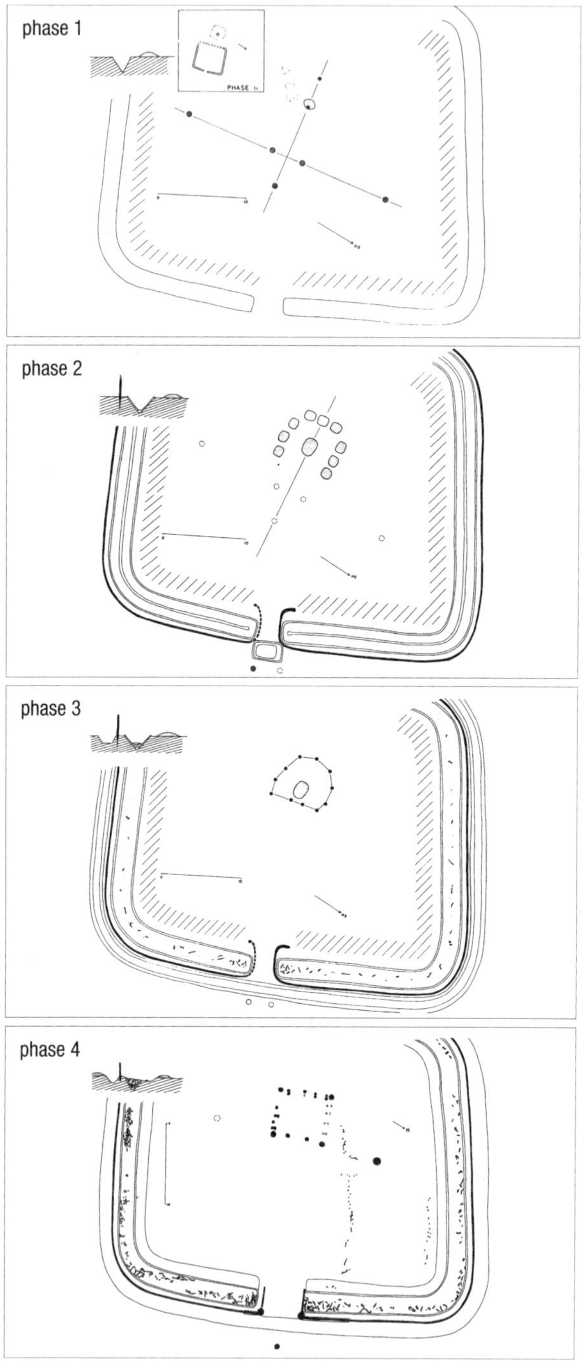

Phases successives du sanctuaire de Gournay-sur-Aronde.

Ces groupes statuaires comportent également des représentations de « têtes coupées » aisément reconnaissables par la façon dont les yeux ont été réduits à une simple fente. D'après les auteurs classiques, les Gaulois conservaient à la façon d'un scalp les têtes de leurs adversaires vaincus. Parallèlement, on a découvert des linteaux de pierre, creusés d'alvéoles destinées à recevoir des crânes humains ainsi que l'attestent quelques fragments encore en place. Ces têtes avaient donc une valeur prophylactique, sinon proprement religieuse. Comme en Égypte (voir pp. 24-25 et 28-29) la représentation de l'objet a sans doute une valeur proche de l'objet lui-même.

Les sanctuaires du *Belgium*

L'unité du monde celtique, dont témoignent une langue et un art communs, est inséparable d'une très grande diversité que César met soigneusement en avant dans ses *Commentaires*. Au nord de la Seine commence la « Belgique » *(Belgium)* avec des sanctuaires aux caractéristiques communes. Le plus ancien est celui de Gournay-sur-Aronde, localisé sur une terrasse qui domine de quelques mètres une vaste zone marécageuse.

À la fin du Ier siècle av. J.-C., il se compose d'un fossé limitant un enclos à peu près carré de 40 mètres de côté environ, au centre duquel est bâti un temple mais ces différents éléments ne sont pas contemporains. Au IVe siècle av. J.-C. existent uniquement un premier fossé et, au centre, une fosse circulaire et quatre poteaux disposés selon les points cardinaux. Peu à peu l'enceinte se complexifie. Au centre, la fosse unique est encadrée par neuf fosses secondaires puis l'ensemble est abrité sous une toiture avant qu'un véritable édifice ne soit construit.

L'intérêt du site ne réside cependant pas dans ses formes architecturales, au total relativement sommaires, mais dans les offrandes accumulées dans les fossés. La première série est constituée par des centaines d'armes, d'abord exposées jusqu'à ce que les matériaux organiques (bois-cuirs) se désagrègent. Devenues inutilisables, elles sont soigneusement détruites par torsion, coups de masse, etc. et les débris soigneusement enfouis. La deuxième série est matérialisée par des milliers d'os d'animaux. Là aussi, des quartiers de viande ont été exposés en plein air ou dans les fosses centrales avant d'être déchargés dans les fossés. Il en va de même enfin pour la troisième série constituée d'os humains. Les restes de plusieurs centaines d'individus ont ainsi fait l'objet d'un découpage, suivi d'une exposition, avant que les restes largement décomposés ne soient à leur tour disposés dans les angles des fossés. Les membres inférieurs sont systématiquement regroupés de même que les thorax et les membres

Restitution d'un groupe statuaire d'Entremont.
Le guerrier accroupi présente les têtes coupées de ses ennemis.

supérieurs. En revanche, aucune tête n'a été retrouvée à Gournay. L'importance accordée, on l'a vu, dans le monde celtique à ce symbole, explique sans aucun doute cette situation. On ne peut encore dire si ces corps provenaient d'une mort naturelle, de combats ou de sacrifices humains.

Par la simplicité de leur architecture et la complexité de leurs offrandes, ces sanctuaires celtiques témoignent de formes religieuses à première vue très différentes de celles du monde méditerranéen. Près d'un demi-siècle après la conquête romaine, ces installations sont brûlées, les restes soigneusement nivelés comme si on leur accordait encore une valeur religieuse et, quatre siècles plus tard, les Gallo-Romains construisent, exactement sur l'emplacement de l'ancien « temple », un nouvel édifice religieux.

bibliographie

FICHTL Stephan, *Les Gaulois du nord de la Gaule (150-20 av. J.-C.)*, Paris, Errance, coll. « Des Hespérides », 1994.

PY Michel, *Les Gaulois du Midi, de la fin de l'âge du bronze à la conquête romaine*, Paris, Hachette, coll. « La mémoire du temps », 1993.

La religion à Rome et le culte impérial

L'Empire romain est fait d'une mosaïque de peuples et de cités qui continuent d'obéir à leurs règles propres après avoir passé, de gré ou de force, un « contrat » avec Rome. Les juristes romains tentent d'imposer un minimum de cohésion au début de l'Empire mais c'est finalement l'Empereur lui-même qui constitue le principal trait d'union : les troupes d'occupation sont concentrées sur les frontières et les fonctionnaires romains sont en nombre trop infime pour que Rome puisse maintenir son pouvoir par la force. Le facteur religieux est donc au centre du dispositif de l'Empire romain.

Une religion civique

L'appartenance à une religion n'est pas dans le monde antique, et particulièrement à Rome, le résultat d'un choix personnel : on remplit les devoirs religieux du groupe ou plutôt des différents groupes auxquels on appartient. Ces actions ont pour finalité de garantir la liberté de ce groupe par rapport aux dieux en passant avec eux un contrat engageant de façon stricte les deux parties. Au niveau de la famille, c'est le père qui est chargé d'organiser ces rapports, en respectant les rites et le calendrier imposés par la tradition. Ce schéma se retrouve au niveau du quartier, de la profession – organisée dans le cadre d'un collège –, de la ville, de la province, etc. : le responsable, normalement élu pour un an, agit alors non pas en son nom mais au nom de la communauté. Les autres membres ne jouent qu'un rôle passif et leur présence même n'est pas véritablement utile. En revanche, le culte est célébré systématiquement en public, devant et non, dans ce que nous appelons le « temple ». Ces cultes ne demandent aucun acte de foi particulier en dehors d'une croyance générale en l'existence de dieux mais chez les intellectuels, ils provoquent des exégèses et des commentaires philosophiques poussés. Chaque communauté, y compris étrangère, présente dans l'Empire romain, se doit de posséder son propre panthéon, lié de façon très nette à son histoire, englobant une partie seulement de la panoplie romaine et la complétant à son gré. Jusqu'à l'époque républicaine, les Romains ont rapatrié dans la ville de Rome les divinités des peuples et des cités qu'ils avaient vaincus dans l'idée d'en récupérer la force. À l'époque impériale, cette attitude volontaire a disparu et les interventions des autorités romaines à l'égard des dieux étrangers se limitent aux cas où, à Rome ou dans les provinces, l'ordre public est troublé. Par exemple, à la suite d'une révolte générale dont ils sont rendus responsables, la religion des druides est interdite en Gaule en 21 apr. J.-C. Cette tolérance officielle, facilitée par la conception même du polythéisme où chaque dieu a sa fonction propre mais ne peut empiéter sur celle des autres, autorise les Romains eux-mêmes à pratiquer des cultes « étrangers ».

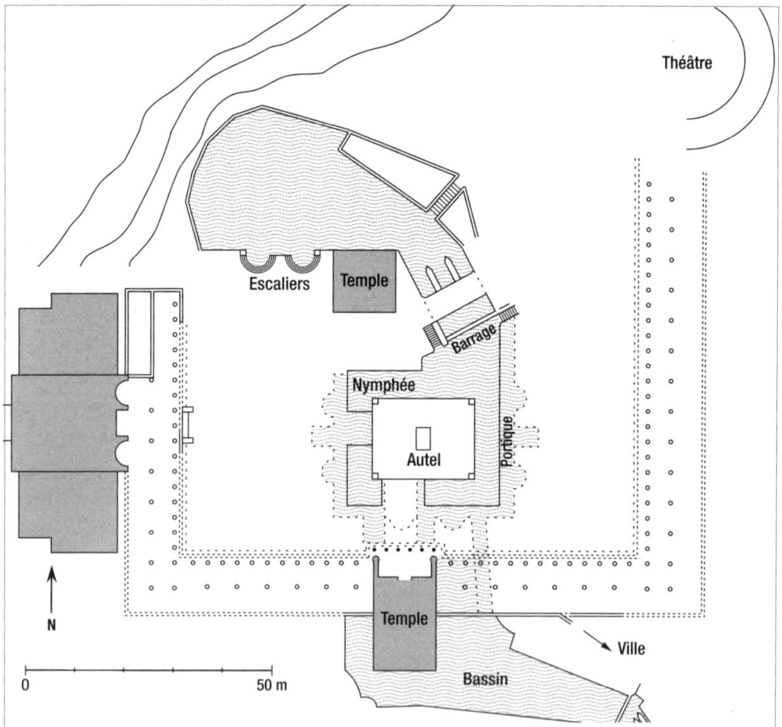

Sanctuaire de la Fontaine à Nîmes.
Pôle inférieur de l'Augusteum.

Le culte impérial

Dès le début de l'Empire, le culte impérial vient compléter le dispositif général en ajoutant seulement un degré supplémentaire dans l'échelle des communautés auxquelles chacun appartient. Bien que discutées, les origines de ce culte sont à la fois romaines et étrangères. Le système des *imperatores* avait introduit à Rome l'idée du surhomme protégé par les divinités. Dans les monarchies hellénistiques, héritières pour certaines des pharaons ou des rois perses, on avait également l'habitude de qualifier le roi de « semblable aux dieux » *(théos)* et de lui rendre de son vivant, et surtout après sa mort, des honneurs divins, étendus éventuellement à d'autres membres de sa famille. Auguste et ses successeurs organisent un ensemble de pratiques et de coutumes qui n'est étendu que très progressivement à l'ensemble de l'Empire.

La ville de Nîmes, qui, juridiquement, n'est pas, avant la mort de César (44 av. J.-C.), une ville romaine mais indigène, a conservé deux éléments essentiels du culte impérial à ses débuts. Le premier, construit à une extrémité du Forum de la ville, est la « Maison Carrée » construite entre 10 et 3 ou 2 av. J.-C., copie à une échelle réduite du temple de Mars Ultor qu'Auguste vient alors de construire à Rome. Il est dédié à ses petits-fils, héritiers désignés, morts jeunes et immédiatement transformés en héros au bénéfice de toute la dynastie. Le second élément a été récemment identifié comme un *Augusteum*, c'est-à-dire un sanctuaire consacré à Auguste. Il est formé de deux pôles. Au sommet de la colline, la Tour Magne, visible de très loin, sert de signal. Cette tour exceptionnelle, intégrée à l'enceinte donnée par Auguste aux Nîmois, recouvre et monumentalise une tour de l'enceinte indigène déjà dotée d'un rôle cultuel comme l'ont montré les découvertes de sculpture faites à côté. L'essentiel du sanctuaire est construit vers 25 av. J.-C. – le régime impérial n'a que deux ans – autour d'une source vauclusienne, lieu de culte du dieu éponyme, Nemausus. Celui-ci est en quelque sorte placé sous la protection éminente du princeps en même temps qu'il renforce et cautionne aux yeux de la population ce pouvoir étranger. Il n'y a pas de temple – le « Temple de Diane » est une salle de bibliothèque – et le seul monument véritablement cultuel est un autel placé au centre d'une île artificielle.

Ce complexe, sans équivalent contemporain à Rome, trouve en partie son origine dans le monde oriental, à Alexandrie par exemple. Nîmes sert donc de terrain d'essai pour tester des formules à la fois religieuses et architecturales qui ne seront reprises à Rome que beaucoup plus tard, à la fin du Ier siècle apr. J.-C.

Après leur mort, les « bons » empereurs – c'est un des privilèges du Sénat d'en juger – sont divinisés et un culte officiel est organisé. Mais hommes faits dieux, ces nouvelles divinités ne sont pas placées sur le même plan que les autres. Elles occupent une position intermédiaire, à l'image de celle des saints dans le christianisme. À Nîmes, la mise en route de ce culte résulte clairement de l'initiative des élites locales. Ces élites sur lesquelles reposent intégralement l'acceptation ou le refus de la puissance romaine manifestent clairement leur attachement à l'Empereur, à sa famille et ainsi à Rome. La fonction de prêtre du culte impérial est la plus haute charge que l'on puisse exercer dans une cité ou, mieux, à l'échelle d'une province. Les affranchis, méprisés et interdits d'exercer des fonctions de magistrat, mais souvent très riches, trouvent aussi dans le culte impérial un moyen de s'affirmer : ils occupent les fonctions de sévirs augustaux, prêtres subalternes mais qui doivent payer des cérémonies fastueuses, des banquets, etc. dans le cadre de ce culte.

La Maison Carrée à Nîmes.
Exemple de temple classique dédié, sur le Forum, au culte impérial.

Le culte impérial constitue donc au-delà de ses aspects religieux un facteur essentiel de la cohésion de l'Empire romain. La divinisation de l'Empereur lui-même, qui n'intervient qu'après sa mort, sur décision du Sénat, n'est pas automatique.

bibliographie

DARDE Dominique, LASSALLE Victor, *Nîmes antique. Monuments et sites*, Paris, Imprimerie nationale, coll. « Guides archéologiques de la France », 1993.

SCHEID John, *Religion et piété à Rome*, Paris, La découverte, coll. « Textes à l'appui - Histoire classique », 1985.

SCHEID John, *La Religion des Romains*, Paris, Armand Colin, coll. « Cursus », 1998.

Le Temple de Jérusalem et les synagogues

Dans l'Antiquité, le judaïsme ne se démarque pas uniquement des autres religions en raison de son monothéisme, mais aussi par certains aspects de ses croyances : on peut penser à l'importance du souverain « oint du seigneur » pour rétablir la puissance d'Israël à l'idée de vie éternelle et à la démonologie. Des influences étrangères sont discernables dans l'organisation et les formes architecturales de ses sanctuaires. Toutefois, vraisemblablement dès le VIIIe siècle, la prééminence accordée au seul Temple de Jérusalem modifie complètement les données avec, conséquence également de l'Exil et de la diaspora, la naissance des synagogues.

Vers un lieu de culte unique

Après le retour d'Égypte, fixé au XIIIe siècle av. J.-C., la tradition biblique a conservé le souvenir d'époques où coexistaient plusieurs lieux saints à l'usage du peuple hébreu. Toutefois, on retient davantage l'idée d'un Temple unique pour l'ensemble du monde hébreu et cette conception l'emporte largement au début de notre ère. Le choix du site de Jérusalem incombe au roi David qui a conquis cette ville en 997 selon le comput officiel. Il achète le terrain où la tradition situe le sacrifice d'Abraham, construit l'autel, y transfère les sacrifices et organise le clergé. Son fils Salomon construit le monument. Chronologiquement, il existe donc un lien étroit entre la monarchie et le Temple, si bien que le Temple est construit en même temps que le palais royal avec lequel il communique. C'est également le moment où, officiellement, le peuple hébreu se sédentarise comme le montre la nouvelle organisation du clergé, même s'il était présent dans la région depuis plusieurs siècles : le Temple remplace la Tente.

Pour réaliser l'édifice, Salomon fait appel à des matériaux d'importation, en particulier les cèdres du Liban. La Bible conserve le nom de l'architecte, Houram-Abi, envoyé par le prince phénicien de Tyr. Il ne reste aucun élément de ce complexe monumental et l'on est réduit aux seuls témoignages de la Bible pour en proposer une restitution (*Rois*, VI-VIII ; *Chroniques*, I-IV). L'ensemble est entouré d'une épaisse muraille et comporte un parvis sur lequel sont dressés la « Mer », un vaste bassin de bronze pour les ablutions des prêtres, et dix plus petits pour laver les victimes, ainsi que deux « autels » recouverts d'argent, l'un pour l'encens, l'autre pour les sacrifices. Le Temple proprement dit, élevé selon toute probabilité sur le modèle syrien, comprend trois parties, un vestibule à deux colonnes *(vlam)*, la salle centrale *(hekhal)* et le « Saint des Saints » *(dehir)*. La salle centrale comporte un banc pour les offrandes et les dix chandeliers à sept branches. Séparé par une porte et un voile qui rappelle la Tente de l'Exode, le Saint des Saints où ne pénètre qu'une fois par an le Grand Prêtre, abrite l'Arche d'Alliance, surmontée de deux « chérubins » debout et contenant les Tables de la Loi. Le texte des *Chroniques* insiste sur la richesse de la décoration, en particulier les placages de métaux, l'or étant réservé au Saint des Saints, l'argent à la salle centrale.

La fermeture progressive des salles et l'importance des sacrifices réalisés sur le parvis rappellent les temples égyptiens et l'ensemble est couramment appelé « Maison de Dieu ». L'interdiction de représenter Dieu constitue formellement la différence essentielle avec les sanctuaires polythéistes contemporains. Ce Temple est détruit en 586 av. J.-C., alors qu'une partie importante du peuple hébreu est déportée à Babylone.

Portes extérieures

1. Porte nord
2. Porte Dorée
3. Porte triple
4. Porte double
5. Arche de Robinson
6. Porte de Barclay
7. Arche de Wilson
8. Porte de Warren
9. Porte du palais

Parvis et enceintes

A. Portiques extérieurs à deux ou trois nefs, soutenus par des colonnes et des pilastres
B. Parvis des Gentils
C. Balustrade avec portique
D. Podium aux quatorze marches
E. Enceinte intérieure avec chambres
F. Porte corinthienne
G. Parvis des femmes
H. Porte de Nikanor ?
I. Parvis des hommes
J. Parvis des prêtres

Temple

a. Autel
b. Vestibule
c. Saint
d. Saint des Saints

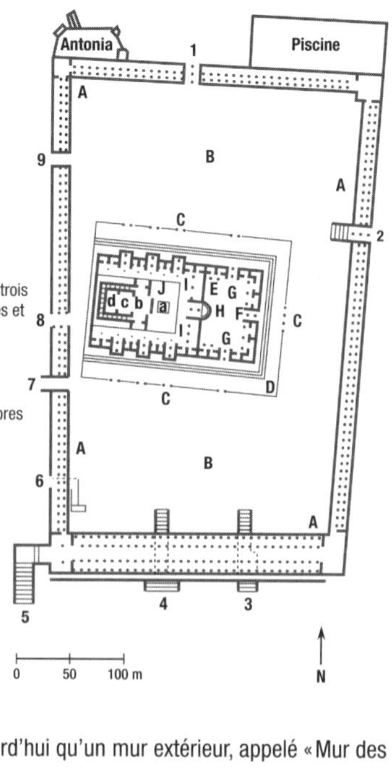

Temple d'Hérode.
Il n'en subsiste plus aujourd'hui qu'un mur extérieur, appelé « Mur des Lamentations ».

La reconstruction du Temple et le développement des synagogues

Avant même le retour à l'indépendance politique qui n'intervient véritablement qu'en 166 av. J.-C., les Hébreux ont réalisé une première reconstruction du Temple autour de 520 av. J.-C. L'édifice, sans doute beaucoup plus modeste que le précédent, n'a laissé aucune trace et les témoignages littéraires sont trop peu nombreux (*Livre de Néhémie*, 3-4) pour qu'on puisse en proposer une restitution.

De fait, il faut attendre le règne d'Hérode le Grand (37-4 av. J.-C.), postérieur donc à la conquête romaine de la Palestine, pour assister à une reconstruction véritable – le « deuxième » Temple –, sur des bases nouvelles dont le Mur des Lamentations est aujourd'hui le principal élément conservé. Ce sont les récits des historiens comme Flavius Josèphe, au moins autant que les éléments puisés dans le Nouveau Testament, qui nous renseignent sur ce nouveau sanctuaire construit entre 15 et 8 av. J.-C. Il occupe à peu près le même emplacement que le premier Temple mais il englobe également ce qui constituait le palais de Salomon : le pouvoir royal est désormais clairement distingué, y compris topographiquement, du pouvoir religieux. La surface enclose est de l'ordre de 500 x 300 m, soit 15 ha.

L'accès aux différentes parties est réglementé. Tout le monde peut se rendre sur une vaste esplanade (« Parvis des Gentils ») ; les femmes juives peuvent accéder à une première salle couverte (« Parvis des femmes ») et les « hommes purifiés » au Parvis d'Israël. Enfin, on distingue le « Parvis des prêtres », mais la séparation avec le précédent n'est pas bien connue. La dernière salle du Temple est toujours le Saint des Saints où est regroupé l'ensemble du matériel liturgique, comme le chandelier à sept branches et l'Arche d'Alliance. Un vestibule et des salles latérales complètent cette dernière partie.

L'exil et la diaspora avaient toutefois rendu nécessaires d'autres formes de culte que le Sacrifice qui ne pouvait être accompli qu'au Temple. De cette nécessité est née, dès le VIe siècle av. J.-C., la synagogue. Schématiquement on peut opposer au Temple, « lieu de la présence divine », où s'exerce le pouvoir des prêtres et des lévites, leurs assistants, la synagogue, « maison de l'Assemblée ». Il s'agit d'un lieu de prière et d'étude de la Bible et des commentaires qui y sont attachés, contrôlé par des « rabbins » (maîtres) qui remplacent progressivement les « scribes ». Signe de la complémentarité des deux lieux, il existe au moins une synagogue à Jérusalem, peut-être même installée dans l'enceinte du Temple. Le judaïsme ne possède qu'un corps de doctrine assez simple qui appelle des interprétations et, en l'absence d'une autorité unique capable d'imposer un dogme, la liberté d'interprétation est grande.

De cette liberté naît aussi l'existence de ce que l'on appelle les « sectes », mot qui traduit seulement les divergences d'interprétation. D'après Flavius Josèphe, quatre d'entre elles émergent à l'époque hellénistico-romaine : les Saducéens expriment la pensée traditionaliste des défenseurs du Temple ; les Zélotes, un courant fortement nationaliste, opposé à tout compromis avec les païens et donc les occupants grecs ou romains ; les Esséniens, partisans d'une vie retirée du monde, et enfin les Pharisiens qui expriment le mieux le courant des rabbins.

Arc de Titus.
Les objets du culte israélite figurent en bonne place dans le butin du vainqueur.

La révolte de 68-71 apr. J.-C. contre Rome se termine par la prise de Jérusalem par Titus et la destruction concomitante du Temple dont les trophées sont portés à Rome. Les Pharisiens constituent le seul mouvement qui survit à ce désastre et la pensée rabbinique pénètre encore plus profondément les synagogues, désormais seuls endroits où les Juifs peuvent se retrouver pour exprimer leur foi et leur appartenance nationale.

La nostalgie attachée à l'existence du Temple de Jérusalem ne doit pas cacher les efforts du judaïsme à définir tout au long de son histoire de nouveaux lieux de prière.

bibliographie

SIMON Marcel, BENOIT André, *Le Judaïsme et le christianisme antiques d'Antiochus Épiphane à Constantin*, Paris, PUF, coll. « Nouvelle Clio », 2e éd. 1994.

SCHMIDT Francis, *La Pensée du Temple, de Jérusalem à Qouram*, Paris 1994.

Le christianisme de Jérusalem à Rome

Entre 313, date à laquelle l'édit de Milan autorise le culte chrétien, et 394, lorsque Théodose ordonne la fermeture des temples païens, le christianisme est passé du statut de religion interdite à celui de seule religion autorisée. Ce renversement ne peut être imputé aux seules caractéristiques de sa doctrine et à la force du « témoignage » des martyrs chrétiens. Le christianisme primitif a débordé les limites de l'Empire romain, en particulier du côté de l'Orient, mais son véritable développement, la mise en place des institutions que nous connaissons encore aujourd'hui, sont inséparables de cet Empire qui après l'avoir combattu le revendique.

Les débuts du christianisme

La séparation des chrétiens d'avec les autres groupes juifs est attribuée à Paul, juif, citoyen romain et hellénisé, approximativement entre 38 et 64. Tacite (*Annales*, XV, 44), qui écrit au début du IIe siècle, est le premier à mentionner des « chrétiens » exécutés en 64, à la suite de l'incendie de Rome. Pour leur part, les Évangiles, sauf celui de Marc, sont rédigés entre 67 et 100, c'est-à-dire après la destruction du Temple et la répression anti-juive qui l'accompagne. Ils accentuent cette séparation, peut-être dans l'espoir de voir les chrétiens mieux acceptés par le pouvoir romain. C'est ainsi que l'on interprète en particulier le rôle dévolu respectivement aux autorités juives et romaines dans la condamnation et la mort du Christ, les appels à la soumission au pouvoir romain. De fait, encore sous Domitien (79-96), les Romains ne distinguent pas encore clairement les juifs et les chrétiens et les deux groupes sont victimes, particulièrement en Orient, des mêmes persécutions.

Celles-ci sont le plus souvent d'origine populaire et locale comme le montre la correspondance échangée entre l'empereur Trajan (98-117) et le gouverneur de la province du Pont, Pline le Jeune. Les sanctions, pouvant conduire dans quelques cas à la mort, sont prises en raison du refus des chrétiens de participer au culte impérial : c'est l'opposition paradoxale entre un polythéisme tolérant par nature – à partir du moment où les devoirs civiques sont remplis – et un monothéisme qui entraîne, au moins en théorie, un retrait de la vie publique puisque la croyance en un dieu unique équivaut à refuser tous les autres dieux. Toutefois, la réponse des apologétiques tel Justin, adressée aux empereurs comme Antonin et Marc Aurèle dès le IIe siècle apr. J.-C., rédigée selon les normes rhétoriques grecques, tente de montrer le christianisme comme l'« aboutissement », et non la contradiction, des valeurs de l'hellénisme : les chrétiens peuvent être parfaitement intégrés dans le monde et se présenter comme les meilleurs piliers de l'Empire. Malgré cela, les empereurs comme Dèce (249-251) et surtout Dioclétien (287-305) organisent de véritables « persécutions », c'est-à-dire des actions judiciaires menées jusqu'à la condamnation des chrétiens. Leur poids réel est encore aujourd'hui difficile à évaluer, de même que leur résultat en terme de démographie religieuse.

Le christianisme reconnu

Les motivations profondes de Constantin et même la réalité de sa conversion, puisqu'il n'est baptisé selon la légende que sur son lit de mort, restent objet de discussions. Mais les bouleversements qu'il apporte aux relations entre religion chrétienne et Empire romain et plus généralement la place désormais acquise par l'Église, malgré la tentative de retour en arrière de Julien entre 361 et 363, sont incontestables.

Cette officialisation présente plusieurs volets. Après la reconnaissance du droit général à l'existence, l'un des principaux concerne le patrimoine : très vite, les chrétiens et l'Église accumulent de vastes domaines à commencer dans Rome même, où celui de Latran devient propriété de l'évêque de la ville, d'après le *Liber Pontificalis* qui enregistre toutes les donations. Les évêques disposent plus généralement de privilèges de juridiction pour les affaires religieuses. Surtout, le système ecclésiastique va se couler dans le moule impérial. Jusqu'à Constantin on assistait à la multiplication des communautés, placées chacune sous le contrôle d'un évêque. Entre elles, les conflits n'étaient pas exceptionnels et pouvaient être parfois violents. Désormais, chaque cité est dotée d'un évêque, choisi parmi les notables, qui reprend souvent le rôle du *patronus*. Un système pyramidal se met en place : un évêque est élu dans chaque cité, un archevêque dans chaque chef-lieu de province et celui de Rome, en tant que successeur de Pierre, est reconnu supérieur à tous les autres. Qui plus est, le pouvoir impérial organise dès 325 un premier concile, à Nicée, destiné à régler le conflit de l'arianisme. Constantin autorise alors les évêques qui doivent s'y rendre à emprunter le *cursus publicus*, c'est-à-dire le service de la poste impériale, normalement réservé aux hauts fonctionnaires. Cette organisation, jointe aux facilités qu'offre l'usage du latin et du grec, explique la rapidité de la diffusion et aussi, malgré les nombreuses querelles doctrinales qui émaillent les IVe et Ve siècles, la mise en place et le triomphe d'une orthodoxie capable de s'imposer à tous.

Ces liens entre le pouvoir impérial et la religion chrétienne apparaissent également de façon nette dans la construction de lieux de culte. Avant 313, les chrétiens disposaient uniquement de maisons, bâtiments détournés de leur vocation première pour la durée d'une cérémonie par un propriétaire acquis à la cause ou maisons spécialement affectées à cet usage. La forme architecturale du temple païen était peu adaptée – *cella* de surface réduite et mal éclairée, etc. – à l'office chrétien où les fidèles, participants directs, doivent être réunis dans l'édifice même. Ces architectes préfèrent donc copier ce que l'on appelle une « basilique ». La basilique est depuis le IIe siècle av. J.-C. une salle couverte en bordure du Forum où les tribunaux se réunissent devant une abside où trônent les images des empereurs et de leur famille. Le plan basilical impose donc une nef centrale éclairée par des fenêtres hautes, encadrée par deux nefs latérales, parfois elles-mêmes dédoublées, éclairées soit par des fenêtres basses, soit par des portiques ouverts vers l'extérieur. Face à l'entrée, souvent précédée d'un porche pour assurer la transition avec le Forum, prend place une abside recouverte le plus souvent d'une demi-coupole. Les empereurs avaient adopté ce schéma dans leur salle d'audience, particulièrement au Palatin, l'empereur en personne prenant place dans la niche traditionnellement réservée à ses représentations. Dans la basilique paléochrétienne, l'évêque remplace l'empereur dans la niche, l'autel étant placé au centre de l'édifice. Ce plan, peu adapté à première vue au culte, renvoie donc à des parallélismes idéologiques avec la représentation impériale : il suffit de rappeler que l'empereur est « protégé des dieux », intermédiaire entre eux et les humains, selon un schéma où les analogies avec le Christ sont faciles à établir.

Les premières basiliques chrétiennes sont le plus souvent construites « hors les murs » car elles sont élevées au contact des nécropoles : les lois interdisaient d'ensevelir les morts dans les limites du monde des vivants que constitue le *poemerium*. Ce n'est qu'à partir du Ve siècle, à l'occasion des troubles, que l'on déplace les églises à l'intérieur des villes, conduisant par là même à l'intégration des nécropoles dans l'espace véritablement urbain. L'existence des anciens martyrs contribue à asseoir le pouvoir de l'Église et un véritable culte est rendu autour de leur tombe. De là est née une confusion entre persécutions et nécropoles des premiers chrétiens, d'autant plus qu'un certain nombre d'entre elles, les « catacombes », principalement à Rome, sont souterraines. En réalité, ces ensembles, qui comprenaient également une partie aérienne, pouvaient difficilement être gardés secrets et renvoient davantage à l'habitude d'enterrer les morts par catégories socioprofessionnelles ou religieuses. Même après Constantin, le décor des catacombes reprend les motifs de l'art païen contemporain, preuve d'une intégration beaucoup plus grande entre les deux mondes que ce que le mythe de la clandestinité chrétienne se plaît à souligner.

Basilique Sainte-Apollinare in Classe, à Ravenne.
Le plan reprend celui des basiliques civiles et des salles d'audiences impériales.

Le triomphe du christianisme a rendu difficile l'étude de ses origines, d'autant plus que les sources conservées sont quasiment toutes favorables à la nouvelle religion. Mais il demeure indissociable de son étroite imbrication dans l'Empire romain.

b*ibliographie*

BROWN Peter, *La Société et le Sacré dans l'Antiquité tardive*, Paris, Seuil, coll. « Travaux », 1985.

DANIELOU Jean, *L'Église des premiers temps. Des origines à la fin du IIIe siècle*, Paris, Seuil, coll. « Points-Histoire » n° 80, 1985.

MARAVAL Pierre, *Le Christianisme primitif*, Paris, PUF, coll. « Nouvelle Clio », 1997.

L'agriculture spéculative
La villa et son domaine

Le monde antique est avant tout un monde d'agriculteurs qui luttent de façon empirique pour survivre et dont les rares surplus sont réquisitionnés par la fiscalité des cités et des États (voir pp. 12-13). Toutefois, sans nier l'importance numérique du phénomène, l'Antiquité a connu également des formes d'exploitations rurales fonctionnant sur un modèle différent, celui de la grande propriété esclavagiste, capable de fournir des revenus conséquents à un groupe restreint de propriétaires et de leur assurer, à la ville comme à la campagne, un train de vie somptueux.

Une agriculture savante

Depuis que Rome s'est rendue maîtresse d'un vaste territoire en Italie du Sud ou en Méditerranée, plusieurs faits ont modifié l'agriculture romaine. Les terres conquises sont rétrocédées aux conquérants, accompagnées de l'argent du butin. Rapidement, une concentration s'opère au profit de quelques-uns, les dépossédés allant grossir les rangs de la plèbe romaine. Parallèlement, le nombre d'esclaves, prisonniers de guerre, croît dans des proportions considérables, modifiant complètement le marché du travail. Enfin, les Romains entrent en contact avec des formes d'agriculture plus élaborées, notamment pour ce qui concerne les cultures arbustives, vignes et oliviers. L'apprentissage de ces nouvelles techniques se fait soit de manière directe, par le biais des campagnes conduites par exemple en Sicile et par les esclaves déjà formés enlevés à ces exploitations, soit de manière indirecte, par le biais de la littérature agronomique.

Celle-ci, d'origine grecque avec des auteurs comme Xénophon, ou carthaginoise avec Magon, est développée et approfondie par des auteurs latins depuis Caton le Censeur, mort en 149 av. J.-C. Son traité, le *De agricultura*, constitue le plus ancien ouvrage en prose conservé de la littérature latine. Cette veine est régulièrement reprise tout au long de l'Antiquité. Les traités forment des séries de conseils donnés aux propriétaires désireux de placer leurs capitaux et d'assurer les revenus exigés par le système censitaire. Ils portent autant sur le choix du domaine et des bâtiments (la « villa »), les cultures à pratiquer que sur les outillages nécessaires – y compris, donc, le nombre d'esclaves –, les méthodes, les conditions de vente ou les contrats à passer avec des entrepreneurs à façon ou des saisonniers libres. D'un auteur à l'autre, on voit évoluer certaines techniques comme les pressoirs, d'un système à cordes et levier vers le modèle du pressoir à vis, encore en usage au XVIIIe siècle. Ce mode de production, la villa esclavagiste, est par bien des égards comparable au système des plantations en vigueur dans les Amériques jusqu'au XIXe siècle : masses serviles traitées à la dure – les chaînes sont conseillées –, personnel d'encadrement qualifié, lui aussi servile, cultures spécialisées et spéculatives, même si une part non négligeable des terrains est destinée à répondre aux besoins de l'autoconsommation, soucis écologiques très limités, qui auront pour conséquence une dégradation rapide des sols, sélection des espèces poussée très loin.

La conquête de nouveaux territoires en dehors de l'Italie s'accompagne de la diffusion de ce modèle de production, éventuellement adapté aux conditions climatiques et géographiques locales. Par exemple, la prééminence du blé dans la Gaule du Nord coïncide avec la mise au point des premières moissonneuses. Progressivement et d'abord en Italie, ces domaines ne cessent de croître et constituent le *latifundium*. Les cultures intensives qui caractérisaient les villas ne sont alors plus de mise d'autant que la masse servile a tendance à diminuer du fait de la fin des guerres de conquête. Suivant les régions, les propriétaires choisissent la voie des cultures extensives, et plus généralement de l'élevage (voir pp. 12-13), en maintenant l'unité du domaine ou, au contraire, subdivisent leurs terres en lots réduits confiés à des « colons » (voir pp. 18-19). Ces derniers sont théoriquement des hommes libres mais des lois successives les fixent peu à peu, au cours de l'Antiquité tardive, à la terre qu'ils cultivent. Le principe d'un travail héréditaire concerne toutes les catégories socioprofessionnelles, mais ses conséquences sont particulièrement dramatiques pour ceux dont la présence est indispensable à la survie des autres hommes.

La villa et la villégiature

La définition de ce que les Romains eux-mêmes entendaient par « villa » est loin d'être univoque (d'après Varron, *Res rusticae*, III, 1). Deux notions paraissent cependant faire à peu près l'unanimité :

la villa est d'abord un centre de production agricole dont le mode le plus achevé est celui que nous venons de décrire ; en second lieu, la villa doit pouvoir servir de résidence « noble », adaptée au statut et au rang de son propriétaire. De ce fait, les plus riches Romains se doivent de posséder plusieurs villas, réparties entre plusieurs régions entre lesquelles ils partagent leur temps. Des raisons idéologiques, parfois renforcées par des lois, leur interdisent de résider loin de Rome au moins pendant les périodes d'activité politique et judiciaire. Il en résulte une géographie complexe des villas les plus luxueuses, réparties entre la « banlieue » de Rome (le *suburbium*), plus particulièrement les bords des lacs et des collines, et la région du golfe de Naples. Au-delà de 200 km de Rome, leur densité décroît fortement et leur rôle résidentiel diminue. Dans une Italie qui voit la vitalité de ses agglomérations urbaines diminuer fortement au fur et à mesure que grandit Rome, ces villas peuvent jouer le rôle de succédané de ville, investissant de fait leurs propriétaires de pouvoirs politiques informels mais réels. L'achat et la vente des villas obéissent uniquement aux lois du marché : elles ne constituent jamais, en tant que tel, un monopole des classes aristocratiques comme le sera plus tard le château.

La région de Cosa, à 150 km au nord de Rome sur le littoral tyrrhénien, est à la limite de cette zone privilégiée. La villa de Sette Finestre est construite aux alentours de 50 av. J.-C. par un membre d'une famille sénatoriale, les Sextii. Le site retenu correspond pratiquement au sommet d'une colline, et la topographie impose une construction sur podium, particulièrement visible dans le paysage, qui marque la domination du propriétaire.

La villa comprend deux terrasses ; la plus basse abrite un jardin, à la fois potager et ornemental. Il est entouré d'un mur agrémenté de fausses tours à la manière des enceintes urbaines qu'il tente de copier. La terrasse supérieure abrite à la fois le logement du maître, du côté de la façade principale qui domine le paysage, et les bâtiments agricoles. Le visiteur, quel que soit le motif de sa venue, doit traverser une véritable cour de ferme avant de pénétrer dans le péristyle et la partie noble magnifiée par des colonnes et une décoration de qualité. Le contraste étonnant entre un cheminement qui ne permet d'éviter aucun tas de fumier et le luxe qui suit est renforcé par la localisation des pressoirs : ceux-ci sont ménagés parallèlement aux salons et une communication directe est possible entre les uns et les autres. Cette promiscuité traduit la force du schéma idéologique d'une villa avant tout faite pour produire. L'évolution ultérieure de cette villa conduit en effet à supprimer ces pressoirs, à murer ces portes et à créer une entrée indépendante pour la partie noble en même temps que l'on construit dans le jardin un complexe thermal plus luxueux et plusieurs bâtiments agricoles supplémentaires hors de l'enceinte primitive. Ces modifications confirment qu'au-delà de certaines continuités, le modèle de la villa romaine ne cesse d'évoluer, tant sur le plan proprement architectural que sur celui des fonctions assumées.

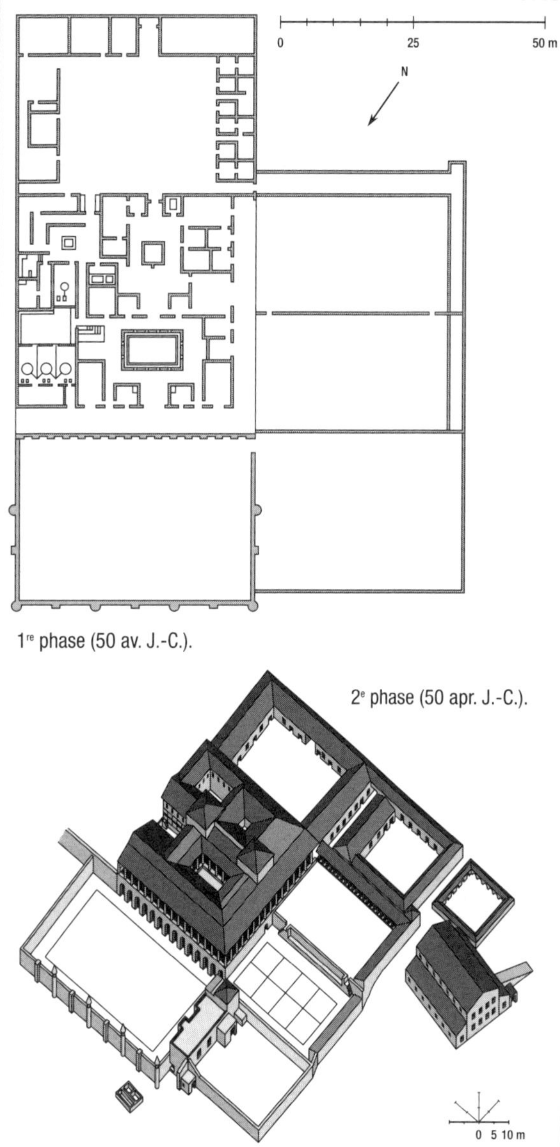

Villa de Sette Finestre.

L'agriculture spéculative a généré des formes d'habitat aristocratiques susceptibles de donner des modèles très divers, du monastère à la villa balnéaire du XIXe siècle, en passant par toutes les formes du « château ».

b*ibliographie*

CARANDINI Andrea *et alii*, *Sette Finestre, una villa schiavistica nell'Etrusia Romana*, Modène, Éd. Panini, 3 t., 1985.

FERDIÈRE Alain, *Les Campagnes en Gaule romaine*, Paris, Errance, coll. « Des Hespérides », 2 t., 1988.

Artisans et artisanat

Malgré le maintien d'une certaine production d'objets nécessaires à la vie courante dans le cadre domestique, la plus grosse part de cette activité relève, dès l'Égypte ancienne, d'artisans spécialisés, sédentaires ou itinérants. Ce monde du travail manuel est rarement bien placé par rapport à celui de la terre et de la guerre dans la hiérarchie des valeurs de la cité telle qu'elle nous est transmise par les sources littéraires. Toutefois, des différences sensibles sont repérables entre les villes commerçantes et les autres : à Athènes, la possession d'un atelier n'empêche pas de devenir « stratège » et la différence est clairement établie entre le propriétaire et les exécutants.

Des individus méprisés mais organisés

Chez Platon, le monde de l'artisanat n'occupe pas une place particulièrement brillante. Ce qui est fondamentalement en cause n'est pas le travail manuel en soi : Platon nourrit son œuvre d'exemples empruntés à ce domaine et Cicéron se vante d'avoir fabriqué lui-même des meubles. Cette approche repose sur l'idée que l'artisan doit gagner sa vie par son travail, que ses capacités et ses connaissances sont indispensables à sa survie et non à son plaisir. Cette situation caractérise aussi les « techniciens » (de *techné*, l'art) comme les médecins, les architectes et ceux que nous appelons « artistes » qui vivent de leur science. Si, à Athènes, les noms des plus prestigieux comme celui de Phidias nous sont connus, à Rome, seul le nom du commanditaire a été, sauf exception, retenu. Le vocabulaire latin, pourtant extraordinairement développé – plus de 160 « métiers » sont connus à Rome par des inscriptions –, reste imprécis sur les qualifications : ainsi le mot *vestarius* désigne également le fabriquant de vêtement, le vendeur et le valet de chambre qui habille son maître.

Ce mépris général du salariat ne peut toutefois cacher l'extrême variété des situations concrètes. Quelques gros entrepreneurs dans le monde romain occupent le sommet de cette hiérarchie, adjudicataires *(redemptores)* non seulement des grands travaux édilitaires mais également des fournitures à l'armée et des boulangeries publiques. Le plus souvent, il s'agit d'affranchis comme le Trimalchion du *Satiricon* de Pétrone.

Le développement de l'esclavage, particulièrement à partir du IIe siècle av. J.-C., a eu de nombreuses répercussions sur le monde des ateliers. Aux formes traditionnelles se surimposent les « manufactures » où l'emporte la main-d'œuvre servile. À la différence de l'artisanat où chacun dispose d'une certaine autonomie qui se traduit par la fierté de la signature apportée sur le travail « que l'on a fait », la manufacture se caractérise par l'extrême parcellisation des tâches et la standardisation des produits. Il en résulte la spécialisation des métiers révélée par le vocabulaire : celui qui fait les anneaux en fer n'est pas celui qui fait les bêches. Mais cet éclatement se retrouve avant tout dans la chaîne opératoire elle-même. L'exemple de la construction montre cette double caractéristique. Les murs en grand appareil, soigneusement réalisés bloc après bloc par des maçons-tailleurs de pierre, sont remplacés par des murs en petit appareil où le mortier permet une taille approximative, et même l'utilisation des déchets pour le noyau des murs. Pour les parements, on utilise des matériaux de plus en plus standardisés produits hors du chantier par des manœuvres voués à cette seule tâche. La mise en œuvre de ces matériaux exige beaucoup moins de compétence de la part des maçons eux-mêmes. Cela n'interdit pas des formes architecturales complexes, telles que les coupoles et les voûtes impossibles à réaliser avec le grand appareil, et donc le progrès de l'architecture elle-même.

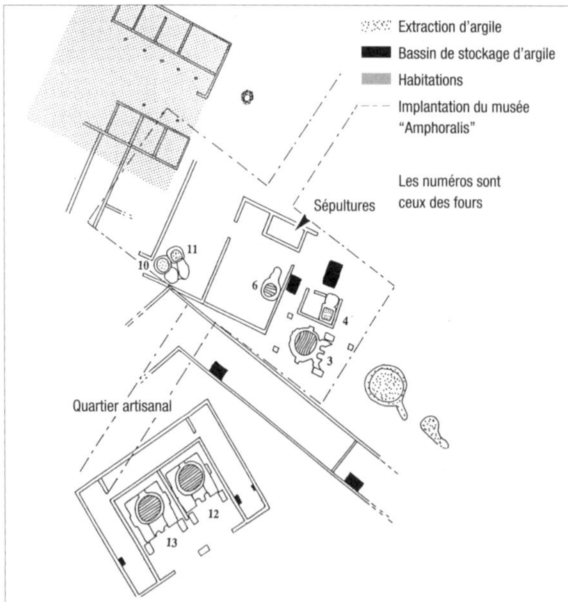

Atelier de Sallèles d'Aude.

Cette position sociale difficile n'empêche pas certains artisans ou commerçants d'afficher leur identité, en particulier en Gaule sur les reliefs de leurs tombeaux. Les membres libres ou esclaves d'un même métier se regroupent en association. Ces *collegia*, à la différence des corporations, n'ont pas de finalité économique : il s'agit plutôt de mutuelles qui permettent de régler avant tout la question, fondamentale dans l'Antiquité, des obsèques. Elles possèdent des nécropoles dont les catacombes judéo-chrétiennes ne sont qu'une des variantes. Les collèges disposent également d'un lieu de réunion, la *schola*, construite sur un modèle proche de la grande maison urbaine, avec jardin et péristyle, comme le montrent les exemples les mieux connus d'Ostie. Ces collèges sont organisés de façon très hiérarchisée, avec des magistrats annuels et une assemblée. Au mépris aristocratique répond donc le sentiment de constituer une force collective et des formes de sociabilité complexes.

Les ateliers céramiques : de l'atelier isolé à l'agglomération spécialisée

Les fragments de céramiques constituent par leur abondance un outil de référence essentiel pour l'archéologue, mais l'étude de la production s'est heurtée jusqu'à une date récente à l'absence de fouilles complètes d'ateliers. Sallèles d'Aude, entre Béziers et Narbonne, permet d'appréhender les aspects de la vie et du travail d'une petite communauté de potiers entre le Ier et le IIIe siècle apr. J.-C. Cet atelier occupe environ 3 ha avec la carrière d'argile, les appentis et les maisons d'habitation. Quatorze fours ont été repérés. Les plus anciens, datant du début de notre ère, ont une capacité de 10 m³. Dans la deuxième moitié du Ier siècle, les chambres atteignent 100 m³, autorisant des fournées de 1 000 amphores environ. Sous le sol de l'atelier de tournage, douze tombes de nouveau-nés ont, peut-être, une fonction prophylactique. Elles rappellent également les conditions d'existence difficile de cette petite communauté capable de produire des objets très divers, depuis les matériaux de construction jusqu'à la céramique de cuisine en passant par les amphores. Le progrès technique, incontestable, n'a pas amélioré la vie quotidienne des potiers.

À côté des ateliers ruraux se développent de véritables agglomérations consacrées presque uniquement à l'activité céramique, comme la Graufesenque, près de Millau (Aveyron). La production principale est une vaisselle de table rouge, appelée sigillée, exportée dans tout l'Empire romain et même au-delà de ses frontières. Ce site, où plus de 500 noms de potiers sont connus entre le Ier et le IIIe siècle apr. J.-C., a révélé des comptes d'enfournement. Ces bordereaux témoignent d'une organisation éclatée des potiers qui s'associent pour la cuisson, toujours risquée, en ayant recours à un fournier spécialisé. Chaque four permet de cuire 30 000 vases et l'opération est répétée au moins dix fois entre le printemps et le début de l'automne. Chaque potier comptabilise soigneusement ses vases mais l'empilement dans un four unique contribue à une très grande standardisation des formes, liée peut-être également à l'intervention d'un unique marchand, commanditaire de fait.

Bordereau d'enfournement des potiers de la Graufesenque.
À la troisième ligne (en comptant celle sur le rebord), il est précisé qu'il s'agit de la deuxième fournée ; à la quatrième ligne sont mentionnées 1 400 *pannas* (coupes), fabriquées par Jucundus.

La diffusion sur de longues distances de produits artisanaux standardisés témoigne des avancées dans le domaine technique et l'organisation du commerce mais les principaux acteurs ne semblent pas en avoir véritablement bénéficié. Les associations d'artisans sont informelles et se présentent comme des groupements de producteurs indépendants qui ne maîtrisent pas la chaîne de fabrication et, sans aucun doute, encore moins la commercialisation.

bibliographie

LAUBENHEIMER Fanette, *Sallèles d'Aude, un complexe de potiers gallo-romain, le quartier artisanal*, Paris, Documents d'archéologie française n°26, 1990.

MOREL Jean-Paul, « L'artisan », *in* GIARDINA Andrea, *L'Homme romain*, *op. cit.*

Les transports maritimes
Avancées technologiques et blocages

Selon une théorie qui a rencontré beaucoup de succès dans l'entre-deux-guerres, l'Antiquité n'aurait disposé que de moyens extrêmement médiocres pour organiser ses transports, avant les inventions médiévales du gouvernail d'étambot et du collier d'épaule de cheval. Les conséquences de cette stagnation et cette technologie insuffisante se trouvent contredites en partie par les faits, en particulier la diffusion massive et sur de longues distances de produits pondéreux. Mais les connaissances techniques n'ont pas toujours été utilisées à leur maximum : le blocage a donc d'autres origines.

Les bateaux

Pendant longtemps la « chasse au trésor » qui a caractérisé les débuts de l'archéologie sous-marine a permis de connaître uniquement les chargements, comme les marbres de Madhia (Tunisie) ou les amphores du Grand Congloué dans la rade de Marseille. L'attention portée aux bateaux eux-mêmes impliquait de véritables fouilles, avec la même méthodologie que celle employée sur terre. L'exploration dans les années soixante-dix du bateau romain coulé près de la Madrague de Giens marque une étape décisive. Depuis, y compris grâce aux dernières fouilles autour du Vieux-Port à Marseille, la liste des épaves antiques étudiées n'a cessé d'augmenter.

Les plus anciens bateaux, ceux qu'utilisent les colons grecs des VIIe et VIe siècles, sont assemblés avec des liens végétaux comme le rapporte l'*Iliade*. Assez vite, et plus particulièrement à partir du IIIe siècle av. J.-C. avec une augmentation sensible de la taille des bâtiments, des formes d'assemblages plus complexes, faisant un large usage des chevilles, apparaissent. La coque est alors doublée et entièrement revêtue d'une protection en plomb, au moins dans la période comprise entre le IVe siècle av. J.-C. et le IIe siècle apr. J.-C.

Le bateau de la Madrague de Giens, coulé au milieu du Ier siècle av. J.-C., présente des capacités moyennes : sa longueur est voisine de 40 m pour une largeur maximale de 9 m. Sa capacité estimée est de l'ordre de 425 tonnes correspondant à une charge de 8 500 amphores (2 200 hl) comparable à celle de bien des bateaux des époques médiévales et modernes. Une technique de charpente « mixte » a été utilisée pour sa construction : dans un premier temps la quille et le début des membrures ont été mis en place selon les principes d'une construction « sur squelette ». Dans l'incapacité de calculer mathématiquement les courbes à donner à la partie supérieure des membrures, la coque proprement dite (les bordées) a été réalisée avant que ne soit mis en place le reste du « squelette ». Cette seconde technique, dite *shell first* (« la coque d'abord »), est généralement considérée comme archaïque. La combinaison des deux techniques pour un même bateau montre que les charpentiers ont su adapter leurs méthodes au plus près des possibilités théoriques et pratiques, donnant un bateau particulièrement robuste. L'analyse des volumes de la coque, de la forme de la quille, du système d'emplanture du mât permet de restituer les capacités nautiques

Épave de la Madrague de Giens en cours de fouilles.

de ce navire. S'il présente quelques difficultés pour remonter au vent, il ne fait aucun doute qu'il pouvait tenir la mer plusieurs jours et se livrer à la navigation hauturière, de jour comme de nuit.

À côté de ces bateaux polyvalents, l'Antiquité disposait de navires spécialisés. Les sources littéraires ont conservé le souvenir de réalisations exceptionnelles comme les navires porte-obélisques ; l'archéologie a permis de découvrir des dragues, capables d'approfondir le tirant d'eau des ports, et des bateaux-citernes, destinés au transport du vin. Ces derniers, comme le montre l'espace dit du

Grand Ribaud D, comportent à poste fixe de grands récipients (les *dolia*) de plus de 2 000 litres de capacité. Il fallait les remplir et les vider à l'aide de siphons ou de pompes dans des installations appropriées, et la question du fret de retour se posait. En revanche, le gain de temps et de poids mort était considérable. Ces bateaux, apparus à l'époque augustéenne, constituent donc un réel progrès technique. Malgré leurs avantages, ils ne se développent pas et disparaissent rapidement. Les raisons de cet échec restent mystérieuses : des problèmes purement techniques (de stabilité, par exemple), économiques (nécessité d'un fret de retour de même nature, ce qui implique un équilibre des échanges de vin entre l'Italie et les provinces), politiques (les aménagements spécifiques des ports n'ont pu être multipliés) ont dû jouer un rôle qu'il est aujourd'hui difficile d'apprécier. Cet exemple des bateaux à dolia montre, malgré tout, que les transports maritimes et leur développement sont inséparables du contexte historique plus que de connaissances purement techniques.

Les transports maritimes

Le commerce maritime antique ne dépend pas uniquement d'infrastructures techniques, ports et bateaux, mais aussi du rôle des particuliers et des États. La question des capitaux et des risques liés à la fortune de la mer a fait naître des pratiques et un code juridique adaptés. On attribue aux Phéniciens puis aux Grecs la mise au point du prêt maritime identique à celui que l'on appellera « à la grosse aventure » au XIIIe siècle, associant un prêt classique, à un taux très élevé, et une assurance : en cas de naufrage, l'emprunteur n'a pas à rembourser son ou ses débiteurs. Les litiges dans ce domaine fournissent la matière de plusieurs plaidoyers attribués à Démosthène où il apparaît que les esclaves-navigateurs ont déjà les mêmes capacités juridiques que les hommes libres. Le commerce maritime, qui a besoin de la plus grande sûreté en matière de droit, est à l'origine d'une législation internationale, avant même l'établissement du pouvoir romain sur l'ensemble du *Mare Nostrum*. Cette coutume de mer, appelée traditionnellement « loi rhodienne », survivra à l'Antiquité classique. Elle prévoit en particulier les conséquences juridiques de celui qui a enfreint la règle du *Mare Clausum*, la mer fermée, ou interdite, pendant la mauvaise saison.

Les énormes besoins en ravitaillement de Rome posent des problèmes d'organisation. Malgré les apparences, jusqu'à la fin de l'Antiquité, le commerce maritime est le fait exclusif des particuliers, agissant seuls ou en associations. S'il existe des « sociétés », celles-ci n'ont le plus souvent qu'une durée et un objectif limités et ne peuvent donc déboucher sur la création de vastes compagnies structurées. Elles passent cependant des marchés réguliers avec l'administration de l'Annone chargée d'assurer le ravitaillement en blé puis, à partir du IIIe siècle, en huile de Rome et des armées. Des avantages fiscaux sont accordés à ceux qui s'engagent dans cette voie.

Maquette du bateau de la Madrague de Giens.

Dès la fin de la République, on connaît des sénateurs qui, malgré la loi, investissent dans le commerce maritime. Pour contourner la loi votée en 218 qui interdit à ces hommes de posséder de gros navires, mais surtout le déshonneur plus général attaché à ces activités lucratives, les sénateurs utilisent diverses solutions. La plus simple est le recours à leurs propres affranchis auxquels est confié un pécule. Ceux qui renoncent à une carrière politique pour faire eux-mêmes des affaires sont mal vus : le cas le plus célèbre est celui des Sextii, propriétaires, entre autres, de la villa de Sette Finestre (voir pp. 52-53), qui diffusent, en situation de quasi monopole, les produits de leurs vignobles en Gaule avant la conquête de Jules César. C'est l'une des rares fois où, grâce aux amphores timbrées à leur nom, et à leur avocat Cicéron, on peut suivre la constitution d'un empire économique vertical consacré à la production et à la commercialisation du vin.

Les outils intellectuels autant que purement techniques d'un développement du commerce de longue distance étaient donc disponibles. Les bouleversements économiques et politiques liés à la mise en place de l'Empire comme les contraintes idéologiques ont empêché sa réalisation.

b*ibliographie*

POMEY Patrice, *La Navigation dans l'Antiquité*, Arles, Édisud, 1997.

ROUGÉ Jean, *La Marine dans l'Antiquité*, Paris, PUF, coll. « Sup », 1975.

Tous les chemins mènent à Rome

Des indices convergents montrent que la navigation, fluviale et maritime, assurait au meilleur coût l'essentiel des transports de marchandises dans l'Antiquité. Les routes apparaissent cependant comme une des caractéristiques fondamentales du monde romain. Certes, il n'a pas fallu attendre la conquête romaine pour pouvoir se déplacer : sans une infrastructure minimale, Jules César n'aurait pu conquérir l'ensemble de la Gaule en faisant avancer rapidement ses légions d'une extrémité à l'autre du pays. Le réseau routier, présenté comme une œuvre majeure par les Romains eux-mêmes, répond donc à des besoins nouveaux.

Fonctions et capacités des voies romaines

Le système routier romain ne constitue pas un tout homogène. On distingue traditionnellement, en s'appuyant sur des textes juridiques, quatre types principaux de voies : les « voies militaires » mises en place par l'armée au moment ou à l'issue de la conquête, les « voies publiques » construites par l'État et placées sous contrôle de curateurs impériaux, les voies dites « vicinales » administrées par les autorités locales et, enfin, les « voies privées ». Les deux premières catégories ont tendance à fusionner et constituent l'armature du réseau, un peu à la façon des autoroutes actuelles. La troisième catégorie reprend en grande partie des tracés anciens et regroupe l'énorme majorité des segments utilisés.

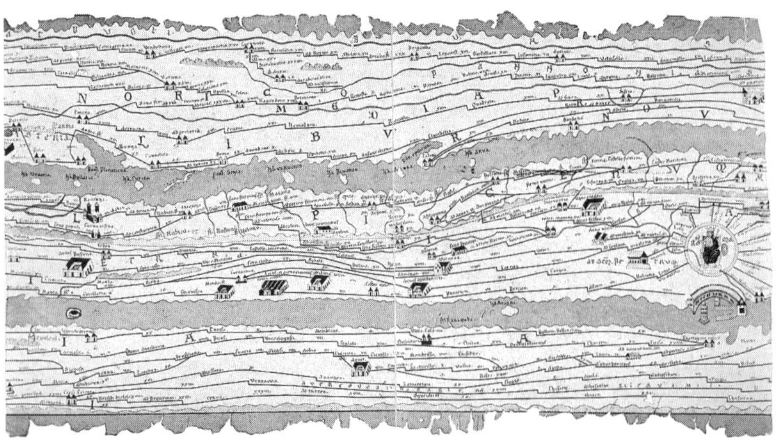

Fragment de la Table de Peutinger.
L'auteur utilise des signes conventionnels, en particulier pour hiérarchiser les villes, indiquer les stations thermales, les ports et de façon générale la qualité des étapes utiles aux voyageurs.

Comme le montre un milliaire daté de 118 av. J.-C., l'établissement du réseau militaire est, en Gaule méridionale, l'œuvre de Domitius. Agrippa, à l'époque d'Auguste, réalise le même type d'opération en organisant autour de Lyon, devenue capitale, un réseau en étoile (Strabon, *Géographie*, IV, 6-11). Les préoccupations stratégiques, particulièrement les projets de conquête de la Bretagne (l'Angleterre actuelle) et de la rive droite du Rhin, commandent l'orientation générale et les points d'aboutissement comme Boulogne-sur-Mer. Les routes sont destinées à aller au plus vite et, chaque fois que la topographie le permet, sont tracées en longs segments rectilignes, évitant les fonds de vallée et la plupart des sites antérieurement occupés. En revanche, elles sont jalonnées par de nouvelles fondations, camps militaires à l'origine, qui se transforment rapidement en agglomérations civiles. Le déplacement successif du chef-lieu des *Suessiones* est de ce point de vue exemplaire. Le site gaulois, connu par le récit de César, est un *oppidum* de hauteur, Variscourt. Immédiatement après la conquête, il est abandonné au profit d'un site de plaine, Villeneuve-Saint-Germain en bordure de l'Aisne, avant que le réseau d'Agrippa ne fixe l'agglomération d'*Augusta Suessionum* (Soissons) sur la route en direction de Boulogne.

Ces grandes routes, indispensables aux déplacements des légions et des fonctionnaires romains, sont régulièrement entretenues comme en témoignent les bornes milliaires qui jalonnent leurs parcours : elles portent gravés, outre l'indication de la distance qui la sépare de la prochaine ville, le nom du magistrat agissant au nom de son empereur qui a réalisé les travaux. Les fondations font l'objet d'une grande attention : dans les zones marécageuses que l'on ne peut éviter, la route repose sur des pieux et des longrines pour empêcher qu'elle ne s'enfonce. En revanche, le revêtement, même s'il fait l'objet de recharges régulières, se présente rarement en province sous la forme de grosses dalles régulièrement agencées ; seuls les abords des grandes agglomérations sont jugés dignes d'un tel traitement, particulièrement onéreux. Les ouvrages d'art, en particulier les ponts, font l'objet de soins vigilants et attirent la gloire sur leurs commanditaires. Le franchissement des grands fleuves comme le Rhône ou le Rhin par un pont permanent, même porté par des barques, rejaillit sur la gloire de l'empereur, et ce thème du franchissement, et donc de l'asservissement en quelque sorte du Rhin, ne sera pas oublié par la suite... Adaptées aux besoins militaires, ces routes ont des capacités limitées pour les transports de marchandises en raison des véhicules : avant-train insuffisamment mobile, chevaux réservés aux cavaliers, tous ces facteurs réduisent la charge utile à guère plus de 300 kg.

L'administration met en place, à intervalles réguliers, des relais *(stationes* ou *mutationes)* dont la gestion est confiée à des adjudicataires privés. Pour les besoins de l'État, civils et militaires, cette organisation devient le *cursus publicus* (Suétone, *Auguste* 49) qui oblige les tenanciers à entretenir un parc de véhicules et d'animaux considérable, financé en partie par l'impôt. Outre le courrier proprement dit, ce service est réservé à une minorité pourvue de documents officiels accordés pour l'occasion et les abus sont sévèrement punis par le code pénal. De fait, la libre-circulation des personnes à l'intérieur de l'Empire reste largement théorique.

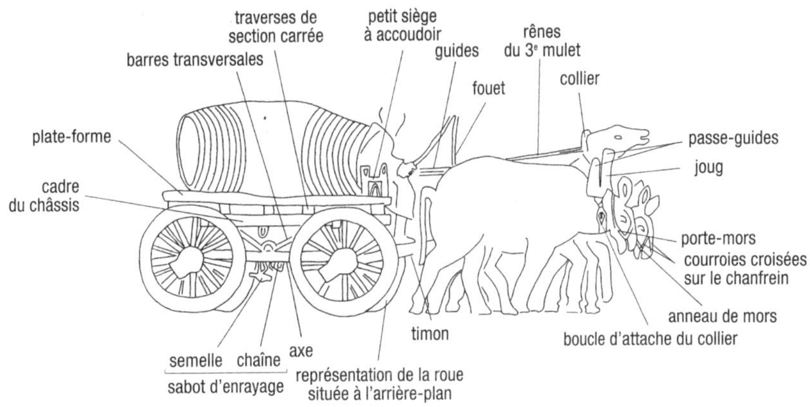

Chariot de Langres.

Les itinéraires et les cartes

L'importance du réseau routier a conduit à la création d'instruments divers destinés à aider le voyageur officiel ou privé. La forme la plus simple est celle « d'itinéraires », liste de noms géographiques avec l'indication de la distance qui les sépare. Plusieurs supports sont utilisés, parmi lesquels des gobelets d'argent comme ceux découverts à Vicarello. Les services de l'État fournissent les informations nécessaires grâce aux relevés effectués sur le terrain et aux services d'archives qui les enregistrent. La tradition manuscrite nous conserve le cas de l'itinéraire utilisé par les pèlerins de l'Espagne jusqu'à Jérusalem, mais la variété de ces chemins possibles est grande et leurs utilisateurs différents les uns des autres : le tourisme, y compris religieux, n'est pas absent. Pour lui, on réalise des sortes de guides dont le plus connu est la *Description de la Grèce* par Pausanias au IIe siècle apr. J.-C.

Parmi tous les documents qui nous sont parvenus, la Table de Peutinger occupe une place à part. Héritière également de relevés commencés dès l'époque d'Auguste, cette carte routière est le fruit de remaniements multiples jusqu'à la fin de l'Empire. Le document aujourd'hui conservé à Vienne est une copie du XIIIe siècle réalisée par un moine de Colmar, et achetée au XVIe siècle par Conrad Peutinger, un numismate d'Augsbourg. Elle mesure au total 6,82 m de long pour une hauteur de 34 cm. Le système de projection utilisé est original car l'accent est mis sur la représentation des axes routiers. Les autres éléments (montagnes, forêts, peuples) sont considérés comme secondaires et conservés seulement là où la place le permet.

Pour ce qui est de la Gaule, les noms des villes sont encore ceux en usage jusqu'au IIIe siècle – *Avaricum* et non pas *Bituriges* pour Bourges par exemple. La perte de la rive droite du Rhin survenue en 256 est soigneusement enregistrée et les noms de *Francia* et *Alammania* se superposent aux noms plus anciens. De même la présence de trois capitales, Rome mais aussi Antioche et Constantinople, renvoie à une période où le christianisme a triomphé : les mises à jour sont donc incomplètes et prêtent à bien des confusions. Les distances sont exprimées en milles romains (1 481 m) pour le sud de la Gaule, en lieues gauloises (2 222 m) au nord de Lyon. Cette réapparition de mesures indigènes opérée, semble-t-il, à partir de 192 apr. J.-C., traduit dans un Empire fortement unifié par un système commun de poids et mesures une certaine régionalisation du pouvoir administratif. Celle-ci touche de façon directe un des symboles même de cette unité, le système des routes publiques.

Les voies romaines sont la partie la plus visible d'un ensemble destiné à assurer les communications indispensables et donc un minimum d'unité à l'intérieur de l'Empire romain.

b*ibliographie*

CHEVALLIER Raymond, *Voyages et déplacements dans l'Empire romain*, Paris, Armand Colin, 1988.

NICOLET Claude, *L'Inventaire du monde – Géographie et politique aux origines de l'Empire romain*, Paris, Fayard, coll. « Nouvelles études historiques », 1988.

Urbanisme spontané

L'Agora d'Athènes

Dans la civilisation gréco-romaine, la ville et le mode de vie urbain dominent nettement le monde des campagnes, comme en témoigne encore notre vocabulaire. La ville abrite tous les équipements qui permettent de réunir la population de la cité pour que les citoyens y exercent leur rôle politique et que tout le monde y trouve les commodités qui rendent l'homme civilisé. Elle est encore le plus souvent perçue comme un ensemble réfléchi et cohérent, clairement ordonné par la raison. Si l'on ne peut nier que des réflexions en ce sens ont bien eu cours dans l'Antiquité, la réalité des villes antiques, comme Athènes et Rome, était très différente.

Synœcisme ou fondation ?

Selon les historiens et les théoriciens antiques, la création d'une cité résulte de deux types d'action. Le plus simple est la création *ex nihilo* à la suite d'une décision collective de s'implanter dans un lieu jusqu'alors totalement inoccupé : c'est le schéma adopté par la légende pour la création de Rome. Le second type consiste à fusionner des populations autochtones, occupant jusqu'alors des villages ou des hameaux de telle façon qu'un seuil critique soit atteint. Ce regroupement, ou « synœcisme », permet en effet la création d'une unité politique supérieure, la cité. Pour fonctionner, des espaces de réunion, que l'on place au centre géométrique des précédents villages, sont nécessaires. Dans le cas d'Athènes, la légende (Thucydide *Histoire*, II, 15, 1-2 ; Plutarque, *Thésée*, 24, 1-4) attribuait ce rôle de fondateur à Thésée. Celui-ci aurait, par la persuasion, réuni les différents villages de l'Attique en une seule cité *(polis)*, par la création d'une seule ville *(asty)*. On situe le centre de celle-ci sur la colline-forteresse de l'Acropole.

Par sa surface réduite, l'Acropole ne peut accueillir plus que le palais royal et les temples et ces derniers seulement après la reconstruction qui suit le sac de la ville par les Perses en 480 av. J.-C. : la ville s'étend à ses pieds, en fonction des cheminements traditionnels qui empruntent le fond des talwegs. De ce fait, le « synœcisme » n'est pas accompagné par un plan d'urbanisme mais condamne la ville à un accroissement progressif, chaque étape devant tenir compte de l'existant, souvent mal adapté. Dans ce processus, l'agora, centre économique et politique de la cité, occupe une place essentielle.

L'Agora d'Athènes et ses aménagements progressifs

Au début du VIe siècle, le centre de la ville se déplace nettement vers le nord et le nord-ouest, attiré par le quartier commerçant et artisanal du Céramique, dont une partie est extérieure à l'enceinte. La nouvelle agora occupe l'espace à peu près horizontal qui débute immédiatement au pied des collines de l'Acropole, de l'Aréopage et celle dite de l'Agora, pas très loin des trois portes essentielles de la ville, celle du Dipylon, d'Acharnes et du Pirée.

Ce changement n'a pas fait l'objet d'un projet cohérent. La forme générale est conditionnée par les rues qui mènent aux portes principales et dont l'axe dicte l'emplacement et l'orientation des monuments périphériques. L'une d'entre elles, utilisée par la grande procession des Panathénées arrivant d'Éleusis, traverse même en diagonale cet espace. Cette caractéristique d'un terre-plein déterminé par le croisement des rues principales n'est pas propre à Athènes. On le retrouve aussi bien dans les colonies grecques les plus anciennes, comme Megara

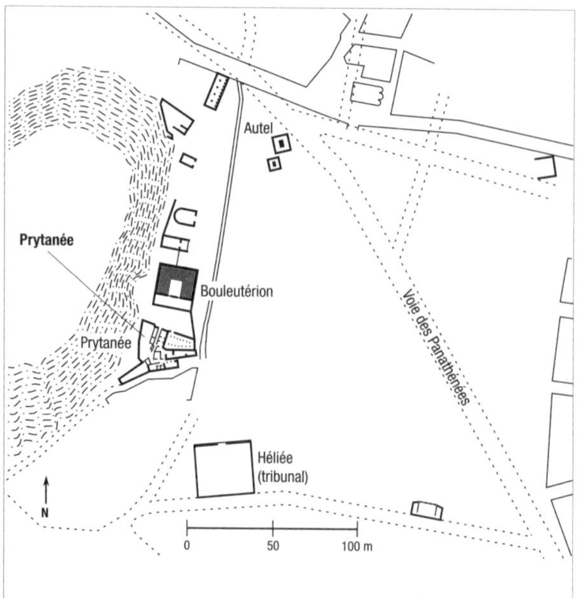

Agora d'Athènes au début du Ve siècle et au IVe siècle av. J.-C.

Hybleia en Sicile, que pour le forum primitif de Rome emprunté par la Voie sacrée. De fait, le contact entre la place et la rue est total, la place apparaissant comme le simple négatif de la seconde.

Les édifices nécessaires au fonctionnement de la cité, bureaux des magistrats, lieu de réunion des conseils, sont construits au-delà des rues encadrantes, en fonction des besoins et de la place disponible. C'est ainsi par exemple que le prytanée, l'endroit où l'on reçoit les hôtes de marque de la cité, où les lois de Solon sont affichées, rejoint la zone de l'agora du Céramique seulement à l'époque hellénistique : la concentration des édifices politiques autour de l'agora s'est donc faite très progressivement. Mais, rapidement, le côté par trop anarchique de l'agora de la cité qui se voulait la maîtresse des arts fait problème et l'on entreprend de la régulariser.

La construction de portiques *(stoa)* répond à cet objectif. Les plus anciens, comme celui de Zeus, sont de taille modeste mais les principes qui régiront à l'époque hellénistique les plus grands sont déjà en place. Sur le modèle des sanctuaires, les colonnades ont pour premier but d'apporter une certaine régularité et une certaine unité visuelle en dissimulant les édifices disparates placés, dès lors, en deuxième ligne. Sous un climat méditerranéen, les portiques offrent également un abri contre la pluie ou le soleil, aux promeneurs et à certaines œuvres d'art fragiles comme les tableaux. Mais construits là encore au coup par coup, ils sont loin de constituer un ensemble homogène d'autant plus que leur réalisation s'étend en fonction des possibilités des bienfaiteurs qui en assument le coût.

Les fonctions de l'agora (comme du forum) sont multiples puisque aux bâtiments politiques qui l'encadrent s'ajoutent des édifices religieux construits sur la place elle-même. Ces monuments sont complétés par les échoppes et les étals des commerçants. Ce mélange de genres manque de « dignité » et dès la fin de l'époque classique, à Rome comme à Athènes, des mesures sont prises pour tenter d'écarter les commerçants. On crée pour cela des espaces particuliers, comme les marchés alimentaires *(macellum)*, et l'on construit des boutiques réservées aux commerces plus nobles, comme celui des changeurs, ordonnées en rangées derrière la colonnade des portiques. Tout cela tend à isoler complètement ces places du réseau des rues d'autant plus qu'on y pénètre désormais par un porche monumental qui contribue fortement à cette séparation.

À l'époque classique, l'Agora, malgré son caractère polyvalent, ne regroupe pas toutes les activités politiques d'Athènes. Contrairement à ce que le langage commun pourrait laisser croire, elle n'abrite pas l'Assemblée du peuple qui se réunit dans un espace mieux adapté, la Pnyx, à plusieurs centaines de mètres de là. La même règle vaut pour Rome où cependant le *comitium* est contigu au forum. De façon plus curieuse pour quelqu'un qui a en mémoire les places médiévales et modernes, l'habitat domestique est totalement absent. Cette règle s'explique en grande partie par le souci d'organiser distinctement l'espace public et l'espace privé. Dans le cas d'une ville conçue globalement,

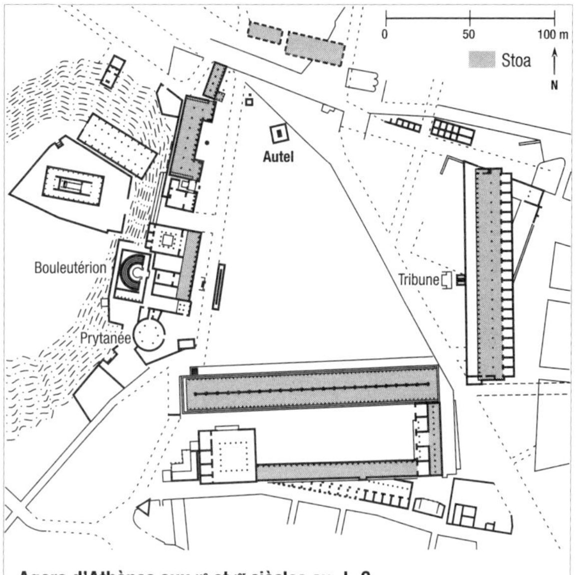

Agora d'Athènes aux IIe et Ier siècles av. J.-C.

son respect n'était pas très difficile. On peut penser que l'urbanisme spontané impose des pratiques différentes, et en particulier un déplacement progressif des maisons qui, au départ, en l'absence d'édifices publics suffisamment nombreux, occupaient obligatoirement les façades des rues encadrantes. Il s'agit donc bien d'une conséquence de règles définies progressivement. Cet éloignement progressif des maisons, que l'on retrouve également à Rome et dans les villes romaines, apparaît en contradiction avec l'idéal aristocratique (pp. 36-37) parfaitement mis en œuvre, au contraire, par les plus riches marchands médiévaux. Le risque d'être traité de « tyran » ou encore de « roi » a dû jouer un rôle certain pour empêcher les aristocrates de maintenir leur demeure sur les bords immédiats de l'agora ou du forum.

L'agora ne constitue donc pas un espace figé, conçu en une seule fois, mais résulte d'une évolution des règles d'urbanisme comme des pratiques politiques de la cité.

bibliographie

HUOT Jean-Louis (dir.), *La Ville neuve, une idée de l'Antiquité*, Paris, Errance, 1988.

MARTIN Roland, *L'Urbanisme dans la Grèce antique*, Paris, A. et J. Picard, 2e éd., 1974.

L'urbanisme « régulier »

Espaces publics et espaces privés à travers l'exemple de Pompéi

Le nom d'Hippodamos de Milet est attaché à la notion de ville au plan régulier utilisé tant pour les créations nouvelles que constituent les cités coloniales que pour les rares reconstructions après destruction brutale qu'ont pu connaître certaines villes grecques d'Asie Mineure. Ces principes, dans le monde grec, sont datés au plus tôt de la fin du VIe *siècle. En Italie, ils sont adoptés non seulement par les Étrusques et leurs disciples romains mais également par les populations indigènes qui se trouvent au contact de ces cités de Grande-Grèce. Les Samnites, qui occupent le site de Pompéi depuis le* V^e^ *siècle, entrent dans cette dernière catégorie.*

Les grandes phases de l'urbanisme pompéien

De façon apparemment paradoxale, Pompéi est une des villes antiques qui a connu le plus petit nombre de fouilles archéologiques au sens où on l'entend aujourd'hui : l'exceptionnelle qualité de conservation provoquée par l'éruption du Vésuve a conduit à mettre systématiquement au jour l'état dans lequel se trouvait la ville le 24 août 79, excluant les sondages en profondeur qui, seuls, permettent de connaître les situations antérieures. Pour retracer cette histoire, il faut donc avoir recours à des observations indirectes et à des hypothèses.

Le noyau primitif de l'agglomération, antérieur à l'arrivée des Samnites, occupe une surface de 9 ha. Une enceinte en faisait vraisemblablement le tour et son emprise est encore visible dans le tracé courbe de certaines rues, comme celles des Augustales ou du Lupanar. Le croisement de la route littorale et de la route qui suit la rive de droite du petit fleuve Sarno détermine alors le centre de la ville. Les Samnites portent sa surface à 63 ha, lui assurant les dimensions qu'elle va conserver jusqu'à sa disparition. En revanche, ils ne forment pas une population suffisante pour occuper immédiatement tout cet espace et la lotisation s'effectue en plusieurs étapes. Cet agrandissement fossilise, en particulier au nord-ouest du noyau primitif, les chemins qui convergeaient vers l'ancien centre. Il faut penser que ces tracés étaient déjà suffisamment fixés par des limites de propriétés entre jardins et maisons suburbaines pour interdire aux autorités de procéder entièrement *ex nihilo*. En revanche, partout ailleurs le tracé des rues témoigne d'une totale restructuration de l'espace menée de façon géométrique et donc rationnelle.

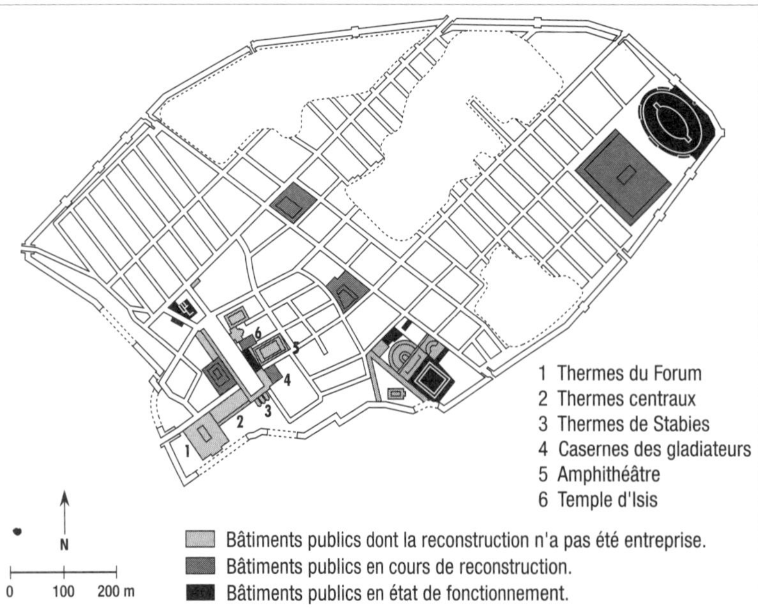

Plan schématique de Pompéi (79 apr. J.-C.).

Un examen plus attentif révèle toutefois des îlots de formes légèrement différentes et, de façon plus générale, un souci de s'adapter aux contraintes topographiques. Le site de Pompéi est en effet établi sur une ancienne coulée de lave, globalement inclinée du nord-est vers le sud-ouest. Des ondulations est-ouest compliquent ce schéma de base. L'axe principal de la ville, assimilable à un *Cardo* (voir p. 19), la voie de Stabies, est établi dans l'axe de l'un de ces talwegs, déterminant ainsi une orientation générale du réseau contraire aux « normes » mais permettant un fonctionnement correct des égouts.

Un premier secteur, correspondant approximativement à la région VI, est constitué d'îlots qui forment entre eux un angle de 100°. Cette mesure inhabituelle traduit une influence grecque car on la retrouve à la même époque dans la *Néapolis*, la ville nouvelle, qui double la ville ancienne, *Paléopolis*, pour former Naples. La partie orientale compte des îlots de forme véritablement rectangulaire dans laquelle on reconnaît une influence romaine. Les Romains ayant conquis la ville et fondé sur place une colonie, on serait tenté de leur attribuer la paternité directe de cette deuxième lotisation. Cette hypothèse ne peut cependant être retenue car la plupart des maisons de ces îlots sont nettement antérieures : il faut donc admettre une « auto-romanisation » des Samnites indépendants et la mise en place du réseau viaire bien antérieure également à l'occupation des îlots. En 79 apr. J.-C., des jardins et même des vignes occupent encore une bonne partie de ces terrains viabilisés. Les reconstitutions, qui proposent une image de Pompéi entièrement et densément occupée, sont donc inacceptables.

Cette croissance en plusieurs étapes n'a, en soi, rien d'original. Dès l'Antiquité, elle est en contradiction avec l'idée d'une ville fondée selon les rites religieux dont le modèle, purement théorique, est la Rome de Romulus. On a donc recréé artificiellement un centre théorique, le *mundus*, en transformant, au IIe siècle av. J.-C., en *tholos* un ancien puits situé au centre du « forum triangulaire », au sud de la ville. En réalité, ce choix accentue les différences avec le modèle théorique : le forum n'est pas pour autant déplacé au centre de la ville nouvelle. Cette anomalie se trouve partiellement gommée dans l'ultime phase édilitaire de Pompéi, après le tremblement de terre qui la ravage en 62 apr. J.-C. : les monuments qui encadrent le forum ne sont que très partiellement remis en état, signe de la réduction de leur importance et par là même de celle du forum. En revanche, l'amphithéâtre est immédiatement restauré, de même que les thermes de Stabies, pendant que l'on entreprend la construction des thermes centraux. Situés aux deux carrefours les plus importants de la ville correspondant à son centre géométrique, les thermes contribuent ainsi à un rééquilibrage du centre de gravité.

Places et carrefours

Pompéi compte seulement trois places ouvertes au public, le forum central, le forum triangulaire qui sert également de dégagement au théâtre et l'espace devant l'amphithéâtre, prolongé par la grande palestre, qui accueille à l'occasion des spectacles, les marchands ambulants. De ce fait, les carrefours constituent des centres attractifs importants : c'est là que l'on établit les fontaines publiques – mais pour cela il faut attendre la construction de l'aqueduc qui n'est pas entreprise avant la fin du Ier siècle av. J.-C. – et surtout les autels de carrefour, administrés par les magistrats du quartier. Ils constituent donc des lieux essentiels de la vie sociale et politique puisque les candidats aux élections se font appuyer par les associations de quartier, comme le montrent nombre d'affiches électorales.

Cette prééminence quantitative des rues sur les places ne doit pas masquer deux réalités complémentaires : les places constituent des espaces clos, repliés sur eux-mêmes, auxquels seuls les piétons ont accès. De façon plus générale, la circulation des véhicules est loin d'être favorisée. La largeur réduite de la plupart des rues interdit le croisement de deux véhicules et s'oppose à une circulation fluide, d'autant plus que le principe des sens uniques est inconnu. De plus, des obstacles, destinés à favoriser la traversée des piétons en cas de fortes pluies, sont placés au milieu de la chaussée, obligeant les animaux à passer au pas. Tout cela est à rapprocher des lois interdisant à Rome même la circulation des véhicules pendant la journée.

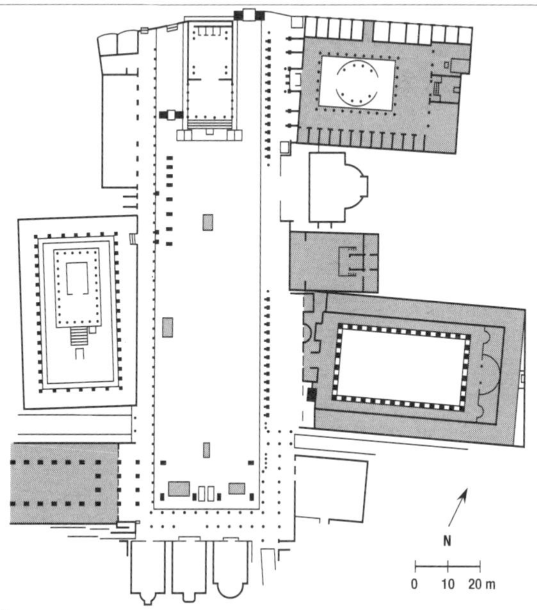

Forum.
Les monuments consacrés en totalité ou en partie au culte impérial sont en grisé.

Une ville antique comme Pompéi ne présentait pas une image géométrique, régulière, et pour tout dire finie : malgré sa disparition brutale, elle témoigne d'un urbanisme en perpétuel développement et d'un état d'inachèvement que le tremblement de terre de 62 ne suffit pas à justifier.

b*ibliographie*

ÉTIENNE Robert, *Pompéi, la cité ensevelie*, Paris, Gallimard, coll. « Découvertes Archéologie » n° 16, 1988.

DE VOS Mariett et Arnold, *Guida archeologica di Pompëi*, Ercolano, Stabiae, Bari, Laterza, 1983.

Le théâtre antique
De la participation à la contemplation

Les œuvres du théâtre grec antique continuent de figurer au répertoire des troupes contemporaines. Les conditions de l'apparition de ce théâtre et, plus encore, de son développement, renvoient cependant à des conceptions très différentes du spectacle et de sa signification pour la cité. Les monuments, que l'on visite aujourd'hui en Grèce, ont été construits, ou intégralement reconstruits, très postérieurement à la grande période de productions des œuvres elles-mêmes que constitue le Ve siècle av. J.-C. Ce décalage entre œuvres littéraires et monuments que l'on retrouve à Rome n'est pas sans signification idéologique.

Un théâtre civique

Selon le témoignage des Anciens, l'origine du théâtre est à chercher dans le culte de Dionysos, dieu du vin et de la fête qui fait « sortir de soi ». À Athènes, centre incontesté dans ce domaine, les représentations théâtrales ont lieu lors des fêtes consacrées à ce dieu et à l'intérieur de son sanctuaire puisque son autel est dressé dans le théâtre. Il s'agit donc de manifestations du culte, placées sous la présidence du prêtre de Dionysos, mais intégralement prises en charge par la cité.

L'archonte éponyme, le magistrat le plus haut dans la hiérarchie, est responsable du concours annuel qui réunit trois auteurs concurrents. Ceux-ci sont désignés par l'Assemblée du peuple, de même que les juges qui éliront le vainqueur et les dix chorèges. Ces derniers sont des citoyens fortunés qui prennent en charge le recrutement, la formation d'un chœur et des acteurs, eux-mêmes formés de citoyens. Chaque concurrent doit présenter trois tragédies et un drame satyrique. Le concours dure trois jours pendant lesquels les spectateurs, c'est-à-dire l'ensemble de la cité et les invités qu'elle juge dignes, vont suivre douze spectacles. À l'issue de ces trois journées, l'ensemble des citoyens, puis les seuls juges désignés, choisissent le meilleur auteur, le meilleur chorège, le meilleur acteur. Le lendemain, l'Assemblée se réunit encore une fois sur le lieu du spectacle pour vérifier les comptes et donner quitus aux chorèges. Au cours du Ve siècle, on introduit la comédie parmi les œuvres à présenter, le nombre d'auteurs n'est plus fixé impérativement à trois et chacun n'est plus obligé de fournir une « tétralogie », mais l'essentiel demeure.

La participation à une représentation n'a donc rien à voir avec ce que nous connaissons aujourd'hui car, en particulier, elle ne peut être comparée à un acte de divertissement. L'accès est gratuit ou, à Athènes, payé par la cité pour les plus pauvres. Le spectacle, acte civique, reste cependant d'une très grande liberté vis-à-vis des institutions de la cité, de sa politique, en particulier, étrangère, et pas seulement dans les comédies, par essence irrévérencieuses. Affaire d'hommes – même les rôles féminins sont tenus par eux –, on y discute du rôle des femmes, des « autres » en général, et notamment des étrangers. On assimile généralement les tragédies à des procès ou mieux à des débats de l'Assemblée : l'essentiel n'est pas de juger qui est coupable, mais de choisir entre plusieurs solutions proposées, sans précipitation ni parti pris. Le partage d'émotions et la mise en évidence de principes d'action unanimement acceptés créent ou renforcent la communauté des citoyens. Ce n'est sans doute pas un hasard si la veine tragique disparaît dès que la nature de la cité est modifiée, la démocratie directe moins assurée.

Cette participation des spectateurs se retrouve dans la forme des premiers théâtres. Les gradins adossés à une pente naturelle favorisent la vision du plus grand nombre, mais les aménagements sont extrêmement sommaires, même à Athènes. Le chœur, qui représente la cité, se tient dans l'*orchestra*, une piste circulaire placée au pied des gradins. Les acteurs, au maximum deux puis trois, sont mêlés au chœur. Une simple tente *(skéné)* limite l'*orchestra* et permet l'entrée et la sortie des acteurs. Entre ce qui est visible et ce qui ne l'est pas, elle constitue une zone intermédiaire, comme le palais des héros, où se déroulent en particulier les meurtres que l'on ne veut pas montrer mais que l'on entend. La machinerie est très réduite malgré l'usage d'un palan qui permet de faire intervenir au final un dieu olympien *(deus ex machina)* dans une nacelle. Les acteurs portent un masque qui amplifie peut-être la voix mais réduit l'expression : de façon générale leur jeu ne peut être que très stylisé. Cela n'empêche pas le public d'être frappé par le spectacle et l'on connaît plusieurs anecdotes où l'apparition des Furies fait s'évanouir les enfants et accoucher prématurément les femmes enceintes…

La contemplation du pouvoir

Le théâtre d'Épidaure conserve par sa forme générale les traditions anciennes. Cependant, ses gradins de pierre, ménagés au IVe siècle, témoignent d'une première évolution. Par la suite, on observe un agrandissement progressif du dispositif scénique. Les acteurs sont séparés du chœur et prennent place sur un podium. Dans le théâtre romain, comme celui d'Orange, l'*orchestra* est même réduite de moitié pour faire encore une plus grande place à cet espace surélevé qui reprend le nom de *skéné*. Les gradins sont également réduits, créant une distance infiniment plus grande entre acteurs et spectateurs, le chœur désertant à son tour l'*orchestra* où il est remplacé par les plus hauts personnages de la cité et... des fontaines. Le mur de scène, inexistant dans les premiers théâtres grecs, devient à Rome de plus en plus complexe, accumulant niches garnies de statues, colonnes, frontons et hauts-reliefs. Il contribue à isoler les acteurs mais surtout à magnifier les commanditaires, généralement le pouvoir impérial. Le décor et notamment la statue de la niche centrale, au-dessus de la porte dite « royale », rappellent à tous les spectateurs l'omniprésence du *Princeps*.

Les gradins évoluent en fonction de la nouvelle constitution politique. À l'époque républicaine, on juge infamant à Rome de faire asseoir les citoyens pour écouter les magistrats dans le *comitium* (voir pp. 35-36 et 61-62) et, pour le même motif, on interdit les théâtres permanents construits en pierre, même si la peur parallèle d'une utilisation de ces édifices par les démagogues n'est certainement pas étrangère à cette interdiction. À partir d'Auguste et d'une loi sur les spectacles, les gradins vont traduire la hiérarchie sociale et politique : on les divise, de bas en haut de l'*orchestra*, en trois séries séparées par un mur infranchissable. En bas, siège l'élite, par exemple à Rome les sénateurs, dans les colonies les colons romains. Au milieu, les classes moyennes, simples citoyens à Rome, indigènes libres dans les colonies. En haut, les exclus, esclaves ou affranchis. On est donc loin de l'égalité entre citoyens manifestée par les gradins continus d'Épidaure. En revanche, c'est bien l'Empire romain tout entier, avec son organisation rigide en ordres, qui prend place dans les gradins du théâtre d'Orange, face au seul Empereur garant du bon déroulement du spectacle comme du bon fonctionnement de l'Empire en général. Organiser un spectacle, ou se rendre au théâtre, est donc toujours un acte éminemment politique. Mais, pratiquement, le spectateur n'est plus qu'un citoyen passif, même s'il peut manifester son hostilité aux autorités politiques en sifflant le spectacle. L'occasion lui est parfois offerte quand il trouve dans la pièce des allusions à des situations qu'il juge en rapport avec des difficultés contemporaines : certaines reprises de tragédies anciennes mettant en jeu des « tyrans » ont été ainsi mises à profit par des opposants si l'on en croit Cicéron ou Sénèque. Mais le plus souvent le spectacle donné correspond à des « pantomimes », des pièces pratiquement sans texte pour être comprises de toutes les populations qui composent l'Empire romain.

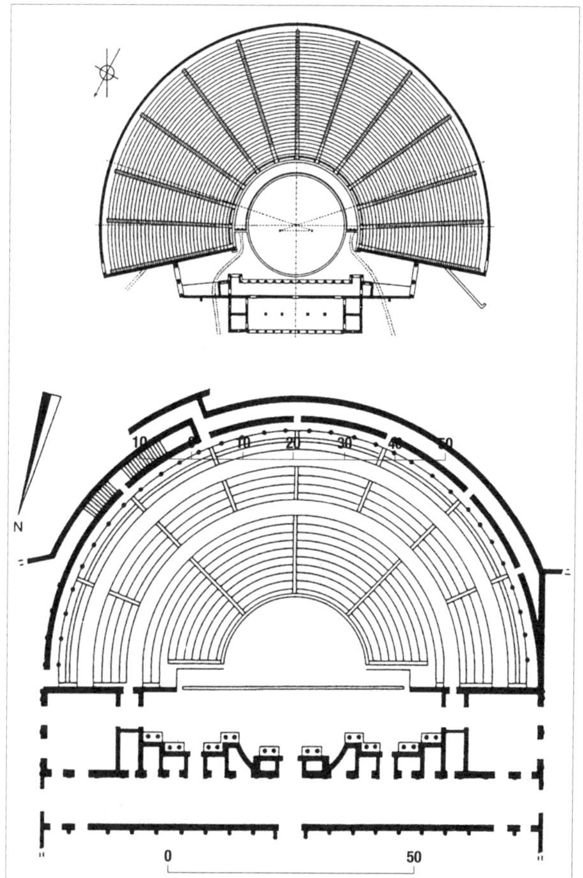

Plans comparés du théâtre d'Épidaure (en haut) et du théâtre d'Orange (en bas).

Le théâtre traduit donc, malgré les similitudes générales de forme et la reprise des mêmes sujets, toute la distance qui sépare la cité démocratique d'Athènes de l'Empire romain.

bibliographie

GROS Pierre, « Les théâtres en Italie au Ier siècle de notre ère : situation et fonctions dans l'urbanisme impérial », *in L'Italie d'Auguste à Dioclétien*, Rome, École française de Rome, CEFR n° 198.

SEGAL C., « L'homme grec, spectateur et auditeur », *in* VERNANT Jean-Pierre, *L'Homme grec, op. cit.*

Panem *et* circenses

L'amphithéâtre romain

Après l'époque augustéenne, on ne construit pratiquement plus de théâtre dans le monde romain : les spectacles désormais les plus prisés sont les courses de char dans le cirque et les combats dans l'amphithéâtre. En réalisant, à partir de 70 apr. J.-C., le Colisée, le pouvoir impérial crée à Rome un modèle qui se diffuse alors rapidement en Italie et dans les provinces. Les spectacles jouent également un rôle essentiel dans l'équilibre du régime jusqu'à la fin du IIIe siècle.

L'amphithéâtre : une machinerie complexe

Les Romains ont connu les combats de gladiateurs *(munera)* comme les affrontements entre hommes et bêtes sauvages *(venationes)*, bien avant que ne soit construit le Colisée. L'origine de ces pratiques est controversée : pour tous, elles restent une pratique italienne, étrusque ou samnite, liée aux funérailles. Elle s'inscrit dans le prolongement des combats donnés en l'honneur des morts dans l'*Iliade* qui opposaient les membres de l'aristocratie. La différence fondamentale réside, en effet, dans le statut des combattants : à Rome, des esclaves ou des hommes libres mais défavorisés et traités pratiquement comme les premiers. Tous sont considérés comme exerçant un métier infamant, même si leurs succès auprès des matrones romaines est reconnu. Une sorte de délégation de personnes a été opérée de même qu'un transfert de la guerre réelle vers une guerre codifiée. En revanche, ces combats demeurent fondamentalement des duels où les amateurs apprécient les détails des coups et des parades : un spectacle n'est pas recherché pour la multitude des combattants mais pour le nombre et la variété des duels successifs.

Colisée de Rome.
La plus grande partie des gradins et le plancher de l'arène ayant disparu, il ne reste aujourd'hui que la structure de l'édifice.

Jusqu'à la construction du Colisée, les spectacles sont organisés à Rome sur le Forum. Les spectateurs sont placés sur les galeries *(maeniana)* qui surmontent les boutiques encadrant la place, et sur des tribunes en bois provisoires. Les combattants utilisent le dallage du Forum recouvert pour l'occasion de sable *(arena)*. La forme rectangulaire de l'esplanade et des tribunes entraîne la présence d'angles, peu propices pour la vision de certains spectateurs, et surtout se révèlent trop favorables aux combattants qui peuvent s'y réfugier. Les bâtiments spécifiques que l'on commence à construire dans les villes romaines au tout début du Ier siècle évitent ces défauts en imposant une forme elliptique à l'arène et aux gradins qui l'entourent. Grâce à l'existence d'un axe majeur, ce schéma favorise le déroulement des processions et des cortèges qui précèdent les combats.

Le nom de Colisée est dû à la présence dans le quartier d'une statue « colossale », non à ses dimensions, 223 m x 190 m avec l'esplanade qui l'entoure, et 50 m de haut. La structure des gradins ne s'appuie sur aucun relief préalable. Entièrement « creuse », elle est utilisée pour abriter galeries et escaliers qui permettent aux 50 000 spectateurs de sortir de l'édifice en quelques minutes. La grande nouveauté est l'organisation de trois étages, en dessous de l'arène, dont le plancher est désormais en bois. Des trappes, des machines élévatoires, des rampes inclinées mobiles permettent non seulement de faire apparaître brutalement les bêtes sauvages, d'évacuer discrètement les morts et les blessés, mais surtout de procéder à de multiples changements de décor. Ces machineries concernent également le maniement du *velum* ou *velarium*, cet ensemble de toiles placées au-dessus des spectateurs pour les protéger du soleil. La manœuvre de cette véritable voilure exige une main-d'œuvre spécialisée fournie à Rome par un détachement de marins. Comme à l'époque de Voltaire, les édifices de spectacles figurent, avec les vaisseaux de guerre, à la pointe du progrès technologique.

Le succès des spectacles

La construction du Colisée coïncide avec l'apparition de la dynastie des Flaviens, et l'empereur est encore plus qu'avant celui qui est désigné et marqué par la Victoire. Il choisit un lieu symbolique, proche du centre géométrique de la ville (la *meta sudans*) et surtout au centre de la *Domus Aurea.* Cet espace avait été soustrait au peuple romain à la suite du grand incendie de 64 apr. J.-C. Il s'agit de rendre au peuple son bien, augmenté des deux édifices les plus populaires, l'amphithéâtre et des thermes, également grandioses (Martial, *Épigrammes*, *Spectacles*, Livre II).

Les rassemblements au centre de la cité sont un nouveau moyen de réunir la société tout entière et de la faire participer à un rite commun de soumission, à l'élimination métaphorique des ennemis de Rome : aux gladiateurs symbolisant les vaincus s'ajoutent les condamnés. Les premiers rappellent les massacres de prisonniers opérés lors des triomphes, les seconds expient les crimes qui dérangent l'ordre public. De façon paradoxale, le courage physique manifesté par ces hommes, voire ces femmes, jugés inférieurs, doit servir de modèle de soumission pour les citoyens eux-mêmes. Il est tout à fait remarquable de voir que les meilleurs gladiateurs collectionnent les victoires dans l'arène de la même façon que l'empereur dans ses inscriptions se déclare *invictus*, « jamais vaincu ». Dans le même temps, le (mauvais) empereur peut user de son autorité pour contraindre tel ou tel sénateur à se produire dans l'arène, perdre ainsi sa « dignité » et donc son rang. Il peut ensuite lui redonner l'une et l'autre en signe de mansuétude mais cet arbitraire est total. L'amphithéâtre incarne donc toutes les ambiguïtés du régime du Haut-Empire, et en particulier le degré de soumission des citoyens.

Le succès populaire est incontesté, comme en témoignent des graffiti maladroits vantant les mérites d'un champion. Tout cela explique les sommes colossales mises en jeux par les magistrats locaux et l'empereur : un prêtre gaulois se vante d'avoir loué trente-deux paires de gladiateurs et d'avoir « supporté » la perte de onze d'entre eux à l'occasion d'un seul spectacle. Des lois tentent de limiter ces dépenses, prolongement des luttes aristocratiques antérieures.

Ces spectacles s'inscrivent dans le calendrier officiel et sont inséparables d'une série de rituels religieux et profanes. Le spectateur est protégé par le *velum* qui crée une atmosphère spéciale, « dorée », et fait de lui l'égal d'un dieu. Il est également l'objet d'attentions particulières et coûteuses, distributions de cadeaux, dispersion de parfums sur la foule, etc., qui contribuent aussi à valoriser le spectateur et doivent lui faire prendre conscience de l'intérêt de la soumission du pouvoir.

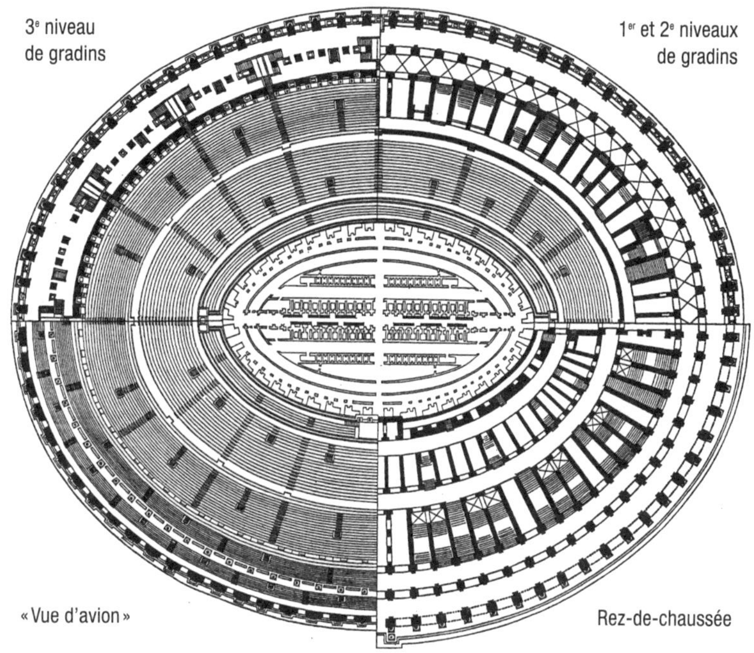

Colisée (plan restitué).
La structure entièrement modulaire permet de regrouper, sur un même dessin, la représentation des quatre niveaux de la construction.

Concurrencés par les chasses et les courses de char, les combats de gladiateurs ont tendance à régresser et à disparaître avant l'interdiction des écoles spécialisées (395 apr. J.-C.) et des combats eux-mêmes (404). On y a reconnu le plus souvent la marque du christianisme triomphant. Il faut peut-être y voir avant tout un retournement de tendance : désormais, les barbares dominent Rome et ces sacrifices rituels ne sont plus nécessaires à la sauvegarde du régime.

bibliographie

CLAVEL-LEVÊQUE Monique, *L'Empire en jeux, espace symbolique et pratique sociale dans le monde romain*, Lyon, CNRS, 1984.

VEYNES Paul, *Le Pain et le Cirque ; sociologie historique d'un pluralisme politique*, Paris, Seuil, coll. « L'univers historique », 1976.

Les thermes

Hygiène, sport, culture et vie sociale

La toilette quotidienne ou les besoins d'hygiène élémentaire peuvent être couverts de façon très différente mais sans qu'il soit nécessaire de sortir du cadre familial. L'organisation de bains hors du domicile répond donc à d'autres besoins, d'autres préoccupations. Nées dans le monde grec, ces pratiques s'y développent dans deux cadres, celui des gymnases, comme complément aux activités physiques, celui des sanctuaires où il s'agit plus de se faire propre après un long voyage que de rites religieux de purification. Déjà communes dans les villes de l'époque hellénistique, les installations publiques connaissent une véritable révolution dans les villes impériales romaines.

Trois révolutions techniques

Les grands bâtiments des thermes, comme ceux construits par l'empereur Caracalla à Rome au tout début du IIIe siècle, bénéficient d'une longue tradition et constituent un aboutissement. Leurs formes architecturales recherchées, et en particulier la multiplication des grandes salles couvertes de voûtes et de coupoles, ont été rendues possibles par l'usage du mortier : celui-ci permet une architecture « moulée » sur des cintres en bois et donc les formes les plus complexes. Les deux autres innovations concernent plus directement encore les thermes. La première est la découverte au milieu du Ier siècle apr. J.-C. du verre à vitre. Bien qu'il soit seulement translucide, son usage modifie considérablement le rôle de la lumière : jusqu'alors, selon l'expression de Sénèque, les thermes étaient de véritables « nids de cafards », sombres et sinistres. L'intrusion massive de la lumière rend les mosaïques et les marbres, régulièrement arrosés, particulièrement brillants et fait scintiller les dorures. De plus, on découvre l'effet de serre, et l'orientation des salles chaudes vers l'ouest et le midi devient une constante, la salle la plus chaude étant même en saillie sur la façade méridionale. Un chauffage performant constitue le troisième progrès technique. Les avis sont partagés sur la paternité du système d'hypocauste, c'est-à-dire un chauffage assuré par la circulation de l'air chaud sous le plancher des salles et le long des parois, avec possibilité de régler le tirage et donc la température. Dans ces conditions, les étuves (le *laconicum*) connaissent une température supérieure à 60° C et il vaut mieux se promener avec des galoches que pieds nus. L'eau est aussi chauffée dans de vastes chaudières et circule abondamment grâce au principe du thermosiphon. Ce système de chauffage a permis d'éliminer totalement les braseros, avec les risques qu'ils représentaient pour des baigneurs peu vêtus. En conséquence, la main-d'œuvre servile qui assumait entre autres ce service est totalement refoulée dans un réseau de galeries souterraines et le métier de « chauffagiste » devient une tâche particulièrement redoutée.

Les thermes nécessitent une alimentation en eau très abondante et à cet effet on n'hésite pas à réaliser de nouveaux aqueducs. Dans les thermes de Caracalla, cette eau disponible en grandes quantités est mise à profit pour faire tourner une meunerie hydraulique dans les sous-sols.

Des centres de culture et de loisirs

À la fin du IIe siècle, les thermes sont devenus le monument le plus prestigieux que peut donner un empereur, et par là tout grand évergète, au peuple romain. Aux fonctions thermales se sont ajoutées des activités qui se déroulaient traditionnellement à proximité des forums. Elles occupent l'enceinte extérieure et le parc qui entoure l'édifice thermal proprement dit. On y retrouve des bibliothèques, des salles de conférences ou de lecture publique, sans compter de multiples boutiques attirées par la présence de milliers de personnes. En revanche, ce que l'on a longtemps pris pour un édifice de spectacles en raison de la présence de « gradins » n'était qu'une vaste fontaine où l'eau ruisselait sous forme de multiples cascades. Le parc proprement dit, parcouru par des canaux et des fontaines d'eau jaillissante, avait pour ambition de ressembler à un « paradis », c'est-à-dire au jardin merveilleux des souverains orientaux. Des œuvres majeures de la sculpture antique (collection Farnèse de Naples : Laocoon, Hercule Farnèse, etc.) ont été découvertes dans ce complexe qui formait un des plus beaux musées de Rome. Ce modèle s'était imposé à Rome dans le cadre des maisons aristocratiques et des palais impériaux, par principe interdits au public. Dans cette ville très « minérale », aux rues sans arbre, un parc public de cette nature est considéré comme un cadeau particulièrement somptueux fait à la population.

La pratique des bains est assortie de toute une série de prescriptions qui en font un acte social par excellence. Le but n'est pas seulement hygiénique, la propreté, mais surtout le bien-être général du corps et les médecins interviennent pour codifier toutes les étapes. Le principe de base, hérité des gymnases grecs, est d'élever progressivement la température du corps avant de le refroidir pour faciliter le raffermissement des chairs et le repos. Ceux qui le peuvent, et le souhaitent, ont recours à des exercices physiques exécutés immédiatement après le vestiaire dans les cours intérieures nommées palestres ou dans les salles qui les entourent. À Rome, les jeux de balles remplacent déjà le plus souvent les exercices purement athlétiques. Ainsi échauffés, pendant plusieurs heures, les corps peuvent être plongés directement dans l'eau froide de la *natatio*, la grande piscine découverte : des portes permettent de passer directement de la palestre à cette piscine. Pour les autres, l'échauffement est produit par le passage dans une étuve sèche *(laconicum)* et une baignoire d'eau chaude du *caldarium*. Pour canaliser la foule jusqu'à ce point, le parcours est dédoublé, dans l'aile est et dans l'aile ouest. À partir du *caldarium*, le parcours est unifié et se fait par le centre de l'édifice : le baigneur passe par une nouvelle pièce intermédiaire (*tepidarium* de sortie), une pièce froide, le *frigidarium*. S'agissant de la plus grande salle, on lui donne aussi le nom de « basilique » accentuant les confusions possibles avec le forum. Enfin, il termine dans la piscine froide ou *natatio*. Des passages latéraux permettent de regagner plus directement le vestiaire, en sautant telle ou telle étape, suivant l'humeur ou les conseils du médecin. En organisant ces circuits, l'architecte manifeste le souci d'éviter tout retour en arrière, à contre-courant du flux principal. Des salles annexes, multipliées dans les installations grandioses comme ici, réduites dans les petits thermes de province, permettent les massages et les frictions d'huile destinés à compléter l'effet des différents bains.

Le meilleur moment de la journée pour se rendre aux thermes est l'après-midi, entre les activités du matin et le grand repas du soir, la *cena*. Les hommes se réservent ces heures, obligeant les femmes à venir plus tôt. Le mélange des sexes est, en effet, puni par la loi et cette règle semble avoir été à peu près respectée dans les très grands établissements. En revanche, la promiscuité est de règle dans ces baignoires collectives et commence à poser des problèmes aux censeurs, chrétiens ou non, à partir du IVe siècle et surtout au Ve siècle. De tout temps, les moralistes ont eu tendance à condamner ces pratiques et surtout le bain chaud, que Platon accuse déjà d'efféminer et qu'il voudrait voir réservé aux malades, aux vieillards et aux femmes. Cet acte est cependant devenu essentiel et les plus riches propriétaires, afin de traiter dignement leurs hôtes, se doivent de posséder chez eux des installations adaptées. Les liens de clientèle peuvent étendre ces pratiques bien au-delà du cercle des intimes de la famille comme on le voit en particulier pour les très

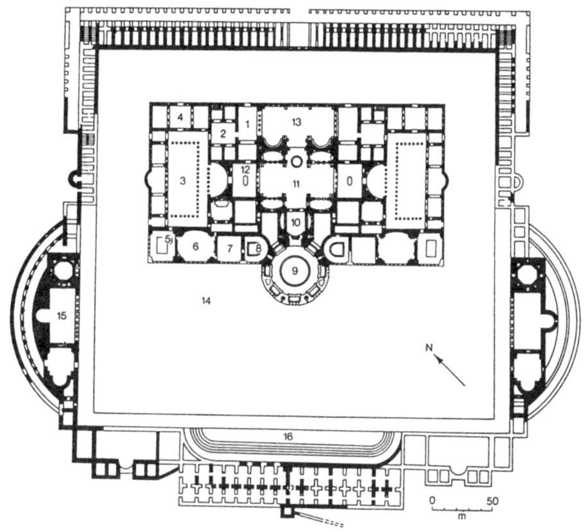

Thermes de Caracalla à Rome.
Légende : 2 : vestiaire *(apodyterium)* ; 3 : palestre ; 6 : étuve *(laconicum)* ; 8 et 10 salle tiède *(tepidarium)* ; 9 : salle des bains chauds *(caldarium)* ; 11 : salle des bains froids *(frigidarium* ou basilique*)* ; 13 : piscine froide *(natatio)* ; 14 : jardin ; 15 : exèdre et bibliothèque ; 16 : grande fontaine.

grandes villas. De ce fait, les thermes privés sont rarement localisés au plus profond de la demeure mais le plus souvent implantés près de l'entrée principale (comme à Piazza Armerina) pour être ainsi plus accessibles aux étrangers.

En ville, même si l'on dispose chez soi d'installations adéquates, on n'hésite pas à se rendre également dans les thermes publics : c'est l'occasion de se montrer et de soigner sa popularité. Des inscriptions rappellent les dons des évergètes pour l'embellissement et le fonctionnement quasi gratuit de ces installations destinées à l'ensemble de la population, sans distinction de statut. Ces thermes sont aussi le lieu de réunion de confréries.

Tout concourt pour faire de ces édifices des lieux essentiels où s'exerce la sociabilité des villes antiques.

bibliographie

Les Thermes romains, Rome, École française de Rome, EFR n° 142, 1991.

GROS Pierre, *L'Architecture romaine*, *op. cit.*

Le monde au ve siècle

Quand a pris fin l'Antiquité ? Cette question ne semble pas avoir préoccupé les contemporains habitués, depuis les premiers historiens romains, à entendre parler de « décadence » . Ce sont donc les historiens modernes qui, au sortir du « Moyen Âge », ont établi une coupure entre ces deux périodes. La date retenue, 476, correspond à un événement mineur, la déposition d'un enfant, Romulus Augustule, proclamé empereur par une petite coterie romaine, et obligé de se réfugier dans un couvent de Naples. Les insignes impériaux furent expédiés par Odoacre, chef de l'armée romaine, à Constantinople. Il voulait signifier par ce geste sa soumission directe à l'empereur d'Orient, c'est-à-dire la réunification de l'Empire, non sa disparition !

Un Empire divisé entre Orient et Occident

La querelle sur la date de la fin de l'Antiquité repose sur un fait incontestable : l'unité de l'Empire romain, assurée par l'unicité de l'empereur, disparaît après Théodose. Mais sans parler des usurpateurs qui auparavant se sont partagés, de fait, l'Empire, cette coupure officielle, cette répartition des responsabilités n'est pas une nouveauté absolue : dès la fin du IIIe siècle, avec le système de la Tétrarchie, on a vu se mettre en place deux Césars et deux Augustes simultanés assortis d'un partage territorial. À l'orée du Ve siècle, le changement qui se produit après une ultime période d'unité réside dans la séparation définitive d'un empire d'Occident, qui va durer moins d'un siècle, et un empire d'Orient, presque totalement hellénisé, qui va se maintenir jusqu'à la prise de Constantinople par les Turcs en 1453.

Faute de pouvoir fixer une date précise, le débat s'est reporté sur les causes de cet éclatement et donc, au moins pour l'Occident, de cette « chute de l'Empire romain ». Chronologiquement, cette période coïncide avec une série de poussées « barbares » : l'Italie est envahie par les Goths d'Alaric en 401 (qui, pour la première fois, depuis les Gaulois en 390 av. J.-C., prennent Rome en 410), par Radagaise en 405. L'année suivante, les Francs, avec d'autres Germains, passent massivement le Rhin pris par les glaces. Cependant, l'Orient n'est pas épargné, Alaric ayant même menacé directement Constantinople. Ce qui est différent est la manière de réagir. Globalement, l'Orient refuse de pactiser et, au prix d'un effort de guerre terrible, reconstitue une armée nationale pour sa seule défense, refusant de fait d'aider la partie occidentale. En revanche, l'Occident, dans le droit fil des politiques d'assimilation antérieures, négocie quand il ne peut combattre. Dans l'historiographie classique, cette attitude a été largement stigmatisée, expliquée par une barbarisation déjà bien avancée de l'armée et de ses chefs : Stilicon, général d'Honorius, est le fils d'un Vandale. Aujourd'hui, les positions sont plus nuancées, liées à un regard nouveau porté sur les barbares et sur la période : sauf en France, on ne parle plus « d'invasions » mais de « migrations de peuples » ; de « Bas-Empire » mais d'« Antiquité tardive » incluant encore majoritairement le VIe, voire le VIIe siècle.

Le raidissement oriental s'opère, en effet, par le biais d'une mainmise accrue de l'État, en particulier des hausses d'impôts spectaculaires, au nom d'un nouveau nationalisme, revanche du monde grec (seule langue officielle en 408) sur le monde romain. C'est ce raidissement que refuse l'Occident comme trop lourd à porter : par un paradoxe étonnant, l'édit de Caracalla (212) qui faisait de tous les hommes libres de l'Empire des « citoyens romains » se retourne contre eux. Désormais, en effet, ils payent l'impôt (dont sont souvent dispensés les barbares installés) et peuvent, de nouveau, être recrutés de force comme soldats. Les barbares, dont le sort juridique est loin d'être homogène, conservent généralement leur organisation et leur droit coutumier, reçoivent des terres.

Dans la tradition romaine, il existe, notamment chez César et Tacite, une image ancienne du « bon barbare » (comme il y aura plus tard celle du « bon sauvage ») préservé des vices apportés par la civilisation. Cette image n'est pas oubliée aux IVe et Ve siècles, et la regénérescence par du sang neuf est un thème relativement fréquent comme chez Salien, prêtre de Marseille au Ve siècle. Cependant, on retient plus volontiers la condamnation, amplifiée par les auteurs hellénisants, de Romains qui, adoptant les mœurs barbares, se déconsidèrent totalement : à plusieurs reprises, des lois tentent d'empêcher les mariages entre les membres de différentes communautés. Mais Galla Placidia, sœur de Théodose, captive puis épouse du chef Goth Athaulf, joue un rôle diplomatique reconnu avant de revenir à Ravenne. Au total, entre ces barbares, qui, pour la plupart, ont cherché refuge dans les limites de l'Empire romain dont ils sont prêts à adopter au

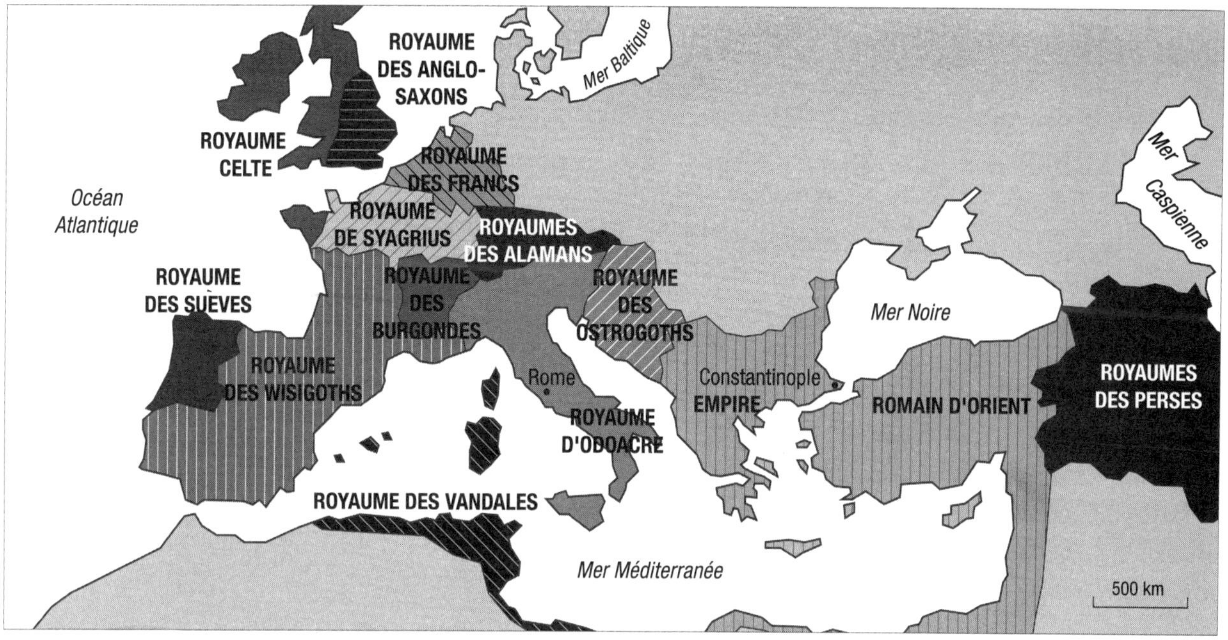

Empire romain d'Orient au ve siècle et royaumes issus des grandes migrations en occident.

moins une partie des habitudes, et les populations autochtones, depuis longtemps romanisées, les échanges sont nombreux et les métissages de règle.

Une unité provisoire : le christianisme

L'unité politique disparue de fait, le monde antique n'apparaît pas seulement comme éclaté, éparpillé en royaumes rivaux, perpétuellement en guerre. Du côté occidental, l'usage du latin, promu et soutenu par le christianisme, y compris dans des régions que Rome n'avait pas conquises, comme l'Irlande, continue de s'imposer.

Le triomphe définitif du christianisme coïncide chronologiquement avec la multiplication des grands raids barbares, sous les règnes de Théodose (383-395) et d'Honorius (395-423). Théodose, refusant le titre de *Pontifex Maximus* à son avènement, interdit progressivement tous les cultes païens. Surtout, après le massacre de 7 000 habitants de Thessalonique, il doit faire pénitence et se soumettre aux volontés de l'évêque Amboise. Cette soumission restera dans les mémoires des clercs comme la justification de la primauté du Pape sur l'Empereur au même titre que la (fausse) donation de Constantin, abandonnant ses pouvoirs sur l'Italie.

Parallèlement, le siège et la conquête (très provisoire) de Rome en 410 coïncident avec une prise de conscience de la supériorité de la « Jérusalem céleste » : Augustin entreprend la rédaction de la *Cité de Dieu* l'année suivante, confirmant l'infériorité du temporel sur le spirituel. En sens inverse, les empereurs continuent d'intervenir aux côtés des clercs pour lutter contre toutes les formes d'hérésie et maintenir l'unité dogmatique. Cette politique, et surtout le ralliement à l'orthodoxie, ne sera pas oublié des chefs barbares.

Paradoxalement, l'unité du christianisme, dans l'Antiquité tardive, n'est pas une donnée « naturelle » mais le résultat de choix politiques qui prouvent le maintien d'une conscience commune forte malgré les défaites militaires face aux barbares. Alors que l'Orient continue de voir s'affronter non seulement les hérésies mais également les différentes églises régionales parlant chacune leur langue (grec, copte, araméen ou syriaque), l'Occident maintient, malgré l'arianisme, une unité religieuse appuyée sur l'usage exclusif du latin. La traduction dans cette langue, par Jérôme, des textes bibliques (la Vulgate), présente bien des défauts à nos yeux par rapport à l'original. Elle n'est pas remise en cause, en Occident, jusqu'à la Renaissance. De façon parallèle, la compilation à la même époque du Code théodosien assure au droit romain une cohérence, gage de sa survie, même si les institutions qui l'ont créé n'existent plus, mais aussi de son « universalité » dans les différentes monarchies alors mises en place.

Il est donc vain de vouloir fixer la fin de l'Antiquité à une date précise même si, par commodité académique, nous continuons de nous référer à celle, symbolique, de 476.

bibliographie

DEMOUGEOT Émilienne, *L'Empire romain et les Barbares d'Occident aux IVe-VIIe siècles*, Paris, Publications de la Sorbonne, 1988.

MARROU Henri-Irénée, *Décadence romaine ou Antiquité tardive ?*, Paris, Seuil, coll. « Points-Histoire » n° 29, 1977.

L'héritage de l'Antiquité

Mythes et nostalgie

Quelle que soit la date que l'on retienne pour la fin de l'Empire romain, l'Antiquité n'a jamais été totalement oubliée par les populations de l'Europe. La notion de « renaissance », c'est-à-dire, sous une forme ou sous une autre, de retour à l'Antiquité, devient un leitmotiv dès la période carolingienne avant même d'être inventée pour définir celle de la Renaissance proprement dite. Ce désir de revenir au passé le plus lointain, en niant en quelque sorte l'apport des périodes intermédiaires, concerne le domaine politique comme le domaine plus large de la culture. À y regarder de plus près, cette quête d'un monde perdu cache bien des ambiguïtés et repose sur une vision quelque peu fausse de cette période.

L'universalité du politique

L'Antiquité offre une telle gamme de systèmes politiques que tous les théoriciens européens y ont cherché des références et des cautions. La période qui s'étend en France du Siècle des lumières au second Empire offre pratiquement toutes les formes d'organisation politique que l'on prétend mettre en œuvre d'après des références antiques. La source principale est souvent le Plutarque des *Vies parallèles des hommes illustres* que connaissaient aussi bien Robespierre que Napoléon, mais comment oublier l'existence parallèle de Babeuf et des Égaux qui se réfèrent à des sources plus radicales mais tout autant antiques ? Antérieurement, l'Antiquité avait fourni l'idée d'Empire. Cet Empire se veut universel, du moins supranational, pour définir et faire respecter une paix générale : le concept même de « Saint Empire romain germanique », les titres dérivés de César (Kaiser-Tsar), la prééminence des aigles dans les armoiries, le symbole du globe pour signifier une puissance étendue à toute la Terre, rappellent précisément l'Empire romain. Napoléon et Mussolini placeront clairement leur entreprise de conquête et d'organisation de leur régime sous le signe d'Alexandre et d'Auguste. De façon plus générale, la colonisation de l'Afrique du Nord est justifiée par le modèle de Rome, curieux paradoxe pour les descendants des « ancêtres gaulois ».

Le deuxième axe de référence à l'Antiquité concerne la notion de citoyenneté. Le citoyen est alors défini comme un individu agissant volontairement au service d'une cause commune, la cité ou la nation, au nom de la liberté et de l'égalité devant la loi. Les modernes oublient la coupure qui s'opère progressivement dans l'Antiquité entre le citoyen et le soldat. Les références au mode de fonctionnement de la citoyenneté sont donc clairement recherchées dans le monde du soldat-citoyen des cités grecques et de la République romaine, alors même que l'égalité de tous devant la loi a été une longue lutte encore menée par les empereurs romains.

De façon plus générale, les sociétés antiques étaient des sociétés inégalitaires fondées sur des distinctions d'ordre encore plus contraignantes que celles de l'Ancien Régime : un affranchi avait moins de chance de devenir un véritable ingénu qu'un bourgeois un gentilhomme, puisqu'il fallait une décision directe (et exceptionnelle) de l'Empereur, réservée à quelques intimes de sa cour. De fait, le nombre des dépendants, exclus en droit de toute possibilité d'action politique, était supérieur à celui des citoyens. Mais la postérité a surtout retenu la possibilité d'accès (codifiée) à la citoyenneté, au-delà de toute barrière ethnique. De ce point de vue, l'Empire romain sert (inconsciemment ?) de référence, à la différence de la cité grecque recroquevillée sur elle-même, autorisant encore Claude Nicolet à écrire en 1976 : « Nous sommes tous des citoyens romains. »

La vision de la vie politique que l'on a retenue de l'Antiquité est donc éminemment sélective, combinant des éléments contradictoires dans le temps et dans l'espace, entretenant une nostalgie d'un monde qui n'a jamais été. Le succès général, aujourd'hui, du thème générique de « l'innovation », en opposition avec « l'archaïsme » que l'on attribue à ses adversaires, fait que l'on ne se tourne plus de façon aussi systématique vers les références à l'Antiquité mais les exceptions sont encore nombreuses.

L'universalité de la culture

La nostalgie d'un temps où tout le monde parlait la même langue ou, plus exactement un couple de langues voisines et complémentaires, le grec et le latin, est seulement en train de disparaître : le concile Vatican II a sans doute été la dernière assemblée où l'on a tenté d'imposer le latin comme langue de communication « catholique », c'est-à-dire universelle. En réalité, personne ne peut plus être dupe de la situation linguistique dans l'Empire romain : les langues indigènes sont restées d'usage courant et le latin (ou le grec en Orient) n'était que la langue de la politique et donc de la culture, celle de l'armée et de l'administration. De fait, le bilinguisme était la règle absolue et cette situation ne disparaît pas en Occident avec la fin officielle de l'Antiquité : seul le pourcentage de gens parlant latin diminue de façon parallèle au recul général de l'alphabétisation. On se moque encore d'un chef barbare du Ve siècle qui ne sait pas le latin alors que la majorité de ses égaux le connaît. Un siècle plus tard, la tendance est complètement renversée, seuls les clercs, en nombre relativement réduit, continuant de le pratiquer.

Le caractère exclusif du latin comme langue de culture n'est pas sans conséquence sur la pensée européenne tout entière. Toutes les langues contemporaines dérivent directement du latin ou ont emprunté une part essentielle de leur vocabulaire à cette langue, et donc au grec. Cette origine, en particulier dans le domaine de l'abstraction, rend possible la traduction des mots et de façon plus générale des concepts d'une langue à l'autre, base d'une pensée véritablement commune. Cela n'a rien à voir avec un apprentissage scolaire des langues anciennes dont le recul serait signe de dégénérescence et de perte de repères.

Les langues anciennes ne sont pas les seuls outils où l'héritage de l'Antiquité est revendiqué dans le domaine culturel. Depuis la Renaissance, la redécouverte des œuvres antiques apporte régulièrement un nouvel élan, de nouvelles modes à l'art occidental : pour prendre seulement quelques exemples, la découverte de la *Domus Aurea* (« fouillée » par Michel-Ange) est à l'origine des grotesques inspirés du « quatrième style pompéien », comme plus tard la vision des temples grecs de Paestum et les premiers dégagements de Pompéi à la fin du XVIIIe siècle sont à la base d'un nouveau classicisme. L'expédition d'Égypte permet d'élargir cet horizon à un monde que l'on ne connaissait jusqu'alors qu'indirectement par les auteurs classiques, et l'égyptomanie marque fortement le style « Empire ».

Le désir de se référer de façon insistante à l'art antique comme seul modèle digne d'être reproduit est également à l'origine de la querelle toujours reprise entre « Anciens » et « Modernes ». Au-delà des aspects polémiques, ces affrontements ont largement contribué à la réflexion sur l'art, ses objectifs, et donc à son évolution générale. De ce point de vue, le comportement des architectes vis-à-vis de Vitruve, auteur du seul ouvrage antique consacré à cet art qui ait été conservé, est exemplaire. On le considère au départ, c'est-à-dire aux XVe et XVIe siècles, comme le modèle unique à reproduire scrupuleusement. Très vite, les connaissances acquises sur les monuments conservés permettent de relativiser puis d'écarter les canons qu'il proposait, et de réaliser des bâtiments qui prétendent retrouver le « vrai » visage de l'Antiquité, en faisant mieux que la théorie et la pratique antiques ! À travers le rejet de Vitruve, c'est aussi l'idée que l'Antiquité, même réduite au seul monde grec ou au seul monde romain, présentait un visage monolithique qui se trouve remis en cause. Les appréciations sur ce qu'a été le moment « idéal », avant le début de la « décadence », n'ont pas cessé depuis lors, privilégiant au départ les périodes les plus « classiques » comme celle du « siècle de Périclès » ou du règne d'Auguste qui correspondent le mieux aux tendances de l'académisme. Le goût pour l'ordre, et les formes artistiques qui l'expriment le mieux, précède une redécouverte des périodes « archaïques », bien avant que les périodes finales, hellénistiques ou de l'Antiquité tardive, ne soient elles-mêmes appréciées.

Façade du Palais-Bourbon, à Paris.
Elle se veut le symbole de la démocratie, mais reprend la formule du temple antique où seul pénètre, exceptionnellement, le prêtre.

Dans le domaine politique comme dans le domaine culturel, c'est donc une vision d'une Antiquité plurielle, contradictoire et évolutive qui se dégage aujourd'hui. Même si nous ne pouvons nier l'héritage qu'elle nous a légué, sa diversité ne permet plus de cacher la distance qui nous sépare des êtres concrets qui l'ont progressivement façonnée dans la complexité de mondes en mouvement, à la fois solidaires et séparés.

b*ibliographie*

FINLEY Moses I., *Démocratie antique et démocratie moderne*, Paris, Payot, 1976.

FINLEY Moses I., *L'Invention de la politique, Démocratie politique en Grèce et dans la Rome républicaine*, Paris, Flammarion 1985.

Le Moyen Âge

Denis Menjot

Professeur d'histoire médiévale à l'université de Lyon 2

Les pages 78-81, 90-91, 94-95, 100-101, 104-105, 112-113, 116-117 ont été rédigées en collaboration avec Danielle Nottara-Minne, *professeur agrégée à l'université de Strasbourg 2.*

b*ibliographie*

- VINCENT Catherine, *Introduction à l'histoire de l'Occident médiéval*, Paris, coll. « Livre de Poche », 1995.
- LE GOFF Jacques (dir.), *L'Homme médiéval*, Paris, Seuil, coll. « L'Univers historique », 1989.
- VAUCHEZ André (dir.) *Dictionnaire encyclopédique du Moyen Âge chrétien*, Paris, Le Cerf, 1997.
- TOUATI François-Olivier, *Vocabulaire historique du Moyen Âge* (Occident, Byzance, Islam), Paris, La boutique de l'Histoire, 1997.
- MATTHEW Donald, *Atlas du Moyen Âge*, Paris, Nathan, 1985.
- BALARD Michel, GENÊT Jean-Philippe, ROUCHE Michel, *Le Moyen Âge en Occident*, Paris, Hachette, coll. « HU », 1990.
- FOSSIER Robert, *L'Occident médiéval Ve-XIIIe siècle*, Paris, Hachette, coll. « Les fondamentaux », 1995.
- DEMURGER Alain, *L'Occident médiéval XIIIe-XVe siècle*, Paris, Hachette, coll. « Les fondamentaux », 1995.
- FOSSIER Robert (dir.), *Le Moyen Âge*, 3 t., Paris, Armand Colin, 1989.
- GENÊT Jean-Philippe, *Le Monde au Moyen Âge*, Paris, Hachette, coll. « Carré Histoire », 1991.
- KAPLAN Michel (dir.), *Le Moyen Âge*, 2 t., Paris, Bréal, coll. « Grand Amphi », 1994.
- MAYEUR Jean-Marie, PIÉTRI Charles, VAUCHEZ André, VENARD Marc (dir.), *Histoire du christianisme*, t. IV, t. V, t. VI, Paris, Desclée, 1993 et 1994.
- CONTAMINE Philippe, BOMPAIRE Marc, LEBECQ Stéphane, SARRAZIN Jean-Luc, *L'Économie médiévale*, Paris, Armand Colin, 1993.
- MARTIN Hervé, *Mentalités médiévales, XIe- XVe siècle*, Paris, PUF, coll. « Nouvelle Clio », 1996.
- PAUL Jacques, *Histoire intellectuelle de l'Occident médiéval*, Paris, Armand Colin, rééd. 1998.
- CARPENTIER Élisabeth, LE MENÉ Michel, *La France du XIe au XVe siècle. Population, société, économie*, Paris, PUF, 1996.
- GAUVARD Claude, *La France au Moyen Âge du Ve au XVe siècle*, Paris, PUF, 1996.
- GUILLOT Olivier, RIGAUDIÈRE Albert, SASSIER Yves, *Pouvoirs et institutions dans la France médiévale*, 2 t., Paris, Armand Colin, 1994.
- *Nouvelle histoire de la France médiévale*, 5 t., Paris, Seuil, coll. « Point Histoire », 1990

L'expression «Moyen Âge» a été inventée par les hommes de la Renaissance pour désigner le millénaire qui les séparait de l'Antiquité et qu'ils considéraient – comme encore beaucoup trop de nos contemporains – comme un âge intermédiaire, une parenthèse barbare, obscurantiste et violente. C'est pourtant au cours de ce millénaire que s'est forgée l'Europe, que se sont dessinés les paysages ruraux et urbains et organisés les réseaux de villages et de villes, que s'est fixé le système anthroponymique, que se sont affirmés les principaux États et que s'est élaborée la civilisation occidentale fondée sur le christianisme.

«Moyen Âge» n'est donc qu'un terme conventionnel pour désigner une longue période que la tradition académique fixe entre la disparition officielle de l'Empire romain d'Occident en 476 et la découverte de l'Amérique en 1492. Elle n'a pas d'unité et, toujours par commodité, les historiens la divise habituellement en trois temps aux limites floues.

– Entre le Ve siècle et le Xe siècle, le monde «médiéval» naît lentement de la transformation de la civilisation de l'Antiquité tardive. Trois civilisations émergent : Byzance, avatar de l'Empire romain d'Orient, l'Occident qui s'unifie dans le christianisme romain et où fusionnent inégalement selon les régions la culture antique et les apports «barbares», l'islam qui s'impose au VIIe siècle, définitivement, au Moyen-Orient et sur la rive sud de la Méditerranée et jusqu'en 1492 en Espagne.

– Entre le début du Xe siècle et la fin du XIIIe siècle, dans le cadre du système seigneurial qui se met en place, l'Occident connaît un essor vigoureux et général. Inégal et décalé dans le temps d'une région à l'autre, il culmine au XIIIe siècle, considéré comme un apogée.

– Les XIVe et XVe siècles sont une période de «crise», c'est-à-dire de remise en question, de profondes mutations et reconversions sur fond de calamités récurrentes, accidents climatiques, pestes et famines, qui accablent l'Occident et le précipitent dans la guerre qui joue un grand rôle dans la naissance de l'État moderne.

L'histoire du millénaire médiéval s'est profondément renouvelée et considérablement enrichie dans les dernières décennies, et pas seulement par l'apport des sources non écrites et des productions littéraires, trop longtemps négligées par les historiens. Beaucoup de nouveaux «objets» ont été étudiés comme le corps et ses expressions, la vie matérielle, la parenté, les représentations, les mythes, l'au-delà, l'imaginaire, les lieux de mémoire ou encore des groupes sociaux comme les enfants, les jeunes, les marginaux, etc. Les problématiques se sont transformées au contact notamment des autres sciences humaines. Elles mettent désormais l'accent sur les structures, les relations et la spatialisation ; elles se veulent anthropologiques et prennent en compte les pratiques, les enjeux, les formes d'expression et les croyances.

Byzance : Empire grec et orthodoxe

Quand l'empereur Constantin fonde en 330, sur le site de l'ancienne Byzance dans le détroit du Bosphore, une Nouvelle Rome à laquelle il donne son nom, Constantinople, il ne s'agit que d'une mesure stratégique destinée à mieux assurer la défense des frontières de l'Empire les plus menacées par les peuples barbares, celles du Danube et de l'Euphrate. Cette date constitue pourtant l'acte fondateur d'un empire qui se maintient plus de onze siècles, reste l'une des grandes puissances du Moyen Âge et fascine chrétiens et musulmans par sa richesse et sa culture.

L'identité de l'Empire byzantin : hellénisme et orthodoxie

Les habitants de la Nouvelle Rome se sentent et s'appellent Romains, leur empire est l'Empire romain, et leur Empereur, l'empereur des Romains. Les successeurs de Constantin jusqu'au XIe siècle se considèrent toujours les héritiers de l'Empire universel et toutes les guerres offensives ou défensives qu'ils mènent visent à maintenir ou retrouver les frontières considérées comme « légitimes ». Justinien (527-565) reconquiert une partie de l'Occident méditerranéen et réintègre pour un temps Rome à l'Empire ; Basile II (976-1025) entame une nouvelle reconquête et annexe la Bulgarie.

Cet empire d'Orient se forge progressivement une identité fondée sur l'hellénisme et la religion qui devient le ciment de la société. Dès le VIe siècle, la langue grecque s'impose et l'Empire devient le conservatoire de la culture grecque classique. Maintenue dans le cadre de la *paideia* ou formation générale des élites, elle est approfondie par la relecture des philosophes de l'Antiquité ; leur pensée est toujours invoquée lors des périodes de mutation culturelle telles que l'iconoclasme et ses prolongements, ou la renaissance du XIe siècle qui s'incarne dans les figures de Léon le Mathématicien et de Michel Psellos.

C'est en Orient que le christianisme a élaboré son dogme lors des conciles de Nicée (325) et de Chalcédoine (451) mais c'est là aussi que, jusqu'au VIe siècle, les querelles christologiques impliquent toute la société. La vie religieuse est davantage tournée vers un monachisme indépendant de la hiérarchie, dont l'idéal suprême est l'érémitisme. Parfois considéré comme un saint de son vivant, le moine joue le rôle de médiateur social ; des figures comme Syméon le Stylite, mort en 459, connaissent une renommée dans toute la chrétienté. Les moines semblent très largement favorables au culte des images qui se développe à partir du VIe siècle, et se traduit par la multiplication des icônes de la Vierge, du Christ et des saints alors que l'image de l'empereur est aussi vénérée et utilisée à des fins politiques. En réaction naît un mouvement de restriction de ce culte, l'iconoclasme. Amorcé par des prélats d'Asie Mineure, il est repris, à partir de 730, par les empereurs Léon III (717-741) et Constantin V (741-775) mais il rencontre une vive résistance et prend fin en 843. Cet épisode de l'histoire byzantine reste mal connu car les sources iconoclastes ont été systématiquement détruites. Il témoigne toutefois d'une mutation culturelle et sociale de grande envergure qui conduit à une véritable redéfinition de l'orthodoxie religieuse. Désormais, celle-ci prône notam-

La divinité impériale.
Sur cet ivoire du Xe siècle, l'empereur usurpateur Romain Lécapène et son épouse Eudoxie sont représentés sous la protection directe du Christ qui manifeste ainsi le choix de son lieutenant.

ment la vénération des icônes, l'utilisation des langues vernaculaires dans les offices religieux et le mariage des prêtres. C'est en son nom que Byzance soutient une activité missionnaire : Cyrille et Méthode vont évangéliser les Moraves sans succès mais contribuent à la christianisation des Bulgares, dont le chef Boris est baptisé en 864, et l'entrée des Russes dans l'orthodoxie en 989, après la conversion du prince Vladimir, étend l'influence byzantine à l'est de l'espace européen. De cette longue crise iconoclaste, l'emprise du patriarche de Constantinople sur la hiérarchie ecclésiatique sort renforcée ainsi que le rôle des moines dans la société ; de puissantes républiques monastiques s'organisent, à l'exemple du mont Athos.

Le *basileus*, « empereur et prêtre »

Dans la tradition romaine, l'*imperator* est choisi par l'armée qui l'élève sur le pavois, confirmé par le Sénat constitué de l'élite byzantine et acclamé par le peuple quand il se présente à l'hippodrome de la capitale. Depuis qu'en 392, le christianisme est devenu la religion de l'Empire, l'empereur est le lieutenant de Dieu sur terre et sa mission est d'assurer le salut des chrétiens de l'Empire dont les frontières sont l'univers. Ce lien direct avec Dieu et l'héritage romain exclue l'hérédité et perpétue dans la vie politique de Byzance l'instabilité liée aux usurpations par des coups de force militaire, que le choix de Dieu permet de légitimer. Les empereurs byzantins essaient bien d'asseoir la logique dynastique mais elle n'est jamais acquise pour longtemps jusqu'à l'époque macédonienne (867-1056).

Le pouvoir de l'empereur est universel, illimité et éternel. La nature de ce pouvoir, qui semblait s'appuyer sur la sacralité des rois de l'époque hellénistique, renvoie apparemment davantage à la relecture par les clercs de l'Ancien Testament où les souverains ont toujours eu une fonction politique et sacerdotale. Cette dernière fonction se marque dans la cérémonie d'intronisation quand l'empereur est couronné à Sainte-Sophie par le patriarche de Constantinople. Le faste qui entoure la vie quotidienne des empereurs dans le grand palais de Constantinople ainsi que leurs représentations iconographiques traduisent aux yeux de tous leur position éminente.

Une grande puissance

L'empereur byzantin, qui porte depuis 629 le titre de *basileus* emprunté au souverain perse, exerce son pouvoir en s'appuyant sur un droit romain, plusieurs fois remis à jour (Code Justinien, Digestes, Basiliques, puis Novelles), sur une administration centrale efficace, organisée en bureaux spécialisés dont les fonctionnaires nommés par lui sont révocables et sur une administration locale confiée au cours du VIIe siècle aux chefs des contingents militaires.

Le *basileus* règne sur un Empire prospère. Soutenu par une monnaie d'or ou *nomisma*, stable jusqu'au milieu du XIe siècle, le grand commerce maritime constitue l'une des richesses de l'État. L'artisanat et l'industrie sont organisés en métiers rigoureusement contrôlés par le pouvoir. L'agriculture est exercée par une petite paysannerie majoritairement libre qui bénéficie d'une avance technique et qui pratique la polyculture.

La capitale de l'Empire, Constantinople, idéalement située à un carrefour entre Orient et Occident, Europe du Nord et Méditerranée, connaît un développement brillant et devient rapidement un pôle commercial incomparable. Elle compte plus de 400 000 habitants au VIIe siècle et s'est dotée de bâtiments prestigieux comme Sainte-Sophie, édifiée sous Justinien et toujours enrichie en mosaïques par ses successeurs.

Nomisma à l'effigie de Justinien II (705-711).

Pendant plus d'un demi-millénaire se maintient l'illusion d'un Empire universel alors que les pertes territoriales dues aux Perses, aux Bulgares, aux Arabes et aux Normands réduisent considérablement sa configuration spatiale et transforment sa gestion interne, soumise à des contraintes militaires défensives. Les empereurs doivent s'appuyer sur une aristocratie de plus en plus exigeante qui ponctionne les finances publiques et pèse sur la population rurale qui commence à perdre son indépendance, alors que les ressources agricoles se font plus rares par faute de progrès techniques et d'un essor démographique suffisant. La percée lente mais inéluctable de l'Occident chrétien contient en germe un élément de fragilisation de Byzance. Pourtant, le maintien d'une tradition culturelle hellénique très brillante et l'unité assurée par l'orthodoxie garantissent encore au XIe siècle à l'Empire byzantin un ascendant sur toute la chrétienté.

bibliographie

DAGRON Gilbert, *Empereur et prêtre*, Paris, Gallimard, 1996.

DUCELLIER Alain, KAPLAN Michel, *Byzance IVe-XVe siècle*, Paris, Hachette, coll. « Les Fondamentaux », 1996.

La christianisation de l'Occident

Alors qu'en Orient le christianisme se perpétue dans un cadre institutionnel issu du monde romain, en Occident la christianisation amorcée dans l'Antiquité tardive est remise en cause par l'installation des peuples « barbares » païens ou ariens. Pourtant, progressivement, le christianisme romain va s'imposer et donner son identité à l'Occident qui se construit sur une alliance étroite entre l'Église et les nouveaux pouvoirs.

L'évangélisation

Entre le Vᵉ siècle et le IXᵉ siècle, christianisation et mission vont de pair. Évêques et moines convertissent d'abord successivement tous les souverains barbares qui entraînent leurs sujets dans leur nouvelle foi ; c'est chose faite à l'aube du VIIᵉ siècle. Une partie de l'élite religieuse parcourt ensuite les principautés barbares afin de les évangéliser en profondeur. Les missions des moines irlandais donnent une bonne approche de ce phénomène. Le plus important d'entre eux, saint Colomban, débarque en Gaule à la fin du VIᵉ siècle et cherche un site propice à la méditation ; il le trouve aux confins des royaumes francs de Bourgogne et d'Austrasie, où il fonde des ermitages, puis le monastère de Luxeuil. Il diffuse le message chrétien dans sa version irlandaise : monastères doubles d'hommes et de femmes, pénitence tarifée en fonction de la faute commise, austérité de la vie quotidienne, pratiques ascétiques. Son succès contribue à la création de nombreuses abbayes, souvent des fondations royales, dans le monde franc. Vers l'Angleterre, le pape Grégoire V (590-604) envoie saint Augustin qui diffuse le christianisme romain dans l'île.

Saint Gall et l'ours.
Souvent moines et missionnaires, les saints sont représentés dans des situations convenues. Sur cette reliure d'ivoire du Xᵉ siècle, saint Gall, disciple de saint Colomban, à l'instar de saint Jérôme, apprivoise un ours.

Les missions se poursuivent dans le monde germanique principalement avec saint Boniface (mort en 754) qui obtient aussi l'appui de la papauté et des princes pippinides. Un pas est franchi avec l'arrivée au pouvoir en 751 des Carolingiens qui soutiennent les missions hors des territoires qu'ils contrôlent directement avec une nette visée expansionniste ; lors de la guerre de Charlemagne contre les Saxons, le lien est si étroit entre mission religieuse et expansion politique qu'il provoque des débats parmi les clercs sur la légitimité de convertir par la force. Le fameux « catéchisme des Saxons » est le compromis que trouve le clergé pour s'accommoder des conversions forcées. Au IXᵉ siècle, les missions prennent la direction de la Scandinavie, des marges germaniques et des pays slaves.

La *dilatatio* du christianisme occidental se traduit par la multiplication d'églises et de sanctuaires dans les cités et les campagnes ainsi que par la mise en place d'un dense réseau de monastères, de diocèses et de paroisses qui constituent autant de structures d'encadrement. Dans les différents royaumes barbares, des églises « nationales » se constituent qui ont souvent peu de relations avec la papauté.

Le modèle monastique

Dès le IIIᵉ siècle en Orient, des chrétiens se retirent dans le désert pour suivre le modèle du Christ et vivre dans la prière, le dénuement et la chasteté. Ces anachorètes ou ermites forcent le respect de tous et paradoxalement attirent des disciples, d'où la constitution d'ermitages. Certains se donnent des règles de vie communautaire – dans lesquelles ils trouvent une vertu supplémentaire, l'humilité – et deviennent des cénobites (moines) vivant sous l'autorité d'un père (abbé) auxquels ils obéissent. Ces modèles de vie religieuse se répandent en Occident à partir de l'Italie et de l'Afrique du Nord. Les moines de Lérins constituent une des premières communautés d'Occident alors qu'en même temps, beaucoup d'ermites, à l'instar de saint Martin de Tours, s'installent auprès de populations souvent peu christianisées du nord de la Gaule. L'Église doit les reconnaître d'autant plus que, si à la même époque, les évêques qui tiennent en main les diocèses sont des personnages puissants, leurs activités politiques et administratives, qui font d'eux les protecteurs des cités, les éloignent de l'idéal chrétien.

L'Occident tranche assez vite le débat entre érémitisme et cénobitisme au profit de ce dernier, plus facile à contrôler. Il s'ensuit, à partir du VIe siècle, une extraordinaire floraison d'établissements monastiques qui suivent des règles diverses. La règle de saint Benoît de Nursie, qui condense la plupart des expériences monastiques et se caractérise par une grande souplesse, va structurer véritablement le monachisme occidental. Rédigée après 534, elle se diffuse lentement en Occident avec l'appui de Grégoire le Grand ; après avoir absorbé des éléments colombaniens, elle devient, grâce au travail de synthèse de saint Benoît d'Aniane (mort en 821) et au soutien de l'empereur Louis le Pieux lors du synode d'Aix-la-Chapelle en 816, la ligne de conduite des moines en Occident : obéissance, stabilité, pauvreté et chasteté en sont les piliers. Si les monastères conservent leurs spécificités, leurs « coutumes » intègrent lentement le message bénédictin.

Les grands centres monastiques, tels le Mont Cassin, Saint-Gall, Fulda, Ripoll, Bobbio et bien d'autres, constituent des centres de colonisation et des foyers d'art et de culture. Grâce à leur richesse, accrue par les multiples dons de l'aristocratie et à la qualité de leur recrutement, ils constituent des bibliothèques, ouvrent des écoles, développent des ateliers d'écriture et d'enluminure où se réfugie le savoir antique et se forge la pensée occidentale.

LA RÈGLE DE SAINT BENOÎT.

La règle de saint Benoît équilibre activités manuelles et intellectuelles. La pondération, l'esprit pratique, la volonté de réglementer l'existence du moine et d'organiser le monastère expliquent qu'elle devienne le fondement du monachisme occidental.

« De Pâques jusqu'aux calendes d'Octobre, les frères sortiront dès le matin pour s'employer aux travaux nécessaires, depuis la première heure du jour jusqu'à la quatrième environ ; depuis la quatrième jusque vers la sixième, ils s'adonneront à la lecture. Après la sixième heure, leur dîner fini, ils se reposeront sur leur lit dans un parfait silence. Si quelqu'un veut lire, il pourra le faire, pourvu qu'il n'incommode personne. On dira None plus tôt qu'à l'ordinaire, environ à la huitième heure et demie. Après quoi, ils se mettront à l'ouvrage jusqu'aux Vêpres.

Si les frères se trouvent obligés par la nécessité ou la pauvreté à travailler eux-mêmes aux récoltes, ils ne s'en affligeront pas ; c'est alors qu'ils seront vraiment moines, lorsqu'ils vivront du travail de leurs mains, à l'exemple de nos Pères et des Apôtres. Que tout, néanmoins, se fasse avec modération, par égard pour les faibles. »

Extraits publiés et traduits par Ch. de la Roncière, Ph. Contamine, R. Delort, M. Rouche *in L'Europe au Moyen Âge*, t. I, Paris, Armand Colin, coll. « U », 1969.

La constitution d'une chrétienté occidentale

L'union entre pouvoir politique, représenté par les rois barbares du premier âge médiéval puis par la dynastie carolingienne, et pouvoir religieux détenu par le pape, les évêques et tout le clergé séculier, auréolé du prestige monastique, favorise la constitution d'une chrétienté occidentale, bientôt indépendante de ses origines orientales et fondée sur une foi et des pratiques communes.

Une véritable collaboration entre les pouvoirs se précise, appuyée sur une réflexion théorique élaborée par des clercs comme Isidore de Séville (560-633/36) et Jonas d'Orléans (vers 780-843) entre autres. L'Église aide à définir et à imposer la fonction royale et impériale et, en contrepartie, le pouvoir politique, ainsi légitimé, renforce le pouvoir de l'Église et met les ecclésiastiques – qu'il investit de leurs charges – à son service. C'est sur ce schéma théorique que se fondent les pouvoirs en Occident durant tout le Moyen Âge. Les princes interviennent dans la vie de l'Église, notamment à l'occasion des synodes ou conciles qu'ils convoquent mais ils lui garantissent en retour une autonomie économique en la dotant d'un important patrimoine foncier.

Dans le cadre de la paroisse les croyants sont regroupés, les vivants et les morts, puisque les églises s'entourent de cimetières. Beaucoup d'efforts sont faits – les capitulaires carolingiens le prouvent – pour que les fidèles soient baptisés et enterrés chrétiennement par un clergé séculier dont les autorités s'efforcent continuellement et avec persévérance d'améliorer les connaissances doctrinales et le niveau moral. La vie des fidèles est rythmée par la messe dominicale et les différentes cérémonies religieuses dont la liturgie est unifiée au VIIIe siècle par l'évêque Chrodegang de Metz. Le dimanche est imposé comme jour férié, commémorant la résurrection du Christ.

Le degré de christianisation des laïcs n'est peut être pas aussi faible qu'on le croit si l'on en juge, d'une part, par le développement du culte des saints et de leurs reliques – d'abord spontané puis encadré par la hiérarchie – qui, à partir du IXe siècle surtout, entraîne des foules nombreuses dans des pèlerinages tel celui de Saint-Jacques-de-Compostelle, et, d'autre part, par la disparition des pratiques d'inhumation païennes.

L'année 1054 marque la rupture officielle avec la chrétienté orthodoxe et l'imposition du rite romain aux chrétiens de l'Espagne du Nord, en 1080, l'aboutissement de l'unification de l'Occident dans le christianisme latin. Mais l'alliance entre clergé et pouvoirs politiques a eu pour effet d'immerger l'Église dans la société laïque au détriment de sa mission pastorale et de la soumettre aux ambitions des puissants. Des clercs dénoncent cette emprise et vont entreprendre des réformes pour s'en dégager.

bibliographie

BROWN Peter, *L'Essor du christianisme occidental*, Paris, Seuil, coll. « Faire l'Europe », 1997.

CHÉLINI Jean, *L'Aube du Moyen Âge. Naissance de la chrétienté occidentale*, Paris, Picard, 2e éd., 1991.

La royauté franque (476-751)

En 476, la déposition d'Odoacre, dernier empereur romain d'Occident, provoque le partage de son pouvoir universel entre des rois des peuples barbares installés dans l'Empire, qui deviennent les souverains de territoires aux frontières mouvantes. Les études récentes montrent qu'ils recueillent, plus qu'ils ne détruisent, l'héritage antique, progressivement transformé par l'apport des Germains et de la christianisation. En quelques années, les rois francs de la dynastie mérovingienne conquièrent pratiquement toute l'ancienne Gaule sur laquelle ils règnent jusqu'en 751. Dans la définition des fondements de la royauté et des moyens de son exercice, le règne de Clovis (482-511) est capital.

Une double légitimité barbare et romaine

À l'occasion des « grandes migrations » de la fin du IVe siècle, des peuples germaniques qui avaient pris le nom de Francs (de *Frekk*, hardis) sont cantonnés par Rome sur les frontières nord de l'Empire. Au Ve siècle, ils constituent plusieurs royaumes dont l'un aurait été fondé par Mérovée qui donne son nom à la dynastie mérovingienne.

Leurs rois sont les héritiers à la fois du chef barbare et de l'empereur du Bas-Empire. Ils apparaissent bien d'abord comme des chefs de guerre choisis par les guerriers dans une lignée de conquérants qui, de ce fait, paraît protégée des dieux et au sein de laquelle le pouvoir charismatique du chef se transmet de père en fils. Ils portent les cheveux longs et un surnom totémique qui exalte la valeur guerrière, comme Clovis, *Hlod-Wig*, « illustre au combat ». Leur pouvoir repose sur la fidélité de leurs guerriers qu'ils s'attachent en les conduisant à la victoire, source de butin.

En passant au service de Rome, les chefs francs comme les autres chefs des peuples fédérés (intégrés par traité, *feodus*, dans une région pour la défendre), se voient reconnaître le titre de *rex* et sont assimilés à des généraux romains dont ils portent les insignes de commandement. À ce titre, Childéric, père de Clovis, administre la province de Belgique seconde (de Reims à la mer du Nord).

Par son baptême, qui fait de lui le premier roi barbare à se convertir au catholicisme, Clovis acquiert une nouvelle légitimité accordée par l'Église. L'événement est capital, quelle que soit la date exacte, que les sources ne permettent pas de connaître, à laquelle il a lieu à Reims, entre 496 et 508, et les raisons qui l'ont motivé : foi, amour ou calcul politique. Clovis apparaît comme le champion de l'orthodoxie et de la romanité ; comme l'empereur chrétien du IVe siècle, il devient le chef tout-puissant de l'État et de l'Église.

Cette conversion lui rallie les Gallo-Romains, très largement majoritaires, et lève le dernier obstacle à la fusion des deux peuples. Elle permet l'intégration de l'aristocratie romaine aux structures du pouvoir dont elle était jusque-là exclue. Plus que par la puissance militaire franque, la victoire de Clovis sur les Wisigoths, convertis à l'arianisme (hérésie qui ne reconnaît comme vrai Dieu que le Père), s'explique par le soutien de la population catholique. L'épiscopat, qui contrôle en fait les cités et que monopolisent les familles de l'ancienne aristocratie sénatoriale, va exalter la royauté en lui donnant une image impériale et lui confier le soin

LA CONVERSION ET LE BAPTÊME DE CLOVIS.

Écrite à la fin du VIe siècle, l' Histoire des Francs *de Grégoire, évêque de Tours, est pratiquement la seule source sur le règne de Clovis. Grégoire attribue le baptême du roi à l'influence de son épouse Clotilde et de l'évêque de Reims, Rémi. Il voit en Clovis un nouveau Constantin, premier empereur chrétien (306-337), qui, comme lui, se serait converti au cours d'une bataille.*

« Childéric étant mort (vers 481), son fils Clovis fut appelé à régner à sa place [...]. La reine (Clotilde) ne cessait de supplier le roi de reconnaître le vrai Dieu et d'abandonner les idoles ; mais rien ne put l'y décider, jusqu'à ce qu'une guerre s'étant engagée avec les Alamans il fut forcé par la nécessité de confesser ce qu'il avait jusque-là voulu nier. Il arriva que les deux armées se battant avec un grand acharnement, celle de Clovis commençait à être taillée en pièces ; ce que voyant, Clovis leva les yeux au ciel et, [...] ému jusqu'aux larmes, il dit : « Jésus-Christ que Clotilde affirme être le fils du Dieu vivant qui, dit-on, viens en aide à ceux qui sont en danger et accorde la victoire à ceux qui espèrent en toi, je sollicite avec dévotion ton secours glorieux. Si tu m'accordes la victoire sur mes ennemis [...] je croirai en toi et me ferai baptiser en ton nom [...]. J'ai invoqué mes dieux mais je vois bien qu'ils n'ont rien fait pour me secourir [...] ».
(Vainqueur), Clovis rentra en paix dans son royaume et raconta à la reine comment il avait obtenu la victoire en invoquant le nom du Christ [...]. Lorsqu'il eut assemblé ses sujets, avant même qu'il eut parlé et par l'intervention de la puissance de Dieu, tout le peuple s'écria unanimement : « Pieux roi, nous rejetons les dieux mortels et nous sommes prêts à obéir au Dieu immortel que prêche saint Rémi (évêque de Reims) ». On apporta cette nouvelle à l'évêque qui, transporté d'une grande joie, ordonna de préparer les fonds sacrés [...]. Le roi pria le pontife de le baptiser le premier. Le nouveau Constantin s'avança vers la piscine pour s'y faire guérir de la vieille lèpre qui le souillait et pour laver dans une eau nouvelle les taches honteuses de sa vie passée [...]. Le roi, ayant donc reconnu la toute-puissance de Dieu dans la Trinité, fut baptisé au nom du Père, du Fils et du Saint-Esprit et oint du saint chrême avec le signe de la croix. Plus de trois mille hommes de son armée furent baptisés ainsi que sa sœur Alboflède. »

Grégoire de Tours, *Histoire des Francs*, II, 30, 31, Paris, Belles Lettres, 1963.

d'assurer l'ordre, la paix et la justice. Clovis se comporte comme le nouveau Constantin. Il célèbre un triomphe à la romaine en 508, fixe sa capitale à Paris et fait renaître l'État de droit. Pour ses sujets francs, il fait mettre par écrit la loi salique qui comme toutes les lois barbares se présente comme un code de droit pénal et privé. Les amendes compensatoires destinées à arrêter la vengeance privée se hiérarchisent en fonction de la nature et de la gravité du délit, de l'âge, du sexe et de la qualité de la victime, de la protection dont il bénéficie comme membre de la garde royale ou comme client du monarque. En 511, au concile d'Orléans, il fait officialiser le contrôle royal des élections épiscopales.

Une souveraineté territoriale et familiale

Clovis a considérablement étendu le territoire des Francs. Une série de victoires éclatantes sur Syagrius (Soissons, 486), sur les Alamans (Tolbiac, 496 puis 506), les Wisigoths (Vouillé, 507) et les autres rois francs font de lui le seul «roi des Francs» et le maître de la majeure partie de la Gaule. Ses fils annexent le royaume burgonde en 534 et se font concéder la Provence ostrogothique. Les rois gardent une conception germanique patrimoniale du pouvoir et du territoire qui se traduit par des partages successoraux. Si cette coutume peut être vue comme un moyen de maintenir la paix entre les héritiers, elle est une source de conflits endémiques entre les rois qui conduisent régulièrement à des assasinats politiques et à des guerres civiles entre prétendants qui font le jeu de l'aristocratie.

Ces partages, d'abord résorbés à chaque génération puis refaits à peu près de la même façon, aboutissent à la cristallisation d'entités régionales bientôt converties en royaumes. À partir du début du VIIe siècle, ils ont pour nom Austrasie (vallée Rhin-Moselle), Neustrie (centrée sur vallée Seine) et Bourgogne, ancien royaume des Burgondes, chacun a une capitale, et ses propres organes de gouvernement. Cette évolution inexorable vers la partition connaît quelques brefs coups d'arrêt, principalement avec Dagobert (629-639). Il réunifie le royaume qui connaît dix années de paix, fait régner la justice, s'entoure de bons évêques comme saint Éloi; cela explique que la mémoire populaire ait gardé de lui l'image d'un «bon roi».

Les souverains et leur cour se déplacent constamment d'une résidence palatiale à l'autre. Ils le doivent pour être obéi et consommer sur place les produits de leurs domaines qu'administre un *major domus* (maire du palais). Ce personnage devient, au VIIe siècle, le principal personnage du royaume reconnu par le titre de *princeps*. La charge est héréditaire en Austrasie. Les rois conservent les structures administratives romaines. Un comte les représente dans chaque cité qui reste la cellule administrative de base. Le système fiscal est maintenu en vigueur mais ne fournit pas à la monarchie des ressources régulières. Monarchie et épiscopat s'épaulent mutuellement; ce dernier est étroitement associé au gouvernement.

L'aristocratie a vocation naturelle à gouverner avec le roi qui s'appuie sur elle et lui confie des charges palatines, comtales et épiscopales. Les rois se ruinent pour s'attacher sa fidélité qu'elle met aux enchères à l'occasion des guerres fratricides. Elle enracine son pouvoir dans les régions où se situent ses grands domaines et se fait le porte-parole des particularismes. Ces Grands finissent par confisquer le pouvoir aux Mérovingiens qui, appauvris, ne peuvent plus être que des «rois fainéants». Le maire du palais austrasien, chef de l'un des clans aristocratiques, exerce la réalité du pouvoir au VIIIe siècle.

Le coup d'État de Pépin le Bref, fils de Charles Martel, qui, en 751, prend le titre de roi des Francs et se fait sacrer, marque à la fois l'aboutissement de la montée en puissance de l'aristocratie et de la sacralisation de l'institution monarchique par l'Église. Les Carolingiens et leurs successeurs vont mythifier la royauté de Clovis et revendiquer son héritage. Ils assimilent le baptême au sacre royal, donnent le prénom de Louis, avatar de Clovis, à leurs enfants, et revendiquent la loi salique. Le 1500e anniversaire du baptême de Clovis, fixé arbitrairement en 496, a été pour certains l'occasion de célébrer en lui le fondateur de la nation française.

LA LOI SALIQUE.

Monument du droit barbare, la loi salique correspond à la mise par écrit des coutumes orales des Francs saliens. Sa première rédaction, en latin, date des années 507-510.

«Titre XLI. Du meurtre des hommes libres.

1. Si quelqu'un a tué un Franc libre ou Barbare qui vit sous le régime de la loi salique [...], qu'il soit condamné à une amende de 8000 deniers qui font 200 sous.
5. Si quelqu'un a tué celui qui fait partie de la garde royale ou une femme libre [...] qu'il soit condamné à une amende de 24000 deniers qui font 600 sous.
8. Si quelqu'un a tué un Romain «convive du roi» [...] qu'il soit condamné à une amende de 12000 deniers qui font 300 sous.
9. Si quelqu'un a tué un Romain propriétaire qui n'était pas «convive du roi» [...] qu'il soit condamné à une amende de 4000 deniers qui font 100 sous.
10. Si quelqu'un a tué un Romain tributaire [...] qu'il soit condamné à une amende de 2500 deniers qui font 62,5 sous.»

Pactus Legis Salicae, Monumenta Germania Histoirae, Legum Sectio I, *Leges nationum germanicarum*, t. IV, pars I, Hanovre, 1962.

b*ibliographie*

RICHÉ Pierre, *L'Europe barbare de 476 à 774*, Paris, SEDES, 2e rééd., 1992.

ROUCHE Michel, *Clovis*, Paris, Fayard, 1996.

L'Empire de Charlemagne

Aboutissement d'un projet religieux et politique, le couronnement impérial de Charlemagne, le 25 décembre 800, est un événement fondamental de l'histoire de l'Occident qui marque la renaissance d'un empire universel. Cet Empire s'étend à la majeure partie du continent européen et se prétend romain, mais ses fondements et sa réalité sont bien différents et il ne survit guère à son fondateur.

La consécration de la puissance franque

En couronnant à Rome « Empereur des Romains » Carolus Magnus, Charlemagne, le souverain pontife, Léon III, consacre la toute-puissance de celui qui est roi des Francs depuis 768.

Le fils de Pépin le Bref apparaît bien comme le « plus puissant personnage du monde ». Par ses succès militaires, conquêtes du royaume de Lombardie, de la Saxe et de la Bavière, victoires sur les Avars, que n'éclipsent pas ses échecs en Espagne (fameuse défaite de Roncevaux), Charlemagne a considérablement étendu sa domination. Il tient Rome et les autres résidences impériales : Ravenne, Milan, Lyon, Arles, Paris, Trêves. Les deux autres dignités suprêmes sont très affaiblies, celle de l'empereur de Constantinople, présentement aux mains d'une femme, Irène, et celle du pape Léon III qui n'a pu restaurer son pouvoir à Rome qu'avec le soutien armé de Charlemagne. En le sacrant avec son père en 754, l'Église ne lui a pas seulement conféré un très grand prestige, elle a forgé l'idée que son pouvoir est d'origine divine, elle l'a investi d'une mission de christianisation qui justifie sa politique de conquête et son œuvre législative et constitue un moyen d'unification des territoires disparates qu'il contrôle. Il en est de même de la réforme monétaire élaborée par Pépin et qui s'impose pour des siècles ; elle consacre l'abandon de la frappe de l'or au profit de l'argent, réserve au roi le monopole de la frappe du denier, seule pièce réelle, et établit un système de compte : livre (240 deniers) et sou (12 deniers).

En obtenant la dignité impériale, Charlemagne ne restaure pas l'Empire romain, il reste un souverain franc et fonde un empire chrétien centré sur Aix-la-Chapelle, berceau de la dynastie régnante. À partir de 806, la ville, bien située à un carrefour, au cœur de l'Austrasie, devient une vraie capitale concentrant les organismes centraux de l'État alors que l'ouverture au commerce des mers nordiques fait de la Moselle et du Rhin l'axe de l'économie européenne.

La préfiguration de la cité de Dieu

La cérémonie du couronnement est calquée sur celle des couronnements des empereurs byzantins, mais le pape en transforme fondamentalement le sens en inversant intentionnellement l'ordre des rites. En couronnant le roi avant que le peuple ne l'acclame, il réduit l'acclamation, témoignage de l'élection, à une simple reconnaissance de la dignité impériale conférée par le seul couronnement. Il manifeste ainsi que le pouvoir impérial vient, non plus du peuple, comme dans la conception romaine, mais de Dieu et doit être transmis par son représentant, le pape. L'empereur a donc pour unique mission de conduire son peuple au salut et de réaliser sur terre la cité de Dieu. Le palais d'Aix reflète parfaitement la conception théocratique du pouvoir des Carolingiens. L'ensemble a été construit de 794 à 798. Le plan révèle bien les trois fonctions palatiales : politique avec l'*aula*, religieuse avec la chapelle et résidentielle avec les autres bâtiments. Les formes architecturales sont choisies et combinées de manière à transférer sur le souverain carolingien la gloire impériale et à faire d'Aix la deuxième Rome ou la

1. Rue principale
2. Porte Monumentale
3. Bâtiment de jonction
4. « Aula Palatina »
5. Galerie à portiques
6. Chapelle palatine
7. « Westbau » : avant-corps occidentale
8. « Atrium » à exèdre
9. Bâtiments à annexes
10. Bâtiments en colombages ou en bois
11. Thermes impériaux

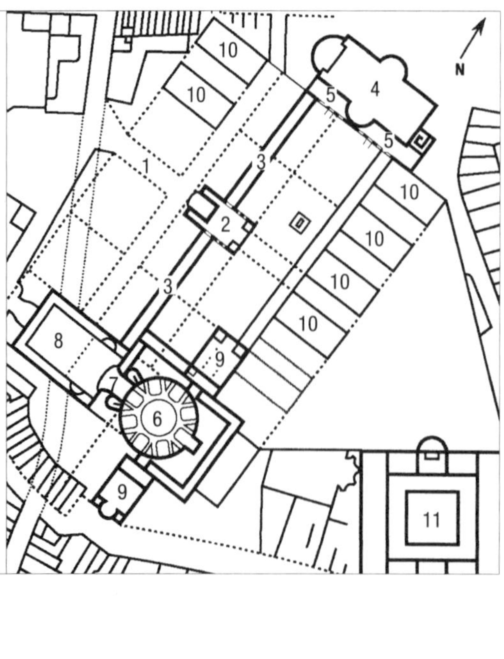

Palais d'Aix-la-Chapelle.

deuxième Constantinople. Le plan régulier est imité de l'Antiquité romaine. La chapelle, consacrée en 805, syncrétise des éléments de la salle du trône à Constantinople, du Saint-Sépulcre à Jérusalem et de Saint-Jean-de-Latran à Rome où a été baptisé Constantin. L'étage de l'empereur, trait d'union entre la cité terrestre et la cité céleste, se trouve entre le rez-de-chaussée, réservé au peuple chrétien, et la coupole qui symbolise la voûte céleste. Sous l'autorité de l'empereur, le peuple franc, nouveau peuple élu, devient l'instrument de la gloire de Dieu et Charlemagne «dilate» son Empire du Rhin à l'Elbe et au Danube moyen, des Alpes au centre de l'Italie et au sud des Pyrénées. Ces conquêtes lui fournissent les terres et le butin, indispensables pour s'assurer les fidélités des hommes libres qui constituent l'armée.

ALCUIN ET LA DIGNITÉ IMPÉRIALE (799).

Un an avant le couronnement, Alcuin, clerc polygraphe, proche collaborateur de Charlemagne, expose les raisons qui destinent le roi des Francs à la dignité impériale.

«Car jusqu'ici, trois personnages au monde ont été au faîte de la puissance: la sublimité apostolique qui occupe, en tant que vicaire, le siège du bienheureux Pierre, prince des Apôtres; ce qui a été fait contre celui qui tenait ledit siège, votre vénérable bonté a pris soin de me l'apprendre. Il y a aussi la dignité impériale et la puissance séculière de la deuxième Rome; avec quelle impiété le chef de cet Empire a été déposé, et non par des étrangers mais par les siens et par ses propres concitoyens, la renommée nous l'a appris et l'a colporté partout. La troisième est la dignité royale, que vous a octroyée Notre-Seigneur Jésus-Christ, en vous désignant comme recteur du peuple chrétien, supérieur aux deux dignités précédentes par la puissance, plus illustre par la sagesse, plus élevé par la dignité de votre règne. Voilà donc que sur toi seul repose entièrement le salut des églises du Christ, toi vengeur des crimes, toi guide des errants, toi consolateur des affligés, toi exaltation des bons [...].»

Cité et traduit par Ch. M. de la Roncière, R. Delort, M. Rouche, *L'Europe au Moyen Âge*, t. I, Paris, Armand Colin, p. 165.

Une réalité fragile

Charlemagne s'efforce de se doter des moyens de gouverner un Empire dont l'immensité rend le contrôle difficile. Il le divise en comtés *(pagi)* et en marches militaires aux frontières; on en compte plus de 300, divisés en centaines. Il place à leur tête des comtes et des marquis qu'il nomme et révoque à son gré; les impôts rentrant mal, il les rémunère par des dotations territoriales *(honores)*. En son nom, ils administrent leur circonscription, président les sessions du tribunal public, le *mallus*, lèvent les troupes et perçoivent les impôts. À partir de 789, l'empereur les fait surveiller par des *missi dominici*, généralement envoyés par groupes de deux, un laïc et un ecclésiastique. Ce personnel impérial est insuffisant puisqu'il compte probablement moins de 3000 individus pour administrer environ 5 millions de personnes. La présence, le dynamisme et le charisme du souverain s'avèrent essentiels. Charles déploie tout au long de son règne une inlassable activité; chaque plaid général annuel, qui réunit en théorie tous les représentants du pouvoir, est l'occasion de communiquer oralement ses décisions. La parole impériale, consignée dans les capitulaires – on en compte pas moins de 80 –, constitue le principal moyen de gouvernement.

L'empereur crée des institutions destinées à suppléer les carences de l'appareil d'État. Il instaure un lien direct avec ses sujets en soumettant tous les hommes libres de plus de douze ans à un serment de fidélité à sa personne. Il constitue un réseau de «vassaux» royaux dont la fidélité, personnelle et élective, est scellée par un serment et récompensée par la concession d'un bienfait. Il s'attache ainsi des comtes et des grands propriétaires auprès desquels les hommes libres sont encouragés à se recommander.

Souverain par la grâce de Dieu, gouvernant par Dieu et pour Dieu, Charles a sur l'Église une autorité exclusive: il nomme directement évêques et abbés et les met au service du gouvernement de la société temporelle, organise l'instruction du clergé, convoque et préside les conciles annuels, accentue l'œuvre d'unification entreprise par son père (unification du droit canonique, du culte et de la liturgie par la condamnation de l'adoptianisme). Il met en place des écoles destinées à la formation religieuse des clercs. L'«école palatine», dont les plus brillants représentants sont Alcuin et Eginhard, est le lieu d'une renaissance de la culture latine et chrétienne. Il impose le latin comme langue administrative de l'Empire. L'adoption d'une nouvelle écriture, la minuscule caroline, plus facile à tracer et à lire, facilite la réalisation d'un important travail de copie de manuscrits.

La mort du chef charismatique, les querelles entre les fils de son sucesseur, Louis le Pieux, la fin des conquêtes en 824, le renforcement des liens vassaliques, l'enracinement des comtes, le développement des grands domaines, tous ces facteurs condamnent la construction politique bâtie par Charlemagne et son Église. À Verdun, en 843, son Empire est partagé longitudinalement en trois parts égales entre ses trois petits-fils.

Charlemagne est déjà entré dans la légende. En 1165, à l'initiative de Frédéric Barberousse, il est canonisé. L'«empereur à la barbe fleurie» des chansons de geste devient un outil de la propagande politique des rois de France et des empereurs germaniques qui se réclament de sa filiation. Le couronnement impérial de 800 a aussi créé la coutume, qui subsiste jusqu'à la fin du Moyen Âge, de couronner les empereurs à Rome.

b*ibliographie*

LE JAN Régine, *Histoire de la France: origines et premier essor (480-1180)*, Paris, Hachette, coll. «Carré Histoire», 1996.

Le « printemps de l'Islam » (622-750)

Une nouvelle religion monothéiste, l'islam, naît au début du VIIe siècle en Arabie. Elle connaît une expansion spectaculaire et durable. En un siècle, ses adeptes fondent un immense Empire musulman où la langue de culte, de culture et de communication est l'arabe.

La troisième des grandes religions monothéistes

C'est à un prophète parlant l'arabe, Mahomet, marchand et caravanier de La Mecque, qu'Allah aurait choisi de révéler son message entre 610 et 632 sous forme de versets qui furent ensuite consignés par écrit, puis répartis en 114 chapitres (sourates) pour former le Coran (récitation) qui constitue la parole de Dieu.

Allah, Dieu unique, éternel et tout-puissant, créateur de toutes choses et juge suprême, exige de ses serviteurs une stricte obéissance et la soumission à sa volonté ; islam signifie précisément « soumission à Dieu ». La vie du croyant est donc entièrement entre les mains d'Allah. Elle est régie par la loi sacrée *(chari'a)* constituée des prescriptions du Coran et de la tradition *(sunna)* représentée par les enseignements de Mahomet. Cette loi prescrit au croyant cinq obligations religieuses principales qui ont aussi pour but d'assurer son hygiène physique, l'unité de la communauté et les intérêts économiques de l'État : la profession de foi en un seul dieu Allah, les cinq prières d'adoration quotidiennes à heures fixes (précédées d'ablutions, elles se composent d'un ensemble de paroles et de gestes identiques dont le principal est la prosternation en direction de La Mecque), le pèlerinage à La Mecque, si possible au moins une fois dans sa vie, le jeûne complet, durant le mois de ramadan, chaque jour de l'aube au coucher du soleil et l'aumône, proportionnelle à la richesse. Le Coran contient aussi des règles de vie privée comme l'interdiction de consommer du porc et de l'alcool ou l'autorisation de la polygamie.

Le Coran ne fait pas de distinction entre le civil et le religieux, de sorte que le concept de laïcité est inconnu dans l'islam qui n'a pas de clergé organisé et hiérarchisé ; l'extrême simplicité du culte ne le rend pas nécessaire. Les successeurs du Prophète, les califes, dirigent la prière du vendredi à la grande mosquée. Ils délèguent cette fonction à un *imam* qui guide la prière. Le *muezzin* appelle à la prière du haut du minaret. À la différence du judaïsme, l'islam, comme le christianisme, a une vocation missionnaire.

La mosquée, à la différence de l'église chrétienne, n'est pas la « maison de Dieu » mais une salle de prières et de réunion pour les fidèles, un lieu où, jusqu'au XIIe siècle, le *qadi* rend ses jugements, et un lieu d'enseignement et d'asile pour les pauvres. Pour les besoins du culte, elle comporte un mur de *qibla* orienté vers La Mecque, signalé en son centre par la niche du *mihrab*, une succession de nefs parallèles à ce mur et, dans la cour à ciel ouvert, un bassin d'ablutions car en islam le pur est plus important que le sacré. La mosquée contient très peu de mobilier – chaire *(minbar)*, tapis, porte-coran et nombreuses lampes car l'islam se veut une religion de la lumière – mais aucun objet de culte ni aucune représentation humaine, proscrite. Le décor d'entrelacs qui orne les façades de ces monuments identitaires symbolise l'unité de la communauté des croyants.

Une expansion fulgurante et durable

Les premières prédications de Mahomet ébranlent les bases du polythéisme arabe et de l'ordre social. Il doit se réfugier à Yathrib-Médine en 622, date qui marque le début de l'hégire, point de départ du calendrier musulman. En 630, il entre à La Mecque. À sa mort, deux ans plus tard, il a identifié l'islam avec les tribus arabes. Son message à vocation universelle va connaître une expansion fulgurante et durable. En 751, après plusieurs phases de conquête systématique, l'islam s'étend sur 7 500 km d'est en

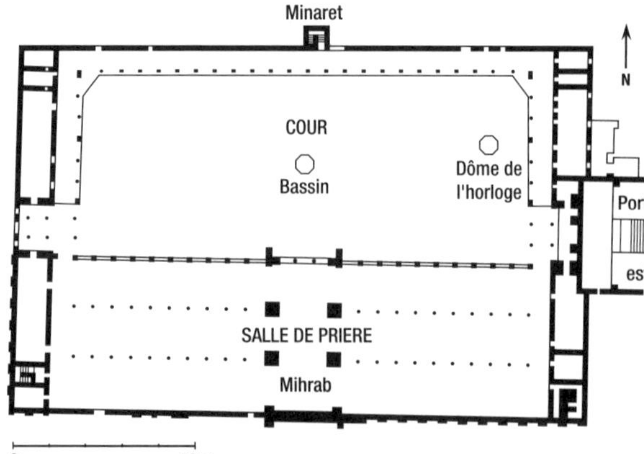

Grande mosquée de Damas (construite de 706 à 715).
Les mosquées reprennent la disposition générale de la maison du Prophète à Médine mais leurs formes architecturales diffèrent en fonction des sources d'inspiration régionale et de la richesse des commanditaires.

ouest de l'Inde à l'Atlantique, et 3 500 km du sud au nord, du Sénégal au Caucase. Les Arabes unifient les deux grandes aires de civilisation méditerranéenne et iranienne et mettent en contact les mondes gréco-romain, indien et chinois.

Quelles sont les motivations de la conquête et les raisons du succès ? L'essor démographique oblige les Arabes à chercher de nouvelles terres, la richesse des pays voisins suscite leur convoitise, les califes voient dans l'expansion un moyen de maintenir et de renforcer une unité fragile. La guerre en est un, mais pas le seul, *djihad* (littéralement « effort sur le chemin de Dieu »), elle trouve sa justification dans le Coran qui promet le paradis aux martyrs de la « guerre sainte ». Une cavalerie légère, très mobile, et des chefs de qualité, assurent une supériorité aux armées du Prophète qui se heurtent aux Empires perse et byzantin épuisés par leurs rivalités, et à l'Espagne wisigothique, affaiblie par des conflits internes. La tolérance dont font preuve les conquérants les fait bien accepter de la majorité de la population, d'autant mieux qu'ils sont peu nombreux et cherchent simplement à imposer leur autorité et à tirer profit économiquement de leurs conquêtes. Ils accordent aux chrétiens et aux juifs le statut de protégés *(dhimmi)* qui leur permet de conserver leur foi et leurs coutumes moyennant le paiement d'un tribut. Ceux-ci se convertissent en assez grand nombre, attirés par la simplicité d'une religion sans mystères qui se place dans la continuité du judaïsme et du christianisme – auxquels elle emprunte certaines pratiques – et dont les adeptes ne paient théoriquement que la dîme coranique, seul impôt légal en islam.

En 661, les Omeyyades, sunnites, prennent le pouvoir et apportent aux problèmes de la transmission du pouvoir et de l'organisation des conquêtes des solutions que leurs successeurs reprendront. Ils fondent un califat héréditaire et dynastique qui s'appuie sur les tribus arabes. Ils créent un État sur le modèle des Empires perse et byzantin dont ils utilisent les « fonctionnaires ». La capitale est transférée de Médine à Damas, l'arabe promu langue officielle et la monnaie unifiée ; un embryon d'administration centrale est mis en place et le territoire divisé en provinces à la tête desquelles est installé un gouverneur, assisté d'un intendant fiscal et d'un juge *(qadi)*. Le calife détient un pouvoir absolu et personnel dont il délègue des parcelles à des individus responsables devant lui seul. Vicaire de Dieu, il ne légifère pas mais fait appliquer la loi coranique.

Le califat omeyyade souffre de faiblesses structurelles qui causent sa chute : absence de règles de succession au sein de la famille qui favorisent luttes entre clans rivaux, oppositions entre vieux musulmans et convertis mal intégrés, clivages tribaux ou religieux. Les Abbassides s'emparent du califat en 750 mais ne peuvent éviter la dislocation de l'Empire en califats concurrents au Xᵉ siècle.

LE DROIT DES VAINQUEURS.

Quduri (972-1037), faqih *de l'école juridique hanafite de Bagdad, définit le droit des conquérants.*

« Quand les musulmans, étant entrés dans le pays ennemi, ont mis le siège devant une ville ou une place forte, ils en invitent les habitants à embrasser l'islam. Si les habitants y consentent, les musulmans ne peuvent plus agir contre eux. Quand, au contraire, ils s'y refusent, les musulmans leur proposent de se soumettre à payer tribut. S'ils s'y soumettent, ils jouissent dès ce moment des mêmes droits et contractent les mêmes obligations que les musulmans [...].
Lorsque le calife prend une ville de vive force, il a le choix ou de la partager entre les musulmans, ou d'y laisser les habitants en leur imposant une capitation.
On impose le tribut sur les juifs, les chrétiens et les idolâtres étrangers, mais non sur les idolâtres arabes, ni sur les apostats. Les femmes, les enfants, les estropiés, les paralytiques et les pauvres qui n'ont aucun moyen de gagner leur vie par le travail ne sont point soumis au tribut [...]. Si un homme soumis au tribut embrasse l'islamisme, il devient exempt de cette imposition [...].
Tout ce que l'Imam retire de la dîme [...] et du tribut, il l'emploie au profit des musulmans ; on s'en sert pour la défense des frontières, pour construire des ponts, donner un traitement convenable aux qadis, aux administrateurs et aux docteurs de la foi *(fuqaha)* musulmans. »

Quduri Abu al-Husayn, al-Kitab, trad. G. H. Bousquet et L. Bercher, *Le statut personnel en droit musulman hanéfite*, Tunis, sd.

L'Empire arabe : le califat

À la mort de Mahomet, la responsabilité de guider la communauté des croyants revient à un calife (lieutenant ou successeur). Les quatre premiers sont choisis en raison de leurs liens spirituels avec le Prophète par les compagnons de celui-ci. Mais des divergences religieuses et politiques aboutissent, à partir de 657, à faire naître trois interpétations divergentes du califat. Les kharidjites veulent un califat électif et une interprétation littérale du Coran. Les chiites sont partisans d'un califat héréditaire dans la famille du prophète et d'une seule source de loi, le Coran. Les sunnites, majoritaires, veulent un calife désigné parmi les Quraychites, tribu de La Mecque, et s'appuient sur le Coran et la tradition *(sunna)*.

La conquête arabe provoque la coupure du bassin méditerranéen en deux blocs, une rive sud islamisée et une rive nord christianisée. L'État islamique est unifié dans sa foi et dans sa langue mais conserve les traditions locales. Cette « tolérance » est une source de puissance, avant de devenir un facteur de sclérose quand ces traditions deviennent conservatismes.

bibliographie

ABDOU Muhammad, *Exposé de la religion musulmane*, Paris, Geuthner, 1965.

CAHEN Claude, *L'Islam des origines au début de l'Empire ottoman*, rééd., Paris, coll. « Livre de Poche », 1997.

L'Islam, une nouvelle civilisation urbaine

Alors que la majorité de l'Occident se « ruralise », le monde islamique connaît un vigoureux essor des villes. Héritier de Rome et de la Perse, l'Islam est une civilisation essentiellement urbaine et marchande aux spécificités marquées.

Une urbanisation caractéristique

Les conquérants arabes ajoutent quelques créations au réseau urbain dont ils héritent. Certains de leurs premiers campements, comme Fustat (appelée Le Caire en 969) ou Kairouan, deviennent les noyaux de nouvelles villes, d'autres sont fondées pour contrôler une région, comme Murcie ou Ramla, ou pour être des capitales, comme Bagdad ou Samarra. L'essor démographique et agricole ainsi que le dynamisme artisanal et commercial contribuent au développement urbain, spectaculaire dans les métropoles califales. Ainsi, à la fin du Xe siècle, Cordoue, capitale du califat omeyyade d'Espagne (929-1031), compte onze faubourgs qui s'étendent sur 200 hectares où vivent au moins 100 000 habitants. Les villes sont les éléments essentiels de regroupement des hommes et de l'organisation de l'espace.

La ville musulmane est habituellement présentée comme une cité uniforme à l'urbanisme naturellement anarchique alors que les paysages urbains, fruits d'héritages divers, sont multiples et changeants. L'organisation sociale de la communauté donne toutefois aux villes des caractéristiques urbanistiques communes. La principale est la prépondérance de l'espace privé centré sur lui-même au détriment des espaces publics. La répartition de la population dans la ville *(médina)* et ses faubourgs se fait le plus souvent d'une façon spontanée selon des critères ethniques, confessionnels ou socio-professionnels. La *médina* est entourée d'une enceinte au-delà de laquelle s'étend souvent un ou plusieurs faubourgs. Les grandes cités sont dominées par une citadelle *(qasaba)* ou une forteresse *(qsar)* où résident le gouverneur ou ses représentants. Au centre, généralement, se situe la Grande Mosquée, où les musulmans adultes libres se réunissent, le vendredi, pour la prière de midi. Elle est entourée de la principale zone d'artisanat et de commerce, les souks, situés le long des voies allant des portes au centre ; spécialisés par produits vendus, ils comportent des espaces protégés *(qaysariya)* réservés au commerce de produits précieux, en général importés. À la périphérie des cités, sont rejetées les activités puantes et polluantes (teintureries, tanneries, etc.) et les caravansérails, gîtes d'étape fortifiés pour les commerçants itinérants. Pour des raisons d'hygiène et d'impératifs religieux, les bains *(hammam)* sont nombreux ; à la différence des thermes romains, ce sont des édifices modestes, économes en eau et en bois, mais ils constituent les lieux de sociabilité par excellence des villes qui, très tôt, comptent des hôpitaux. Les quartiers d'habitation rassemblent des maisons disposées sans plan d'ensemble, auxquelles on accède par un dédale d'impasses. Ces maisons, dans lesquelles vivent des familles élargies à structures endogames, s'ordonnent autour de leur patio central au décor soigné sur lequel s'ouvrent les pièces d'habitation. La puissance et la richesse se lisent dans la surface au sol et non dans la hauteur du bâti ou la beauté des façades extérieures, toutes d'une extrême simplicité.

Une économie marchande

Les villes sont d'abord des centres économiques. L'activité artisanale est dispersée en une multitude d'ateliers familiaux *(makhasin)* dans lesquels le maître, entouré d'un ou de plusieurs ouvriers et apprentis, travaille habituellement sur commande. Les ateliers produisant des armes ou des tissus de très haute qualité appartiennent à l'État qui ne permet pas aux artisans de s'organiser en métiers et réglemente la vie économique. Le *muhtasib* exerce sur elle une juridiction spéciale, la *hisba* ; il a en plus la charge de veiller à la moralité publique et au bon état de la voirie.

L'artisanat, actif et diversifié, se développe grâce à la variété des matières premières disponibles dans le monde musulman – qui manque toutefois de bois, de fer et d'énergie hydraulique – et à la demande croissante de produits fabriqués. La production est variée mais alimente essentiellement le marché intérieur. Quelques villes ont toutefois une production de luxe spécialisée destinée à l'exportation comme Mossoul, les mousselines, Tolède, les armes, Cordoue, les cuirs repoussés *(cordouans)*.

Le commerce intérieur et extérieur connaît aussi un grand essor alimenté par les productions agricole et artisanale qu'il dynamise en retour. Les échanges sont stimulés par l'ampleur du marché intérieur ; ils bénéficient des traditions de nomadisme, de l'existence d'un système de poids et mesures unifié et de monnaies stables : pièces d'or *(dinars)*, d'argent *(dirhems)* et de cuivre *(fulûs)*. Le commerce se fait surtout par caravanes qui n'ont pas besoin d'un réseau de voies à la romaine. Le grand commerce enrichit les villes qui jalonnent les principaux itinéraires terrestres ou maritimes.

La situation stratégique du monde musulman à la jonction de trois continents en fait naturellement une zone de transit. Les échanges portent essentiellement sur les produits de luxe (soieries, étoffes de luxe, épices), l'or du Soudan et les esclaves. Les marchands du monde arabe font connaître en Occident les produits orientaux comme le riz, la pêche, l'abricot, le coton, le citron, l'orange, les épices, les drogues, la porcelaine chinoise, le papier. Les commerçants, dont beaucoup sont juifs, ont mis au point des institutions commerciales et financières sommaires qui permettent de transférer par écriture des sommes à travers tout le monde musulman (lettre de change et chèque), d'affermer les impôts, de mutualiser les investissements et les risques. Ils ne constituent pas, comme en Occident, une «bourgeoisie» qui gouverne la ville. Les voyages des négociants au long cours contribuent efficacement à la constitution d'une culture islamique relativement homogène sur d'immenses espaces.

Les villes sont un conservatoire des différences parce que les quartiers sont homogènes (même ethnie, même religion) et que l'islam ne cherche pas à unifier. Le citadin a deux identités, une verticale, au sein de sa tribu et de sa famille, et une horizontale, dans sa ville et ses réseaux interurbains qui lui permettent de survivre pendant les désordres. Ceux-ci sont nombreux, provoqués d'abord, au cours des deux premiers siècles, par les difficultés d'intégration des nouveaux convertis qui se heurtent aux vieux musulmans, puis par la remise en cause de la hiérarchie par les exclus, marginaux, esclaves en fuite, bédouins, Berbères en Occident et militaires non arabes.

Caravane marchande vers la Chine.
Les Arabes contrôlent toutes les routes commerciales caravanières ou maritimes qui conduisent de la Méditerranée à l'Afrique noire, au sous-continent indien et à l'Extrême-Orient.

Une société hiérarchisée

La religion encadre la société et régit toute la vie du musulman. La population urbaine constitue une mosaïque ethnico-religieuse, génératrice de nombreux conflits. Théoriquement, tous les membres de la communauté des croyants *(umma)* sont égaux. Dans la réalité, la *umma* apparaît très hiérarchisée et les différences socio-économiques entre ses membres, profondes. Le groupe dominant, *khassa*, forme une véritable aristocratie de sang et de fonction qui concentre entre ses mains fortune, pouvoir et prestige. Elle ne constitue toutefois pas une caste fermée; on peut y accéder par son savoir, sa richesse et la faveur du prince. Chrétiens et juifs constituent d'importantes minorités de *dhimmi* et ne sont pas cantonnés dans certaines activités.

Les sociétés urbaines, dans lesquelles une petite minorité de conquérants s'est superposée aux autochtones, sont dominées aux premiers siècles par les Arabes. Selon un rythme dont les historiens débattent, elles s'islamisent et s'arabisent progressivement par immigration de musulmans, conversion et «acculturation» des autochtones chrétiens et mariages mixtes. À partir du IXe siècle le renforcement et la militarisation du pouvoir se traduisent par la prolifération de villes palatines nouvelles comme les quatre bâties autour de Kairouan ou Medina-al-Zahra et Medina-al-Zahira, édifiées aux environs de Cordoue.

Les villes n'ont ni autonomie politique, ni représentation collective, ni institutions spécifiques. Pendant les premiers siècles, elles dépendent du calife dont un représentant réside au cœur de la ville et qui y fait rendre la justice par un *qadi*. Elles sont aussi de grands centres culturels (voir p. 114).

Les structures urbanistiques, économiques, sociales et politiques des villes vont traverser les siècles dans un monde islamique qui ne connaît ni seigneurialisation ni féodalisation et où le prélèvement fiscal reste étatique. L'éclat de la civilisation urbaine ne doit toutefois pas conduire à minimiser le rôle du monde rural même si la documentation l'éclaire peu.

b*ibliographie*

SOURDEL Dominique et Jeannine, *Dictionnaire historique de l'islam*, Paris, PUF, 1996.

GARCIN Jean-Claude (dir.), *États, sociétés et cultures du monde musulman médiéval (Xe-XVe siècle)*, Paris, PUF, coll. «Nouvelle Clio», 2 t., 1995 et 1999.

Le système seigneurial

En Occident, à des dates variables à partir du XIe siècle, une nouvelle structure d'encadrement des hommes se généralise, la seigneurie, qui aboutit à un réaménagement des rapports sociaux. Elle naît de l'essor rural et se met en place pour en capter les profits.

La «révolution» castrale

L'Empereur carolingien, pour faciliter le contrôle de vastes territoires plus ou moins soumis, avait délégué localement ses pouvoirs à des comtes, responsables de zones assez étendues, qui lui avaient prêté serment de fidélité et qui étaient révocables. L'affaiblissement de la dynastie carolingienne et les nouvelles vagues d'invasions du IXe siècle vont transformer cette organisation; ces comtes deviennent indépendants et s'arrogent des droits régaliens sur leurs territoires ou principautés. Entre le IXe siècle et le XIIe siècle, aux franges des comtés, des puissants qui avaient déjà autorité sur des non-libres qui travaillaient sur leurs terres, soit des agents comtaux, soit des chevaliers, soit de gros propriétaires fonciers, vont à leur tour usurper des droits et proposer ou imposer leur protection à tous les autres habitants moins riches et moins puissants qu'eux qui résident sur les territoires qu'ils parviennent à contrôler. C'est ainsi que se constituent des espaces de pouvoir complexes, les châtellenies. Celle de Brancion-Uxelles fournit un exemple probant d'une de ces familles de potentats locaux qui exerce son autorité ou ban, droit de juger, contraindre et punir, à partir de deux forteresses sur un territoire aux contours très flous d'environ 300 km² d'où elle tire ses revenus.

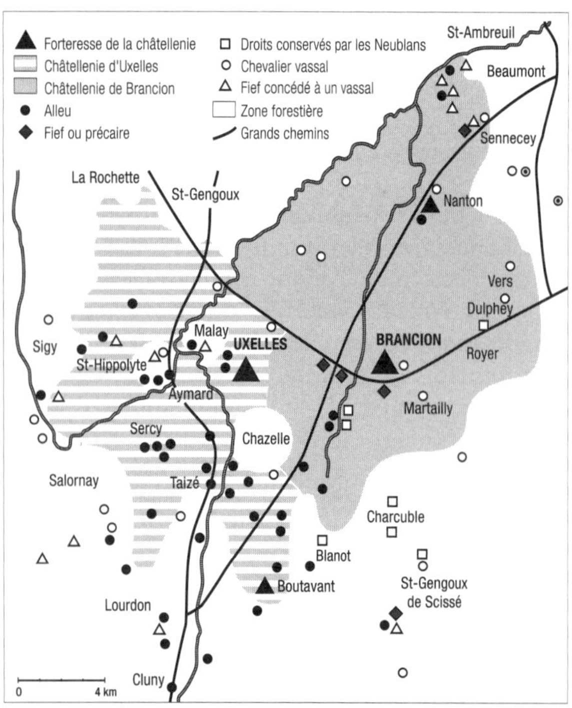

La châtellenie de Brancion-Uxelles en Bourgogne au XIIe siècle.

Les monographies régionales montrent que ce phénomène d'émiettement de l'autorité publique n'a pas partout la même ampleur. Maximum entre Loire et Rhin, minimum dans les royaumes d'Angleterre et de Castille, il se manifeste aussi avec des nuances et des décalages chronologiques dans des contrées méridionales (Latium, Catalogne, Gascogne) mais sa cartographie exacte reste à préciser. Au niveau local, il se traduit par un «encellulement» ou regroupement des hommes dans le cadre nouveau de la seigneurie qui se cristallise autour de son «château» dominant le territoire et servant de refuge en cas d'attaque. L'Occident se hérisse d'une multitude de ces points forts qui matérialisent et justifient à la fois le pouvoir seigneurial. Dans la seigneurie, de nouvelles relations sociales s'établissent et à l'ancienne division juridique entre libres et non-libres se substitue une division économique et fonctionnelle entre *vilains* sur lesquels repose tout le poids du pouvoir seigneurial et *milites*; entre ces derniers s'établit une hiérarchie implicite, séparant ceux capables de distribuer ou de contrôler des terres et ceux qui en perçoivent simplement les profits.

L'encadrement seigneurial

Comme les seigneuries se greffent sur les anciens domaines carolingiens, leurs détenteurs sont d'abord des seigneurs fonciers, mais, certains, en temps que seigneurs «banaux», exercent aussi leur autorité sur les hommes et l'espace. Les seigneurs ecclésiastiques, évêques ou abbés, pour exercer leur droit de ban, sont obligés de faire appel à des laïcs qui agissent en tant qu'avoués.

La seigneurie est un espace économique, d'importance variable, exploité pour le compte du seigneur. Elle comprend des bois, des étangs, des rivières, des chemins, des prairies et surtout des terres arables dont le seigneur s'est réservé une partie qu'il fait exploiter directement et a divisé le reste en parcelles qu'il confie à des dépendants qui les tiennent de lui, d'où leur nom de «tenures». En tant que seigneur foncier, il perçoit traditionnellement sur les exploitants de celles-ci des redevances diverses, cens fixe

PLAINTES DES PAYSANS DE VERSON (NORMANDIE) VERS 1200.

Cet extrait d'un conte satirique écrit par Estout de Gox donne un aperçu de la condition paysanne dans une seigneurie de l'abbaye du Mont-Saint-Michel: corvées nombreuses, redevances en nature tout au long de l'année, banalités mal acceptées.

« Donc je me plains à saint Michel qui est messager du roi du ciel de tous les vilains de Verson [...] La pierre doivent porter tous les jours qu'il en est besoin [...] Au four et au moulin, ils [...] doivent service tous les jours que l'on y veut faire bâtisse; ils doivent servir le maçon et de pierre et de mortier. Tout cela, les vilains le font à tout moment. Le premier service de l'an, ils le doivent à la Saint-Jean, ils doivent les prés faucher, puis rassembler, appareiller et tasser le foin au milieu. Quand ils les auront assemblés, ils les doivent porter au manoir [...].
Après, ils doivent curer le canal [...] Et vient ici le mois d'août: un service qui ne vous manque, c'est qu'ils doivent la corvée, elle ne doit pas être oubliée. Ils doivent faucher les blés, les rassembler, les appareiller et entasser au milieu du champ [...] ils doivent les porter à la grange, ils exécutent ce service dès l'enfance [...] Leurs terres sont champartables, jamais ils n'en emporteront leurs gerbes. Ils vont quérir le champarteur qu'ils amènent avec douleur; les vilains chargent le champart en leur charrette et n'y osent mettre autre gerbe, ils vont à la grange du champart et leur blé demeure d'autre part au vent et à la pluie [...]
Après vient la [...] Notre-Dame en septembre où il convient de fixer le porcage. Si le vilain a huit pourceaux, il en prendra les deux plus beaux et l'autre après sera au seigneur [...]
Et après vient la Saint-Denis, où les vilains sont étonnés qu'il leur faille payer le cens [...]
Après, ils doivent la corvée, quand ils auront labouré la terre ils iront chercher le blé au grenier et ils le devront semer et herser chacun un acre, en sa portion.
À Noël, ils doivent des gelines, s'ils ne les rendent bonnes et fines, le prévôt prendra des gages.
Après, ils doivent le brassage [...]
Si le vilain marie sa fille en dehors de la seigneurie, le seigneur a [...] trois sols du mariage [...]
Après viennent les Pâques fleuries, fête que Dieu a établie, ils doivent le moutonnage.
À Pâques, ils doivent la corvée [...]
Puis, ils doivent le charriage que l'on nomme sommage... chacun un quarteau de froment.
Puis ils vont au moulin banal [...] Après ils vont au four banal, ce ban est encore le pire [...] »

Texte édité par I. Delisle, *Études sur la condition de la classe agricole et l'état de l'agriculture en Normandie au Moyen Âge*, pp. 663-673, Eveux, 1851, modernisé par D. Menjot.

en argent et produits de la terre ou de l'artisanat familial; il innove en prélevant des redevances proportionnelles aux récoltes sur les concessions nouvelles de terres défrichées ou prélevées sur sa réserve. Sur celle-ci, il fait travailler ses serfs ou mobilise ses dépendants auxquels il impose des corvées aux moments forts du calendrier agricole. Parce qu'il s'est attribué des pouvoirs d'origine régalienne, il est aussi seigneur banal: il exerce la justice, a le droit de gîte et lève l'ost ou perçoit une taxe de remplacement, la taille; en vertu de ce pouvoir, il instaure des taxes nouvelles sur les équipements agricoles, fours, moulins et pressoirs, que lui seul a les moyens de construire. C'est donc bien au nom d'un ordre politique que les seigneurs exercent d'abord leur domination économique. Les paysans de Verson ne s'y trompent pas quand ils se plaignent de l'arbitraire de ces exactions qui se sont mutipliées et diversifiées.

Les contraintes issues de la seigneurie banale se sont imposées à tous les paysans de la seigneurie, alleutiers (petits propriétaires libres) compris. Elles les réduisent à un état de dépendance généralisée dont certains – une majorité semble-t-il – sortiront par l'obtention de chartes d'affranchissement individuelles ou collectives et de chartes de franchises qui les libèrent de certaines charges mais légalisent dans le même temps le système seigneurial. Le servage – dont la géographie et la chronologie restent à préciser – est la situation juridiquement la plus dépendante; les serfs sont soumis au versement d'une redevance recognitive de leur servitude, le chevage, et, en principe, ils ne peuvent se marier hors de la seigneurie sans payer une taxe, le formariage, ni quitter celle-ci sans autorisation, et les biens qu'ils laissent à leur mort sont soumis à la mainmorte. Mais les serfs exercent parfois des fonctions de responsabilité et peuvent très bien soit échapper à leur condition, soit devenir des hommes puissants au service du seigneur d'abord, puis en leur propre nom plus tard. Les ministériaux ou serfs de l'empereur dans le monde germanique sont les représentants les plus significatifs de cette exception, ils accèdent même à la chevalerie. Les « libres » jouissent d'une liberté juridique mais dépendent du seigneur qui les protège et se trouvent héréditairement attachés à la parcelle qui leur a été allouée de sorte qu'ils se distinguent de plus en plus mal des serfs. En réalité, les situations paysannes restent d'une grande diversité d'une région à l'autre et varient dans le temps: ainsi, par exemple, les paysans d'Espagne du Nord obtiennent très tôt leur liberté alors que ceux de Vieille-Catalogne, de Champagne et de Normandie se trouvent de plus en plus soumis aux brimades seigneuriales et aux « mauvais usages ».

À partir de la seconde moitié du XIIe siècle, pour faire face à des difficultés économiques croissantes causées par l'insuffisance des recettes, les seigneurs cherchent à rentabiliser leur domaine. Aussi choisissent-ils de mettre en place des modes de tenures à baux à court terme qu'ils peuvent ainsi réévaluer périodiquement, transforment-ils les serfs et dépendants en paysans locataires, organisent-ils, éventuellement en association avec d'autres seigneurs, de vastes entreprises de défrichements destinées à faire fructifier la terre. La seigneurie devient ainsi une forme économique d'exploitation où les communautés villageoises sont associées à la gestion des terres.

La seigneurie, telle que nous la percevons, prend des formes régionales très diverses et évolue à des rythmes différents en Occident; elle connaît son apogée aux XIe et XIIe siècles mais perdure bien au-delà du Moyen Âge, même si ses détenteurs perdent une bonne partie de leur pouvoir sur les hommes au profit de la monarchie.

b*ibliographie*

DUBY Georges, *Guerriers et paysans, VIIe-XIIe siècle*, Paris, Gallimard, 1973.

Le village et les villageois

Robert Fossier situe aux alentours de l'an mille la naissance du village, c'est-à-dire d'un regroupement de maisons dont les habitants constituent une communauté qui exploite un terroir. Il la fait correspondre à ce qu'il nomme « l'encellulement » du monde rural par des seigneurs soucieux d'autorité et à un accroissement démographique qui nécessite une nouvelle organisation de l'habitat. L'apport récent de l'archéologie renouvelle nos connaissances de la vie matérielle des villageois.

Un cadre de vie

Entre le XIe siècle et le XIIIe siècle, tout l'Occident se couvre de villages, hormis les zones marginales (Scandinavie, Irlande, Écosse, vallées montagnardes). L'habitat isolé persiste toutefois, ne serait-ce que dans le cadre des défrichements qui font naître des clairières de peuplement pas encore structurées aux lisières des forêts. Le village correspond soit à un ancien site de peuplement, soit à une création, tels les sauvetés du sud-ouest français, les villages perchés du Latium et de Provence, les villeneuves du Bassin parisien (environ 500 fondées entre les années 1100 et 1300) et les villages de la colonisation germanique.

Il n'existe pas de village type, mais une organisation de l'espace villageois et de son finage que nous pouvons décrire à partir du XIIIe siècle et que le plan de Wismes nous détaille. Le cadre le plus intime est la maison, désormais suggérée par l'archéologie. La plupart sont en torchis, mottes d'herbe ou chaume intercalés entre des poutres de bois, couvertes de bardeaux ou de chaume, certaines sont en pierre couvertes de tuiles surtout dans le Midi. Beaucoup, comme celle de Pen-er-Malo, sont de type mixte et abritent sous le même toit les hommes et le bétail, dans un espace réduit au centre duquel se situe le foyer, la cheminée étant très tardive dans l'habitat rural ; les réserves agricoles et l'outillage sont parfois entreposés dans une pièce spécifique. Enfumée, mal chauffée, mal éclairée, encombrée d'un mobilier très sommaire, la maison ne sert guère que pour dormir et manger aux paysans qui vivent le plus possible dehors, multipliant par là les relations de voisinage.

Les maisons sont entourées de jardins clos, très largement exploités par les familles. Au-delà, le terroir agricole est cultivé de plus en plus collectivement et rationnellement grâce à la mise en place de soles ou terres consacrées à un produit qui change chaque année dans un système de rotation biennale ou triennale des cultures qui améliore les rendements, d'autant qu'une sole reste en jachère pendant un ou deux ans et sert de pâturage. Enfin, la forêt encadre l'ensemble, réserve de terre à défricher mais aussi ressource indispensable pour les paysans et les seigneurs qui réglementent strictement la chasse, la cueillette, le pacage des animaux et les coupes de bois.

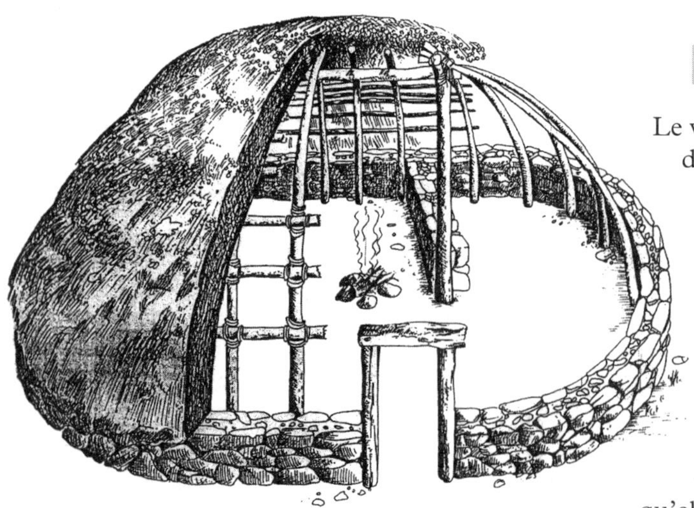

Maison paysanne bretonne, Pen-er-Malo.
Cette maison de forme elliptique est de type mixte. Ses 50 m² de superficie sont inégalement répartis entre l'espace pour les hommes et l'espace pour les animaux. Si le soutènement est en pierre, l'ensemble utilise l'armature de bois et le torchis.

Un cadre de production

Le village produit tout ce qui est nécessaire à la vie de ses habitants et contribue bientôt, grâce aux surplus en hommes et en nourriture qu'il fournit, au développement d'une société urbaine.

Les paysans cultivent les champs avec un outillage rudimentaire d'instruments de bois dont seules les parties tranchantes sont en fer ; beaucoup de terres sont encore travaillées à la bêche. De nouveaux outils plus perfectionnés se diffusent ou apparaissent : l'araire, ancien mais amélioré, la herse qui recouvre les graines semées, la charrue assez rare car chère parce qu'elle est en fer et nécessite un train de labour, c'est-à-dire une paire de bœufs ou un cheval attelés bientôt par le joug et le collier d'épaules. Des équipements collectifs : moulins à vent et à eau, fours, pressoirs sont bâtis par les seigneurs.

Les travaux des champs sont assez bien connus grâce notamment aux calendriers agricoles, peints ou sculptés. Ils montrent que la vie du village est rythmée par trois activités essentielles, dévoreuses de temps : la céréaliculture, la viticulture et l'élevage. Les « blés » sont variés, et si, longtemps, on sème des graines résistantes comme le seigle, l'épeautre et le méteil, sur les sols fertiles, on va préférer le froment, la céréale noble. Le grand progrès réside dans la généralisation, dans les régions septentrionales, des céréales de printemps, au premier rang desquelles l'avoine qui se répand pour nourrir les chevaux. Les rendements sont longtemps très faibles : autour de 4 à 5 quintaux pour 1 hectare sur les bonnes terres. L'introduction des légumineuses compense localement ces faibles productions. L'élevage est associé aux cultures : ovins, bovins, équidés selon les régions mais tous les paysans élèvent des volailles et presque tous des porcs, animaux méprisés mais dont la viande est pourtant la plus consommée par toutes les couches de la population. Beaucoup de produits de la cueillette, de la chasse et de la pêche complètent l'alimentation paysanne.

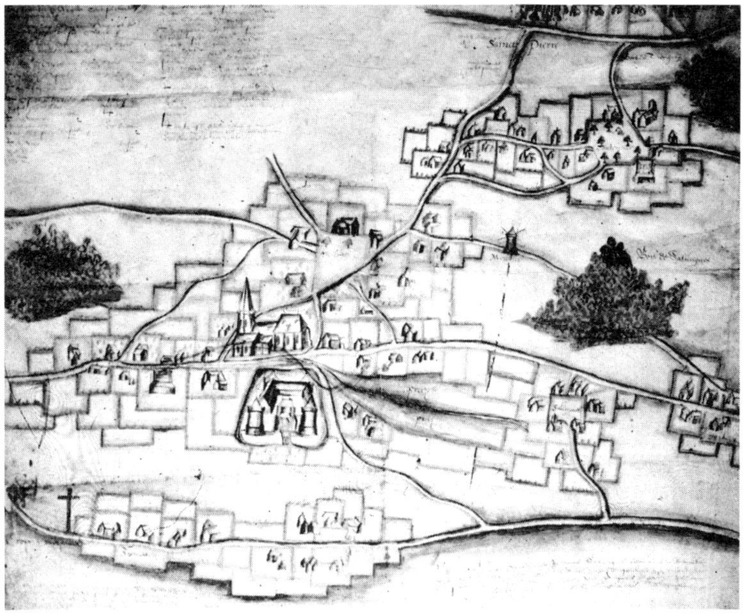

Village de Wismes (Picardie) au milieu du XVe siècle.
Un réseau de chemins organise la répartition des habitats. Le cœur du village est constitué par le château et l'église ; les habitations, quoique éparpillées, forment des ensembles correspondant à des étapes de peuplement et de défrichement. Les terres agricoles sont nettement délimitées.

Un cadre de solidarités

Le village est une paroisse dont le desservant, qui a un pouvoir spirituel et une autorité morale, entretient avec les paysans des rapports complexes. Ils lui paient dîmes et oblation, et il se charge du « soin de leurs âmes » en assurant le culte divin et en distribuant les sacrements ; mais il contrôle aussi la pureté de leurs mœurs.

Centrée sur le cimetière et l'église, la vie religieuse des villageois, quoique fortement teintée de superstitions, s'organise autour de la messe dominicale, du culte des saints, du baptême et des pratiques funéraires. Les jours de fêtes religieuses sont de véritables distractions et les « solidarités paysannes » s'y expriment sous la forme de dons, de festins ou de danses.

Issue de cette solidarité, la communauté villageoise se définit comme responsable de la gestion des activités rurales (réglementation de l'assolement, de l'utilisation des communaux, de la dépaissance, etc.) et de la défense des intérêts villageois face aux seigneurs qui demeurent avant tout des protecteurs en échange de prélèvements fiscaux. L'obtention de chartes de franchises à partir du XIIe siècle donne à la communauté une personnalité morale et juridique en reconnaissant son existence. Quelques rares textes laissent deviner des révoltes contre des exigences arbitraires de certains seigneurs parmi lesquels des ecclésiastiques, comme les Cisterciens, ne sont pas les moins exigeants. Certaines communautés villageoises, notamment dans le Midi, ont un « parlement » et des représentants élus.

Les travaux en commun, semailles, fenaison, moisson, vendanges, auxquels s'ajoutent l'exploitation de la forêt et l'entretien des chemins et des bâtiments seigneuriaux et cléricaux, soudent les villageois qui y participent tous, quel que soit leur statut. Toutefois, les différences économiques liées à la taille des exploitations, le rôle joué dans la seigneurie, l'exercice de tâches spécialisées, vont introduire une hiérarchie dans ce monde rural. Laboureurs, meuniers, fourniers, forgerons et agents seigneuriaux, comme le maire, constituent une aristocratie paysanne dynamique qui va profiter du délaissement de l'exploitation directe des terres par les seigneurs pour devenir, à partir du XIIIe siècle, soit fermier, soit métayer. Le paysan parvenu devient un thème littéraire dans les fabliaux.

Les villages façonnent les paysages ruraux de l'Occident. Les études font apparaître leur diversité ainsi que la complexité et le dynamisme des sociétés villageoises réputées immobiles et homogènes. Mais ce monde rural est encore bien mal connu.

bibliographie

BOURIN Monique, DURAND Robert, *Vivre au village au Moyen Âge. Les solidarités paysannes du XIe au XIIIe siècle*, Paris, Messidor, 1984.

FOSSIER Robert, *Paysans d'Occident, XIe-XIVe siècle*, Paris, PUF, 1984.

La société chevaleresque

L'aristocratie se trouve profondément transformée par l'émergence d'un groupe de professionnels de la guerre qui se structure entre le Xe siècle et le XIIIe siècle. Cette élite sociale, aux contours flous et changeants, est hiérarchisée selon l'ancienneté de la famille, son pouvoir et sa richesse. Son étude a été renouvelée par l'intérêt porté à son mode de vie, ses structures de parenté et son « imaginaire », mais elle est encore diversement perçue par les historiens.

Nobles et chevaliers

La mutation socio-politique qui s'opère entre le IXe siècle et le XIe siècle dans un climat de luttes favorise l'ascension des hommes d'armes. Comme nous le montre fort bien la broderie dite « tapisserie » de Bayeux, le combattant par excellence est désormais un chevalier (*miles*, *milites* au pluriel) qui fait la force des armées occidentales. Il combat avec une longue épée de taille à deux mains et une lance qui se transforme de javelot en arme de choc pour une joute ; il porte une tenue protectrice faite d'une tunique de mailles rivées et soudées ou haubert, un casque ou heaume, pourvu d'un nasal, et un bouclier oblong. La monture et cet armement sont coûteux à acquérir et à entretenir. La nouvelle technique de la joute à la lance nécessite des loisirs pour s'entraîner. La motte féodale, site défensif, exige que l'on dispose de dépendants pour la construire et la défendre. La chevalerie est donc le privilège d'une élite de la fortune.

À l'aube du XIe siècle existait une noblesse composée d'un groupe d'hommes libres, descendants de lignages ou familles d'origine gallo-romaine ou franque qui servaient le pouvoir royal et détenaient des charges importantes qu'ils avaient souvent conservées à leur profit. Ils cumulaient ainsi le prestige de la naissance, la richesse en hommes et en terres, et le pouvoir politique.

Avec le morcellement du pouvoir, dans beaucoup de régions, on assiste progressivement à la fusion au sein de la chevalerie de l'ancienne aristocratie d'époque carolingienne et des guerriers. Le qualificatif de *miles*, professionnel à l'origine, devient un titre arboré par tous les membres de cette élite. L'accès à la chevalerie se fait à travers un rite initiatique, d'origine laïque, l'adoubement. Il existe toutefois une hiérarchie à l'intérieur de cette élite, les plus puissantes familles sont à la tête de vastes principautés alors que les petits chevaliers essayent d'entrer dans leur clientèle et de gravir l'échelle des honneurs par des mariages bien calculés. Au cours du XIIIe siècle, cette élite se transforme en ordre par l'acquisition par tous ses membres d'un statut juridique qui leur accorde héréditairement des privilèges judiciaires, fiscaux et honorifiques.

La nouvelle élite chevaleresque
La broderie de Bayeux (détails) donne à voir les moyens dont dispose la nouvelle élite : une supériorité militaire faite d'éléments défensifs (la motte féodale, ici, celle de Dinant) et offensifs (la nouvelle technique de l'escrime à la lance permise par l'étrier qui « soude » le cavalier à sa monture).

Les relations féodo-vassaliques

La vassalité, qui tisse les liens entre ces hommes, a une origine ancienne, difficile à saisir dans son évolution. De fidélité orale entre les vainqueurs germaniques des invasions, elle devient un engagement d'hommes libres au service des souverains carolingiens, engagement qui se concrétise par l'obtention d'un avantage ou bénéfice. Ce dernier doit permettre au vassal d'assurer le service militaire que lui demande l'empereur ou le roi.

Au XIe siècle, ces liens d'homme à homme se multiplient afin, d'une part, d'entrer dans le monde des puissants en se faisant attribuer un fief, terre, droit ou rente qui assurent des revenus, et, d'autre part, de tisser un réseau d'alliances pour protéger ses biens et consolider son pouvoir vis-à-vis de rivaux. Il est de plus en plus évident que l'échange de biens et de services conditionne l'engagement et que les rapports de force font fonctionner le système.

L'engagement donne lieu à des cérémonies complexes, rarement décrites : l'hommage, un rituel laïque de tradition germanique, au cours duquel le vassal met les mains dans celles du seigneur et devient son homme ; le serment, d'origine chrétienne, prêté sur des reliques, qui double le rite précédent ; l'investiture ou remise du fief symbolisé lors de la cérémonie par un objet tel une motte de terre. Cet engagement est confirmé par des rencontres régulières ou plaids entre les vassaux et leurs seigneurs ; il est renouvelé si un fief passe au fils d'un vassal car très vite, en effet, le fief est patrimonialisé.

Cérémonie de l'hommage.
Au cœur de l'engagement féodo-vassalique, la cérémonie par laquelle un homme libre s'engage au service d'un autre selon des rites très anciens : les mains dans celles du seigneur, en position de soumission ou plutôt de confiance (ici à genoux).

Toutefois, le vassal, qui a des devoirs d'aide et de conseil de plus en plus institutionnalisés envers son seigneur, peut être dépossédé par la commise ou perte de son fief s'il ne respecte pas ses engagements ; mais c'est la puissance économique effective du seigneur qui fait la force du contrat. Dans la pratique, les vassaux sont tentés de multiplier les hommages et ont des difficultés à servir plusieurs seigneurs. Afin de parer à ce danger, les seigneurs les plus puissants vont instaurer l'hommage-lige ou hommage prioritaire ; ainsi va se créer une hiérarchie parmi les puissants qui vont instaurer ou restaurer leur autorité sur de vastes principautés.

L'identité nobiliaire

Le « château » est le signe tangible du pouvoir exercé par cette élite. Il est d'abord construit dans l'urgence contre les ennemis nombreux sur une motte naturelle ou artificielle. Celle-ci, entourée d'une palissade de bois, et quelquefois d'un fossé rempli d'eau, est constituée d'un donjon ou tour en bois (Xe-début XIe siècle), puis en pierre ; la broderie de Bayeux, qui représente plusieurs de ces mottes en construction ou achevées, laisse deviner que leur édification n'est pas très complexe et explique ainsi que beaucoup d'hommes aient pu s'affirmer châtelains et protecteurs. À partir du XIIe siècle, le château fort prend le relais et manifeste l'enrichissement de ces seigneurs. Sur un site défensif, éperon rocheux, colline, boucle d'un fleuve, un espace vaste est délimité par une muraille en pierre à l'intérieur de laquelle est construit le donjon peu à peu complété par des logements, chapelle, écuries et autres aménagements utilitaires qui exigent des moyens financiers et techniques beaucoup plus importants. D'unité de défense sommaire, la château est devenu une forteresse multifonctionnelle. Là, le seigneur, de plus en plus sédentaire, vit avec sa famille, assure la protection de ses dépendants, contrôle les axes de circulation, exerce la justice et convoque à sa cour ses vassaux et alliés.

Dans ce cadre castral, dont les fouilles confirment l'absence de confort et d'hygiène, les nobles mènent une vie rude, peu différente de celle des paysans alentour. Profitant de l'enrichissement général, ils n'en développent pas moins un genre de vie particulier dont les deux luxes sont alimentaire et vestimentaire. La guerre est l'activité qui justifie leur existence, et quand ils ne combattent pas, les chevaliers s'adonnent aux tournois et à la chasse. Ces entraînements deviennent l'occasion de rencontres, de festivités au cours desquelles ils déploient leurs qualités militaires mais aussi leur richesse et leur réseau de relations. Le style de vie noble finit par se confondre avec l'idéal chevaleresque qui prône prouesse au combat, loyauté envers l'adversaire et largesse vis-à-vis des vassaux et alliés. La littérature épique et romanesque fait l'apologie de ces valeurs qui distinguent cette « classe de loisirs ».

Par la multiplication, puis la hiérarchisation des liens vassaliques et la création d'un idéal commun, s'installe peu à peu un « ordre seigneurial » correspondant à un nouvel équilibre politique. L'Église lui fournit son système idéologique en imposant le schéma trifonctionnel, dans lequel la petite élite des guerriers est chargée de défendre et de protéger les deux autres ordres, celui des clercs qui prient pour le salut du monde et celui des autres laïcs qui travaillent pour le nourrir.

b*ibliographie*

AURELL Martin, *La Noblesse en Occident (Ve-XVe siècle)*, Paris, Armand Colin, 1996.

FLORI Jean, *L'Essor de la chevalerie, XIe-XIIe siècle*, Genève, Droz, 1986.

Le lignage noble

Au cours des XIe et XIIe siècles s'impose progressivement de haut en bas de l'échelle nobiliaire une structure de parenté nouvelle et originale, le lignage. Avec les liens féodo-vassaliques, il constitue l'élément essentiel de l'organisation socio-politique et un facteur de cohésion sociale qui assure « l'ordre seigneurial ». Son étude a été profondément renouvelée par le recours à l'onomastique, à l'héraldique et à la littérature généalogique et romanesque.

Patrilinéarité, agnatisme, primogéniture

La noblesse du haut Moyen Âge s'organisait selon un système de parenté horizontale, un vaste cousinage composé de « familles » larges (couple, concubines, enfants, parents, frères et domestiques) qui constituaient les cellules de base de la société médiévale, regroupées en clans. À la différence de l'époque romaine, les agnats, descendants du père, comptaient autant que les cognats, descendants de la mère. Les usages successoraux en vigueur voulaient qu'au décès du chef de famille, ses biens fussent partagés de façon équitable entre les héritiers, ce qui provoquait le morcellement des patrimoines à chaque génération.

La défense de l'intégrité de ces patrimoines, qui constituent la base de la richesse et de la position sociale de l'aristocratie, joue un rôle essentiel dans l'apparition et la consolidation d'un modèle lignager des structures de parenté. Il s'impose à partir du début du XIe siècle dans les familles de châtelains, avant de se diffuser dans les couches inférieures de la chevalerie. Il se caractérise par son organisation strictement agnatique où priment l'ascendance et la descendance masculines. L'héritage reste en indivision ou passe intégralement à un seul enfant par ordre de primogéniture masculine et, à défaut, féminine. Le droit d'aînesse vient avantager l'aîné que la littérature généalogique, qui polarise l'attention sur la lignée paternelle, présente comme le meilleur des frères. Les cadets n'ont pas de droit sur le patrimoine, ils se trouvent placés en réserve dans une situation frustrante de remplaçant.

Le lignage transforme les pratiques matrimoniales en stratégies complexes fondées sur un système asymétrique d'alliances. On marie les garçons avec des femmes de même condition ou de condition supérieure (hypergamie), qui honorent le lignage et lui apportent surcroît de richesse par la dot et l'éclat d'une noblesse supérieure. La littérature atteste l'importance de l'oncle maternel, éducateur, adoubeur, marieur (Charlemagne et Roland, Arthur et Mordret). Les filles, dont la dot est assimilée à une part de l'héritage, sont mariées en fonction des intérêts du groupe avec des chevaliers de rang inférieur (hypogamie). Ces alliances renforcent les fidélités, rapprochent nobles et chevaliers en permettant l'ascension de ces derniers qui « paient » leur épouse au prix fort par un douaire qui équivaut à la moitié ou au tiers de leur patrimoine. La femme n'en garde l'usufruit que si elle reste veuve. Malgré les interdits de l'Église, la répudiation de l'épouse est une pratique courante quand l'intérêt du lignage commande de conclure une union plus avantageuse. La tendance est à ne marier que quelques enfants, voire le seul aîné. Les autres sont casés dans l'Église, ce qui coûte moins cher et garantit l'absence d'héritier légitime. Ces pratiques malthusiennes accroissent aussi les risques – souvent vérifiées dans les généalogies nobiliaires – d'extinctions accidentelles consécutives à des vicissitudes biologiques et militaires.

Le développement d'une conscience généalogique

La conscience généalogique naît quand la famille se regroupe et se cristallise autour de son château. Elle repose sur l'appartenance à un lignage fondé sur un ancêtre mythique et s'exprime dans une littérature généalogique qui commence à se développer chez des Grands, comme les comtes de Flandres et d'Anjou.

Cette conscience se manifeste par l'adoption d'un nom patronymique qui, vers 1050, bouleverse le système anthroponymique. Au nom de baptême s'ajoute alors un patronyme qui va devenir familial et qui est le toponyme du berceau de la famille introduit par « de » – origine de la particule. Ce système à deux noms, aussi prestigieux qu'utile pour rattacher un individu à sa lignée, est progressivement adopté par toutes les catégories sociales, à l'imitation de l'aristocratie. Chaque lignage adopte aussi des prénoms familiaux ; l'habitude est prise de transmettre à l'aîné le nom de son père ou de son grand-père paternel et aux cadets des noms tirés de la parenté maternelle.

Le triomphe du lignage provoque aussi l'apparition d'emblèmes héraldiques qui fleurissent d'abord sur les écus pour se reconnaître dans la mêlée des combattants, puis sur les vêtements, les sceaux et les sépultures. Ils reflètent toute la fierté d'appartenir à une vieille famille, au nom, à l'histoire ou à la mythologie de laquelle ils renvoient.

La nécropole familiale installée dans une chapelle ou un monastère construit auprès du château fixe la mémoire des aïeux. La parenté décédée a besoin de la solidarité lignagère dont les suffrages (prières, aumônes, achats de messes) permettent d'abréger le séjour des âmes de la famille au Purgatoire dont l'Église répand la croyance.

TESTAMENT DE GUILHEM VII, SEIGNEUR DE MONTPELLIER (1172).

Guilhem, chef de l'un des principaux lignages du Languedoc, renforce au maximum les contraintes lignagères pour conserver le patrimoine familial à un seul héritier mâle.

« [...] D'abord, j'abandonne mon corps pour qu'il soit enseveli à l'abbaye de Grandselve [...] Je veux que le testament de Mathilde (de Bourgogne), ma femme, soit exécuté intégralement et que soient payées et rendues les dettes qu'elle devait.

À Guilhem, l'aîné de mes fils, je laisse la totalité de mon fief, de mes biens et de mes droits où et quels qu'ils soient, ainsi que tous mes biens revendiqués ou à revendiquer. Je veux et commande que mon fils aîné Guilhem assure honorablement l'entretien de son frère Guilhem le jeune. S'ils ne s'accordaient pas entre eux, il lui donnerait par an 20 marcs d'argent [...] à titre viager et je veux que ce dernier s'en contente.

Je confie mon fils Gui aux soins et à la garde de la Maison de la chevalerie du Temple et des frères du Temple, pour y être élevé et je demande qu'ils le prennent pour six ans. Au terme de ces six années, si Guilhem, mon fils aîné et Guilhem, mon fils puîné, sont tous deux en vie, je laisse mon fils Gui pour être chevalier du Christ et frère de la chevalerie du Temple avec 1 000 sous melgoriens [...] Mais si, au cours de ces six années, mon fils aîné Guilhem ou mon fils puîné Guilhem mourrait, celui de mes fils qui, survivant, serait seigneur de Montpellier, reprendra mon fils Gui et lui assurera un entretien honorable. S'ils ne s'accordaient pas entre eux, il lui donnerait par an 20 marcs d'argent [...], mais seulement durant la vie de mon fils Gui qui devra s'en contenter.

J'ai donné ma fille Sybille en mariage à Raymond Gaucelin. Je veux qu'elle s'en tienne aux 100 marcs d'argent, aux deux vases d'argent pesant 6 marcs, aux deux lits à tentures de soie et aux vêtements et montures que je lui ai données à l'occasion de son mariage. J'en lègue autant à ma fille Guillemette, autant à ma fille Alice, autant à ma fille Marie.

J'ai donné ma fille Clémence comme religieuse à l'abbaye du Tarn avec 20 marcs d'argent dont elle-même et l'abbaye devront se contenter.

De même, je demande et je veux que mes filles se marient du conseil et de la volonté de mon frère Gui. Si quelqu'un enlève l'une de mes filles pour l'épouser ensuite, j'exclus de ma succession cette fille et le ravisseur, son mari, ainsi que les fils et filles qui naîtront de ce mariage.

Je veux et commande que Montpellier et tout le reste du fief, quel qu'en soit l'héritier, reste toujours en la puissance et seigneurie d'un seul seigneur. [...] »

Liber instrumentorum memoralium. Cartulaire des Guillems de Montpellier, Montpellier, 1884-1886, pp. 184-189, éd. Devic et Vaissette, *Histoire générale du Languedoc*, t. VIII, trad. D. Menjot, Toulouse, 1879, col. 287-292.

Les « jeunes » de la famille

Le système lignager met les puînés à l'abri du besoin mais les condamne à une stricte dépendance à l'autorité du chef de famille et au célibat prolongé puisqu'ils ne peuvent rien transmettre à leur épouse. Ces contraintes expliquent que ces « jeunes » entre l'adoubement et le mariage constituent dans la France du XIIe siècle « une meute lâchée par les maisons nobles pour soulager le trop-plein de leur puissance expansive, à la conquête de la gloire, du profit et de proies féminines » (G. Duby).

Ces cadets laissés-pour-compte et condamnés à rester « jeunes » longtemps – Guillaume le Maréchal ne s'établit qu'à 45 ans – forment des « bandes » turbulentes dont la violence est difficile à canaliser et qui se révoltent contre l'ordre lignager. Ils courent les tournois qui, avant de devenir des joutes en champ clos, sont de véritables batailles rangées, occasion pour les jeunes chevaliers de s'entraîner à la guerre, d'acquérir la gloire et du butin car les vaincus sont rendus contre rançons. Les aventures lointaines sont l'exutoire le plus sûr et le meilleur moyen de faire fortune ; les cadets de la Maison de Bourgogne, Raymond et Henri de Bourgogne, en sont l'exemple le plus fameux puisque, venus participer à la Reconquista, ils épousent les deux filles d'Alphonse VI de Castille et sont respectivement le père du roi de Castille et du Portugal.

Les épopées, les romans arthuriens – qui, nés au XIIe siècle, vont connaître un extraordinaire succès – et les contes de fées sont vraisemblablement composés pour cette jeunesse. Ces œuvres de divertissement et d'évasion soudent les professionnels du combat à cheval en transposant l'image idéale que la chevalerie se fait d'elle-même toute dominée par la prouesse guerrière et les aventures amoureuses et merveilleuses. Inventé pour ce même public, « l'amour courtois » en constitue la sublimation, puisque par son caractère anti-conjugal et adultère – la Dame aimée étant la femme du seigneur –, il transgresse les contraintes religieuses et lignagères. La fée Mélusine est l'incarnation symbolique et magique de l'ambition sociale des chevaliers puisqu'elle leur apporte richesse, enfants mâles et une origine héroïque dont se réclament certains lignages comme celui des Plantagenêts.

Les structures lignagères contribuent à organiser l'aristocratie même si elles ne s'imposent pas partout avec la même rigueur. Elles expliquent bien des traits de son comportement : mobilité, turbulence, goût de la quête et de l'aventure ; elles rendent compte en partie de l'expansion militaire occidentale. La force de l'aristocratie repose aussi sur ses réseaux et les liens horizontaux que ses membres tissent entre eux.

bibliographie

DUBY Georges, *La Société chevaleresque*, Paris, Flammarion, 1988.

La monarchie capétienne (987-1223)

En 987, Hugues Capet, « élu » roi des Francs par ses pairs, n'est qu'un prince territorial avec un titre prestigieux. En 1223, à la mort de Philippe Auguste, le pouvoir du roi de France est incontesté dans le royaume et le souverain apparaît comme le plus puissant d'Occident. Comment et sur quelles bases s'est opéré cet affermissement monarchique qui n'est pas une simple restauration du pouvoir royal ?

Une monarchie sacrée

Le royaume de Francie occidentale, issu du partage de Verdun, a implosé en principautés. Dans la seconde moitié du Xe siècle, celles-ci se sont elles-mêmes fragmentées en une multitude de seigneuries indépendantes aux mains de dynasties châtelaines qui ont usurpé les droits régaliens. Mais il y a toujours un roi des Francs, et un seul.

S'il n'a pas plus de pouvoir dans la réalité qu'un autre prince, il a hérité des Carolingiens un caractère sacré qu'il est le seul à posséder dans le royaume. Le fait d'être l'élu de Dieu lui vaut d'être respecté, au point qu'aucun Capétien ne sera détrôné. Il alimente la croyance dans ses pouvoirs thaumaturgiques ; depuis Robert le Pieux (996-1031) les rois sont censés guérir, en les touchant, les malades atteints des écrouelles. Cette théorie monarchique de droit divin a été non seulement conservée mais enrichie par l'Église pour garantir l'institution et lui fournir des armes idéologiques pour compenser son affaiblissement matériel. Au milieu du IXe siècle, Hincmar de Reims glorifia l'image du *rex christianus* qui avait pour mission de faire régner la justice et garantir la paix. Au début du XIe siècle, les évêques de Cambrai et de Laon, Gérard et Adalbéron, développent la théorie des trois ordres que le roi doit faire vivre en harmonie. Des légendes, comme celle de l'huile de l'onction apportée par une colombe lors du baptême de Clovis, rehaussent la dimension religieuse de la monarchie. Le mythe des origines troyennes des Francs et la légende carolingienne diffusés dans les épopées accroissent son prestige. Des lieux de mémoire émergent, Reims, pour le sacre et surtout Saint-Denis, panthéon royal où des clercs écrivent l'histoire officielle.

Depuis 888, la royauté est redevenue élective. Pendant un siècle, les Carolingiens alternent sur le trône avec la famille du duc des Francs, les Robertiens. En 987, l'élection de l'un d'entre eux, Hugues, surnommé Capet, ne constitue donc une rupture que parce qu'elle marque l'installation au pouvoir de la dynastie capétienne qui régnera jusqu'en 1328 en ligne directe. Hugues et tous ses successeurs jusqu'à Philippe Auguste réussissent à associer au trône par un sacre anticipé leur fils aîné ; par un heureux hasard biologique, ils auront à leur mort un héritier mâle en âge de leur succéder. L'élection par les Grands devient alors une simple formalité mais reste un rite constitutif qui s'intègre dans la cérémonie du sacre.

LE SACRE DE PHILIPPE Ier (1059).

Le sacre est le privilège exclusif de l'archevêque de Reims à partir de 1027. La cérémonie comprend trois rites : le serment du roi de maintenir les privilèges et la loi, l'élection-acclamation, et l'onction censée imprégner le roi de la grâce divine.

« L'an de l'Incarnation 1059 [...] le jour saint de la Pentecôte, Philippe a été consacré de la manière qui suit dans l'église-cathédrale devant l'autel de Notre-Dame par Gervais, archevêque. La messe avait commencé lorsqu'avant la lecture de l'épître le seigneur archevêque se tourna vers lui et lui exposa la foi catholique en lui demandant s'il y croyait et s'il voulait la défendre. Celui-ci donna son accord ; on apporta alors sa profession, il la reçut et la lut lui-même – il n'avait encore que sept ans – et la souscrivit. Voici le texte de la profession : "Je Philippe, qui, par la miséricorde de Dieu, serai bientôt roi de France, je promets devant Dieu et ses saints en ce jour de mon ordination, de conserver à chacun de vous et des églises qui vous sont confiées votre privilège canonique ainsi que vos droits et la justice qui vous est due. Avec l'aide de Dieu, je vous défendrai autant que je le pourrai ainsi qu'un roi a l'obligation de le faire à l'égard de tous les évêques et toutes les églises dont il a la charge. Au peuple qui nous est confié, je promets aussi d'employer notre autorité à appliquer les lois pour la défense de son droit."
Prenant en main la crosse de saint Rémi, l'archevêque exposa avec sérénité et calme comment l'élection et la consécration lui appartenaient exclusivement depuis que saint Rémi baptisa et consacra le roi Clovis [...].
À ce moment et avec l'assentiment d'Henri, père de Philippe, il élisit roi ce dernier. À sa suite il y avait les légats [...] les archevêques, les évêques, les abbés et les clercs [...]. Ensuite venaient les comtes [...]. Enfin venaient les chevaliers, les Grands comme le menu peuple. À l'unanimité ils donnèrent leur assentiment et manifestèrent leur approbation en criant à trois reprises : "Nous approuvons, nous voulons qu'il en soit ainsi !" »

Historiens des Gaules et de France, t. XI, trad. D. Menjot, pp. 32-33.

Une monarchie féodale

La puissance des Capétiens repose, comme celle de tous les autres lignages nobiliaires, sur leur seigneurie. Celle-ci s'étend sur une dizaine de comtés situés entre Orléans, Paris et la vallée de l'Oise. Les souverains recourent aux mêmes usages successoraux que les autres chefs de lignage pour éviter le démembrement de leur patrimoine ; ils le transmettent intégralement à l'aîné et, par chance, pendant six générations ils n'ont qu'exceptionnellement un cadet à caser. Ils l'agrandissent par des achats de terres, d'habiles mariages (l'Artois constitue la dot d'Isabelle de Hainaut en 1189 quand elle épouse Philippe Auguste) et la guerre (la croisade des Albigeois leur vaut de s'implanter en Languedoc).

Les Capétiens disposent à l'aube du XIe siècle de l'investiture laïque de quatre archevêchés sur dix, vingt-quatre évêchés sur soixante-dix-sept et cinquante abbayes. Aucun autre prince territorial n'en a autant. Même si après la réforme grégorienne, le roi ne nomme plus directement les prélats, ces évêchés et abbayes restent des centres d'influence monarchique et le roi bénéficie des droits de régale et de dépouilles.

Le sceau de Philippe Auguste.
Le roi a des insignes *(regalia)* qui manifestent aux yeux de tous sa souveraineté. Ils sont représentés notamment sur les sceaux, les armoiries et les monnaies. Ce sont l'anneau, la couronne, le sceptre et la main de justice ; les fleurs de lys sont les emblèmes de la famille royale.

Si Hugues (987-996) et Robert (996-1031) manifestent encore quelques velléités d'agir dans l'ensemble du royaume, Henri Ier (1031-1060) et Philippe Ier (1060-1108) restreignent leur action à leur domaine. Les grands princes laïcs ou ecclésiatiques, surtout ceux de la moitié sud du royaume, n'entretiennent plus de relations suivies avec le roi durant le XIe siècle. Ils sont remplacés à la « cour » par des châtelains, des chevaliers et des clercs d'Île-de-France. Parmi eux les « grands officiers », sénéchal, chancelier, chambrier, connétable et bouteiller, ont un rôle croissant.

C'est en tant que seigneur que le monarque va se donner les moyens de rétablir son pouvoir dans le royaume. Comme d'autres Grands, comtes de Barcelone et de Flandre, ducs de Normandie, de Bourgogne et d'Aquitaine, Louis VI (1108-1137), Louis VII (1137-1180) et Philippe Auguste (1180-1223) construisent un État féodal. Ils luttent d'abord contre les châtelains voisins qu'ils lient à leur personne par l'hommage. Ils achèvent et ordonnent la hiérarchie féodale, constituant une pyramide, à la tête de laquelle ils se placent ; Suger, abbé de Saint-Denis, conseiller de Louis VI, développe la théorie selon laquelle le roi ne peut prêter hommage à personne. Ils exigent de leurs vassaux l'accomplissement de leurs obligations vassaliques d'aide et de conseil, et le droit de relief à chaque changement de titulaire. Ils jouent le rôle d'arbitre dans leurs querelles et interviennent militairement pour imposer la paix. La commise des fiefs continentaux du roi d'Angleterre Jean sans Terre en 1204 et la victoire de Bouvines en 1214 sur Jean, l'empereur Otton et le comte de Flandre scellent définitivement le triomphe du Capétien et de la monarchie féodale.

Ce renforcement de la monarchie est aussi favorisé par les transformations économiques qui profitent au domaine royal. Bien situé sur une grande voie du commerce qui s'anime, pourvu de bonnes terres sur lesquelles s'épanouit la révolution culturale et de villes qui se développent à commencer par la capitale, Paris, il fournit au roi les ressources qui lui permettent de lever et d'entretenir des troupes. Dans le même temps, la petite noblesse, dont les ressources ne s'accroissent pas alors que ses dépenses augmentent, cherche un protecteur qui lui fournirait des gages tandis que des grands seigneurs, à commencer par des évêques, font appel au roi contre les bourgeois révoltés.

L'extension du domaine royal, qui quadruple sous Philippe Auguste, impose d'améliorer les méthodes de gouvernement. Au sein de la *curia*, un organe acquiert une existence propre et stable, le conseil, composé de familiers, petits chevaliers et clercs comme Suger et Guérin. De ce conseil se détache au début du XIIIe siècle la cour des pairs, composée de hauts vassaux du roi (six laïcs et six prélats), destinée à juger les conflits féodaux. Le domaine est administré par des prévôts dont le nombre passe de trente-cinq à quarante à la fin du règne de Louis VII, puis à une soixantaine en 1203 ; ils afferment leur charge pour trois ans. En 1190, Philippe Auguste, dont le règne est essentiel, crée la fonction de bailli.

Entre le IXe siècle et le XIIIe siècle, si l'idéologie royale reste la même, le pouvoir réel de la monarchie change. Il ne cesse de s'affaiblir au XIe siècle puis, avec le soutien efficace de l'Église, se renforce progressivement au XIIe siècle en s'intégrant au système féodal qu'il transforme. La reconnaissance de la supériorité féodale du roi et de sa souveraineté s'explique par sa puissance militaire et son caractère sacré.

bibliographie

LEWIS Andrew W., *Le Sang royal. La famille capétienne et l'État. France, Xe-XIVe siècles*, Paris, Gallimard, 1986.

Saint Louis

Louis IX, dont le long règne entre 1226 et 1270 marque l'apogée de la monarchie capétienne et donne la mesure de l'expansion et du rayonnement français au XIIIe siècle, n'est pas seulement le plus puissant souverain d'Occident. En le canonisant, l'Église le propose comme modèle de sainteté royale à tous les puissants de la Terre.

Un roi saint

Sa biographie écrite par l'un de ses familiers, le sire de Joinville, et la longue enquête de canonisation, mettent bien en évidence la personnalité du roi et les vertus qui dictent sa conduite de souverain et lui assurent un prestige immense et la vénération de ses contemporains qui le tiennent pour saint dès avant sa mort.

La justice de Saint Louis (manuscrit du début du XIVe siècle).
La justice, valeur chrétienne et fonction royale, devient un moyen d'enrichir l'État et d'imposer la monarchie féodale. Les trois pendus de la partie gauche ont été les victimes d'Enguerrand de Coucy, condamné à ce titre par la justice de Louis IX.

Pieux, humble et charitable, le roi est membre du Tiers-Ordre des Franciscains qui prêchent une religion vécue dans l'imitation de Jésus-Christ. Il s'entoure de Frères mendiants, et impose d'abord à lui-même et à sa cour des habitudes ascétiques que les Grands jugent excessives, une grande rigueur morale et des pratiques charitables. Il organise des controverses religieuses auxquelles il convie à participer les grands intellectuels du temps. Il fait bâtir la prestigieuse Sainte-Chapelle pour abriter la couronne d'épines qu'aurait portée le Christ lors de sa Passion, relique doublement symbolique de la royauté et du sacrifice. Il lave les pieds de douze pauvres le jeudi saint en mémoire du Christ et fonde pour les malheureux l'hôpital des Quinze-Vingts à Paris. Il n'est pas pour autant un bigot qui se laisse gouverner par les prêtres. Joinville rapporte qu'il aime la vie, sait rire et plaisanter. Il n'est pas chaste. Il refuse plusieurs fois d'aider le pape dans ses démêlés avec l'Empire. Il sait aussi très bien protéger les intérêts des biens de l'Église dans son royaume contre les prétentions pontificales et garde intacts les droits régaliens.

Louis IX représente aussi le chevalier idéal, courageux et loyal au combat, qui se bat pour Dieu et la défense de son royaume et encore dans ce cas, seulement après avoir épuisé toutes les formes de négociations. Le roi est juste comme se doit de l'être le représentant de Dieu que les hommes de l'époque voient peut-être d'abord comme le juge suprême. L'image du monarque jugeant sous son chêne à Vincennes en est le symbole qui a traversé les siècles. La justice est pour lui celle qui maintient l'ordre stable et immuable établi par Dieu dès la création et que rien ne doit venir troubler car elle préfigure l'ordre céleste. Il punit donc avant tout des pécheurs dont il lui faut modifier le comportement.

Louis IX accomplit au mieux la mission dont il se croit investi par Dieu de guider son peuple vers le salut. Il lutte contre le péché en prenant des mesures législatives violemment répressives contre les jeux, la prostitution, les blasphèmes, les duels et l'usure, marginalisant progressivement la minorité juive : des copies du Talmud sont brûlées entre 1240 et 1244 sur la voie publique, le port de la rouelle est exigé. Il reprend l'œuvre de paix de l'Église en luttant contre les hérétiques et en protégeant les faibles. À l'extérieur, ce roi, pourtant plus diplomate que guerrier, se lance par deux fois avec force et conviction dans la croisade qui est l'accomplissement de la vocation du chevalier. Il s'engage une première fois de 1248 à 1254, en Égypte, expédition coûteuse financée par des emprunts forcés, malheureuse, puisque le roi est fait prisonnier et n'est libéré que contre une rançon importante. Une seconde fois, en 1270, malgré l'avis de proches, il rêve d'entraîner avec lui le peuple de Dieu et de convertir les musulmans depuis le Maghreb jusqu'à Jérusalem, mais il meurt de la peste à Tunis à peine débarqué. Ni les États latins, ni la monarchie, ni la chrétienté n'ont gagné dans ces aventures mais le roi a poussé l'imitation de Jésus jusqu'au sacrifice qui fait de lui un martyr.

Continuateur de la politique capétienne

Son souci de gouverner selon les préceptes de l'Évangile n'empêche pas le roi de poursuivre avec ténacité l'entreprise capétienne de construction d'un État amorcée par ses prédécesseurs. Bien au contraire, il n'entame en rien son sens aigu de l'autorité et lui vaut d'être mieux obéi.

Il renforce l'image royale par une mise en scène grandiose des cérémonies officielles comme celle du sacre et du culte des souverains morts à Saint-Denis où il fait réaménager la nécropole pour matérialiser dans la pierre la lignée royale. Il commande aux moines de l'abbaye une chronique qui glorifie la lignée royale dont tous les «fils de France» ont le sentiment de partager les vertus transmises par le sang.

C'est en tant que monarque féodal que Louis IX impose son pouvoir et agrandit son domaine. Il croit aux vertus de l'hommage pour assurer la paix ; en 1259, il restitue en fief au roi d'Angleterre des possessions en Aquitaine que Philippe Auguste avait confisquées à Jean sans Terre. Installé dans la province centrale d'un royaume en pleine expansion, il domine une constellation de principautés, dont certaines relèvent de ses frères pour lesquels son père avait constitué des apanages. Après avoir mis fin aux visées d'indépendance des grands féodaux lors de sa minorité, il poursuit l'extension du domaine vers le Languedoc. Par une politique matrimoniale habile, il place sous influence royale des principautés plus éloignées comme la Provence dont son frère Charles d'Anjou hérite, le comté de Toulouse en forçant Raymond VII à marier son héritière avec un autre de ses frères, Alphonse de Poitiers. Le roi fixe aussi les frontières de son royaume en renonçant à ses prétentions sur la Bretagne, la Guyenne, la Cerdagne et le Roussillon. Son prestige lui permet de s'affirmer comme l'arbitre des conflits européens ; il règle ainsi les successions de Navarre et de Flandre.

Par de grandes ordonnances et établissements, Louis IX développe les rouages administratifs et tente de moraliser son gouvernement. Au niveau central, il crée au sein du conseil un Parlement ou Cour de justice, et l'ébauche d'une Chambre des comptes. L'appel au roi est généralisé en 1258 à partir de toutes les cours de justice royale ou seigneuriale. Il envoie des enquêteurs en tournée dans les provinces. Au niveau local, il renforce le contrôle sur les baillis et les rend aussi responsables devant leurs administrés en les obligeant à rester dans leur bailliage quarante jours après leur sortie de charge. Il fait dresser par Boileau, son prévôt de Paris, le Livre des Métiers afin de mieux contrôler le travail dans la capitale. Il frappe de nouvelles monnaies, le gros tournois d'argent et l'écu d'or, censés favoriser le développement de l'activité économique. L'enrichissement du royaume, dont la croissance commence toutefois à se ralentir à la fin du règne, lui fournit, sans créer d'impôts nouveaux, des moyens financiers considérables, qu'il peut mettre au service de sa foi et du royaume.

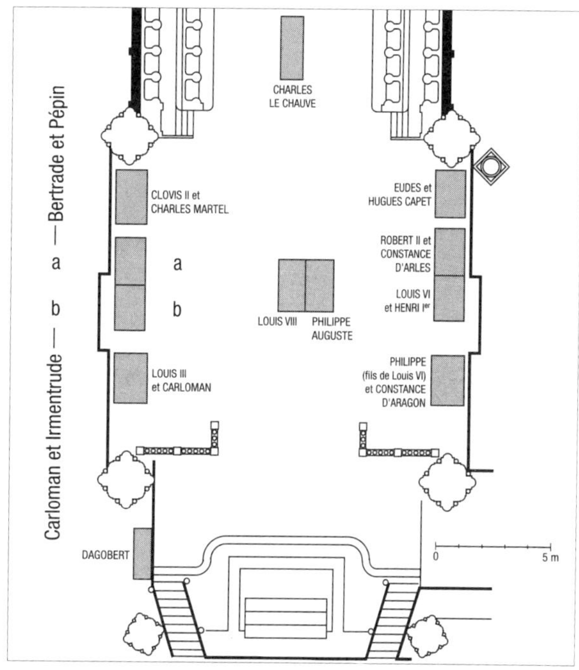

Nécropole de Saint-Denis après les translations de 1264.
Depuis Dagobert au moins, l'abbaye de Saint-Denis est protégée par le pouvoir royal ; en échange, elle conserve les insignes royaux utilisés lors des sacres et son église sert de tombeau aux rois de France. La disposition des tombeaux après les translations de 1264 manifeste l'union des Carolingiens et des Capétiens en la personne de Philippe Auguste.

Dans la vie et l'œuvre de Saint Louis, le religieux est enchâssé dans le politique. Anti-Machiavel, il n'en a pas moins considérablement renforcé le pouvoir royal. Sa «sainteté» a amplifié la grandeur de son règne favorisé par la conjoncture économique, atténué les difficultés et caché les erreurs dues à sa vision trop strictement moraliste du pouvoir. Les difficultés rencontrées par ses successeurs ont encore rehaussé l'éclat du règne du «bon roi Saint Louis».

b*ibliographie*

LE GOFF Jacques, *Saint Louis*, Paris, Gallimard, 1996.

BEAUNE Colette, *Naissance de la nation France*, Paris, Gallimard, 1985.

L'ordre catholique

L'Église, sous l'égide de la papauté et pour remplir sa mission qui consiste à conduire le monde au salut, engage au milieu du XIe siècle un vaste et profond mouvement de réforme qui ne triomphe véritablement qu'au XIIIe siècle. Il déborde largement le cadre religieux en imposant à l'ensemble de la communauté chrétienne des valeurs morales et une nouvelle organisation des pouvoirs qui transforme les structures socio-politiques du monde occidental.

L'affirmation de la supériorité du pouvoir spirituel

Dans le cadre de la réforme dite «grégorienne», du nom de son plus ardent représentant, le pape Grégoire VII (1072-1085), une vaste offensive, accomplie sous la direction des pontifes romains, a comme premier objectif de «libérer» l'Église des mains des laïcs, en leur reprenant le temporel ecclésiastique, en leur retirant le droit de fonder des églises privées et d'en percevoir les revenus, et en confiant, en 1059, les élections pontificale, épiscopale et abbatiale, respectivement au collège des cardinaux et aux chapitres cathédraux et monastiques.

Les «Grégoriens» revendiquent pour les clercs la première place dans la société et font d'eux les médiateurs indispensables du salut en leur réservant l'accès à la Bible qui ne peut être traduite qu'en latin. Pour qu'ils puissent donner l'exemple et mieux remplir leur mission pastorale, tout un volet de la réforme vise à purifier leurs mœurs, et le célibat leur est imposé. L'évêque de Rome affirme vigoureusement sa primauté sur tous les autres évêques et l'ensemble du clergé en rompant avec le patriarche de Constantinople en 1054 et en instituant des légats chargés d'agir en son nom dans les diocèses où ils sont envoyés temporairement en mission.

La papauté va même prétendre, en temps que vicaire du Christ, à un pouvoir universel spirituel et temporel, et développer des théories théocratiques. Elle met ainsi fin au gouvernement dualiste par le pape et l'empereur et se mue en une puissance ecclésiastique monarchique qui se constitue un État pontifical autour de Rome. L'Église se dote officiellement d'un corpus juridique, le droit canonique – avec le décret de Gratien (1140) puis les décrétales (1234) – qui s'appliquent à la société tout entière et qui fait du pape la source du droit.

LES DOCTRINES THÉOCRATIQUES DE GRÉGOIRE VII (1075).

Pour la première fois, un pape affirme et justifie la plénitude de la puissance pontificale.

«I. L'Église romaine a été fondée par le Seigneur seul.
II. Seul le pontife romain est dit à juste titre universel.
VIII. Seul, il peut user des insignes impériaux.
IX. Le pape est le seul homme dont tous les princes baisent les pieds.
XI. Son nom est unique dans le monde.
XII. Il lui est permis de déposer les empereurs.
XVII. Aucun texte et aucun livre ne peut prendre une valeur canonique en dehors de son autorité.
XVIII. Sa sentence ne doit être réformée par personne et seul il peut réformer la sentence de tous.
XIX. Il ne doit être jugé par personne.»

«Dictatus Papae», extraits traduits par M. Pacaut, *La Théocratie*, Paris, 1957, pp. 236-237.

La «spiritualisation» de la société

L'Église s'est donc arrogé le droit de gouverner aussi bien les clercs que les laïcs, vis-à-vis desquels elle va considérablement accroître ses exigences. Elle impose un modèle matrimonial fondé sur le consentement mutuel entre époux, l'indissolubilité, la monogamie et l'exogamie au-delà du septième degré de parenté. L'Église révolutionne ainsi les pratiques matrimoniales traditionnelles arrangées par le chef de famille et instaure son contrôle sur les structures familiales.

Dans le même temps, l'Église sacralise la guerre en inventant pour les puissants l'«idéologie du glaive» (J. Flori) qui a pour but de les transformer en «chevaliers du Christ» et de les intégrer au plan divin du salut du monde. Dès la fin du Xe siècle, à partir des régions méridionales du royaume de France, des évêques, reprenant à leur compte la mission pacificatrice que la monarchie n'est plus en état d'assurer, cherchent à imposer la «paix de Dieu» qui interdit aux chevaliers d'attaquer les églises et tous les non-armés, puis la «trêve de Dieu» qui leur défend de guerroyer du jeudi au samedi en souvenir de la Passion du Christ. L'Église donne ensuite mission à l'ordre chevaleresque de défendre les non-combattants et de lutter pour Dieu. Elle justifie ainsi idéologiquement la vocation militaire et la domination de la chevalerie et définit la guerre juste. Elle enrichit l'adoubement de rites religieux (veillée de prière, bénédiction des armes, messe) qui le transforment en sacrement. Cette christianisation aboutit à la création des ordres militaires, Templiers et

Hospitaliers, à l'aube du XIIe siècle en Palestine ; ces « nouveaux chevaliers » sont des moines-soldats.

Contestations et dissidences

Ces réformes se heurtent pendant plus d'un siècle à de vives résistances des seigneurs laïcs. La lutte est particulièrement âpre avec l'empereur germanique qui, de 1075 à 1122, s'oppose violemment au pape dans la querelle des Investitures.

L'Église doit aussi faire face à une recrudescence de la dissidence religieuse qui se développe rapidement, principalement en Occitanie et en Italie du Nord, dans la seconde moitié du XIIe siècle. Les raisons en sont multiples. La réforme grégorienne nourrit l'anticléricalisme car, en donnant au clergé plus d'autorité, elle rend les fidèles plus exigeants sur son comportement. La richesse de l'Église choque les foules en cette période de croissance où l'enrichissement paraît contraire à la morale évangélique. Les ordres nouveaux, cisterciens et chartreux en se réfugiant au « désert », laissent le champ libre aux prédicateurs itinérants qui prônent le retour à la pauvreté primitive. La vie chrétienne est peut-être plus intériorisée et l'encadrement clérical moindre dans ces régions méridionales.

Deux mouvements contestataires connaissent un vif succès, les Pauvres de Lyon ou Vaudois (du nom du fondateur, un marchand lyonnais, Pierre Valdès) et les Cathares (« purs »). Nous les appréhendons surtout à travers les écrits de la hiérarchie catholique qui les diabolisent pour mieux justifier sa répression. Les Vaudois réclament le droit de lire la Bible en langue vernaculaire et de prêcher ; ils accordent une place aux laïcs dans l'Église. Les Cathares professent des doctrines dualistes et constituent une véritable contre-Église. Le succès de ces hérésies réside aussi dans l'exemple que donnent ses adeptes, les Parfaits, qui vivent dans la pauvreté à l'imitation du Christ et des Apôtres.

La « normalisation » : répression, pastorale et renforcement de la théocratie

À partir du pontificat autoritaire d'Innocent III (1198-1216), la théocratie s'affirme et l'Église entreprend une formidable entreprise de reconquête et d'encadrement des fidèles. Après l'échec de plusieurs campagnes de prédications, la papauté recourt à la répression en décidant en 1209 de lancer une croisade contre les Cathares et les Vaudois confondus sous le nom d'Albigeois, puis en mettant en place, en 1231, le tribunal de l'Inquisition, confié aux Dominicains. Le grand concile de Latran IV, en 1215, est fondamental ; ses décisions sont rappelées dans les statuts synodaux. Il intensifie la réforme du clergé et resserre l'alliance de l'Église avec les pouvoirs civils conviés à pourchasser les hérétiques. Il régularise les pratiques religieuses en imposant la communion pascale et la confession annuelle. L'Église fait de cette dernière et du pardon des péchés une assurance contre l'Enfer et un moyen d'éduquer les masses. Pour mieux assurer l'indissolubilité du mariage, il ramène l'empêchement du septième au quatrième degré de parenté et oblige les prêtres à publier les bans. Il prend des mesures ségrégationnistes à l'encontre des hérétiques revenus à la vraie foi et des juifs, contraints de porter un signe distinctif sur leurs vêtements.

La papauté s'appuie sur les ordres mendiants, principalement les Franciscains et les Dominicains qui sont chargés d'une action militante auprès des masses par la prédication et la confession. Ils offrent aussi aux laïcs de mener une vie religieuse au sein d'un tiers-ordre. Sous leur impulsion se développent des dévotions plus sensibles, notamment à l'enfance et la passion du Christ. Ils régentent la théologie dans les universités alors en pleine expansion ; le dominicain Thomas d'Aquin, auteur d'une *Somme théologique*, est la plus grande figure intellectuelle du XIIIe siècle.

L'Église met aussi en place une action pastorale adaptée aux exigences spirituelles des laïcs. Sur les tympans des cathédrales gothiques sont rappelés avec insistance les dogmes de l'incarnation et de la rédemption à travers des représentations de la Nativité et de la Passion. La place déjà importante accordée au culte des saints et de la Vierge Marie est renforcée ; ce dernier connaît une vogue extraordinaire dont témoignent l'allongement des fêtes célébrées en l'honneur de Notre-Dame et les cathédrales qui lui sont consacrées. L'Église inspire aussi une interprétation religieuse et mystique de la littérature arthurienne dont Chrétien de Troyes a assuré le succès. Dans des romans désormais en prose, le Graal devient le calice sacré de la dernière cène et sa quête ne peut être menée à bien que par les « chevaliers du Christ ».

À la fin du XIIIe siècle, l'emprise de l'Église sur la société chrétienne apparaît totale. Mais il reste délicat d'apprécier l'efficacité de l'encadrement des fidèles faces aux interprétations et détournements des messages religieux. L'Église a-t-elle pu faire mieux que normaliser les croyances et étouffer momentanément les oppositions ?

bibliographie

VAUCHEZ André, *La Spiritualité du Moyen Âge occidental, VIIIe-XIIIe siècle*, Paris, Seuil, coll. « Point Histoire », 1994.

PAUL Jacques, *L'Église et la Culture en Occident*, Paris, PUF, coll. « Nouvelle Clio », 1986.

Des moines aux religieux

Entre le Xe siècle et le XIIIe siècle le monachisme connaît son apogée par la floraison des ordres, la richesse foncière et mobilière des établissements, l'importance et la diversité des influences des réguliers, mais il vit aussi de profondes remises en question. Si le monastère demeure toujours un lieu de méditation, de prière et de travail, le monachisme ne reste pas indifférent « au siècle » et tente de s'y adapter et d'agir sur lui, donnant naissance à de nouvelles formes de vie religieuse qui adoptent d'autres règles que celle de saint Benoît qui s'était laborieusement imposée au haut Moyen Âge.

Les adaptations du monachisme bénédictin

Le monachisme est largement pris dans la tourmente des IXe et Xe siècles. Soumis aux assauts des Normands qui pillent ses richesses, tenu par des abbés laïcs plus soucieux de revenus que de prières, mal protégé par un pouvoir royal en crise, il tente de se réformer. Deux voies sont utilisées : la réforme morale dans le cadre de monastères existants, tel Gorze (934), ou de nouvelles créations, comme Cluny (909-910), et la recherche d'une autonomie vis-à-vis des laïcs, dans tous les cas.

Cluny naît en Bourgogne de la volonté d'un moine réformateur, Bernon, et du duc Guillaume d'Aquitaine qui fournit au nouvel établissement un domaine rural destiné à ses besoins matériels. Une règle bénédictine, adoucie dans la vie quotidienne et interprétée au profit de la prière, une indépendance garantie par les privilèges d'exemption et d'immunité qui libèrent l'abbaye des ingérences de l'autorité laïque et de la juridiction de l'autorité épiscopale en la plaçant directement sous la tutelle pontificale, permettent à Cluny de prospérer et de rayonner. Elle fonde des prieurés, réforme des monastères et exerce une forte influence sur d'autres qui adoptent sa réforme. Ce succès est favorisé par les abbés, hommes de qualité dont la longévité exceptionnelle leur assure des abbatiats de trente à soixante ans ! Au XIe siècle, Cluny devient un puissant ordre monastique qui dispose d'un réseau de plus de mille abbayes aux effectifs très inégaux, surtout concentrées dans les régions méridionales de l'Occident. À sa tête se trouve l'abbé de Cluny, élu par les seuls moines de l'abbaye mère, qui nomme les prieurs. Ses abbés conseillent les princes d'Occident, à commencer par les empereurs ottoniens, et des moines clunisiens accèdent au pontificat, à l'exemple d'Urbain II (1090-1099). Au XIIe siècle, Cluny peut s'offrir la plus vaste église romane d'Occident pour la plus grande gloire de Dieu.

La spiritualité clunisienne repose fondamentalement sur la piété et la charité. Les moines, qui sont désormais tous prêtres, accordent une grande place à la prière (multiplications des offices, des oraisons, culte des morts qu'ils diffusent) ; dans leurs monastères, ils accueillent des élèves, des malades et des pèlerins. L'originalité de Cluny réside dans son

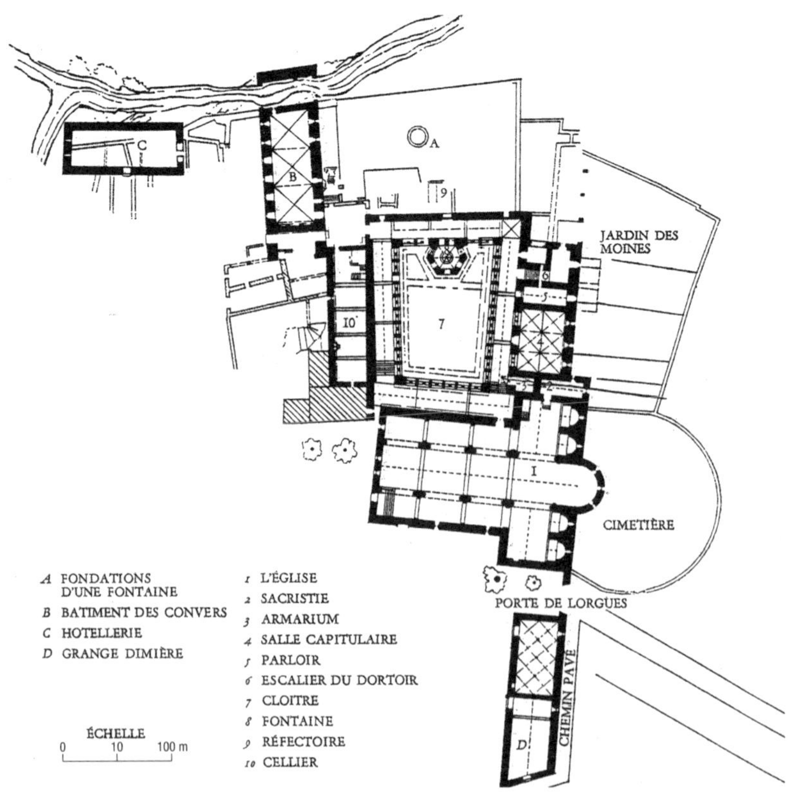

Plan de l'abbaye cistercienne du Thoronet.
D'après Paul Colas, architecte en chef des Monuments historiques. Toujours organisé en unité autarcique selon le modèle bénédictin, le monastère cistercien est installé dans un « désert » et se caractérise par la sobriété de son architecture et de son décor.

adaptation à la société féodale, qui se traduit par la constitution de seigneuries, le recrutement des moines dans le milieu aristocratique, la réduction du travail à la copie et l'enluminure des manuscrits, le faste du décor et des cérémonies. Cette adaptation est l'une des principales raisons d'abord de la réussite puis de la sclérose de l'ordre.

Parmi les « ordres nouveaux » qui naissent au tournant du XIe siècle, aucun ne connaît un aussi vif succès que Cîteaux fondé en 1098 par Robert de Molesmes. Son fondateur donne à la règle bénédictine une interprétation très différente de Cluny. Il prône la soumission aux autorités laïques et ecclésiatiques, le retrait total du monde dans un lieu isolé, le travail manuel, l'austérité et la pénitence. Bernard, abbé d'une fondation cistercienne, Clairvaux, de 1110 à 1153, va contribuer par sa rigueur et son ardeur à assurer, d'une part, le succès et la diffusion rapides de l'expérience cistercienne, et, d'autre part, son influence sur l'Église et le monde, par ses prises de position contre le schisme du pape Anaclet en 1130, sa condamnation d'Abélard et de Cluny, sa prédication de la seconde croisade, sa promotion des Templiers et du nouveau culte marial. À sa mort, trois cent quarante maisons dépendent de Cîteaux qui constitue une fédération d'abbayes, conciliant l'autonomie de chaque monastère et l'unité de l'ordre par la réunion annuelle de tous les abbés lors d'un chapitre général qui promulgue des statuts que chaque abbé s'engage à faire observer.

Le succès matériel est tout aussi remarquable. Les monastères cisterciens profitent de la conjoncture agricole favorable qui pousse aux défrichements auxquels les « moines blancs » participent activement. Ils constituent de vastes domaines exploités en faire-valoir direct par des frères convers, notamment les granges aux activités spécialisées. Mais l'enrichissement d'un ordre qui se voulait pauvre et l'utilisation des Cisterciens pour des missions de prédication pour lesquelles ils n'étaient pas préparés contribuent à modifier profondément la spiritualité primitive de l'ordre et à bloquer son dynamisme au bout d'un siècle seulement d'existence.

De nouveaux défis : les ordres mendiants

Le modèle monastique rural et autarcique représente la solution pour les chrétiens les plus exigeants d'assurer leur salut. Il permet de concilier retrait du monde et médiation sociale. La seigneurie en constitue le cadre idéal et efficace.

À partir du XIIe siècle, l'urbanisation met à mal ce modèle et l'enrichissement général place l'Église devant de nouveaux défis auxquels Clunisiens et Cisterciens ne peuvent apporter de réponses satisfaisantes. D'autres expériences se font jour. En 1084, saint Bruno s'installe dans le massif de la Grande-Chartreuse et crée un établissement érémitique stable. Mais c'est auprès des fidèles qu'il faut œuvrer. Des congrégations canoniales, fondées sur la règle de saint Augustin, vont s'y employer, dont la plus importante est celle des Prémontrés, fondée en 1120 par saint Norbert pour concilier retrait monastique et prédication.

Mais l'Église a besoin de milices actives pour assister le clergé séculier. Le Castillan Dominique de Guzman l'a bien compris quand il a parcouru le Midi touché par l'hérésie cathare. L'ordre qu'il fonde, officiellement reconnu par le pape en 1217, a pour vocation première de former des frères prêcheurs dans des monastères implantés en ville puis dans les universités. La démarche de François d'Assise est différente car il prône l'imitation de Jésus-Christ et le dénuement absolu. À sa mort en 1226, la papauté « récupère » cette spiritualité et crée l'ordre des Frères mineurs. Fondés pour être des « milices du Christ », ces deux ordres auxquels s'ajoutent les Carmes et les Augustins dépendent directement et uniquement du pape. Les Frères vivent de la charité publique (d'où leur nom de Mendiants), reprenant ainsi une partie du message hérétique. Comme les moines, ils font vœux de pauvreté, chasteté et obéissance mais pas de stabilité puisqu'ils ont pour fonction de prêcher de ville en ville. Ils exercent auprès des masses une action fondamentale par leur genre de vie, leur apostolat, leurs sermons, s'attirant ainsi souvent l'animosité du clergé séculier qui jusqu'alors avait le monopole de l'encadrement des fidèles. Franciscains et Dominicains s'implantent rapidement à travers l'Europe.

À la fin du XIIIe siècle, la supériorité du clergé régulier s'est très largement atténuée au profit d'un clergé séculier qui utilise l'action des ordres à son profit. Si des grandes maisons monastiques sont encore prospères, beaucoup d'entre elles connaissent des difficultés économiques en raison de la diminution des dons des fidèles plus portés vers une charité laïque. La vie monastique n'est plus le seul idéal pour les chrétiens les plus exigeants d'autant moins que tiers ordres et fraternités, tels ceux des Béguins et des Béguines, permettent désormais de concilier prière, charité et vie laïque et que la sainteté n'est plus exclusivement monastique ou épiscopale après la canonisation en 1199 d'Homebon de Crémone, marchand qui avait distribué ses biens aux pauvres.

bibliographie

PACAUT Marcel, *Les Ordres monastiques et religieux au Moyen Âge*, Paris, Nathan, coll. « Fac-Histoire », rééd. 1993.

La floraison de l'art sacré

Au Moyen Âge, le grand art est sacré. Entre le XIe siècle et le XIIIe siècle, l'Occident se couvre d'un « blanc manteau d'églises ». Rien que dans le royaume de France ont été édifiées plus de quatre-vingts cathédrales et cinq cents grandes églises, presque toutes monastiques, et plusieurs milliers d'églises paroissiales. Deux styles, roman et gothique, éclosent successivement. Unifiés dans leur spiritualité et leurs techniques constructives, ils s'épanouissent en multiples variantes régionales.

Des monuments de la foi

Cette remarquable floraison est le fruit de la croissance et de la grande ferveur religieuse qui pousse les chrétiens à « investir » une grande partie de leur fortune pour la gloire de Dieu. Monuments de la foi, les églises ont été bâties non point par des foules unanimes et enthousiastes, mais pour l'essentiel par des ouvriers rémunérés, c'est-à-dire par les profits que les seigneurs laïcs et ecclésiastiques tiraient de leurs dépendants paysans et les marchands du commerce. L'essor démographique fournit la main-d'œuvre nécessaire et les progrès de la métallurgie, les outils en fer indispensables à la taille des blocs ; les nouvelles méthodes d'attelage donnent les moyens de tirer les lourds charrois de pierre. Plus instruits et plus conscients de leur apostolat, à la suite du mouvement grégorien, les « clients », évêques et abbés, sont mieux à même de diriger les travaux, d'imposer les plans, ou, au moins, les programmes iconographiques.

Maisons de Dieu, les églises sont à la fois fonctionnelles et symboliques. La disposition des masses architecturales révèle du dehors leur plan, très majoritairement en croix latine. Deux tours carrées encadrent la façade occidentale, rempart symbolique contre les ténèbres. Ces édifices sont orientés vers l'aurore et le fidèle en parcourt les nefs parallèles vers la lumière, vers la gloire de la Résurrection ; il passe par la croisée du transept, qui, comme le cloître, symbolise les quatre éléments de l'univers et de l'homme, et dont la coupole est l'image circulaire de la perfection divine, qui n'a ni commencement ni fin.

Bâties en appareil régulier, ces églises sont presque toujours entièrement couvertes de voûtes en pierre renforcées à l'intérieur d'arcs doubleaux, qui divisent les nefs en travées, et de contreforts à l'extérieur. À la fois ornement et enseignement, le décor sculpté et coloré est toujours étroitement soumis à l'architecture ; le premier se déploie sur les portails et les chapiteaux, le second sur les surfaces murales et les vitraux.

Le roman : art du sacrifice

Art de la transcendance divine, nourri de l'Ancien Testament et de l'Apocalypse, le roman est sacrifice et « n'a d'autre fonction que d'offrir à Dieu les richesses du monde visible, que de permettre à l'homme par de tels dons d'apaiser la colère du Tout-Puissant et de se concilier ses faveurs » (G. Duby). Il naît d'une série d'expériences menées au tournant de l'an mille en Lombardie, en « Catalogne » et en Bourgogne. L'ordre de Cluny est le principal facteur d'unification liturgique et de diffusion de cet art original qui est avant tout monastique et rural. L'art roman connaît son apogée au XIIe siècle dans les régions méridionales, avant de disparaître lentement après l'apparition du gothique.

Les œuvres romanes frappent par leur diversité et leur unité structurelle. Elles donnent une impression d'harmonie, de rythme et d'équilibre (voir p. 75). Les églises sont des reliquaires, dont le centre est la crypte, située sous l'autel et où sont déposées les reliques.

La voûte est l'élément majeur d'une esthétique particulière dont le but est la création, autour de l'autel, d'un espace intérieur clos, séparé du monde où l'atmosphère est propice au recueillement. Les problèmes techniques que pose la réalisation de cette voûte sont résolus par des murs épais, percés de petites et rares ouvertures, la massivité des piliers renforcés de solides contreforts et différentes solutions constructives : une seule nef et files de coupoles (Périgord), berceau continu dans la nef centrale et voûtes d'arête dans les collatéraux (Poitou), surmontés d'une tribune (Auvergne et églises de pèlerinage) qui donne de la place pour les pèlerins.

Un nouveau décor sculpté et peint naît de la transposition des arts précieux (orfèvrerie, ivoirerie, enluminure, etc.) jusqu'alors cantonnés autour de l'autel. Il connaît un développement prodigieusement riche et divers dans lequel les thèmes historiés prennent une importance croissante ; ils proclament la toute-puissance de Dieu et déforment systématiquement la réalité pour la plier à l'ordre divin.

Les expressions régionales foisonnent selon les ressources géologiques, les traditions, les courants religieux, les frontières politiques, les relations commerciales et les initiatives individuelles ; saint

Bernard et les Cisterciens imposent un art extrêmement dépouillé.

Le gothique : synthèse novatrice de l'architecture de points d'appui

Vers 1130-1140, un art nouveau, appelé avec mépris « gothique » – au sens de barbare donc grossier – par les classiques, naît empiriquement en Île-de-France où le roman était peu développé, sous l'impulsion des clercs de l'entourage royal dont la figure de proue, l'abbé de Saint-Denis, Suger, tient la lumière pour le lien parfait entre l'homme et Dieu, pour le véhicule de la grâce et de la prière.

Le gothique est l'expression d'une synthèse économique, politique et intellectuelle qui se réalise alors dans le domaine capétien et se traduit par la construction de cathédrales, monuments de la foi et de la cité. Les pays « français » sont en plein essor, la monarchie soutient les initiatives cléricales et contribue en étendant son pouvoir au rayonnement de cet art ; la scolastique, qui veut concrétiser l'harmonie céleste par l'application des principes mathématiques à l'architecture, s'épanouit dans des écoles urbaines de Laon, Chartres et Paris dont l'université devient au XIIIe siècle le grand centre de la chrétienté.

Pour accueillir la lumière dans les édifices, l'architecture gothique substitue à la notion de mur, celle de points d'appui par l'utilisation systématisée d'éléments anciens comme l'arc brisé et la croisée d'ogives et d'un élément nouveau, l'arc-boutant « inventé » vers 1180 (Chartres). L'unification de l'espace intérieur passe par la réduction à l'intérieur de la sculpture dont l'importance s'accroît à l'extérieur ; elle se détache progressivement de l'architecture sous forme de statues recherchant le naturalisme et l'humanisme. L'évidement des parois permis par le point d'appui assure le formidable succès de la cloison translucide, seule matière qui se laisse transpercer par la lumière sans se briser, comme le cœur de l'homme par la parole de Dieu. Sur les grands portails et les immenses verrières, de vastes programmes iconographiques développent les principaux dogmes de l'Église catholique dans un souci pédagogique où la lisibilité des scènes est améliorée.

Pour mieux traduire que « Dieu est lumière », le gothique « français » dans les grandes cathédrales du XIIIe siècle (Amiens couvre 7 700 m^2) recherche le verticalisme, l'évidement, la luminosité et l'élancement en élevant de plus en plus les édifices qui deviennent plus hauts que larges, en réduisant l'espace mural (la Sainte-Chapelle n'est plus qu'une immense verrière), en supprimant l'étage de la tribune, en introduisant le *triforium* transparent et l'arc-boutant à claire-voie (Amiens), en ajourant les tours (Reims), en ajoutant des gables aux portails, en hérissant les contreforts de pinacles, en élançant les flèches, en supprimant les chapiteaux sur les colonnes.

Ce gothique est exporté dans tout l'Occident, y compris dans les régions méridionales (Saint-Maximin, Tolède, Burgos et León) et s'épanouit en variantes provinciales, non sans rencontrer de sérieuses résistances, surtout en Italie. Mais si ses solutions techniques sont partout adoptées, elles sont mises au service d'autres spiritualités donnant naissance à des églises à deux nefs (Jacobins de Toulouse), églises-halle (Catalogne), édifices gothiques de briques dans la péninsule Ibérique…

Beauvais, vue intérieure du chœur (fin XIIIe siècle).
L'esthétique de la lumière atteint à la fois son apogée, avec une voûte à 48 m et un *triforium* ajouré, et ses limites techniques puisque seul le chœur a pu être conservé, en renforçant la voûte originelle quadripartite.

À l'aube du XIVe siècle, l'Occident ne connaît plus guère qu'un langage unique, aux expressions variées, le gothique. Il s'applique à toutes les expressions artistiques sacrées et aux architectures civiles et militaires. Il va encore régner sans partage pendant deux siècles durant lesquels les audaces techniques cèdent le pas à la profusion décorative.

bibliographie

DUBY Georges, *Le Temps des cathédrales. L'art et la société, 980-1140*, Paris, Gallimard, 1976.

DEMIANS D'ARCHIMBAUD Gabrielle, *Histoire artistique de l'Occident médiéval*, Paris, Armand Colin, coll. « U », 1968, rééd. 1992.

L'épanouissement urbain

La formidable croissance urbaine que connaît l'Occident entre le XIe siècle et le XIIIe siècle ne constitue pas une simple renaissance de la cité antique, mais la naissance d'une réalité nouvelle dont la complexité et la variété se traduisent par la richesse du lexique utilisé pour la désigner : urbs, civitas, villa, castrum, burgus, communio. *Plusieurs critères sont nécessaires pour définir la ville médiévale comme une agglomération relativement importante de population concentrée dans un espace clos et différencié qui constitue le centre d'une région et dont les habitants exercent très majoritairement des activités artisanales et commerciales et jouissent individuellement et collectivement de libertés.*

Une urbanisation massive

Du XIe siècle au XIIIe siècle, l'Europe connaît le mouvement d'urbanisation le plus massif avant la Révolution industrielle. Il est le fruit d'une réussite agricole, de la croissance démographique, des progrès ininterrompus des échanges intérieurs et extérieurs, mais aussi de la volonté politique des puissants de concentrer la population dans des centres créés ou non *ex nihilo*. Les villes sont d'abord des marchés et des centres de production. L'intégration au réseau du grand commerce dynamise quelques agglomérations, à commencer par les ports d'Italie du Nord, Gênes, Pise et Venise.

L'essor urbain ne peut plus se réduire à un modèle unique et simple. Il ne se traduit pas seulement par la revitalisation de centres d'origine antique qui, au haut Moyen Âge, n'avaient plus guère conservé que des fonctions religieuses et militaires, mais par le développement de bourgs autour de châteaux (Gand) et de monastères suburbains (Saint-Omer), et à des points de passage du trafic marchand (Bruges), et aussi par la fondation de villes neuves particulièrement nombreuses dans les zones de colonisation (voir p. 116) et en Aquitaine.

Pour des raisons défensives, la grande majorité de ces agglomérations, sauf en Angleterre, s'entoure d'une enceinte qui les sépare du monde extérieur et unifie les noyaux de peuplement. À l'intérieur, les paysages urbains, constamment remodelés par l'expansion, sont extraordinairement divers, sauf dans quelques localités neuves à l'urbanisme volontariste organisé autour de la place centrale du marché. Ils comprennent tous des espaces agricoles (jardins, vergers), des établissements religieux qui se multiplient avec l'implantation des ordres mendiants, et des bâtiments publics – halles, beffrois et palais communaux – que les autorités des villes de Flandre et d'Italie du Nord font élever, mais plus d'édifices consacrés aux loisirs. Dans la seconde moitié du XIIIe siècle, quand l'urbanisation galopante s'arrête, l'Europe urbaine pré-industrielle est pratiquement constituée. Formée de réseaux centralisés ou polarisés, elle comprend une demi-douzaine de métropoles qui dépassent ou avoisinent les 100 000 habitants – Paris, Milan, Florence, Venise, Gênes, Gand –, moins d'une centaine de villes « grandes et moyennes », capitales régionales de plus de 10 000 habitants, et plusieurs centaines de « petites villes-marchés » dépassant le millier. Dans les zones les plus densément urbanisées, l'Occident méditerranéen et la Flandre, au moins un homme sur trois ou quatre est citadin, un sur dix ou vingt ailleurs.

Les villes forment avec leurs campagnes environnantes un véritable système. Les zones rurales nourrissent l'expansion urbaine, lui fournissant hommes, subsistance et produits pour l'artisanat ; l'aire d'attraction urbaine est proportionnelle à la taille et à la puissance économique du centre. Les citadins investissent dans la propriété foncière et incitent à la spécialisation des cultures.

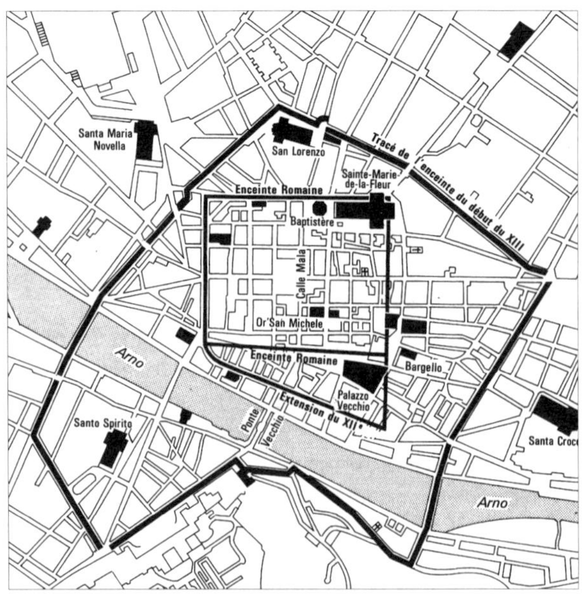

Florence du XIe siècle au XIVe siècle.
Modeste cité antique, Florence est devenue, à la fin du XIIIe siècle, l'une des grandes métropoles de l'Occident. Entre 1100 et 1300 trois enceintes successives ont été construites pour protéger les nouveaux bourgs.

La conquête de l'autonomie

« L'histoire de la genèse des sociétés urbaines est celle de la conquête d'une identité [...]. Elle aboutit à doter l'ensemble des hommes rassemblés dans la ville d'une personnalité collective (la communauté), à lui reconnaître des droits, des compétences pour s'organiser et se gouverner » (S. Roux).

En fonction des rapports de force entre la communauté urbaine et les seigneurs qui se partagent le sol urbain, le phénomène d'émancipation est multiforme et se développe souvent parallèlement à celui des campagnes. Le mouvement communal n'en est pas le mode normal et il ne peut plus être considéré comme un mouvement de libération destiné à promouvoir une bourgeoisie, triomphant de la féodalité. Il s'épanouit dans les cités de Lombardie, Ligurie et Toscane au tournant du XIe siècle et du XIIe siècle et, quelques décennies plus tard, dans plusieurs dizaines de localités du nord de la France et de Flandre, puis dans des cités du midi de la France. Les citadins, apparemment unanimes, y constituent une commune jurée, association de défense et d'entraide conclue sous la forme d'un serment mutuel *(conjuratio)* qui fait de la ville une seigneurie collective. Les villes des zones de colonisation se sont vu octroyer une très large autonomie dès leur fondation. L'émancipation passe de toute façon par l'obtention d'une charte dans laquelle le seigneur octroie aux citoyens une série de franchises personnelles, judiciaires, économiques, financières, et parfois politiques.

L'autonomie est donc variable et se mesure aux attributions reconnues aux magistrats municipaux : gestion des biens communaux, défense, encadrement des citadins au nom du bien commun (contrôle des mœurs, voirie, fixation des prix, etc.), justice pour assurer l'harmonie et droit d'imposer. Les plus autonomes sont les villes-États d'Italie du Nord, les consulats méridionaux et les *concejos* castillans et portugais. Les premières sont souveraines depuis la paix de Constance, conclue avec Frédéric Barberousse en 1183. Chaque commune promulgue ses propres statuts et les impose sur un territoire qu'elle conquiert *(contado)*. Les villes se dotent d'organes de gouvernement dont la nature, la composition, le mode de désignation et de fonctionnement diffèrent. Ils comprennent toujours à la base une assemblée plénière des citoyens qui n'a guère qu'un pouvoir consultatif, un conseil qui décide et légifère, et un exécutif collégial composé de magistrats renouvelés annuellement par l'assemblée – consuls en Italie et en France méridionale, échevins en France du Nord, *alcaldes* et *jurados* en Castille. Ces conseils et ces magistrats représentent les « citoyens » sur la base de la cooptation et de l'élection dans le cadre soit du quartier, soit du métier.

Une société nouvelle et conquérante

En ville se développe une société complexe qui élabore ses propres hiérarchies.

À l'origine, les villes reproduisent bien évidemment la société d'ordres traditionnelle. Le clergé séculier et régulier – massivement masculin – est nombreux et le reste puisqu'on estime en moyenne entre 4 à 5 % la population cléricale des agglomérations européennes. Les nobles sont très influents par leur richesse, leur prestige et leur nombre, particulièrement dans les cités méridionales.

Les citadins, à la différence des paysans, exercent presque tous, au moins à temps partiel, un « métier », c'est-à-dire une activité spécialisée distincte du labeur agricole. Leur richesse est faite en partie de valeurs mobilières, leur fortune est donc plus personnelle, moins stable, et la mobilité sociale, accentuée. En conséquence, l'individualisme se développe, des idées de profit et d'épargne se font jour non sans une mauvaise conscience inculquée par l'Église qui considère l'enrichissement comme un péché contre la charité.

La diversification croissante des activités urbaines fait naître en ville la première « société de classes » de l'histoire européenne, l'argent constituant le critère essentiel de différenciation. Au sommet de cette nouvelle hiérarchie, un groupe de « riches », « gros », « gras », que les historiens s'accordent presque tous à appeler d'un terme emprunté à la Rome antique : patriciat. Composé de nobles, de ministériaux et d'hommes d'affaires (marchands, banquiers, donneurs d'ouvrages qui animent l'économie nouvelle), il apparaît comme une élite de la fortune, du savoir (acquis dans les écoles urbaines apparues dès le milieu du XIIe siècle puis dans les universités) et du pouvoir politique qu'il confisque progressivement ; il s'y perpétue par cooptation, avec l'appui des princes et des souverains. Un peu partout après 1250, les « moyens » contestent violemment cette domination.

La ville médiévale n'est pas une création « radicalement différente » (H. Pirenne), mais néanmoins puissamment originale même si ses spécificités sont inégalement importantes d'une agglomération à l'autre. Vers la fin du XIIe siècle dans l'Europe entière à des degrés divers, les villes aux origines, formes, activités et franchises extraordinairement variées sont devenues le moteur du développement économique et de la civilisation.

bibliographie

ROUX Simone, *Le Monde des villes au Moyen Âge, XIe-XVe siècle*, Paris, Hachette, coll. « Carré Histoire », 1994.

HEERS Jacques, *La Ville au Moyen Âge en Occident. Paysages, pouvoirs et conflits*, Paris, Fayard, 1990, rééd. Hachette, coll. « Pluriel », 1994.

Vivre en ville

La concentration de groupes sociaux hétérogènes dans un même espace restreint donne son originalité à la vie urbaine. Au-delà de leurs différences économiques et sociales, les citadins partagent un mode de vie qui se distingue progressivement de celui des ruraux par les conditions d'habitat et de travail, les formes de sociabilité et les comportements ; les sources l'éclairent très différemment.

Habiter l'espace urbain

L'accroissement démographique rend de plus en plus aigu le problème du logement pour la plupart des citadins parce que, d'une part, la place commence à manquer dans la zone centrale et que, d'autre part, les prix demandés par l'Église, la noblesse et le « patriciat », propriétaires d'une bonne partie du sol urbain augmentent ; au XIIe siècle, le terrain vaut à Milan trente-six fois plus cher que dans les campagnes environnantes. Les demeures ont tendance à déborder sur la rue principale, à empiéter sur les jardins et les espaces publics, à pousser en hauteur jusqu'à quatre ou cinq étages dans des villes comme Florence, Gênes et Paris et, dans les cités importantes, à être partagées en appartements locatifs.

Construites avec des matériaux locaux, les maisons urbaines « ordinaires » sont encore très proches des maisons rurales. Bon marché et à faible durée de vie, elles se distinguent des « hôtels » et palais, solides, vastes et coûteux. Elles comportent rarement plus d'un étage, sont de forme allongée, avec façade étroite sur la rue. L'« étage bas » (rez-de-chaussée) comprend deux pièces disposées en longueur, une salle multifonctionnelle et une cuisine, qui donnent à l'arrière sur une cour ou un jardinet cultivé. L'étage du haut comprend deux ou trois pièces ; il est surmonté d'un grenier parfois aménagé en chambres et galetas loués aux plus humbles, la ségrégation sociale étant verticale.

La demeure est divisée en deux espaces plus ou moins séparés selon la richesse : un espace de travail, (l'ouvroir, comptoir ou étude) et un espace privé, la « chambre ». Pour autant qu'on puisse le savoir d'après quelques inventaires après décès, le mobilier est assez peu varié, réduit à quelques tables dont certaines pliantes, des sièges, des lits, des huches destinées à recevoir les vêtements et le linge, et de la vaisselle d'une grande simplicité, composée presque entièrement de pichets et d'écuelles d'étain. L'aisance se marque avant tout par l'abondance et le bon entretien de ces meubles et ustensiles courants.

Le quartier est le cadre habituel de vie, de travail et de loisirs des citadins. Il constitue habituellement une paroisse mais aussi une circonscription administrative, base de la levée de l'impôt et de la participation à la défense et, dans les villes méditerranéennes, à la vie politique de la ville.

L'entassement d'une population sur un espace clos génère des problèmes d'approvisionnement en eau et en nourriture, et d'évacuation des immondices et des eaux usées, source d'une pollution redoutable. Les municipalités commencent à s'en inquiéter et cherchent à les résoudre par des règlements qu'elles n'ont cependant souvent pas les moyens de faire appliquer.

Une rue médiévale en Flandres.
Cette miniature donne une image stéréotypée et idéale d'une rue médiévale avec ses maisons serrées à pignon et d'un seul étage, son alignement d'échoppes et ses diverses catégories sociales (artisans, patricien en robe longue) qui cohabitent harmonieusement.

Travailler : l'organisation en « métiers »

La prolifération et la spécialisation des activités artisanales et commerciales – très souvent l'artisan-producteur vend directement dans son atelier-boutique – vont donner naissance à une structure d'encadrement spécifique du travail urbain, le métier, qui, à la fin du XIIIe siècle, ne s'est toutefois imposée que dans certaines professions et dans quelques villes, principalement celles de Flandre, d'Italie du Nord, du Languedoc et Paris.

Groupements officiels ou spontanés, « jurés » par les membres ou simplement « réglés » par les autorités urbaines, les métiers (appelés aussi selon les régions jurandes, arti, guildes), hiérarchisés selon leur dignité et leur richesse (Florence compte sept arts majeurs, cinq moyens et neuf mineurs), ont des caractères communs connus par les statuts qui les régissent. Tous possèdent des règlements de fabrication, d'autant plus minutieux que la production est émiettée (en trente opérations pour la production de beaux draps de laine), une structure socio-professionnelle hiérarchisée de maîtres-employeurs, de valets – simples salariés – et d'apprentis, ainsi qu'une juridiction interne et professionnelle exercée par des chefs du métier choisis parmi les maîtres, chargés d'inspecter les ateliers et de faire observer les règlements.

LES STATUTS DU MÉTIER DES TISSERANDS DE PARIS SOUS SAINT LOUIS.

Étienne Boileau, prévôt de Paris, fait enregistrer vers 1268 les statuts d'une centaine de métiers parisiens qui sont des associations jurées dont les membres ont le monopole de l'activité.

« – Nul ne peut être tisserand de laine à Paris s'il n'achète le métier du roi.
– Nul tisserand de laine ni autre ne peut et ne doit avoir métier de tisserandier dans la banlieue de Paris s'il ne sait faire le métier de sa main, s'il n'est fils de maître.
– Chaque tisserand de laine de Paris peut avoir en son hôtel deux métiers larges et un étroit.
– Chaque tisserand de laine peut avoir en sa maison un apprenti sans plus.
– Nul tisserand qui fréquente les foires de Champagne ne doit vendre drap de Saint-Ouen ni de Lagny ni d'ailleurs, mêlé avec les draps de Paris.
– Les valets tisserands doivent venir à leur œuvre au point et à l'heure que les autres métiers y vont, c'est à savoir charpentier et maçon. Et nul dudit métier ne doit commencer œuvre avant l'heure du soleil levant, sur l'amende de 12 deniers pour le maître et 6 deniers pour le valet.
– Nul tisserand ne doit le service de guet s'il a 60 ans passés et s'il a sa femme en couches.
– Les valets tisserands doivent laisser le travail de tissage dès que le premier coup de vêpres sera sonné [...]. »

Étienne Boileau, *Livre des métiers*, vers 1268, extraits traduits par D. Menjot.

Les métiers ont donc pour objectif premier de garantir la « loyauté », entendons la qualité des produits fabriqués, mais aussi de freiner la concurrence, d'établir la paix entre les artisans et de contrôler les travailleurs. Chaque métier a aussi une fonction sociale par l'intermédiaire de sa confrérie et une personnalité civile dont témoigne son sceau et sa bannière. Ils assument des responsabilités vis-à-vis des pouvoirs publics en participant à la répartition de l'impôt perçu pour les besoins communs et au guet à tour de rôle.

Les conditions de travail se caractérisent par des horaires plus chargés que de nos jours et qui varient en fonction de la durée du jour. La journée de travail, base du salaire, peut être estimée en moyenne, compte tenu des horaires d'été et d'hiver, à 10 heures. Le nombre de jours « chômés », non payés, est élevé et avoisine la centaine en ajoutant aux dimanches les fêtes religieuses où l'Église interdit le travail, les fêtes civiles et celles propres aux métiers, chacun célébrant son saint patron. Beaucoup d'ouvriers pratiquent la semaine, que nous appelerions aujourd'hui anglaise, et la journée continue, laissant leurs outils vers 15 heures quand sonnent les vêpres. Sauf dans l'industrie textile, l'atelier est strictement masculin et seuls les garçons apprennent un métier.

Cohabiter : formes et liens de sociabilité

Comme le remarque J. Rossiaud : « La sociabilité s'enracinait d'abord dans le voisinage. » Dans les quartiers, les lieux de sociabilités informelles où une opinion publique embryonnaire se forme sont nombreux : la rue où l'on passe une bonne partie de son temps, la taverne où se rassemblent les hommes, le cimetière où enfants et adolescents jouent et dansent, le puits ou le four où les femmes font la queue, les placettes où l'on se rencontre, les étuves que fréquentent les hommes (vingt-sept à Paris en 1290).

Encouragés par les ordres mendiants qui les utilisent comme un moyen d'apostolat, les confréries commencent à se multiplier à la fin du XIIIe siècle. Elles répondent à un besoin de piété et d'entraide, au moment de la mort particulièrement. Elles sont des institutions de paix qui s'expriment dans le rituel du banquet annuel.

Les grandes fêtes religieuses et civiques qui scandent la vie urbaine sont l'occasion de cimenter la société citadine car les habitants participent activement à la procession, manifestation qui en constitue la pièce maîtresse. Elle parcourt la ville selon un itinéraire qui passe devant les principaux monuments et l'église principale, ceux-ci constituant le cœur de l'espace social et civique des communautés urbaines. Les compétitions organisées entre quartiers, dont le célèbre *Palio* de Sienne n'est que l'exemple le plus fameux, ritualisent les conflits de voisinage et permettent le bon fonctionnement social.

Ces réseaux de sociabilité, ainsi que les prédications de masse et les histoires urbaines légendaires, contribuent à créer une conscience collective et à façonner une culture urbaine spécifique. La concorde apparaît comme un idéal partagé par l'ensemble des citadins, mais il est contredit par la réalité des vengeances privées et d'une violence quotidienne des délinquants et des jeunes, que le gouvernement criminalise.

Cet art de vivre, cet état d'esprit, propres au monde urbain, s'épanouit aux siècles suivants. Peu après 1350 deux termes sont forgés et se répandent pour le désigner : urbanité et civilité.

bibliographie

DUBY Georges (dir.), *Histoire de la France urbaine*, t. II, Paris, Seuil, 1980.

JEHEL Georges, RACINET Philippe, *La Ville médiévale. De l'Occident chrétien à l'Orient musulman (Ve-XVe siècle)*, Paris, Armand Colin, 1996.

L'expansion commerciale

Depuis l'aube du second millénaire, l'essor commercial est général, important et continu. Il ne se limite pas au trafic international que la documentation éclaire beaucoup mieux sans permettre toutefois d'en connaître le volume. Il s'accompagne de la mise au point de techniques novatrices et donne naissance à un nouveau type social, le marchand.

L'animation des échanges

Chroniqueurs et poètes sont frappés par la multitude et la diversité des produits qui circulent, à commencer par les surplus dégagés dans le secteur agricole et l'artisanat domestique qui s'échangent irrégulièrement, en fonction des récoltes, sur les nombreux marchés situés dans les villes, les bourgs ou à des carrefours de circulation. Mais l'enrichissement de l'aristocratie, le développement des villes et de l'artisanat (textile, tout particulièrement) provoquent à la fois une augmentation et une diversification de la demande que les marchands vont satisfaire en étendant leur champ d'action. Poisson séché ou salé des mers du Nord, céréales de Germanie, vin, sel, produits de luxe de Méditerranée orientale – épices (plus de 150 produits), soieries et bijoux –, matières premières nécessaires à l'artisanat textile – laine avant tout, soie, lin, colorants, alun – mais aussi bois, peaux, fourrures, fer, métaux précieux, esclaves (en recul du fait de l'interdit chrétien) et draps sont les principales denrées qui circulent dans le monde médiéval.

À la fin du XIIIe siècle, la carte économique de l'Occident médiéval, qui s'est lentement dessinée, fait apparaître que les courants du grand commerce s'organisent en priorité autour de deux principaux pôles économiques, la Flandre et l'Italie du Nord, qui sont à la fois des centres de production, de consommation et de redistribution de marchandises venues de pays lointains. Les voies maritimes prédominent pour les longues distances. L'axe Méditerranée-mer Noire, qui, par son découpage côtier, permet la démultiplication des destinations est tenu principalement par les Italiens (Amalfitains, puis Pisans, Génois et Vénitiens), mais fréquenté aussi par les Normands, les Barcelonais et les Marseillais ; par l'intermédiaire des musulmans, il se prolonge vers l'Afrique et l'Asie. La voie nordique, qui va de l'Atlantique à la Baltique, est fréquentée par les Flamands et les Anglais et bientôt accaparée par les Hanséates. Les Génois puis les Vénitiens ouvrent à partir de 1278 une nouvelle voie qui joint directement l'Atlantique à la Méditerranée et dont le succès est rapide. Pour le transport de quantités croissantes de marchandises pondéreuses, de nouveaux types de navires de plus gros tonnages s'imposent : la *kogge* nordique et la coque méditerranéenne, plus maniables grâce au gouvernail d'étambot, à la voile triangulaire et à la boussole ; les premiers portulans facilitent la navigation.

À l'intérieur des terres, les produits sont acheminés de préférence par les voies fluviales. Les routes médiévales ne sont peut-être pas aussi mauvaises qu'on le suppose traditionnellement, faute de sources. Aux anciennes voies romaines, difficilement entretenues, s'ajoute un entrelacs de chemins sur lesquels se multiplient les ponts au passage des cours d'eau. De nouvelles liaisons directes entre l'Italie du Nord et l'Allemagne danubienne et rhénane sont ouvertes par le Brenner et le Saint-Gothard. Le réseau « français » change d'orientation et son centre se déplace de Lyon à Paris. Ces routes sont parcourues d'hommes et de bêtes de somme lourdement chargés

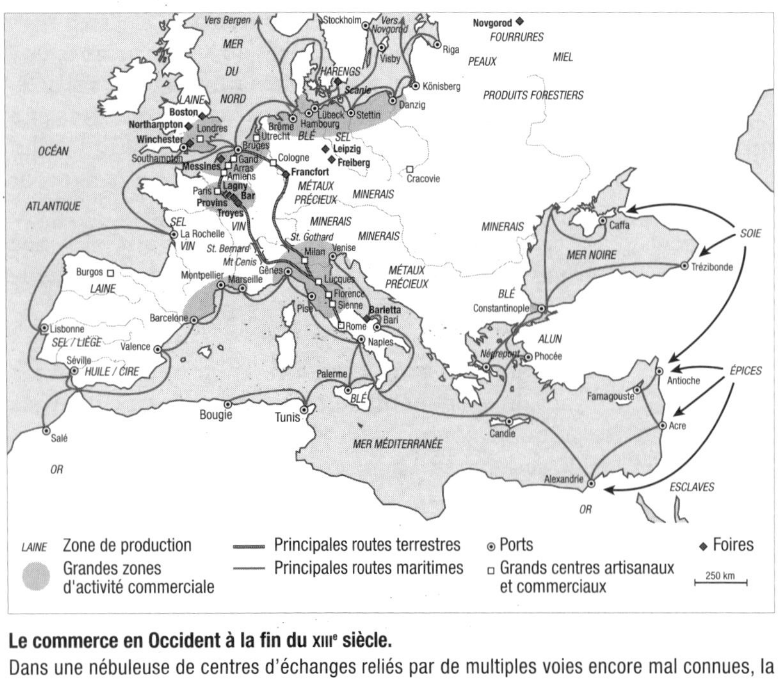

Le commerce en Occident à la fin du XIIIe siècle.
Dans une nébuleuse de centres d'échanges reliés par de multiples voies encore mal connues, la carte fait apparaître les principaux pôles commerciaux et les courants d'échanges majeurs.

mais aussi de charrettes à deux roues, de chars à quatre roues dont les équipements s'améliorent lentement par l'introduction de l'essieu, du collier d'épaules et du joug frontal.

Les nouveaux instruments des échanges

Au XIIIe siècle, l'essor commercial accroît le besoin de métaux précieux et les deniers fabriqués dans les nombreux ateliers monétaires des seigneurs ne suffisent plus. L'Occident développe l'exploitation de ses mines argentifères et les importations d'or du Soudan ; elles lui permettent d'émettre de grosses monnaies d'argent et des pièces d'or qui n'y étaient plus frappées depuis six siècles. Ce sont les grandes places commerciales de l'Occident, les cités d'Italie du Nord, qui émettent les premières ces monnaies, avant la France et l'Angleterre ; le florin de Florence et le ducat de Venise sont les étalons de l'Occident dont la carte monétaire se simplifie. La diversité des espèces en circulation favorise le métier des changeurs, dont beaucoup sont aussi marchands, et certains se transforment en « banquiers ».

Les transactions à grande distance nécessitent des organisations contractuelles entre investisseurs et négociants pour rassembler des capitaux et répartir les risques. Les « Italiens » mettent au point des contrats de nolisement et des associations commerciales, sous la forme de *commenda* et de *colleganza*, limitées à un voyage et à une opération. Selon le type d'association, c'est la répartition des bénéfices entre les associés qui change (3/4 et 1/4 ou 2/3 et 1/3, 1/2 chacun). Pour résoudre les difficultés majeures que sont le manque d'espèces monétaires, le transfert de fonds et le change, les « Italiens » créent des instruments financiers et juridiques : le contrat de change puis la lettre de change. Ils permettent de tourner l'interdiction du prêt à intérêt par l'Église en incluant l'intérêt de l'emprunt au paiement d'une transaction dans un autre lieu et dans une autre monnaie ; la lettre de change facilite aussi les paiements différés. Un droit des affaires associé à un tribunal, ou *mercanzia*, se met progressivement en place. Ces instruments se diffusent très lentement dans les autres zones commerciales de l'Europe.

Régionales, interrégionales ou internationales, les foires sont des lieux d'échanges privilégiés au XIIIe siècle, mais aussi des moments de sociabilité (un pèlerinage est à l'origine de la foire du Lendit). Des seigneurs laïques et ecclésiastiques en sont souvent à l'origine ; ils les multiplient. Les foires se tiennent à une période déterminée, mais certaines, comme les célèbres foires de Champagne – Provins, Troyes, Lagny, Bar-sur-Aube –, s'ordonnent selon un cycle annuel qui assure une présence presque permanente des marchands. C'est à travers les foires que nous voyons le mieux l'immixtion du politique dans l'économie car les autorités s'emploient à les développer, l'abbé de Saint-Denis et le roi de France pour le Lendit, et le comte de Champagne, dont les historiens s'accordent à considérer la politique de protection des marchands comme un élément essentiel du succès des foires champenoises. Lieux d'échanges de matières premières et de produits finis, lieux de changes et d'opérations financières, ces dernières connaissent leur apogée au XIIIe siècle où elles sont le carrefour commercial de l'Occident.

Un nouveau type social : le marchand professionnel

Des colporteurs aux grands négociants, le milieu marchand est très hétérogène mais nous connaissons principalement la figure des hommes d'affaires qui contrôlent le commerce international. Restés longtemps des « pieds-poudreux », ils commencent à se sédentariser au XIIIe siècle, avec la fondation, par des Siennois, des premières compagnies à succursales ; ils tentent alors très vite d'entrer dans l'aristocratie par le biais des mariages, des fonctions municipales et de l'achat de terres à des seigneurs endettés.

Longtemps décriés par les clercs – « Le marchand ne peut que difficilement ou jamais plaire à Dieu », dit Gratien au XIIe siècle –, ils trouvent leur place dans la société avec le développement des villes. Le principal obstacle à leur insertion est leur rapport au temps « qui n'appartient qu'à Dieu » et à l'argent. Les besoins croissants de numéraire, la demande de produits de luxe, le travail d'adaptation au nouveau monde économique et social opéré par le clergé mendiant au XIIIe siècle, les dons nombreux qu'ils font aux établissements religieux dans leurs testaments amènent à la reconnaissance de leur travail et de leur utilité sociale. Leur instruction, acquise dans les écoles urbaines qui apparaissent au XIIe siècle, et en Italie dans des établissements spécifiques, les « boutiques de calcul », leur participation à la vie politique locale achèvent de les intégrer dans la vie sociale et de leur conférer une dignité.

À la fin du XIIIe siècle, l'Occident domine déjà économiquement les pays musulmans et Byzance ; les innovations financières et commerciales des cités-États de l'Italie du Nord, qui sont à la base du capitalisme moderne, lui confèrent dès ce moment des atouts décisifs pour poursuivre son développement.

b*ibliographie*

FAVIER Jean, *De l'or et des épices. Naissance de l'homme d'affaires au Moyen Âge*, Paris, Fayard, 1987.

LE GOFF Jacques, *Marchands et banquiers au Moyen Âge*, Paris, rééd., coll. « Que sais-je ? », PUF, 1993.

La culture méditerranéenne

En Méditerranée se rencontrent les trois religions du Livre, juive, chrétienne et musulmane, et trois grandes civilisations, occidentale, byzantine et islamique, qui s'expriment dans trois langues de culture, latine, grecque et arabe. Ces trois mondes, unis par la mer, n'entretiennent pas seulement des relations conflictuelles et commerciales qui s'avivent et s'intensifient à partir du XIe siècle, mais ils participent aussi d'une même culture qui transcende les clivages religieux et politiques. Fruit d'héritages communs et d'interpénétrations qui atteignent leur apogée aux XIIe et XIIIe siècles, cette culture s'élabore dans les villes.

L'héritage antique

L'héritage antique constitue le fonds culturel méditerranéen. Il se compose d'abord de l'héritage biblique revendiqué par le judaïsme, le christianisme et l'islam, qui l'enrichissent chacun d'une « tradition », respectivement la Michna et le Talmud, les Pères de l'Église et la Sunna.

Transmise souvent et d'abord par des auteurs de la basse Antiquité, la culture classique persiste ; elle « renaît » régulièrement, dans l'Espagne wisigothique au VIIe siècle, dans l'Europe carolingienne, dans l'Occident du XIIe siècle, à Byzance au XIe siècle sous les Comnènes. Traduites et glosées, les œuvres des Grecs et des Romains nourrissent la pensée médiévale.

L'héritage grec est principalement constitué par la philosophie d'Aristote et de Platon, la médecine d'Hippocrate et de Galien, la pharmacie de Dioscoride et les sciences exactes d'Euclide, Pythagore, Archimède et Ptolémée, qui font autorité pendant tout le Moyen Âge. Ce patrimoine culturel de l'Antiquité est transmis par des compilations, dont, en Occident, les *Étymologies* rédigées par l'évêque de Séville, Isidore, au VIIe siècle, sont les plus importantes. Les ouvrages font l'objet d'un formidable travail de traduction d'abord du grec à l'arabe, depuis Damas, Bagdad, Alexandrie et Cordoue pendant les deux premiers siècles de l'Islam. Au XIIe siècle, ils sont traduits en latin, souvent à partir du grec et de l'arabe, dans deux grands centres, Palerme, à la cour des rois normands, et le nord de la péninsule Ibérique, avant de se concentrer pour plus d'un siècle dans la Tolède reconquise, où des « intellectuels » étrangers viennent s'ajouter aux traducteurs autochtones des trois religions. Nombre d'œuvres de l'Antiquité grecque ne sont connues que par l'intermédiaire arabe.

De l'Antiquité romaine vient surtout l'héritage juridique. Le droit romain constitue le fondement des codes de lois des rois barbares wisigoths, ostrogoths et lombards et de l'empereur byzantin Justinien. Des techniques, des notions et des concepts de ce droit sont repris par le droit rabbinique, les quatre grandes écoles juridiques hanafite, malikite, shafite, hanbalite qui se constituent en Islam au VIIIe siècle, et par le droit canonique de l'Église romaine dont le fondement est le *Decretum*, rédigé vers 1140 par Gratien. Par l'intermédiaire de l'école de Bologne où il est principalement enseigné, le droit romain connaît une vive renaissance en Occident à partir de la fin du XIe siècle.

Les apports nouveaux

L'Islam, dans son vaste empire, d'un bout à l'autre duquel les échanges sont intenses et rapides, permet la rencontre des cultures gréco-romaine, persane et indienne qui jusqu'alors s'étaient ignorées. Il introduit en Europe des inventions chinoises (papier, poudre à canon, boussole), les chiffres « indiens » (numérotation de position dans un système de base 10 avec utilisation du zéro) et la doctrine, née dans la Perse sassanide, des conjonctions planétaires, qui fait dépendre les événements historiques du mouvement des astres.

La réception des cultures gréco-latine et perse ne doit pas conduire à conclure à l'absence d'originalité de la culture méditerranéenne médiévale et à présenter ses savants comme de simples traducteurs ou glossateurs qui auraient permis de sauver les œuvres de l'Antiquité, même si les différentes traductions sont essentielles car la science, que les intellectuels du Moyen Âge considèrent comme unique, et dont le but est la recherche de la Vérité, se fonde sur les textes reçus et leurs commentaires.

L'apport des chrétiens latins et grecs est important, notamment dans les domaines des sciences religieuses, de l'histoire et des lettres en général ; celui de la science en langue arabe est fondamental, entre le IXe siècle et le XIIe siècle, tout particulièrement dans des disciplines comme la philosophie, l'astronomie, la médecine et les mathématiques. D'une pléiade de savants universels, dont beaucoup sont polygraphes, se détachent Isidore de Séville, Michel Psellos, le Cordouan Ibn Rushd (Averroès), le plus fameux commentateur d'Aristote, et son contemporain juif, Maïmonide, le Majorquin Raymond Lull.

Échanges et métissages

Le métissage est une autre caractéristique essentielle de la culture méditerranéenne. Il est tout particulièrement marqué dans les régions de contact prolongé entre chrétiens et musulmans : zone du Taurus entre Byzance et l'Islam du VIIe siècle au XIe siècle, Sicile du Xe siècle au XIe siècle – où l'on trouve des pierres tombales en grec, arabe, hébreu, latin –, péninsule Ibérique du VIIIe siècle au XVe siècle, et dans les grandes métropoles cosmopolites comme Bagdad abbasside, Palerme normande, Tolède castillane où encore Venise et Byzance jusqu'à la fin du Moyen Âge.

De multiples facteurs contribuent à la constitution d'une culture relativement homogène sur d'immenses espaces :

– l'existence d'une mosaïque de peuples issus d'occupations successives, ainsi que les brassages ethniques et confessionnels consécutifs aux multiples conflits ;

– les échanges ininterrompus entre les différentes rives de la Méditerranée de livres et d'œuvres d'art (les trésors de la culture grecque sont ramenés en Occident par les croisés après le sac de Constantinople en 1204) ;

– les déplacements volontaires ou forcés des hommes : marchands, voyageurs, pèlerins chrétiens jusqu'en Terre sainte et musulmans à La Mecque, artisans et artistes, savants (le géographe al-Idrisi finit sa vie à la cour de Roger II de Sicile, et Maimonide au Caire), mercenaires, esclaves, renégats ;

– la politique des souverains, qui sont plus que de simples mécènes et se font un devoir de promouvoir le savoir. Parmi eux se distinguent les califes al-Mansur qui paie les traductions au poids et fonde, au début du IXe siècle à Bagdad, la « Maison de la Sagesse » et al-Hakam, qui constitue à Cordoue une riche bibliothèque, le basileus Alexis Comnène, le roi de Sicile Roger II et surtout l'empereur Frédéric II et Alphonse X de Castille dont les cours sont de brillants centres culturels ; ces deux derniers souverains patronnent une œuvre encyclopédique à laquelle ils collaborent personnellement, relancent les traductions et fondent des universités, le premier à Naples en 1224, le second à Séville, Murcie et Valladolid au milieu du XIIIe siècle ;

– l'existence de minorités chrétiennes en Islam (cinq Églises principales au Proche-Orient qui ont un caractère régional marqué mais sont extraordinairement mêlées : nestoriens d'Irak et d'Iran, jacobites de Syrie, maronites du Liban, melkites de Palestine et coptes d'Égypte ; des Églises en Arménie et en Géorgie, et jusqu'au XIe siècle en Afrique du Nord ; mozarabes en Espagne musulmane et en Sicile où l'on trouve aussi des Grecs), de communautés musulmanes en terres chrétiennes (*mudejares* en Sicile et en Espagne, nombreux à partir du XIe siècle) et de communautés juives disséminées dans tout l'espace méditerranéen et au-delà ; ces dernières, toujours tolérées à défaut d'être intégrées, choisissent pour la plupart de s'acculturer en adoptant la langue et les coutumes locales mais entretiennent des contacts réguliers avec les autres communautés de la diaspora.

Un juif, un chrétien et un musulman en discussion (enluminure d'un manuscrit de Raymond Lull).
Raymond Lull, par son action et son œuvre de polygraphe d'une fécondité étonnante, fruit de sa volonté de maîtriser et de diffuser tous les savoirs du christianisme et l'islam, incarne le modèle de la culture méditerranéenne syncrétique, ce qui lui valut d'être appelé l'*arabicus christianus*.

La Méditerranée reste au Moyen Âge le centre culturel du monde qui rayonne sur la périphérie occidentale auquel elle transmet son savoir encyclopédique et syncrétique faite d'héritages antiques sensiblement enrichis d'apports orientaux et de recherches intellectuelles fécondes. Ce savoir est plus pratique que spéculatif, fondé sur le droit, la médecine, l'astronomie, la grammaire et la rhétorique, « matières » de prédilection enseignées dans le réseau d'universités qui se met en place au XIIIe siècle dans le Midi latin et qui en 1300 compte onze établissements (Toulouse, Montpellier, Naples, Salerne, Padoue, Venise, Salamanque, Valladolid, Alcalá de Henares, Lérida et Lisbonne) sur les seize qui existent dans tout l'Occident chrétien à la même époque. Sa diffusion est facilitée par le papier dont la fabrication connaît un remarquable essor et par l'utilisation de plus en plus courante des langues vernaculaires. Cette symbiose, qui se retrouve dans de nombreuses créations artistiques, comme le roman sicilien et les arts mozarabe et mudéjar en Espagne, n'exclut cependant pas la spécificité des trois grandes aires culturelles méditerranéennes.

bibliographie

VERNET Juan, *Ce que la culture doit aux Arabes d'Espagne*, Paris, Sindbad, 1985.

L'Occident chrétien conquérant

Portés par une forte conviction religieuse, conditionnés pour la guerre, cautionnés par l'Église qui fait de l'affrontement un combat pour la foi, poussés aussi par des autorités avides de richesse et de pouvoir, appuyés par une cavalerie lourde d'une efficacité redoutable et alimentée par les jeunes nobles exclus des héritages paternels, les Occidentaux étendent leur domination sur des terres musulmanes et païennes, à commencer par les Normands qui s'implantent en Sicile à partir de 1060. Trois zones d'expansion sont associées dans l'esprit des contemporains, tel le clerc Helmold de Bosau dans sa Chronique des Slaves *(1163-1172) : la péninsule Ibérique, la Terre sainte et les marches orientales de l'Empire.*

La *Reconquista*

La reconquête de l'Espagne est une entreprise de longue haleine qui commence pratiquement dès la conquête musulmane au début du VIIIe siècle et se poursuit jusqu'à la prise de Grenade en 1492. Dès le IXe siècle a été forgée l'idée que la guerre contre les musulmans est une « reconquête » et, de ce fait, une mission divine, un devoir historique imposé à tous, à commencer par les souverains dont le rôle de chef de guerre est un des fondements du pouvoir. Entre 1031 et 1266, elle s'intensifie et se transforme en une guerre religieuse entre Chrétienté et Islam à laquelle prennent part des chevaliers de tout l'Occident. Les chrétiens progressent considérablement mais par à-coups : Tolède est prise en 1085, la vallée de l'Èbre au début du XIIe siècle, le Levant et l'Andalousie au milieu du XIIIe siècle. Leur avancée est facilitée par les rivalités entre les royaumes issus de la dislocation du califat de Cordoue en 1031, mais retardée par les conflits entre les souverains chrétiens de la péninsule et les contre-offensives successives des Berbères du Maghreb, Almoravides et Almohades.

La colonisation des vastes zones reconquises est difficile et inégale, à cause surtout du nombre insuffisant des immigrants. Elle est organisée par la monarchie, principalement à partir de centres urbains qu'elle fonde *ex nihilo* ou restaure et auxquels elle accorde des franchises très avantageuses pour attirer les colons qui reçoivent de petites et moyennes propriétés composites. Une société nouvelle se constitue ainsi, hétérogène du fait de la coexistence de musulmans, mozarabes, juifs et chrétiens de diverses provenances, militarisée en raison de la permanence d'un front militaire et à forte mobilité sociale grâce aux bénéfices de la guerre ; le Cid et ses compagnons en sont les figures emblématiques.

DOTATION PAR ALPHONSE X DES COLONS DE TEJADA (ANDALOUSIE), 1253.

Un exemple de colonisation strictement planifiée par la monarchie. Les caballeros *(cavaliers) doivent recevoir une dotation double de celle des* peones *(piétons).*

« [...] moi Alphonse, par la grâce de Dieu roi de Castille, [...] donne et octroie aux colons de Tejada [...], l'*aldea* (village) qu'on appelle Castilla [...]. Et je leur donne 30 *yugadas de bueyes* (quantité de terres labourées en un jour par une paire de bœufs) pour y semer des céréales en assolement biennal. [...] et je les donne à raison de 4 *arançadas* de figuiers et d'oliviers et 2 *yugadas* pour y semer des céréales en assolement biennal, au *caballero*, et 2 *arançadas* d'oliviers et de figuiers et une *yugada* pour y semer des céréales en assolement biennal, au *peon* [...]. Et je leur donne dans la ville de Tejada 73 ensembles de maisons [...] et autour de la ville des domaines à cultiver en vigne ou en jardins, au *caballero*, 3 *aranzadas* et au *peon* 1,5 *aranzada*. [...] et ces biens que je leur donne, qu'ils les aient en pleine propriété à perpétuité à condition que leurs demeures principales soient habitées par leur femme et leurs enfants [...]. Et je les leur donne libres et francs à eux, à leurs fils, à leurs neveux et à tous ceux qui en hériteront de telle sorte qu'ils puissent les vendre, les mettre en gage, les aliéner et en disposer comme bon leur semble au bout de cinq années [...]. »

El repartimiento de Séville, éd. J. Gonzalez, Madrid, 1951, trad. D. Menjot.

Les croisades

Les expéditions menées en direction de la Palestine, entre 1096 et 1291, sont destinées à placer sous le contrôle chrétien les « Lieux saints », c'est-à-dire l'ensemble des sites, organisés en sanctuaires, qui rappellent la vie de Jésus et de ses premiers fidèles. Elles prolongent la longue tradition des pèlerinages que les chrétiens d'Occident accomplissaient afin d'assurer la rémission de leurs péchés et le salut de leur âme ; ce long périple, par terre ou par mer, s'était déjà organisé sous forme collective, avec des forces militaires, vu les aléas du voyage et les difficultés liées à l'occupation de la Terre sainte par les musulmans.

Les historiens s'interrogent toujours sur les véritables causes des croisades et sur les motivations précises du pape Urbain II, quand, au concile de Clermont en 1095, en appelant à la libération du tombeau du Christ, il déclenche un enthousiasme général qui dépasse l'expédition militaire nobiliaire qu'il avait projetée. En effet, l'année suivante, une importante cohorte de seigneurs se met en route, une expédition plus populaire se lance aussi vers Jérusalem à l'appel de Pierre l'Ermite et de Gautier Sans Avoir, mal encadrée par des chevaliers. Dans ce pèlerinage en armes décidé par la papauté qu'est la croisade, les croisés se sont engagés par un vœu irréversible symbolisé par une croix de tissu sur leur vêtement et bénéficient d'un statut particulier. Après trois années de voyage, au cours duquel certains se rendent coupables de massacres de juifs, ils atteignent Jérusalem en 1099, la prennent et font, aux dires des chroniqueurs, « un beau carnage de la gent païenne ».

Les chefs nobles de l'expédition, sans but avoué de conquête au départ, vont constituer, sur la bande côtière de la Méditerranée orientale, au gré de leurs ambitions, quatre États latins, politiquement et militairement puissants. Ces États sont organisés sur le modèle occidental, s'appuient sur un réseau dense de forteresses le long du désert et tiennent surtout des villes portuaires où sont installés des croisés peu nombreux. L'hostilité des musulmans et des communautés chrétiennes autochtones accroît progressivement leur isolement. À partir du deuxième quart du XIIe siècle, les musulmans se ressaisissent et l'étau se resserre autour des croisés qui perdent peu à peu leurs possessions ; Jérusalem tombe en 1187.

Pour la reprendre et sauver ce qu'il reste des territoires chrétiens, les expéditions reprennent. Malgré de nombreux renforts, le ferme appui des ordres militaires, Templiers et Hospitaliers, de rois comme Louis IX et des grandes cités maritimes italiennes, intéressées à posséder des comptoirs dans les ports du Levant, les croisés reculent inexorablement et quittent Acre, leur dernier bastion, en 1291.

Ces expéditions se soldent donc par un échec faute d'un soutien humain, militaire et naval constant et du fait d'ambitions égoïstes dont la plus dramatique est le détournement par les Vénitiens de la quatrième croisade qui aboutit au pillage de Constantinople en 1204. Si l'apport des croisades à l'Occident est discuté, il paraît bien mince, mais leur souvenir mythifié est si vivace que le mot croisade a fini par désigner toute entreprise menée au nom d'un idéal commun contre un même ennemi.

La colonisation à l'Est

La christianisation des marges de l'Empire n'est pas achevée au début du XIIIe siècle. Au-delà de la Vistule, des peuples dont les Prussiens, les Lituaniens, ou encore les Livoniens demeurent païens malgré les tentatives des Cisterciens, puis des ordres mendiants. Les chevaliers Teutoniques, ordre religieux militaire, revenus de Terre sainte après la chute de Jérusalem, vont trouver là un espace à conquérir. Ils obtiennent de l'empereur Frédéric II en 1224 le contrôle de toutes les terres qui seraient acquises dans cette zone, au grand dam de la papauté, contrainte de confirmer les conquêtes de l'ordre. Celui-ci engage alors, avec l'aide de croisés occidentaux, une difficile guerre de conquête, ponctuée de défaites cuisantes contre les Russes et les Mongols. L'État teutonique, où le droit allemand s'impose, est divisé en provinces, bailliages et commanderies, strictement hiérarchisés. Sur le modèle des États latins, des forteresses jalonnent le territoire ; autour d'elles naissent des villes comme Thorn, Königsberg, Dantzig qui attirent des colons venus de Flandre et de l'Empire. La création de villages neufs au plan linéaire, aux parcelles agricoles en lanières, témoignent de la colonisation de vastes territoires à l'est de l'Elbe. Une redistribution du peuplement conduit à l'abandon de certaines zones rurales et au développement des villes, qui, au XIVe siècle, intègrent la Hanse. Cette dernière finit par éclipser l'État teutonique, très affaibli après la défaite des chevaliers face aux Polonais à Tannenberg, en 1410.

La prise de Jérusalem (1099).
Des récits nombreux et une iconographie abondante ont transformé la prise de Jérusalem par les croisés en véritable épopée guerrière.

Toutes ces expéditions, qu'elles aient conduit ou non à une implantation durable des Occidentaux, sont la manifestation du grand essor de l'Occident et dilatent la chrétienté latine. Dans le même temps, Gênes, Pise et Venise se constituent en Méditerranée d'authentiques empires maritimes qu'elles conservent en partie jusqu'à la fin du Moyen Âge. À cette époque émerge un dernier type de colonisation entrepris par des puissances continentales, l'Aragon en Méditerranée, puis la Castille et le Portugal en Afrique occidentale et dans les îles de l'Atlantique.

bibliographie

MENJOT Denis, *Les Espagnes médiévales*, Paris, Hachette, coll. « Carré Histoire », 1996.

RICHARD Jean, *Histoire des croisades*, Paris, Fayard, 1996.

Le temps de l'homme rare

Les XIVe et XVe siècles connaissent une crise démographique généralisée, durable et profonde, qui fait de cette période le temps de l'homme rare. Les calamités – famines, pestes, guerres – qui s'abattent sur l'Occident et conjuguent leurs effets en sont largement responsables. Les historiens débattent encore de la durée, de l'ampleur et des caractéristiques de la dépopulation qui varient d'une région à l'autre.

L'effondrement démographique

Au bas Moyen Âge, dans quelques régions comme la Toscane, le midi de la France, la Navarre et la Catalogne, les villes font établir des rôles pour asseoir l'impôt public ; bien qu'ils ne recensent que les foyers (les feux) de contribuables, ils fournissent à l'histoire démographique des assises plus sûres.

Plus de trois siècles de croissance continue ont fait de l'Europe un « monde plein » (P. Chaunu), qui compterait vers 1300 environ 55 millions d'habitants, dont 16, soit 27 %, dans le royaume de France ; toutefois, les disparités régionales sont fort grandes et des zones, comme la péninsule Ibérique, à l'exception de la Navarre, demeurent sous-peuplées. La population cesse de croître à la suite d'une série de crises frumentaires et de famines qui, en 1315-1317, touchent tout le nord de l'Occident et, dans les années 1330, les régions méridionales, provoquant une importante augmentation de la mortalité. La « Grande Peste » (1347-1350) n'est donc pas le déclencheur de l'effondrement, mais elle provoque une véritable saignée car elle frappe des organismes humains physiologiquement affaiblis par des disettes répétées. Les sources ne donnent pas une idée exacte du nombre des victimes. Froissart dit qu'un tiers des hommes a péri ; les historiens admettent aujourd'hui que c'est un minimum et il ne semble avoir existé aucun sanctuaire protégé de la maladie. Le bacille n'épargne aucune catégorie sociale en ville et à la campagne, mais il fauche en priorité les enfants, créant dans la pyramide des âges, une génération après, des classes creuses. La peste n'aurait pas rompu le dynamisme démographique si elle ne s'était installée à demeure en Occident où elle sévit à l'état endémique jusqu'au début du XVIIIe siècle. Ces retours de peste, par leur fréquence – en moyenne un tous les dix ou quinze ans – et leur action sur des organismes affaiblis par la sous-alimentation, empêchent toute reprise véritable, en fauchant périodiquement les jeunes non encore immunisés.

Ces épidémies conjuguent leurs effets avec deux autres « fléaux de Dieu » : les famines, elles aussi récurrentes, et les guerres endémiques. Elles ont pour conséquence d'abaisser durablement et profondément la population de l'Occident. L'étiage se situe dans la décennie 1430-1440, avec des pertes en moyenne de 50 %, parfois plus, 75 % en Normandie, en Navarre, dans l'Oisans et dans le *contado* florentin, 70 % en Haute-Provence.

Le relèvement ne s'amorce que dans la seconde moitié du XVe siècle avec un recul de la mortalité, une reprise des mariages, puis un redressement de la fécondité et enfin une reprise de la natalité (5 enfants par famille à Lyon ; taux évalué à 40 pour 1 000 à Florence en 1427). Il s'accentue jusqu'au milieu du XVIe siècle où l'on retrouve des niveaux de population du début du XIVe siècle.

LA PESTE NOIRE À PARIS.

Le carme Jean de Venette, témoin oculaire de la Grande Peste, décrit l'épidémie.

« En ce temps-là, c'est-à-dire en l'an du seigneur 1348 et 1349, il mourut tant de monde que, d'une pareille chose dans le passé, on n'avait ni entendu parler ni rien lu : cela ne s'était jamais vu. Et ladite mort et maladie venait par contacts et contagion, car l'homme en bonne santé qui visitait un malade n'échappait que de peu, et rarement à la mort [...].
Ladite mortalité, dit-on, commença chez les Infidèles, puis vint en Italie, puis à travers monts vint à Avignon où elle frappa quelques-uns des seigneurs cardinaux et leur enleva toute leur « famille ». Puis par la Gascogne et l'Espagne, petit à petit, de village en village, de rue en rue, de maison à maison, de personne à personne, elle arriva en France, passa jusqu'en Allemagne [...].
On disait que cette pestilence venait d'une infection de l'air et des eaux, car en ce temps il n'y avait ni famine ni pénurie de vivres, au contraire. On en rendit responsables les juifs qu'on accusa d'avoir infecté puits et cours d'eau, et d'avoir corrompu l'air. La cruauté du monde se déchaîna contre eux si bien qu'en Allemagne et ailleurs où vivaient les juifs, ils furent massacrés et occis par les chrétiens et brûlés un peu partout, par milliers [...].
Elle eut aussi cette conséquence étonnante : bien qu'il y eût abondance de tout, les prix de toutes choses doublèrent, aussi bien pour les objets et ustensiles que pour les vivres, les marchandises et les salariés, cultivateurs et serfs, à l'exception de quelques héritages et maisons qui étaient désormais de trop [...]. »

Jean de Venette, *Chronique*, trad. dans J. Dupaquier (dir.), *Histoire de la population française*, t. I, p. 317.

Redistribution de la population, modifications de la famille

Les calamités et la dépopulation, mais aussi les difficultés économiques et la pression fiscale engendrent des courants migratoires saisonniers ou définitifs importants de régions à régions et des campagnes vers les villes; les Savoyards, par exemple, quittent leurs montagnes pour s'installer à Lyon et dans les villes de la vallée du Rhône.

Ces migrations et variations des effectifs démographiques s'accompagnent d'une redistribution spatiale de la population et de transformations des structures de peuplement dont la plus spectaculaire n'est pas la déprise urbaine mais les désertions temporaires ou définitives, totales ou partielles, des villages et hameaux. Dans l'Empire, en Angleterre et en Sardaigne, le coefficient d'abandon dépasse les 50 % dans certaines zones. Cependant, toutes ne datent pas de l'après-peste noire, et toutes ne sont pas liées au dépeuplement. Certaines s'expliquent par la volonté politique de grands propriétaires – notamment en Angleterre, où débute le mouvement des *enclosures* – de développer l'élevage au détriment des cultures, d'autres par un repli volontaire des communautés paysannes sur de meilleures terres.

Une des transformations majeures des structures familiales, liée au besoin de sécurité en ces temps difficiles, est le développement des familles conjugales élargies, regroupant un descendant, un frère ou un cousin ou un ascendant et des familles conjugales multiples, ménages de parents et ménages d'enfants, de frères; elles représentent plus d'un quart des ménages florentins en 1427. La famille s'élargit aussi à des parentés fictives ou artificielles: parrains, marraines, amis, voisins, alliés. L'âge du mariage s'abaisse sensiblement mais l'écart reste important entre l'âge, au mariage, de la femme –15/16 ans – et du mari – plus de 25. Cette différence réduit la durée des unions et la fécondité générale des couples; il pose le problème du remariage des veuves. Le temps de l'adolescence prolongée des garçons est à l'origine de la formation d'une véritable classe d'âge, celle des jeunes, dont les édiles municipaux et les adultes cherchent à canaliser la turbulence.

Omniprésence de la mort

Phénomène inexplicable, attribué à la corruption de l'air qui résulte de la pollution de l'environnement et de la contamination morale par les pécheurs, inexorablement, rapidement et massivement meurtrière, la peste angoisse et marque profondément les esprits. Les chroniqueurs nous décrivent des comportements spontanés contradictoires qui vont de l'égoïsme forcené et de l'appétit de jouissances immédiates à la recherche de boucs émissaires, dont les juifs sont les premières victimes, et à l'exacerbation du sentiment religieux qui se traduit dans les mortifications collectives des mouvements de Flagellants pour apaiser la colère de Dieu.

L'omniprésence de la mort, son caractère égalitaire et la fragilité de la vie humaine sont, à tous les échelons, des thèmes de représentation et de réflexion permanente qui ont trouvé leur expression dans l'art et la littérature, depuis les danses macabres jusqu'aux poèmes de François Villon. Mais le sentiment de la mort n'est pas lié exclusivement aux épidémies qui ne font que l'aviver. Les hommes s'efforcent de s'y préparer sereinement par une vie spirituelle plus intense que traduit l'apparition des livres d'heures en langue vulgaire et des «arts de bien mourir», le développement du commerce des objets de dévotion (statuettes, reliquaires portatifs, etc.) et la multiplication des messes anniversaires dans les testaments.

Danse macabre.
Allégorie moralisante, le thème de la danse macabre apparaît en France à la fin du XIVe siècle et se répand rapidement dans l'art et la littérature. À la tête d'une farandole grotesque, la «faucheuse» entraîne vers la mort les humains de tout âge, sexe et condition.

Pour vaincre l'angoisse de la mort, pallier la défaillance des structures familiales et l'individualisme croissant, faire face aux difficultés et à la violence, mais aussi répondre au désarroi spirituel, les confréries de métier et de dévotion se multiplient et apparaissent comme la forme la plus caractéristique de la solidarité et de la sociabilité de la fin du Moyen Âge; on estime que tout Français citadin appartient au moins à une confrérie. Entrer dans l'une d'elles représente en premier lieu un moyen de s'assurer des funérailles décentes et le secours des messes et des prières collectives. Fraternités spirituelles rassemblant des personnes des deux sexes et de toutes conditions sociales tout en respectant les hiérarchies, entretenant une chapelle dans l'église, se réunissant régulièrement au cours d'un banquet, elles sont des éléments fondamentaux de l'animation et de la cohésion du tissu social, elles encadrent la mort mais aussi la vie.

Le passage de la peste laisse un traumatisme profond et la catastrophe démographique séculaire a des conséquences considérables dans tous les domaines.

b*ibliographie*

HILDESHEIMER Françoise, *Fléaux et société de la Grande Peste au choléra (XIVe-XIXe siècle)*, Paris, Hachette, coll. «Carré Histoire», 1993.

La nouvelle donne économique

« L'automne du Moyen Âge » ne peut plus être considéré comme le temps d'une crise généralisée de l'économie européenne, désormais mieux éclairée par quelques sources quantitatives. Les récessions ont été graduelles, géographiques, temporaires et sectorielles. Les difficultés économiques n'ont jamais été supportées passivement ; elles ont imposé, généré ou stimulé des adaptations et des reconversions de sorte que les situations régionales sont étonnamment diverses.

Blocages et adaptations de l'agriculture

L'expansion a abouti dans de nombreuses régions à un déséquilibre entre population et ressources. Les paysans cultivent aux limites du possible, voire au-delà du raisonnable dans les montagnes navarraises et ont tendance à réduire les pâturages et les troupeaux, accentuant ainsi la mauvaise fertilisation des terres, responsable d'une baisse des rendements. Ils s'entassent sur des tenures fragmentées par le jeu des partages successoraux dont les deux tiers, estime-t-on vers 1330 dans le royaume de France, ne suffisent plus à garantir l'autonomie de leurs détenteurs, évaluée à 4 ou 5 ha. La croissance s'essouffle à partir de la fin du XIIIe siècle, les défrichements s'arrêtent, la production céréalière stagne, déclenchant des disettes que des accidents climatiques transforment en famines, et une flambée des prix agricoles. Cette interprétation malthusienne du déclin a longtemps été privilégiée par les historiens ; elle se heurte au fait que des régions sous-peuplées, comme la Castille, connaissent aussi des crises frumentaires, que les surmortalités pesteuses ne rétablissent pas l'équilibre population-ressources, puisque les disettes restent fréquentes jusqu'au milieu du XVe siècle, et que le ravitaillement demeure un souci permanent des municipalités. La récession pourrait donc avoir d'autres causes, que certains trouvent dans le mode de production – lourdeur du prélèvement seigneurial et absence d'investissements –, d'autres dans la conjonction et la succession de crises. Quoi qu'il en soit, les malheurs et la dépopulation désorganisent l'économie : les surfaces cultivées reculent et le prix des céréales chute durablement, conséquence de l'effondrement de la demande et des gains probables de productivité.

Mais les ruraux réagissent et s'adaptent. La reconstruction des campagnes s'effectue dans le vieux cadre de la seigneurie. Elle est stimulée par les anciens ou nouveaux propriétaires qui offrent aux laboureurs des baux à court terme, quatre, six ou neuf ans, à ferme et en métayage, qui leur assurent, contre une participation et un effort initial, une meilleure adaptation à la conjoncture et la possibilité d'orienter la production en imposant de nouvelles cultures aux paysans. La céréaliculture qui reste fondamentale s'enrichit du sarrasin, « blé noir », venu d'Orient, et du riz dans la plaine du Pô. La vigne qui avait atteint son extension maximale recule mais des vignobles de qualité (Bourgogne, Anjou, Bordeaux) se construisent dans la seconde moitié du XVe siècle. Des cultures nouvelles, spéculatives et moins exigeantes en main-d'œuvre, se développent : le mûrier pour l'élevage des vers à soie en Italie du Nord, la canne à sucre en Sicile et à Valence, le houblon – la grande brasserie allemande prend son essor au XVe siècle –, le lin, le chanvre, le pastel. Les difficultés suscitent une rationalisation des méthodes culturales avec la diffusion des systèmes de rotation et la progression dans le cycle des cultures des légumineuses (pois, fèves, haricots, etc.) qui enrichissent le sol en azote. Le recul des cultures offrant davantage de terrain de parcours, l'élevage progresse tout particulièrement dans certaines régions, comme les vallées alpines, l'Angleterre et la péninsule Ibérique, où s'organise la grande transhumance ovine.

UN CONTRAT DE MÉTAYAGE EN LANGUEDOC (1490).

Ce type de contrat par lequel un modeste seigneur concède une borde – exploitation rurale, issue du démembrement de son domaine – en métayage pour quatre ans seulement, est répandu dans l'Europe méridionale par toutes les catégories de propriétaires car il les avantage.

« *Item* [...] ledit noble loua à Jean et Raimond Costa du lieu d'Areuil au diocèse d'Albi, ici présents [...] une borde avec tout son territoire appartenant audit noble et cela pour le temps de quatre récoltes. Avec les clauses suivantes et ci-après.
Primo, il fut convenu que ledit seigneur et les preneurs devraient donner chacun la moitié du grain à semer dans lesdites terres.
Item, il fut en outre convenu que ledit noble devrait donner une paire de bœufs dont il donne l'un sur le champ et l'autre à titre de bonne gasaille (bail à cheptel), pour le prix de 12 écus.
Item, il fut en outre convenu que lesdits preneurs devraient chaque année dudit bail la moitié de tous les fruits croissant dans lesdites terres et deux pairs de poules.
Item, il fut en outre convenu que ledit seigneur serait tenu de donner chaque année dudit bail un demi-écu pour ferrer l'araire, et il l'a promis.
Item, il fut en outre convenu que lesdits preneurs seraient tenus de mettre une paire d'animaux de labour avec ceux dudit seigneur. »

Germain Sicard, *Le Métayage dans le Midi toulousain à la fin du Moyen Âge*, Toulouse, 1957, p. 89.

Diversification et expansion des activités de transformation

L'irrémédiable récession de la lourde draperie traditionnelle dont la qualité faisait la renommée internationale des centres flamands entraîne une profonde transformation du secteur textile. La préparation des tissus se disperse dans les campagnes et la fabrication des draps dans un grand nombre de bourgades, pour échapper à la réglementation des métiers et parce que les populations urbaines et rurales voient dans la draperie la clé du redressement. Il s'agit de productions nouvelles de « draperie légère » que le coût de production inférieur met à la portée d'une clientèle plus large et dont la souplesse répond au goût et à la mode (Arras se reconvertit ainsi dans la sayetterie). La coutume se répand de porter des sous-vêtements en toile de lin et d'envelopper les morts dans des linceuls. Cotonnades et futaines font la fortune de la région du lac de Constance, fourrures et soieries, celle de Florence et des villes toscanes.

À partir du milieu du XVe siècle, les industries minières et métallurgiques connaissent un vif essor en raison d'une demande accrue de monnaies, d'armes (apparition de l'artillerie) et de pièces pour l'horlogerie et l'imprimerie naissantes. En Europe centrale, dans la seconde moitié du XVe siècle, la production de fer quadruple, celle d'argent et de cuivre quintuple et atteint 85 tonnes par an, chiffre qui ne sera dépassé qu'au milieu du XIXe siècle. Un artisanat de luxe se développe, en particulier dans les villes qui abritent des cours princières, comme Paris, Avignon, Bourges, Milan, Londres, et attirent des artisans spécialisés pour satisfaire les besoins des plus riches, en vêtements luxueux, parures, tapisseries, orfèvrerie, joaillerie, verrerie (les vitres remplacent le papier huilé aux fenêtres et les lunettes se répandent), livres d'heures.

Pour compenser le manque de main-d'œuvre et la hausse des salaires, des innovations techniques sont mises au point : pompes aspirantes et refoulantes qui révolutionnent la technique minière, système bielle-manivelle pour les tours, rouet à filer à pédale et moulin mécanique à dévider la soie qui accélèrent la production de fils.

Perfectionnement des techniques commerciales et réorganisation des échanges internationaux

Les échanges, en particulier, et l'économie, en général, sont affectés par les mutations monétaires, extrêmement importantes en France entre 1337 et 1360 puis de 1417 à 1435. Celles-ci sont provoquées, d'une part, par les difficultés de maintenir la parité des monnaies d'or et d'argent engendrées par l'érosion de la production d'argent, confrontée au maintien des arrivées de l'or du fait d'une balance commerciale restée favorable avec le Maghreb et, d'autre part, par les souverains pour lesquels ces mutations constituent une recette fiscale déguisée et un moyen de payer en monnaie dévaluée.

Les techniques commerciales sont perfectionnées par les marchands des cités d'Italie du Nord : comptabilité à partie double qui distingue crédit et débit et permet de connaître instantanément l'état des comptes débiteurs et créditeurs, assurance à prime qui dissocie la couverture du risque du prêt, sophistication des moyens de paiement : lettre de change, chèque, banques privées puis publiques comme la Casa di San Giorgio à Gênes. Après la faillite des grandes firmes internationales à succursales multiples, siennoises à la fin du XIIIe siècle, puis florentines en 1348-1349, les hommes d'affaires toscans fondent des compagnies dans lesquelles la maison mère détient la majorité du capital social dans des filiales qui sont indépendantes les unes des autres. La puissance de ces compagnies, dont celle des Médicis est la plus célèbre, repose sur l'existence de filiales installées sur toutes les grandes places commerciales et l'association de la banque et de l'industrie.

La réorganisation des échanges internationaux s'accélère. Les foires de Champagne perdent définitivement leur rôle de carrefour international, court-circuitées par les liaisons nouvelles plus directes et plus avantageuses entre les ports italiens, l'Angleterre et le pôle flamand et hanséatique, par la voie maritime en contournant l'Espagne, et par les pistes alpines au débouché desquels prospèrent les foires de Francfort, Genève puis Lyon et Leipzig.

Au terme de deux siècles d'une évolution extraordinairement contrastée qui donne l'impression de compensations à l'échelle européenne, une nouvelle carte économique s'est lentement dessinée. Les régions les plus dynamiques sont l'Allemagne méridionale avec Augsbourg et Nuremberg, la Castille du Nord avec Burgos, l'Andalousie avec Séville, Londres et l'East-Anglia, les Pays-Bas avec Anvers qui a supplanté Bruges comme emporium de l'Europe du Nord et des centres textiles comme Leyde et Deventer. La domination commerciale méditerranéenne semble s'être effritée et le royaume de France connaît une reprise après avoir été le plus touché par les calamités.

b*ibliographie*

WOLFF Philippe, *Automne du Moyen Âge ou printemps des temps nouveaux ? L'économie européenne aux XIVe et XVe siècles*, Paris, Aubier, 1986.

Le renouvellement des aristocraties

Les calamités, les surmortalités, la dépopulation, les transformations économiques et la naissance de l'État ont des incidences complexes et contradictoires sur les aristocraties laïques. Celles-ci constituent des milieux aux contours flous et changeants dans l'espace et dans le temps, renouvelés par la mobilité sociale générée par les malheurs du temps.

Le milieu nobiliaire : déclin ou expansion ?

« La noblesse est une classe politiquement prépondérante, mais économiquement fragile et socialement parasitaire. » (R. Fossier.) Le contraste est net entre son faible poids démographique (entre 1 et 10 % selon les régions) et la place éminente qu'elle tient dans la société de la fin du Moyen Âge.

La noblesse est très hétérogène et hiérarchisée, depuis une infime minorité de princes du sang jusqu'à la masse des petits hobereaux et des « chevaliers » urbains des villes italiennes et ibériques. Elle a toutefois une forte identité qui repose sur la pratique du métier des armes, des valeurs partagées : prouesse, honneur, largesse, un statut juridique privilégié qui comprend l'exemption de la fiscalité directe d'État et un genre de vie ostentatoire et dispendieux qui fascine les autres groupes sociaux.

La noblesse est très affectée, dans son ensemble, par la conjoncture. Des familles sont décimées sur les champs de bataille, d'autres supplantées à la suite de troubles civils. L'importante chute de la rente foncière – de l'ordre de 30 à 40 % en Anjou, 50 % en Normandie –, aggravée par l'érosion monétaire et l'inflation, conjuguée à la hausse des salaires, provoque la défaillance de la seigneurie. Dans le même temps, les dépenses augmentent pour la « reconstruction » des domaines, l'adaptation des châteaux au nouvel art de la guerre, l'équipement militaire et le paiement de lourdes rançons. La noblesse est contrainte de s'endetter fortement et vit, du moins en France, dans la crainte de déroger en exerçant une activité. L'Ordre est contesté violemment lors de révoltes comme celles des Jacques du Beauvaisis (1358), des « Travailleurs » en Angleterre (1371), des Tuchins (maquisards) dans le Midi languedocien (1363-1382), et des paysans en Catalogne durant tout le XVe siècle. Il est moqué dans le *Roman de Fauvel* (début XIVe siècle), critiqué dans des ouvrages politiques comme le *Quadrilogue invectif* d'Alain Chartier (1422) et affaibli par ses querelles internes. L'Ordre est aussi menacé par l'ascension des nouveaux riches, « coqs de villages » et aristocraties urbaines.

La noblesse réagit de multiples façons et les études récentes insistent sur ses capacités de récupération qui diffèrent selon les niveaux. Elle se soucie de mieux gérer ses seigneuries, comme l'atteste la diffusion des manuels d'agronomie. Elle consolide ses structures lignagères, par exemple en renforçant le droit d'aînesse. Elle prend sa revanche dans l'imaginaire social avec la création des ordres de chevalerie – Jarretière en Angleterre, Toison d'Or en Bourgogne, Étoile en France – mais surtout elle entre au service du monarque qui la « retient » dans ses troupes et lui confie des charges dans l'appareil d'État qu'il développe ; le surprélèvement fiscal royal (voir p. 127) irrigue ainsi les trésoreries seigneuriales par les gages et les pensions. La « réaction seigneuriale » s'accentue dans les campagnes au cours de la seconde moitié du XVe siècle quand le manque de main-d'œuvre s'estompe. Elle se manifeste par la multiplication des baux à court terme, le renforcement des droits sur les communaux, l'augmentation des cens, la réimposition du servage qui avait pratiquement disparu, en Bourbonnais, en Champagne, en Bourgogne.

Finalement, « l'épée et la robe, l'armée et la bureaucratie d'État sauvent le pouvoir et la fortune

Scène de fiançailles au XVe siècle.
Cette miniature d'une très célèbre chanson de geste de Renaud de Montauban évoque le genre de vie noble : raffinement, élégance des attitudes courtoises, luxe ostentatoire des costumes, décor somptueux des palais. Réel ou imaginaire, ce genre de vie constitue un facteur d'identification et exerce un pouvoir de fascination et d'attraction sur le corps social.

de la noblesse. [...] La fixation de son statut juridique et le développement de ses fonctions militaires et administratives se confirment à la fin du Moyen Âge» (M. Aurell). Les hauts barons qui ont directement accès aux souverains et les nobles qui entrent à leur service réussissent mieux que d'autres à surmonter l'épreuve des crises. La noblesse, après avoir longtemps contesté militairement l'État, choisit, bon gré mal gré, la collaboration.

La nouvelle élite urbaine : aristocratisation et oligarchisation

La classe dominante urbaine est un milieu renouvelé mais toujours extrêmement composite dans lequel se mêlent selon un dosage différent d'une ville à l'autre, hommes d'affaires ou simples commerçants, maîtres des principaux métiers, grands propriétaires de biens-fonds et hommes de loi dont l'ascension est massive et spectaculaire. Elle constitue donc une élite à laquelle la maîtrise des moyens de production, le monopole du savoir et du pouvoir politique, le contrôle de l'impôt, l'exercice d'offices royaux, voire de charges ecclésiastiques, assurent une position hégémonique dans la ville, sanctionnée par l'appui du roi dans les États monarchiques.

Monde d'alliés par des relations d'affaires et des mariages, plus que jamais solidaires, ce milieu est assez étroitement fermé, en droit (comme à Venise depuis 1297) ou, le plus souvent, de fait. Dans les «bonnes villes» de France, ses effectifs sont limités à une centaine de personnes, provenant d'un nombre bien plus limité de familles qui possèdent une part importante de la fortune urbaine. «L'exercice du pouvoir politique ne constitue pas seulement un moyen de domination mais le meilleur critère d'identité et un excellent facteur d'intégration.» (B. Chevalier.) Après des contestations des «moyens» (chefs de métiers enrichis) comme en Flandre (1302/1337-1345) ou la vague «révolutionnaire» des années 1378-1382 en Occident, sa domination politique n'est plus contestée. Toutes les études prosopographiques mettent en évidence le rôle sélectif de la fortune dans les différents niveaux de participation aux affaires où la cooptation est la règle.

Cette élite oligarchique s'aristocratise. Par ses sources de revenus, son genre de vie, sa culture et ses idéaux, elle se sépare du reste de la société et se rapproche de la noblesse jusqu'à bien souvent se fondre en elle. La possession d'un titre universitaire ouvre les portes de la noblesse avant, qu'à la fin du XVe siècle, l'entrée dans la noblesse des magistrats municipaux ne devienne systématique. Si tous ne vivent pas noblement de leurs rentes, tous aspirent à un genre de vie «noble», rivalisant sur la scène urbaine avec la noblesse en édifiant de belles et vastes demeures à pignon sur rue. C'est un intérieur douillet et raffiné que nous font visiter les inventaires *post mortem* où le mobilier et le linge de maison se distinguent plus par leur richesse que par leur abondance (huches en bois sculpté, vaisselle d'argent, linge de table brodé, etc.). Ils se retrouvent dans des confréries réservées ; certains s'intéressent à l'art et à la littérature et se constituent des bibliothèques. La distanciation économique et culturelle de l'élite avec le reste de la population urbaine commence à s'accompagner d'une ségrégation spatiale à l'intérieur de la ville, où commence un lent processus de refoulement des humbles du centre vers la périphérie.

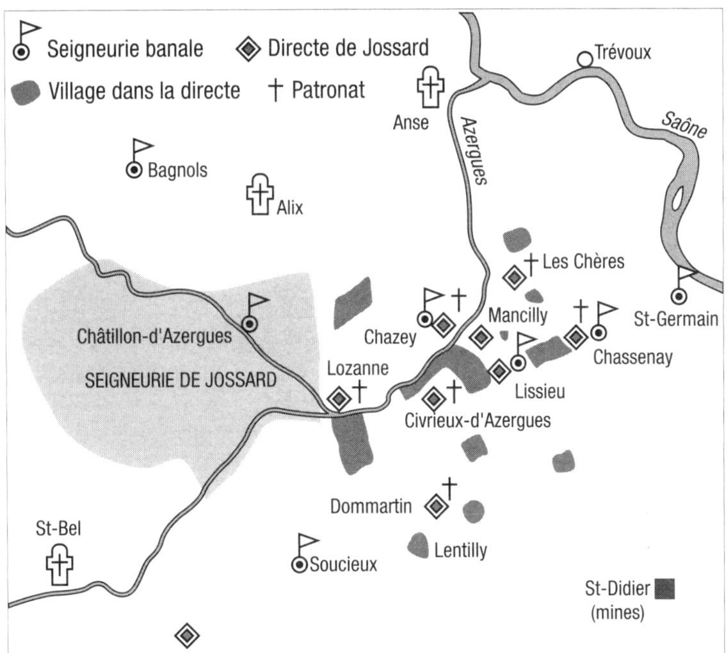

La fortune foncière d'un homme de loi lyonnais, Jean Jossard, vers 1450.
Bel exemple d'ascension sociale et d'aristocratisation d'un professionnel de la justice, fils d'artisan drapier de la montagne lyonnaise, qui acquiert un important patrimoine foncier et la belle seigneurie de Châtillon-d'Azergues.

Les structures sociales n'ont finalement pas été bouleversées et le système seigneurial n'a pas fait faillite ; seules les familles ont été considérablement renouvelées. De nouveaux groupes, facilement anoblis, constitués d'hommes de loi et de serviteurs de l'État, ont émergé, noyaux des futures noblesses de «robe» et de «cloche».

bibliographie

CONTAMINE Philippe, *La Noblesse au royaume de France de Philippe le Bel à Louis XII. Essai de synthèse*, Paris, PUF, 1997.

Nouveaux problèmes sociaux en ville

« Âge d'or de la main-d'œuvre » ou « temps de paupérisation » ? Les conclusions des historiens divergent car les conséquences des malheurs du temps et des mutations économiques sont très contrastées d'une région et d'une période à l'autre. Dans les villes, où l'éventail des fortunes est très large, les disparités des situations économiques s'accentuent et de nouveaux, et graves, problèmes sociaux se cristallisent au cours des XIVe et XVe siècles.

Aggravation des clivages sociaux et naissance d'une question « ouvrière »

Seule l'industrie du bâtiment livre assez d'indications chiffrées pour une approche de l'évolution salariale. Le mouvement d'ensemble est net, avec des décalages chronologiques et des différences d'amplitude. Après la peste noire, les salaires nominaux connaissent une hausse brutale – de plus de 100 % à Paris – qui provoque les premières interventions de l'État qui fixe des maxima (Jean le Bon, Édouard III d'Angleterre et Pierre Ier de Castille) pour la bloquer. Cette hausse est suivie d'une longue période de fixité puis d'une nouvelle hausse au début du XVe siècle, à laquelle succèdent des décennies d'extraordinaire stabilité parce que la consommation est faible puis, avec le renversement de la conjoncture à partir de 1460, une diminution nette et prolongée. La tendance séculaire des salaires réels calculés en pouvoir d'achat de céréales, dont les prix baissent, est incontestablement à la hausse ; elle permet une amélioration du niveau de vie moyen qui se traduit dans la diversification et l'enrichissement du régime alimentaire : du pain de froment, plus de viande et de vin. Mais cette hausse est irrégulière, modérée, grignotée par l'inflation et elle connaît de nombreux à-coups brutaux qui remettent en cause l'équilibre précaire du budget de chaque ménage, d'autant plus que le chômage est chronique. Elle est inégale, car l'écart salarial se creuse entre maîtres et valets, et temporaire, car le pouvoir d'achat des salariés s'effondre dans le dernier tiers du XVe siècle, de 50 % à Paris entre 1468 et 1502.

L'encadrement des activités artisanales par les métiers est renforcé, notamment dans le royaume de France où très progressivement le métier juré avec ses caractéristiques – hiérarchie, monopole, personnalité morale – se généralise à la quasi-totalité des catégories d'artisans de l'ensemble des villes. Pour assurer une meilleure qualité des produits et se protéger de la concurrence, les maîtres « ferment » les métiers ; ils se réservent la maîtrise en instaurant, sauf pour leurs fils, un barrage fiscal par l'élévation des droits d'entrée et l'obligation d'un chef-d'œuvre, onéreux à réaliser. Ils fixent aussi un *numerus clausus* pour les apprentis, limitent la durée du travail et augmentent leurs exigences vis-à-vis des apprentis et des valets qui tendent à devenir les serviteurs permanents des maîtres en échange d'une sécurité d'emploi.

Dans les révoltes « populaires » qui troublent bien des villes aux XIVe et XVe siècles, les revendications sociales et salariales priment, même si elles sont souvent occultées par des objectifs proprement politiques. En 1337, c'est aux cris de « travail et liberté » que les foulons de Gand s'ameutent. Les agitations, souvent de simples manifestations de mécontentement aux implications professionnelles, prennent la forme de *takehan* (Gand, 1337-1345) ou de *harelle* (Rouen, Saint-Quentin 1381-1382), c'est-à-dire de grèves ou de coups de main sur un atelier. Ces luttes connaissent trois phases paroxysmiques, la première dans les années 1280-1315, causée par des problèmes d'embauche dans une économie en récession, la deuxième entre 1351 et 1381, dominée par les revendications contre le blocage des salaires et la troisième au milieu du XVe siècle où les ouvriers réclament le droit au travail face au chômage croissant. Ces troubles, dont les salariés ne retirent guère d'avantages, ne dépassent le stade du soubresaut que si des transfuges du « patriciat » apportent aux éléments populaires l'appoint de leur crédit et la cohérence d'un programme. C'est le cas, par exemple, de Philip van Artevelde lors de la révolte gantoise de 1382.

Rapprochés par leur condition précaire, la lutte contre les maîtres, les loisirs qu'ils occupent en commun, la fréquentation du « marché aux hommes », les valets, qui, à partir de la fin du XIVe siècle, s'appellent compagnons, s'organisent dans ce climat social troublé. Face aux associations patronales que sont devenus les métiers, se constituent, dans la clandestinité, des associations ouvrières, les compagnonnages, sociétés initiatiques avec leurs rites et leur vocabulaire. La durée réduite des contrats de travail accentue la mobilité de la main-d'œuvre due à l'irrégularité de l'embauche ; le « tour de France » des compagnons devient une réalité au début du XVe siècle. Ces compagnons font toutefois figure de privilégiés, face aux nombreux travailleurs occasionnels qui représentent 60 % de la main-d'œuvre sur les chantiers parisiens et se retrouvent sur la place de grève pour louer leurs bras.

Une question « ouvrière » est née dont l'État commence à se préoccuper dans le but d'éviter le désordre et de contrôler les travailleurs, mais la pensée sociale reste pauvre et ne propose guère que des remèdes moraux.

Si la pauvreté marginalise, tous les pauvres ne sont pas des marginaux et il faut distinguer le pauvre qui vit de l'aumône de ses voisins et est assisté par des institutions charitables, le mendiant qui reçoit l'aumône sur un parcours déterminé et à la porte de l'église et le vagabond qui est rejeté. Toutefois, quand, pour la première fois en 1496, un vagabond est envoyé aux galères, l'exclusion, autrefois attachée à la race et à la religion, est devenue une affaire sociale. La solution de l'enfermement des pauvres qui se dessine se généralisera aux siècles suivants.

Multiplication des « pauvres » : de la charité à l'assistance

De tout temps, la ville sécrète sa propre misère et se nourrit de celle des campagnes avec l'arrivée des ruraux déracinés, attirés par l'espoir de trouver du travail et d'être secourus. Aux pauvres « structurels » – malades, infirmes, orphelins, veuves, vieux – s'ajoutent désormais de « nouveaux pauvres » victimes des disettes, du chômage, d'un revers de fortune. Leurs effectifs varient de 5 à 30 % de la population urbaine selon les circonstances ; ils augmentent fortement à partir des années 1460 avec la chute du niveau de vie des travailleurs et l'augmentation du chômage.

Le regard sur le pauvre change ; il suscite de plus en plus la crainte, de contagion d'abord, en période d'épidémie, et de désordre. La charité est de moins en moins perçue comme le devoir de tous, accompli par tous, mais de plus en plus comme une nécessité dont la collectivité se décharge sur les autorités. L'indigence devient un problème social et un souci politique.

Dans les décennies qui suivent la Grande Peste débute l'assistance publique aux pauvres sous la surveillance des autorités et la « municipalisation progressive de l'assistance tend vers une économie urbaine de la charité, accordant l'essentiel des ressources aux pauvres de la ville » (J. Rossiaud). Les municipalités suppriment leur « charité majeure » qui distribuait régulièrement des vivres, fondent de nouveaux hospices, surveillent et regroupent les institutions hospitalières traditionnelles jusque-là contrôlées par l'Église ; celles-ci peuvent d'autant moins suffire que leurs revenus sont affectés par la crise, alors même que la charité individuelle fléchit, comme le montre la diminution des legs aux pauvres dans les testaments.

ORDONNANCE SUR LES AUMÔNES DE LA VILLE IMPÉRIALE DE NUREMBERG (VERS 1370).

Cette ordonnance est l'un des premiers exemples de « municipalisation » de l'assistance dont sont exclus les vagabonds, les indigents étrangers et les gens en état de travailler.

1. Au sujet des vagabonds, des indigents et de tous les mendiants, il a été convenu :
2. Premièrement, personne ne doit mendier devant les églises ou dans la ville, et personne ne doit demander la charité dans les églises ou dans la ville à moins qu'il ne détienne le signe de la ville, et ce même signe sera attribué par Pignot Weigel au nom du conseil.
3. *Item*, on ne doit pas donner le signe à quelqu'un, ni laisser quelqu'un demander la charité ou mendier devant les églises s'il n'a pas présenté audit Pignot au moins deux ou trois hommes attestant sous serment qu'il avait besoin de l'aumône. Mais si ledit Pignot pense que ce sont là des gens susceptibles de migrer ou aptes à travailler et qui n'ont pas besoin de l'aumône, on ne doit pas les autoriser à demander la charité, ni leur donner un signe. [...]
5. *Item*, dans toutes les églises, les mendiants doivent se tenir ou s'asseoir des deux côtés, vers la porte où l'on entre et sort le plus souvent des églises ; les mendiants ne doivent pas demander la charité vers les autels ni ailleurs dans les églises, et les sacristains et les sergents doivent les en empêcher s'ils enfreignent cela.
6. Pignot Weigel convoquera les mendiants le jour de la Saint-Michel et le jour de la Saint-Walbourg. Il donnera le signe, mais seulement pour un semestre à celui qui est dans le besoin et qui produit devant lui deux ou trois témoins attestant sous serment que l'homme est dans le besoin. Par contre, Pignot prendra le signe de celui qui n'est pas dans le besoin et lui fera prêter sur sa foi le serment d'être de la ville pendant un an et de ne plus demander ensuite la charité sans l'accord de Weigel.
7. *Item*, on doit inscrire dans un livre le nom de celui auquel Pignot Weigel donne un signe. [...]
9. *Item*, si des vagabonds ou des indigents étrangers viennent et restent ici plus de trois jours, on doit les empêcher de demander la charité et les exclure de la ville pendant un an.
10. *Item*, si quelqu'un du conseil apprend que la nourriture des pauvres gens s'amenuise par le fait des lois et règlements écrits ci-dessus, il doit le faire savoir au conseil et on doit revenir sur ces décisions en conseil pour que cela ne soit pas trop dur pour les pauvres gens. »

Willi Ruger, *Mittelalterliches Almosenwesen. Die Almosenordnungen des Reichsstadt Nurnberg*, Nuremberg, 1932 (trad. Laurence Buchholzer).

Après une incontestable amélioration au plus fort des épreuves, la situation des humbles citadins s'est profondément dégradée à la fin du XVe siècle. À ce moment, la mobilité sociale s'est considérablement réduite, les privilégiés de la naissance et de la fortune tendent à créer des dynasties, les exclus se multiplient : vagabonds de la ville, valets de la maîtrise, étudiants pauvres de l'Université où les bourses sont de plus en plus rares, prostituées reléguées dans des « maisons ».

bibliographie

CHEVALIER Bernard, *Les Bonnes Villes de France du XIVe au XVIe siècle*, Paris, Aubier-Montaigne, 1982.

MOLLAT Michel, *Les Pauvres au Moyen Âge, étude sociale*, Paris, Hachette, 1978.

Naissance de l'État moderne

La souveraineté se développe dans le cadre des royaumes à la faveur de l'effacement durable des pouvoirs universels des empereurs et des papes, qui résulte des échecs successifs de Frédéric II (mort en 1250) puis de Boniface VIII (mort en 1303), et de la grave crise du Grand Schisme (1378-1417) qui partage la chrétienté entre deux obédiences. Des troubles politiques endémiques débouchant sur des guerres civiles qui s'internationalisent ébranlent les monarchies mais, dans le même temps, contribuent à l'émergence de l'État « moderne » en Europe occidentale.

La guerre : composante structurelle et obligatoire de l'État en gestation ?

L'enfantement de l'État se fait dans et par la guerre dont la permanence et l'intensification dans tout l'Occident caractérisent les XIVe et XVe siècles. La fameuse guerre de Cent Ans en est le symbole. La guerre s'impose au prince quand il prend conscience de sa mission pour faire régner l'ordre, la paix et la justice pour le bien commun car cette mission implique l'usage de la force, pour défendre ou accroître son aire d'influence et pour affirmer son pouvoir contesté à l'extérieur ou à l'intérieur.

L'originalité de la guerre d'État par rapport à la guerre féodale se manifeste par plusieurs caractéristiques. Elle met en jeu des effectifs de plus en plus nombreux pour des périodes plus longues, induisant la « professionnalisation » des combattants qui ne concerne plus le seul groupe des mercenaires dont le nombre augmente très sensiblement. Le soldat est ainsi réinventé. Des armées contractuelles prennent le pas sur les armées de vassaux qui accomplissent leur service d'aide ; à leur tête, un capitaine (noble ou non) qui constitue une « route » ou « retenue » en retenant par une solde des hommes qu'il loue au plus offrant. Sur ce modèle, Charles VII va organiser, en 1445, la première armée professionnelle permanente, les compagnies d'ordonnance, forte de 9 000 hommes. L'introduction de l'artillerie et des armes à feu individuelles (arquebuses) professionnalise encore davantage la guerre qui obéit à des codes stricts.

Les affrontements sont présentés comme des guerres « justes », nées de l'application de principes juridiques fondamentaux. La guerre devient une fonction spécifique de l'État ; seule celle décidée et menée en son nom est licite, les autres sont privées et donc condamnées.

Cette guerre conduit à l'assimilation ennemi-étranger et favorise ainsi l'émergence du sentiment national et du patriotisme, fait majeur dans l'histoire politique européenne de cette fin du Moyen Âge. L'étonnante épopée de Jeanne d'Arc en est la manifestation emblématique ; elle témoigne de cette fidélité au prince, devenu le symbole de la résistance à l'ennemi et le fédérateur de la nation. Les querelles entre monarques sont désormais des questions internationales. Les souverains exploitent ce sentiment naissant en faisant rédiger des « histoires nationales » pour donner des racines communes, mythiques, à leurs sujets.

Si la guerre favorise les désordres, elle justifie des mesures exceptionnelles et la victoire militaire, habilement exploitée, renforce l'État en réduisant les oppositions internes, en accroissant le prestige du prince, en suscitant l'adhésion de tous ceux à qui la guerre profite.

L'apparition de l'impôt national « consenti » et le temps du dialogue

La guerre justifie et provoque le prélèvement d'État car le roi ne « peut plus vivre du sien » et payer sur le produit de son domaine les lourdes dépenses militaires – soldes des troupes, construction et entretien

LA LEVÉE D'UN IMPÔT ROYAL AU PUY-EN-VELAY EN 1378.

Les enjeux sociaux de l'assiette fiscale de l'impôt octroyé par les États de langue d'Oc sont clairement mis en lumière par les habitants du Puy qui se révoltent pour la changer.

« Louis d'Anjou, lieutenant du roi dans les parties de langue d'Oc [...]. Il nous a été signifié de la part des consuls et de notables personnes de la cité du Puy que, récemment, sur notre ordre exprès [...] avaient été convoqués les officiers royaux et de la cour commune de cette cité, ainsi que les consuls, plusieurs bourgeois, notaires et autres personnes notables, pour exécuter diligemment notre mandement, c'est-à-dire pour imposer un fournage, le quart du vin et d'autres contributions accordées pour la défense du royaume par les communautés de la langue d'Oc, lors du dernier conseil tenu par nous avec elles. Cet accord s'était fait pour l'évidente utilité de ces communautés, et surtout de leurs pauvres et misérables habitants, qui n'ont pas de quoi supporter les subsides royaux ou fouages habituellement levés jusqu'ici, ainsi que ces communautés nous l'ont plusieurs fois expliqué.

[...] durant la célébration de la messe, [...] devant l'image de la sainte Vierge, de nombreuses personnes de la cité s'écrièrent à haute voix : "Bienheureuse Vierge Marie, secours-nous ! Comment vivrons-nous [...], puisque nous ne pourrons pas supporter les très lourds impôts établis à notre préjudice sous l'influence des riches et pour leur dégrèvement ?" »

Devic et Vaissète, *Histoire du Languedoc*, t. X, preuve 636, trad. D. Menjot.

des fortifications –, auxquelles s'ajoutent les émoluments de ses officiers, dont le nombre croît, et les frais de représentation.

Dans tous les royaumes, à commencer par la Castille, se met donc en place, à partir du dernier tiers du XIIIe siècle, une fiscalité nouvelle, qui va devenir progressivement régulière. En France, elle comprend la gabelle du sel, des aides (taxes indirectes) sur la circulation et la vente des produits et un impôt direct par foyer (fouage), supprimé en 1380, et rétabli sous le nom de taille royale, dont la noblesse est exemptée.

La fiscalité d'État diffère des autres types d'impôt seigneuriaux levés jusqu'alors, car le roi taxe l'ensemble de ses sujets, et non plus seulement ses hommes, substituant ainsi à la notion de fidélité personnelle une entité abstraite, le royaume. Le système politique s'en trouve complètement bouleversé car l'impôt doit être consenti et négocié et, faute de moyens coercitifs, il nécessite le développement d'assemblées « représentatives », qui vont légitimer les demandes royales. Leur apogée se situe entre le milieu du XIVe siècle et les premières décennies du XVe siècle où la fiscalité est devenue ordinaire. Si elles s'avèrent impuissantes à limiter le pouvoir du roi, ou à infléchir sa politique, elles font apparaître les notions de responsabilité, majorité, représentativité et société politique. L'impôt va, par ailleurs, contribuer à la définition de l'espace national et à sa protection avec les droits de douane.

L'affirmation de la souveraineté monarchique

S'inspirant de sources variées (Bible, philosophes de l'Antiquité, Pères de l'Église, clercs du haut Moyen Âge) les théologiens, juristes et ecclésiastiques, qui se pressent parmi les meilleurs serviteurs de la monarchie, théorisent la souveraineté royale et élaborent des constructions idéologiques, particulièrement développées en France au moment de la lutte de Philippe le Bel et Boniface VIII. Les légistes royaux avancent alors la théorie de la *majestas* du souverain « empereur en son royaume ». De nombreux traités politiques de propagande et de justification la reprennent et l'enrichissent : *Songe du Verger* (1378), *Livre des faits et bonnes mœurs du sage roi Charles V*, de Christine de Pisan (1404). Le roi est présenté comme l'élu de Dieu, son pouvoir n'a pas de limite ; il dispose seul de la capacité de châtier et de gracier ; on redécouvre le crime de lèse-majesté. La propagande royale multiplie les signes de cette majesté en développant des cérémonies à grand spectacle destinées à marquer les populations : couronnements, sacres, funérailles et entrées royales, minutieusement réglées dans les villes du royaume à l'occasion des déplacements royaux.

Lentement, progressivement, inégalement, les souverains renforcent leurs moyens de gouvernement. Au niveau central, les services se spécialisent. À Paris, le Conseil du roi se scinde en plusieurs organismes : Cour des comptes (1320), Parlement (justice) et Conseil royal qui garde la fonction politique et dont la moitié des membres n'appartient plus aux groupes privilégiés sous Louis XI ; la chancellerie royale se développe et passe de dix notaires-secrétaires à la fin du XIIIe siècle à cent vingt à la fin du XVe siècle. Au niveau territorial, l'administration s'étoffe. En France, les baillis sont entourés d'un lieutenant, d'un capitaine, d'un receveur et d'un juge-mage.

Ce développement de l'appareil d'État entraîne celui d'une nouvelle catégorie sociale, celle des officiers. Originaires de différents milieux, notamment de la petite et moyenne noblesse, elle doit sa fortune à l'État, mais aussi à sa culture et à ses compétences professionnelles, acquises dans les facultés de droit.

Entrée de Charles VII à Rouen (1449).
Sous un dais, comme le saint sacrement, le roi parcourt la ville en une procession grandiose qui est l'occasion de glorifier la monarchie, de justifier la politique royale, d'exalter le sentiment monarchique et de marquer l'unité de la population urbaine autour du souverain et des magistrats municipaux.

« L'impuissance de la classe dominante à assurer la continuité du prélèvement seigneurial » fait naître au moyen de la guerre « un État, entité abstraite, qui, bien que personnifié par le souverain, impose sa légitimité à l'ensemble de la société politique » (J.-Ph. Genêt). Ce processus de création, long et complexe, s'amorce entre 1260 et 1360 puis se consolide et se diffuse dans les monarchies et les principautés d'Europe occidentale, France, Angleterre, Castille, Aragon, Navarre, Portugal, Bourgogne, Bretagne, Savoie, État pontifical, États régionaux d'Italie et d'Allemagne.

bibliographie

GENÊT Jean-Philippe (éd.), *L'État moderne : genèse, bilans et perspectives*, Paris, CNRS, 1990.

L'Europe en 1492

Il serait tout à fait arbitraire de fixer à une date précise la fin du Moyen Âge occidental dont les historiens soulignent désormais les prolongements à l'époque dite moderne. Toutefois, 1492, par sa valeur symbolique et ses conséquences, mérite de faire date dans l'histoire universelle. Elle peut être l'occasion de faire un tableau de l'Europe politique après un millénaire d'histoire.

Une conjonction d'événements espagnols lourds de conséquences

Le 2 janvier, après dix ans de guerre, les Rois Catholiques entrent à Grenade et annexent le dernier État musulman de la péninsule Ibérique. Achevant ainsi la Reconquista, ils mettent fin définitivement à près de huit siècles de présence musulmane en Occident. En mars, quand ils expulsent les juifs de leurs royaumes, l'Espagne des trois religions a vécu. Six mois plus tard, Christophe Colomb, financé par la reine de Castille, atteint l'île de San Salvador et découvre le continent amérindien. La même année, l'humaniste castillan Antonio de Nebrija fait paraître sa grammaire castillane, première grammaire en langue vernaculaire en Occident.

« Cette unité de temps et de lieu n'est nullement un caprice de l'histoire » (B. Vincent), car les Rois Catholiques bénéficient d'une conjoncture économique et politique favorable. Le mariage d'Isabelle de Castille et de Ferdinand d'Aragon, en 1469, a scellé l'union personnelle et dynastique des deux plus vastes et plus puissants royaumes péninsulaires : la Castille et l'Aragon. Le premier, plus peuplé et plus homogène, est un État moderne dont Isabelle a renforcé les moyens de gouvernement et qui connaît une vive croissance depuis le milieu du XVe siècle (élevage ovin, production céréalière, industrie textile). Le second est une confédération formée de la Catalogne, des royaumes d'Aragon, de Valence, de Majorque et d'un « empire méditerranéen » (Sicile, Sardaigne, royaume de Naples). Les souverains ont su mobiliser leurs sujets, à commencer par la noblesse, dans la grande entreprise collective et populaire de conquête de Grenade, puis du Nouveau Monde. Depuis 1479, ils possèdent les Canaries qui constituent un laboratoire d'expériences maritimes et coloniales et une escale idéale sur la route de l'Amérique.

L'affirmation des États monarchiques nationaux en Europe occidentale

À côté de l'Espagne, trois autres monarchies, la France, l'Angleterre et le Portugal, s'affirment en Europe occidentale après des décennies de luttes extérieures et intérieures. Centralisées, administrées et fiscalisées, elles se veulent nationales et ont domestiqué, en les intégrant à l'appareil d'État, leurs noblesses qui ne tentent plus de constituer des principautés. Les traités de paix signés en 1492-1493 entre les rois de France, d'Angleterre, d'Aragon et l'empereur Maximilien établissent un équilibre fragile en Europe.

À l'avènement du règne personnel de Charles VIII, en 1492, le royaume de France est le plus peuplé et le plus vaste ; après les désastres de la guerre de Cent Ans, il achève sa reconstruction, commencée avec Charles VII et l'épopée de Jeanne d'Arc. Il a absorbé pratiquement toutes les principautés qui s'étaient multipliées et avaient développé leur autonomie à l'occasion des troubles ; depuis la mort du Bourguignon Charles le Téméraire en 1477, il s'est agrandi de plus de 50 000 km^2, grâce surtout aux annexions de Louis XI. L'Angleterre sort de la guerre des Deux-Roses (1455-1485) très affaiblie avec moins de 3 millions d'habitants. La famille des Tudors, qui accède au trône, est britannique, elle affirme son caractère national et renonce à ses prétentions françaises ; l'Écosse lui échappe avec un roi national de la dynastie des Stuarts. Le Portugal, qui n'a pas eu à souffrir de guerre sur son territoire, s'est résolument lancé dans l'aventure océanique ; au XVe siècle, ses marins ont exploré la côte occidentale de l'Afrique, découvert les îles du Cap-Vert, colonisé Madère et les Açores. Ses marchands sont présents sur toutes les places commerciales internationales.

Face à ces monarchies, les États italiens pèsent politiquement et militairement peu, mais leur richesse et l'éclat culturel et artistique de leur *Quattrocento* continuent à attiser les convoitises de leurs voisins français et espagnols. Divisée en deux par l'État pontifical, la Péninsule reste morcelée entre un Sud unifié et monarchique, représenté par le royaume de Naples et de Sicile aux mains des Aragonais, le Centre et le Nord divisés en États régionaux que les grands centres commerciaux sont parvenus à constituer. Ils sont gouvernés soit par une « commune » oligarchique comme à Venise, soit de plus en plus par un « seigneur », dont le triomphe s'explique par le processus d'aristocratisation et de « reseigneurialisation » de la société. La paix de

Lodi, qui en 1455 établit un équilibre fragile entre les cinq principales puissances, Milan, Florence, Rome, Naples et Venise, est rompue en 1495 par Charles VIII lorsqu'il lance l'expédition de Naples qui ouvre les guerres d'Italie.

L'émergence de nouvelles puissances en Europe centrale et orientale

Le Saint Empire romain germanique garde un certain prestige international mais il est morcelé en une nébuleuse de principautés laïques et ecclésiatiques et de villes-libres. Son chef, élu depuis la Bulle d'Or (1356) par sept princes allemands, ne dispose pas de réels moyens de pouvoir et sa puissance repose sur les ressources de sa propre principauté. La puissance des Habsbourg émerge avec Maximilien qui unifie, en 1493, son patrimoine autrichien avec l'héritage bourguignon de son épouse, fille de Charles le Téméraire, qui comprend les douze provinces des Pays-Bas, riches et urbanisées, mais sans aucune unité politique ; son héritier Philippe le Beau épouse l'héritière des Rois Catholiques, Jeanne.

L'affaiblissement du Saint Empire, l'arrêt de l'expansion allemande avec l'affaiblissement des chevaliers Teutoniques après 1410, la décadence des Mongols à la mort de Tamerlan en 1405 permettent en Scandinavie, en Hongrie et dans les pays slaves l'émergence de monarchies aux frontières floues et mouvantes et aux pouvoirs faibles. L'autorité y est en effet détenue par des oligarchies nobiliaires toutes-puissantes qui se sont constituées des grands domaines céréaliers et ont affermi leur domination sur la paysannerie, réduite en servage. En 1492, à la mort de Casimir IV Jagellon, ses trois fils règnent sur trois royaumes qui, s'étendant de la Baltique à la mer Noire et de la Silésie à la Moscovie, comprennent la Pologne, la Lituanie, la Bohême et la Hongrie.

Plus au nord naît le grand-duché de Moscovie qu'Ivan III (1462-1505) gouverne fermement. Cet État russe se présente comme l'héritier naturel de Byzance, la « Troisième Rome » – Ivan prend en 1498 le titre de tsar dérivé de *Cæsar* – et le défenseur des chrétiens orthodoxes contre les Turcs.

En Europe sud-orientale, la grande puissance est incontestablement celle des Turcs ottomans. Ils ont mis définitivement fin à l'Empire byzantin en prenant Constantinople en 1453, dont ils font leur capitale, et contrôlent un vaste espace qui recouvre une partie des Balkans et de l'Europe centrale ; ils ont fermé aux Européens les routes de l'Orient et leur expansion qui se poursuit vers l'Italie et la Hongrie apparaît pour la chrétienté comme une menace jusque dans son existence. La puissance de l'Empire ottoman, État multiethnique et multiconfessionnel, doté de structures stables et d'une solide administration, dirigée par un vizir, repose sur une armée permanente formée principalement d'un corps d'élite de fantassins (les janissaires), équipés seulement d'armes offensives (arcs, lances, cimeterres) et d'une artillerie ; sa marine affirme sa supériorité en Méditerranée.

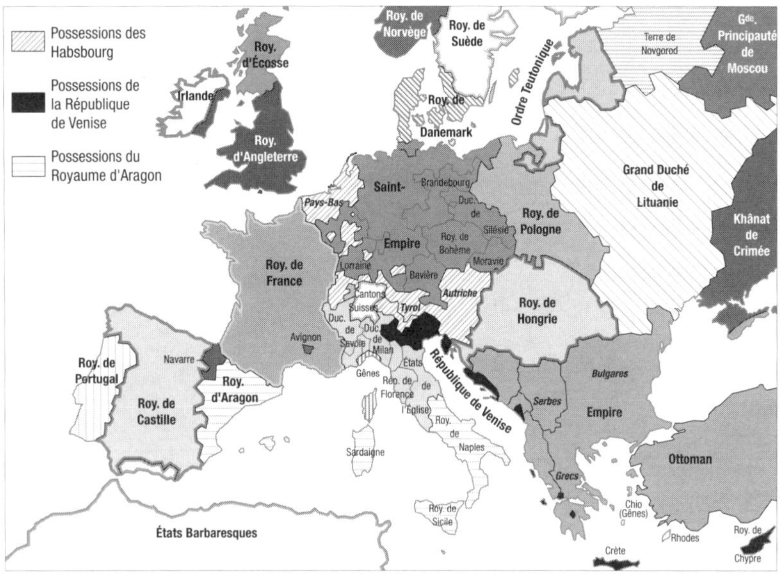

L'Europe politique en 1492.

Quelles que soient les commémorations centennales de 1492 – Colomb découvreur de l'Amérique et trait d'union entre l'Ancien et le Nouveau Monde en 1892, rencontre des deux mondes ou génocide des Indiens en 1992 –, cette date marque le début de l'unification du monde. Le Moyen Âge lègue à l'époque moderne une Europe christianisée, en profondeur semble-t-il, recentrée vers le nord-ouest et dont le savoir est toujours fondé sur l'Antiquité, le régime seigneurial, un dense tissu urbain et villageois, des appareils d'État et des techniques agricoles, artisanales et commerciales qui sont à la base du capitalisme.

b*ibliographie*

BALARD Michel, BOULÈGUE Jean, DUTEIL Jean-Pierre, MUCHEMBLED Robert, *Les Civilisations du monde vers 1492*, Paris, Hachette, coll. « Carré Histoire », 1997.

MARTINIÈRE Guy, VARELA Consuelo (dir.), *L'État du monde en 1492*, Paris, La Découverte, 1992.

VINCENT Bernard, *1492, « l'Année admirable »*, Paris, Aubier, 1991.

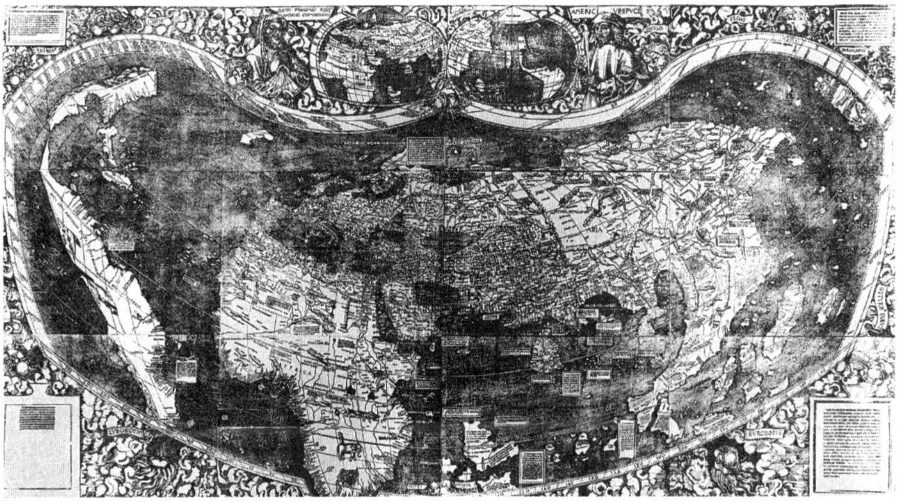

Les temps modernes

Benoît Garnot

Professeur d'histoire moderne à l'université de Bourgogne

bibliographie

■ BAYARD Françoise, GUIGNET Philippe, *L'Économie française aux XVIe, XVIIe, XVIIIe siècles*, Paris, Ophrys, coll. « Synthèse-Histoire », 2e éd., 1994.

■ BÉLY Lucien (dir.), *Dictionnaire de l'Ancien Régime*, Paris, PUF, 1996.

■ CONSTANT Jean-Marie, *La Société française aux XVIe, XVIIe, XVIIIe siècles*, Paris, Ophrys, coll. « Synthèse-Histoire », 1994.

■ CORNETTE Joël, *L'Affirmation de l'État absolu, 1515-1652*, Paris, Hachette, coll. « Carré Histoire », 1993.

■ CORNETTE Joël, *Absolutisme et Lumières, 1652-1783*, Paris, Hachette, coll. « Carré Histoire », 1993.

■ COTTRET Bernard et Monique, *Histoire politique de l'Europe, XVIe, XVIIe, XVIIIe siècles*, Paris, Ophrys, coll. « Synthèse-Histoire », 1996.

■ COTTRET Monique, *La Vie politique en France aux XVIe, XVIIe, XVIIIe siècles*, Paris, Ophrys, coll. « Synthèse-Histoire », 1991.

■ CROIX Alain, QUÉNIART Jean, *Histoire culturelle de la France*, t. II, « De la Renaissance à l'aube des Lumières », Paris, Seuil, 1997.

■ DEREGNAUCOURT Gilles, POTON Didier, *La Vie religieuse en France aux XVIe, XVIIe, XVIIIe siècles*, Paris, Ophrys, coll. « Synthèse-Histoire », 1994.

■ EMMANUELLI François-Xavier, *État et pouvoirs dans la France des XVIe-XVIIIe siècles. La métamorphose inachevée*, Paris, Nathan-Université, coll. « Fac. Histoire », 1992.

■ DUPÂQUIER Jacques (dir.), *Histoire de la population française*, t. II, « De la Renaissance à 1789 », Paris, PUF, 1988.

■ GARNOT Benoît, *Sociétés, cultures et genres de vie dans la France moderne (XVIe-XVIIIe siècle)*, Paris, Hachette, coll. « Carré Histoire », 5e éd., 1996.

■ MEYER Jean, *L'Europe et la conquête du monde*, Paris, Armand Colin, coll. « U », 1990.

■ MUCHEMBLED Robert, *Société, cultures et mentalités dans la France moderne*, Paris, Armand Colin, coll. « Cursus », 2e éd., 1994.

Le XVIe siècle ouvre traditionnellement pour les historiens français la période des temps modernes, qui s'achève en 1789 avec la Révolution. Certains contemporains, comme Rabelais, pensent vivre une ère nouvelle qui marque la fin du Moyen Âge. Le XVIe siècle constitue pour les Européens une époque de mouvement, de transformation, de renouvellement, de création. Quelques pays d'Europe découvrent, exploitent et se partagent le monde.

Les connaissances et les sensibilités sont modifiées en profondeur par les grandes découvertes, par l'humanisme, qui se répand dans toute l'Europe grâce à l'imprimerie, et par la Renaissance artistique.

La crise religieuse débouche sur les Réformes protestante et catholique, et sur les troubles politiques qui en découlent. Les États eux-mêmes n'échappent pas aux changements, avec l'affirmation des nationalismes naissants et de l'absolutisme montant. En 1600, l'Europe présente un visage très différent de celui qu'elle avait un siècle auparavant. Pour autant, l'historiographie récente a montré que ces bouleversements se situaient davantage dans le prolongement du Moyen Âge finissant qu'en opposition à celui-ci.

L'Europe des XVIIe et XVIIIe siècles ne peut se ramener à des images simples, pas même à celle du Roi-Soleil. Si les structures démographiques et économiques ne se modifient guère en profondeur, les mutations des mentalités et des manières de vivre sont beaucoup plus nettes, surtout au XVIIIe siècle, tandis que des modèles politiques nouveaux, aux modalités diverses, s'affirment tardivement face à l'absolutisme. À l'échelle mondiale, l'Europe, par son dynamisme, affirme progressivement une supériorité, surtout économique, mais aussi culturelle, sur les autres civilisations qui tendent à se replier sur elles-mêmes.

À l'échelle européenne, le rayonnement culturel de la France s'affirme avec éclat : c'est le triomphe des Lumières dont les philosophes exaltent les capacités de l'homme à comprendre et à maîtriser la nature.

L'Europe à la conquête du monde

De 1415 à 1522, pour des raisons économiques, mais aussi religieuses, les Européens cherchent une route maritime directe vers l'Asie. Ils parcourent tous les océans, découvrant des continents et des pays qui leur étaient jusqu'alors inconnus. Les bouleversements politiques, économiques et culturels qui en découlent sont considérables.

L'élargissement de l'horizon des Européens

C'est l'adoption, au cours du XVe siècle, d'innovations techniques venues pour la plupart d'Asie (boussole, astrolabe, connaissances astronomiques...) qui permet aux Européens des entreprises maritimes plus audacieuses. La caravelle est un navire de petite taille rapide et léger, mais à bordage élevé, la caraque est à l'inverse un véritable magasin flottant, tandis que le galion, compromis entre caravelle et caraque, peut assurer de longues liaisons commerciales. La carte nautique graduée en latitude apparaît au XVe siècle, et plus tardivement le loch. Il devient donc possible techniquement d'atteindre l'Asie par l'ouest, pour y chercher les épices sans passer par des intermédiaires. C'est ce à quoi s'emploient les Espagnols, interdits en 1479 par le traité d'Alcaçovas des routes d'Afrique déjà contrôlées par les Portugais.

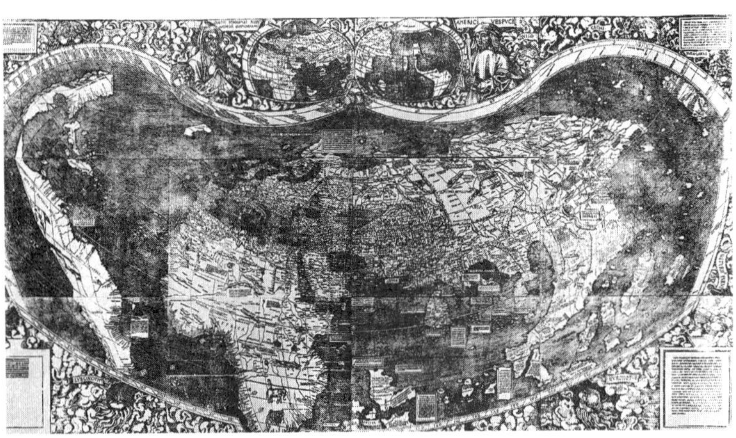

L'Amérique vue par les Européens.
Le planisphère de Waldsenmütter (1507), l'un des premiers représentant le continent américain, montre la vision tronquée que les Européens avaient de l'Amérique peu après sa découverte.

Pendant les années qui suivent la découverte en 1492 par Christophe Colomb de ce qui se révélera être un continent nouveau, la recherche d'un passage vers l'Asie conduit rapidement à la découverte des côtes de l'Amérique centrale, de la Colombie, du Venezuela, de La Plata et de la Patagonie, et à l'ouverture sur l'océan Indien par Vasco de Gama, tandis qu'Anglais, Français et Portugais explorent les côtes septentrionales de l'Amérique. En 1519-1521, l'expédition commandée par Magellan, un Portugais au service de l'Espagne, réalise le premier tour du monde. Mais cette route est trop longue pour remplacer celle qui contourne l'Afrique.

Cortès s'empare du Mexique en moins de cinq ans à partir de 1519, et Pizarre du Pérou en 1531-1534, bénéficiant de l'écart technique considérable entre les conquistadores et les Amérindiens, et des divisions politiques locales. Les Français reconnaissent le Saint-Laurent dans les années 1530 avec Jacques Cartier et s'intéressent ensuite à la Floride, tandis que les Anglais s'installent un peu plus tard en Virginie et en Nouvelle-Angleterre. Les Caraïbes, largement abandonnées par les colons espagnols, passent alors sous la coupe des corsaires et des pirates français, anglais et néerlandais.

Le bouleversement des civilisations découvertes

Sauf sur ses marges, l'Afrique est à peine touchée économiquement et politiquement par l'expansion européenne. Mais les conséquences démographiques de la colonisation américaine sont à l'origine de la traite, qui dépeuple une partie du continent et affaiblit son économie.

En Asie, les conséquences de l'expansion européenne sont presque exclusivement d'ordre commercial. Dès leur arrivée, les Portugais s'immiscent dans le commerce organisé autour des épices, des métaux précieux et de l'or, établissant leur premier comptoir à Cochin, sur la côte de Malabar, en 1500 ; s'ils deviennent rapidement les maîtres de la mer, ils n'ont pas les moyens d'occuper les royaumes de la région et se contentent de nombreux comptoirs fortifiés le long des côtes (Sofala en Afrique orientale, Goa en Inde, Malacca en Insulinde, Macao en Chine). Les Néerlandais s'aventurent à leur tour sur la route des Indes orientales dans la décennie 1590, installant leurs premiers comptoirs en Insulinde et s'emparant progressivement des comptoirs portugais, à l'exception de Goa et de Macao. Au total, l'arrivée des Européens dans l'océan Indien ne détourne que 7 à 8 % de la production d'épices vers la route du Cap, et les civilisations indienne, chinoise et japonaise sont à peine touchées.

Il en va autrement en Amérique, qui connaît un bouleversement démographique, politique, économique, social et culturel. L'arrivée des Espagnols déclenche dans les Caraïbes, au Mexique et au Pérou un choc microbien et une catastrophe démographique ; l'immigration européenne étant faible, notamment en Amérique espagnole et en Nouvelle-France (on ne rencontre de véritables colonies de peuplement qu'en Nouvelle-Angleterre avec les puritains), les grandes exploitations de Virginie, des Antilles et du Brésil ne fonctionnent qu'avec un apport massif de millions d'esclaves originaires d'Afrique. Après la disparition très rapide des anciens États, l'Amérique espagnole est dirigée depuis Mexico et Lima par deux vice-rois très dépendants de Madrid, tandis que les colonies anglaises de Nouvelle-Angleterre bénéficient d'une large autonomie vis-à-vis de la Couronne, qui s'intéresse surtout à la colonisation plus méridionale, et que la Nouvelle-France est dotée d'un intendant, à l'image des provinces de la métropole.

L'exploitation économique de l'Amérique est d'abord fondée sur la recherche de l'or, trouvé dans le pillage des trésors des Amérindiens, puis dans l'exploitation des placers aurifères ; elle est supplantée, dès les années 1530, par l'argent du Potosi au Pérou et de Zacatecas au Mexique. Les grandes exploitations, qui cultivent la canne à sucre dans les Antilles et au Brésil, et le tabac en Caroline, sont plus tardives, mais elles deviennent vite la principale source de richesse des colonies américaines ; elles appartiennent à de grands propriétaires d'origine européenne, les populations indigènes étant partout réduites à une position sociale subalterne. Elles subissent en même temps une immense entreprise d'acculturation, surtout religieuse, dont le succès est mitigé : les conversions sont superficielles, en raison de la résistance des Indiens au christianisme.

Les conséquences de l'expansion européenne en Europe

En Europe, les conséquences des grandes découvertes et de la colonisation sont surtout d'ordre économique. L'exploitation commerciale est organisée soit par des compagnies, comme la *V.O.C.* néerlandaise, soit par l'État, en particulier en Espagne avec la *Casa de contratacion*, qui assure le monopole du port de Séville et qui organise chaque année la rotation d'un double convoi avec les ports américains. Parti le premier dans la course aux découvertes, le Portugal en tire vite des profits considérables, voyant doubler ses ressources grâce aux arrivages d'or en provenance du comptoir de la Mina. Les rois d'Espagne touchent le revenu du quint, soit un cinquième de la production minière, qu'ils mettent au service de leur politique étrangère et qui leur permet d'exercer la prépondérance en Europe. Globalement, l'apport de la colonisation à l'économie européenne ne doit pourtant pas être surestimé. Mais bien que minime en quantité, cet apport a un impact décisif, en particulier parce que l'arrivée massive de métaux précieux alimente l'inflation et contribue ainsi à l'expansion économique.

Les conséquences des grandes découvertes concernent aussi les manières de vivre et les mentalités des Européens. Par l'implantation en Europe de nouveaux produits, essentiellement des plantes acclimatées (pommes de terre, tomates, haricots, maïs, etc.) ou importées (coton, café, canne à sucre, cacao) et des animaux d'élevage, elles contribuent à transformer la vie paysanne et les habitudes de consommation. La confrontation avec des civilisations différentes suscite des débats intellectuels (par exemple sur le thème du « bon sauvage »), tandis que les méthodes mêmes de la colonisation sont contestées, en particulier par Las Cases, et par d'autres à sa suite comme Montaigne.

LES INDES NÉERLANDAISES VUES PAR UN VOYAGEUR, VERS 1630.

Les Indes néerlandaises sont une colonie de plantation, contrôlée par la Compagnie des Indes orientales.

« Les îles de Banda sont fertiles, surtout en noix muscades et en macis, fruits qui ne se trouvent en aucun autre endroit des Indes. Ainsi on ne peut avoir cette sorte de marchandise en Europe que dans les mains de la Compagnie, car l'infidélité, les trahisons, les meurtres commis par les habitants, lui ont donné lieu d'user de représailles contre eux et elle a été obligée de les disperser, en sorte qu'il n'en est point demeuré et que ce qu'il y a de gens sont des peuplades qu'elle y a faites, par le moyen desquelles elle est en possession de tous les pays qui produisent ces excellentes épiceries.

Pour faire entretenir les arbres, cultiver les terres et peupler ces îles, la Compagnie fait partager le terrain en vergers qu'elle distribue aux bourgeois hollandais, en donnant à chacun à portion ce qu'il a d'esclaves pour les cultiver. Tout ce qu'ils recueillent, ils sont obligés de le porter au comptoir, où on leur paye à sept sous la livre de macis, et à un sou ou un peu moins la livre de noix de muscade [...]. Il y a aussi des Maures qui vivent dans la soumission requise, qui ont des vergers. »

Renneville, *Recueil des voyages qui ont servi à l'établissement et aux progrès de la Compagnie des Indes orientales...*, Amsterdam, 1706, vol. V.

Si les grandes découvertes ont bouleversé la vie des populations concernées, elles ont aussi contribué à modifier profondément celle des Européens. Elles ont donné naissance aux immenses empires coloniaux de l'Espagne et du Portugal, et ont mondialisé l'histoire politique et économique.

bibliographie

MAURO Frédéric, *L'Expansion européenne : 1600-1870*, Paris, PUF, coll. « Nouvelle Clio », 1991.

La « révolution » culturelle et artistique

En essayant d'organiser la vie de l'homme selon un nouvel ordre de valeurs, l'humanisme et la Renaissance entraînent des bouleversements profonds de la pensée et de l'esthétique. Préparée par les courants de la pensée médiévale, mais s'affirmant radicalement différente, la révolution spirituelle, culturelle et artistique du XVIe siècle veut rompre avec l'époque qui l'a précédée, considérée à tort comme obscure et barbare. Elle est caractérisée par un effort à la fois individuel et social pour mettre en valeur l'homme apte à maîtriser le monde grâce à la connaissance et à sa dignité.

L'humanisme

L'humanisme prend sa source à la fois dans l'héritage médiéval et dans la redécouverte de l'Antiquité. S'opposant au thomisme, inspiré par Aristote, qui proclamait l'unité profonde de la vérité et l'accord nécessaire de la foi (connaissance révélée) et de la raison (connaissance élaborée), le nominalisme de Guillaume d'Occam (1280-1349) avait introduit un divorce total entre l'une et l'autre, et abouti à une crise profonde de la pensée, réduite aux discussions creuses de la scolastique : les humanistes se caractérisent tout d'abord par leur hostilité à cette dernière. La source vive de leur pensée est fournie par la redécouverte des œuvres de l'Antiquité, qu'il s'agisse des livres restitués par une véritable philologie, en particulier ceux de Platon et d'Averroes (1126-1189), de l'art avec les premières fouilles, ou bien encore de la science et de la technique antiques. La philosophie de l'humanisme, mise en forme notamment par Marsile Ficin (1433-1499) dans la *Theologia platonica*, est un néo-platonisme : l'homme est à la fois âme immortelle et image de Dieu, mais également matière et pesanteur corporelle ; sa vocation est de passer du monde des apparences sensibles à l'intelligence des idées, par les sens, par la raison déductive ou par la contemplation. En étudiant l'homme, on étudie le miroir même de Dieu : en ce sens, l'humanisme est une exaltation de la *dignitas hominis* comme moyen et comme finalité.

Née en Italie à la fin du XVe siècle et au début du XVIe siècle, la pensée humaniste se répand ensuite à travers l'Europe. L'imprimerie, inventée en Europe vers 1450, totalement au point vers 1500, permet la diffusion de plus de 30 000 titres à plus de 15 millions d'exemplaires entre 1450 et 1500, ce qui constitue une véritable révolution par rapport au système antérieur de la copie manuscrite. La diffusion des idées nouvelles naît aussi des relations permanentes entre les hommes, au gré des voyages, des rencontres, des correspondances : cette République des Lettres groupe des clercs, des enseignants, des médecins, quelques bourgeois et gentilshommes (Ronsard, Pic de La Mirandole, etc.). L'humanisme se répand aussi par un enseignement rénové, à la fois intellectuel et pratique, fondé sur l'étude des œuvres de l'Antiquité et dispensé dans des collèges anciens réformés ou dans des collèges nouveaux (école Saint-Lebwin à Deventer), ainsi que dans des établissements d'enseignement supérieur nouvellement créés (Collège royal en France), la plupart des universités résistant aux idées nouvelles. Se développe ainsi l'idée d'un homme placé au centre de l'univers, apte à comprendre et à transformer le monde grâce à la connaissance.

Didier Érasme de Rotterdam (1469-1536) symbolise à lui seul l'universalité du savoir et l'idéal des

L'INSTRUCTION IDÉALE.

Dans cette lettre célèbre de Gargantua à Pantagruel, Rabelais trace le programme d'instruction auquel aspirent les humanistes.

« J'entends et veux que tu apprennes les langues parfaitement. Premièrement la grecque [...], secondement la latine, et puis l'hébraïque pour les saintes lettres, et la chaldaïque et arabique pareillement ; et que tu formes ton style quant à la grecque, à l'imitation de Platon, quant à la latine, à Cicéron. Qu'il n'y ait histoire que tu ne tiennes en mémoire présente, à quoi t'aidera la cosmographie de ceux qui en ont écrit.

Des arts libéraux, géométrie, arithmétique et musique, je t'en donnai quelque goût quand tu étais encore petit, en l'âge de cinq à six ans ; poursuis le reste, et d'astronomie saches-en tous les canons ; laisse-moi l'astrologie divinatrice et l'art de Lullius (l'alchimie), comme abus et vanité.

Du droit civil, je veux que tu saches par cœur les beaux textes et me les confères avec philosophie.

Et quant à la connaissance des faits de nature, je veux que tu t'y adonnes curieusement : qu'il n'y ait mer, rivière ni fontaine, dont tu ne connaisses les poissons, tous les oiseaux de l'air, tous les arbres, arbustes et fructices des forêts, toutes les herbes de la terre, tous les métaux cachés au ventre des abîmes, les pierreries de tout Orient et Midi, rien ne te soit inconnu.

Puis soigneusement revisite les livres des médecins grecs, arabes et latins, sans cotemner les thalmudistes et cabalistes, et par fréquentes anatomies acquiers-toi parfaite connaissance de l'autre monde, qui est l'homme. Et par lesquelles heures du jour commence à visiter les saintes lettres, premièrement en grec le Nouveau Testament et Épîtres des Apôtres et puis en hébreu le Vieux Testament. [...]

Mais parce que selon le sage Salomon, sapience n'entre point en âme malivole et science sans conscience n'est que ruine de l'âme, il te convient servir, aimer et craindre Dieu, et en lui mettre toutes tes pensées et tout ton espoir, et, par foi formée de charité, être à lui adjoint en sorte que jamais n'en sois désemparé par péché. »

Rabelais, *Pantagruel* (1532), chapitre VIII, Paris, Les Belles Lettres, 1959.

humanistes, mais aussi leur style de vie, avec ses nombreux voyages. À ses côtés, les figures dominantes sont Guillaume Budé (1467-1540) en France, Thomas More (1478-1535) en Angleterre, Nicolas Machiavel (1469-1527) à Florence, Nicolas Copernic (1473-1543) en Pologne.

La Renaissance artistique

La Renaissance est mue par la certitude de faire revivre une époque révolue, l'Antiquité, considérée comme un modèle esthétique à égaler. Elle naît également en Italie dès la première moitié du XVe siècle (le *Quattrocento*), surtout à Florence, favorisée par une ambiance intellectuelle exceptionnelle et le mécénat des Médicis : Brunelleschi (1377-1446) invente les éléments du nouveau vocabulaire architectural (arcade sur colonne, frise, corniche), Masaccio (1401-1428) fonde les règles picturales de la perspective géométrique, Donatello (1386-1466) donne à la sculpture la monumentalité, la noblesse et le réalisme. Elle s'épanouit à Florence encore avec Fra Angelico (1387-1455), Botticelli (1445-1510) et Léonard de Vinci (1452-1519), génie aux curiosités variées, mais aussi à Venise, avec Giorgione (1476-1510) qui donne à la lumière un rôle décisif dans l'organisation de l'espace et la disposition des personnages, en Lombardie, ainsi qu'en Italie centrale avec Pierro della Francesca.

La campagne militaire de Charles VIII en Italie et la chute des Médicis contribuent au déplacement du centre de gravité de la Renaissance italienne de Florence à Rome. Le classicisme italien, très lié à l'humanisme, sacralise la beauté, l'ordre et l'harmonie qui expriment la perfection de la création, en idéalisant la représentation de la nature ; l'art de la composition recherche la symétrie et vise à la distribution égale des volumes et des personnages. Outre Vinci, la période est dominée par Michel-Ange (1475-1564), artiste d'une profonde religiosité qui se consacre à la fois à la sculpture, à la peinture et à l'architecture, et par Raphaël (1483-1520) qui assimile les influences les plus diverses pour en dégager un style fait d'un équilibre entre la forme et la couleur, la grâce et la force, la passion et la raison.

À l'écart du courant classique romain, Venise élabore une conception de l'art originale, surtout en peinture, dominée par Titien (1485-1576). L'Italie compte de nombreux autres centres artistiques, comme Milan, Mantoue, Padoue, Vérone, Bologne, Parme… Mais dans la seconde moitié du siècle, le classicisme tend à sombrer dans l'académisme et à perdre sa puissance créative.

C'est en France que l'influence italienne est la plus profonde, surtout à partir de 1520 avec des artistes venus de la Péninsule et installés à la cour de France, notamment à Fontainebleau, puis autour de 1540-1550 avec la formation d'un style classique français, qui réussit la synthèse des influences italiennes, de l'inspiration des œuvres de l'Antiquité et des traditions nationales (par exemple, en architecture, le maintien des toits à la française, de la cheminée qui devient décoration, des lucarnes) : les figures dominantes sont les architectes Pierre Lescot (1515-1578) et Philibert de l'Orme (1515-1570), les sculpteurs Jean Goujon (1510-1565) et Germain Pilon (1537-1590), les peintres portraitistes Jean et François Clouet. Aux Pays-Bas, après Jérôme Bosch (1450-1516) et son monde fantastique, l'influence italienne apparaît à partir de 1510, mais elle reste un élément extérieur : la tradition nationale triomphe avec Pierre Breughel l'Ancien (1525-1569), qui excelle dans le réalisme et le symbolisme des scènes paysannes. Dans le Saint Empire, seuls Albert Dürer (1471-1528) et Hans Holbein le Jeune (1497-1543) sont profondément marqués par la pensée et l'art italiens, tout en gardant leur originalité.

Architecture de la Renaissance.
La décoration du château de Fontainebleau est confiée par François Ier à des artistes italiens.

L'humanisme et la Renaissance ont marqué toute l'Europe du XVIe siècle, mais dans des proportions qui varient selon les pays. Seules l'Angleterre et l'Espagne sont finalement peu sensibles à l'influence italienne, alors que des pays plus lointains, comme la Pologne et la Russie, l'adoptent et l'assimilent tardivement.

b*ibliographie*

DELUMEAU Jean, *La Civilisation de la Renaissance*, Paris, Arthaud, coll. « Les grandes civilisations », 1984.

La religion traditionnelle en question

La vie de tous les individus est encadrée par la religion, de la naissance jusqu'à la mort. Mais cette omniprésence ne signifie pas chez la plupart une réelle conformité aux exigences du message évangélique : la christianisation reste fort ambiguë. La religion des laïcs est un mélange de christianisme, officiellement enseigné, et de croyances et pratiques plus ou moins magiques.

Les exigences de l'Église

La religion traditionnelle peut être décrite comme un catholicisme de groupe, pratiqué dans le cadre des solidarités ancestrales que sont la famille, la paroisse, le village, le métier, etc. Les principaux événements de l'existence sont soulignés par des sacrements : le baptême est reçu le jour même de la naissance, ou au plus tard le lendemain, le mariage nécessite le passage à l'église, l'extrême-onction précède le décès, dans la mesure du possible. La journée est rythmée par les cloches de l'église paroissiale, l'année par les dimanches, consacrés au culte, et par les très nombreuses fêtes religieuses.

L'Église exige des laïcs l'assistance à la messe et au prône lors des dimanches et des fêtes. Les chrétiens doivent aussi pratiquer la confession et la communion pascale, connaître les douze articles de la foi et les dix commandements de Dieu, les sept sacrements (baptême, eucharistie, confession, confirmation, mariage, ordre, extrême-onction) et les sept péchés capitaux (orgueil, avarice, envie, intempérance, luxure, colère et paresse). Il leur faut s'abstenir d'aliments gras plus de 120 jours par an, ainsi que les vendredis et les veilles de grandes fêtes religieuses, très nombreuses (au moins une soixantaine par an), le jeûne s'ajoutant à l'abstinence pendant le Carême.

Pour faire connaître son message et ses exigences, l'Église utilise principalement le prône et la confession ; les curés doivent enseigner la religion aux adultes et aux enfants au moins quatre fois par an, les moines mendiants prêchent dans les rues et aux carrefours, et les citadins assistent aux représentations des « Mystères ». Mais la parole n'est pas le seul véhicule de la foi : les vitraux des églises offrent des illustrations de l'Écriture, les innombrables statues de saints et les croix érigées à la sortie des villes et à la croisée des chemins marquent le paysage quotidien. Les chrétiens disposent aussi des livres d'heures et des ouvrages de dévotion, mais ils sont peu nombreux à savoir lire, surtout à la campagne.

Contre les mauvais chrétiens, l'Église utilise l'excommunication, dont elle fait abondamment usage. Mais son emprise découle surtout de la peur de la mort et du Jugement : les danses macabres, peintes ou sculptées dans les églises et les cimetières, connaissent une grande vogue, les sermons insistent sur les tourments de l'enfer et du purgatoire, tels qu'ils apparaissent dans les tableaux de Jérôme Bosch (entre 1450 et 1460-1516). En agitant la peur de l'au-delà, le clergé cherche à amener les chrétiens à pratiquer les gestes et les prières de la liturgie, et à obtenir les indulgences qui leur permettront de gagner leur salut.

La réalité des croyances

La plupart des chrétiens reçoivent les sacrements, participent aux processions, communient à Pâques, respectent les interdits alimentaires, tandis que les confréries de dévotion remportent un grand succès, en particulier celles de pénitents, et que les legs aux paroisses, aux moines mendiants et aux institutions hospitalières sont nombreux et importants. Pourtant les pratiques ont leurs limites : la masse des fidèles n'assiste pas à la messe dominicale et ne se déplace que lors des grandes fêtes, au vendredi saint, à Pâques, à la Pentecôte, à Noël, tandis que la minorité qui vient chaque semaine à l'église s'y conduit souvent de manière « indécente », parlant, sortant au moment du sermon pour aller au cabaret, se battant parfois à l'intérieur même de l'édifice sacré.

Mais surtout, les mentalités magiques coexistent avec les croyances du catholicisme. On croit que tout est dans la main de puissances surnaturelles et que rien n'arrive sans leur permission, l'univers étant une sorte de champ clos où s'affrontent des forces bienfaisantes (les anges) et malfaisantes (les démons), sur lesquelles les sorciers peuvent avoir une influence. Les miracles sont possibles à tout instant et les prodiges font partie de l'expérience courante de chacun. La divination est très pratiquée et les astrologues rencontrent un grand succès dans tous les milieux. Les événements anormaux ou inhabituels, tel le passage d'une comète, sont interprétés comme des signes envoyés par Dieu pour prévenir les humains de l'imminence de grands malheurs.

La conception magique du monde débouche sur une pratique utilitaire de la religion, laquelle doit protéger de la mort, de l'enfer, des calamités. Ainsi les sacrements sont-ils perçus comme ayant une valeur objective, sans rapport avec la foi réelle du récipiendaire, l'extrême-onction, en particulier, étant considérée comme une sorte de passeport vers le paradis qui efface tous les péchés. Le culte des saints participe à cette conception : les fidèles ne voient pas en eux de simples intercesseurs, mais des protecteurs auxquels ils peuvent s'adresser directement, chacun ayant une compétence particulière, par exemple contre les maladies (les saints thérapiques), tels saint Roch et saint Sébastien pour la peste, et sainte Claire pour les maladies des yeux, ou dans un domaine professionnel, tels saint Fiacre pour les jardiniers, saint Vincent pour les vignerons, saint Barthélemy pour les tanneurs, saint Crépin pour les cordonniers…

Les pèlerinages sont la principale manifestation du culte des saints. Ils ont parfois pour destination de très anciens sanctuaires préchrétiens, christianisés superficiellement, c'est-à-dire baptisés du nom d'un saint et dotés d'une relique. En France, les pèlerinages les plus importants sont le Mont-Saint-Michel, Le Puy, Rocamadour et Saint-Antoine-de-Viennois, et pour l'ensemble de la chrétienté Saint-Jacques-de-Compostelle, Rome ou Jérusalem. Les pèlerins accomplissent des gestes rituels, à caractère magique : partir à jeun, mettre un cierge devant l'image du saint, embrasser la statue et la toucher sur la partie du corps dont on souffre, faire un certain nombre de fois le tour de l'église… ; c'est la statue ou la relique qui est supposée agir, pas le saint lui-même, leur vertu se transmettant par une espèce de fluide. Les pèlerinages s'accompagnent souvent de danses, de beuveries, de rixes et de licences sexuelles, surtout quand ils s'étalent sur plusieurs jours, qui n'ont pas grand-chose à voir avec les exigences d'ordre religieux. Ainsi s'opère un glissement du sentiment religieux vers un certain formalisme, un déplacement de la foi vers des créatures et non le Christ. En même temps, par les efforts et le temps qu'ils demandent, les pèlerinages constituent un véritable chemin de croix et une imitation de la Passion du Christ.

Gillis Mostaert (1534-1598), *La Passion représentée sur la grand-place d'Anvers.*
Ce tableau montre une représentation publique de la Passion, où de nombreux habitants miment des scènes religieuses.

Si la religion traditionnelle se limite le plus souvent aux pratiques et reste fort éloignée d'une piété personnelle et intériorisée, elle n'en reste pas moins marquée par une grande vitalité, à tel point que l'on a pu parler pour la fin du Moyen Âge de « religion flamboyante ». Si l'ensemble des fidèles conserve le souvenir des catastrophes du XIVe siècle (les pestes, les guerres) et ressent fortement l'angoisse du salut, la dévotion traditionnelle n'apportant que des réponses insuffisantes à l'inquiétude religieuse qui caractérise la fin du Moyen Âge, quelques cercles dévots tentent un rapprochement mystique avec Dieu ; c'est le cas de la *Devotio moderna*, dont l'influence n'est pas négligeable, notamment sur Luther et sur Érasme.

b*ibliographie*

CHÂTELLIER Louis, *Le Catholicisme en France. 1500-1650.* t. I « Le XVIe siècle », Paris, SEDES, coll. « Regards sur l'histoire », 1995.

La Réforme protestante

La contestation grandissante de la religion traditionnelle et du clergé, associée à l'angoisse de la mort, débouche au début du XVI*e siècle sur la Réforme protestante, d'abord sous l'impulsion du moine allemand Martin Luther (1483-1546), puis sous celle du Français, devenu Genevois, Jean Calvin (1509-1564). L'écho rencontré en Europe est immédiat et le monde catholique se scinde rapidement.*

Le luthéranisme

L'idée de réforme religieuse est largement présente dans la société, notamment parmi les humanistes ; Érasme (1469-1536), par exemple, dans le *Manuel du chevalier chrétien* (1503), illustre la quête d'une religion plus intérieure, guidée par la foi et la vraie science, et son *Éloge de la folie* (1511) met en scène les superstitions populaires, l'ignorance des moines, le luxe mondain des prélats et des papes. Mais il ne s'agit alors que de critiques, pas d'une rupture avec la papauté.

LA JUSTIFICATION PAR LA FOI, CLÉ DE VOÛTE DU LUTHÉRANISME.

« Les péchés nous sont remis non à cause de nos œuvres, mais par la seule miséricorde de Dieu qui ne nous les impute pas [...]. L'homme est justifié par la foi, indépendamment des œuvres de la loi [...]. Heureux ceux dont les transgressions sont remises et dont les péchés sont couverts. Heureux l'homme à qui Dieu n'impute pas son péché [...]. C'est une erreur de croire que le mal puisse être guéri par les œuvres, puisque l'expérience prouve que, malgré toutes les bonnes œuvres, cette convoitise du mal subsiste et que personne n'en est exempt, pas même un enfant d'un jour. Mais telle est la miséricorde divine que, bien que ce mal subsiste, il n'est pas compté comme péché à ceux qui invoquent Dieu et lui demandent avec larmes leur délivrance. »

Martin Luther, *Épitre aux Romains* (1516-1517).

En 1517, un moine augustin, professeur de théologie à l'université de Wittenberg, Martin Luther, adresse à quelques autorités ecclésiastiques ses *Quatre-vingt-quinze thèses*. Rejetant la pratique courante des Indulgences, qui permettait en quelque sorte aux fidèles d'acheter leur salut, il en vient à affirmer que Dieu seul peut pardonner le péché enraciné au cœur de l'homme, que l'Évangile est le « vrai trésor de l'Église » et que le salut passe par l'amour désintéressé du prochain, et, par conséquent, à critiquer sévèrement la haute hiérarchie de l'Église.

Les deux idées fondamentales de la doctrine luthérienne, précisées dans des ouvrages ultérieurs, sont le sacerdoce universel et la justification par la foi. Le sacerdoce universel, qui est au cœur de l'*Appel à la noblesse chrétienne de la nation allemande* (1520), est la notion clé : chacun est seul face à Dieu, sans autre intermédiaire que la Bible, ce qui rend inutile l'existence d'un clergé, et, évidemment, de la papauté. « Tous les chrétiens appartiennent à l'État ecclésiastique. Il n'existe entre eux aucune différence, si ce n'est celle de la fonction. » Les pasteurs protestants ne sont pas des prêtres, mais simplement des délégués des fidèles, plus instruits qu'eux dans la connaissance de l'Écriture.

La seconde idée fondamentale de la doctrine luthérienne est la justification par la foi : l'homme étant irrémédiablement pécheur, il lui suffit de croire pour faire son salut (*De la liberté du chrétien*, 1520). L'homme ne doit son salut qu'à la seule grâce de Dieu, qui lui donne la foi, et non à ses œuvres, réduites au rôle de simples obligations envers la société.

Le luthéranisme se distingue du catholicisme par d'autres points encore. Il refuse le rôle d'intercesseurs reconnu aux saints et à la Vierge, ainsi que les pèlerinages et les processions. Il ne conserve que deux des sept sacrements catholiques : le baptême et la Cène. Le baptême vise à solliciter la bénédiction de Dieu sur l'enfant présenté et non plus à requérir l'effacement du péché originel. La Cène devient une commémoration du sacrifice de la Croix, et non plus son renouvellement, Luther rejetant la dimension sacrificielle de la messe, par conséquent la transformation du pain et du vin en corps et sang du Christ. En outre, le luthéranisme ne croit ni au purgatoire ni aux Indulgences.

Dès janvier 1521, Luther est excommunié par le pape et mis au ban de l'Empire, ce qui n'empêche pas, malgré la vive opposition de l'empereur Charles Quint (1500-1558), la diffusion très rapide de ses idées, d'abord dans l'Empire, puis dans toute l'Europe du Nord, ainsi qu'en Allemagne du Sud et dans les cantons suisses sous l'influence d'Ulrich Zwingli (1484-1531), les souverains des États concernés en profitant pour confisquer les biens du clergé. En Saxe, où il réside, Luther se tourne vers l'autorité publique, seule capable à ses yeux d'imposer une discipline ecclésiastique et d'éviter la prolifération des communautés incontrôlées : les paroisses sont inspectées par des commissions de juristes et de théologiens, tandis que les circonscriptions ecclésiastiques sont administrées par des surintendants ; cette organisation est copiée avec des aménagements par les autres États luthériens.

Les idées de Luther rencontrent en France un écho immédiat dès le début des années 1520. Mais deux attitudes coexistent dans le mouvement de rénovation. La première est celle des Évangélistes : ils refusent le culte des saints et des reliques, ainsi que les Indulgences, pratiquent une religion dépouillée et personnelle, recourent directement à l'Écriture, mais n'envisagent aucune rupture avec l'Église établie ; leurs chefs de file sont Lefèvre d'Étaples (1450-1537) et Marguerite de Navarre (1492-1549). À l'inverse, les Réformés authentiques ne craignent pas d'aller jusqu'à la rupture avec le catholicisme ; ils créent des communautés structurées, en particulier aux marges ou à l'extérieur du royaume, comme à Strasbourg sous la conduite de Bucer (1491-1551). En 1534, l'« Affaire des placards » contre la messe révèle l'existence en France d'un réseau de groupes luthériens déjà bien implanté.

LA PRÉDESTINATION.

Pour Calvin, tous les hommes sont prédestinés par Dieu dès leur naissance à la damnation ou au salut éternels.

« Selon donc que l'Escriture monstre clairement, nous disons que le Seigneur a une fois constitué en son conseil éternel et immuable lesquelz il vouloit prendre à salut, et lesquelz il vouloit laisser en ruine. Ceux qu'il appelle à salut, nous disons qu'il les receoit de sa miséricorde gratuite, sans avoir esgard aucun à leur propre dignité. Au contraire que l'entrée de vie est forclose à tous ceux qu'il veult livrer en damnation, et que cela se fait par son jugement occulte et incomprehensible, combien qu'il soit juste et équitable. D'avantage nous enseignons que la vocation des esleuz est come monstre et tesmoignage de leur eslection. Pareillement que leur justification en est une autre marque et enseigne, jusques à ce qu'ilz viennent en la gloire, en laquelle gist l'accomplissement d'icelle. Or, comme le Seigneur marque ceux qu'il a esleuz en les appellant et justifiant, aussi au contraire, en privant les reprouvez de la congnoissance de sa parolle, ou de la sanctification de son Esprit, il demonstre par tel signe, quelle sera leur fin et quel jugement leur est préparé. »

Jean Calvin, *L'Institution de la religion chrétienne* (1536), trad. J. Pannier.

Le calvinisme

La Réforme protestante trouve son second souffle dans le calvinisme. L'essentiel de la doctrine de Jean Calvin est exposé dans son ouvrage *L'Institution de la religion chrétienne*, publié en 1536, peu avant son installation provisoire, puis définitive à Genève (1541), la « Rome du protestantisme », et précisé dans ses ouvrages ultérieurs.

On y retrouve tout d'abord les principales idées de Luther : l'autorité absolue de l'Écriture, le sacerdoce universel et la justification par la foi. Mais sur ce point, Calvin se différencie de Luther en introduisant l'idée de prédestination (précisée dans la *Confession de foi*, 1542). L'homme étant irrémédiablement déchu, le salut ne devient possible aux uns et inaccessible aux autres qu'en fonction d'un don gratuit de Dieu, qui accorde à certains sa grâce et laisse les damnés dans la corruption et la perte éternelle, « en son conseil éternel et immuable » : Dieu, écrit Calvin, « ordonne les uns à la vie éternelle, les autres à éternelle damnation ». Chacun, pouvant espérer faire partie des élus, doit se comporter comme un juste, c'est-à-dire vivre chrétiennement, mais les œuvres en elles-mêmes sont inutiles pour gagner le salut. Pour autant, il ne s'agit pas de désespérer le fidèle, mais de l'inciter à une confiance totale en Dieu : le calvinisme comporte tout un volet positif que l'on a trop tendance à méconnaître.

Le calvinisme prévoit aussi toute une organisation pratique de l'Église *(Discipline ecclésiastique)*. Le pouvoir appartient aux Églises locales, indépendantes les unes des autres, et dans chacune d'entre elles il est confié à un consistoire de laïcs, les « anciens », qui encadre les fidèles en traquant les superstitions et les livres « papistes », en poursuivant les blasphémateurs, les ivrognes et les prostituées, et en interdisant le luxe et le théâtre profane ; le consistoire assure aussi la gestion de la communauté. Quant aux pasteurs, ils prêchent, instruisent, distribuent les deux sacrements et président les consistoires, tandis que les docteurs enseignent l'Écriture et que les diacres assistent les malades et les pauvres. Cette organisation peut s'appliquer concrètement aux régions gagnées par le calvinisme : la majorité des cantons helvétiques, une partie de la France du Sud, les Pays-Bas et l'Écosse avec John Knox (1513-1572). Les idées de Calvin pénètrent aussi en Angleterre où la réforme est instaurée en trois temps sous les auspices de la monarchie. Henri VIII (1509-1547) rompt avec Rome à la suite d'un conflit avec le pape qui refuse d'annuler son premier mariage. Sous le règne d'Édouard VI (1547-1553), mineur, le Parlement impose un système ecclésiastique totalement protestant sur le plan de la doctrine, mais qui conserve la plus grande partie de la liturgie traditionnelle. Après le règne de Marie Tudor (1553-1558), catholique fervente, Élisabeth Ire (1558-1603) consolide la réforme anglicane et adopte une politique de soumission de l'Église à l'État.

À la fin du XVIe siècle, l'Europe se trouve profondément divisée par des antagonismes religieux semblant irréductibles, qui vont avoir des conséquences sociales et politiques graves, et déboucher sur des conflits sanglants.

bibliographie

DELUMEAU Jean, *Naissance et affirmation de la Réforme*, Paris, PUF, coll. « Nouvelle Clio », 1964, rééd. 1992.

La Réforme catholique

La Réforme de l'Église catholique était déjà dans l'air au XVe siècle, mais elle n'intéressait que des milieux restreints. Dans les années 1510-1520, avec l'irruption du luthéranisme, le problème se pose à l'ensemble de la population. Le mouvement de Réforme catholique reçoit son impulsion décisive lors du concile de Trente.

La crise de l'Église

Au début du XVIe siècle, la crise de l'Église est celle du clergé, mais aussi des croyances. La plupart des prélats mènent une vie mondaine et accumulent les «bénéfices». La pléthore du clergé séculier (cinq à dix prêtres par paroisse, par exemple, dans le diocèse de Nantes) est la conséquence du laxisme des ordinations, et aboutit à l'existence d'une plèbe cléricale peu édifiante; la non-résidence des curés est le défaut le plus partagé (15 % des 598 paroisses du diocèse de Rodez ont leur curé résidant en permanence entre 1518 et 1530), tandis que la formation est très insuffisante, voire inexistante (seuls les curés des paroisses urbaines étant gradués de l'Université), et que le concubinage est fréquent, sans parler de l'ivrognerie. La situation du clergé régulier n'est guère meilleure dans l'ensemble, surtout parmi les contemplatifs, où l'ascèse a reculé et les idéaux de pauvreté et de pénitence sont largement oubliés, tandis que le temporel des grandes abbayes passe souvent au service des souverains et des grands. La situation semble meilleure dans les ordres mendiants qui prêchent, évangélisent, soignent et soulagent les misères physiques.

La formation insuffisante, voire quasiment inexistante, du clergé ne lui permet pas de répondre à l'angoisse des fidèles, laquelle s'exprime par la surabondance rituelle (processions, pèlerinages, confréries surtout) et par l'«obsession comptable» qui s'est emparée d'eux dès le XIVe siècle. L'accumulation des messes et des œuvres par les dispositions testamentaires, et des Indulgences par les pratiques de dévotion, ainsi que le culte des saints, perçus comme des intercesseurs, traduisent une religion de la peur et du conformisme, qui engage les fidèles dans une comptabilité rigoureuse pour assurer leur salut: il s'agit d'assurer sa sécurité dans un monde périlleux, frappé par les guerres et les épidémies, et face à un au-delà terrifiant. L'Église établie ne sait pas répondre à ces attentes.

Avant le concile de Trente

À la fin du XVe siècle et au début du XVIe siècle, des tentatives de réforme ponctuelles, impulsées par des souverains ou par des prélats isolés, s'attachent surtout à l'organisation ecclésiastique: en Espagne, les «Rois Catholiques» défendent vigoureusement le catholicisme, tandis que l'archevêque de Tolède, François Jiménez de Cisneros, fonde le premier séminaire à Alcalá de Henares; en France, le concordat de Bologne (1516), signé entre le roi et le pape, fait triompher l'idée de la nomination des évêques et des abbés par le souverain, au lieu de leur élection directe. Le pape Jules II, en convoquant le concile de Latran (1512-1517) tenu par son successeur Léon X, vise à rétablir la discipline ecclésiastique (résidence des évêques dans leur diocèse, restauration des études cléricales et de la prédication) pour lutter contre l'ignorance des fidèles. Mais les résultats sont très variables selon les diocèses, en fonction de la personnalité des évêques: pour un François d'Estaing, évêque de Rodez de 1504 à 1530, qui multiplie les inspections de paroisses et qui surveille de près son clergé, combien de prélats continuent à se désintéresser de leur ministère? La majorité, sans aucun doute.

Simultanément, la tentative de réforme catholique se joue hors du cadre institutionnel de l'Église, par le retour aux origines de la religion chrétienne, c'est-à-dire à l'Écriture, dont la diffusion est permise par

LES CONDITIONS D'ACCÈS À LA PRÊTRISE.

L'œuvre disciplinaire du concile de Trente porte surtout sur les exigences de la formation et de la vie du clergé.

«La première qualité requise dans celui qui aspire au sacerdoce, c'est la pureté de vie et de mœurs. En effet, celui qui se ferait ou seulement se laisserait ordonner dans l'état de péché mortel se rendrait coupable d'un crime nouveau et très grave. Mais de plus le prêtre est obligé de donner aux autres l'exemple d'une vie vertueuse et innocente [...].
En second lieu, le prêtre est obligé non seulement de connaître ce qui regarde l'usage et l'administration des sacrements, mais encore d'être assez versé dans la science des saintes Écritures, pour pouvoir apprendre au peuple les mystères de la foi chrétienne avec les préceptes de la Loi divine, l'exhorter à la piété et à la vertu, le retirer et l'éloigner du vice. Car le prêtre a deux grands devoirs à remplir: l'un de produire et d'administrer les sacrements, l'autre d'enseigner aux fidèles confiés à sa garde les choses et les règles de conduite nécessaires au salut.
Pour remplir le premier de ces devoirs, il n'est pas besoin, il est vrai, d'une science extraordinaire, mais d'autre part une science commune ne suffit point pour s'acquitter convenablement du second.»

Catéchisme du concile de Trente (1566).

l'invention récente de l'imprimerie. La *Devotio moderna* insiste sur l'importance d'une vie conforme aux principes de l'Évangile et guidée par l'amour du Christ, mais ses hautes exigences spirituelles limitent son influence à une minorité. Redécouvrant les livres saints écrits en latin, en grec et en hébreu, les humanistes expliquent que seule l'Écriture contient la doctrine du Christ, pure de toute intervention humaine, comme le fait Érasme dans l'*Enchiridion militis christiani* (1503), ou encore, en France, Lefèvre d'Étaples dans *Les Épistres et Évangiles* pour les cinquante-deux semaines de l'an (1525) : ils trouvent ainsi une réponse à leurs inquiétudes par un rapprochement avec Dieu, et insistent sur le modèle de vie morale et sociale proposé par Jésus, tellement éloigné de celui de l'Église de leur époque. Ce choix ne va pas sans réactions hostiles, en France contre l'évangélisme du groupe de Meaux, en Espagne contre les livres d'Érasme : il apparaît à beaucoup comme suspect par le seul fait de dispenser au peuple une connaissance jusque-là réservée aux prêtres et il finit par être considéré comme une forme déguisée de l'hérésie luthérienne.

Autour du concile de Trente

L'Église ne se lance vraiment dans une réforme profonde, dogmatique et pastorale, que longtemps après les victoires du luthéranisme. La Réforme catholique trouve son second souffle avec la réunion du concile qui est convoqué par le pape Paul III à Trente en 1545 et qui se poursuit (par intermittences) jusqu'en 1563. Ses décisions doctrinales condamnent fermement les idées luthériennes et affirment les points forts du catholicisme (libre arbitre de l'homme, sacrifice de la messe, sept sacrements, présence réelle dans l'Eucharistie, culte des saints, importance des œuvres, etc.), tandis qu'un grand nombre de mesures sont prises concernant la réforme du clergé (augmentation du pouvoir des évêques, résidence des évêques et des curés, fondation de séminaires, style de vie, etc.), mesures qui mettront plusieurs siècles à s'imposer. La Compagnie de Jésus, ordre fondé en 1540 par Ignace de Loyola, constitue le fer de lance de cette entreprise : promettant une obéissance complète au pape, les Jésuites créent des collèges en vue de réaliser l'œuvre d'instruction des clercs et des laïcs prévue par le concile et s'attachent à la défense du catholicisme dans les régions où il est particulièrement menacé, sans parler des missions en pays protestants.

Les conséquences sur la vie religieuse varient selon les régions. En règle générale, on assiste à une consolidation de la religion populaire, comme en Allemagne du Sud et en Espagne, qui connaît la brillante époque des mystiques du « Siècle d'or » ; en Italie, le catholicisme tridentin commence la transformation du clergé et des fidèles grâce à Charles Borromée, archevêque de Milan, qui accomplit une œuvre considérable par la réunion de conciles provinciaux et de synodes diocésains, la création de séminaires et la réalisation de l'idéal épiscopal contenu dans les décrets du concile. La France et les Pays-Bas constituent des exceptions par les guerres de Religion qui y atteignent un niveau de violence considérable et les excès d'une foi paroxystique qui s'y exprime, par les massacres et les martyres, les pèlerinages massifs et interminables, ainsi que par la répression de la sorcellerie.

Art de la Réforme catholique.
L'art baroque, fait d'imagination, d'invention et de somptuosité, constitue un cadre architectural adapté à la Réforme catholique (église de Saorge, Alpes-Maritimes).

Sur ces destructions et ces dérèglements, se construit en France à partir de 1580 une Église nouvelle, dont l'action repose prioritairement sur la pastorale et l'instruction religieuse (création des premiers séminaires), et se manifeste par une dévotion qui commence à devenir moins spectaculaire, mais plus profonde. Elle se traduit aussi par une condamnation de tous ceux qui ne se plient pas aux normes nouvelles, qu'il s'agisse des pauvres, qu'on enferme, ou des sorcières, qu'on pourchasse et qu'on mène en grand nombre aux bûchers.

b*ibliographie*

DELUMEAU Jean, COTTRET Monique, *Le Catholicisme entre Luther et Voltaire*, Paris, PUF, coll. « Nouvelle Clio », 1996.

Les « troubles » religieux en France

La décennie 1550 voit une importante progression du protestantisme en France ; au total, sans doute un dixième de la population est concerné, mais bien davantage dans les villes et dans les catégories sociales élevées. Dans une société où les théologiens enseignent et pratiquent presque tous la rigueur envers les hétérodoxes, les catholiques, et en particulier le premier d'entre eux, le roi, ne peuvent pas rester sans réactions. De 1559 à 1598, la France connaît une période de conflits religieux très violents, qui opposent les catholiques aux protestants, et qui se prolongent de manière larvée jusqu'en 1685 au moins.

Les huit guerres de Religion (1559-1598)

Par la force des choses, protestants et catholiques coexistent plus ou moins bien dans les campagnes. Un vicaire beauceron se plaint ici que « deux cabaretiers huguenots reçoivent les paroissiens et leur donnent à boire pendant le service divin malgré les ordonnances ». En général, les réactions de rejet l'emportent dans les deux camps. L'augmentation du nombre des protestants sous François Ier et Henri II ne peut donc que déboucher sur des luttes sanglantes avec les catholiques.

Les guerres de Religion connaissent trois phases, qui sont entrecoupées de « paix boiteuses » et dont les causes ne sont pas strictement religieuses.

De 1559 à 1570, sous François II et Charles IX, se déroulent trois guerres. La politique de modération de Catherine de Médicis échoue et les grands seigneurs s'affrontent pour contrôler l'État, en s'appuyant sur des « partis » cimentés par la passion confessionnelle, d'un côté celui des Guises, catholiques, qui contrôlent le Conseil du roi, de l'autre les Grands écartés du pouvoir, fédérés autour de l'idée protestante, mais divisés entre les partisans d'une présence politique au Conseil et à la cour, et ceux qui préconisent le soulèvement armé. Après l'échec du colloque de Poissy (1561), le massacre de protestants à Wassy par les hommes du duc de Guise entraîne une mobilisation des deux partis et fait basculer le royaume dans la guerre civile. En 1570, l'édit de Saint-Germain accorde aux protestants des clauses très favorables, et le royaume connaît pendant deux ans une paix relative.

De 1572 à 1580, à la suite du massacre commis à Paris contre les protestants le 24 août 1572, jour de la Saint-Barthélemy, puis ailleurs les semaines suivantes, quatre nouvelles guerres mènent le royaume au bord de la désintégration. Henri III, qui monte sur le trône en 1574, est soutenu par les catholiques intransigeants, qui créent la Ligue en 1576, et affronte l'union des huguenots et des « Malcontents » (catholiques favorables à la tolérance et au compromis). Après de multiples péripéties, la paix de Fleix (1580) limite les libertés des protestants, sans rétablir pour autant une religion unique, au grand dam des Ligueurs.

De 1585 à 1598, durant la septième et la huitième guerre, la Ligue catholique, soutenue par l'Espagne, s'oppose à Henri III, jugé trop tiède, et à l'arrivée sur le trône de France du protestant Henri de Navarre. La Ligue contrôle vite Paris et met en place un véritable contre-État dans plusieurs provinces, tandis qu'Henri III est assassiné en

UNE SAINT-BARTHÉLEMY PROVINCIALE (AOÛT 1572).

Après le massacre du 25 août 1572 à Paris, les catholiques tuent de nombreux protestants dans d'autres villes.

« Le lundi dix-huitième jour d'août audit, les noces de Henri, roi de Navarre, et Madame Élisabeth*, sœur du roi de France, furent faites à Paris, où il se trouva grand nombre de seigneurs huguenots et capitaines, et le vendredi ensuivant, vingt-quatrième jour dudit mois d'août audit an 1572, qui fut la fête de la Saint-Barthélemy, M. de Châtillon, amiral, l'un des chefs huguenots, fut blessé d'un coup d'arquebuse en un bras, à la sortie du Louvre, lequel en mourut le lendemain et fut achevé de tuer comme aussi La Rochefoucauld, Teligny, Pilles et autres huguenots furent tués. Mais Montgomery et le vidame de Chartres se sauvèrent et s'en allèrent comme huguenots en Angleterre, et fut tué grand nombre de huguenots, tellement que les huguenots n'eurent du bon à la noce, et fut appelée cette journée la grande journée de la Saint-Barthélemy, de tant qu'un grand nombre de villes du royaume de France, il fut ledit jour tué grand nombre de huguenots et le trentième jour d'août dudit an, le roi envoya à Angers M. le comte de Montsoreau, lequel y fit tuer deux ministres, l'un nommé Jean Lemaczon des Rivères, et l'autre nommé Dureil, les corps desquels furent jetés à la rivière par la commune et au même instant, les habitants d'Angers prirent les armes et se marquaient les catholiques de croix blanches à leurs chapeaux, à laquelles prise d'armes, il fut tué grand nombre de huguenots et le lendemain il fut fouillé et cherché ès maisons lesdits huguenots où il fut pris un certain Bernard et Le Royer, dit Jaunay, avocat, lesquels furent tués et leurs livres brûlés et les gardes faites à Angers aux portes de la ville tant de jour que de nuit.
Ledit trentième jour d'août audit an 1572, Robert Cynault, archer du prévôt, fut noyé par des bateleurs sur le port Lignier, de tant qu'il était huguenot et un séditieux.
Comme aussi Gilles Doisseau et un nommé Laguette furent aussi noyés, lesquels étaient huguenots. »

* L'auteur la confond avec sa sœur Marguerite.

Jean Louvet, *Récit véritable de tout ce qui est advenu digne de mémoire tant en la ville d'Angers, pays d'Anjou et autres lieux (depuis 1550 jusqu'à 1634)*, in *Revue d'Anjou*, 1854, II, 1, 64.

1589. Henri IV cherche à reconquérir son royaume, mais c'est seulement l'annonce de son abjuration, en 1593, ajoutée à la lassitude de la population et à la décomposition progressive de la Ligue, qui lui permet d'entrer à Paris et de rétablir la paix. Avec l'édit de Nantes (1598), qui accorde aux protestants la liberté de conscience et l'égalité civile, mais limite l'exercice de la liberté de culte à des lieux précis, le roi impose aux deux religions une coexistence qui ne satisfait personne, surtout pas les catholiques (d'où son assassinat quelques années plus tard).

La coexistence impossible (1598-1685)

Vers 1600, les protestants ne représentent plus que 6 % à 7 % de la population, soit entre 1,1 et 1,3 million d'individus, implantés plutôt dans les villes, et surtout du Poitou au Dauphiné. Après l'édit de Nantes, perçu comme une solution provisoire, les luttes religieuses ne cessent pratiquement pas. Aux guerres de Religion succède, avec Louis XIII et Richelieu, une véritable guerre froide, ponctuée de quelques graves intermèdes militaires comme le siège de La Rochelle (1627-1628). L'édit de Grâce d'Alès (1629) confirme les clauses juridiques et religieuses de l'édit de Nantes, mais revient sur les clauses politiques (les « assemblées politiques ») et militaires (les « places de sûreté »). Les trois décennies suivantes sont plus paisibles.

À partir du règne personnel de Louis XIV (1661), une véritable persécution s'engage contre les protestants sous l'influence des milieux dévots. Jusqu'en 1679, le roi se contente de favoriser les conversions, y compris par des moyens financiers, et précise les limites des droits des réformés (1669). Après 1679, les brimades contre les protestants s'accentuent : impossibilité d'accéder à des postes importants, exclusion de certaines professions, interdiction de chanter des psaumes en public, obligation de loger des soldats chargés par leurs supérieurs de multiplier chez leurs logeurs les déprédations et les exactions (les « dragonnades »), etc. Les vexations que subissent les adeptes de la « religion prétendue réformée » sont aussi le fait des catholiques eux-mêmes, encouragés par les autorités. D'où de nombreuses abjurations, la plupart forcées, qui amènent Louis XIV, persuadé que la France ne compte presque plus de protestants, à révoquer l'édit de Nantes (édit de Fontainebleau, 1685) : l'exercice du culte réformé est interdit, tous les temples doivent être détruits, les pasteurs reçoivent l'ordre de quitter le royaume, les protestants laïcs celui d'abjurer. Moins de 200 000 réformés sur 1 million cherchent asile hors du royaume, malgré les interdictions et les risques encourus. Dans les années qui suivent 1685, une minorité de protestants prennent le chemin de la clandestinité, voire de la révolte (guerre des Camisards dans les Cévennes de 1702 à 1704), tandis que la plupart se contentent d'une opposition larvée. Dans les régions où ils sont nombreux, les anciens réformés (« nouveaux catholiques ») assistent à des réunions illicites, les « assemblées du Désert », animées par des pasteurs entrés clandestinement dans le royaume. Au fil des années, la répression s'atténue, et l'on évolue progressivement vers une tolérance de fait. Les derniers galériens huguenots sont libérés en 1775.

L'édit de Grâce de 1787 rend aux protestants une existence civile en leur permettant de contracter mariage devant le juge de leur domicile (et non plus uniquement devant leur curé), de légitimer devant lui les mariages déjà faits secrètement et les enfants qui en sont nés, ainsi que d'accéder à toutes les professions ; mais il ne leur donne pas la liberté de culte.

LA RÉSISTANCE ET LA RÉPRESSION EN CÉVENNES APRÈS LA RÉVOCATION DE L'ÉDIT DE NANTES (1686).

Une grande partie des protestants des Cévennes refuse de se convertir au catholicisme, au péril de leur vie.

« Le mardi 26 février après avoir ouy tous les prisonniers on jugea ledit sieur Teissier avec un paysan de Valestalières âgé de 22 ans à estre pendus. Et le soir feurent exécuté à la place de Lasale. Les six femmes prindes la nuit en revenant de ladite assemblée condamnées à estre mises dans un refuge pendant 3 ans [...]. En ce lieu depuis le 1er mars jusqu'au 12 il a eu presque de continuels détachements de la compagnie de dragons de Mr Duperon quy est sur les habitants de la paroisse sous prétexte qu'ils ne fesoyent pas leur devoir ou que quelque enfant ou domestique restoit à abjurer ou qu'on réfugioit les fugitifs [...]. Depuis le 29 février mercredi des cendres auquel jour on obligea la plus grande partie des habitants d'aller prendre les cendres sur peine de garnisons. Nous avons eu le père Verron dominiquen du couvent d'Alès avec un frère hermite pour nous prêcher le caresme et depuis ce temps là on a fait pressé les confessions avec menasses contre les refusans de grandes garnisons [...]. Led père Verron a fait quelque conférances sur les matières de Religion et surtout de la confession dans la salle du Sr Mazellet, consul. À la fin il leut l'Epistre de St Augustin à Constantin où il marque que de son temps on se servit des armes pour obliger les donatistes à se faire catholiques, ainsi que les réformés ne doivent pas trouver étrange qu'on se soit servi à présent de la même voye. »

Élie Salvaire, sieur de Cissalières, *Relation sommaire des désordres commis par les camisards des Cévennes*, présentation et notes de Didier Poton, Montpellier, Les Presses du Languedoc, 1997.

bibliographie

JOUTARD Philippe, *Les Camisards*, Paris, Gallimard-Julliard, coll. « Archives », 1994.

PERNOT Michel, *Les Guerres de religion (1559-1598)*, Paris, SEDES, 1987.

Les pesanteurs démographiques

Trois traits majeurs caractérisent la démographie de la France moderne : l'âge tardif au mariage, la très forte mortalité, notamment des enfants, et les crises démographiques cycliques. Pour la connaître, nous disposons de documents exceptionnels, les registres paroissiaux, où les curés notaient les baptêmes, les mariages et les sépultures.

L'« abondance des peuples »

La France reste comme au Moyen Âge le pays le plus peuplé d'Europe (hors Russie), avec 18 à 20 millions d'habitants vers 1600, 21,5 vers 1700 et 28,1 en 1789 ; en 1700, un Européen sur quatre est français, et un sur cinq en 1789. Vers 1700, les densités sont contrastées, les plus importantes se rencontrant surtout dans le quart nord-ouest du pays (plus de 80 h/km²), les plus faibles au centre (du Poitou à la Sologne) et à l'est (moins de 40 h/km²) ; en 1789, ces contrastes se sont atténués. Les quatre cinquièmes des Français au moins sont des paysans (en 1675, 17,9 millions de ruraux et 4 millions de citadins), qui vivent pour la plupart dans des villages de petite taille. La population urbaine augmente proportionnellement plus vite que la population rurale au XVIIIe siècle : elle est alors répartie pour les trois dixièmes entre Paris et les villes qui ont entre 30 000 et 100 000 habitants (soit moins d'une vingtaine d'agglomérations), pour quatre dixièmes par la centaine de cités peuplées de 10 000 à 30 000 âmes, et pour les trois derniers dixièmes par les 2 000 villes qui ont moins de 10 000 habitants. L'exode rural existe, mais il est marginal.

La population est plus jeune que de nos jours : en 1740, 40 % des habitants ont moins de 20 ans et 9 % plus de 60 ans. La répartition par sexes montre une légère domination féminine, qui ne s'affirme vraiment qu'après 50 ans. Le type de ménage le plus fréquent est constitué par la « famille conjugale », dite « famille nucléaire », limitée aux parents et aux enfants mineurs. On rencontre aussi, surtout dans le Midi, des « familles élargies » (un couple, ses enfants et un descendant, ou un ascendant, ou un collatéral) et des « familles multiples » (plusieurs couples sous le même toit), mais elles sont très minoritaires au niveau national. La plupart de ces ménages comprennent peu d'individus (quatre ou cinq en moyenne), et ceux qui n'en comprennent qu'un seul sont nombreux, surtout en ville.

LES ÉTAPES PRÉALABLES AU MARIAGE.

Dans son journal personnel, un vigneron rapporte les étapes préalables à son mariage : la demande en mariage, les accordailles, le contrat, les fiançailles.

« Aujourd'huy dimanche dix-neufième jour de novembre (1741), après tous l'office, je moy Nicolas Guiard, vigneron, demeurant à Seichecotte, parroisse de Saint-Denis de Champhol, sans auquint mienst mérite, me suis avantagé, me suis fait l'honneurs de me transporté au village de La Milihoux, paroisse de Saint-Maurice-les-Chartres, ches Paul Boudier, vigneron, pour lui demandé Marie-Catherine Boudier, fille aînée, et m'ayanst écouté, s'étanst rendu atentife à ma demande, quelque tems après nous somme venus à nous accorder le dimanche huityème jour d'avril 1742.
Ensuite, le lundi 9 avril, nous avons été à Chartres, ches Me Le Tellier, notaire royalle, pour passer le contra de mariage.
Et le même jour, nous avons été fiancé en l'église de Saint-Maurice, puis nous sommes venus jusqu'o 9 de juillet, donst nous avons été marié en l'église de Saint-Maurice.
Nicolas Guiard, âgé de vingt-neuf ans, Marie-Catherine Boudier, âgée de vingt-sept ans. »

Journal de Nicolas Guiard (1741).

Des mariages aux naissances

La plupart des Français se marient, et ils le font tard, en moyenne à 25 ans pour les hommes et 22 ans pour les femmes pendant la première moitié du XVIIe siècle, et à 29-30 ans et 27-28 ans dans la seconde moitié du XVIIIe siècle, parce qu'il faut en général attendre la mort des parents pour hériter d'une exploitation ou d'une échoppe ; mais il ne s'agit là que de moyennes, et la diversité des cas individuels est évidemment considérable. Le choix du conjoint se fait à l'intérieur de son milieu social (c'est l'homogamie) ou sur ses marges, l'accord des parents étant obligatoire pour les mineurs : la majorité est très tardive, puisque fixée à 25 ans pour les filles et à 30 ans pour les garçons. La plupart des mariés sont originaires de la même paroisse (c'est l'endogamie), moins cependant en ville qu'à la campagne. La plupart des cérémonies sont célébrées en janvier-février et en novembre, périodes de faible activité agricole et sans interdits religieux (l'Église est hostile aux mariages pendant l'Avent et le Carême), et elles ont lieu le plus souvent en début de semaine. Le mariage étant une « assurance sur la vie » (quatre bras valent mieux que deux pour lutter contre les difficultés de la vie quotidienne), les remariages sont nombreux, mais ils sont plus faciles pour les hommes que pour les femmes, surtout quand elles sont chargées d'enfants.

Le mariage tardif entraîne une limitation des naissances, qui peut être estimée à 30 % des possibilités théoriques ; ensuite, l'allaitement rend momentanément stériles les trois quarts des femmes pendant deux ans ; les stérilités entrent aussi en jeu, qu'elles soient naturelles ou acquises, en particulier à la suite d'accouchements difficiles ; enfin, de nombreux couples sont brisés précocement par la mort. La ménopause se produisant peu après la quarantaine, une femme mariée à 25 ou 26 ans, donc féconde pendant quinze ou seize années, a en moyenne six ou sept enfants. Retranchons la part des couples stériles (10 %) ou brisés précocement, tenons compte des ménages plus féconds (10 %) : nous arrivons à une moyenne de quatre ou cinq enfants par ménage, qui n'empêche pas une diversité selon les régions, les milieux et les familles. Le XVIIIe siècle voit une légère diminution de la fécondité, avec le développement, encore limité, de la limitation volontaire des naissances dans les villes et dans certaines campagnes limitrophes.

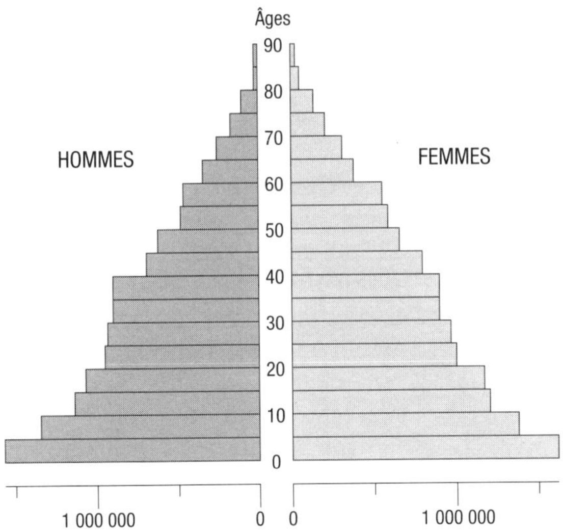

Pyramide des âges en 1740.
En 1740, 40 % des Français ont moins de 20 ans et 9 % plus de 60 ans.

La mort omniprésente

L'énorme mortalité des enfants est une donnée fondamentale. Un quart des nouveau-nés meurt pendant sa première année (mortalité infantile), un autre quart avant 15 ans (mortalité juvénile) : tares héréditaires, malformations congénitales, lésions en cours d'accouchement, troubles digestifs (diarrhée du nourrisson), toxicoses, mise en nourrice pour les petits citadins, et maladies de l'enfance, aujourd'hui bénignes, expliquent ce tragique bilan. Ceux qui atteignent l'âge de 20 ans peuvent espérer vivre encore en moyenne une trentaine d'années.

Les crises démographiques frappent les enfants comme les adultes. Elles sont caractérisées par une multiplication des sépultures, accompagnées fréquemment d'une forte baisse des conceptions et d'un effondrement du nombre des mariages, pendant six mois à deux ans, les mêmes phénomènes se reproduisant tous les dix à quinze ans. C'est souvent la famine, consécutive à une série de mauvaises récoltes, qui est à l'origine de l'épidémie, mais celle-ci peut éclater aussi d'elle-même, parfois amenée par le passage de troupes. Quoi qu'il en soit, c'est la peste qui est la plus redoutée, mais la variole, la dysenterie, le typhus, le paludisme et la suette aussi font des ravages, et même la grippe. Les plus grandes crises démographiques se produisent en 1628-1632, 1648-1653, 1660-1663, 1693-1694 et 1709-1710.

Face à tous ces fléaux, les médecins sont bien désarmés, leur thérapeutique se limitant essentiellement à la saignée et à la purge, et les progrès restent limités au XVIIIe siècle : amélioration de l'obstétrique, utilisation de l'ipécacuana contre la dysenterie et du quinquina contre le paludisme. La plupart des malades s'en remettent aux « simples », font appel aux méthodes empiriques ou partent en pèlerinage pour implorer les saints guérisseurs : la maladie est perçue comme un châtiment envoyé par Dieu pour la punition des péchés des hommes. Pourtant la mort recule un peu au cours du XVIIIe siècle, surtout au bénéfice des enfants, la mortalité juvénile baissant de plus de 30 % entre 1760 et 1790, tandis que la peste a disparu (sauf l'épisode provençal de 1720) ; pour autant, on ne peut pas encore parler d'une révolution démographique, qui ne se produira qu'au XIXe siècle. Cette amélioration s'explique surtout par un climat plus favorable, qui permet des récoltes plus abondantes, donc une meilleure santé ; d'autre part, les pouvoirs publics développent une politique globale face aux grands fléaux mortifères, améliorant les conditions de stockage des céréales dans les grandes régions productrices, et surtout les moyens de transport, par l'élargissement des anciennes routes et la création de nouvelles : cela permet une bien meilleure organisation des secours en cas de disette.

Le régime démographique ne change en profondeur qu'au XIXe siècle, avec la généralisation de la limitation volontaire des naissances (par *coïtus interruptus*) et la baisse de la mortalité infantile.

bibliographie

GARNOT Benoît, *La Population française aux XVIe, XVIIe, XVIIIe siècles*, Paris, Ophrys, coll. « Synthèse-Histoire », 3e éd., 1995.

Les inerties agricoles

L'agriculture garde sa prééminence dans l'économie : elle fournit le plus gros de la production nationale et emploie l'essentiel de la main-d'œuvre. Si la production globale augmente au cours du XVIIIe siècle, cette amélioration s'explique par des évolutions ponctuelles et surtout par une conjoncture climatique favorable, aucunement par une révolution agricole qui ne se produira qu'au XIXe siècle. L'agriculture française reste enserrée dans des contraintes ancestrales et ses progrès sont limités.

Des contraintes ancestrales

Les Français sont avant tout des producteurs et des consommateurs de céréales, les « bleds » : froment, seigle, méteil, sarrasin, épeautre, avoine, etc., le froment l'emportant sur les terres riches, le sarrasin sur les terres granitiques. La vigne est cultivée partout, sauf au Nord, la limite septentrionale de la vigne marchande commençant à l'embouchure de la Loire et quittant le territoire français à la hauteur de Metz ; c'est surtout la France médiane qui produit les vins de qualité destinés à la commercialisation (Bordelais, pays de la Loire, Bourgogne, Champagne, Alsace), tandis que les banlieues des grandes villes, même septentrionales, sont le siège de vignobles très importants, qui donnent des boissons de consommation courante et dont le plus productif est celui d'Île-de-France. Les autres cultures apparaissent comme des productions secondaires ; dans l'Ouest, si les grains gardent une place importante dans l'équilibre des productions, ils ne sont pas les maîtres absolus, les cultures secondaires, l'arboriculture, l'élevage, l'emportant dans le bilan d'ensemble ; dans le Midi, les grains sont associés, souvent sur la même parcelle, à la vigne et à l'olivier, sans compter l'élevage ovin. Les fruits et les légumes sont généralement cultivés sur l'*hortus* qui jouxte la maison, et des cultures « dérobées » de légumes sont faites sur les jachères (semées au printemps et récoltées à temps pour ne pas gêner les labours d'automne). Quant aux cultures industrielles, les plantes tinctoriales, comme le pastel, elles disparaissent devant la concurrence des produits coloniaux, en particulier l'indigo ; on cultive le chanvre surtout dans l'Ouest et le lin dans les vallées humides de Picardie, ainsi que le mûrier dans la vallée du Rhône et dans le Midi.

Le monde agricole est soumis aux inerties du milieu physique, qui impose ses rythmes. Presque toutes les terres arables sont utilisées (23 millions d'hectares vers 1700). Dans l'ensemble, la conjoncture climatique est assez défavorable, avec le « petit âge glaciaire » (1580-milieu du XIXe siècle), sensible surtout au XVIIe siècle. On cultive la terre en 1750 comme on le faisait en 1300. Les terres à grains, largement majoritaires, sont exploitées en fonction de systèmes d'assolement de durées diverses (de deux à cinq ans, le plus souvent trois ans), dont le point commun est l'utilisation de la jachère ; cette organisation implique des contraintes collectives pour les travaux agricoles, mais aussi des avantages : la vaine pâture, les aides aux plus pauvres, et l'utilisation du *saltus*, partie du terroir non cultivée (forêt, friches), pour les pâtures et le bois. Le travail humain (et animal) reste essentiel, faute de mécanisation ; on utilise surtout la lourde charrue à soc de fer dissymétrique avec versoir sur les terres grasses et profondes, ou l'araire en bois sur les sols légers, et les autres outils sont de conception et de fabrication simples : bêches, houes, pioches, râteaux, serpes, faucilles, fléaux, etc.

Dans ces conditions, les rendements sont faibles, et ils le sont d'autant plus que le fumier est rare,

LA DIVERSITÉ DES TERROIRS ET DES PRATIQUES.

Olivier de Serres (1539-1619), considéré comme le père de l'agronomie française moderne, montre ici la géographie bigarrée des emblavures et des coutumes agricoles

« Et combien que les blés sont toujours semblables à eux-mêmes, en quelque part qu'ils croissent, si est ce qu'au labourage des terres à grains et à la récolte des blés y a de grandes diversités, non seulement de région à région, aussi de climat à climat [...]. Ici on laboure la terre avec des bœufs, là avec des chevaux, ici avec des mulets et ailleurs avec des ânes. Ici la charrue avec des roues, portant soc, est tirée par quatre, cinq ou six bêtes, là joue le coutre sans roues, traîné par deux seules bêtes. Ici les bœufs ayant le joug attaché aux cornes, tirent à la tête, là au col. En la Beauce et ailleurs, les terres sont divisées par grands sillons de cinq à six pas de large au milieu de deux lignes parallèles [...]. Par toute la France, Beauce, Picardie, Normandie, Bourgogne, Champagne, Berry, Sologne, Poitou, et généralement ès provinces approchant plus du froid que du chaud, les blés étant moissonnés sont incontinent portés en gerbes dans les granges et là, battus à l'aise durant l'hiver. Au contraire, à découvert, à l'aire, avec promptitude, durant les chaleurs, ès quartier tendants au midi [...]. Même touchant la séparation du grain d'avec la paille, quelle conformité y a-t-il du battre avec le fléau au fouler des bêtes, bien que par ces deux contraires chemins on parvienne où l'on désire ? [...] Ainsi est besoin laisser aux usages leurs accoutumances, même en ce dont dès tout temps de père à fils on s'est bien trouvé, pour le danger de perte que toute mutation porte avec elle. »

Olivier de Serres, *Théâtre d'agriculture et ménage des champs* (1600).

faute d'un élevage abondant, et que l'ensemencement est lourd, parce que tout ne pousse pas à cause du vent, des oiseaux, des insectes ou de la pourriture. Les rendements céréaliers ne dépassent guère 8 grains pour 1 sur les terroirs limoneux (12 à 15 quintaux à l'hectare), et beaucoup moins sur les terres pauvres, la moyenne nationale étant d'environ 6 quintaux à l'hectare, soit 5 grains récoltés pour 1 semé. Pourtant, ces rendements ne constituent pas des handicaps insurmontables : en année normale, ils permettent d'assurer la nourriture de la population, mais quand la conjoncture climatique est mauvaise, la crise de subsistance frappe.

Des productions en hausse au XVIIIe siècle

Au cours du XVIIIe siècle, la production agricole augmente de 25 % à 40 %, sans que l'on puisse être plus précis. Le climat est un peu moins froid qu'au XVIIe siècle, et il ne connaît plus d'hivers aussi terribles, sauf en 1709, et surtout moins d'« étés pourris » : la nouveauté est bien l'atténuation de l'amplitude des oscillations de la production, telles qu'on les connaissait auparavant, et c'est surtout à l'amélioration des conditions climatiques qu'on le doit. En outre, la surface cultivée augmente un peu (600 000 hectares, pris surtout sur les forêts, soit 2,5 % des terres).

Des améliorations techniques localisées se produisent, consécutives à l'adoption de modifications de détail, par exemple une certaine vulgarisation du marnage sur les plateaux limoneux du Bassin parisien ; à l'image des Provinces-Unies et de l'Angleterre, quelques grands propriétaires suppriment même la jachère en utilisant les plantes fourragères, et adoptent des techniques nouvelles qui leur permettent d'augmenter les rendements (charrues à plusieurs socs, déchaumeuses, herses à dents de fer, augmentation des fumures), mais ces innovateurs ne font guère école. Dans le domaine viticole, c'est en changeant les cépages cultivés (gamay au lieu de pinot) que l'on aboutit à des hausses des rendements, tandis que s'affirme une certaine tendance à la spécialisation régionale : recul dans les pays au climat le moins propice (Bretagne), progression de la qualité en Bordelais, en Bourgogne et en Champagne, et de la quantité (au détriment de la qualité) en Île-de-France, en Languedoc, dans l'Auxerrois, ce qui est lié à l'expansion urbaine et au développement de la consommation du vin dans les milieux populaires. On perçoit ici et là d'autres spécialisations locales (les oignons autour d'Auxonne, par exemple) ou régionales : le Bas-Languedoc se tourne vers l'huile d'olive et le vin, alors que le Haut-Languedoc, au moins au niveau des productions commerciales, se voue à une quasi-monoculture du froment, et la Provence à l'arboriculture. Mais cette évolution vers une agriculture spéculative reste peu répandue à l'échelle du royaume où l'essentiel de l'activité reste avant tout vivrière.

Au cours du XVIIIe siècle, le maïs se répand dans le Midi, la vallée du Rhône, la Bresse et l'Alsace, mais sa diffusion reste minoritaire. La pomme de terre est attestée en 1740 dans les Pyrénées, le Massif central, le Vivarais, la Savoie, et un peu partout après 1765, mais ne s'implante vraiment que dans les provinces de l'Est, signe qu'on n'en a pas vraiment besoin ailleurs, parce que les autres productions sont suffisantes. Le tabac s'étend en Alsace, en Bourgogne, en Périgord.

Un élevage minoritaire

En général, l'élevage n'est qu'une activité auxiliaire de la culture. Les animaux de labour (bœufs ou chevaux, selon les régions) sont le monopole des gros laboureurs, voire de petits laboureurs associés. Seule une minorité de paysans possède une vache, mais la plupart ont au moins quelques brebis ou des chèvres, qui se nourrissent de peu, et élèvent des porcs et des volailles. Les étangs à poissons appartiennent aux seigneurs.

Pourtant quelques régions commencent à se spécialiser dans l'élevage au détriment des grains. Au XVIIe siècle, c'est déjà le cas, en Normandie, du pays d'Auge et de la région de Carentan. Cette tendance s'accentue et s'étend au cours du XVIIIe siècle, tout en restant très minoritaire à l'échelle du royaume. Le Charolais, la montagne limousine et la Normandie se spécialisent dans l'élevage bovin pour la boucherie (il faut nourrir Paris : les bovins sont originaires des provinces occidentales et de celles du Centre, les pays naisseurs étant l'Ouest et le nord du Massif central, et les régions d'embouche la Basse-Normandie et le Charolais ; quant aux moutons, ils sont élevés sur les jachères des plateaux céréaliers), tandis que les pays de Bray et d'Auge, ainsi que le Bessin, se spécialisent dans l'élevage laitier. Cette évolution est liée à l'expansion urbaine et aux changements des habitudes alimentaires des citadins ; elle est accentuée par la nette amélioration des conditions et de la vitesse des transports au cours du XVIIIe siècle.

L'agriculture française voit les permanences l'emporter sur les innovations, encore au XVIIIe siècle, ce qui n'exclut pas des changements ponctuels et une hausse de la production, qui permet une expansion démographique.

bibliographie

GARNOT Benoît, *Les Campagnes en France aux XVIe, XVIIe, XVIIIe siècles*, Paris, Ophrys, coll. « Synthèse-Histoire », 1998.

La seigneurie en héritage

Création médiévale (pp. 90-91), la seigneurie reste très vivace dans la France moderne, comme dans la plupart des pays européens. Cadre juridique complexe, la seigneurie correspond à une superficie soigneusement délimitée, d'étendue très variée, qui coïncide en général, mais pas toujours, avec un village et son terroir. Elle connaît, principalement au XVIIIe siècle, une évolution contrastée selon les provinces.

Le maintien des droits et des privilèges seigneuriaux

Le seigneur est traditionnellement un noble ou une abbaye, mais l'époque voit une nette augmentation du nombre des seigneurs issus de la bourgeoisie, surtout au XVIIIe siècle : n'importe qui, en effet, a le droit d'acheter une seigneurie s'il en a les moyens, à condition, pour les roturiers, de payer une taxe, le droit de franc-fief, égale à une année de revenu tous les vingt ans.

Le seigneur garde la propriété totale (ou réelle) d'une partie des terres, la réserve ou domaine ; sa superficie est très variable selon les régions, considérable en Bretagne et en Normandie, beaucoup moins étendue dans le Bassin parisien, mais elle tend plutôt à décroître au cours de la période après chaque période de troubles (la Fronde surtout), quand les familles nobles doivent engager leur fortune, et à croître aux époques de prospérité et d'expansion économique, donc surtout pendant le XVIIIe siècle. Le seigneur conserve aussi un droit plus ténu de propriété, dite éminente, sur les autres terres, qu'il s'agisse des communaux, indivis entre les paysans, ou des parcelles individuelles, les tenures, ainsi qu'un droit de commandement, le ban, qui a perdu à cette époque l'essentiel de sa substance : il ne lève plus l'ost depuis longtemps, par exemple. Mais il continue à percevoir le cens (redevance foncière), ainsi que des taxes annexes, principalement le champart (ou complant, ou fouage : un prélèvement sur les récoltes), les lods et ventes lors des héritages et des mutations, et les banalités (obligation de se servir du four, du moulin et du pressoir du seigneur, contre argent), sans parler de droits locaux, comme une taille seigneuriale, des corvées, etc. Quand ces charges sont réglées en argent, ce qui est le cas le plus fréquent, leur poids est devenu de plus en plus léger pour les paysans grâce à la dépréciation de la monnaie depuis le Moyen Âge : elles dépassent rarement 1 % à 2 % du revenu. Mais il en va autrement lorsque les droits sont réglés en nature : ils peuvent alors atteindre un quart des revenus. Au total, le poids réel des droits seigneuriaux est très divers selon les régions, élevé en Bourgogne, dans le Nord, et surtout en Bretagne, en Poitou, en Saintonge, faible dans la région parisienne et dans le Midi.

Les seigneurs ont conservé la plupart de leurs privilèges, certains honorifiques (la girouette sur le toit de l'habitation, le colombier, le banc réservé à l'église, la sépulture dans le chœur…), d'autres économiques, comme le ban des vendanges, le droit de banvin (fixation de la date de vente du vin par les paysans), la chasse, la pêche. Pour assurer le maintien de ses droits et la perception de ses redevances, le seigneur dispose toujours d'un pouvoir de justice, mais la monarchie a réussi progressivement à le limiter au seul traitement des petits délits, les affaires plus graves étant obligatoirement transférées à la justice royale ; cette justice de proximité n'est plus rendue directement par le seigneur, mais par des gradués en droit, et contrairement à une idée reçue, elle reste très vivante pendant tout l'Ancien Régime et très appréciée des ruraux, auxquels elle permet de régler, sans grands frais et rapidement, les petits conflits qui peuvent les opposer.

Cette situation d'ensemble connaît des variantes et des exceptions. Dans les colonies, à l'exception de la Nouvelle France (Canada), il n'y a pas de seigneuries, donc pas de droits seigneuriaux. En métropole, quelques terres, les alleux, restent libres de tout seigneur, mais leur superficie est infime et leur nombre ne cesse de diminuer ; en 1692, un édit établit même le principe de la « directe royale universelle » et impose une taxe à tous les alleutiers. Dans le Midi, la seigneurie est en général beaucoup moins puissante que dans les provinces du Nord. Inversement, en Franche-Comté et, dans une moindre mesure, en Bourgogne, en Nivernais et en Auvergne, la mainmorte constitue une sorte de servage atténué et une survivance médiévale affirmée : si un conjoint meurt sans héritier, le seigneur hérite de la moitié des biens, et de la totalité à la mort du second conjoint (c'est l'échute) ; le mainmortable ne peut céder ses biens librement qu'à des gens de sa condition et de sa seigneurie ; il est toujours sous la puissance de son seigneur, où qu'il aille (c'est le droit de suite) ; il ne peut « déguerpir » de sa terre qu'en abandonnant ses biens et ses droits. La mainmorte implique aussi des corvées, toujours beaucoup plus importantes que celles dues par les non-mainmortables, ainsi que des obligations alors considérées par les paysans comme ridicules ou humiliantes, lesquelles ont pour but de concrétiser la différence d'état entre le seigneur et ses mainmortables (par exemple, l'obligation d'embrasser la chaîne d'un pont ou la porte du château à certains jours de l'année). La qualité de mainmortable se transmet par hérédité, uniquement masculine, mais on peut également être réduit à cette condition par le mariage pour les femmes (formariage), ou encore par le séjour sur une terre sujette à la mainmorte, en général au bout d'un an et un jour.

Les évolutions du XVIIIe siècle

Pendant les périodes où les prix montent (seconde moitié du XVIIe siècle, XVIIIe siècle), pour augmenter leurs revenus, les seigneurs engagent une « réaction seigneuriale » qui est bien connue pour la seconde moitié du XVIIIe siècle, mais qui est attestée aussi à des périodes antérieures. Cette vigoureuse entreprise de rénovation du système seigneurial passe d'abord par la restauration de droits anciens tombés en désuétude, tel le droit d'indire (doublement des redevances de l'année à l'occasion du mariage d'un enfant du seigneur), ou incomplètement acquittés comme les corvées. Les seigneurs engagent aussi des procédures judiciaires contre les paysans qui portent atteinte à des droits ancestraux que leurs prédécesseurs avaient autrefois négligés. L'offensive est également menée contre les biens communaux : sous l'influence des physiocrates, pour qui les communaux sont des terres laissées inutilement à l'abandon, les lettres patentes du 27 juillet 1770 invitent à leur triage (le seigneur peut accaparer le tiers des biens ou revenus communaux, ceux-ci étant considérés comme indivis avec la communauté villageoise), tandis que des édits de 1771-1773 et de 1774 autorisent leur partage en Gascogne et Béarn pour les premiers, en Bourgogne pour le dernier. La réaction seigneuriale du XVIIIe siècle peut aboutir à des augmentations des droits seigneuriaux en valeur nominale, mais rarement en valeur réelle ; cependant, ses effets psychologiques accroissent les tensions entre paysans et seigneurs, et expliquent qu'en 1789 les critiques contre le régime seigneurial soient devenues beaucoup plus fortes qu'auparavant.

Une évolution inverse, celle-là défavorable à la seigneurie, se fait vers la disparition des contraintes personnelles dans les pays de mainmorte, l'opinion se montrant de plus en plus hostile à cette survivance. Après un arrêt du parlement de Paris qui déboute en 1760 un seigneur de son droit de suite, un édit abolit en août 1779 la mainmorte sur le domaine royal, en souhaitant qu'elle le soit dans tout le royaume, et les mesures d'affranchissement que pourraient prendre les seigneurs sont vivement encouragées. Mais cette politique reste sans grands effets, les revenus des seigneurs concernés étant très importants. Des juristes, comme Bouhier à Dijon, s'ingénient même à justifier ce mode de sujétion, qui connaît jusqu'à la Révolution une nouvelle vigueur : non seulement les seigneurs n'affranchissent pas d'eux-mêmes leurs mainmortables, mais ils refusent fréquemment les rachats de leur liberté que ceux-ci leur proposent, sauf s'ils aboutissent à une augmentation telle des droits seigneuriaux qu'ils leur rapportent davantage encore que dans la situation antérieure.

LES DROITS SEIGNEURIAUX À ESSIGEY, EN BOURGOGNE (1780).

Ce document présente la plupart des droits seigneuriaux dus par les paysans d'un village de Bourgogne, région où la seigneurie est particulièrement contraignante.

« **1.** Il est dû au seigneur, lors des ventes des lods du prix de chaque acquisition sur tous les biens sans exception à raison de la douzième partie de chaque acquisition [...].
2. Les habitants d'Essigey tenant feu et lieu doivent chacun une poule au premier jour de carême entrant et une corvée à bras pour chaque manouvrier au tems des fenaisons [...].
3. Chaque laboureur ou autres ayant chevaux ou bœufs et harnais doivent aussi annuellement une corvée de charrue ou vendange ou au tems de la semaille [...].
4. Il appartient audit seigneur de faire lever la dixme dans toutes les terres de la seigneurie [...].
5. Il appartient audit seigneur la justice haute, moyenne et basse [...].
6. Tous les habitans doivent faire le guet et garder au château du dit lieu.
7. Les habitants doivent entretenir le terreau qui conduit l'eau de la rivière dans les fossés du dit château. Ils sont pareillement obligés d'enclore de haye morte le pré appelé le Closeau [...].
8. Tous ceux qui vendent du vin au dit Essigey doivent une pinte de vin au seigneur [...] que les vendeurs sont obligés d'emporter dans son château, une heure après le tonneau percé, à peine d'une amende de trois livres cinq sols.
9. Aucun des habitants n'a le droit de pêche ni de chasse sur l'étendue du territoire dudit Essigey [...]. »

(Archives départementales de la Côte-d'Or)

Tout compte fait, on peut opposer, surtout au XVIIIe siècle, les provinces à seigneurie forte de l'Est (Bourgogne, Franche-Comté, Lorraine) et de l'Ouest (Bretagne) aux pays de seigneurie faible du Midi (Aquitaine, Languedoc, Provence), et aux pays de seigneurie « modernisée », largement convertis au capitalisme agricole, dans le Bassin parisien (Picardie, Île-de-France) et le Nord (Artois, Cambrésis).

bibliographie

GARNOT Benoît, *Les Campagnes en France aux XVIe, XVIIe, XVIIIe siècles*, Paris, Ophrys, coll. « Synthèse-Histoire », 1998.

Le temps et l'espace à la campagne

Le temps et l'espace sont organisés et structurés par les ruraux en fonction de leurs préoccupations permanentes, sociales, économiques et religieuses : point d'anarchie dans ces constructions mentales qui contribuent à souder la cohésion des communautés, mais qui n'éliminent pas pour autant les craintes et les angoisses.

Une perception du temps structurée

Le déroulement du temps s'ancre autour du cycle annuel rythmé par la succession des saisons et des travaux agricoles correspondants, dont le calendrier a pour toile de fond celui de la liturgie et de ses pratiques calendaires. Le cycle hivernal commence à la Toussaint (1er novembre), continue avec l'Avent, époque de pénitence, puis avec la période des douze jours de Noël à l'Épiphanie, succession de fêtes, ensuite avec le temps de carnaval jusqu'au mardi gras, puis par les quarante-six jours de pénitence du Carême jusqu'à Pâques, enfin par deux derniers mois qui associent de grandes fêtes ponctuelles (Ascension, Pentecôte, Fête-Dieu) et le retour des gros travaux agricoles. Le cycle estival, qui commence à la Saint-Jean (27 juin), est presque entièrement occupé par les moissons, les vendanges, les labours et les semailles. Une partie de l'année voit donc alterner périodes de fête et périodes de pénitence, avec des activités agricoles réduites et des veillées dans les maisons, tandis que l'autre est celle de l'omniprésence des travaux agricoles et de la vie aux champs.

S'ils connaissent plus ou moins bien les quantièmes des années, les ruraux y situent avec une précision toute relative les événements qui les concernent en fonction de ce calendrier agro-liturgique : tel fait s'est produit tant de jours avant ou après Pâques ou la moisson de l'année X, lit-on dans les dépositions de témoins en justice. Quant au déroulement de la journée, il est mesuré en attelées (demi-journée de travail avec des animaux de trait), ou par rapport à la hauteur du soleil dans le ciel ou aux sonneries des cloches de l'église paroissiale, qui rythment le temps quotidien avec les matines et l'angélus, et qui, les dimanches et les jours d'obligation religieuse, annoncent la messe et signalent ses étapes de manière que les fidèles puissent suivre de loin ces repères de la prière. Montres, pendules et horloges sont le monopole des seuls notables.

Un espace aux horizons limités

L'espace connu par chacun est celui du village et de son terroir, ainsi que des villages environnants. Pour autant, la ville n'est pas ignorée, du moins la plus proche, puisqu'on va régulièrement y vendre des produits au marché ; des jeunes filles s'y engagent comme domestiques pendant quelques années pour se constituer une dot. Au-delà de ces limites, le monde « extérieur » lui-même n'est pas totalement inconnu, même si sa réalité en termes de superficie est difficilement imaginable. Les villages sont traversés par des voyageurs, dont on se méfie le plus souvent, mais qui témoignent de l'existence d'autres lieux. Parmi les habitants mêmes du village, quelques-uns ont pu voyager, comme ceux qui ont servi dans l'armée. L'ouverture au monde extérieur varie fortement selon que le village est enclavé ou qu'il se situe dans une région dynamique, voire sur ou à proximité d'une grande route. Au total, la vie des ruraux s'inscrit au sein de trois espaces emboîtés les uns dans les autres : l'espace des relations quotidiennes, qui se limite au village et son terroir ; l'espace des relations fréquentes, qui englobe les villages limitrophes, et qui ne va guère au-delà de la distance aller et retour que l'on peut parcourir à pied en une journée ; enfin l'espace des relations épisodiques, qui inclut la ville la plus proche. Au-delà, pour la plupart, c'est l'inconnu ou le connu seulement par ouï-dire.

C'est donc à l'intérieur du village et de son terroir que se passe la plus grande partie de la vie de la plupart des gens. L'étendue du finage villageois peut varier énormément ; la moyenne nationale est de 1 200 à 1 300 hectares, davantage en Bretagne et dans le Midi, moins dans le Bassin parisien. Cet environnement villageois est structuré par un réseau de chemins de terre et balisé par des bornes et des croix, et la perception de l'espace s'y fait de manière très concrète : on situe les lieux par rapport à des points de repère qui sont des endroits connus de tous, notamment les croix et les croisées de chemins, et visibles de loin comme les moulins (omniprésents, surtout à eau et parfois à vent, destinés à moudre le blé, mais aussi moulins à fer, à ciment, à foulons, etc.) et les grands bâtiments. On y évalue les distances en pas ou, pour les plus grands trajets, en journées de marche, et les superficies en journées de travail (« journal », « ouvrée », « hommée »), c'est-à-dire toujours en référence aux humains, donc avec une logique propre aux utilisateurs.

La variété des paysages agraires

Le finage comprend toujours, mais en proportions variables, les éléments traditionnels du paysage agraire : une partie mise en valeur ordinairement, une autre occasionnellement, des terres incultes, des surfaces boisées. L'*hortus* est situé autour de la maison, du hameau ou du village : il est constitué de petits jardins et de vergers, clos quelle que soit la région (on les appelle « meix » en Bourgogne, « mas » dans le Midi). L'*ager* est la zone des champs labourés, soumise à une organisation stricte des cultures, en particulier la répartition en plusieurs grandes soles (deux ou trois le plus souvent, davantage parfois) correspondant au système d'assolement. Quant au *saltus*, il comprend les friches, les bois, les pacages, les marais, tout ce qui n'est pas directement exploité pour les cultures, mais dont les productions naturelles sont quand même largement utilisées par les ruraux, en particulier pour la nourriture du bétail. Le tout est disposé autour du ou bien des espaces habités et des jardins et clos qui le jouxtent, parfois de manière concentrique (Bassin parisien par exemple), parfois en se juxtaposant simplement (régions de montagne), ou bien en s'interpénétrant (régions de bocage).

Les pays de champs ouverts, qui correspondent à des pratiques culturales contraintes par des règles communautaires, dominent dans la France du Nord et de l'Est, et, à l'exception de quelques grosses fermes isolées, l'habitat y est groupé autour d'un point d'eau en gros villages aux maisons agglomérées autour de l'église sans qu'il soit possible de distinguer un quelconque plan d'ensemble, comme en Île-de-France ou en Beauce, ou disposées de part et d'autre d'une unique route, comme en Lorraine ; les massifs forestiers y sont rares, les pâturages aussi, l'essentiel du terroir, découpé en parcelles allongées, et parsemé d'ormes et de noyers, étant cultivé en grains ou laissé périodiquement en jachère, ce qui n'exclut pas la présence de vignes sur les coteaux et de jardins maraîchers autour des villes. Les provinces de l'Ouest sont le royaume du bocage et de l'habitat dispersé en hameaux ou en petites fermes isolées, avec des parcelles closes par des haies, des espaces boisés plus étendus que dans les régions de champs ouverts et des pâturages qui disputent l'espace aux champs labourés pour les céréales, tandis que les cultures du lin et surtout du chanvre sont importantes ; dans le Sud-Ouest et les pays rhodaniens, la vigne domine, presque toujours cultivée en polyculture et mélangée dans les mêmes champs à des arbres fruitiers. Les terroirs méditerranéens au paysage composite sont marqués par le soleil généreux et l'eau trop rare ou trop abondante selon la saison, avec des zones de garrigue, de maquis, de forêts et de pâturages, des cultures irriguées dans les plaines étroites et sur des terrasses, des marais, des villages groupés et fréquemment perchés, tandis que la part du *saltus* y est considérable et que les paysans sont en conflit permanent avec les bergers ; la vigne, le blé et l'olivier dominent, le plus souvent dans les mêmes champs. Les paysages de montagne sont marqués par l'étagement des paysages, cultures dans les vallées et sur les versants ensoleillés, abondance des pâturages et des forêts plus haut.

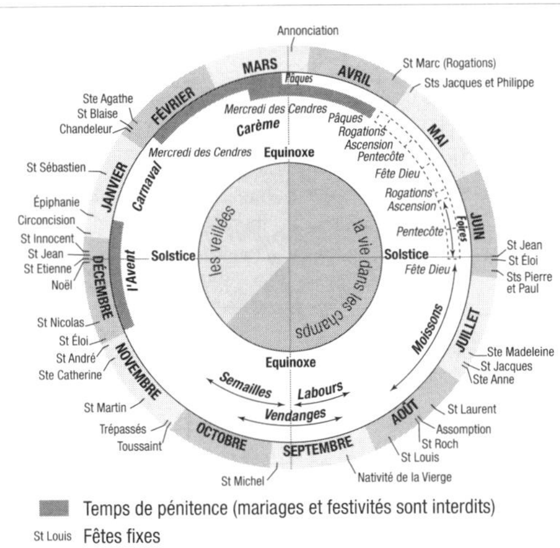

Calendrier agro-liturgique traditionnel.
Ce calendrier agro-liturgique rassemble l'essentiel des activités qui rythment le cycle annuel de la vie rurale.

Malgré son façonnement permanent, la nature humanisée est perçue comme hostile et dangereuse, à cause des problèmes climatiques, fréquents surtout au XVIIe siècle, et de la menace des animaux sauvages, les loups en particulier. Le déroulement cyclique du temps, s'il est ressenti comme intangible, ne l'est pas comme éternel : il n'y a pas de certitude de l'avenir, parce que tout peut cesser un jour avec la fin du monde, en fonction de la volonté divine. Ces conceptions sont génératrices d'angoisses, comme l'est dans la vie quotidienne le retour régulier de la nuit, moment de toutes les peurs, voué aux revenants, au diable et au sabbat de ses sorciers, ainsi qu'aux êtres mystérieux qui sont supposés peupler les forêts.

bibliographie

DELSALLE Paul, *Le Cadre de vie en France aux XVIe, XVIIe, XVIIIe siècles*, Paris, Ophrys, coll. « Synthèse-Histoire », 1995.

La sociabilité rurale

Les communautés rurales ne sont pas seulement des cadres de gestion, elles constituent aussi des groupements d'individus liés par des rapports de sociabilité qui s'épanouissent dans des lieux spécifiques, culminent lors des fêtes, mais sont marqués aussi par de nombreux conflits.

Les lieux de sociabilité

La sociabilité des ruraux s'épanouit dans tous les lieux de vie. Certains sont spécifiques à des catégories particulières ; les femmes, par exemple, se rencontrent devant les fontaines, au bord des rivières lors des lessives, près du four commun pendant la cuisson du pain, dans les veillées pendant l'hiver : certaines réunions accueillent également les deux sexes pour parler et danser, mais aussi pour travailler. D'autres lieux de sociabilité sont communs à toute la population et, plus que tous les autres, le cabaret en est le lieu par excellence parce que tout le monde le fréquente (même le curé, sauf au XVIIIe siècle), surtout le dimanche et les nombreux jours de fête, mais encore le soir ; il s'y pratique une forme de sociabilité spécifique, ciment d'une convivialité où se côtoient toutes les classes d'âges, enfants compris, réunies aux mêmes tables et pratiquant indifféremment les mêmes jeux (les dés surtout).

La place du village constitue également un lieu de sociabilité intense, du moins dans les régions d'habitat groupé, d'autant plus qu'elle est généralement bordée à la fois par l'église et par le cabaret ; on peut donc s'y rencontrer entre habitants du lieu, surtout au soir des longues journées d'été et à la sortie de la messe, mais aussi y voir les gens de passage, marchands, colporteurs, errants de tous types. Elle constitue par ailleurs une sorte de théâtre social, où chacun peut parler, parader, jouer, ou encore observer les autres.

Toute la communauté se retrouve aussi, théoriquement au moins, chaque dimanche dans l'église paroissiale pour la messe, ainsi que lors des nombreuses fêtes d'obligation ; dans les régions d'habitat dispersé, c'est la seule occasion régulière de rencontres. Il est fréquent qu'on y discute de choses et d'autres, souvent même pendant les cérémonies, qu'on y traite des affaires, qu'on s'y réfugie avec bagages et bestiaux en temps de guerre ; cette sociabilité se prolonge sous le porche de l'église et dans le cimetière, lieu familier où morts et vivants se côtoient.

LES VEILLÉES EN BOURGOGNE.

Les jeunes filles se réunissent le soir dans des « escraignes », où elles travaillent, parlent et reçoivent leurs soupirants.

« En tout le pays de Bourgogne, mesme es bonnes villes, à cause qu'elles sont peuplées de beaucoup de pauvres vignerons qui n'ont pas le moyen d'acheter du boys pour se deffendre de l'injure de l'Hyver, trop plus rude en ce climat qu'au reste de la France : la nécessité mere des arts a appris ceste invention de faire en quelque rue escartée un taudis, ou bastiment, composé de plusieurs perches fichées en terre en forme ronde, repliées par le dessus et à la sommité, en telle sorte qu'elles représentent la testière d'un chapeau, lequel après on recouvre de force mottes, gazon et fumier si bien lié et meslé que l'eau ne le peut penetrer. En ce taudis, entre deux perches du costé qui est le plus deffendu des vents, l'on laisse une petite ouverture de largeur par adventure d'un pied, et hauteur de deux, pour servir d'entrée : et tout à l'entour des sièges composez du mesme drap pour y asseoir plusieurs personnes. Là, ordinairement les après souppées, s'assemblent les plus belles filles de ces vignerons, avec leurs quenouilles et autres ouvrages, et y font la veillée jusques à la minuict. Dont elles retirent ceste commodité que tour à tour portant une petite lampe pour s'esclairer et une trape de feu pour eschauffer la place, elles espargnent beaucoup, et travaillent autant de nuict que de jour pour ayder à gaigner leur vie, et sont bien deffendues du froid : car ceste place estant ainsi composée, à la moindre assemblée que l'on puisse faire, recevant l'air venant des personnes qui y sont, avec la chaleur de la trape, est incontinent eschauffee. Quelquefois, s'il fait beau temps, elles vont d'escraigne à autre se visiter, et là font des demandes les unes aux autres [...]. À de telles assemblées de filles, se trouvent infinité de jeunes varlots et amoureux, que l'on appelle autrement des voüeurs, qui y vont pour descouvrir le secret de leurs pensées à leurs amoureuses [...]. Quant l'escraigne est pleine, l'on y dit une infinité de bons mots et contes gracieus. »

Estienne Tabourot, *Les Escraignes dijonnaises du sieur Des Accords, Prologue* (1614).

Les fêtes

La sociabilité culmine lors des fêtes, dont le nombre est considérable (au minimum une cinquantaine chaque année). Elles constituent des exutoires périodiques aux tensions accumulées, et permettent de décharger la violence et l'agressivité. La fête du saint patron de la paroisse est un moment important ; on y vient des paroisses environnantes, chacun pouvant participer à plusieurs fêtes de ce type au cours de l'année. Les moments forts de l'année liturgique sont ainsi célébrés. Les réjouissances les plus importantes correspondent aux grands événements du cycle climatique et agricole : le mois de mai (c'est le retour du printemps), les moissons et les vendanges, et surtout la Saint-Jean, où les villageois se rassemblent pour chanter et danser autour de grands feux qui marquent les limites de leur terroir, affirmant l'identité de leur communauté.

Quel que soit le type de fête, les caractères profanes, voire burlesques et licencieux, dominent :

jeux d'adresse ou de force, banquets, déguisements et danses dans les églises, mascarades de processions et charivaris… Les jeunes gens, organisés dans des groupes structurés («abbayes de la jeunesse» en Bourgogne, Dauphiné, Savoie et dans le Midi, «bachelleries» en Poitou, Berry, Angoumois, Vendée, «royaumes de jeunesse» dans d'autres régions), jouent un rôle essentiel dans leur organisation. Outre la responsabilité d'organiser les réjouissances collectives, la communauté villageoise leur reconnaît le droit de préserver leurs chances matrimoniales contre les «étrangers» au village, de régler les différends entre jeunes, de défendre l'honneur du village face aux communautés voisines, éventuellement par la force, et de faire respecter les mœurs traditionnelles, notamment en brocardant les maris battus et les filles légères.

Pieter Breughel le Jeune, *La Danse de noce*, vers 1600.

Aux XVIe et XVIIe siècles, les fêtes présentent un caractère certain d'unanimité sociale; les jeux de force qui les accompagnent, comme la soule et la lutte, ou encore les jeux d'adresse, boules ou palets, voient s'affronter les membres de toutes les catégories de la population, seigneurs compris. Mais au fil des années, les autorités laïques et religieuses tendent de plus en plus à condamner le nombre trop grand de fêtes et les débordements, notamment sexuels, dont elles sont l'occasion: des coupes sévères sont faites dans leur nombre au XVIIIe siècle, et dans celles qui sont conservées, la pratique de la danse est souvent interdite par les évêques. Pourtant, cette transformation rencontre de vives résistances, la plupart des paroisses continuant sous la pression des habitants à célébrer toujours les fêtes religieuses de façon très profane. Les villageois ont besoin de ces manifestations qui, outre leur caractère de dérivatif, permettent de rassembler toute la communauté et d'affirmer et ressouder les liens qui unissent entre eux tous les individus qui la composent.

La gestion des conflits

La communauté sait aussi gérer les conflits qui peuvent opposer entre eux les individus. La violence imprègne la vie quotidienne et éclate lorsque les individus se sentent atteints dans leur honneur personnel, professionnel ou familial; elle se concrétise par des injures et des bagarres, aux conséquences le plus souvent bénignes, dont les cadres principaux sont le cabaret et les fêtes. Toute personne entrant au cabaret doit savoir se présenter selon les règles et s'intégrer à la compagnie en suivant des codes tacites, mais précis; il suffit donc de peu de chose pour que les heurts éclatent, un signe presque imperceptible pouvant être interprété comme une déclaration d'hostilité. Les bagarres cherchent surtout à humilier l'adversaire et prennent l'aspect d'un rituel symbolique qui tend à rétablir un équilibre menacé avec un adversaire coupable d'écarts de conduite.

La pratique de la violence est surtout le fait de la jeunesse masculine, mais cette turbulence a une utilité sociale parce qu'elle correspond à une forme de sociabilité traditionnelle: elle sert à la fois d'affirmation de la solidarité à l'intérieur du groupe, de rite de passage et de défoulement à l'agressivité, et elle est généralement tolérée par la population, à condition qu'elle ne devienne pas excessive. Quand elle se tourne contre des «étrangers» au village, elle constitue même un fédérateur social, parce qu'elle permet d'affirmer ou de reconstituer la cohésion de la communauté. Seules les violences considérées comme excessives, parce qu'elles constituent pour tous une menace, sont dénoncées et portées en justice. Les autres sont traitées à l'intérieur même de la communauté, par le recours à des médiateurs locaux choisis à dessein en fonction de leur âge, de leur état social ou de leur notoriété: c'est l'infrajustice. Cette forme de contrôle social est possible puisque chacun est au courant des comportements des autres: même la nuit, les violents ne peuvent pas agir incognito, car on les entend de l'intérieur des maisons et on reconnaît le bruit de leurs pas ou de leurs voix. Cette autosurveillance des populations est assurée majoritairement par les femmes âgées, mais toute la population lui sert de relais.

Les pratiques de la sociabilité rurale illustrent la primauté d'une société de fidélités et de relations. Elles permettent aussi de souder la résistance à des pouvoirs extérieurs au village, en particulier l'État et sa justice. Même si l'autonomie des communautés rurales tend à diminuer tout au long de la période, ce recul ne va pas sans résistances vigoureuses fondées sur une sociabilité intense et multiforme.

b*ibliographie*

GUTTON Jean-Pierre, *La Sociabilité villageoise dans l'ancienne France*, Paris, Hachette, 1979.

L'expansion urbaine

Pendant l'Ancien Régime, les villes se définissent selon quatre critères : la clôture, le nombre et la densité des habitants, les institutions municipales et les privilèges, l'emprise sur les campagnes. L'époque voit en France une importante expansion des villes, surtout au XVIIIe siècle. Elle s'accompagne de changements des structures urbaines, sans que l'on puisse parler pour autant de bouleversements.

Les modifications démographiques et urbanistiques

La population urbaine est très minoritaire, mais son importance relative augmente au cours de la période : 2,7 millions de citadins en 1600 (14 % de la population totale), 3,9 millions en 1700 (17 %), 5,8 millions en 1790 (un peu plus de 20 %). L'expansion d'ensemble du XVIIIe siècle est inégale selon les villes ; elle est très importante dans les grandes places commerciales (Bordeaux, Nantes) et dans les relais du pouvoir royal (Versailles), mais beaucoup d'autres cités stagnent (Rouen, Dijon), et certaines voient même leur population diminuer (Chartres).

Les paysages urbains gardent majoritairement leurs caractères ancestraux : murailles, rues étroites et tortueuses, rareté des places, parcellaire serré et morcelé, bois dominant dans les constructions (d'où la crainte permanente de l'incendie). Le XVIIe siècle voit la naissance de l'urbanisme, et le XVIIIe siècle son affirmation, avec le remplacement partiel du bois par la pierre et surtout le remodelage d'une partie de l'espace urbain : aménagement de « places royales » entourées d'un réseau de rues qui se croisent à angle droit, ainsi que de grands jardins publics et de promenades, début de destruction des remparts remplacés par des boulevards, translation des cimetières hors les murs, éclairage des rues, construction de vastes hôtels particuliers et de maisons de rapport, etc. L'entrée de Tours est aménagée à la fin du XVIIIe siècle avec une « rue neuve » (Arthur Young) bordée de grandes maisons en pierre de taille avec des façades régulières, et tracée en ligne droite à travers toute la ville jusqu'au nouveau port. Mais si presque toutes les villes sont touchées, plus ou moins, par cette évolution d'ensemble, seules les plus dynamiques, comme Bordeaux, sont remaniées en profondeur, et le paysage médiéval continue à l'emporter dans la plupart des cités, surtout les petites, qui sont les plus nombreuses.

Deux fonctions essentielles

La fonction militaire des villes devient progressivement inexistante, sauf dans les cités frontalières. Les deux principales fonctions sont administrative et économique. L'activité de la majorité des villes est dominée par la fonction administrative. L'activité judiciaire concerne de nombreux citadins, à commencer par les douze, puis quatorze villes dotées d'un parlement. L'administration royale et fiscale emploie un personnel moins nombreux mais joue un rôle important dans le prestige urbain, notamment dans la trentaine de villes sièges d'une intendance. Plus de cent trente cités abritent un évêché (dont dix-huit un archevêché), et plusieurs d'entre elles, surtout dans le Midi, ne tiennent leur « qualité » urbaine que de cette présence. La hiérarchie urbaine s'établit avec au sommet, après l'ensemble Paris-Versailles, une dizaine de capitales régionales (avec parlement, archevêché, intendance, université, etc.), puis une cinquantaine de capitales provinciales (avec présidial, évêché, intendance souvent), puis deux centaines de villes moyennes (avec bailliage, évêché parfois,

MONTPELLIER ENTRE MOYEN ÂGE ET MODERNITÉ.

L'Anglais Arthur Young, qui a voyagé en France à la fin du XVIIIe siècle, évoque certains des changements urbanistiques de cette époque ; mais ceux-ci ne concernent partout que quelques quartiers, largement minoritaires.

« Montpellier, qui a plutôt l'air d'une grande capitale que d'une ville de province, couvre une colline, qui se dresse fièrement. Mais quand on y entre, on éprouve un désappointement à la vue des rues étroites, mal bâties, tortueuses, mais populeuses et, semble-t-il, vivantes et actives ; il n'y a pas dans cette ville d'importantes manufactures ; les principales sont des manufactures de vert-de-gris, de foulards de soie, de couvertures, de parfums et de liqueurs. La grande attraction pour l'étranger, c'est la promenade ou square – car elle a ce double caractère –, que l'on appelle le Peyrou. Il y a un magnifique aqueduc, avec trois étages d'arches, qui amène l'eau à la ville, d'une colline fort éloignée ; un château d'eau reçoit l'eau dans un bassin, d'où elle tombe dans un réservoir extérieur, pour alimenter la cité et les jets d'eau, qui rafraîchissent l'air d'un jardin, situé au pied, le tout dans un beau square, considérablement élevé au-dessus des terrains qui l'environnent, entouré d'une balustrade et d'autres ornementations murales ; au centre, une belle statue équestre de Louis XIV. Il y a un air de grandeur et de magnificence dans cet utile travail, qui m'émeut plus que tout ce que j'ai vu à Versailles. »

Arthur Young, *Voyages en France en 1787, 1788, 1789*, Paris, 1931.

collège, etc.), enfin les petites villes, les plus nombreuses, où l'activité administrative se limite fréquemment à un seul domaine, le plus souvent judiciaire.

La fonction économique urbaine, c'est d'abord la rente, surtout foncière, puisque les citadins, tous milieux confondus, possèdent la majorité des terres agricoles. Au point de vue commercial, la plupart des cités ne sont que des centres de distribution, servant de débouché aux produits des campagnes environnantes dans leurs marchés ou leurs foires ; quelques villes organisent la commercialisation des produits de leur région sur une plus vaste échelle, parfois jusqu'à l'exportation, mais seules quelques très grandes cités (Bordeaux, Nantes, Marseille, Lyon) commercialisent des produits d'origine plus lointaine. Les activités productrices se limitent le plus souvent au travail des artisans locaux, dont les produits sont vendus sur place, auquel se juxtapose dans la plupart des villes moyennes un secteur parfois dynamique, le plus souvent textile, dont la production se diffuse régionalement ; les rares grandes cités manufacturières sont des villes textiles (Lyon, Lille, Rouen), mais une grande partie de l'activité se fait à la campagne, où elle est contrôlée par des négociants urbains.

Des sociétés contrastées

Les sociétés urbaines sont dominées par une noblesse peu nombreuse, qui constitue partout la catégorie sociale la plus riche, par un clergé pléthorique et diversifié (séculiers et réguliers, haut et bas clergé), et par une bourgeoisie qui vise l'anoblissement, qu'il s'agisse des rentiers, des officiers et robins, ou encore des marchands et négociants. La frange inférieure des professions libérales et des officiers, ainsi que les maîtres de métiers, membres des corporations, constituent des catégories intermédiaires entre les « élites » et le peuple. Celui-ci est partout largement majoritaire ; si les activités qu'il exerce sont variées (compagnons de métiers et ouvriers, hommes et femmes « de peine », agriculteurs, domestiques, etc.), ils ont pour principal point commun d'être constamment menacés, au rythme des crises économiques et démographiques, par une paupérisation qui touche une partie d'entre eux provisoirement, une autre en permanence ; globalement, le niveau moyen des salaires en valeur réelle est plutôt à la baisse au cours de la période, en particulier au XVIIIe siècle.

Les troubles sociaux sont rares, plus nombreux au XVIIe siècle (révoltes frumentaires, Fronde) qu'au XVIIIe siècle, et presque toujours éphémères. Cette tranquillité relative tient à l'organisation de la société en « corps » qui contribuent à atténuer les tensions et à lier entre elles les diverses catégories sociales, à l'influence de l'école et de l'Église, qui prônent le respect de l'ordre établi, mais aussi à la politique active d'assistance aux pauvres menée par les Bureaux des pauvres et par les municipalités, sans parler des aumônes privées. C'est pourquoi la mendicité est interdite et les contrevenants doivent être enfermés dans les hôpitaux généraux depuis le milieu du XVIIe siècle ; en réalité, le « grand renfermement » reste seulement théorique, faute de personnel et de moyens.

Des municipalités sous influence

Si son organisation varie selon les endroits et les époques, l'administration municipale comprend presque toujours trois niveaux – l'assemblée générale des chefs de famille, l'assemblée des notables et le « corps de ville » proprement dit – sur lesquels l'emprise du pouvoir royal devient de plus en plus pesante au fil des années, en particulier dans le choix des membres du corps de ville. Celui-ci, composé d'un maire et de plusieurs échevins (ou consuls, ou capitouls, ou syndics, ou jurats), qui appartiennent aux élites sociales, concentre l'essentiel des pouvoirs, qu'il exerce sous la surveillance de l'intendant de la généralité, ou de son subdélégué en poste dans la ville (quand le maire n'est pas lui-même le subdélégué).

Malgré la tutelle monarchique, les responsabilités des municipalités sont multiples : fiscalité, police municipale, logement des soldats, fourniture de miliciens, voirie et urbanisme, eau, éclairage public, lutte contre les incendies, surveillance des marchés, fixation du prix du pain, enseignement, assistance aux pauvres... Le financement est assuré principalement par la perception de l'octroi sur les marchandises qui entrent dans la ville, accessoirement par les revenus patrimoniaux, mais les budgets sont obérés du fait des ponctions fréquentes faites par la monarchie, notamment par le biais du rachat obligatoire des charges municipales, d'où des emprunts et un endettement chronique.

L'expansion urbaine est nette, mais assez limitée. Elle ne s'affirme véritablement qu'au XVIIIe siècle, avec éclat, dans les cités à l'économie dynamique, en particulier les ports atlantiques (Bordeaux, Nantes). L'urbanisation majoritaire de la France n'est pas encore à l'ordre du jour et les réseaux urbains hérités du Moyen Âge ne sont pas fondamentalement transformés.

b*ibliographie*

GARNOT Benoît, *Les Villes en France aux XVIe, XVIIe, XVIIIe siècles*, Paris, Ophrys, coll. « Synthèse-Histoire », 2e éd., 1994.

Les révoltes populaires

Au XVIIe siècle, les tensions sociales se concrétisent dans de brusques poussées de violence qui restent sans lendemain et qui ne contestent pas l'ordre social. Au XVIIIe siècle, les contestations se déplacent sur le terrain judiciaire et sur la critique de l'organisation sociale. Révoltes rurales et contestations urbaines possèdent chacune leurs caractères propres.

Les révoltes rurales

La plupart des révoltes rurales sont courtes et localisées, limitées à un jour et à un village. Mais quelques-unes sont d'une tout autre ampleur : après la révolte des Croquants du Quercy en 1624, elles culminent en 1636 dans le Poitou et l'Angoumois, en 1637 dans le Périgord, en 1639 avec les Nu-Pieds de Normandie, en 1643 dans le Rouergue, puis en 1656 avec les Lustucrus du Bourbonnais, en 1665 avec les Miquelets du Roussillon, et en 1675 avec les Bonnets rouges bretons, enfin en 1707 avec les Tard-Avisés du Quercy.

Le mécanisme de la plupart de ces révoltes est similaire. Lorsque court le bruit d'une taxe nouvelle, les ruraux, armés d'instruments hétéroclites, se rassemblent en grand nombre pour se donner des chefs, puis se dirigent rapidement vers les villes de la région, qu'ils arrivent souvent à prendre grâce à l'effet de surprise ; les agents du fisc y sont pourchassés et massacrés, et les archives des bureaux spécialisés brûlées. Peu après, des troupes royales sont envoyées sur place pour rétablir l'ordre, et elles battent facilement les bandes de paysans, tandis que des meneurs sont exécutés pour l'exemple ou envoyés aux galères. Puis l'impôt incriminé est supprimé, ou n'est pas introduit dans la province pacifiée, au moins provisoirement, pour calmer les esprits.

La plupart des révoltes éclatent sur un fond de misère générale ou d'exaspération contre les méfaits des gens de guerre ; elles n'ont pour cibles ni les seigneurs (qui y participent souvent et en prennent parfois la tête) ni le roi, mais ses « mauvais » conseillers, les collecteurs d'impôts et les soldats pilleurs. Ce qui est insupportable aux campagnards, ce n'est pas la seigneurie, sauf lorsqu'elle s'en prend aux communaux, ni l'impôt royal, tant que son montant leur semble raisonnable, mais la nouveauté : les campagnards la ressentent comme une violation inadmissible de leurs coutumes, qu'il s'agisse de la création d'un nouvel impôt ou de l'extension d'un ancien. Les soulèvements des années 1630, par exemple, sont consécutifs à la fois au triplement du montant des impôts entre 1628 et 1633, et à l'établissement d'une taxe sur les cabaretiers, qui se répercute sur le prix du vin vendu au détail. Seule l'insurrection bretonne de 1675, causée par l'introduction du papier timbré dans la province, débouche ensuite sur une contestation sociale. Loin d'être révolutionnaires, les révoltes paysannes du XVIIe siècle apparaissent comme des mouvements conservateurs, les paysans aspirant à retrouver une sorte d'âge d'or ancien, évidemment mythique. Leur disparition au XVIIIe siècle est due principalement au fait que l'impôt direct se réduit alors au profit de l'impôt indirect, moins douloureux parce que moins visible.

La résistance des campagnards aux évolutions change alors de cible et de nature. Elle s'inscrit dans le cadre de la réaction seigneuriale, les paysans s'opposant aux seigneurs qui cherchent à confisquer les communaux et à restaurer les droits seigneuriaux tombés en désuétude. Ils le font quelquefois par la force, comme le prouve la permanence des petites séditions locales, mais de plus en plus devant les tribunaux, engageant de nombreux procès qu'ils perdent presque toujours. Ces résistances paysannes débouchent par endroits sur une contestation globale de la seigneurie elle-même, là où elle est la plus contraignante, par exemple en Bourgogne, ou encore en Île-de-France où des manouvriers et des petits propriétaires s'en prennent non seulement aux seigneurs, mais aussi à la bourgeoisie rurale des gros laboureurs, qu'ils accusent d'accaparer les terres. Mais cette évolution n'est pas générale : elle

UNE « ÉMOTION » URBAINE EN 1645.

Ce texte permet de voir comment naît spontanément une émotion populaire à la suite de l'annonce d'une taxe nouvelle.

« Monseigneur, le devoir de ma charge de lieutenant général en la sénéchaussée de Montpellier m'oblige à vous informer d'un désordre qui est arrivé dans nostre ville. La taxe qu'on a fait sur les artisans à cause de l'heureux avènement à la couronne a donné lieu à une émotion populaire qui a commencé par les femmes et suivy avec beaucoup de chaleur par leurs marys. Nous n'avons point espargné dans ceste occasion nos soins ny l'authorité de nostre charge, nous y avons employé tout leur estendue pour appaiser ce tumulte, pour servir le roy et pour contenir ses sujets dans l'obeyssance qu'ils luy doivent. C'a esté torrent qu'il a fallu laisser passer nécessairement, y ayant, outre les femmes, plus de trois ou quatre mil hommes soubs les armes, contre une poignée de gardes de Monseigneur le mareschal de Schomberg, de soldats de la citadelle et d'autres personnes que nous avions ramassés. »

Texte cité par Boris Porchnev, *Les Soulèvements populaires en France de 1623 à 1648, op. cit.*

n'apparaît guère dans les provinces du Centre ni dans celles du Midi, où la seigneurie est moins pesante qu'ailleurs et la société rurale plus égalitaire.

Les révoltes urbaines

Les mouvements populaires urbains possèdent des caractères particuliers, la ville étant plus instable que la campagne parce que les rumeurs s'y propagent plus rapidement et qu'elle abrite toute une plèbe d'indigents et de déclassés, ainsi qu'une population d'artisans et de compagnons prompts à la protestation et à la révolte. Les incidents sont plus nombreux pendant la première moitié du XVIIe siècle jusqu'à la Fronde (1648-1653), que pendant la période qui suit.

Des émotions à caractère politique éclatent pendant les guerres civiles et opposent entre eux les habitants d'une même ville. D'autres troubles voient se dresser ensemble tous les habitants d'une cité contre les empiétements du pouvoir royal, surtout pendant les deux premiers tiers du XVIIe siècle, au moment où la monarchie absolue affirme son autorité, avec pour conséquence l'alourdissement considérable des anciens impôts et l'introduction de nouvelles taxes. Le peuple mécontent pille les bureaux de l'impôt et fait la chasse aux officiers de finances, molestés, voire massacrés, les notables locaux étant fréquemment complices ou « compréhensifs ». Ce type de révoltes disparaît quasiment au XVIIIe siècle, quand baisse le poids des impôts directs.

Les révoltes strictement populaires se produisent surtout lors des crises frumentaires, lorsque le prix du blé, et donc celui du pain, augmente exagérément. Qu'une véritable pénurie survienne, ou simplement qu'on la redoute, et la panique s'empare du petit peuple citadin qui pille les boulangeries, bloque les transports de blé, malmène les marchands de grains, les meuniers, et tous ceux qu'il considère comme des spéculateurs ; dans la plupart des cas, la révolte cesse vite, avec les distributions de pain. Ces émeutes de subsistances sont fréquentes au XVIIe siècle et le deviennent beaucoup moins au XVIIIe siècle, grâce à l'amélioration des conditions d'approvisionnement des villes. Mais même à cette époque, dès qu'une disette semble menacer, elles éclatent de nouveau, en particulier lors de la « guerre des farines », en 1775, quand la liberté récente des prix du blé entraîne leur forte hausse, ainsi que pendant les mois qui précèdent la Révolution. Maîtres de métiers, compagnons, salariés non incorporés et pauvres se retrouvent alors unis contre les nantis, qu'ils accusent d'accaparer les grains et de faire monter les prix.

Il en va tout autrement dans les conflits qui opposent des citadins appartenant à des classes sociales différentes : salariés contre patrons, ou maîtres de métiers contre grands entrepreneurs. Les révoltes de salariés (les cabales) vont de la cabale-bravade, simple manifestation de mépris envers le patron, à la cabale pour les salaires, qui s'accompagne d'une organisation poussée avec la constitution d'une caisse de solidarité, en passant par la cabale pour l'emploi, qui a pour but d'empêcher les patrons d'embaucher des ouvriers jugés incompétents à cause de leur origine ou de leurs capacités. Chacune de ces formes d'action peut déboucher sur une « émotion » ou sur une grève, et il en va de même lorsque les sociétés de compagnons se vengent des mauvais patrons en « damnant » une ville entière, c'est-à-dire en interdisant de fait toute embauche. Pour autant, ces mouvements ne s'étendent jamais à l'ensemble des salariés d'une cité, sauf très rares exceptions, comme à Lyon en 1744, où les canuts se révoltent contre les marchands de soie et réussissent à prendre le contrôle de la ville pendant plusieurs jours. Le plus souvent, la fièvre retombe d'elle-même, ou une intervention vigoureuse des troupes royales ou de la milice municipale, suivie de la pendaison de quelques meneurs, fait rentrer les émeutiers chez eux.

UN CONFLIT DU TRAVAIL À NANTES.

Cet extrait du journal de Jacques-Louis Ménétra (né en 1738 et mort au début du XIXe siècle), compagnon vitrier, évoque un conflit du travail entre salariés et maîtres de métiers dans la seconde moitié du XVIIIe siècle.

« Je restai près de onze mois (à Nantes), car, la ville étant défendue, nous n'étions que trois compagnons. Nous fîmes endêver les maîtres et eûmes beaucoup de différends. Un jour, le premier juré vint pour faire un accommodement pour faire revenir les compagnons. Après nous être divertis, nous vîmes à nous fâcher, et même à nous maltraiter. Sans un de mes camarades, je le faisais sauter par la croisée. Et je fus obligé, parce que cela avait fait beaucoup de bruit, de sauter moi-même et de tomber dans du fumier, où je ne me fis aucun mal. Et pour lors, nous ne voulûmes plus entendre parler de rien. Enfin d'autres maîtres vinrent nous trouver, et nous écrivîmes pour faire revenir les compagnons. Ce fut pour nous une grande fête, car tous les maîtres nous régalèrent. »

Jacques-Louis Ménétra, *Journal de ma vie*, Paris, Montalba, 1982.

Constamment menacée, la paix sociale est généralement maintenue, faute d'une conscience claire chez les dominés des causes de leur sujétion.

bibliographie

BERCÉ Yves-Marie, *Histoire des croquants : étude des soulèvements populaires au XVIIe siècle dans le Sud-Ouest de la France*, Paris-Genève, Droz, 1973, 2 vol.

PORCHNEV Boris, *Les Soulèvements populaires en France de 1623 à 1648*, Paris, SEVPEN, 1963.

L'essor du commerce colonial au XVIIIe

Si le commerce dans son ensemble reste une activité secondaire de l'économie française par rapport à l'agriculture, le grand commerce colonial, en particulier atlantique, connaît une expansion très importante au cours du XVIIIe siècle. L'importance du commerce colonial français décuple (en valeur) au cours du XVIIIe siècle, pour atteindre près de la moitié du commerce total du royaume dans les années 1770, avec une primauté pour Saint-Domingue (70 % à 80 % des échanges). Pour autant, il ne faut pas négliger l'essor des « Indes d'Orient » où les échanges sont de plus en plus fructueux, malgré le déclin des importations provenant d'Inde après 1736, au profit de la Chine.

Un commerce réglementé

Le commerce atlantique se déroule jusqu'en 1767 dans le cadre du monopole, ou « Exclusif », qui prévoit que seuls les marchands de la métropole peuvent commercer avec les colonies, que toutes les productions coloniales sont exportées vers la métropole, que les colonies ne peuvent acheter qu'à la métropole, qu'il n'y a pas de manufactures aux colonies, et que toutes les relations sont desservies uniquement par la marine métropolitaine : il y a donc interdiction de tout trafic des colonies avec l'étranger. Devant le mécontentement grandissant des colons et le développement de la contrebande (l'interlope), et malgré la vive opposition des négociants de la métropole, deux ports francs sont ouverts en 1767, à Sainte-Lucie (La Carénage) et Saint-Domingue (Le Môle Saint-Nicolas), où les navires étrangers, amenant les bois et les munitions navales et exportant les mélasses, peuvent librement commercer, moyennant une taxe de 1 % : c'est l'établissement de l'Exclusif mitigé, confirmé en 1784. Dans les faits, d'autres ports commencent à recevoir les navires étrangers, et l'accumulation des tolérances locales équivaut quasiment à la liberté du commerce.

Avec l'Afrique et surtout l'Asie, le commerce a lieu dans le cadre des grandes compagnies, en particulier la Compagnie des Indes orientales, recréée en 1723 après l'échec du système de Law. Faisant partie de l'appareil gouvernemental, elle est dotée d'un privilège exclusif du commerce avec les régions qu'elle dessert, possède des comptoirs (Saint-Louis au Sénégal, et Gorée en Inde) et des loges pour exercer son monopole de commerce avec les populations indigènes, ainsi que des postes fortifiés, donc des troupes. Prospère pendant plusieurs décennies, elle se retrouve très endettée en 1763 après les défaites de la guerre de Sept Ans. En 1764, elle change de statut et devient une compagnie purement commerciale, libérée de la tutelle du roi, avant de disparaître en 1769. Jusqu'en 1785, le commerce de l'Inde et de la Chine devient libre pour tout commerçant français, sous réserve de faire retour obligatoirement à Lorient.

L'organisation des trafics

Dans l'Atlantique, le trafic triangulaire (ou circuiteux) permet de rapporter en France le sucre, le café, le cacao, le coton et l'indigo. Il est fondé sur la pratique de la traite négrière, qui ne cesse d'augmenter au cours de la période : on se procure les esclaves en Afrique, soit directement auprès d'un marchand européen, soit en traitant avec des marchands africains sous le contrôle d'une autorité politique locale ; puis on traverse l'Atlantique par la « petite route » (elle longe les côtes d'Afrique) ou la « grande route » (directement au large). Le bénéfice pour les armateurs est susceptible de s'élever au mieux à 7,5 %, mais aussi de descendre à 1,5 % à la fin du siècle, les coûts augmentant parce qu'il faut aller de plus en plus loin pour trouver des esclaves. Le commerce « en droiture » devient progressivement plus rentable que le commerce triangulaire. Il est pratiqué au moins en proportion égale au commerce triangulaire, et il est indispensable pour rapporter en métropole le surplus des retours en produits tropicaux que les navires du commerce triangulaire ne peuvent pas transporter, cela en

L'EXALTATION DU NÉGOCIANT.

Les négociants forment une véritable aristocratie du commerce qui a une claire conscience d'être au-dessus des autres commerçants.

« Quel état, mon fils, que celui d'un homme qui d'un trait de plume se fait obéir d'un bout de l'univers à l'autre [...]. Ce n'est pas un peuple, ce n'est pas une seule nation qu'il sert, il les sert toutes et en est servi ; c'est l'homme de l'univers [...]. Nous sommes, sur la superficie de la terre, autant de fils de soie qui lient ensemble les nations et les remènent à la paix par la nécessité du commerce [...]. Il n'y a peut-être que deux états au-dessus du commerçant : le magistrat qui fait parler les lois et le guerrier qui défend la patrie. »

Michel-Jean Sedaine, *Le Philosophe sans le savoir* (1765), acte II, scène IV.

échange des textiles, vins, farines, viande salée que les îles ne produisent pas et dont elles ont besoin. Quant au trafic avec l'Orient, le monopole de la Compagnie des Indes concerne le poivre de Mahé, le café de Bourbon et de Moka, les cotonnades de Pondichéry, les soies de Chandernagor, les thés, porcelaines, ivoires, bois et étoffes de Canton.

Ces marchandises sont transportées par des navires qui connaissent des évolutions techniques : améliorations de la vitesse, de la solidité, de la qualité manœuvrière et des conditions de navigation en haute mer (invention du sextant en 1731, fabrication de chronomètres plus précis). Dans le même temps, les tonnages augmentent : on passe de 300 à 350 tonneaux en moyenne, parfois 500, rarement plus de 1 000 ; les navires négriers, qui font 100 à 150 tonneaux au début de la période, en font en moyenne 200 à 250 après 1750. Pour toutes ces raisons, la sécurité en haute mer s'améliore, et il y a moins de naufrages (1 % à 2 %). Mais le handicap reste le temps des transports : il faut compter un an pour l'aller-retour aux Antilles. En 1786, le nombre et le tonnage des navires marchands placent la France au deuxième rang en Europe, avec plus de 21 % du tonnage européen.

L'expansion portuaire

Les ports atlantiques (Bordeaux, Nantes, Rouen-Le Havre), ainsi que Marseille, sont les grands bénéficiaires de cet essor, Bordeaux et Marseille se disputant la première place nationale. En 1785, sur 732 navires engagés dans le grand commerce océanique, 254 partent de Bordeaux, 155 de Nantes, 122 de Marseille, 109 de Rouen-Le Havre. La Rochelle et Saint-Malo sont en fort déclin ; Saint-Malo ne s'est pas remis des conflits de la fin du règne de Louis XIV, tandis que La Rochelle est restée trop liée au commerce canadien (les fourrures) et subit de plein fouet le traité d'Utrecht (perte de l'Acadie et de Terre-Neuve), puis celui de Paris (perte du Canada).

Bordeaux a la croissance la plus rapide, mais reste fragile parce que près de la moitié de son commerce dépend des seules Antilles : de 1717 à 1789, la valeur totale de celui-ci est multipliée par vingt. Ce commerce est fondé, à l'exportation, sur le vin des grands châteaux, les farines de moyenne Garonne, la viande salée, des produits industriels (textile), et, à l'importation, sur le sucre de Saint-Domingue, le café et l'indigo. À la fin du siècle, Bordeaux réexpédie en Méditerranée 88 % du sucre et du café reçus, et assure plus de la moitié des réexportations françaises de produits coloniaux, grâce à sa maîtrise ancienne des marchés nordiques.

Marseille a une implantation plus diversifiée que celle de Bordeaux, donc plus solide, à prédominance méditerranéenne (Levant et Méditerranée occidentale), avec des relations importantes avec l'océan Indien et l'Extrême-Orient, ainsi qu'avec l'Atlantique ; le commerce colonial ne représente que 23 % du commerce marseillais. Cette polyvalence fait la force de Marseille, qui réexpédie vers la Hollande et le Nord plus de 90 % du sucre et du café reçus.

Nantes est le principal port négrier (soit près de 500 000 esclaves transportés au total), pratiquant le commerce triangulaire des esclaves africains et du sucre des Antilles. Toutefois, sa part relative dans le commerce français passe en valeur de 14 % (1730) à 7 % (1776). En ce qui concerne les seuls esclaves, Nantes représente, toujours en valeur, 65 % du trafic français de 1713 à 1722, et 34 % de 1783 à 1791 ; en 1765, sur 59 navires armés pour la traite dans tout le royaume, 30 le sont à Nantes, mais en 1775, on n'est plus qu'à 20 sur 60. D'autre part, la ville dispose d'assez peu de marchandises d'exportation, ce qui constitue un handicap.

Rouen a tendance à stagner, mais Le Havre se développe : c'est seulement à partir de 1730 qu'il devient l'un des principaux ports français.

Nicolas Bernard Lépicier, *Intérieur de la maison des douanes* (1775).

L'essor du commerce colonial français au XVIIIe siècle constitue la facette la plus brillante, de loin la plus dynamique, d'une économie globalement prospère, mais majoritairement peu innovante.

bibliographie

BUTEL Paul, *L'Économie française au XVIIIe siècle*, Paris, SEDES, coll. « Regards sur l'histoire », 1993.

Les habitudes alimentaires

L'approvisionnement en nourriture constitue la préoccupation essentielle de la population, mais aussi des autorités, pour lesquelles il est le premier garant de la paix sociale. Le XVIIe siècle connaît des difficultés frumentaires qui s'accentuent tragiquement lorsque les récoltes de l'année sont insuffisantes. La situation s'améliore au XVIIIe siècle : les Français échappent définitivement aux risques de pénurie grâce à l'amélioration du climat, donc des récoltes, et à la meilleure organisation des transports et du stockage des réserves alimentaires.

L'alimentation monotone des ruraux

Le régime alimentaire des ruraux est caractérisé par une relative monotonie, un apport quantitatif suffisant, sauf lors des crises de subsistances, assez fréquentes au XVIIe siècle, de plus en plus rares au XVIIIe siècle, et un déséquilibre qualitatif (insuffisances en calories, en lipides, en certaines vitamines, en protides d'origine animale), d'autant plus marqué que le niveau social est bas.

Les paysans consomment essentiellement leur propre production. Partout, un aliment constitue la base de l'alimentation, généralement une céréale, le froment sur les terres riches, ailleurs le seigle et le sarrasin, voire l'orge. Les farines servent surtout à fabriquer du pain, de couleur sombre, mais qui s'éclaircit au fur et à mesure qu'on monte les degrés de la hiérarchie sociale. À l'aliment de base s'ajoutent toujours des compléments. Les fruits (pommes et noix surtout, mais aussi poires, cerises, prunes, raisins, abricots, etc.) et les légumes (pois, fèves, haricots, raves, choux..., ainsi que les herbes potagères, comme le pissenlit et diverses salades) sont cultivés dans les jardins et les vergers, et conservés dans les greniers après la récolte. La viande, du porc le plus souvent, est consommée dans des quantités limitées et réservée aux jours de fête, tandis que le lard apporte du gras à la soupe quotidienne. La consommation d'œufs semble très importante, celle de poisson est une obligation pendant une bonne partie de l'année, pour des raisons religieuses, pendant le Carême et l'Avent, et tous les vendredis, souvent les mercredis, parfois les samedis, et la veille de certaines fêtes. Les graisses dans lesquelles sont cuits les aliments varient selon les régions : le Midi utilise l'huile d'olive, tandis que la France médiane se sert d'huile de noix (et parfois de chanvre), et le reste du pays de beurre. L'eau est avantageusement remplacée par la « piquette », boisson peu alcoolisée, obtenue après une deuxième macération du raisin additionné d'eau.

Cette alimentation ne se modifie guère au cours de l'époque moderne. Les évolutions touchent surtout les légumes, avec les cultures nouvelles qui se généralisent (oseilles, cardons, choux-fleurs, petits pois, betteraves, asperges, artichauts, venus d'Italie, ou encore tomates et haricots, venus d'Amérique), tandis que le maïs et la pomme de terre ne s'imposent que dans quelques régions. Au cours du XVIIe siècle, la consommation du vin, et plus encore celle de l'eau-de-vie, tend à se répandre.

L'ALIMENTATION DES FRANÇAIS VUE PAR UN ÉTRANGER.

Ce voyageur allemand met en lumière les spécificités de la cuisine française au XVIIIe siècle, par comparaison avec celles des autres pays d'Europe.

« Ceux qui sont accoutumez à des viandes grossières ne trouveront guère leur compte à Paris. Car l'on ny mange point de jambons, point d'andouilles, de la chair salée ou fumée, point de choux salez, ni du pain de seigle, et ce qui est semblable. Toutes ces mangeailles ne conviennent pas à un estomac français. Leur pain est blanc et toutes les viandes sont fraîches. Les amateurs de viandes épicées seront d'abord fort surpris de voir paraître toutes les viandes simples et au naturel, et quelquefois avec une sauce pour tout assaisonnement. Car les Français n'aiment pas fort les épiceries du Levant, non pas qu'ils méprisent ces assaisonnements précieux, mais parce qu'étant les délices des Italiens et des Espagnols, ils ne veulent pas imiter les autres nations, pas même dans les choses bonnes [...]. Au reste ils sont capables d'assaisonner tout aussi proprement que nous autres, s'ils en veulent prendre la peine. Leurs fricassées et ragoûts sont fort savoureux, et surtout ils savent faire rôtir excellemment la viande. »

J.-C. Nemeitz, *Séjour de Paris* (1709), cité par J.-L. Flandrin, « La diversité des goûts et des pratiques alimentaires en Europe du XVIe au XVIIIe siècle », *Revue d'histoire moderne et contemporaine*, 1983, t. XXX, p. 80.

L'alimentation plus variée des citadins

La clientèle citadine a des exigences de qualité élevées, en particulier chez les nantis, qui ne pourraient pas se satisfaire des nourritures grossières des paysans ; même les gens du peuple sont habitués à un relatif raffinement.

Le pain et la viande sont les deux éléments essentiels de l'alimentation des citadins, mais leur importance relative varie selon les milieux. Le peuple consomme du pain de seigle mélangé d'un peu de froment (voire d'avoine et d'orge dans les temps difficiles), et les riches du pain de froment ; les prix du pain varient non seulement en fonction de la part relative du froment et des autres céréales, mais aussi selon l'abondance des récoltes, l'usage étant de les fixer en fonction de celui du blé, en suivant une sorte d'échelle mobile. Au fur et à mesure qu'on monte dans la hiérarchie sociale, le pain laisse progressivement et partiellement la place à la viande (ou au poisson les jours de jeûne), sans disparaître pour autant ; mais les riches mangent surtout du bœuf et du gibier, tandis que la viande populaire est le porc, moins cher. Les légumes, « herbes » ou « racines », sont présents en abondance sur les marchés, qu'il s'agisse des légumes traditionnels (fèves et pois) ou des nouveautés apparues pendant la période. Outre les fruits indigènes, les citadins apprécient les précieux fruits importés : les raisins secs, les pruneaux (en partie importés, puisqu'on en produit aussi en France), les figues, les dattes..., sans parler des oranges et des citrons. La consommation de produits laitiers est attestée partout, tout comme celle des œufs. L'eau est de très mauvaise qualité, polluée par les déchets des artisans, et les citadins, du moins ceux qui en ont les moyens, préfèrent le vin, ou la bière dans le Nord. Globalement, le bilan calorique des villes est satisfaisant, et il l'est presque toujours, vu les réserves qui permettent les distributions gratuites aux pauvres en cas de besoin ; mais cette nourriture est déséquilibrée, moins cependant qu'à la campagne, avec trop de glucides, une carence en lipides, une trop forte proportion de protides végétaux, des carences minérales et vitaminiques.

Sous l'influence de l'aristocratie, une véritable révolution culinaire se produit au cours de la période : rejet des mets très épicés, transformation des sauces avec le triomphe des « roux » liés à la farine, modification des modes de cuisson (viandes de plus en plus rôties ou grillées), valorisation des qualités gustatives propres des mets au lieu de leur esthétique. Au XVIIe siècle, la grande cuisine française naît donc en ville, acquérant dans l'Europe de l'époque une spécificité qui ne fait que s'affirmer au fil des années : au XVIIIe siècle, sa renommée va croissant, et cela d'autant plus qu'elle est portée par le succès des livres de cuisine (*Le Cuisinier français*, de Pierre de La Varenne au XVIIe siècle, *La Cuisinière bourgeoise*, de Menon au XVIIIe siècle). Les nouveautés ne sont pas moins importantes en ce qui concerne les boissons : l'eau-de-vie rencontre le succès en ville au XVIIe siècle, avec la naissance du cognac et de l'armagnac, et se vulgarise au XVIIIe siècle, tout comme les liqueurs, tandis que la consommation de vin pur se répand dans toutes les couches sociales pour gagner les couches populaires au XVIIIe siècle. Le chocolat, originaire du Mexique, arrivé en Espagne au XVIe siècle et introduit en France au début du XVIIe siècle, devient une boisson à la mode dans l'aristocratie pendant la seconde moitié du XVIIe siècle et surtout pendant la Régence, puis est adopté dans les milieux aisés. Le café connaît un succès beaucoup plus général.

Le mode de vie des « élites » suppose l'accumulation des aliments sur la table : c'est le service à la française. Les manières n'évoluent pas moins que les habitudes alimentaires, les pratiques prônées par les manuels de civilité descendant progressivement l'échelle sociale : manger en compagnie requiert un contrôle de soi qui fasse d'abord oublier le corps, ses appétits indiscrets, ses fonctions, ses bruits et ses humeurs.

Le Nain, *Le Repas des paysans* (1642).
Le pain constitue la base de l'alimentation des paysans, mais il est généralement trempé dans une soupe à base de légumes et de lard.

Les raffinements de l'art de la table restent limités à l'élite des citadins. Pour autant, sauf accidents conjoncturels, les Français sont nourris suffisamment, comme le prouve la réalité de l'essor démographique.

bibliographie

GARNOT Benoît, *La Culture matérielle en France aux XVIe, XVIIe, XVIIIe siècles*, Paris, Ophrys, coll. « Synthèse-Histoire », 1995.

Les changements vestimentaires en ville

Le vêtement, même le plus misérable, est une production culturelle où s'entrecroisent les possibilités techniques, les nécessités pratiques et les fantasmes. Les évolutions des vêtements des citadins sont permanentes et débouchent même, au XVIIIe siècle, sur de véritables bouleversements.

Une évolution permanente

L'habit masculin est composé de trois éléments principaux, le justaucorps, la veste et la culotte allongée jusqu'aux genoux, auxquels il faut ajouter les chemises, les souliers, les bas et les chapeaux, ainsi que les manteaux; les grands cols rabattus, puis les cravates, au XVIIe siècle, ont remplacé les fraises, tandis que les robes continuent à être portées par les hommes de loi, les professeurs et les ecclésiastiques. Le vêtement féminin comprend une jupe, superposée à un ou plusieurs jupons, et une chemise agrafée ou lacée, souvent consolidée par une armature de baleines ou des renforts d'étoffe, auxquels s'ajoutent le tablier et le manteau, la coiffe, ainsi que des souliers symétriques. Pour les deux sexes, hors les chemises, il n'y a généralement pas de sous-vêtements. Dans ce cadre général, les longueurs, les formes, les couleurs ne cessent de se modifier, en fonction des modes successives, qui s'amorcent par la volonté des élites sociales de se distinguer coûte que coûte des classes moyennes, voire du peuple, qui les imitent. D'autres critères interviennent, économiques surtout, politiques également, sans parler de l'influence (toutefois limitée) des moralistes. La mode vestimentaire est faite par le roi ou la reine et par la cour, puis passe dans la «bonne société» parisienne et dans celle des autres cités, mais de plus en plus atténuée et décalée avec la distance et le temps; enfin, lorsqu'ils sont démodés, les vêtements des gens aisés descendent progressivement l'échelle sociale, donnés aux domestiques ou vendus chez les revendeurs et les fripiers.

Au XVIIIe siècle se produisent des changements durables et profonds qui touchent toute la société urbaine, jusqu'aux plus pauvres. Cette évolution va de pair avec l'essor de la production des draps et des toiles, et surtout de celle des cotonnades et des soieries, non seulement en quantité, mais aussi au point de vue technique, notamment en ce qui concerne les teintures, essor qui débouche sur une production de masse dans les manufactures et des prix en baisse constante. Le coton remplace progressivement les étoffes de laine et de chanvre, et sa progression s'accompagne du triomphe des étoffes colorées et imprimées (les indiennes), qui l'emportent sur les teintes sombres traditionnelles; la multiplication des pièces de vêtement dans les garde-robes permet de changer plus souvent les accords, d'autant plus que la baisse du prix des tissus permet d'augmenter le nombre des vêtements possédés. Le règne du corset s'affirme: il révèle une conception nouvelle du corps, contraint et remodelé. À la rigidité du corset, qui bride les corps en société, répond, pour la vie privée, le triomphe des vêtements d'intérieur, souples et confortables, que l'on porte en famille ou en présence d'intimes, tel le déshabillé pour les femmes, ou encore la robe de chambre.

VÊTEMENT ET SOCIÉTÉ.

Le vêtement est un révélateur social, qui obéit à des codes précis.

«Il y a beaucoup de gens qui n'attachent aucune importance à la toilette: l'on peut cependant deviner la qualité et le caractère d'un homme par son costume [...]. N'étalez pas un luxe supérieur à votre condition [...]. Ne vous parez pas comme une femme, mais gardez-vous aussi d'être mal-propre sur votre personne ou crasseux sur vos vêtements. Il faut être pourvu de linge fin et en mettre du blanc tous les jours. On reconnaît à cela un homme de qualité [...].

La première règle à observer par un étranger est de ne pas se singulariser, mais de s'habiller comme tout le monde [...]. Sylvius eut un collet et des parements de velours à justaucorps: on le prit pour un laquais portant la livrée de son maître. Balde, nouvellement arrivé, entra dans un café avec un colletier de peau, une culotte de cuir et des bottes: il passa pour un campagnard descendant de cheval.

Pour tout ce qui concerne le costume, il vaut mieux imiter les Français, non qu'il soit honteux de paraître étranger, mais parce qu'il est inutile que toute la canaille s'aperçoive que vous êtes étranger. Les gueux, les cochers, les décrotteurs ne vous laissent point en repos et veulent tous tirer quelque chose de vous.»

J.-C. Nemeitz (voyageur allemand), *Séjour de Paris* (1709), cité par A. Franklin, *La Vie de Paris sous la Régence*, Paris, 1887.

Un marqueur social

Le costume indique clairement le rang social de celui qui le porte, tout autant par la forme des vêtements et de leurs accessoires que par leur matière et leur couleur: le clergé ne s'habille pas comme la noblesse, les hommes de loi comme les militaires, les maîtres d'écoles comme les artisans, tandis que le costume coloré et raffiné du courtisan s'oppose à l'habit sombre et sobre du bourgeois. À l'intérieur de chaque milieu, des détails vestimentaires soulignent aussi les hiérarchies et les activités: la simarre des prélats, violette ou rouge, affirme leur suprématie sur les simples prêtres vêtus de noir, tandis que les robins de la judicature sont en robes courtes (sauf les parlementaires, les « grandes robes ») et ceux de la finance, en robes longues. Ces marques de différenciation sociale dépassent même le simple vêtement pour concerner toute l'apparence extérieure : la tonsure est la marque du clergé, l'épée celle de la noblesse, du moins en théorie.

Nombreux sont ceux qui essaient de paraître plus élevés dans la hiérarchie sociale qu'ils ne sont, en adoptant une tenue qui ne correspond pas à leur véritable état ; ces usurpations de statut choquent, et l'État tente fréquemment d'y mettre bon ordre par des lois somptuaires qui interdisent à certaines catégories sociales de porter certaines étoffes ou certaines couleurs. Ces interdictions sont souvent tournées, notamment par les domestiques de l'aristocratie, non sans la complicité active de leurs maîtres, dont les excès somptuaires des livrées de leur domesticité traduisent la volonté d'ostentation : aussi voit-on les valets des grandes maisons adopter les habitudes vestimentaires de leurs maîtres (jusqu'à porter l'épée !), et les transmettre à leurs familles en ville et même au village, malgré des lois somptuaires spécifiques, mais sans effet, comme l'édit de 1724 qui interdit aux domestiques de porter ni or ni argent sur leurs vêtements, ni bas de soie ni velours. La perversion des valeurs vestimentaires culmine au XVIIIe siècle, en même temps que s'accroît la contestation sociale : cette coïncidence n'est pas un hasard.

Dans la haute aristocratie, l'habillement est caractérisé par le luxe, la surabondance, l'ostentation, voire l'extravagance qui concernent aussi les coiffures et le maquillage : les investissements sont considérables. L'habillement des notables est solide et durable, et si leurs dépenses vestimentaires sont élevées, elles restent contrôlées : il s'agit partiellement d'une dépense d'ostentation, mais qui se limite à des sommes raisonnables par rapport aux revenus. L'habillement populaire obéit évidemment à d'autres logiques : à Paris vers 1700, la garde-robe moyenne d'un salarié vaut 400 livres de blé, celle d'un noble 15 000 livres ! Les mieux habillés, qui échappent partiellement à ces constatations générales, sont les domestiques des grandes maisons, en particulier les servantes, qui bénéficient des vêtements donnés par leurs maîtresses. À l'inverse, les salariés doivent se contenter de tissus de mauvaise qualité, difficiles à laver et à teindre : le costume populaire est simple, solide, de couleur sombre (sauf à la fin du XVIIIe siècle), fait pour durer, pour résister aux accrocs du travail, pour supporter les intempéries, d'où une certaine uniformité raide et sévère, qui n'exclut pourtant pas un minimum de coquetterie et de fantaisie, avec ici un ruban, là un mouchoir de col avec de la dentelle, ou encore un foulard de couleur vive ; mais au total, il implique une médiocre capacité à se renouveler et à suivre le rythme des changements saisonniers, avec toutes les conséquences imaginables sur l'hygiène. Les vêtements des plus misérables sont achetés d'occasion ou reçus en aumône (ou encore volés), après qu'ils ont été portés par plusieurs propriétaires successifs, et ils sont souvent reprisés, et utilisés jusqu'à leur dernière extrémité. Les plus pauvres n'ont qu'un seul habit, une seule paire de souliers, avec lesquels ils sont enterrés, ces vêtements étant le plus souvent composés de haillons et de pièces rapportées.

Étienne Jeaurat, *Le Marchand de rubans* (vers 1753).
Les rubans constituent un accessoire essentiel de l'élégance féminine populaire.

Dans le dernier quart du XVIIIe siècle, les différences d'habillement entre les élites sociales et le peuple s'atténuent, à tel point que, si on ne les confond pas, ils se ressemblent bien davantage qu'auparavant. Le vêtement tend à s'uniformiser au point de vue social, à l'époque même où l'inégalité des ordres et des rangs n'a jamais été autant contestée.

b*ibliographie*

GARNOT Benoît, *La Culture matérielle en France aux XVIe, XVIIe, XVIIIe siècles*, Paris, Ophrys, coll. « Synthèse-Histoire », 1995.

Apogée et déclin du catholicisme

L'Église catholique a entrepris, depuis la fin du XVIe siècle, de modifier les sensibilités religieuses, mais ses succès indéniables restent ambigus au XVIIe siècle et contestés au XVIIIe siècle. Conquérant au XVIIe siècle, le catholicisme français est sur la défensive au XVIIIe siècle.

La reprise en main du XVIIe siècle

La reprise en main du clergé et des fidèles, impulsée par le concile de Trente (1545-1563), ne se généralise vraiment qu'au XVIIe siècle ; l'œuvre réformatrice est dirigée par les évêques et menée par l'ensemble du clergé, dont la formation est très améliorée avec l'implantation progressive des séminaires. Les prêtres cherchent à remodeler les mentalités des fidèles en leur imposant une véritable acculturation. Il s'agit d'épurer les dévotions populaires, de lutter contre les contaminations du sacré par le profane, d'insister sur la pratique et sur la morale. Une grande sévérité caractérise la pastorale : le monde est mauvais, le péché est partout, la mort peut inopinément conduire le pécheur en enfer. Le chrétien doit vivre en se préparant au trépas et en se comportant constamment comme s'il devait mourir le jour même : il lui faut veiller, prier sans cesse, mortifier ses sens, se faire une violence continuelle.

La formation religieuse des catholiques se fait par le catéchisme, le prône, la confession, les confréries et les missions. La catéchèse, hebdomadaire et obligatoire, est sans doute la composante essentielle de ce dispositif, parce qu'elle s'adresse en priorité aux enfants, considérés comme plus malléables que les adultes. Les sermons sont prononcés chaque semaine, à la fin de la messe dominicale. La confession impressionne beaucoup les populations, parce qu'elle implique l'individu isolé, dans ce cadre très particulier que constitue le confessionnal, le prêtre étant perçu souvent comme ayant le pouvoir de décider du salut de celui qui se confesse. C'est par les confréries que l'Église popularise les dévotions qu'elle veut mettre au premier plan, en particulier celles du Christ, de la Vierge, du Saint-Sacrement, du Rosaire, de sainte Anne, de saint Joseph et de sainte Marie-Madeleine ; dans les villes, les confréries multiplient les processions, contribuant ainsi à donner un caractère ostentatoire au catholicisme de la Contre-Réforme. Enfin les missions constituent l'aspect le plus spectaculaire de l'action des prêtres réformateurs, surtout dans les campagnes ; pour les assumer, Vincent de Paul (1581-1660) fonde en 1625 la congrégation de la Mission (les lazaristes), tandis que d'autres compagnies de prêtres consacrent une partie de leur action aux missions, comme la congrégation de l'Oratoire, fondée dès 1613 par Adrien Bourdoise (1584-1665), sans parler de nombreux ordres à rayonnement régional. Les jésuites jouent un rôle essentiel dans ces entreprises, s'investissant non seulement dans les missions (en métropole et outremer), mais aussi dans l'enseignement en dirigeant de nombreux collèges, chargés de former les futures élites ; ils ont également une influence notable sur les souverains eux-mêmes, auxquels ils fournissent des confesseurs, mais leurs liens très étroits avec la papauté suscitent des réactions hostiles de la part des gallicans (d'où leur expulsion du royaume dans les années 1760).

L'action réformatrice du clergé n'est pourtant pas uniforme : selon les endroits, il utilise, simultanément ou séparément, des mesures brutales et d'autres plus subtiles. L'attitude devant le culte des saints en est en bon exemple. Dans de nombreuses provinces, toutes les dévotions suspectes de paganisme sont interdites, mais dans d'autres, l'attitude du clergé est plus conciliante (Bretagne, Flandre) ; les différences d'attitudes sont similaires en ce qui

UN TÉMOIGNAGE POPULAIRE SUR UNE MISSION.

Les missions constituent l'aspect le plus spectaculaire de la pastorale de l'Église catholique.

« Année de 1751 [...]. Pendant le temps de 25 ou 30 jours, il y a eu dans l'églize catédralle de Chartres trois sermons par jours, par des père missonnerre, qui enseignent et préchoist la parole de Dieu et la conversion des pécheurs à la perfection, et qui ont mesme mis les homme et les femme en retraite dans l'église des Jacobins, pendant chacun trois jours, par des sermon vif et menace rigoureux, dont il étoit presque impossible de les entendre sans pleuré et sans se requemendé à Dieu d'un cœur contris et humilié. Et on mené les homme et les femme au bout de chacun leur retraite en procession à la catédralle, dans un arangement gratieux, et on fait mesme aux home ausi bien qu'aux femme, sur la fin de leur retraite, on forcé de s'entredoner le baizer de paix.

Du 21 novembre 1751, par ordre de monseigneur l'évêque, il a été planté un très beau calvaire au Grand-Fauxbour de la porte des Epars, où monsieur l'évesque et tout son clergé onst assisté, et comme ausi tout le peuple crétien, avec tous chaquun une petite croix en main, qui onst été béniste de la bénédiction du calvaire, dont les croix serviront à la morst de chaque personne qui en onst porté à la ditte procession. »

Journal du vigneron Nicolas Guiard (1751), publié par Benoît Garnot, *Annales de Bretagne et des Pays de l'Ouest*, 1987, n° 1, pp. 32-33.

concerne l'épurement de l'iconographie, qui peut être partiel et progressif, ou brutal. Quoi qu'il en soit, vers 1700-1720, la pratique religieuse semble à peu près unifiée, mais les croyances restent souvent entachées de superstitions et de paganisme.

La Contre-Réforme n'est pas uniquement un mouvement de reprise en main du catholicisme populaire, c'est également une période d'intense fermentation spirituelle dans les milieux dominants. Certains s'engagent dans les associations pieuses, comme la très influente (et secrète) compagnie du Saint-Sacrement qui se consacre à la dévotion au Christ, à l'action charitable ainsi qu'à la lutte contre les protestants. D'autres voient leur spiritualité évoluer vers le mysticisme : influence de l'Espagnole Thérèse d'Avila avec la création des Carmels, succès considérable de l'*Introduction à la vie dévote* (1609) de François de Sales (1567-1622), quiétisme, plus tardivement. Quant au jansénisme, malgré les condamnations royales et papales ainsi que les dures exigences morales qu'il implique, il rencontre un grand succès dans les milieux cultivés, d'abord au milieu du XVIIe siècle (c'est le premier jansénisme), puis pendant tout le XVIIIe siècle (le second jansénisme). Fondé par Cornelius Jansen (1585-1638), évêque d'Ypres aux Pays-Bas, il est introduit en France par l'abbé de Saint-Cyran (1581-1643) et rayonne à partir de l'abbaye de Port-Royal. À la différence du Dieu conciliant des molinistes (soutenus par les jésuites), qui laisse aux hommes leur libre arbitre et qui les aide, par le don de sa grâce, à éviter les péchés et à gagner leur salut, celui des jansénistes n'accorde sa grâce qu'à un petit groupe d'élus prédestinés ; il exige donc une foi à toute épreuve, un combat contre les mauvais penchants, bref un rigorisme moral, illustrés par Blaise Pascal (1623-1662) dans ses *Provinciales* (1656-1657). La doctrine janséniste est condamnée plusieurs fois par la papauté et persécutée par la monarchie.

La déchristianisation limitée du XVIIIe siècle

Au cours du XVIIIe siècle, l'influence du catholicisme décroît et la déchristianisation commence à s'affirmer. Le catholicisme se trouve attaqué à la fois de l'intérieur et de l'extérieur. Malgré les condamnations papales, en particulier la bulle *Unigenitus* en 1713, et les persécutions impulsées par le pouvoir royal, le jansénisme reste très vivant pendant la première moitié du siècle ; il touche les milieux instruits, surtout dans le clergé et la robe, et il a également une composante populaire, en particulier à Paris (affaire des convulsionnaires du cimetière Saint-Médard sur la tombe du diacre Pâris). La franc-maçonnerie, qui compte environ 70 000 membres à la veille de la Révolution, issus pour la plupart des milieux privilégiés, développe une culture où le catholicisme se trouve dilué ou mis au second plan. Les Lumières, malgré leurs divergences (Rousseau et Voltaire sont déistes, Diderot est athée), s'en prennent violemment à l'Église, qui incarne pour eux tout ce qui empêche l'homme de progresser vers la raison et le bonheur, à cause de son lourd passé d'intolérance, son immense pouvoir économique et politique, sa mainmise sur l'éducation et sa volonté de censurer la vie intellectuelle.

Il existait déjà des incrédules pendant les périodes précédentes ; ainsi le libertinage, mélange d'immoralité et d'irréligion, avait touché au XVIIe siècle une frange de la grande noblesse, et dans le peuple, il devait bien y avoir également des esprits forts, dégagés de toute croyance et de toute pratique, comme il en existait dans le clergé même, à l'instar du curé Jean Meslier (1664-1729), secrètement athée, dont Voltaire publie le *Testament* en 1762. Mais ce qui était confidentiel prend, au cours du XVIIIe siècle, de l'ampleur, en particulier dans les villes. La pratique religieuse des citadins diminue : à la veille de la Révolution, moins de la moitié des Bordelais font leurs Pâques. L'évolution des testaments est encore plus significative : en Provence, vers 1700, la plupart des testateurs commencent par des invocations à Dieu, à la Trinité, aux anges gardiens et à tous les saints, et fondent des messes par dizaines ou par centaines, selon leurs moyens financiers, pour assurer leur salut ; après 1760, la fréquence des invocations pieuses et des fondations de messes s'effondre. Cette évolution pourrait révéler un affinement des croyances et un approfondissement de la foi, par le recours direct à Dieu, sans l'intermédiaire de la Vierge et des saints, mais d'autres indices, comme le déclin de la vitalité des confréries, confortent la thèse de la déchristianisation. Il faut en préciser les limites : l'irréligion reste toujours minoritaire et touche moins les paysans que les citadins, plus alphabétisés, donc réceptifs aux écrits des Lumières ; de plus, à la campagne, elle ne concerne que les régions où l'intransigeance du clergé n'a réussi qu'à déstabiliser la religion traditionnelle en interdisant des pratiques auxquelles les habitants étaient très profondément attachés, comme en Beauce et dans le Limousin.

Malgré l'action réformatrice du clergé et les attaques des Lumières, la plus grande partie de la population continue à se satisfaire d'un catholicisme superficiel, presque toujours mêlé de paganisme et de superstitions.

bibliographie

LOUPÈS Philippe, *La Vie religieuse en France au XVIIIe siècle*, Paris, SEDES, coll. « Regards sur l'histoire », 1993.

Versailles et le classicisme

La France de Louis XIV voit triompher en apparence l'idéal classique, fait de clarté, de mesure et d'obéissance aux règles, aussi bien dans les arts que dans les lettres. Le château de Versailles en constitue l'archétype, mais non sans nuances : le classicisme versaillais est plus divers que la vision traditionnelle qui en est souvent donnée. Si sa cohérence et son originalité sont indéniables, il n'en reste pas moins marqué par les influences du baroque, art d'imagination, d'invention, de somptuosité et de contraste. Dans le même temps, il constitue pour le monarque absolu un instrument politique.

Les règles de l'art classique

Le classicisme s'appuie d'abord sur le culte de l'Antiquité. Celui-ci concerne non seulement l'architecture (fronton triangulaire, ordres superposés, colonnade, coupole, terrasse), la sculpture et la peinture avec les allégories mythologiques, mais aussi la littérature, avec la règle des trois unités empruntée à Aristote.

Le souci de clarté et de rigueur est tout aussi important : pour l'atteindre, il faut se soumettre au culte de la raison, qui doit l'emporter sur l'imagination, réputée inférieure et dangereuse. Il faut rejeter l'exceptionnel et le spontané pour rechercher le général, le clair et le réfléchi. C'est pourquoi l'imitation de la nature doit être soigneusement contrôlée.

L'idéal classique vise aussi le grandiose et le majestueux, sans jamais tomber dans l'exagération ou la démesure. Il faut privilégier en littérature la tragédie sur la comédie, ainsi que l'éloquence sacrée, et en peinture, les portraits et les tableaux de mythologie ou d'histoire sur les paysages et les natures mortes. Cette recherche de la grandeur est accentuée par l'action personnelle de Louis XIV qui veut faire servir la littérature et les arts à la glorification de son règne, d'où les récompenses aux écrivains et aux artistes, et le soutien aux académies (l'Académie française, l'Académie de peinture et de sculpture, l'Académie d'architecture, l'Académie de France à Rome).

Versailles, apogée du classicisme

Délaissant Paris, qu'il craint depuis la Fronde, et abandonnant le grand dessein de transformation du Louvre, Louis XIV s'attache à faire de Versailles, modeste pavillon de chasse en pierre et en brique, une résidence digne de la grandeur de la monarchie. Les premiers grands travaux sont l'œuvre de l'architecte Louis Le Vau, qui embellit le château avec des colonnes de marbre et des grilles dorées, et l'agrandit par des communs et une avant-cour, ainsi que du peintre et décorateur Charles Le Brun, et du jardinier André Le Nôtre : en 1668, Versailles est déjà une somptueuse demeure, cadre de fêtes magnifiques, comme celle des Plaisirs de l'île enchantée. Pour en faire la résidence définitive de la cour et du gouvernement, Le Vau et François d'Orbay construisent ensuite du côté des jardins deux vastes pavillons à l'italienne, en pierre, reliés par une terrasse, qui sont achevés en 1670. Il reste à Le Brun à aménager l'intérieur, avec une armée de peintres, sculpteurs, tapissiers et ébénistes.

Les travaux prennent un nouvel essor en 1678, avec Jules-Hardouin Mansart qui ajoute en une dizaine d'années deux ailes immenses, construites en pierre blanche de Saint-Leu, au sud et au nord, tout en respectant le plan en U de la construction primitive, tandis qu'une grande galerie, dont les murs seront décorés de glaces (la galerie des Glaces), est édifiée sur la terrasse.

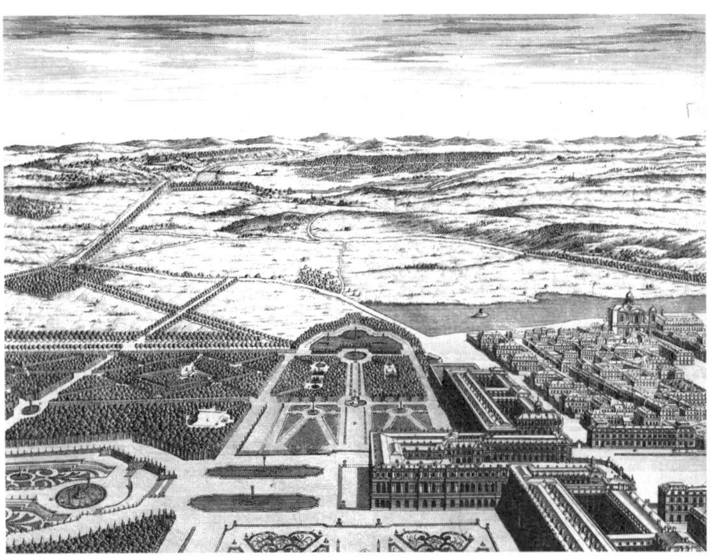

Château de Versailles.
Le château de Versailles est construit progressivement pendant le règne de Louis XIV.

Le Grand Trianon, sorte de château de plaisance à côté de la résidence principale, est bâti à l'extrémité du parc, et la chapelle, commencée en 1689, est achevée en 1702. La majesté, la symétrie et la mesure dominent les constructions, qu'il s'agisse de la façade du château avec ses trois étages et ses hautes fenêtres (rez-de-chaussée monumental à bossages, premier étage ionique, dernier étage corinthien, toit surbaissé diminué derrière une balustrade), ou des jardins avec leurs arbres, leurs parterres, leurs bassins et jeux d'eau, disposés symétriquement, et leurs nombreuses sculptures d'inspiration mythologique (Apollon) ou antique (Alexandre) ; pour la visite des jardins, Louis XIV écrira un itinéraire sans cesse remanié de 1689 à sa mort.

Château de Sans-Souci.
Frédéric II de Prusse, comme les autres souverains européens, fait construire, à Potsdam, son château à l'imitation de Versailles.

Pourtant, le château de Versailles ne répond qu'incomplètement aux critères théoriques du classicisme. La galerie des Glaces combine un décor plat d'arabesques à des ornements en fort relief, proches des motifs baroques qui triomphent ailleurs en Europe. Les jeux d'eau introduisent dans les jardins un élément de mobilité, les grottes, les labyrinthes et les bosquets de la fantaisie. En fait, la notion de classicisme ne peut à elle seule définir la diversité des genres et des formes qui ont fait de Versailles l'espace de multiples expérimentations esthétiques imitées, en particulier de l'Italie baroque. Celles-ci ne s'interrompent d'ailleurs pas au XVIIIe siècle, qui voit de multiples aménagements dans les jardins et à l'intérieur des bâtiments (petits appartements), tandis que le Petit Trianon est édifié entre 1763 et 1768.

L'art français du règne de Louis XIV ne se réduit pourtant pas au modèle prestigieux du château de Versailles, ni aux seules règles du classicisme. Ainsi en peinture, pour ne prendre qu'un seul exemple, si l'Académie de peinture et de sculpture, dirigée par Le Brun, se fait un devoir de répandre le « bon style », illustré tout particulièrement par Poussin et les poussinistes, pour lesquels le dessin est une forme intelligible, les rubénistes défendent une conception plus sensible et plus naturaliste : l'Académie répond aux commandes officielles, tandis que les rubénistes servent une élite d'amateurs, bourgeois ou nobles détachés du goût de la cour.

Un instrument politique

Bien que devenue depuis 1682 résidence officielle de la cour, Versailles reste pendant des années un immense chantier, qui emploie plusieurs dizaines de milliers d'ouvriers et qui représente 3 % à 4 % des dépenses annuelles de l'État. Mais le bénéfice politique de l'entreprise est considérable, parce qu'elle permet de transformer les Grands, jusque-là souvent infidèles au roi, en courtisans dévots à sa cause.

Tout à Versailles concourt à la gloire du souverain, dont la chambre est le centre du palais, comme le soleil est celui de l'univers, tandis que les bâtiments et les jardins s'ordonnent autour d'un axe qui part de la statue du roi dans la cour d'accès, passe par sa chambre et se prolonge par le Grand Canal. La voûte de la galerie des Glaces, composée de vingt-sept tableaux, médaillons et camaïeux, est conçue comme un parcours initiatique à la gloire du prince, roi de guerre et de triomphe terrassant tous ses ennemis par sa seule présence. Les statues du parc sont dédiées à la gloire du roi. Ce cadre majestueux abrite les théâtres successifs où se déroulent les journées du souverain, entouré de sa cour, ainsi que les fêtes profanes et religieuses. Quant à la ville neuve de Versailles, elle s'articule également autour des axes rayonnant à partir des appartements royaux.

L'influence de Versailles sur l'art européen est sensible surtout au XVIIIe siècle, époque où tous les souverains se dotent de résidences qui en sont plus ou moins inspirées, sans doute parce que jamais un modèle politique n'avait trouvé une traduction architecturale et esthétique aussi cohérente. C'est un révélateur de la prééminence culturelle française en Europe à cette époque.

b*ibliographie*

SOLNON Jean-François, *Versailles*, Paris, Éditions du Rocher, 1997.

La lecture au XVIIIe siècle

Le XVIIIe siècle voit une nette progression de l'alphabétisation, grâce à la généralisation, encore incomplète, des « petites écoles » et au développement des collèges. Pour autant, la lecture reste un phénomène marginal dans la majorité de la population rurale, à la différence de celle des citadins.

Les ruraux et la lecture

La culture des ruraux est essentiellement orale. Pour autant, l'analphabétisme est en recul, bien que la scolarisation, en théorie obligatoire depuis 1696, se heurte à l'absentéisme et à la concurrence des apprentissages professionnels. Si l'on en croit les signatures aux mariages, les quatre cinquièmes des ruraux sont analphabètes à la fin du XVIIe siècle et les trois cinquièmes à la fin du XVIIIe siècle (1786-1790), les femmes étant toujours moins alphabétisées que les hommes (la différence va du simple au double), les pauvres que les aisés, les campagnes que les villes, le Sud et l'Ouest breton que le Nord et l'Est (à la fin du XVIIIe siècle, 71 % des hommes signent dans la France du Nord, contre 27 % dans celle du Midi).

Pourtant, les ruraux ne sont pas totalement étrangers au monde des livres. Comme la lecture est orale et collective, à la veillée pendant l'hiver, un unique lisant suffit pour plusieurs familles. Les ouvrages pénètrent au village grâce aux colporteurs, la collection la plus connue étant la Bibliothèque Bleue de Troyes (mais on en imprime ailleurs, par exemple à Rouen, Caen, Paris...). Trois grands thèmes dominent cette littérature, généralement anonyme : la religion, la fiction et les techniques. Les livres à thème religieux sont les plus nombreux, avec les noëls, les vies de saints et les livres de dévotion ; ils participent à l'enseignement du catholicisme. Viennent ensuite les récits de fiction, véritable littérature d'évasion, avec des histoires, des romans, des ouvrages de chevalerie, des contes, où se mêlent le merveilleux, les prodiges et les exploits de héros mythiques (Till l'Espiègle, Gargantua, Fortunatus, Buscon, Scaramouche) ; certains ouvrages ont un caractère burlesque très affirmé *(Le Baron Gratelard*, ou encore *Le Déjeuné de la Rapé*, ou *Discours des Halles et des Ports, revue et augmentée des Étrennes aux Riboteurs)*. Enfin, une place importante est occupée par les livres techniques, comme les almanachs (en particulier *Le Grand Calendrier et compost des bergers*), avec l'astrologie, les prédictions météorologiques, les conseils pour la vie rurale, les recettes de médecine populaire et les leçons de civilité.

Martenasie, *La Lecture de la Bible* (1818).
À la campagne, la lecture est orale et collective.

Les citadins et la lecture

En ville, la familiarité avec la lecture est beaucoup plus grande qu'à la campagne : à l'exception des agriculteurs des faubourgs et d'une partie des salariés, la plupart des habitants savent lire, et ils bénéficient des affiches, des journaux, des canards et des occasionnels. Si les grandes bibliothèques, avec plusieurs milliers de volumes, ne se rencontrent que chez des parlementaires et quelques grands seigneurs, la plupart des citadins, même parmi les moins aisés, possèdent au moins quelques ouvrages. Les librairies se sont alors multipliées dans les villes, même les plus petites, et l'on y trouve tout autant la littérature autorisée que les ouvrages interdits, tandis que les petits formats l'emportent sur les grands, d'où une baisse des prix qui permet l'élargissement du public.

Pour pouvoir être publié, un livre doit théoriquement bénéficier d'un « privilège », accordé par les responsables de la Librairie royale. Parmi les titres autorisés, le livre de religion, qui occupait un tiers de la production en 1730, tombe à un quart en 1750 et un dixième en 1780, au profit des ouvrages politiques et philosophiques, le reste étant constitué d'ouvrages historiques, juridiques et scientifiques (agronomie, etc.), dont la production est en hausse. Mais les constatations divergent quelque peu à l'examen des tirages : en 1779-1780, sur plus de deux millions de livres imprimés dans le royaume, 63 % sont des ouvrages religieux. Les grands succès d'impression sont des ouvrages liturgiques (en partie populaires), les livres d'heures, les petits manuels de spiritualité et de dévotion, les recueils de cantiques ou de prières ; la première place revient à *L'Ange conducteur de la dévotion chrétienne ou pratique pieuse en faveur des âmes dévotes*, paru pour la première fois en 1691, et réédité à 51 reprises et à 97 000 exemplaires dans les dix dernières années de l'Ancien Régime. Mais toutes ces constatations sont faussées par la montée des « permissions tacites » à partir des années 1750, et par les impressions clandestines, tolérées ou pas, faites surtout à l'étranger et dont la plupart des chiffres sont ignorés mais sans aucun doute considérables. Dans la production de Neufchâtel, par exemple, domine, à côté des auteurs des Lumières (et singulièrement Voltaire), toute une littérature dite pornographique, qui s'en prend à la religion, au roi et à ses maîtresses, et à l'Église, avec quelques titres à succès comme *Anecdotes sur Mme la comtesse du Barry* ; *Mémoires de Louis XV* ; *Fille de joie* ; *Thérèse philosophe* ; *Recueil de comédies et chansons gaillardes* ; *Histoire de dom B***, portier des chartreux*, etc. dont les auteurs sont généralement anonymes.

Concrètement, l'histoire et le droit tiennent une place primordiale dans les grandes bibliothèques, mais aucun domaine de la littérature classique et moderne, ni des sciences, n'est absent, et les ouvrages des Lumières sont présents, y compris à peu près partout l'*Encyclopédie* : en trente ans, de 1751 à 1782, 24 400 exemplaires sont imprimés, dont 11 500 sont diffusés en France, énorme succès qui touche tout autant les capitales provinciales (Lyon, Bordeaux, Toulouse, etc.) que nombre de petites villes isolées (Aurillac, Saint-Flour, etc.), les élites sociales que les « classes moyennes ». Dans ces bibliothèques plus modestes, les plus nombreuses évidemment, la spécialisation s'affirme en fonction des activités de chacun : ouvrages de théologie chez les prêtres, de droit chez les robins, etc. En même temps, la place des ouvrages religieux recule nettement, au bénéfice des sciences, des arts, des « curiosités » et des belles-lettres.

Ces livres sont-ils lus ? En se fondant sur les effectifs des collèges et des universités, on peut estimer que le marché potentiel des lecteurs est de 500 000 personnes, dont 50 000 seulement seraient actives. Si certaines grandes bibliothèques ne sont que des collections dont les volumes ne jouent qu'un rôle décoratif ou ostentatoire, d'autres connaissent une réelle vie intellectuelle, et quelques-unes deviennent même le siège de cénacles érudits ou prêtent leurs livres aux amateurs, jouant alors quasiment le rôle d'une bibliothèque publique. Un rôle similaire est tenu par les cabinets de lecture, où on loue des livres et où on peut rester à en lire, ainsi que des journaux : le premier quotidien, le *Journal de Paris*, paraît en 1777, et, à cette date, la plupart des villes de grande et moyenne importance possèdent leurs journaux périodiques, en particulier les *Annonces et affiches de...* Avec l'augmentation du nombre et de la diffusion des livres, les manières de lire citadines évoluent : la lecture devient moins solennelle, plus désinvolte, plus critique, moins respectueuse de l'autorité, plus intime aussi, avec la progression de la lecture privée et muette.

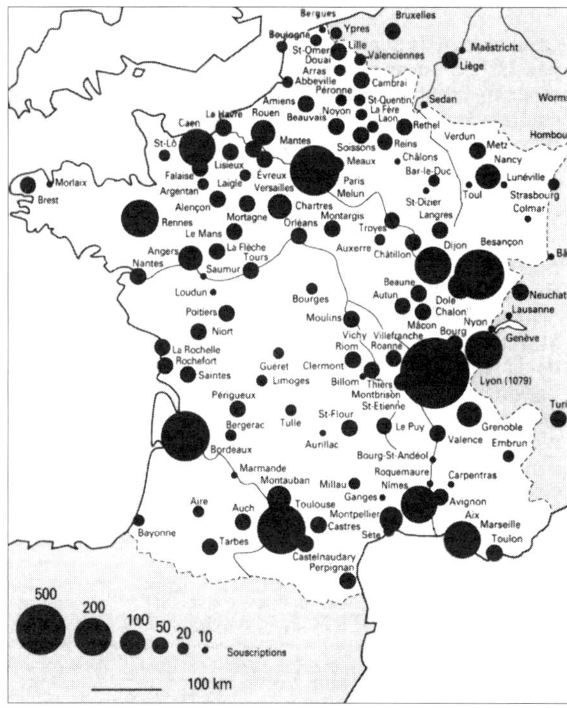

Diffusion de l'*Encyclopédie*.
Le nombre de souscriptions à l'*Encyclopédie* en 1777-1779 donne une idée de la géographie culturelle de la France.

Le développement de la scolarisation, comme de l'alphabétisation, entraîne une profonde modification des attitudes vis-à-vis de la culture écrite. Ainsi les ruraux, encore à peu près totalement étrangers au monde de l'écrit vers 1600, y sont-ils tous confrontés au XVIIIe siècle, au moins épisodiquement. Pourtant la culture orale demeure encore très majoritaire à l'échelle du pays, le geste et la parole restant les vecteurs essentiels de la transmission des savoirs.

bibliographie

SALVADORI Philippe, *La Vie culturelle en France aux XVIe, XVIIe, XVIIIe siècles*, Paris, Ophrys, coll. « Synthèse-Histoire », 1999.

DRÉVILLON Hervé, *Introduction à l'histoire culturelle de l'Ancien Régime (XVIe-XVIIIe siècle)*, Paris, SEDES, coll. « Campus », 1997.

La monarchie française au XVIe siècle

Au XVIe siècle, sans rompre avec sa tradition d'arbitrage entre les corps qui structurent la société, la monarchie française tente de faire reconnaître la supériorité de son autorité et se donne les moyens nécessaires à une centralisation progressive des institutions, posant ainsi les bases de l'absolutisme. La première moitié du XVIe siècle est marquée par de notables progrès du pouvoir de l'État. Celui-ci est fortement contesté pendant la seconde moitié du siècle au moment des « troubles », et la restauration accomplie par Henri IV reste superficielle.

L'affirmation du pouvoir royal (première moitié du XVIe siècle)

S'appuyant sur un domaine royal agrandi et disposant d'une autorité sortie renforcée des guerres d'Italie, François Ier (1515-1547) et Henri II (1547-1559) consolident le pouvoir de la monarchie, qu'il s'agisse de l'organisation du pouvoir central ou de l'administration des provinces.

François Ier est le véritable créateur de la Cour, qui réunit jusqu'à 15 000 personnes, dans le but de prévenir toute opposition nobiliaire en tenant la noblesse. Les grands offices politiques se spécialisent ; le connétable, chef de l'armée, voit son rôle diminuer, tandis qu'augmente celui du chancelier, qui prépare les actes royaux et y appose le sceau de France, et que les quatre secrétaires d'État sont définitivement installés en 1547 : outre leurs attributions spécifiques (maison du roi, étranger, guerre, marine), ils administrent chacun une partie du territoire. Le rôle de conseil des parlements et des États généraux, qui ne sont pas convoqués entre 1506 et 1560, s'atténue, tandis que l'essentiel de cette fonction revient au Conseil du roi, composé de conseillers appelés par le souverain en fonction de leur compétence, et de grands seigneurs. Le Conseil d'État traite les affaires financières et de gouvernement, et il tend à empiéter sur les attributions judiciaires du Grand Conseil. Le concordat de Bologne (1516) accorde au roi la nomination des principaux dignitaires de l'Église de France, le pape se réservant la seule investiture spirituelle. La vénalité des offices, officialisée en 1522, permet à la fois d'augmenter les ressources financières de la monarchie et de renforcer l'encadrement du royaume, qui reste pourtant très insuffisant. Dans les provinces, si les circonscriptions médiévales (prévôtés, bailliages, sénéchaussées) sont conservées, elles perdent l'essentiel de leurs compétences administratives au profit des gouvernements, tandis que des commissaires départis, ancêtres des intendants, s'informent des affaires de police, justice et finance depuis Henri II. Le pouvoir des justices seigneuriales et ecclésiastiques est restreint au profit des justices royales, avec la création de six nouveaux parlements, et des présidiaux en 1552. La création de seize Recettes générales en 1542 assure l'encaissement des fonds et le paiement des dépenses courantes.

L'ordonnance de Villers-Cotterêts (1539), qui promulgue de nouvelles règles en matière de procédure civile et criminelle, prescrit aux curés l'enregistrement des baptêmes et des décès, et ordonne l'emploi du français dans les actes officiels, résume bien l'affermissement du pouvoir royal. Celui-ci se concrétise aux yeux des sujets dans des cérémonies minutieusement réglées, où le roi apparaît en majesté, qu'il s'agisse des entrées royales, des lits de justice, ou encore des cérémonies funèbres qui affirment la continuité de la monarchie.

Symbolique royale funéraire de Louis XII (1515).
Outre le corps sur un catafalque, une effigie est portée en triomphe sous un dais fleurdelisé, image des « deux corps du roi », de la continuité monarchique et de sa puissance éternelle.

Estampe extraite de *Le Rozier, historial de France*, Paris, 1523.

La crise de la monarchie (seconde moitié du XVIe siècle)

Après cette phase ascendante, la période des guerres de Religion apparaît comme une époque d'affaiblissement politique, qu'il faut cependant nuancer. Sous les règnes de François II (1559-1560) et de Charles IX (1560-1574), le pouvoir est exercé par leur mère Catherine de Médicis (morte en 1589), dont l'influence s'estompe pendant le règne de son troisième fils, Henri III (1574-1589).

Les limites du pouvoir royal apparaissent bien dans son incapacité à imposer un arbitrage aux partis qui s'affrontent. Les guerres de Religion voient renaître des luttes féodales, la Réforme ayant séduit nombre de grands seigneurs. Quant à l'adhésion à la religion nouvelle plus massive des provinces du Midi, elle peut aussi être interprétée comme une forme de résistance à la centralisation monarchique. Ainsi renaissent nombre de problèmes que les progrès du pouvoir royal pendant la première moitié du siècle n'avaient pas suffi à faire disparaître. Pire encore, après la Saint-Barthélemy (1572), les protestants vont jusqu'à contester le pouvoir même du roi : pour des théoriciens, comme Théodore de Bèze, le pouvoir est issu d'un contrat entre le souverain et le peuple, et peut être rompu lorsque le premier s'écarte du pacte initial. Les catholiques les plus extrêmes ne sont pas de reste ; la Ligue qui veut substituer une nouvelle dynastie à celle des Valois, accusés d'avoir trahi la mission que Dieu leur avait confiée : le peuple peut déposer le « mauvais roi ». Cet état d'esprit se concrétise dans la justification du tyrannicide, qui aboutit à l'assassinat d'Henri III le 1er août 1589.

Pourtant, la monarchie résiste et l'État ne disparaît pas. Le règne d'Henri III, en particulier, voit une intense activité législative, avec la grande ordonnance de Blois (1579) sur « la police générale du royaume » et, en 1587, le « code Henri III » ou « Recueil des ordonnances françoises réduictes en sommaires à la forme et modèle du droict romain », tandis que le roi cherche à s'appuyer davantage sur des petits nobles que sur les grands lignages aristocratiques. La grandeur royale s'affirme fortement dans l'emploi du terme « majesté » et dans la codification de l'étiquette à la Cour. En outre, la multiplication des excès dans le pays finit par ramener à la monarchie bon nombre de Français lassés.

Henri IV et l'absolutisme

Une fois parvenu difficilement à l'exercice réel du pouvoir, Henri IV (1598-1610), le premier roi Bourbon, s'efforce de retrouver l'autorité d'un François Ier ou d'un Henri II, et de renouer avec les efforts de construction et d'affermissement de l'État, en étendant son autorité à tous les corps politiques et administratifs, en particulier les parlements, à l'occasion de l'application de l'édit de Nantes, et les villes, en intervenant dans l'organisation des municipalités.

UN ROI LOINTAIN.

Pour l'immense majorité de ses sujets, le monarque reste une entité lointaine, ce qui constitue un frein à son autorité et un garant de celle des seigneurs.

« Les avantages principesques sont quasi avantages imaginaires. Chaque degré de fortune a quelque image de principauté. César appelle roitelets tous les seigneurs ayant justice en France de son temps. De vrai, sauf le nom de Sire, on va bien avant avec nos rois. Et voyez aux provinces éloignées de la cour, nommons Bretagne pour exemple, le train, les sujets, les officiers, les occupations, le service et cérémonie d'un seigneur retiré et casanier, nourri entre ses valets. Et voyez aussi le vol de son imagination : il n'est rien plus royal, il ouït parler de son maître une fois l'an, comme du roi de Perse, et ne le reconnaît que par quelque vieux cousinage que son secrétaire tient en registre. À la vérité, nos lois sont libres assez, et le poids de la souveraineté ne touche un gentilhomme français à peine deux fois en sa vie. La sujétion essentielle et effectuelle ne regarde d'entre nous que ceux qui s'y convient et qui aiment à s'honorer et enrichir par tel service. Car qui se veut tapir en son foyer et sait conduire sa maison sans querelle et sans procès, il est aussi libre que le duc de Venise. »

Montaigne, *Essais* (1595), livre I, chapitre 42.

L'organisation du pouvoir central est modifiée dans le sens d'une plus grande spécialisation. Le Conseil se hiérarchise avec au sommet le Conseil des affaires, qui détient la réalité du pouvoir et se trouve composé surtout d'hommes de robe, puis le Conseil d'État et des finances pour le contentieux et les finances, le Conseil des finances pour trouver les ressources et ordonnancer les dépenses, le Conseil privé ou des parties pour administrer la justice ; le roi encourage la formation de véritables dynasties d'administrateurs, fidélisés par la pratique des « survivances ». Le surintendant des Finances (Sully de 1598 à 1610) prend le pas sur le chancelier, évolution révélatrice d'un changement dans la nature profonde de la monarchie ; des réformes ponctuelles, comme l'accroissement des impôts indirects, qui frappent aussi les privilégiés (à la différence de l'impôt direct, la taille), permettent une augmentation des ressources. L'hérédité des offices est assurée par la création d'un droit annuel (un soixantième de la valeur de l'office), ce qui assure au roi à la fois un revenu régulier perçu sur un groupe social qui échappait en grande partie à la taille, et la fidélité de ses officiers en passe de devenir une autre élite héréditaire, à côté de la noblesse d'épée.

Henri IV n'a pas détruit les forces hostiles au renforcement du pouvoir royal, mais il leur a imposé un équilibre précaire, réglé par l'arbitrage du souverain.

bibliographie

LE ROY LADURIE Emmanuel, *L'État royal de Louis XI à Henri IV*, Paris, Hachette, 1987.

Les principes de l'absolutisme en France

La monarchie absolue de droit divin se justifie à partir d'arguments religieux et juridico-historiques, et s'organise en fonction de lois fondamentales et de maximes. Ses principes sont progressivement mis au point par des théoriciens dont les principaux sont Claude de Seyssel (1450-1520), Jean Bodin (1530-1596), Charles Loyseau (1564-1627) et Cardin Le Bret (1558-1655), et sont portés à leur apogée par Bénigne Bossuet (1627-1704).

Les arguments religieux

Le caractère sacré de la monarchie justifie le pouvoir du roi. Le roi est de droit divin, il est roi par la grâce de Dieu, il a reçu le royaume de Dieu, sans l'intermédiaire du peuple. À Reims, dans la cathédrale, le jour du sacre, après la bénédiction des gants, de l'anneau, du sceptre, de la main de justice, la couronne est tenue au-dessus de la tête du roi et on lui indique que le royaume lui est donné par Dieu. D'où la conception d'un pouvoir responsable uniquement devant Dieu, un pouvoir dont le roi n'est pas comptable à ses sujets, qui sont ses enfants ; étant le père, il a l'autorité absolue du père. Dans le même temps, le roi forme avec ses sujets un seul corps mystique dont il est la tête.

Hyacinthe Rigaud, *Louis XIV en habit de sacre* (1701).
En costume de sacre, le roi porte les insignes et les vêtements emblématiques de la monarchie : la couronne, l'épée, le sceptre, la main de justice, les éperons et l'anneau, ainsi que la chemise, la tunique et la dalmatique, le manteau d'azur brodé de lys et les gants.

Lors du sacre, après les deux serments, le roi est oint en plusieurs endroits du corps avec un mélange de saint chrême et d'huile de la sainte ampoule : c'est pourquoi le roi est aussi un clerc, « l'évêque du dehors ». Par analogie, le dogme chrétien est transposé en termes de mythologie païenne : le roi est représenté sous la forme du soleil, qui est emblème royal depuis Charles V ; le carrosse utilisé par le roi lors de son sacre est bombé en dôme, symbolisant la courbe du ciel, demeure du soleil ; l'alcôve royale est sacrée, comme le chœur d'une église. L'organisation de la cour, telle qu'elle a été établie par Louis XIV, va dans le même sens, puisque toute la mécanique versaillaise tourne autour de la personne du roi, comme dans une véritable liturgie. Sacré, le roi est thaumaturge : il a le pouvoir de guérir les malades des écrouelles (adénites tuberculeuses ou scrofules) en les touchant le lendemain du sacre ou quelques jours après (« Le roi te touche, Dieu te guérit »), et en recommençant toute sa vie lors des grandes fêtes religieuses.

Les arguments juridico-historiques

Vis-à-vis de l'étranger, le roi est indépendant, parce qu'il est empereur en son royaume : il dispose de l'*imperium* et de la *potestas*, il n'a de comptes à rendre ni à l'empereur ni au pape ; il est fréquemment représenté en costume d'empereur romain, parfois avec la couronne impériale et même le globe du monde. C'est le privilège de souveraineté. C'est dans ce cadre qu'il faut placer les libertés de l'Église gallicane dont la doctrine est contenue dans la déclaration des Quatre Articles de 1682, qui stipule qu'en France le pape n'a qu'un pouvoir spirituel.

Vis-à-vis des Français, le roi est le suzerain suprême : tous les Français peuvent être considérés comme ses vassaux, et il a sur eux les droits du seigneur, en particulier celui de légiférer, de créer les officiers, de déclarer la guerre et la paix, d'exercer la justice, de battre monnaie. Le roi concentre donc en sa personne les pouvoirs législatif, exécutif et judiciaire, et il les exerce avec une compétence illimitée, soit directement, soit en les déléguant à des juges, des ministres, etc., qui n'ont aucune autorité par eux-mêmes : les magistrats n'exercent qu'une justice « déléguée », et si le pouvoir peut être délégué à un Premier ministre, le roi peut aussi l'exercer directement. Le roi est le roi-justicier, qui peut modifier toute décision de justice, et le roi-chevalier, maître de toute noblesse.

Les lois fondamentales

La constitution coutumière du royaume organise le pouvoir du roi et les règles de la succession à partir de six « lois fondamentales », nées au fur et à mesure de nécessités conjoncturelles, et de quatre « maximes du royaume ». Le roi doit respecter ces lois et ces maximes : il n'est pas propriétaire du royaume, mais seulement usufruitier. Les princes du sang, les Grands, les parlements, tous les corps constitués, ont le droit de rappeler le roi au respect des lois fondamentales.

La loi dite « salique », invention du XIVe siècle, est la première loi fondamentale : la couronne se transmet héréditairement aux seuls hommes, nés légitimes, par ordre de primogéniture. S'il n'y a plus d'héritier du trône, la nation recouvre le droit de disposer de la couronne en faveur de qui elle veut.

Les serments du sacre contiennent les promesses qui constituent la deuxième loi fondamentale. Dans le premier serment qu'il prête aux évêques, le roi s'engage à conserver et à défendre leurs privilèges. Dans le deuxième serment, prêté au peuple français, le roi promet de lui conserver la paix, de lui administrer la justice, d'empêcher les iniquités, de pourchasser ceux que l'Église lui désigne comme « hérétiques ».

La majorité du roi à 13 ans est la troisième loi fondamentale. La régence éventuelle cesse alors automatiquement, du moins officiellement, et c'est le roi qui préside les conseils et prend les décisions.

Quatrième loi fondamentale, le successeur légitime est considéré comme roi dès la mort de son prédécesseur, afin d'éviter toute vacance du pouvoir (« Le roi est mort, vive le roi ! »). Même s'il doit se faire sacrer le plus tôt possible, ce n'est pas le sacre qui fait le roi, mais la seule hérédité ; c'est pourquoi le roi seul ne porte pas le deuil de son prédécesseur.

L'inaliénabilité du domaine royal, sauf consentement des États généraux, est la cinquième loi fondamentale. De façon corollaire, la tradition veut que les biens personnels d'un prince tombent dans le domaine royal à son avènement.

Le principe de catholicité est la sixième loi fondamentale. La France ne peut confier sa destinée qu'à un prince catholique (principe affirmé depuis Henri IV).

Les maximes du royaume

Il s'agit d'un ensemble de traditions et de règles, d'adages et de principes, d'usages et de routines, que l'on peut regrouper en quatre ensembles.

L'organisation de la nation en corps privilégiés est la première maxime. Le pouvoir du roi n'est supposé s'exercer envers eux que comme un arbitrage, comme recours ultime de ses sujets dans les contestations qui s'élèvent entre les corps qui composent le pays : c'est donc le roi qui garantit à ses sujets le droit à la différence.

La nécessité de légiférer (et d'interpréter les lois) est une autre maxime, ce pouvoir étant limité par les lois divines, les lois naturelles et les lois fondamentales. Le roi légifère principalement par édits (lois nouvelles rendues sur une matière précise), par ordonnances (lois qui ont le caractère d'un règlement général concernant un grand nombre de matières), par déclarations (lois modifiant ou interprétant des édits, des ordonnances ou des déclarations antérieures), par arrêts du Conseil, par lettres patentes (lettres ouvertes, publiques, par opposition aux lettres de cachet), tous revêtus d'un sceau par le chancelier ou par le garde des Sceaux.

LE ROI ABSOLU.

En mars 1766, face à l'opposition parlementaire, Louis XV définit la monarchie absolue.

« C'est en ma personne seule que réside la puissance souveraine [...]. C'est de moi seul que mes cours tiennent leur existence et leur autorité [...], c'est à moi seul qu'appartient le pouvoir législatif sans dépendance et sans partage [...]. L'ordre public tout entier émane de moi, et les droits et les intérêts de la Nation dont on ose faire un corps séparé du Monarque sont nécessairement unis avec les miens et ne reposent qu'en mes mains. »

La nécessité de rendre la justice (fût-ce par délégation) est une autre maxime, et, à l'origine, le premier pouvoir du roi. Le roi est le recours ultime de ses sujets contre les injustices ou les abus des puissants.

L'existence d'un Conseil est une autre nécessité reconnue, qui découle des structures féodales et qui a pour but d'éclairer le roi à prendre ses décisions : mais le Conseil ne décide pas, c'est le roi.

Encore faut-il que les parlements enregistrent et publient les décisions royales (sauf pour les arrêts du Conseil et les lettres de cachet), que les officiers des bailliages les proclament et les affichent, que les curés les diffusent et que la population les applique.

La monarchie absolue à la française est imitée un peu partout en Europe, y compris dans les petits États allemands. Face à elle, la Glorieuse Révolution anglaise va présenter un contre-modèle.

bibliographie

COTTRET Monique, *La Vie politique en France aux XVIe, XVIIe, XVIIIe siècles*, Paris, Ophrys, coll. « Synthèse-Histoire », 1991.

La réalité de l'absolutisme en France

Rien n'assurait la transformation continue et régulière de la monarchie française en un gouvernement absolu : cette évolution ne fut pas donnée, elle dut être forgée. L'absolutisme cimente progressivement au XVIIe siècle « un agrégat inconstitué de peuples désunis » (Mirabeau). Mais les oppositions et rancœurs qu'il suscite, d'abord dans les élites sociales, puis dans l'opinion publique, entraînent son déclin au cours du XVIIIe siècle.

Les difficultés du règne de Louis XIII (1610-1643)

La mort d'Henri IV (1610) inaugure une période d'instabilité politique : les clans aristocratiques s'opposent, puis se réunissent dans l'hostilité à Concini, véritable ministre sans titre, et aux Italiens qui l'entourent. La régente Marie de Médicis doit convoquer les États Généraux en 1614, sans résultats notables, et l'anarchie grandit dans le royaume. Le 24 avril 1617, le jeune roi Louis XIII et son favori de Luynes organisent l'assassinat de Concini, le retrait de la reine mère et le rappel des ministres d'Henri IV (les « barbons »), tandis qu'éclatent des révoltes des Grands.

Le cardinal de Richelieu, entré au Conseil en 1624, préconise une politique de grandeur nationale et de réalisme international. Il combat le parti huguenot, suspect d'entretenir un État dans l'État (capitulation de La Rochelle en 1628), et choisit, avec Louis XIII, d'intervenir dans la guerre de Trente Ans : ce choix nécessite l'absolutisme autoritaire, avec un État fort et centralisé, et ne peut se faire qu'au prix d'un gigantesque « tour de vis » fiscal. Tandis qu'il poursuit, au sommet de l'État, la lutte contre les conspirateurs et la concentration des pouvoirs (primauté du Conseil des affaires), Richelieu généralise l'envoi dans les provinces des « commissaires départis », amovibles et dépendants du pouvoir central, qui prennent le pas sur les officiers propriétaires de leurs charges, notamment en matières financières, et rogne les libertés corporatives, sources d'indépendance. Une active propagande, destinée à justifier la cause du roi, est développée (création de la *Gazette de France* en 1631). L'effort de guerre a imposé la transformation des institutions.

L'apogée du règne de Louis XIV (1643-1715)

Après la mort de Louis XIII et de Richelieu, le Parlement casse le testament du roi et donne la régence à Anne d'Autriche, qui confie la réalité du pouvoir à Mazarin, lequel multiplie les expédients fiscaux pour mener la guerre. Le parlement de Paris mène alors l'opposition qui débouche sur un soulèvement général en 1650, la Fronde des princes et la Fronde des parlements, qui sont difficilement matées en 1653.

À la mort de Mazarin (1661), Louis XIV décide de se passer de Premier ministre ; il ne bouleverse pas les institutions existantes, mais par l'usage qu'il en fait, il en transforme l'esprit, réussissant une véritable concentration de l'autorité. Travailleur acharné, installé à partir de 1682 dans le culte de Versailles, le roi choisit alors avec soin ses ministres, dont il exige une totale docilité en échange de faveurs marquées, comme la constitution de dynasties ministérielles. Il exclut les Grands du Conseil, qu'il préside en personne, privilégie le contrôleur général des finances au détriment du chancelier, et les intendants au détriment des gouverneurs. La justice est réorganisée en 1670, tandis qu'une série d'ordonnances cherche à réglementer la vie quoti-

LOUIS XIV ET LES MINISTRES.

L'envoyé extraordinaire de Brandebourg à Paris raconte comment Louis XIV se passe de Premier ministre et n'accorde jamais la dignité de ministre d'État à des princes du sang, des officiers de la couronne et des prélats.

« Depuis la mort du cardinal Mazarin et la nouvelle forme que prit le gouvernement, (les ministres d'État) n'ont point passé jusqu'ici le nombre de trois ou quatre, auquel s'est trouvé et se trouve encore restreint le titre et la charge de ces ministres, et ainsi le poids de tout le gouvernement de l'État, et, ce qui est à remarquer, sans qu'on eût même admis jusqu'ici audit Conseil, au moins jusqu'à mon départ de France, ni l'héritier de la couronne, à savoir : le Dauphin, quoique âgé déjà de vingt-huit à vingt-neuf ans, ni d'ailleurs le duc d'Orléans, frère unique du roi, ni aucun des princes du sang ou autres grands seigneurs du royaume et officiers de la couronne ; en quoi on peut juger que le roi a eu trois ou quatre vues principales : l'une, d'abaisser l'autorité des grands de son royaume [...] ; l'autre, de conserver et de ménager le secret dans la direction des affaires et les délibérations importantes de l'État [...] ; la troisième, d'en paraître d'autant plus, et au-dedans et au-dehors du royaume, le maître des affaires et revêtu de toute l'autorité du gouvernement [...] ; enfin, pour éloigner d'autant plus par là et les apparences et l'effet, je veux dire de retomber sous le pouvoir d'un Premier et absolu ministre, comme avait été le cardinal de Richelieu sous le feu roi son père, et le cardinal Mazarin durant et après sa minorité et jusqu'à la mort de ce cardinal. »

Ézéchiel Spanheim, *Relation de la cour de France en 1690*, Paris, éd. Ch. Schefer, pp. 163-164.

dienne (affaires civiles en 1667, eaux et forêts en 1669, commerce en 1673, marine en 1681, code noir en 1685). Colbert, contrôleur général des finances de 1665 à 1683, cherche à appliquer les principes du mercantilisme en attirant et conservant l'argent de l'étranger, par exemple en stimulant les manufactures. La domination des esprits s'exerce par la censure, tandis que le petit peuple est surveillé (enfermement des mendiants dans les hôpitaux généraux) et que l'unité religieuse est affirmée par la révocation de l'édit de Nantes (1685). Les lettres et les arts sont mis au service du Roi-Soleil, dont ils célèbrent la gloire.

Pour autant, l'absolutisme connaît rapidement ses limites. Le roi doit compter avec les particularismes provinciaux et les privilèges innombrables et divers des villes, des corps sociaux, des institutions locales et régionales. Les oppositions politiques (les Grands et les parlements) comme religieuses (les protestants et les jansénistes) s'atténuent, mais ne disparaissent pas, renaissant même à la fin du règne, tandis que l'application concrète des grandes ordonnances reste bien difficile, faute d'une administration suffisamment développée. Les guerres ont raison de l'équilibre des dépenses et des recettes, et l'opinion se lasse des conflits. Les crises démographiques de 1694 et de 1709-1710 renforcent encore la misère. Les deuils déciment la famille royale et, en 1715, à la veille de sa mort, le roi n'a plus pour lui succéder qu'un enfant de 5 ans, de santé délicate : la monarchie reste une réalité fragile.

L'ABSOLUTISME CONTESTÉ.

Critique de l'absolutisme de droit divin, ce texte défend une morale politique fondée sur les lois de la nature.

« Le prince tient de ses sujets mêmes l'autorité qu'il a sur eux ; et cette autorité est bornée par les lois de la Nature et de l'État. L'une de ces conditions est que, n'ayant de pouvoir et d'autorité sur eux que par leur choix et leur consentement, il ne peut jamais employer cette autorité pour casser l'acte ou le contrat par lequel elle lui a été déférée ; il agirait dès lors contre lui-même, puisque son autorité ne peut subsister que par le titre qui l'a établie. Qui annule l'un détruit l'autre. Le prince ne peut donc pas disposer de son pouvoir et de ses sujets sans le consentement de la nation indépendamment du choix marqué dans le contrat de soumission. S'il en usait autrement, tout serait nul et les lois le relèveraient des promesses et des serments qu'il aurait pu faire comme un mineur qui aurait agi sans connaissance de cause. »

Denis Diderot, article « Autorité » dans l'*Encyclopédie. Dictionnaire raisonné des sciences, des arts et des métiers*, Paris, 1751.

Le lent déclin de l'absolutisme sous Louis XV (1715-1774) et Louis XVI (1774-1792)

Après l'épisode de la Régence (1715-1723), marqué par la restauration du droit de remontrance des parlements et par le système de Law, qui échoue mais permet de décharger l'État du plus gros de sa dette, commence le temps des Premiers ministres, parmi lesquels le cardinal Fleury de 1726 à 1743. Jusqu'en 1740, la situation est plutôt favorable à la monarchie, avec notamment une opposition janséniste progressivement matée et une monnaie stabilisée en 1726. Mais à partir de 1740, le budget devient de plus en plus déficitaire et l'image du monarque commence à se dégrader. En 1751, Louis XV cède devant le clergé qui refuse d'acquitter le vingtième, un nouvel impôt qui devait être payable par tous : c'est un premier grave échec pour la monarchie.

L'absolutisme est désormais sur la défensive. Le poids de l'opinion publique s'affirme, et sa défiance ne fait qu'augmenter avec les échecs de la politique extérieure, l'augmentation des dépenses de l'État, l'impopularité de la favorite royale Madame de Pompadour, le rebondissement des querelles religieuses et les écrits des Lumières : Montesquieu défend le principe de la séparation des pouvoirs dans *L'Esprit des lois* (1748), tandis que Voltaire exalte la monarchie constitutionnelle à l'anglaise. Les parlements bloquent toutes les tentatives pour sortir de l'imbroglio financier ; gallicans, ils remportent une grande victoire en obtenant l'expulsion des jésuites en 1763, et ne connaissent alors plus de frein à leurs revendications. Les crises succèdent aux crises, jusqu'à ce que Louis XV se décide, en 1771, à une politique plus ferme, confiée au « triumvirat » (Maupeou, Terray, d'Aiguillon) : les parlements sont supprimés et la vénalité des charges est abolie. C'est alors que meurt le roi, déconsidéré par sa liaison avec Madame du Barry et accusé de trafiquer sur les blés.

Louis XVI rappelle les parlements et se dit ouvert aux réformes ; mais au-delà des mots, il reste fidèle à des valeurs traditionnelles qu'il ne sait plus défendre. Les réformes économiques de Turgot (1774-1776) échouent et débouchent sur des révoltes. La crise financière ne cesse de s'amplifier, surtout avec la guerre d'Amérique (1778-1783), et toutes les réformes financières échouent devant l'opposition des privilégiés.

En 1788, Louis XVI est contraint d'accepter la convocation des États généraux ; dans son esprit, il s'agit seulement de réformer l'organisation financière… La souveraineté va passer du roi à la nation, parce que le premier n'a pas su écouter la seconde.

bibliographie

COTTRET Monique, *La Vie politique en France aux XVIe, XVIIe, XVIIIe siècles*, Paris, Ophrys, coll. « Synthèse-Histoire », 1991.

Le despotisme éclairé en Europe au XVIIIe siècle

Conscients du retard de leurs pays sur les États occidentaux, les souverains d'Europe centrale et orientale, de Scandinavie et des bords de la Méditerranée, cherchent à le combler par une politique volontariste de réformes accélérées, marquée tout autant par les principes de gouvernement de l'absolutisme que par les idées réformatrices des Lumières. Frédéric II (1740-1786) en Prusse, Catherine II (1762-1796) en Russie, Marie-Thérèse (1740-1780) et Joseph II (1765-1790) en Autriche et dans l'Empire, mais aussi Charles III (1759-1788) en Espagne, Pierre-Léopold en Toscane (1765-1790), Ferdinand IV (1759-1788) à Naples, Maximilien III Joseph en Bavière (1745-1777) peuvent tous être considérés comme appartenant au grand mouvement de réforme de l'État qui s'affirme en Europe pendant la seconde moitié du XVIIIe siècle, et qui a été appelé au XIXe siècle « despotisme éclairé ».

Centralisme politique et dirigisme économique

La marche vers les changements passe par des réformes politico-administratives et socio-économiques. Bousculant les traditions et les privilèges au besoin, les souverains cherchent à renforcer la centralisation, entravée par les autonomies locales et les privilèges de l'aristocratie et de l'Église ; le pouvoir des assemblées locales et des diètes est alors réduit, tandis qu'on forme une classe d'administrateurs capables, en Autriche, où le roi Joseph II organise une véritable fonction publique, recrutée sur concours, hiérarchisée et de langue allemande, la bureaucratie devient même un troisième ordre privilégié. En Prusse, depuis 1724, un directoire général, présidé par le roi, centralise l'administration ; en Autriche, le gouvernement central est confié en 1760 à un conseil d'État, et en Hongrie, les comtés administrés par les nobles supprimés ; en Russie, les gouverneurs de provinces dépendent directement de Catherine II ; en Toscane, Léopold centralise le gouvernement en mettant en place quatre ministères et un conseil d'État. Nulle part, les souverains ne se posent alors la question d'une quelconque forme de représentation politique, et le renforcement de l'État, qui va jusqu'à l'autocratie en Russie, s'accompagne du renforcement de la police (rôle de Pergen en Autriche...).

En même temps, les souverains réussissent à augmenter leurs ressources en créant, dans des pays à prépondérance rurale écrasante et à bourgeoisie embryonnaire, de nouvelles sources de richesses. Ainsi l'insuffisance de la production agricole est-elle attribuée au servage, auquel l'État s'attaque vigoureusement en Autriche (suppression définitive du servage en 1781 et de la corvée en 1789) et en Sicile, partiellement en Prusse (seulement dans le domaine royal, pas sur les terres des nobles, les *junker*, dont la prééminence sociale est renforcée), mais pas du tout en Russie, où il se trouve même renforcé ; en outre, la colonisation rurale (défrichements, aménagements de polders, soutiens matériels aux paysans colons, etc.) constitue une priorité pour Frédéric II comme pour Catherine II. L'industrie naissante est encouragée par des aides ponctuelles (subventions, privilèges fiscaux), la création de manufactures d'État, la construction de routes et de canaux, et des règlements douaniers protectionnistes. Toutes ces évolutions permettent

LES DEVOIRS D'UN SOUVERAIN D'APRÈS FRÉDÉRIC II DE PRUSSE.

Frédéric II exprime dans ce texte les principaux devoirs d'un souverain et les principes d'un bon gouvernement.

« Nous avons remarqué que les citoyens n'ont accordé la prééminence à un de leurs semblables qu'en faveur des services qu'ils attendaient de lui ; ces services consistent à maintenir les lois, à faire exactement observer la justice, à s'opposer de toutes ses forces à la corruption des mœurs, à défendre l'État contre ses ennemis. Le magistrat doit avoir l'œil sur la culture des terres ; il doit procurer l'abondance des vivres à la société, encourager l'industrie et le commerce ; il est comme une sentinelle permanente qui doit veiller sur les voisins et sur la conduite des ennemis de l'État. On demande que sa prévoyance et sa prudence forment à temps les liaisons, et choisissent les alliés les plus convenables aux intérêts de son association [...].
Si le prince, par fainéantise, abandonne le gouvernail de l'État en des mains mercenaires, je veux dire à ses ministres, alors l'un tire à droite, l'autre à gauche, personne ne travaille sur un plan général, chaque ministre renverse ce qu'il a trouvé établi, quelque bonne que soit la chose, pour devenir créateur de nouveauté [...]. Les hommes s'attachent à ce qui leur appartient ; l'État n'appartient pas à ces ministres ; ils n'ont donc pas son bien véritablement à cœur. »

Œuvres de Frédéric II, roi de Prusse, t. II, Berlin, éd. Preuss, 1848.

d'augmenter les ressources fiscales, dont l'administration est réorganisée (création d'un cadastre en Autriche), et par conséquent d'entretenir des armées modernes, particulièrement en Prusse (80 % du budget de l'État). Les souverains les plus puissants peuvent mener des politiques extérieures expansionnistes : Frédéric II s'empare de la Silésie (1748-1763), Catherine II de la Crimée, tandis que l'Autriche, la Prusse et la Russie se partagent la Pologne en 1772.

Les conséquences sociales de ces changements sont très variables selon les pays. En Autriche, Joseph II est l'« empereur des paysans », face au poids écrasant de la noblesse et de l'Église, mais ses tentatives de rationalisation de la religion le rendent impopulaire ; il en va de même pour Léopold en Toscane. En Prusse, si les *junker* sont privés de leurs droits politiques, ils retrouvent, dans l'armée, la bureaucratie et la haute administration, leurs anciens pouvoirs, avec un fondement légal différent. En Russie, faute de bourgeoisie, l'impératrice s'appuie aussi sur la noblesse, dont les privilèges sont confirmés et renforcés en 1785.

Des princes éclairés ?

Les souverains sont influencés par la philosophie du temps, mais ils sont en même temps tenus par leurs obligations politiques, notamment par les privilèges aristocratiques, le plus souvent considérables, et par leur propre volonté de puissance. S'ils correspondent avec les esprits éclairés et reçoivent même les plus célèbres d'entre eux, ainsi Voltaire chez Frédéric II (lui-même auteur de plusieurs ouvrages écrits en français) et Diderot chez Catherine II, ils n'admettent pas pour autant la mise en cause de leurs prérogatives.

Dans le domaine religieux, l'établissement de la tolérance est plus facile en Prusse et en Russie, où les souverains sont chefs d'Églises, que dans les pays catholiques. Ainsi le protestantisme reste-t-il considéré comme une hérésie dans l'Autriche de Marie-Thérèse ; mais son fils Joseph II publie en 1781 l'édit de Tolérance qui, bien que maintenant le catholicisme comme religion d'État, accorde la liberté de culte aux protestants et aux orthodoxes, puis aux juifs (1782), et il supprime les ordres religieux socialement inutiles, comme le font les souverains toscan et napolitain. En le coupant de ses fondements religieux, les souverains sécularisent l'État, dont ils défendent la supériorité sur l'Église qui doit se cantonner au strict domaine spirituel et théologique.

Dans la plupart des États, la législation est uniformisée, surtout en matière judiciaire avec la rédaction de codes qui font référence au droit naturel (code frédéricien en Prusse, thérésien en Autriche, etc.), même si l'écart reste souvent grand entre les principes affirmés et la réalité, comme le montre en Russie la féroce répression de la révolte de Pougatchev et des paysans de la Volga en 1774. Le pouvoir des justices seigneuriales est limité (sauf en Russie), et l'indépendance de la justice est même reconnue en Prusse, tandis que la torture est abolie dans plusieurs pays, et même la peine de mort en Toscane, sous l'influence des idées de Beccaria. La vie culturelle est encouragée par le mécénat (Berlin devient l'« Athènes du Nord »), l'aide aux académies et l'accueil de savants persécutés, à condition qu'ils ne contestent pas l'absolutisme des souverains. L'enseignement primaire est développé, en particulier en Autriche et plus encore en Prusse avec la scolarité obligatoire de 5 à 13 ans (avec maintien de l'instruction religieuse, considérée comme un garant du maintien de l'ordre social, malgré le scepticisme de Frédéric II lui-même en matière religieuse) ; l'enseignement secondaire est réorganisé et partiellement laïcisé, en particulier dans les pays catholiques à l'occasion de l'expulsion des jésuites.

PATENTE DE TOLÉRANCE DE JOSEPH II (13 OCTOBRE 1781)

« Sa majesté [...] a gracieusement arrêté les mesures suivantes [...] :
Premièrement, qu'aux non-catholiques, c'est-à-dire aux adhérents de la confession d'Augsbourg et de la confession helvétique (protestants), ainsi qu'aux Grecs non unis (orthodoxes) [...], soit permis dès maintenant l'exercice privé de leur religion en tous lieux sans considérer si cela était d'usage ou non auparavant.
Deuxièmement, il ne faut pas entendre cet exercice privé de la religion autrement qu'il s'ensuit, savoir qu'il ne sera pas permis aux protestants et non-unis, pour leurs oratoires et leurs églises, d'avoir ni cloche, ni clocher, ni entrée qui dénoterait une église, mais ils pourront en construire là où ils voudront et pratiquer totalement et librement leur service divin [...].
Cinquièmement, ces mêmes personnes ne seront en aucun cas tenues de jurer fidélité à d'autres principes que ceux qui sont conformes à leur religion, ni d'assister aux processions et manifestations de la religion dominante, s'ils en témoignent eux-mêmes le désir.
Sixièmement, lors d'élection ou de nomination à des offices et emplois, on ne regardera nullement à la différence de religion [...], comme cela se pratique déjà dans l'armée avec grand avantage et sans le moindre inconvénient [...]. »

Cité dans F. Maass, *Der Josephinimus Quellen zu seiner Geschichte in Österreich*, t. II, n° 104b, Vienne, 1952-1953 (trad. C. Michaud).

Si le despotisme éclairé présente de multiples facettes et aboutit à des résultats inégaux, les idées de tolérance, relative, et de progrès, sont au centre des préoccupations des monarques. Pour autant, ils n'en conservent pas moins des gouvernements autoritaires et centralisés. Cette voie modérément réformatrice ne résistera pas à la Révolution française, qui déclenchera chez les princes européens une grande peur et les incitera au conservatisme.

bibliographie

COTTRET Bernard et Monique, *Histoire politique de l'Europe. XVIe, XVIIe, XVIIIe siècles*, Paris, Ophrys, coll. « Synthèse-Histoire », 1996.

L'art de la guerre au XVIIe siècle

Réalité familière aussi à l'époque moderne, la guerre voit évoluer profondément ses caractéristiques au cours du XVIIe siècle, à tel point qu'on a pu parler de « révolution militaire ». Pendant ce siècle, pour l'ensemble des pays européens, seules les années 1669 et 1670 ne connaissent pas de conflit armé.

L'évolution des armées

Le XVIIe siècle voit le triomphe des armées permanentes, finalement moins chères que les armées auparavant licenciées à chaque automne (ce qui obligeait à payer les retards de solde), et plus disponibles pour les souverains, l'hiver constituant en outre une période commode pour instruire les troupes. Les marines de guerre permanentes commencent aussi à paraître indispensables, alors qu'auparavant les navires de commerce étaient transformés à l'occasion en navires de guerre : les Hollandais, suivis par les Anglais, sont les premiers à créer une flotte de guerre pour protéger leurs navires de commerce. La taille des armées change de façon impressionnante. En 1621, 500 000 hommes sont sous les armes en Europe, et 1,3 million en 1710 ; de 1618 à 1721, 10 à 12 millions d'Européens sont devenus soldats, dont 2,3 millions seraient morts au combat ou de ses suites (soit 1 % de la mortalité totale en Europe). L'effectif de l'armée française passe de 150 000 hommes dans les années 1640-1650 à 200 000 vers 1670, 273 000 en 1691 et 395 000 en 1696. Mais la majorité de ces soldats est cantonnée dans les garnisons, les troupes engagées au combat étant moins nombreuses (rarement plus de 20 000 hommes pendant la guerre de Trente Ans), de sorte que même une défaite spectaculaire n'entraîne pas la paix : la guerre est une guerre d'usure.

Les armées sont essentiellement composées de mercenaires, ce qui signifie que la noblesse n'a plus le monopole des armes, même si le ban et l'arrière-ban doivent servir le souverain et si le commandement reste noble. Les soldats viennent surtout des villes et des zones de montagne, en particulier de Suisse, et les vétérans sont les plus prisés ; mais ces troupes sont souvent indisciplinées et les mutineries ne sont pas rares, surtout lorsque la solde tarde à être payée. Seule l'armée suédoise de Gustave Adolphe (1611-1632) est composée de conscrits paysans : elle constitue la première armée nationale en Europe. Le recrutement est souvent difficile dans la marine, étant donné le petit nombre de « gens de mer » ; des systèmes contraignants, comme celui des « classes » en France (une conscription portant exclusivement sur la population des littoraux, répartie en classes qui servent alternativement), ou encore le recours aux condamnés sur les galères sont mis en place.

LES MISÈRES DE LA GUERRE DE TRENTE ANS.

La guerre s'accompagne de pillages, de meurtres, de viols, d'incendies, de destructions multiples, dont la grande victime est la population civile.

« Quand ces cavaliers entrèrent dans les pièces enfumées de mon père, la première chose qu'ils firent fut d'y installer leurs chevaux ; puis chacun s'occupa de vaquer à sa tâche particulière, qui semblait être de tout détruire et de tout saccager. Tandis que quelques-uns se mettaient à égorger les bêtes, à en faire bouillir ou rôtir la chair, si bien qu'on eût dit qu'on allait tenir un banquet, il y en avait d'autres qui bouleversaient la maison du haut en bas [...]. D'autres faisaient de grands paquets de linge, de vêtements, de toutes sortes d'ustensiles, comme pour ouvrir quelque part un marché de brocanteurs ; quant à ce qu'ils ne comptaient pas emporter, ils le mettaient en pièces [...].
Je ne puis rien dire au sujet du traitement que subirent femmes, servantes et jeunes filles faites prisonnières, car les soldats ne me laissèrent pas voir comment ils en usaient avec elles. Je sais seulement que l'on entendait de temps à autre gémir dans les coins, et je pensais que ma mère et ma sœur Ursule n'avaient pas dû avoir un meilleur sort que les autres. Au milieu de cette désolation, je tournais tranquillement la broche, car je ne comprenais pas encore bien le sens de ces événements. »

Grimmelshausen, *Les Aventures de Simplicius Simplicissimus* (1669).

Les États consacrent la plus grande partie de leurs revenus (75 % à 90 %) à la guerre, pour payer les soldes de soldats de plus en plus nombreux, l'achat des chevaux et des armes, le ravitaillement, etc., sans parler des navires, dont la taille ne cesse d'augmenter. Il faut par conséquent trouver des ressources nouvelles ; en France, c'est le très lourd alourdissement des impôts (quadruplement sous Louis XIII) qui entraîne de nombreuses révoltes, alors que l'Espagne bénéficie des arrivées d'argent américain et les Hollandais des bénéfices de leur commerce international, et que la puissance suédoise s'appuie sur des richesses minières comme le cuivre de Falun dont la Couronne a le monopole de vente.

Mais les souverains n'ont pas forcément les moyens administratifs de mener des politiques militaires cohérentes, et doivent faire appel à des entrepreneurs de guerre, les Tilly, Wallenstein, Bernard de Saxe-Weimar, tandis que les soldats s'adonnent couramment au pillage, y compris dans le pays qui les emploie.

Les changements de la stratégie et de la tactique

La stratégie visant à l'occupation d'un territoire, plus souvent qu'à la destruction, la guerre devient une guerre de sièges, parce qu'on considère que le contrôle d'un territoire conquis n'est possible que par le biais de garnisons installées dans les villes. Sauf en Europe orientale, l'art des fortifications s'adapte aux progrès spectaculaires de l'artillerie et ne cesse de s'améliorer, notamment en France avec les réalisations de Vauban. Les sièges sont des opérations longues et coûteuses, fondées sur l'installation de tranchées, à partir desquelles l'artillerie bombarde la ville assiégée, et sur le creusement de galeries par les sapeurs dans le but de placer des explosifs sous la muraille. Le plus souvent, c'est la faim qui fait capituler les assiégés.

Dans les combats, la cavalerie avait déjà perdu la première place au bénéfice de l'infanterie lourde, constituée sur le modèle suisse de la formation compacte et profonde utilisant la pique (à l'exception de la Pologne, dont l'armée compte dix cavaliers pour un fantassin, et de la Russie). Trois modèles d'organisation des armées s'affrontent pendant la guerre de Trente Ans (1618-1648) : les anciens *tercios* espagnols (formations compactes de piquiers, d'arquebusiers et de mousquetaires), les lignes souples et légères d'arquebusiers très entraînés des Nassau (chefs de l'armée des Provinces-Unies), et les brigades des Suédois de Gustave Adolphe, qui sont fondées sur la priorité donnée à l'offensive, sur l'intensification de la puissance de feu, aussi bien des fantassins que de l'artillerie, et sur la coopération entre l'infanterie, la cavalerie et l'artillerie. Les Nassau avaient bouleversé la tactique, mais c'est Gustave Adolphe qui démontre toutes les virtualités de ce changement. Le soldat doit maintenant se fondre avec souplesse dans un organisme dont chaque partie obéit aux impulsions venues d'en haut ; ceci nécessite un entraînement intensif et une discipline, symbolisés par la marche au pas, adoptée au milieu du XVIIe siècle, et le port, plus tardif, de l'uniforme, qui commence à remplacer à la fin du siècle celui de signes distinctifs, l'écharpe, le ruban ou la plume (rouge pour les Habsbourg, jaune pour la Suède, bleu pour la France, orange pour la Hollande, etc.).

Les armes blanches restent essentielles : épée pour les affrontements individuels, sabre pour les charges de cavalerie, poignard, pique (4,5 m) pour l'infanterie, hallebarde. L'importance des armes à feu augmente beaucoup, avec l'amélioration de l'arquebuse, et surtout avec le mousquet, lourd et lent, mais capable de percer une armure à 100 m, tandis que la cavalerie adopte le pistolet. Les premiers fusils, beaucoup plus maniables que les mousquets, apparaissent vers 1635 et remplacent progressivement les piques des fantassins à la fin du siècle, surtout avec l'adoption de la baïonnette.

Les évolutions ne sont pas moindres sur mer, avec l'invention par les Hollandais (bataille des Dunes, 1639), puis l'adoption par les Anglais de l'attaque en ligne, qui permet aux navires disposés en file indienne de donner le maximum de leur puissance de feu en même temps. La piraterie se maintient en Méditerranée ; pratiquée tout autant par les musulmans que par les chrétiens, elle apparaît comme une forme supplétive de la guerre officielle et comme une nécessité économique pour ceux qui l'exercent. La guerre de course, qui ne s'attaque qu'aux navires, y compris marchands, de l'ennemi, est très active dans la mer des Caraïbes, surtout entre 1640 et 1680.

Nouvelles fortifications urbaines.
En France, ici à Neuf-Brisach (place forte construite à partir de 1698), Vauban adapte les fortifications aux progrès spectaculaires de l'artillerie (enfouissement de la muraille, doublée par des bastions de forme polygonale, large fossé puis glacis, etc.).

Parce que les guerres sont incessantes, le XVIIe siècle est aussi une époque d'intenses négociations dans l'ensemble de l'Europe. On négocie sans cesse, en temps de paix pour préparer les affrontements à venir, en temps de guerre pour préparer l'ordre politique futur. Siècle des guerres, le XVIIe siècle est également celui de la diplomatie : elle aboutit à faire prévaloir au XVIIIe siècle l'idée d'un équilibre européen sur le continent.

b*ibliographie*

BÉLY Lucien, *Les Relations internationales en Europe. XVIIe-XVIIIe siècles*, Paris, PUF, coll. « Thémis-Histoire », 1992.

BOIS Jean-Marie, *Les Guerres en Europe*, Paris, Belin, 1996.

Les révolutions britanniques et américaine

Après l'Angleterre, qui propose progressivement une véritable alternative à la monarchie absolue triomphante dans le reste de l'Europe, la révolte des colonies anglaises d'Amérique du Nord débouche sur un système politique novateur, appelé à connaître un grand retentissement. Si les changements politiques s'étendent en Angleterre sur plus d'un demi-siècle, ils sont beaucoup plus rapides en Amérique, mais aussi plus tardifs.

La Première Révolution britannique (1642-1649)

Jacques Ier (1603-1625), qui cherche à imposer l'unité de foi religieuse (un anglicanisme modéré) et un exercice absolutiste du pouvoir, se heurte à l'opposition de sectes de plus en plus intransigeantes (puritains surtout, presbytériens en Écosse, etc., qui s'en prennent aussi aux catholiques), ainsi qu'à celle du Parlement, élu au suffrage censitaire et se présentant comme un rempart contre l'absolutisme. Son successeur Charles Ier (1625-1642) dissout la Chambre des communes en 1629 et gouverne sans Parlement ; il est contesté tout autant par la haute bourgeoisie de Londres, dont les affaires souffrent de la politique isolationniste du souverain, que par la *gentry* rurale, appauvrie par les mutations sociales, et devient de plus en plus impopulaire par suite de sa politique religieuse, suspectée à tort d'être favorable aux catholiques, et de l'alourdissement fiscal. Il se heurte surtout aux disparités sociales et religieuses qui existent entre ses trois royaumes, l'Angleterre, l'Écosse et l'Irlande.

Charles Ier doit affronter une guerre civile qui commence par le soulèvement des presbytériens en Écosse, excédés par les tentatives royales de centralisation, soulèvement qui s'accompagne très vite d'une révolte des catholiques irlandais, auxquels s'ajoute en Angleterre la sécession du Parlement. Le roi est soutenu par l'Église anglicane et par les « cavaliers » (nobles des comtés de l'Ouest et du Nord), le Parlement par les *yeomen* (petits agriculteurs-propriétaires), la bourgeoisie des ports et le petit peuple de Londres, ainsi que par les puritains (les « têtes rondes »). L'armée du Parlement, organisée et dirigée par Olivier Cromwell, bat celle du roi à Naseby en 1645. Épuré par Cromwell, le Parlement (« Parlement croupion ») juge Charles Ier qui est exécuté le 8 février 1649. Le pouvoir législatif est confié à un Parlement réduit à 60 membres, l'exécutif à un Conseil d'État de 41 membres : mais en réalité, c'est Cromwell, devenu *Lord protecteur*, qui exerce le pouvoir sur une Grande-Bretagne unifiée (du moins en théorie), tandis que la République est proclamée dès 1649.

La Restauration et la « Glorieuse Révolution » (1660-1689)

La population britannique, lassée par un pouvoir et une austérité pesantes, accueille favorablement, deux ans après la mort de Cromwell, le retour de Charles II (1660-1685). Mais assez vite, la rumeur d'un complot catholique exaspère l'opinion, et le roi se heurte au Parlement, qui limite ses pouvoirs par la loi d'*Habeas corpus*, mais qu'il dissout en se comportant en souverain presque absolu. À son successeur Jacques II (1685-1689), accusé de toutes les turpitudes, on reproche son catholicisme, et surtout sa volonté de dispenser des lois pénales ses sujets « papistes ». Après la naissance d'un prince de Galles, les *whigs* (défenseurs des droits du Parlement) comme les *tories* (défenseurs de la prérogative royale), la marine, l'armée et l'Église anglicane font appel à Guillaume III d'Orange, qui débarque en Angleterre le 5 novembre 1688, alors que Jacques II se réfugie en France. Guillaume III (1688-1702) et son épouse Marie (1688-1694), fille de Jacques II, sont placés sur le trône ; Anne (1702-1714), fille de

LE *BILL OF RIGHTS* (1689).

Le Bill of rights *place le roi sous la loi et garantit la liberté des sujets.*

1. Le pouvoir prétendu de suspendre les lois ou leur application par autorité royale, sans le consentement des parlements, est illégal.
2. Le prétendu pouvoir de dispenser des lois, ou de leur application par autorité royale, comme on a récemment tenté de le faire, est illégal [...].
3. Il est illégal d'invoquer la prérogative royale pour lever des impôts à l'usage de la Couronne, sans le consentement du parlement, ou de continuer à le faire sans son accord et selon des modalités différentes de celles qui ont été prescrites [...].
6. Il est contraire à la loi de lever ou d'entretenir une armée permanente en temps de paix, à moins que le parlement ait donné son consentement [...].
8. L'élection des membres du parlement doit être libre [...].
13. Afin de corriger tous les abus et d'amender, renforcer ou préserver les lois, les parlements seront convoqués régulièrement.

Texte cité par B. Cottret, *La Glorieuse Révolution d'Angleterre, 1688*, Paris, Gallimard, coll. « Archives », 1988, pp. 140-141.

Jacques II, leur succède, puis George Ier (1714-1727), un Hanovre (descendants de Sophie de Hanovre, petite-fille de Jacques Ier).

L'Angleterre devient ainsi une monarchie constitutionnelle, même s'il n'existe pas de constitution écrite. Le royaume a choisi ses rois, inventant une nouvelle conception de la légitimité. Le *Bill of rights* (1689) limite définitivement la prérogative royale et éloigne l'Angleterre de l'absolutisme, en interdisant au souverain d'établir un impôt sans un vote du Parlement, de créer des juridictions exceptionnelles, d'intervenir dans les élections, et en l'obligeant à respecter la liberté de parole du Parlement et le droit de pétition des sujets. Un équilibre s'établit progressivement entre les forces politiques, d'autant que les souverains, très souvent absorbés, comme Guillaume III, par la politique extérieure, laissent le Parlement renforcer ses pouvoirs. Par ailleurs, la tolérance religieuse est à peu près instaurée, et progressivement confirmée dans les faits.

La Révolution américaine (1773-1783)

La population des colonies anglaises d'Amérique du Nord est marquée par une forte croissance et par la diversité de l'immigration, laquelle entraîne un pluralisme religieux qui favorise la liberté de conscience. Elle jouit d'une économie en forte expansion. Dans ce cadre se développent les idées indépendantistes. La création de nouveaux droits de douane (*Sugar Act* en 1764 et *Stamp Act* en 1765) entraîne la multiplication des incidents entre Anglais et colons, alors que juristes et intellectuels se placent en tête de l'opposition.

En 1773, après la *Boston tea party*, le gouvernement anglais s'engage alors dans une politique de répression ferme, tandis qu'en 1774, le premier Congrès continental, qui réunit à Philadelphie les délégués des treize États de la façade atlantique, décide de cesser tout commerce avec la métropole. La Déclaration d'indépendance de Thomas Jefferson (1743-1826) est votée par le second Congrès le 4 juillet 1776, ainsi que la première Déclaration des droits de l'homme. La guerre d'Indépendance voit donc s'opposer les milices américaines, dirigées par George Washington (1732-1799) et aidées par quelques volontaires venus d'Europe, comme La Fayette, à l'armée coloniale britannique (des mercenaires hessois), aidée des « loyalistes » américains et de tribus indiennes. Après quelques défaites en 1776, les Anglais remportent une importante victoire à Saratoga en 1777. Mais les jeunes États-Unis obtiennent l'alliance de la France, puis de l'Espagne et des Provinces-Unies, dont les flottes réussissent à couper les transports de renforts et de ravitaillement britanniques. En 1779, des troupes françaises dirigées par Rochambeau débarquent à Rhode Island pour aider les *insurgents*, et en 1781, les Anglais déposent les armes après la prise de Yorktown. En 1783, au traité de Versailles, la Grande-Bretagne reconnaît l'indépendance américaine.

La guerre d'Amérique est une grande révolution politique, les patriotes ayant voulu, pour la première fois, faire passer dans les faits les idées des philosophes (Locke, Montesquieu, Rousseau) pour lesquels tout gouvernement doit être établi par un pacte ou un contrat social. La Constitution de 1787 confie l'exécutif à un président élu pour quatre ans par un collège électoral de grands électeurs, eux-mêmes élus au suffrage universel masculin, lequel est pourvu d'une grande autorité, avec un droit de veto suspensif sur les lois votées par le Congrès, la nomination des secrétaires d'État, le commandement des forces armées, tandis que le pouvoir législatif est exercé par deux chambres élues (la Chambre des représentants et le Sénat, qui forment le Congrès) et le pouvoir judiciaire par une Cour suprême. Le pouvoir fédéral est compétent en matière de défense, de monnaie, de politique et de commerce extérieurs, les États en matière de commerce intérieur, de culte, de justice et de police.

LES DROITS DE L'HOMME EN AMÉRIQUE.

Cette déclaration vise à justifier moralement et politiquement la révolte des Treize Colonies.

« Nous tenons ces vérités pour évidentes par elles-mêmes, que tous les hommes naissent égaux, que leur Créateur les a dotés de certains droits inaliénables, parmi lesquels la vie, la liberté et la recherche du bonheur ; que pour garantir ces droits, les hommes instituent des gouvernements dont le juste pouvoir émane du consentement des gouvernés ; que si un gouvernement, quelle qu'en soit la forme, vient à méconnaître ces fins, le peuple a le droit de le modifier ou de l'abolir et d'instituer un nouveau gouvernement qu'il fondra sur tels principes, et dont il organisera les pouvoirs selon telles formes, qui lui paraîtront les plus propres à assurer sa sécurité et son bonheur [...]. Lorsque une longue suite d'abus et d'usurpations, invariablement tendus vers le même but, marque le dessein de les soumettre à un despotisme absolu, il est de leur droit, il est de leur devoir de renverser le gouvernement qui s'en rend coupable, et de rechercher de nouvelles sauvegardes pour leur sécurité future. »

Thomas Jefferson, *Déclaration unanime des Treize États Unis d'Amérique* (1776).

Malgré l'invocation qui y est faite à Dieu, cette constitution est laïque et institue, avec un système démocratique, la séparation de l'Église et de l'État ; elle doit sa pérennité à la séparation stricte des pouvoirs, à la reconnaissance du fédéralisme et à la procédure d'amendement qui permet de l'adapter aux évolutions ultérieures.

La Révolution américaine a eu une immense répercussion en Europe, à tel point qu'elle a pu être considérée comme la première des grandes révolutions qui ont bouleversé tout l'Occident de 1770 à 1850.

b*ibliographie*

COTTRET Bernard, *La Glorieuse Révolution d'Angleterre*, Paris, Gallimard, coll. « Archives », 1988.

Le monde au début du XVIIIe siècle

Au début du XVIIIe siècle, les grands pays européens affirment leur supériorité économique et militaire sur une grande partie du monde, essentiellement les espaces atlantiques. Alors que l'Europe semble relativement pacifiée au début du XVIIIe siècle et connaît un provisoire équilibre, la situation politique est généralement plus confuse sur les autres continents.

Vers l'équilibre européen

Les traités d'Utrecht (1713) concrétisent l'idée d'un équilibre entre les principales puissances européennes, tandis qu'émergent de nouvelles puissances à l'Est.

En 1715, à la mort de Louis XIV, la France sort à peine d'une accumulation de crises, militaire, avec les échecs de la guerre de Succession d'Espagne, politique, avec la montée du mécontentement aristocratique, et surtout démographique et économique, avec une série de mauvaises récoltes, particulièrement en 1709, et des finances en débâcle. Pourtant, le royaume reste une puissance considérable : son territoire s'est agrandi au cours du XVIIe siècle (Roussillon, Franche-Comté, Alsace, Flandre...) et ses frontières sont consolidées, sa population est la plus nombreuse du continent, son économie est solide et modernisée, son organisation politique, sa langue et sa culture sont prises presque partout en modèle.

La prépondérance anglaise est néanmoins en train de succéder à la prépondérance française. Malgré une population peu nombreuse, l'Angleterre voit sa prospérité commerciale confortée par les traités d'Utrecht qui lui donnent d'énormes avantages matériels (en particulier l'*asiento*, monopole de la traite des Noirs dans l'Empire espagnol), tandis que sa flotte supplante toutes les autres flottes. La période des troubles politiques est close avec l'établissement progressif d'une monarchie constitutionnelle. Peu sensible aux grandes inégalités sociales qui caractérisent ce pays, l'opinion européenne est séduite par l'aspect contractuel du système politique, par le fait que l'Angleterre a pris la tête de la recherche scientifique (Newton, 1643-1727) et du mouvement des idées (Locke, 1632-1704), et par l'établissement de la liberté de pensée.

Au sud de l'Europe, l'Espagne, amputée du Portugal depuis 1680, a dû abandonner une grande partie de son influence en Italie, où le duc de Savoie accède à la couronne de Sicile en 1713, tandis que les revenus des colonies américaines, qui n'ont pas été investis dans une péninsule saignée par l'émigration, se sont progressivement taris. La couronne espagnole est perdue par les Habsbourg au profit des Bourbons (Philippe V, 1700-1746), et l'hégémonie du Siècle d'Or n'est plus qu'un bien lointain souvenir.

En Europe centrale, la monarchie autrichienne des Habsbourg conserve ses États patrimoniaux et la couronne impériale, et réussit à se renforcer, Léopold Ier (1658-1705) rendant la succession de Hongrie héréditaire. Mais elle subit la concurrence d'une nouvelle puissance, la Prusse des Hohenzollern ; le couronnement de l'électeur de Brandebourg (Frédéric Ier, 1701-1713) symbolise les progrès de l'État prussien, dont les domaines sont dispersés du Rhin à la Prusse. Enfin, à l'est, Pierre Ier (1682-1725) fait de la Russie une puissance européenne, en entreprenant la transformation intérieure de son pays : armée et marine modernes, développement de l'instruction, occidentalisation des mœurs, noblesse mise au service de l'État en échange d'une aggravation du servage, l'Église mise sous la domination de l'État, réorganisation du gouvernement sur le modèle des monarchies absolues... ; il réussit son ouverture sur la mer Noire et sur la mer Baltique, symbolisée par la fondation de Saint-Pétersbourg (1703).

À l'inverse de la Prusse et de la Russie, la Suède, la Pologne et la Turquie sont en recul. Le roi de Suède Charles.XII (1697-1718) s'engage dans une véritable épopée, volant de victoire en victoire de 1700 à 1706 au Danemark, en Pologne et en Russie, où il finit par être écrasé à Poltava (1709) ; à sa mort, il laisse un pays ruiné et épuisé. La Pologne passe sous l'influence de la Suède de 1704 à 1709, puis sous celle de la Russie, qui lui impose un véritable protectorat. L'Empire ottoman subit son premier grand recul territorial en Europe (traité de Karlowitz, 1699), et perd de nouveaux territoires en 1718 (traité de Pojarevats) ; la puissance turque est définitivement contenue dans les Balkans.

Un monde très diversifié

À l'exception des Philippines et des comptoirs indiens, la plus grande partie de l'Asie échappe à l'influence européenne. La Chine de l'empereur K'ang-hi (1661-1722) est en pleine prospérité, avec un territoire agrandi qui contrôle toute l'Asie centrale, une population en expansion et une économie dynamique ; l'influence grandissante du christianisme, développée par les jésuites, finit par se heurter à une réaction nationaliste qui aboutit à l'interdiction de l'entrée de la Chine aux Européens. Le Japon, dirigé par un *shogun* auquel obéissent les *daïmios* (seigneurs) et leurs *samouraïs* (guerriers nobles), connaît une prospérité économique solide et une vie culturelle brillante ; l'organisation politique est à la fois féodale et absolutiste, fondée sur l'exploitation de la paysannerie, et le pays se replie de plus en plus sur lui-même, refusant presque tout échange avec les marchands européens, à l'exception des Hollandais dans l'île de Deshima. L'Inde est soumise au Grand Moghol Aurengzeb (1658-1707), mais connaît de grandes rivalités religieuses et sociales, ce qui affaiblit le pouvoir impérial face aux Européens, qui occupent des comptoirs sur la côte. La Perse des Séfévides est menacée par la volonté de sécession de plusieurs provinces et par les convoitises de ses voisins, Turcs à l'ouest, Turcomans au nord, Afghans à l'est.

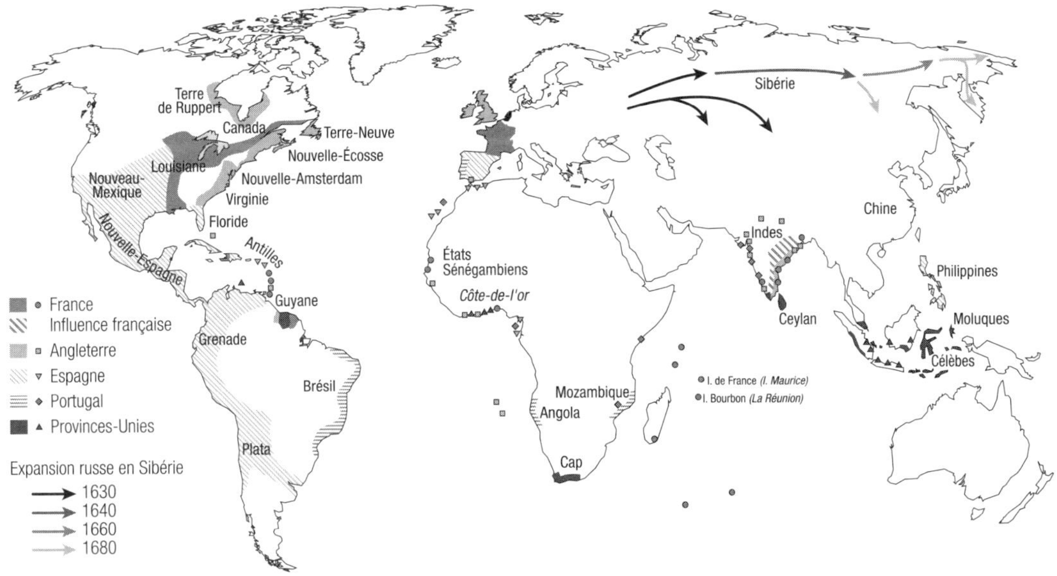

Le monde vers 1715.
Les Européens sont présents sur tous les continents, mais avec des influences très inégales.

L'Afrique noire est partagée entre de nombreux États, les uns marqués par l'influence de l'Islam, comme l'Abyssinie, les royaumes du Soudan, les États Haoussa entre Niger et Nil, l'Empire tchadien, les autres païens, comme le royaume Bambara sur le haut Niger, l'Empire Mossis, le Bénin, le Congo. Les Européens sont installés sur la côte occidentale où ils pratiquent la traite, les négriers européens troquant contre des produits bon marché les esclaves razziés à l'intérieur des terres par des chefs indigènes, ce qui augmente les difficultés d'un continent déjà peu peuplé et désorganise sa vie économique. Au nord du continent africain, l'Égypte ainsi que les trois régences de Tripoli, Tunis et Alger, sont devenus presque indépendants du sultan de Constantinople, mais connaissent des troubles sociaux et politiques importants, tandis que le Maroc est pacifié par le souverain alaouite Moulay Ismaïl (1672-1727).

L'Amérique espagnole, qui s'étend du nord du Mexique au Chili central, n'enrichit plus guère la métropole, mais une société créole dont la prospérité se fonde sur le travail des Indiens, notamment dans la culture du cacao au Venezuela. Le Brésil portugais, domaine de la canne à sucre, entre dans le « cycle de l'or » avec la découverte de mines en 1696 dans la région d'Ouro Preto. Les Antilles commencent à prendre la relève sucrière, en particulier la Jamaïque et la partie française de Saint-Domingue. L'Amérique du Nord n'est vraiment peuplée par des Européens, surtout des Anglais, que sur ses côtes orientales, mais les immenses espaces continentaux, partiellement parcourus au XVIIe siècle, offrent des possibilités d'expansion considérables.

L'Europe domine le monde au début du XVIIIe siècle mais de façon encore très incomplète. Il faudra pour qu'elle y parvienne totalement une révolution industrielle dont les prémisses n'apparaîtront vraiment qu'en Grande-Bretagne pendant la seconde moitié du XVIIIe siècle et qui ne se généralisera qu'au cours du XIXe siècle.

bibliographie

COTTRET Bernard et Monique, *Histoire politique de l'Europe. XVIe, XVIIe, XVIIIe siècles*, Paris, Ophrys, coll. « Synthèse-Histoire », 1996.

La Révolution et l'Empire

Jean-Clément Martin

Professeur d'histoire contemporaine à l'université de Nantes

bibliographie

- Baker Keith, Lucas Colin, Furet François, *The French Revolution and the Creation of Modern Political Culture*, Londres Pergamon Press, 1987-1994.

- Bergeron Louis, Lovie Jacques, Palluel André, *L'Épisode napoléonien*, Paris, Seuil, 2 t., 1972.

- Betourne Olivier, Hartig Aglaia I., *Penser l'histoire de la Révolution*, Paris, La Découverte, 1989.

- Furet François, Ozouf Mona (dir.), *Dictionnaire critique de la Révolution française*, Paris, Flammarion, 1988.

- Furet François, *Penser la Révolution française*, Paris, Gallimard, 1978.

- Jessenne Jean-Pierre, *Révolution et Empire, 1783-1815*, Paris, Hachette, coll. « Carré Histoire », 1993.

- Lebrun François, Dupuy Roger, *Les Résistances à la Révolution*, Paris, Imago, 1986.

- Martin Jean-Clément, *Contre-Révolution, Révolution et Nation, France 1789-1799*, Seuil, 1998.

- Martin Jean-Clément, *La France en Révolution*, Paris, Belin, 1990.

- Soboul Albert, Suratteau Jean-René (dir.), *Dictionnaire historique de la Révolution française*, Paris, PUF, 1989.

- Solé Jacques, *La Révolution en questions*, Paris, Seuil, 1988.

- Sutherland D. M. G. , *France, 1789-1815, Revolution and Counter-Revolution*, Londres, Fontana Press, 1985, trad. française, Paris, Seuil, 1996.

- Tulard Jean (dir.), *Dictionnaire Napoléon*, Paris, Fayard, 1987.

- Tulard Jean (dir.), *Histoire et dictionnaire de la Révolution française*, Paris, Robert Laffont, coll. « Bouquins », 1987.

- Tulard Jean (dir.), *La Contre-Révolution*, Paris, Perrin, 1990.

- Vovelle Michel, *La Révolution française*, Paris, Armand Colin, 1992.

La Révolution française n'est pas que l'une des périodes historiques qui composent l'histoire de France, parmi toutes les autres. Sans doute est-elle avec l'Empire un temps marqué par des luttes politiques particulièrement vives et par des convulsions aux résonances durables. Mais au-delà de ces événements extraordinaires en eux-mêmes, la Révolution marque la fin de la royauté française établie depuis un millénaire et engage le pays dans un monde véritablement nouveau. Les repères politiques et religieux changent définitivement ; la souveraineté nationale, les droits de l'Homme, le libéralisme, la question sociale, la laïcité et la séparation de l'Église et de l'État sont ainsi quelques-unes des questions inédites que se posent les Français – et leurs voisins. Par la suite, le Consulat et l'Empire, s'ils portent la marque de la volonté et de l'ambition de Napoléon, semblent plus chercher à apporter une stabilité au pays qu'à prolonger les interrogations essentielles qui ont été débattues auparavant.

Il est certes nécessaire de traiter la période révolutionnaire et impériale comme tout autre temps historique, en vérifiant les sources et en utilisant l'historiographie. Cependant, l'importance des enjeux et les rivalités mémorielles imposent des précautions et des méthodes spécifiques. L'événement existe autant en lui-même que dans la mémoire – parfois bien plus dans celle-ci – et il n'est accessible qu'au prix d'une réflexion qui en établit les différentes épaisseurs. Les actes commis sont à prendre en compte autant dans leur immédiateté, lorsqu'ils eurent des conséquences – souvent dramatiques – sur les populations de l'époque, que dans ce qu'ils comportent d'attitudes héritées, de règlements de compte avec des querelles venues des XVIe et XVIIe siècles, qu'en fonction de ce qu'ils ont ouvert, même involontairement, pour les Français du XIXe siècle et du XXe siècle. Les acteurs ne sont pas à comprendre sans tenir compte des innombrables jugements qui leur ont été appliqués.

Dans les pages qui suivent, les faits, tels qu'ils se sont déroulés, leurs résonances et conséquences, comme leur généalogie, se mêlent dans une présentation qui ne suit pas toujours la chronologie, pour respecter le mieux possible l'importance intrinsèque des événements de la période. Sans aucune intention hagiographique, il est enfin nécessaire d'insister sur la conviction partagée par la majorité des acteurs de ce temps de faire leur propre histoire.

L'entrée dans la Révolution

Entre réalité historique et imaginaire mémoriel, la naissance de la Révolution est délicate à situer. Dans ce débat qui engage en fait toute l'histoire nationale, le 14 juillet occupe une place centrale. L'événement est né beaucoup plus de ses résonances, de sa signification que de sa réalité factuelle.

Une journée mémorable ?

Le 14 juillet est, dans la mémoire nationale, le jour qui inaugure la Révolution française. En prenant la prison royale, la Bastille, les Parisiens obligent le roi à accepter que son pouvoir soit partagé avec les députés des États généraux qui viennent de se proclamer Assemblée nationale. Le régime parlementaire, que les Républicains de la fin du XIXe siècle ancreront fermement, trouve ici son origine et sa légitimité. Les fêtes auxquelles l'événement donne lieu, et les polémiques qu'il suscite toujours, attestent de son importance.

Réalités du 14 juillet 1789

L'importance de la journée est pourtant plus de l'ordre de la résonance qu'elle ne relève de sa matérialité. Ce jour-là, partis pour chercher des armes en vue de résister aux troupes amenées autour de Paris pour limiter les prétentions des députés du tiers état aux états généraux, les Parisiens prennent d'assaut une prison ne renfermant que sept prisonniers de peu d'intérêt, tuent des agents du roi, parmi lesquels le gouverneur de Launay, dont la tête est mise au bout d'une pique. La violence a été appliquée de façon apparemment disproportionnée à l'enjeu.

Une lecture plus globale de l'événement lui rend son ampleur. Depuis deux années, l'opinion publique a été sollicitée par le roi d'abord, par les parlementaires ensuite, dans un débat portant sur la rénovation du royaume. Elle a été mobilisée dans la rédaction de cahiers de doléances et dans la désignation de députés envoyés siéger à Versailles dans les états généraux, destinés, semblait-il, à régénérer le royaume. Réunis en mai, et ouverts, religieusement le 4, politiquement le 5, ils appartiennent de plein droit aux coutumes monarchiques ; par leur déroulement mal préparé par le roi et ses ministres, ils font pourtant basculer le pays. Le roi, qui attend de leur réunion de nouveaux impôts, déçoit les espoirs mis en eux, et permet que s'opposent rapidement les députés du tiers état, enclins à attendre une réforme fiscale et une réduction des privilèges des deux autres ordres, aux représentants de la noblesse et du clergé, dont la majorité espère un assouplissement de l'absolutisme royal et un renforcement du pouvoir des corps intermédiaires. L'avenir de la Nation est mis en jeu.

L'aboutissement d'un conflit

Le conflit a été parfois brutal, entraînant mort d'hommes à Rennes en janvier 1789, par exemple ; il est feutré, à Versailles, mais s'est traduit par une division radicale entre les partisans des réformes, vite appelés les « patriotes » et les récalcitrants, « les aristocrates ». Après des hésitations, le roi s'est rangé du côté de ces derniers, provoquant en retour le serment des réformateurs de ne pas se quitter avant d'avoir donné une constitution à la France, et leur donnant l'assurance de représenter la Nation à eux seuls. Le 14 juillet est donc l'appui donné par le peuple des gens ordinaires de Paris à cette révolte juridique. Le roi le comprend bien qui reconnaît le nouveau maire de Paris trois jours plus tard, comme le comprend aussi, mais en le refusant, son frère, le comte d'Artois, qui, avec d'autres « grands », quitte la France en protestation, devenant ceux que l'on va appeler les « émigrés ».

Est-ce à dire que la Révolution est commencée ? Sans doute pas. Même la déclaration des Droits de l'homme ne change pas vraiment la conscience nationale. L'autorité royale n'est pas remise en cause. En revanche, les journées d'octobre 1789, qui voient la foule des Parisiens ramener, de force, le roi et sa famille à Paris, rompent toute illusion. La force des armes fait basculer le régime et la ques-

Un événement inoubliable.

« Un tel phénomène dans l'histoire du monde ne s'oubliera jamais, car il a découvert au fond de la nature humaine une possibilité de progrès moral qu'aucun homme politique n'avait jusqu'à présent soupçonnée. Même si le but poursuivi n'était pas atteint, si la constitution devait finalement échouer, ou si l'on devait en revenir progressivement à l'ancien régime… ces premières heures de liberté en tant que témoignage philosophique ne perdraient rien de leur valeur. »

Emmanuel Kant, *Le Conflit des facultés*, 1789.

tion se pose aussitôt de savoir comment le mouvement mis en branle va pouvoir être arrêté.

À la recherche de l'unité

Cent ans plus tard, c'est précisément cette violence qui pose problème. Par des défilés, qui font une grande place à l'armée, source d'unité nationale, par des discours, qui exaltent les grands héros du XVIIIe siècle, par des festivités, qui permettent à tous les individus de rompre leur labeur quotidien et de participer à une communion nationale, la journée du 14 juillet s'oppose alors au calendrier religieux, laïcise la vie ordinaire, renouvelle par des actes simples l'adhésion que les Français ont donnée à la République par leurs votes. On comprend que cette journée ait suscité des oppositions de la part des monarchistes et des cléricaux, enclins à rappeler les violences initiales. Ainsi peut-on lire dans le *Journal du Maine-et-Loire* (publication hostile à la République), du 14 juillet 1880, qu'au moment de la prise de la Bastille, Paris était livré « à la dernière plèbe et aux brigands… aux vagabonds déguenillés, plusieurs “presque nus” la plupart armés comme des sauvages, d'une physionomie effrayante ».

La Prise de la Bastille.

Suite à la prise de la Bastille, une légendaire se met aussitôt en place. Des lithographies popularisent l'image d'une sombre forteresse, des pierres sculptées sont envoyées dans tous les départements pour rappeler la prison détruite.

Prieur-Berthault, *La Prise de la Bastille.*

Programme des fêtes du 14 juillet en Bretagne dans les années 1880.

Ces fêtes montrent la mise en place d'un cérémonial, destiné à enraciner la République dans la société.

	Rennes	Brest	Lorient	Saint-Nazaire
la veille		4 mai 1889 sonnerie de cloches 8 h 30 retraite aux flambeaux	13 juillet 1883 7 h pain 8 h cloches 9 h retraite en musique	4 mai 1889 6 h retraite tambours
le jour	6 h réveil musique militaire 7 h secours aux indigents 1 h jeux 4 h concert 8 h illuminations 9 h feu d'artifice	7 h secours aux indigents 8 h artillerie cloches 10 h ouverture Musée 12 h artillerie 1 h conférence 2 h jeux 2 h-5 h musique militaire 7 h-8 h *idem* 9 h feu d'artifice 9 h 30-12 h danses	7 h 30 revue 8 h artillerie 9 h revue 12 h artillerie 1 h 30 jeux, musique 2 h danses 3 h-4 h concert 4 h-6 h jeux 9 h 30 feu d'artifice 10 h 15 retraite aux flambeaux	8 h artillerie 10 h 30 revue artillerie musique 11 h défilé 2 h-3 h 30 concert 4 h jeux 6 h artillerie 8 h 30 illuminations 9 h retraite artillerie

Mais le 14 juillet est à tout prendre plus présentable qu'Octobre ; d'autant qu'en 1790, le 14 juillet a été choisi pour rassembler les envoyés « patriotes » à Paris, pour célébrer la fédération du pays. Dans cette confusion savamment entretenue, entre violence et union, le 14 juillet a été promu fête nationale, illustrant exemplairement à quel point toute la Révolution est à la fois mutation réelle et symbolique.

Dès 1790, les députés décident de commémorer la destruction de la Bastille et permettent que le mythe de la forteresse, symbole de l'absolutisme, se développe. Le propre de ce qui devient Révolution française tient à cet investissement qui modifie le rapport conscient que les Français entretiennent avec leur passé. L'unité nationale trouve ainsi une nouvelle dimension, qui double en quelque sorte la tradition qui unissait le roi à ses peuples. La Révolution est bien en marche.

b*ibliographie*

GODECHOT Jacques, *La Prise de la Bastille*, Gallimard, 1965.

LÜSEBRINK Hans-Jürgen, REICHARDT Rolf, « La prise de la Bastille », dans *L'Événement*, Marseille, Jeanne Lafitte, 1986.

La révolution des cadres de vie

L'importance de la Révolution réside dans le fait qu'elle a véritablement « révolutionné » toutes les dimensions ordinaires de la vie des plus puissants aux plus humbles des Français de l'époque. Il ne s'est pas agi d'un simple changement du pouvoir, mais bien de la recherche d'un monde nouveau. Ce ne sont pas seulement les cadres mentaux, mais aussi les habitudes de vie, les organismes administratifs, et surtout l'organisation cléricale qui sont refondés, certes au nom de principes déjà débattus depuis des années, mais qui provoquent des réactions – d'adhésion et de refus –, qui affectent les équilibres du pays.

Une remise en cause globale

Le mouvement qui bouscule toutes les habitudes des Français à partir de l'été 1789 a été souvent décrit comme la volonté de faire table rase de ce qui précédait pour créer de nouveaux cadres *ex nihilo*. Cette lecture correspond certainement à l'effet que toutes les réformes entreprises immédiatement ont dû donner. Cependant, leur rapidité, et surtout leur efficacité, révèlent aussi qu'elles sont aussi l'aboutissement de réflexions entamées par des élites de « l'Ancien Régime » qui n'avaient pas trouvé leur place auparavant.

Loi naturelle, loi positive

Un des plus grands débats de cette période tient à la détermination du type de la loi qui doit prévaloir. Le droit naturel, invoqué par des philosophes qui imaginent les principes de vie, permet-il de créer des liens sociaux nouveaux, ou bien doit-on se contenter du droit positif, c'est-à-dire de l'ensemble des lois qui ont déjà été expérimentées et qui sont liées à l'histoire du pays ? Le recours au premier, plus radical que le second, ouvre des voies incontestablement révolutionnaires, mais peut entraîner de redoutables errements. Les révolutionnaires passent d'un droit à l'autre, pour justifier leurs décisions, mais il n'est pas anecdotique de rappeler que la Constitution de 1793, qui fait le plus appel au droit

Le nouveau découpage administratif de la France.

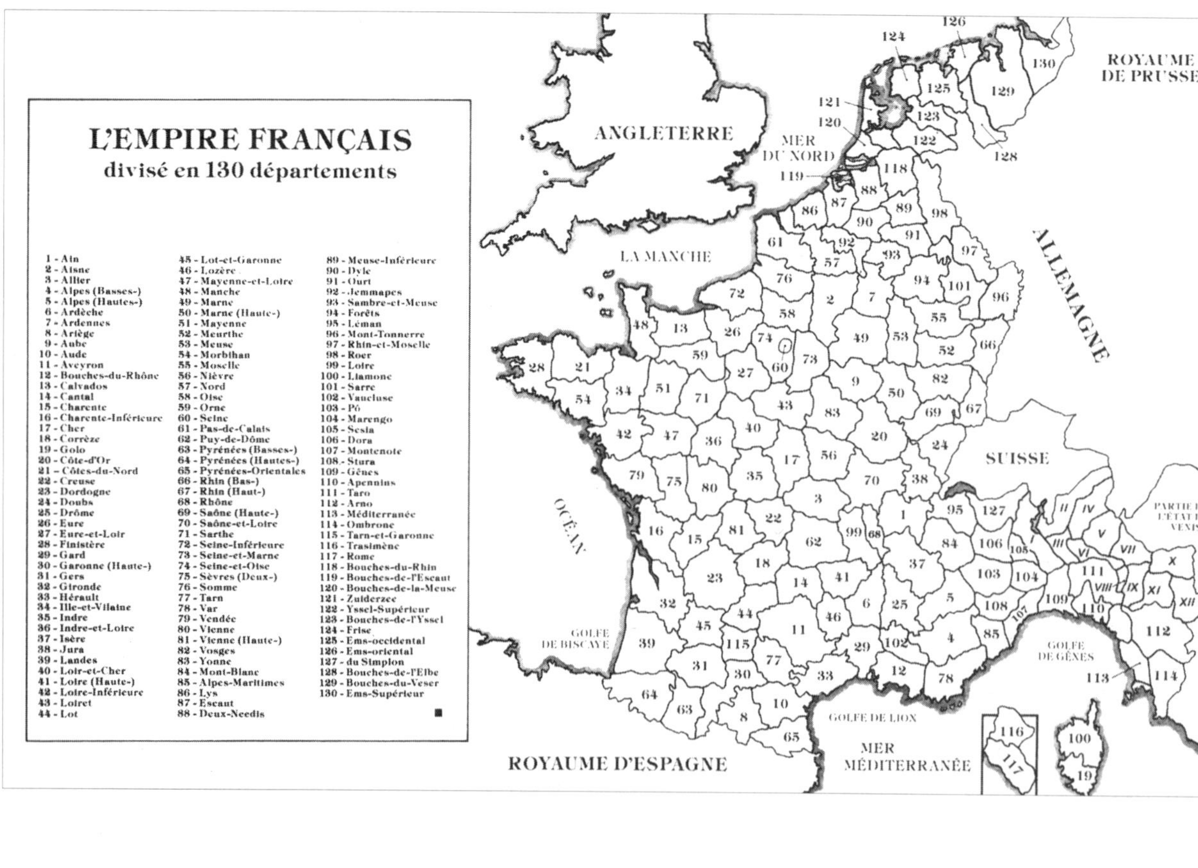

naturel, reste inappliquée, en attendant la paix. Cependant, la Révolution n'a pas été l'œuvre de table rase, que l'on s'est plu à rappeler. Même la Constitution de 1793 résulte d'un compromis et, surtout, elle témoigne de la recherche d'équilibre entre forces et aspirations différentes.

Les Déclarations des droits de l'homme et du citoyen.

À force de rappeler les articles de la Déclaration des droits de l'homme et du citoyen de 1789, qui ouvre la Constitution de 1791, on oublie trop que chaque constitution a été précédée de sa déclaration des droits (et des devoirs en 1795). La présentation des deux premiers articles de 1789 et 1793 illustre les similitudes et les différences. Analogies fondamentales: ils fondent à neuf les liens sociaux, comme si rien n'existait au préalable; les mêmes droits sont défendus. Les variations sont cependant plus importantes dans le temps court: les droits défendus ne sont pas classés de la même manière dans chaque déclaration, surtout l'égalité apparaît en 1793. Ces courts textes illustrent ainsi la novation qui a été essayée, et débattue dans ces années 1790.

26 août 1789

«Article premier. Les hommes naissent et demeurent libres et égaux en droits. Les distinctions sociales ne peuvent être fondées que sur l'utilité commune.
Art. 2. Le but de toute association politique est la conservation des droits naturels et imprescriptibles de l'homme. Ces droits sont la liberté, la propriété, la sûreté et la résistance à l'oppression.

24 juin 1793

Article premier. Le but de la société est le bonheur de l'homme. Le gouvernement est institué pour garantir à l'homme la jouissance de ses droits naturels et imprescriptibles.
Art. 2. Ces droits sont l'égalité, la liberté, la sûreté, la propriété.»

Le découpage départemental

La naissance des départements est une invention de l'année 1790, qui se donne pour tâche d'inventer un nouveau cadre au pays. Cependant, au-delà de certaines déclarations invoquant la nécessité de la géométrie cartésienne pour établir des unités administratives, la pratique politique est toute autre. L'Assemblée accepte et sollicite les avis des intéressés, qui, loin des calculs savants, viennent faire prévaloir leurs ambitions et leurs rivalités. Si bien que les limites nouvelles ne résultent pas d'une vision détachée de toute réalité, mais s'établissent en fonction des intérêts des villes, des traditions régionales, des réseaux d'échanges reconnus. L'exemple des départements issus de la province bretonne illustre le propos, puisque l'on reconnaît sans peine l'héritage historique dans le découpage départemental, jusque dans la précision qui a présidé à la répartition communale dans les anciennes «marches séparantes».

La régénération

C'est portés par la volonté de régénérer le royaume – à l'œuvre également chez les futurs «contre-révolutionnaires» qui furent les premiers à s'opposer au roi et à ses ministres en 1787-1878 – que les députés s'engagent dans la refonte des institutions françaises. Poursuivant les débats antérieurs, ils ont comme objectif de supprimer les aberrations et les disparités qui, dans l'ordre juridique, économique ou social, divisent la société française.

Toutefois, les réformes entreprises entraînent une logique globale qui se radicalise d'elle-même. La vision rationnelle du royaume s'applique progressivement à tous les aspects de la vie; cette lecture affecte, par le biais de la gestion des finances, la question religieuse. Quand, en réponse à d'anciens contentieux et pour faire face à des besoins d'argent toujours importants, les biens de l'Église sont mis à disposition de la Nation, l'occasion est saisie pour limiter les libertés de l'Église, et l'inscrire dans le cadre national, par le biais de la Constitution civile du clergé. Celle-ci propose ainsi une laïcisation de l'organisation cléricale qui ne peut que mécontenter une partie des fidèles et justifier les accusations des opposants qui voient dans cette mesure la justification de leurs dénonciations d'un système révolutionnaire négateur de tout le passé français.

Bref donné par le Pape, le 13 avril 1791.

«Pénétrés de la vérité [des] divins préceptes, dès que nous avons reçu la première nouvelle de la guerre déclarée à la religion catholique par les novateurs philosophes ligués contre elle et formant la majorité de l'Assemblée nationale de France, nous avons pleuré amèrement en présence du Seigneur; et, après avoir fait part de nos cruelles inquiétudes à nos vénérables frères, les cardinaux de la Sainte-Église romaine, nous avons ordonné des prières publiques et particulières; nous avons ensuite exhorté très instamment notre très-cher fils en Jésus-Christ, Louis, roi très chrétien, par notre lettre du 9 juillet 1790, à ne point accorder sa sanction à une Constitution civile du clergé qui devait induire la nation en erreur et amener un schisme dans son royaume. Car il était absolument impossible qu'une assemblée purement politique eût le droit de changer la discipline universelle de l'Église, d'anéantir les autorités des Pères et les décrets des conciles, de renverser l'ordre de la hiérarchie, de régler arbitrairement les élections des évêques, de supprimer les sièges épiscopaux et de substituer dans l'Église, à des formes anciennes et respectables, des formes nouvelles et vicieuses.»

L. Delhommeau, *La Révolution vue du Vatican*, Nantes, 1989.

Si certaines de ces innovations ont eu, ensuite, des conséquences imprévues, voire dramatiques, il convient de ne pas les juger seulement à cette aune, mais de les comprendre comme l'expression, exceptionnelle dans l'histoire de notre pays, du moment où les fondements même de la société sont remis en cause, où, pour la première fois, des hommes imaginent les règles qui les régiront.

bibliographie

GAUCHET Marcel, *La Révolution des Droits de l'homme*, Paris, Gallimard, 1989.

RIALS Stéphane, *La Déclaration des droits de l'homme*, Paris, Hachette, coll. «Pluriel», 1988.

Nouvelles élites, nouvel idéal politique

La vie politique naît dans les luttes entre groupes sociaux et dans les schémas culturels hérités des décennies antérieures. Il ne s'agit pas seulement de la poursuite ou de l'épanouissement des débats qui avaient marqué la monarchie depuis les années 1750. Les élites jouent certes le premier rôle, au moins dans un premier temps, mais elles sont dorénavant porteuses d'un nouveau type de discussion politique, inscrit dans un horizon universaliste, et elles sont rapidement concurrencées par de nouveaux venus. C'est dans ce cadre complexe que se forgent de nouvelles notions.

Bourgeois contre aristocrates?

L'affrontement initial qui ouvre le cycle révolutionnaire est provoqué par le refus de la majorité des ordres privilégiés, clergé et noblesse, de vérifier leurs mandats avec les députés du tiers état. Lu comme l'opposition entre noblesse et bourgeoisie, ce conflit entraîne sur de fausses pistes. Nombre de députés du tiers sont des anoblis que la noblesse ancienne a refusé dans ses rangs. Les antagonismes, que la préparation des états généraux suscite, portent plus sur la définition de la nation à recomposer que sur des statuts sociaux. Le refus d'intégrer des anoblis dans la noblesse est lié à la volonté de nombreux nobles de revenir aux instances de gouvernement héritées du passé médiéval, en refusant toute ouverture qui remettrait en cause une hiérarchie sociale fondée sur les distinctions d'ordre; bourgeoisie et noblesse sont liées par d'innombrables liens sociaux, matrimoniaux, si bien que la noblesse est l'aboutissement espéré des bourgeois enrichis qui accèdent au second ordre par de multiples voies et ce jusque dans les années 1780.

Le doublement du tiers imposé par le roi, contre les nobles, a donné raison à ceux qui estimaient que la légitimité de l'assemblée des états généraux reposait sur les députés issus de la quasi-totalité de la population, plutôt que sur celle des autres ordres, en minorité numérique. Le mot «aristocrate», employé pour qualifier les opposants aux réformes, désigne moins un état social – même si nombre de membres de l'aristocratie de la cour sont bien récalcitrants à tout changement – qu'il ne stigmatise une attitude politique prêtée à un tout petit groupe réactionnaire. Le jeu politique est la clé qui interprête les conflits.

Idéal politique et incompréhension

L'urgence des réformes à inventer et à défendre contre des opposants accusés de vouloir garder des privilèges particuliers, au détriment de l'intérêt général, explique cette obsession de l'unité et de l'universalité qui compose le fond de cette première révolution des années 1789-1791. Toute liberté doit être globale, même si elle met à mal les libertés de groupes spécifiques. Au nom de cet idéal envahissant, les restrictions économiques sont considérées comme responsables des disettes et imputées à des esprits malveillants ou imbéciles.

La loi Le Chapelier (14 juin 1791).

D'importance considérable, la loi Le Chapelier prône, tout à la fois, l'unité de la nation, qui ne peut pas être démembrée par l'action de groupes d'intérêts qui seraient susceptibles de s'opposer à l'intérêt général, et le respect total de la libre entreprise. En insistant ainsi sur le caractère individualiste de la société française, elle sanctionne l'une des évolutions essentielles de la Révolution et entend résoudre la question sociale par le biais d'une réponse purement politique. La loi, votée contre les risques de fragmentation du corps social, sera, par la suite, l'une des clés de voûte du libéralisme économique qui régit la France du XIXe siècle.

«Article premier. L'anéantissement de toutes espèces de corporations de citoyens du même état et profession étant l'une des bases fondamentales de la Constitution française, il est défendu de les rétablir de fait sous quelque prétexte et sous quelque forme que ce soit.

Art. 2. Les citoyens d'un même état ou profession, les entrepreneurs, ceux qui ont boutique ouverte, les ouvriers et compagnons d'un art quelconque, ne pourront lorsqu'ils se trouveront ensemble, se nommer ni président, ni secrétaire, ni syndics, tenir des registres, prendre des arrêtés ou délibérations, former des règlements sur leurs prétendus intérêts communs.

[...]

Art. 8. Tous attroupements composés d'artisans, ouvriers, compagnons, journaliers, ou excités par eux contre le libre exercice de l'industrie et du travail, appartenant à toutes sortes de personnes et sous espèces de conditions convenues de gré à gré, ou contre l'action de la police et l'exécution des jugements rendus en cette matière, ainsi que contre les enchères et adjudications publiques des différentes entreprises, seront tenus pour attroupements séditieux, et, comme tels, ils seront dissipés par les dépositaires de la force publique, sur les réquisitions légales qui leur en seront faites, et punis selon la rigueur des lois, sur les auteurs instigateurs et chefs desdits attroupements et sur tous ceux qui auront commis des voies de fait et des actes de violence.»

Des patriotes aux révolutionnaires

L'unité des réformateurs s'est exprimée par leur emploi d'un langage

Le point de vue de Robespierre en 1792.

Malgré les apparences, c'est le maintien de la Constitution qui laisse le roi gouverner le pays que Robespierre défend dans cet article. Il s'oppose aux demandes de Brissot et de Condorcet qui veulent changer la forme du régime, pour le transformer en République (telle que nous la connaissons aujourd'hui). À un changement de forme, Robespierre préfère une mutation de fond (ce qu'il appelle « politique »), qui s'attaque aux difficultés sociales. S'affirmer ici « républicain » veut dire qu'il est d'abord partisan de la « chose publique » (la res publica*). On mesure la profondeur des antagonismes qui, fondés sur des exemples historiques connus des personnes cultivées du* XVIII*e siècle, ont soutendu les débats politiques et les orientations de la révolution.*

« Je suis républicain, oui, je veux défendre les principes de l'égalité et l'exercice des droits sacrés que la Constitution garantit au peuple contre les systèmes dangereux que des intrigants qui ne le regardent que comme l'instrument de leur ambition ; j'aime mieux voir une assemblée représentative populaire et des citoyens libres et respectés avec un roi qu'un peuple esclave et avili sous la verge d'un sénat aristocratique et d'un dictateur. Je n'aime pas plus Cromwell que Charles Ier et je ne puis pas plus supporter le joug des decemvirs que celui de Tarquin. Est-ce dans les mots de *république* ou de *monarchie* que réside la solution du grand problème social ? [...]. Toutes les constitutions politiques sont faites pour le peuple ; toutes celles où il est compté pour rien ne sont que des attentats contre l'humanité. »

Le *Défenseur de la Constitution*, n° 1, mai 1792.

privilèges. Ainsi, entre 1789 et 1792, ce n'est pas tant « la noblesse » qui a été chassée du pouvoir et remplacée par « la bourgeoisie », qu'il s'agit de l'abandon de la hiérarchie des ordres dans l'univers politique et le refus de la morgue des « grands » qui entendaient retrouver des prérogatives dans un royaume revenu aux coutumes anciennes. Cependant, cette mutation qui entend instaurer une unité nationale autour du tiers engendre bien des ambiguïtés. Les nouvelles élites s'identifient aux propriétaires indépendants et éclairés, si bien qu'elles auront à affronter des couches sociales qui s'estiment

Journée du 2 juin 1793.

L'insurrection du 2 juin, organisée par les sans-culottes contre les députés girondins, illustre cette montée en politique des groupes les plus populaires qui prétendent devenir, à partir de cette époque, des acteurs à part entière dans le jeu politique national.

commun, inspiré des exemples antiques et de l'histoire récente de l'Angleterre. Plus que des « bourgeois », entrepreneurs, il s'agit de « robins » issus des parlements et des cours de justice, des offices notariaux, habitués à manier les concepts et à composer des discours. Cette culture politique leur permet de se regrouper face à leurs adversaires, au nom de l'utilité commune (la *res publica*), de la nécessité de l'unité nationale, de la recherche d'une égalité politique. Elle devient cependant de moins en moins efficace, au fur et à mesure que la contre-révolution met en lumière les difficultés d'application des premières mesures, que le roi et la reine temporisent puis jouent double jeu, que les difficultés économiques poussent les ruraux ou les urbains les plus pauvres à attendre des avantages plus tangibles. Les mots changent de sens. On le voit clairement dans l'article de Robespierre, qui emploie encore le langage politique des robins, alors que la demande politique est plus radicale. L'apprentissage politique des Français est extrêmement rapide et large dans ces années. Dès 1789, le port des symboles (cocardes tricolores, blanche ou noire...) se généralise concernant les petites gens qui, pour de multiples raisons, prennent parti et agissent en revendiquant des idées politiques. Dès juillet 1789, la vague de la « grande peur » avait soulevé de nombreux ruraux contre leurs seigneurs dans un mouvement mi-jacquerie mi-révolte. En 1792, le centre du pays est traversé de bandes de « taxateurs » qui, au nom d'une utopie révolutionnaire, revendiquent une égalité sociale.

Le tiers s'est retrouvé, sans l'avoir voulu, porteur des aspirations de la « nation » assemblée, dans un contexte excluant les divisions anciennes liées aux

laissées-pour-compte. L'unité du tiers éclate alors aussitôt que sa victoire politique paraît assurée. Que par la suite, l'historiographie ait insisté sur la victoire de la « bourgeoisie » participe des mythes nationaux réinterprétant – et simplifiant – une histoire contradictoire, en mettant en vis-à-vis un couple antagoniste (noble-bourgeois) qui satisfait la soif d'explication des réactionnaires de la Restauration, les habitudes de pensée des nostalgiques des luttes entre Francs et Celtes, comme la volonté de poursuivre la Révolution dans une voie sociale de la part des déçus du tiers.

b*ibliographie*

TACKETT Timothy, *Par la volonté du peuple*, Paris, Albin Michel, 1996.

Les exclus de la politique

La vie politique n'est pourtant pas aussi ouverte qu'elle le paraît. La proclamation de principes universalistes se heurte rapidement à des habitudes sociales, si bien que des groupes sociaux ne parviennent pas à faire reconnaître leurs revendications : les sans-culottes interviennent par la force, avant d'être exclus de la politique ; les femmes perdent tout espoir de reconnaissance.

Ruraux et sans-culottes

Si 1789 commence par les revendications des élites urbaines, l'année est marquée par le phénomène de la « grande peur », délicat à interpréter. Dans l'été 1789, de nombreux bourgs et villages s'arment contre de prétendus « brigands » qui demeurent introuvables. Dans l'effervescence, les habitants s'en prennent à leurs seigneurs, et souvent à leurs titres de propriété qu'ils brûlent, réclamant ainsi un régime utopique sans impôt, ni souvenirs de la « féodalité ». Les paysans ne cessent de déchanter par la suite : les droits féodaux, abolis dans leur principe, au 4 août, sont rachetables, et les « contributions » sont plus élevées que les impositions précédentes. Il faut attendre 1793 pour que les ventes de biens nationaux en petits lots et que l'abolition des droits ouvrent la voie de la propriété familiale, qui reste une des aspirations essentielles de la paysannerie française.

En ville, la situation est plus confuse. La Constitution de 1791 prive d'élection la plupart des boutiquiers, des ouvriers, des compagnons et des domestiques. Un front commun se dessine peu à peu autour de tous ceux qui de « citoyens passifs » se font appeler après 1792 « sans-culottes », mot qui évoque l'incapacité à s'acheter l'habit de la petite bourgeoisie. Ce que ces hommes réclament est à la fois simple et confus. Ils sont partisans d'une démocratie directe, d'une société plus ou moins égalitaire, dans laquelle les biens circuleraient sous le contrôle de tous, chacun possédant son indépendance économique, ils sont porteurs d'aspirations sociales, qui ne sont pas sans annoncer les systèmes politiques socialistes à venir. En même temps, ils défendent l'idée d'une nation armée, fondée sur la mobilisation en permanence de ses citoyens et participent sans réserve à l'intense effort de guerre que les dirigeants encouragent, à la suite de Danton, après 1792, oubliant dans leur fougue tout ce que les proclamations pouvaient avoir d'universel. À l'intérieur du pays, ils cherchent à obtenir une victoire rapide, estimant que tous les modérés sont plus ou moins des traîtres. Cette position, manichéenne, les soumet souvent à des mots d'ordre sommaires, lancés d'abord par Marat, puis par Hébert, et leur fait commettre des violences contre tous ceux qui sont considérés comme contre-révolutionnaires. Rassemblés en force de contestation, ils deviennent les moteurs des manifestations les plus radicales. Comme, depuis le 14 juillet 1789, ils représentent la seule force armée qui puisse s'opposer efficacement aux résistances des contre-révolutionnaires, ils deviennent indispensables pour trancher les rivalités entre groupes révolutionnaires. La gauche patriote prend appui sur ces sans-culottes après 1791, tout en essayant de les contrôler.

Les femmes, une force en lisière de la politique

Les femmes participent activement aux premiers mouvements de contestation, dans la ligne des émotions populaires, lors de la prise de la Bastille le

Les femmes dans la manifestation des 5 et 6 octobre 1789.
Habituées à prendre la tête des manifestations contre la vie chère, les femmes se trouvent au cœur de la marche de Versailles, mais ce faisant elles participent pleinement au jeu politique, appuyant la révolution en marche ; en outre, ce mouvement permet que des actes de violence se commettent. Les journées d'octobre 1789 sont ainsi un des tournants importants de l'histoire de la Révolution.

14 juillet 1789, comme à la fête de la Fédération un an après. Les Parisiennes jouent un rôle remarqué dans les violences commises les 5 et 6 octobre 1789, lorsque le palais de Versailles est investi par leurs groupes, dans le but d'obliger le roi à se soumettre aux décisions de l'Assemblée. Des groupes de femmes, à Paris comme dans de nombreuses villes de province, prennent fait et cause pour la Révolution, allant jusqu'à fustiger les femmes contre-révolutionnaires, à commencer par les religieuses hostiles à la Constitution civile du clergé.

Une partie d'entre elles va réclamer en outre une place plus importante dans la vie politique. Quelques-unes se retrouvent dans les clubs révolutionnaires, demandent à participer aux assemblées, souhaitent créer des clubs de femmes, ou bien, à partir de 1792, entendent participer à la défense de la Révolution et de la patrie. Certaines, comme Olympe de Gouges, ou Théroigne dite de Méricourt, deviennent ainsi les porte-parole de ces femmes qui se veulent égales des hommes et rédigent une Déclaration des droits de la femme.

Déclaration des droits de la femme et de la citoyenne.

Les mères, les filles, les sœurs, représentantes de la nation, demandent d'être considérées en assemblée générale.

Article X.

« Nul ne doit être inquiété pour ses opinions même fondamentales ; la femme a le droit de monter sur l'échafaud ; elle doit avoir également le droit de monter à la tribune pourvu que ses manifestations ne troublent pas l'ordre public établi par la Loi. »

Déclaration établie par Olympe de Gouges, 1791.

La quasi-totalité des hommes engagés dans la voie révolutionnaire refuse toutes ces demandes. Les femmes peuvent apporter un soutien lors des émeutes, joindre leurs voix dans les manifestations, elles ne reçoivent pas le droit de participer aux élections, encore moins de prendre part aux délibérations dans les clubs, en aucun cas de porter les armes. Seuls quelques groupes extrémistes de sans-culottes acceptent l'idée d'une égalité entre les femmes et les hommes, mais ils demeurent très minoritaires et sont éliminés de la vie politique après l'automne 1793. Parmi les élites révolutionnaires, Condorcet se rallie à cette idée, mais sa position reste sans effet.

Paradoxalement, les femmes perdent nombre d'avantages acquis de fait sous la monarchie, puisque aucune d'entre elles ne peut plus disposer de droits en justice, ce qui était le cas des veuves précédemment. L'instauration du divorce n'arrange pas leur situation, puisque cette nouvelle mesure profite surtout aux hommes qui peuvent abandonner un foyer dont ils ne veulent plus.

Les femmes sont souvent suspectées d'être attachées plus que les hommes au « fanatisme », c'est-à-dire à la religion des prêtres réfractaires. Elles sont soumises à surveillance dans les zones de contre-révolution. Dans l'Ouest notamment, elles se retrouvent dotées d'une possibilité d'intervention politique, étant nombreuses lors des messes clandestines ou cachant des prêtres recherchés après 1792, si bien qu'elles ont une part active dans la contre-révolution, au point où certaines se retrouvent même dans les armées contre-révolutionnaires et que beaucoup soutiennent les combattants. Elles sont enfin et surtout victimes de la répression menée à l'encontre de la contre-révolution, à partir de 1793. Elles sont pourchassées dans la région livrée à la guerre de Vendée et elles subissent de terribles épreuves. Des milliers d'entre elles sont emprisonnées, fusillées, quelques centaines noyées, au cours de l'hiver 1793-1794. Elles incarnent ainsi un pôle essentiel de la résistance, et en se faisant une spécialité de la défense de la vie religieuse dans les foyers, elles donnent au catholicisme français du XIXe siècle une image durable.

Des ségrégations lourdes de conséquences

Faute de contrôler le pouvoir, les femmes n'ont été considérées que comme une force d'appoint et rejetées du processus révolutionnaire. Le même sort touche les sans-culottes, lorsque en 1794 leurs leaders perdent progressivement tout pouvoir face à Robespierre, qui les envoie à la guillotine en mars. En retour, les sans-culottes n'interviennent pas le 9 Thermidor. Enfin, lorsqu'ils prétendent en mai-juin 1795 réoccuper l'espace public pour faire entendre leurs réclamations sociales, ils sont réprimés par la Convention thermidorienne.

Les forces de contestation des sans-culottes et des femmes n'ont eu de place dans la Révolution que dans les moments de graves tensions, et n'ont constitué que des « appoints ». Pourtant ces expériences ne seront pas oubliées. Le mouvement sans-culotte renaît avec Babeuf, qui lui donne une organisation plus stricte et qu'il dote de revendications organisées, pendant le Directoire. L'exécution de Babeuf et de quelques-uns de ses compagnons n'arrêtera pas la diffusion de ces idées qui chemineront pendant tout le siècle suivant. De la même façon, les revendications féminines, encore plus minoritaires, ne disparaîtront pas ; leurs échos seront perceptibles au siècle suivant dans les actions de femmes, comme Flora Tristan par exemple.

bibliographie

ADO Anatoli, *Paysans en Révolution. Terre, pouvoir et jacquerie*, Société des études robespierristes, 1996.

PROCACCI Giovanni, *Gouverner la misère*, Paris, Seuil, 1993.

SOBOUL Albert, *Les Sans-Culottes*, Paris, Seuil, 1960.

La mort du roi, la fin d'un monde

Le 21 janvier 1793, Louis XVI est guillotiné. Cette exécution ne cesse de provoquer la pensée. Était-elle nécessaire ? N'est-elle pas un assassinat politique ? N'a-t-elle pas transformé le roi en martyr, sans rompre la légitimité monarchique, faisant échouer les révolutionnaires dans leur espoir de créer définitivement une ère nouvelle ? Ces questions hantent encore l'histoire de France puisqu'elles obligent à réfléchir sur l'usage de la peine de mort, sur la répression politique, sur la valeur sociale du châtiment.

Les logiques d'un procès

Cette mise à mort participe de tout un faisceau d'explications. Le roi s'est progressivement retrouvé isolé à partir de 1789, lorsqu'il a mené une politique complexe, et secrète, voulant restaurer le pays tout en gardant son autorité, s'appuyant sur les députés du tiers état contre la cour, mais sans désavouer les prétentions de celle-ci. Cette ligne tortueuse le discrédite d'abord auprès de ses frères, qui l'abandonnent l'un après l'autre, puis de la majorité des nobles qui ne comprennent pas qu'il souscrive à la Constitution, puis à la Constitution civile du clergé, et qui voient avec intérêt sa tentative de fuite de juin 1791.

Dans le même temps, le roi déçoit ses supporters populaires ; surtout, il provoque la colère et la peur, le 20 juin 1791, créant une grave crise nationale, lors de sa fuite arrêtée à Varennes. Il devient finalement le roi de la contre-révolution lorsqu'il cherche à freiner les mesures prises par les gouvernements face à la guerre, puis lorsqu'il se prépare à l'affrontement du 10 août dans les Tuileries. Il n'est plus, depuis 1789-1790, au-dessus des passions politiques, mais il est au contraire accablé par une évolution qu'il a subie et provoquée sans aucun contrôle. Sa mort sanctionne, pour une part, cette politique imprudente.

La perte du sacré

Cette exécution exprime la disparition du respect envers la personne du roi. Son accession au trône avait pourtant été l'objet d'une grande espérance, rapidement déçue par son mode de vie solitaire et réservé. Surtout, ses déboires, réels ou imaginaires, avec la reine, ont été l'objet d'innombrables récits et gravures qui l'ont ridiculisé. À partir de 1791, il est présenté comme un fou ou comme un cochon, manipulé par sa femme et mené par son estomac. Cette dévalorisation de la personne royale est favorisée par les partisans de la contre-révolution la plus dure, qui soutiennent ses frères, et notamment le comte d'Artois, le futur Charles X, et qui le tiennent pour responsable de la décrépitude de la noblesse française. La mort symbolique du roi est effective dès 1791.

La mort du roi.

La mort de Louis XVI est le résultat d'un procès mené par les membres de la Convention, transformée pour la circonstance en tribunal exceptionnel. La condamnation à mort, acquise à une très faible majorité, est réclamée pour faire un exemple en Europe, pour accélérer le cours de la Révolution et la rendre irréversible, pour assurer l'emprise morale des Montagnards sur les Girondins, si bien que de nombreuses illustrations témoignent rapidement de l'événement.

Une résonance imprévue

Après le 10 août 1792, date de sa chute et de son emprisonnement, Louis XVI n'est plus l'objet d'attaques diffamatoires. Pendant son procès, sa défense digne et courageuse devant l'Assemblée lui permet d'expliquer sa ligne politique. Son attitude inspire le respect jusque sur l'échafaud, ce qui rend impossible l'exploitation de sa mort, qui a divisé l'Assemblée et n'a été obtenue que de justesse. Paradoxalement, cette exécution précipitée témoigne plus du sentiment de déférence qui s'attache au roi que de la désacralisation de sa personne et de sa fonction: les révolutionnaires radicaux ont craint qu'un mouvement populaire ne se manifeste en faveur du souverain, le sentiment d'avoir transgressé un interdit est perceptible. Sa mort provoque un revirement chez les royalistes qui oublient leurs critiques et elle suscite un sentiment d'horreur en Europe. La Révolution apparaît injustement meurtrière, avide de sang. Le gouvernement anglais rejoint les Autrichiens et les Prussiens dans la guerre contre la France; les partisans étrangers de la Révolution n'osent plus soutenir un tel régime. La mort de Louis XVI n'a rien à voir avec celle de Charles Ier, roi d'Angleterre, exécuté après avoir été vaincu par les troupes de Cromwell, puisqu'il s'agit là d'une décision purement politique, destinée à marquer l'entrée dans un univers nouveau.

Caricature de Louis XVI.
Cette caricature atteste de la «mort du roi» dans l'opinion de 1791. Ce genre de caricature disparaît après la vraie mort de Louis XVI.

Une relation de l'exécution de Louis XVI.

Dans tous les récits de la mort du roi, qu'ils soient contemporains ou postérieurs à l'événement, les enjeux de la description sont considérables. Le rédacteur révolutionnaire de cet article insiste sur la banalité de la mort du souverain, qui n'aurait pas soulevé d'émotion; cependant, son texte souligne le calme inattendu, le silence lorsque le roi se trouve sur l'échafaud, qui contrastent avec les cris ordinaires qui entouraient les exécutions. La mort du roi a été un événement dont la signification et le retentissement ont échappé au contrôle des révolutionnaires.

«Capet est sorti à neuf heures moins le quart du Temple; il était dans une voiture verte avec son confesseur; les chevaux de la voiture allaient au pas. Le plus grand calme a régné sur son passage. Il est arrivé à dix heures et quart sur la place de la Révolution. L'échafaud était placé à peu près au pied du piédestal où jadis était la statue de l'avant-dernier tyran, en sorte que le criminel fît face à la maison des Tuileries.

Capet a resté pendant quelque temps sans descendre de la voiture. Enfin il en est sorti avec le ministre du culte, qui était simplement en habit noir. Il est monté sur l'échafaud d'un pas ferme, en camisole blanche, les mains attachées. Il s'est avancé sur le bord, la tête levée, et a promené ses regards de la droite à la gauche. Le plus grand silence régnait. Il n'a proféré que ces paroles: "Je pardonne à mes ennemis"; alors on l'a fait reculer pour le placer, et l'exécution n'a pas duré huit secondes; mais à peine le balancier de la guillotine s'est-il détaché, qu'un cri universel de "Vive la république" s'est fait entendre, et que tous les chapeaux ont été agités en l'air, sur les baïonnettes et sur les piques.

L'exécuteur de la justice a pris sa tête et l'a montrée au peuple; et son corps, suivant l'usage, a été mis dans le panier et transporté à la Madeleine. [...] Capet est mort à dix heures vingt-quatre minutes; la plus grande tranquillité règne dans Paris; point de joie affectée, mais point de tristesse qui annonce des regrets. Le peuple est à la hauteur de sa souveraineté.»

Le Républicain, Journal des Hommes libres de tous les pays, 22 janvier 1793.

La vengeance contre la reine

Lorsqu'en octobre 1793, Marie-Antoinette est jugée à son tour, puis condamnée à mort, le procès est de nature toute différente. La reine est l'objet d'une haine tenace et durable depuis les pamphlets et les brochures parus dans les années 1780, qui l'ont transformée devant une partie de l'opinion en Messaline frivole. Les premières années de la Révolution l'ont accablée davantage: elle est passée pour vouloir affamer le peuple, elle est redevenue l'Autrichienne, traîtresse et contre-révolutionnaire. Elle n'est jugée que pour suivre les demandes des ultra-révolutionnaires, autour d'Hébert, qui l'accuse ignominieusement pour salir son image de femme et de mère. Mais, comme lors du procès et de l'exécution de son mari, l'opinion est frappée par la dignité de la reine lors du jugement et de son exécution. Elle devient ainsi elle aussi martyre de la Révolution, permettant que le principe monarchique ne meurt pas dans le pays.

Ces exécutions sont le moyen par lequel une orientation politique radicale s'exprime dans le pays: le roi a perdu de son caractère sacré; il est redevable de ses actes devant la nation, dont le principe est supérieur à tout autre. On saisit là cette application d'un système de pensée qui emporte la conviction par son existence même, dès lors qu'il est postulé. Enfin, il faut ajouter que si la mort du roi sidère l'opinion, il y eut cependant peu de réactions publiques en France. Sans doute la surveillance des révolutionnaires a-t-elle limité des mouvements favorables au roi, mais les difficultés qui ont précipité la chute de la monarchie continuent à discréditer le roi, comme l'idée même de royauté incarnée pour partie dans le courant contre-révolutionnaire radical qui mène les groupes d'émigrés ou de résistants clandestins dans le pays. Les divisions qui affaibliront le principe monarchique au XIXe siècle, entre partisans d'une monarchie parlementaire et tenants d'une restauration de la monarchie absolutiste, sont déjà à l'œuvre.

bibliographie

HUNT Lynn, *La Romance familiale de la Révolution française*, Paris, Armand Colin, 1995.

WALZER Michael, *Régicide et Révolution*, Paris, Payot, 1989.

L'opposition impossible

La contre-révolution est à la fois une menace puissante contre la Révolution, un fantasme mis en œuvre par le jeu politicien et un courant politique qui acquiert une autonomie à la fin des années 1790. Sa force est demeurée pourtant inefficace, poussant ses adhérents à diaboliser la Révolution qui apparaît invincible. Les courants authentiquement révolutionnaires se sont eux-mêmes disqualifiés les uns les autres en s'accusant mutuellement d'être contre-révolutionnaires.

Aux sources de l'intolérance

Les traditions politiques de la France sont marquées par l'exclusion des opposants politiques et religieux. Depuis la fin du XVIIe siècle, l'absolutisme royal a chassé les protestants et persécuté les jansénistes. L'unité de la nation est au cœur des projets politiques, qu'ils soient portés par les partisans d'un retour à une monarchie aristocratique, par les réformateurs physiocrates ou par les publicistes ou pamphlétaires, dont l'abbé Sieyès qui réclamait, en 1788, la régénération de la nation en renvoyant les nobles dans leurs « forêts de Franconie ».

C'est au nom de l'unité indispensable que des « fédérations » se sont rassemblées dans tout le pays en 1789-1790, garantissant le nouvel ordre français. C'est contre les atteintes aux principes de l'ordre social que des princes – dont le comte d'Artois, frère du roi – quittent la France dès le 15 juillet 1789, estimant qu'ils n'ont plus leur place dans la société française. Autour du noyau des émigrés de 1789 se crée rapidement un front du refus, qui ne cesse de se renforcer, mettant sur pied des armées en 1792 contre la France révolutionnaire. L'objectif de ces hommes est de rebâtir l'Ancien Régime, en limitant même les pouvoirs du roi.

La création de systèmes de pensée

Dès la fin de 1789, une contre-révolution militante se met en place contre la Révolution, dénoncée au-delà de toutes les nuances, comme un seul mouvement niveleur. L'Anglais Burke, à la fin de 1790, donne dans ses *Réflexions sur la Révolution française* les bases doctrinales d'une condamnation sans appel d'une entreprise néfaste à la France mais aussi à toute l'histoire de l'Europe. L'abbé Barruel, avec moins d'écho, ne dit pas autre chose et donne une explication fondée sur le complot franc-maçon. À cette vision manichéenne répond une autre lecture, aussi intransigeante, qui rejette dans la contre-révolution toutes les lignes politiques modérées. Ainsi les partisans du bi-camérisme autour de Mounier, les monarchiens défenseurs du pouvoir exécutif du roi, puis les feuillants sont-ils considérés comme des contre-révolutionnaires à partir de 1791 et obligés d'émigrer les uns après les autres – sans qu'ils puissent s'intégrer à la contre-révolution : La Fayette lui-même, émigré en 1792, est jeté dans un cachot dès son arrivée hors des frontières françaises, alors qu'il est accusé de contre-révolution à l'intérieur du pays.

L'amalgame des mécontents

Dans le pays, les mécontents de la Révolution sont peu à peu amalgamés, *volens nolens* à cette contre-révolution. Le clergé réfractaire, mis au ban de la nation, s'exile ou entre dans une clandestinité dangereuse dont il sortira pendant les guerres de l'Ouest. Les déçus de la Révolution défendent ce clergé et prennent parti pour lui. Dans la vallée du Rhône, les catholiques et les protestants se battent, s'étant rangés le plus souvent dans les deux camps adverses. Dans l'Ouest, au nom de la religion catholique, les ruraux finissent par se soulever et entrer dans une guerre qui dure de 1793 à 1799 (guerre de Vendée et chouannerie). Cette menace radicalise encore davantage les positions des révolutionnaires qui ne reconnaissent plus la possibilité d'une opposition politique : les individus – et les groupes – estimés contre-révolutionnaires sont exclus de la nation, voire de l'humanité, et voués à la mort. Cette radicalité explique les mesures prises contre la Vendée, contre Lyon ou Marseille. On comprend ainsi comment la partie des jacobins, appelée girondins, se retrouve à par-

La dénonciation de la Révolution.

L'abbé Barruel dans l'outrance de sa dénonciation de la Révolution, comme l'effet d'une secte inspirée de la franc-maçonnerie, est un bon témoin de tout un courant de la contre-révolution, violemment hostile à toute réforme.

« C'est la secte toujours insatiable de sang, qui, par la bouche de Marat, demande deux cent soixante et dix mille têtes, qui bientôt ne veut plus les compter que par millions. Elle le sait ; tous les mystères de son égalité ne peuvent s'accomplir qu'en dépeuplant le monde [...]. Nous frémissons, nous autres ; nous aimons à faire retomber sur Robespierre seul ou sur ses Marat toutes ces atrocités ; mais le règne de Barnave a précédé celui de Robespierre, ce n'est ni de Barnave, ni de Robespierre, c'est de la secte qu'est venu le serment de dénoncer parents, amis, frères et sœurs, et de regarder sans exception, comme proscrit, tout homme qui ne partageait point les opinions révolutionnaires. Ce serment était celui des Loges, avant d'être celui des Jacobins. »

Augustin Barruel, *Mémoires pour servir à l'histoire du jacobinisme.*

tir de juin 1793 dans cet enfer contre-révolutionnaire et que soit institué le crime de « fédéralisme ».

Malgré leurs différences et l'absence de liens entre eux, tous les opposants à la Révolution sont amalgamés dans la « contre-révolution » en 1794. Cette unité postulée permet la mobilisation du pays et donne à la révolution montagnarde et sans-culotte l'image de celle des défenseurs exclusifs de la nation. Une tradition française trouve là ses origines. En 1792 et 1794, la France révolutionnaire est assiégée sur ses frontières, soumise à des guerres civiles et à des divisions considérables ; or, malgré tout, la contre-révolution, active à l'intérieur et théoriquement puissante à l'extérieur, échoue. Les émigrés sont affaiblis faute d'unité et mal soutenus par les rois voisins, qui se lancent dans la guerre contre la France surtout pour affaiblir un pays rival, ou comme l'Angleterre afin de s'approprier des colonies. À l'intérieur, les ruraux soulevés restent isolés, mal organisés et après des victoires dues aux rivalités entre révolutionnaires, ils sont écrasés et violemment réprimés.

Les menaces intérieures et extérieures.

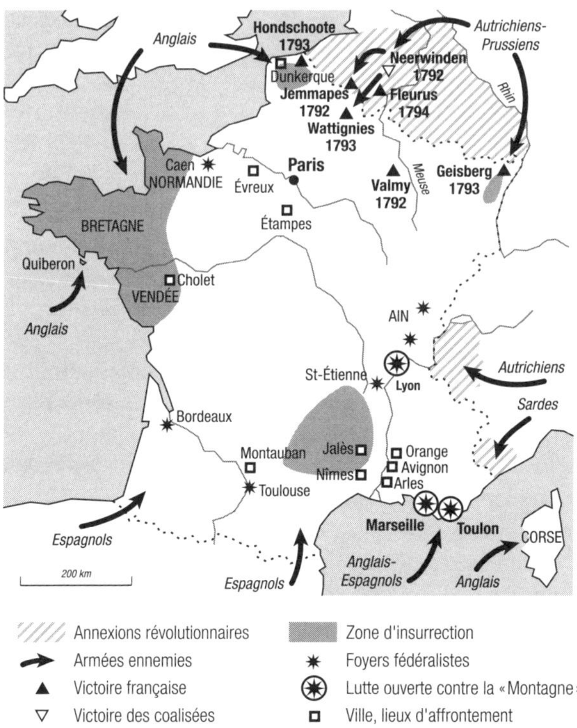

Alors que les révolutionnaires ne cessent de dénoncer les ingérences étrangères, faisant de l'Angleterre l'infatigable animateur des mouvements contre-révolutionnaires, la contre-révolution militante a trouvé en fait des appuis limités et variés auprès des souverains européens. Seule la Russie soutient fermement la croisade contre-révolutionnaire ; l'empereur d'Autriche garde longtemps une défiance envers les émigrés au profit du couple royal ; le gouvernement anglais se défie des tentations trop absolutistes des émigrés et souhaiterait que la France connaisse un régime monarchique parlementaire. Les pays européens n'ont donc pas, dans leur ensemble, suivi Burke dans sa croisade idéologique contre-révolutionnaire, mais ont mené une « real politique » visant souvent à démembrer à leur profit la France – notamment dans ses possessions coloniales.

Les positions politiques des factions et des courants de 1789 à 1799.

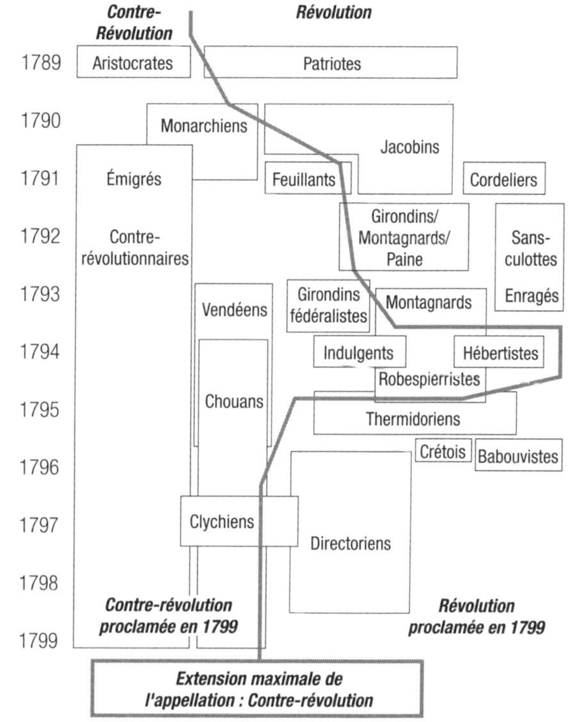

Les voies politiques

Après 1795, les forces révolutionnaires ont fait naître autour d'elles le patriotisme français, et elles sont triomphantes sur tous les fronts ; l'expédition navale des émigrés et des Anglais à Quiberon s'est soldée par un échec considérable et le soulèvement des royalistes parisiens est réprimé par l'armée. La contre-révolution a perdu tout espoir de reconquête militaire, tandis que les forces révolutionnaires se recomposent autour d'une ligne modérée. Les contre-révolutionnaires vont tenter de reconquérir l'opinion publique par les urnes, tandis que les demandes de réouverture d'églises se font vives. Cependant, la contre-révolution est incapable de mobiliser des forces populaires autour d'elles et, en 1799, son dernier plan d'attaque sur les frontières et d'insurrection intérieure fait long feu.

Au total, ces guerres civiles et extérieures pèsent très lourd dans la formation du pays, puisque les opposants sont considérés comme de mauvais Français et que leur exclusion est inscrite au cœur de la formation nationale.

bibliographie

DUPUY Roger, *Les Chouans*, Paris, Hachette, 1997.

MARTIN Jean-Clément, *Contre-Révolution, Révolution et Nation en France, 1789-1795*, Paris, Seuil, 1998.

Violence et terreur

Si, au sens strict, le 5 septembre 1793 la Terreur est mise « à l'ordre du jour » par la Convention, par extension le mot Terreur est utilisé pour désigner tout ou partie de la période révolutionnaire, rendant le sens du mot incompréhensible. Il est nécessaire de comprendre comment la violence a été requise pendant la Révolution pour expliquer les conditions dans lesquelles « la Terreur » a été mise en place, et étendue par toute l'historiographie à la plus grande partie de la Révolution.

De la Terreur

En septembre 1793, alors que les sans-culottes exercent une forte influence sur la direction montagnarde, la mise à l'ordre du jour de la Terreur désigne les opposants comme des êtres nuisibles au devenir même de l'humanité, et rassemble sous une ligne cohérente des mesures diverses, plus ou moins anciennes, prises pour faire face aux menaces intérieures et extérieures. Concrètement, le contrôle de tous les domaines d'activité est décidé : arrestation des « suspects » – sans doute près de 500 000 personnes entre la fin de 1793 et le printemps 1794, création d'une Armée révolutionnaire et de comités de surveillance, réquisition des grains et lutte contre les « accapareurs », etc. Ces décisions, liées originellement aux circonstances de l'automne 1793, semblent même renforcées par la suite, alors que la Convention remporte des victoires militaires. Ainsi le printemps 1794 voit la Terreur centralisée à Paris sous la surveillance directe du Comité de salut public : le paroxysme de la « Grande Terreur » serait, selon l'historiographie, atteint en mai et en juin 1794, lorsque le Tribunal révolutionnaire peut juger sans avoir besoin de preuves, en se fondant sur les intentions des individus et selon l'intime conviction du juge. Contre cette spirale et contre le pouvoir exorbitant accordé à Robespierre et à ses proches, les conventionnels déclenchent la mise en accusation de Robespierre le 8 Thermidor, mais, par la suite, ils identifient toute la Terreur aux seuls robespierristes. Cette présentation des faits, courante, mérite cependant d'être nuancée et précisée.

La guillotine.
Instrument chargé d'instaurer une amélioration de l'application des peines, la guillotine devient vite à l'inverse le symbole de la répression la plus sanguinaire. L'explication tient au fait que sous couvert d'idéologie, un certain nombre d'hommes profitent des principes de la Terreur pour se livrer à des actes violents, dus à leur sadisme ou à leur perversité.

La terreur avant la Terreur

Les principes de Terreur ont été en effet à l'œuvre à partir d'août-septembre 1792, en réaction à la peur face à des ennemis terrifiants et pour purifier la société ; c'est ce qui explique la prise des Tuileries le 10 août, la création d'un tribunal extraordinaire chargé de juger les « contre-révolutionnaires » – en l'occurrence les défenseurs du roi, la traque de « suspects » (nobles et prêtres réfractaires) – et les massacres qui ont lieu dans de nombreux endroits, mais surtout à Paris, entre les 2 et 6 septembre.

Par la suite, des lois ont contribué peu à peu à l'édification d'un système de répression : le 10 mars 1793, le Tribunal révolutionnaire est institué ; le 19 mars, la peine de mort est requise pour tous les rebelles pris les armes à la main ou porteurs d'une cocarde blanche (ceci d'abord contre les Bretons insurgés) puis, le 23 avril, envers les prêtres réfractaires rentrés clandestinement. L'escalade se poursuit lorsqu'au printemps 1793 les rivalités entre girondins et sans-culottes débouchent sur le coup d'État des 31 mai-2 juin.

La « première » Terreur

Les représentants en mission créent ensuite dans les départements de nombreuses juridictions extraordinaires, souvent en parallèle avec les commissions militaires : la province connaît ce que les historiens désignent du nom de « première » Terreur, à la fois conséquence de la peur provoquée par l'entrée en France des armées contre-révolutionnaires, des guerres civiles entraînées par les insurrections « fédéralistes » et vendéennes, mais aussi des rivalités internes aux révolutionnaires puisque les différents groupes utilisent leurs succès dans les luttes nationales. Fouché à Lyon et dans la Nièvre, Tallien à Bordeaux, Carrier à Nantes se signalent particulièrement par la violence qu'ils commandent ou qu'ils laissent se commettre. Les mises en scène macabres à Nantes, les fusillades d'Angers, mais surtout les exactions commises par une partie des « colonnes infernales » commandées par Turreau trouvent là leur explication.

Noyades de Nantes.

De tous les épisodes de la Révolution, les noyades survenues à Nantes de novembre 1793 à janvier 1794 sont l'un des plus sinistres et demeurent mal connues. Carrier n'a pas donné d'ordre écrit et, lors de son procès en décembre 1794, les témoignages assurent bien leur existence, mais ne permettent pas d'en retracer l'histoire. L'horreur que ces événements soulèvent en décembre 1794, emporte le jugement et participe de la transformation de Carrier en bouc émissaire de la Terreur et de toute la Révolution.

***Noyades dans la Loire*, gravure de Duplessis-Bertaux (1793).**

La « Grande Terreur » a donc été un des procédés politiques employés par Robespierre pour contrer la terreur provinciale. La reprise en main robespierriste s'accompagne de l'abandon de la déchristianisation, du contrôle des prix et de l'indépendance des sociétés populaires. Mais l'échec de Robespierre tient à cette volonté de contrôler la Terreur sans en répudier les principes, puisqu'il admettait que la violence soit utilisée à l'encontre des récalcitrants à la loi révolutionnaire.

Conséquences immédiates et échos lointains

Les chiffres tirés de la répression judiciaire tournent autour de 40 000 victimes, mais il conviendrait d'ajouter toutes les personnes tuées sans jugement, massacrées dans les campagnes, mortes d'épuisement... Il est possible de penser que, dans la seule « région-Vendée », ce soit le cas d'environ 200 000 personnes ! La panique que ces mesures ont engendrée en France et en Europe est considérable. Elle a poussé des paysans alsaciens à fuir leur région en masse, elle a radicalisé les guerres civiles, surtout elle a contribué à détacher la masse de la population du régime. Le revirement de l'opinion est perceptible à Paris dans l'été 1794 ; il est général au moment de Thermidor, surtout lorsque les atrocités commises à Nantes sont dévoilées. En Europe, la Terreur rend incompréhensible les événements français aux intellectuels allemands ou anglais.

Après Thermidor, la Terreur est dénoncée, de façon polémique par des pamphlétaires et réinterprétrée par toute l'historiographie contre-révolutionnaire. Récemment, elle a été amalgamée aux systèmes totalitaires, dans la mesure où elle limite les droits individuels au profit de l'État.

Des explications complexes

La Terreur est, d'une part, la suite des pratiques de violences héritées, qui ont marqué – et permis – le cours de la Révolution depuis le printemps 1789 et qui ont été illustrées par le 14 juillet et les 5 et 6 octobre 1789. La Terreur instituée aura été, à certains égards, le moyen requis par les révolutionnaires au pouvoir pour endiguer et contrôler la violence populaire. Elle a été prolongée par la « Terreur blanche » qui, illustrant les mœurs du temps, désigne les actes de vengeance et de répression commis à l'initiative des contre-révolutionnaires envers les jacobins et les sans-culottes vaincus après 1794 et qui se solde par quelques milliers d'assassinats. D'autre part, elle participe bien de l'emprise de l'État sur les libertés individuelles. Par l'énoncé de principes radicaux, elle remet en cause les habitudes de gouvernement fondées sur les traditions, introduisant la désacralisation des pouvoirs qui va être le débat du XIXe siècle et annonçant le contrôle des individus par l'État, qui est, lui, le débat du XXe.

La Terreur n'aura donc jamais été un système organisé, mais une succession de moments pendant lesquels des équilibres différents ont été réalisés.

b*ibliographie*

BACZKO Bronislaw, *Comment sortir de la Terreur*, Paris, Gallimard, 1989.

La fin de la Révolution ?

Le 9 Thermidor a inauguré une nouvelle ère politique, rendant impossible le retour de la monarchie des Bourbons et clôturant le temps des inventions révolutionnaires. La recherche d'un équilibre politique, menée en parallèle à la lutte contre les extrêmes, débouche sur une république autoritaire, qui se prolonge dans le Consulat. Malgré les faiblesses du régime, sa longévité – plus de quatre ans –, sa relative stabilité et les innovations politiques, sociales et religieuses qu'il réussit à installer dans le pays, méritent qu'on lui accorde toute la place qu'il a occupée dans la formation du pays.

Le Directoire

Le nouveau régime se constitue lentement, en voulant rendre impossible tout retour au pouvoir d'un homme ou d'un groupe social. Dans un premier temps, l'unité est réalisée contre Robespierre, mais l'administration s'effondre, tandis que le brigandage se répand dans tout le pays, que le catholicisme se rétablit et que se propage un royalisme diffus. Pourtant la faiblesse du parti royaliste, divisé entre plusieurs tendances (le roi en exil, le comte de Provence, devenu Louis XVIII, est intransigeant), empêche tout succès.

Le nouveau régime est fondé sur un suffrage censitaire à deux degrés, qui profite aux propriétaires (au deuxième niveau, il ne reste qu'environ 30 000 électeurs). Le pouvoir législatif se compose de deux Chambres (Conseil des Cinq-Cents et des Anciens) complémentaires et se contrôlant mutuellement ; cinq directeurs disposent d'un pouvoir important, ayant la haute main sur la diplomatie, la guerre, la police et l'administration générale : ils nomment les ministres et les commissaires qui les représentent dans les départements. Ils ne peuvent pas intervenir (au moins théoriquement) sur le législatif et sur le judiciaire. Les premiers sont cinq conventionnels régicides : La Révellière-Lépeaux, Reubell, Carnot (qui a remplacé Sieyès qui s'est récusé), Letourneur et Barras. Entre ces hommes, les divisions politiques et tactiques sont grandes.

Alors que la déclaration de 1789 avait écarté soigneusement toute référence à des devoirs, ceux-ci apparaissent en 1795, signalant l'évolution nette vers un régime inégalitaire, qui se méfie des plus pauvres et qui recherche la stabilité au besoin dans la répression. Ces préoccupations sont certes liées à l'instabilité de la période précédente, et dues à la peur que les sans-culottes ont causée. Cependant, les bases politiques qui sont posées ici correspondent à l'attente des élites, anciennes et nouvelles, et expliquent que le Directoire ait pu durer cinq ans, malgré les coups d'État successifs, et qu'il inaugure un mode de gouvernement qui va marquer le pays pendant au moins la première moitié du XIXe siècle.

Costume de directeur sous le Directoire.

Quel meilleur témoignage de la rupture qui se produit en France après 1795 que le costume officiel imaginé pour les directeurs, qui incarnent le pouvoir exécutif. Sans doute, l'inspiration vient-elle de l'Antiquité, dans laquelle la Révolution n'a pas cessé de puiser des exemples et des arguments. Cependant, la pompe est désormais mise en avant pour marquer la distance entre les Français et leurs dirigeants, qui se constituent en classe politique et se répartissent les pouvoirs. Les idéaux démocratiques ne sont plus à l'ordre du jour, les mystères du pouvoir sont redevenus les apanages des puissants organisés entre eux. Les fastes et les ors, mais dans une version laïcisée dénuée de toute épaisseur religieuse, redeviennent objets d'ostentation et objectifs des ambitieux.

Une réorganisation générale

Un système scolaire inédit prend la suite du réseau d'écoles aboli en 1789 après la fermeture de nombreux établissements tenus par des religieux. Dès février 1795, une loi décide la création d'écoles centrales, à raison d'une par département. Trois écoles de Santé et le Conservatoire des arts et métiers s'ajoutent à l'École polytechnique et à l'École normale, déjà instituées depuis 1794, pour former les élites intellectuelles du pays. À la fin 1795, l'«Institut national» couronne l'édifice universitaire, renouant avec les académies royales. Malgré l'absence de programmes, de conditions précises pour le recrutement des professeurs et pour la scolarité des élèves, la possibilité pour les villes de disposer en outre de collèges privés, d'écoles primaires et techniques, l'unification éducative est en marche. Mais les écoles primaires, laissées à la disposition des municipalités, demeurent dans une situation inférieure à ce qu'elles étaient avant 1789. L'édifice scolaire est avant tout destiné aux enfants des meilleures familles. Il ne fait plus de part à un apprentissage politique (comme celui qui avait prévalu sous l'an II), il s'insère dans le projet général de dissocier la vie publique technique de la vie politique menée par quelques-uns.

La Constitution de 1795.

Cette constitution consolide la situation sociale nouvelle créée par la Révolution, dont témoigne la Déclaration des «droits et des devoirs» qui la précède:

«Droits, Article premier – Les droits de l'homme en société sont la liberté, l'égalité, la sûreté et la propriété...

Devoirs, Article 3 – Les obligations de chacun envers la société consistent à la défendre, à la servir, à vivre soumis aux lois, et à respecter ceux qui en sont les organes...

Article 8 – C'est sur le maintien des propriétés que reposent la culture des terres, toutes les productions, tout moyen de travail et tout l'ordre social.»

Une reconstruction libérale

Le libéralisme prévaut en économie comme en politique. Si les institutions sanitaires et les hospices civils retrouvent leurs propriétés non aliénées et créent des bureaux de bienfaisance pour défendre «les droits des pauvres», si l'hôpital moderne naît, cette mutation se fait dans des conditions difficiles, sanctionnant l'échec social du régime. La dérive monétaire est totale: l'assignat est dévalué, remplacé par le mandat territorial lui-même abandonné pour le franc, au travers d'une banqueroute d'État qui ruine les rentiers et favorise les spéculateurs. Le ministre de l'Intérieur François de Neufchâteau pousse les agriculteurs éclairés au progrès grâce au journal *La Feuille du Cultivateur*, organise une exposition universelle en 1798 pour les industriels; les résultats déçoivent. La consommation de la pomme de terre devient courante et l'élevage s'améliore. Si l'approvisionnement reste fragile, par chance la récolte de 1796 est abondante, pour des raisons climatiques.

L'industrie reprend dans certains secteurs – le coton, l'extraction de charbon, la métallurgie – mais la capacité de production a été affaiblie et n'atteint au mieux que les deux-tiers de ce qu'elle était avant 1789. Le commerce reste réduit. Dans le pays marqué par le gaspillage des capitaux, la crise sociale et morale est considérable, accentuant les écarts entre entrepreneurs performants, propriétaires fonciers et grands fermiers d'une part, et tous les autres d'autre part.

Déclaration de l'un des premiers «patriotes» de l'Ouest.

Cette déclaration marque l'évolution qui s'est réalisée dans la conscience des élites. La passion politique cède le pas à la gestion des affaires, la spéculation gratuite devient dangereuse. La désillusion des années précédentes explique manifestement cette position; elle représente un tournant essentiel dans l'état d'esprit des Français.

«Pour moi, que la comparaison des préjugés et des habitudes d'hommes et de peuples divers a convaincu et presque dépouillé de ceux de mon éducation et de ma propre nation; qui, voyageant d'un pays à l'autre, ai suivi les nuances, et les altérations de rumeurs et de faits que je vis naître; qui, par exemple, ai trouvé accréditées aux États-Unis des notions très fausses d'événements de la Révolution française dont je fus témoin, de même que j'ai reconnu l'erreur de celles que nous avons en France sur beaucoup de détails de la Révolution américaine, déjà dissimulés par l'égoïsme national ou l'esprit de parti, je ne puis m'empêcher d'avouer que chaque jour je suis plus porté à refuser ma confiance aux *historiens* et à l'*histoire*; que chaque jour je ne sais de quoi m'étonner le plus, ou de la légèreté avec laquelle les hommes, même réfléchis, *croient* sur les plus frivoles motifs; ou de leur tenace véhémence à *agir* d'après ce premier mobile adopté.»

Volney, *Leçons d'Histoire*, «Avertissement» de 1800,
in D. Nordmarq, *L'École Normale de l'An II*, Dunod, 1994, p. 57.

Dans les couches inférieures de la société, la petite bourgeoisie qui travaille s'est enrichie. Le nombre de propriétaires a augmenté partout: paysans aisés et bourgeois ont profité des ventes de terres et des partages de communaux. Toutes les élites, petites ou grandes, sont prêtes à se mobiliser autant contre le retour de l'Ancien Régime que contre les menaces d'une révolution sociale.
Un nouveau système politique est ainsi mis en place, créant la catégorie des notables, ces «masses de granit», sur lesquels Napoléon va fonder ensuite son régime, qui trouvent là les racines de leur pouvoir.

bibliographie

LEFEBVRE Georges, *La France sous le Directoire*, Paris, Éditions sociales, 1984.

WORONOFF Denis, *La République bourgeoise*, Paris, Seuil, 1972.

L'armée, pivot national et recours politique

Face à la politique du Directoire, les oppositions sont fortes, tandis que la République ne réussit pas à drainer ses partisans : cette faiblesse est contrebalancée provisoirement par les conquêtes extérieures et par la cristallisation de l'unité nationale autour de l'armée.

L'armée et le contrôle de l'État

Pendant le Directoire, l'opinion publique se divise profondément. À gauche naît autour de Babeuf un parti organisé, la conjuration des Égaux, qui est démantelé en mai 1796. Babeuf, jugé en 1797, est exécuté le 27 mai, tandis que ses partisans sont entraînés dans un complot militaire manipulé par la police. À droite, la guerre est arrêtée en Vendée, ses chefs exécutés, et les chouanneries contenues par Hoche.

Les royalistes sont écrasés en octobre 1795 à Paris ; ils réussissent cependant à l'emporter lors des élections de mars 1797, mais le 4 septembre 1797 (18 fructidor an IV) les élections sont cassées dans 49 départements par les directeurs républicains, qui opèrent un coup d'État et condamnent 65 personnes à la déportation. Après Fructidor, la rupture est à nouveau consommée entre les monarchistes et les défenseurs de l'Église d'un côté, et les républicains anti-cléricaux de l'autre.

Les réfractaires reprennent le chemin de l'exil, d'autres sont emprisonnés et déportés. Dans une politique de bascule, le Directoire laisse les clubs se reconstituer, ce qui profite d'abord aux jacobins qui connaissent des succès aux élections de 1798, annulées le 11 mai 1798 (22 floréal an VI) dans la moitié des départements.

L'armée, régulièrement requise pour casser les oppositions, se trouve impliquée dans toutes ces conjurations de palais. Elle incarne d'autant plus la stabilité qu'elle permet des conquêtes territoriales, qu'elle capte le sentiment national et qu'elle recrute dans la nation. Par la loi Jourdan-Delbrel (1798), qui va réglementer le service militaire en France jusqu'en 1872, les jeunes Français doivent, entre 20 et 25 ans, s'inscrire auprès des mairies et participer au tirage au sort pour accomplir un service de cinq ans. S'ils sont désignés, les plus riches peuvent payer un remplaçant. L'application de la loi se heurte à la mauvaise volonté des ruraux dans une trentaine de départements.

L'expansion militaire et son échec

La situation extérieure se rétablit peu à peu, mais Autrichiens et Anglais restent en guerre, tenant en échec les armées françaises. Le tournant vient d'Italie. Bonaparte, jeune général qui vient de participer à la répression contre les royalistes, est envoyé par Barras à la tête d'une médiocre armée de diversion en Italie, où il remporte des succès éclatants.

Bonaparte à Arcole.

Entre le 15 et le 17 novembre 1796, Bonaparte ose une manœuvre hardie auprès du pont d'Arcole (sud-est de Vérone). Faisant marcher ses troupes en secret pour ne pas alerter des colonnes ennemies, il attaque violemment une colonne autrichienne, qui, dans un premier temps, le repousse. Bonaparte, le drapeau en main, s'est élancé sur le pont, mais est tombé dans le marais d'où il est repêché avec difficulté. Il faut deux jours, et un pont de chevalet, pour réussir à culbuter les Autrichiens, à les battre en plaine, puis à faire face aux autres colonnes. La complexité de cette opération disparaît dans le tableau, qui illustre les qualités de propagandiste déployées par Bonaparte dès ses premiers succès en Italie. Non seulement il organise son armée autour de lui, mais surtout il surveille jalousement les informations qui le concerne, préparant sa carrière.

Bataille du pont d'Arcole **(15 novembre 1796), aquarelle de Lembert.**

Bonaparte oblige les Autrichiens à réclamer la paix à Leoben et l'impose au gouvernement français. Il signe lui-même la paix six mois plus tard à Campoformio, le 18 octobre 1797. Le traité accorde la Lombardie et la Belgique à la France, et secrètement la rive gauche du Rhin – l'Autriche recevant la Vénétie moins les îles ioniennes demeurées à la France. Bonaparte crée en Italie du Nord les républiques cisalpine et ligure, qu'il fait diriger par ses partisans et dont il tire des bénéfices. Le Directoire est mis devant le fait accompli.

L'expansion française en Suisse et en Italie entraîne cependant le régime dans une impasse. Le sentiment de supériorité des Français, les mesures anti-cléricales et les réquisitions heurtent les sensibilités rurales. La déportation de plus de 8 000 prêtres belges et la conscription entraînent une « guerre des paysans ». En février 1799, la Calabre rurale hostile à la bourgeoisie locale, qui soutient la République, se soulève au nom de la défense de la foi, d'où le nom de « sanfédistes » donné aux insurgés. Du sud de l'Italie, la révolte se propage dans le Nord, où les paysans insurgés sont appelés les « Viva Maria », comme dans les îles ioniennes, où les révoltés reçoivent l'aide des Russes et chassent les Français. Enfin, les cantons suisses d'Uri et de Schwyz, après une résistance opiniâtre, se soulèvent à leur tour. En août 1799, les Anglo-Russes débarquent en Hollande en liaison avec une insurrection généralisée. Leur tentative échoue, mais la menace a été sérieuse.

L'appel au soldat

Bonaparte, pendant ce temps, n'a pas trouvé sa place en France, alors que d'autres généraux, comme Pichegru et Hoche, jouent des rôles politiques importants. Il abandonne le terrain européen pour attaquer l'Angleterre par le biais de l'Égypte et de la route des Indes, tandis que Hoche prépare des expéditions en Irlande. Dans un premier temps, la campagne d'Égypte est victorieuse ; puis la flotte française est coulée par l'amiral Nelson et les fantassins bloqués par la contre-offensive turque. Au même moment, en Allemagne, au Tyrol et en Italie, le repli français est général.

Une victoire remportée sur les Turcs à Aboukir en 1798 permet à Bonaparte de quitter secrètement l'Égypte et de regagner la France. Si, dans l'été 1799, les menaces militaires s'allègent, les révolutions de palais tiennent dorénavant la première place ; le 18 juin (30 prairial), Sieyès et Barras réussissent à obtenir, par députés interposés, la démission de leurs collègues qu'ils remplacent par Gohier, Roger-Ducos et Moulin, proches des jacobins. La menace vient de la droite royaliste, des sociétés secrètes et des réseaux de conspirateurs qui préparent une insurrection générale.

Le retour de Bonaparte en France, le 9 octobre, tombe à point nommé. Le 9 novembre, avec l'aide de Sieyès, tout en gardant une apparente légalité et sous la menace d'un complot jacobin terrifiant, il fait transférer les Chambres à Saint-Cloud, puis se fait remettre, par les Anciens, le commandement militaire du district de Paris où des troupes sont rassemblées. Le soir même, les Anciens et un petit nombre des Cinq-Cents suppriment le Directoire et définissent un nouveau régime, établi autour de la personne de trois consuls, Bonaparte, Sieyès et Roger-Ducos.

Les Républiques-sœurs.

L'expansion française se poursuit sous cette dénomination qui détourne les idéaux de 1790, lorsque la France avait solennellement renoncé à toute guerre de conquête. Sauf la Belgique annexée, les autres territoires paraissent garder une autonomie et des institutions spécifiques, proches de celle qui régit la France ; en fait, ils dépendent du bon vouloir de commissaires nominés, qui se soucient moins de l'opinion que d'envoyer en France les produits des réquisitions. Malgré la présence sur place de partisans de la Révolution française, les Républiques-sœurs n'accordent que peu de reconnaissance à ces révolutionnaires locaux, isolés parmi leurs communautés d'origine et utilisés par les autorités françaises. Ces Républiques-sœurs créent un glacis protecteur et apportent de l'argent (jusqu'à un quart du budget national !). La France n'hésite pas à piller les œuvres artistiques des pays vaincus, avec lesquelles elle compose les collections de ses musées.

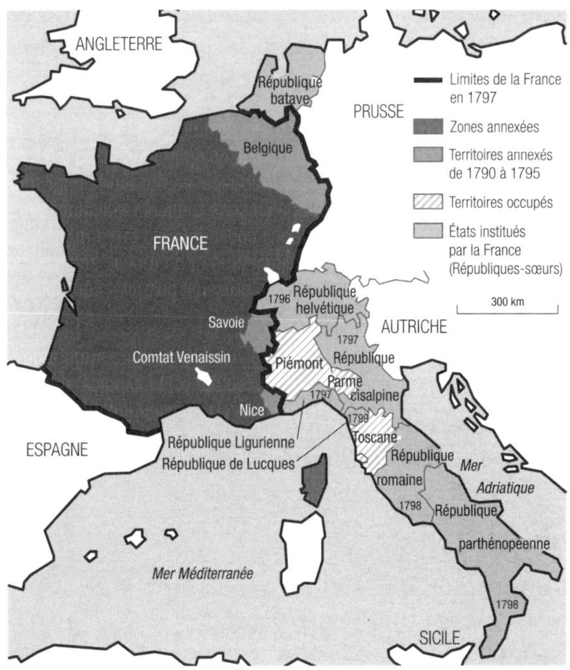

L'instabilité du régime inauguré par la Révolution est ainsi achevée par le recours à la force.

b*ibliographie*

BERTAUD Jean-Paul, *18 Brumaire, Bonaparte prend le pouvoir*, Bruxelles, Complexe, 1987.

GODECHOT Jacques, *La Grande Nation*, Paris, Aubier, 1983.

La prise du pouvoir par Napoléon Bonaparte

L'instabilité politique du Directoire, son recours systématique à l'armée ont permis qu'un général, habile tacticien, puisse incarner l'espoir d'un retour à la paix civile et d'une consolidation de la puissance française dans le monde. Bonaparte joue sur tous les tableaux pour assurer son pouvoir; par le sacre et par l'installation de sa famille dans la hiérarchie impériale, il fait entrer la France dans un nouveau régime.

Un régime personnel

La stabilisation du régime est opérée par la ruse : Bonaparte renforce les pouvoirs du Premier consul, puis le référendum qui doit approuver la Constitution est trafiqué. Elle l'est également par la force, contre les Autrichiens, battus au terme du franchissement des Alpes par le col du Grand-Saint-Bernard, contraints à la paix en 1801, et contre les royalistes de l'intérieur, battus en 1799 et 1800, décimés par la répression policière.

Ses succès militaires, qui reposent sur la « Grande Armée », ne doivent pas faire oublier qu'il est tout autant reconnu comme intellectuel par sa place dans l'Institut. Ceci fait de lui le garant de la paix à l'intérieur d'abord, puis à l'extérieur, lorsque l'Angleterre signe la paix en 1802. Ses capacités en tactique politique font le reste. La Constitution de l'an VIII assure la prééminence du Premier consul (y compris dans l'échelle des rémunérations). Deux ans plus tard, le Consulat est porté à dix ans, puis à vie en août 1802, annonçant la transformation du pouvoir en régime impérial, après mai 1804.

La propagande bonapartiste est d'autant plus efficace qu'elle est inlassable – Napoléon multiplie les voyages à l'intérieur du pays – et tracassière : les ennemis de gauche comme de droite sont traqués, éliminés, systématiquement, l'Empereur y veillant lui-même ; son succès vient aussi du fait qu'elle rencontre une opinion accoutumée aux renversements les plus imprévus et à l'invention des symboles.

Une famille, un clan

La famille n'a pas cessé d'être au cœur du pouvoir napoléonien. Le rôle joué par Lucien lors du coup d'État de Brumaire est connu, mais une des préoccupations constantes de Bonaparte est la consolidation dynastique, seule garantie du maintien des acquisitions révolutionnaires. Le complot royaliste fomenté par Cadoudal, aidé par les Anglais, est démantelé en février 1804, et se conclut par la capture puis l'exécution du duc d'Enghein, au mois de mars suivant, sur le prétexte de la tentative de prise du pouvoir par un membre de la famille royale. La création de l'Empire et du principe dynastique est présentée comme le moyen de préserver le régime.

Le sacre.

Le 2 décembre 1804 Bonaparte organise une fastueuse cérémonie en présence du pape, obligé à venir. Selon un protocole minutieusement mis au point, Napoléon se couronne lui-même, puis couronne Joséphine. Alors que le pape s'est retiré, Napoléon prête serment pour maintenir l'intégrité du territoire français, faire respecter l'égalité des droits, la propriété des biens nationaux et la liberté des cultes. L'essentiel est la publicité qui est donnée à la cérémonie, dont le procès-verbal est amplement distribué dans tout le pays. Le peintre David est chargé de fixer le sacre par sa peinture lors d'une commande verbale de 1805. Jugé trop cher, le premier projet, montrant Napoléon se couronnant lui-même, est abandonné au profit du couronnement de Joséphine. C'est ce tableau qui est achevé en 1807 et exposé au public.

J.-L. David, *Le Sacre de Napoléon Ier* (1805-1807).

La dérive monarchique est immédiate. La distribution des titres et des prébendes favorise le clan familial, même si le respect de la soumission de chacun à Napoléon est nécessaire. Les frères et sœurs sont des pions sur un échiquier – Louis en fait les frais. Autour d'eux, une aristocratie composite se crée, mêlant les anoblis du régime (la noblesse d'Empire) aux élites anciennes soumises au maître du pays. Même les fonctionnaires les plus importants appartiennent aux coteries proches de l'Empereur, soit qu'ils aient été en Égypte avec lui (Duroc, Berthier), soit qu'ils l'aient fréquenté dans les milieux scientifiques (Laplace, Monge), soit qu'ils dépendent des personnalités influentes qui régentent les carrières (comme Cambacérès ou Lebrun). Cependant, toutes ces créations, et le second mariage de Napoléon avec la fille de l'empereur d'Autriche, fragilisent le régime, puisque les résistances d'une partie importante de la noblesse ancienne n'ont pas faibli et que les réticences des partisans d'un régime plus démocratique ne cessent de s'amplifier.

Napoléon Bonaparte et sa famille.

– Napoléon Bonaparte (1769-1821) Napoléon Ier
+ 1796 – Joséphine Tascher de La Pagerie
+ 1810 – Marie-Louise d'Autriche → un fils prince impérial, roi de Rome

Frères et sœurs :

– Joseph (1768-1844), sénateur 1802, roi de Naples et de Sicile 1806-1808, roi des Espagnes et des Indes 1808-1813, lieutenant général de l'Empire 1814
– Lucien (1775-1840), président du Conseil des Cinq-Cents 1799, ambassadeur à Madrid 1800, sénateur 1802, membre de l'Institut 1803, prince de Canino et de Musignano 1814, prince 1815
– Elisa (1777-1820), princesse de Lucques et de Piombino 1805, grande-duchesse de Toscane 1809
– Louis (1778-1846), général 1803, prince 1804, connétable de l'Empire 1804, roi de Hollande 1806-1810 → son fils : Louis Napoléon (1808-1873), président de la République 1848, empereur des Français 1852-1870
– Pauline (1780-1825), princesse 1804, duchesse de Guastalla 1806
– Caroline (1782-1839), princesse 1804 + Murat roi des Deux-Siciles 1808
– Jérôme (1784-1860), contre-amiral, prince 1806, général 1807, roi de Westphalie 1807-1813, prince de Montfort 1816, réintégré comme général 1848, gouverneur des Invalides 1848, maréchal de France 1850, président du Sénat 1852, son fils : Napoléon (1822-1891), député, ministre 1858-1859

Une légende

La personnalité même de Napoléon Bonaparte, sa vie aussi remplie et ses réussites ont stupéfié les contemporains à tous égards. L'aventure exceptionnelle de ce petit noble provincial devenu Empereur en présence du pape et marié à une fille de l'empereur d'Autriche pousse quelques amateurs de rhétorique et de logique empreintes de non-sens à estimer tout simplement que Napoléon n'a pas existé, ce que fit non sans malice Whately, le futur archevêque de Dublin, alors qu'il enseignait à Oxford. Soutenant qu'il n'était pas possible qu'un seul homme ait pu réussir autant d'entreprises dans des lieux aussi éloignés les uns des autres, Whately concluait que Napoléon n'aurait été qu'un nom désignant un petit groupe d'hommes rassemblés opportunément sous ce vocable par le gouvernement anglais pour faire peur aux Anglais et leur faire accepter les impôts nécessaires à la poursuite de la guerre ! À une époque où l'information – et la désinformation – médiatiques n'existent pas encore, cet exemple témoigne des innombrables récits, imageries, chansons, qui circulent dans toute l'Europe et qui permettent aux hommes de ce temps de faire face à un phénomène anormal à tous égards : Napoléon devient un être mythique ou un ogre.

Alors qu'en France, le faste savamment étalé, les attentions accordées aux soldats, l'emploi de mots d'ordre hérités de la Révolution permettent que se compose autour du « petit caporal » une légende dorée, qui s'épanouira surtout sous la Restauration, lorsque les victoires ne seront plus que des souvenirs ; la légende noire se répand en Allemagne comme en Espagne pour dénoncer ses origines, ses abus d'autorité, mais aussi les exactions commises par ses troupes, et le contrôle imposé à ces pays. En France, royalistes et libéraux accusent Napoléon de tyrannie, de machiavélisme et entretiennent les courants d'opposants engagés dans les différents complots qui se trament tout au long de l'Empire. Les dépenses somptuaires, la Cour et l'entourage sont les cibles inépuisables des critiques ; plus encore, le coût économique et humain des guerres devient un objet de mécontentement.

L'Empire représente à la fois l'aboutissement du processus révolutionnaire, stabilisant les nouveaux équilibres sociaux, et sa perversion, dans l'établissement d'un régime personnel fondé sur la séduction et l'encadrement policier. Tout l'édifice repose sur l'Empereur, qui se défie lui-même de tous. Voyageur infatigable, il ne cesse de parcourir son territoire mouvant au gré des batailles et des annexions. Il surveille étroitement son entourage, allant jusqu'à disgracier les proches qui osent lui résister. Son état-major est entièrement soumis au point de pousser certains généraux à quitter l'Empire, comme Bernadotte, ou à mener de sourdes résistances. L'extrême centralisation du pouvoir entraîne une fragilisation non moins considérable, que la propagande ne réussit pas à atténuer.

bibliographie

TULARD Jean, *L'Anti-Napoléon*, Paris, coll. « Archives », Julliard, 1965.

TULARD Jean, *Napoléon ou le Mythe du sauveur*, Paris, Fayard, 1977.

Prospérité et difficultés

Les structures sociales et économiques sont peu modifiées, mais gagnent en fluidité et engagent le pays dans de nouvelles perspectives économiques et sociales. Le libéralisme s'installe, l'industrie innove et les relations d'échanges s'établissent autour de nouveaux pôles. Cependant, les conséquences de la désorganisation antérieure et de la guerre, les tensions engendrées par les transferts de richesses installent le pays dans un équilibre instable.

Un pays riche ?

Les hommes constituent la première richesse de l'Empire, au point que Napoléon n'aurait jamais douté de disposer des réserves inépuisables de soldats ; pourtant, la période impériale est le moment qui voit le pays entrer dans une phase démographique inédite, puisque natalité et mortalité baissent ensemble, contribuant à faire passer la part de la population française en Europe de 15 à 10 %, même si la population globale de la France impériale passe de 27,5 en 1801 à un peu de plus de 29 millions d'habitants en 1814-1815. Cependant, l'Empire est une période de rattrapage après les troubles révolutionnaires. Les villes, qui commencent à être définies par un chiffre de population supérieur à 2 000 habitants et par leurs fonctions, notamment administratives, se recomposent, alors que se marque fortement la différence entre France du Nord et du Sud.

La Révolution, sans engager les campagnes dans des progrès agricoles, renforce paradoxalement la position des agriculteurs qui ont bénéficié de prix élevés, en particulier ceux qui ont pu acheter des biens nationaux. La demande urbaine, accrue, accentue les déséquilibres entre les régions qui en tirent bénéfice, sans effort, et les autres qui gardent leurs traditions. Les nouvelles cultures demeurent marginales, même si des mutations s'amorcent ici et là ; la pomme de terre permet de nourrir des animaux sur de petites fermes, l'exploitation viticole obtient des débouchés à l'exportation, la betterave sucrière envahit les plaines du Nord-Ouest.

L'industrie se rénove et s'étend, malgré les difficultés des blocus et les contraintes des échanges réduits. La mécanisation touche le textile (coton, toiles peintes), animant les régions lilloise, rouennaise et mulhousienne ; les connaissances scientifiques appliquées à l'industrie chimique donnent à ce secteur une impulsion considérable ; les maîtres de forge gardent leur puissance sans innover. La désindustrialisation est perceptible dans le pays, mais elle est liée d'une part aux effets du blocus militaire qui ruine les échanges maritimes et qui provoque l'effondrement du commerce des ports atlantiques, jusque-là principaux centres industriels de la France, d'autre part à l'absence de politique réelle d'investissement industriel des négociants français, qui, prolongeant leurs habitudes antérieures, se détournent de la production pour investir dans la terre et les dépenses de prestige. Le développement industriel est pourtant indéniable, même s'il demeure limité, et inférieur à celui de l'Angleterre. La géographie des régions actives a été remodelée profondément, l'activité industrielle basculant des côtes atlan-

Les travaux urbains.

Les grands travaux entamés par Napoléon sous l'Empire ont indéniablement un objectif politique : affirmer la force du régime et renforcer le prestige de l'Empereur. Celui-ci dote régulièrement d'hôtels ses proches et ses fidèles, participant à ce goût de la propriété foncière qui traverse le siècle. Ces travaux témoignent cependant davantage de la reprise économique que l'Empire opère, malgré les difficultés dues à la poursuite de la guerre, en se fondant sur de nouveaux produits et de nouvelles techniques, protégées par le blocus continental.

Malmaison, *Les Travaux de la colonne Vendôme.*

tiques aux terres du Nord et de l'Est – à l'exception du pôle marseillais.

La hiérarchie urbaine héritée des réseaux commerciaux est clairement perceptible dans le Sud-Est et Ouest du pays, en même temps que se dessinent les nouveaux pôles urbains au Nord et Nord-Ouest. Strasbourg et Lyon profitent ainsi de cet essor. En 1802 et en 1806, des exportations de produits industriels attestent des progrès du pays et de l'attention du régime.

Des ascensions sociales différenciées

Les mutations politiques et économiques ne profitent guère aux classes non possédantes. Les transferts de biens pendant l'ère révolutionnaire ne les ont pas touchés : journaliers et métayers, dont l'analphabétisme a été aggravé par la disparition des petites écoles, forment toujours la grande masse rurale. Artisans et boutiquiers continuent leur vie dans les petites villes et les bourgs ; cependant, des possibilités se dessinent pour les travailleurs les plus qualifiés, qui s'établissent ou qui entrent dans des manufactures en création. Le salariat naît pour de bon à cette époque, mais reste enfermé dans des rapports de force assez durs entre patrons et ouvriers.

En revanche, la stabilité retrouvée et l'encadrement impérial font que anciennes et nouvelles élites se rejoignent peu à peu. Sans doute des familles de l'ancienne noblesse restent à l'écart de ce mouvement, mais après le mariage de Napoléon avec la fille de l'empereur d'Autriche, certaines familles nobles se rallient à un régime qui apparaît désormais reconnu par les hiérarchies traditionnelles de l'Europe. La bourgeoisie s'installe enfin. Assurée de la barrière sociale établie vers le bas envers les classes privées de propriété et d'instruction, elle peut s'épanouir et s'ouvrir peu à peu aux groupes des fonctionnaires créés par le régime. Les fortunes liées aux affaires restent cependant fragiles et le groupe des négociants et des industriels est secoué par des faillites et des déboires. Pour les plus chanceux, l'intégration dans le milieu en constitution des « notables » stabilise les destins et prive le pays d'entrepreneurs reconvertis en rentiers. Les trajectoires sociales de certaines familles comme les Perier, dont Claude, premier régent de la Banque de France, prennent leur élan dans ces années impériales. La vie de Jean-Baptiste Say illustre cette période : ce fils de négociant, un moment publiciste avant de prendre part aux campagnes militaires de la Révolution et d'assister un ministre des finances, obtient une place au Tribunat. Opposant à Bonaparte, il rédige un *Traité d'économie politique*, en 1803, qui fait de lui un propagandiste du libéralisme – en économie comme en politique. Toute carrière politique étant impossible, il devient filateur dans le nord de la France, avant de s'imposer définitivement comme pensent économiste sous la Restauration et d'être professeur d'économie politique au Collège de France après 1830. Say peut ainsi représenter ce tournant pris par de nombreux individus qui trouvent sous le Consulat et l'Empire l'occasion de s'impliquer dans la vie économique au nom de principes libéraux hérités des luttes prérévolutionnaires. L'industrie de la soude, naissante à ce moment, voit la réussite de la Compagnie de Saint-Gobain, qui se distingue de ses concurrentes. Dans l'industrie sidérurgique, les dynasties de maîtres de forges des Dietrich ou des De Wendel se consolident, tandis qu'elles sont rejointes par de nouveaux venus, notamment par d'anciens directeurs promus industriels. Dans le même temps, l'industrie textile connaît un essor exceptionnel, surtout pour le coton, où se distingue notamment Richard-Lenoir.

L'économie, souci politique.

« À peine parvenu au ministère de l'Intérieur j'éprouvai le besoin de connaître toutes les richesses de notre belle France et conçus le projet de faire travailler à une statistique générale : en conséquence je dirigeai l'attention des préfets vers cet objet, je leur traçai le plan qu'ils devaient suivre, et leur fournis les moyens de l'exécuter. Je rétablis et réorganisai les Chambres de commerce, pour en former des foyers de lumières qui puissent éclairer le gouvernement sur l'état et les besoins de l'industrie ; je multipliai les Sociétés d'agriculture, afin de propager les bonnes doctrines et d'instruire l'administration sur tout ce qui intéresse le premier des arts. En moins de quatre années, on a pu terminer la statistique de vingt-cinq départements, publier celle de huit à dix, et montrer, dans les cours du Louvre, une réunion des produits de l'industrie agricole et manufacturière, la plus riche et la plus variée dont une nation ait eu droit de se glorifier. »

Chaptal, *De l'industrie française*, Paris, 1819, pp. XXIV-XXV.

L'idéal, porté par les premières années de la Révolution, de fonder une société sur les talents et sur la propriété, semble trouver sa réalisation dans l'entreprise napoléonienne, tant qu'elle demeure victorieuse.

Le Consulat et l'Empire sont donc d'abord des époques de consolidation. Mais les inégalités régionales et sociales n'ont pas été atténuées, elles ont été déplacées, de nouvelles élites remplaçant une partie des anciennes, de nouveaux métiers s'affirmant, tandis que la masse rurale est demeurée hors de ces changements pour l'essentiel. Reste que la fortune est désormais le critère de distinction sociale le plus important.

bibliographie

GILLE Bertrand, *Les Origines de la grande industrie métallurgique en France*, Paris, 1947.

WORONOFF Denis, *L'Industrie sidérurgique en France pendant la Révolution et l'Empire*, Paris, 1984.

La société impériale

L'Empire n'existe pas sans l'action de Napoléon qui organise tout autour de lui et contrôle étroitement la société, au point que la vie politique du pays dépend de la volonté d'un homme, qui privilégie l'éclatement des pouvoirs et encadre l'opinion. L'adhésion au régime est ainsi souvent subordonnée à l'obéissance à la force.

Le contrôle du pays

Dès 1800, le Conseil d'État prépare les lois, le Tribunat discute, le Corps législatif vote et le Sénat vérifie enfin la constitutionnalité des textes, rendant impossible une action organisée des législateurs. Le Sénat reçoit de plus en plus de pouvoir, au prorata de sa servilité. Le chef de l'exécutif ne cesse de renforcer son propre pouvoir, en limitant l'expression nationale à la désignation de notables qui composent « des listes de confiance », dans lesquelles sont désignés les représentants de la nation, puis en établissant des notables à vie, appartenant aux couches les plus fortunées de la société. En outre, les manipulations des listes électorales par le pouvoir sont monnaie courante, rendant toute opposition impossible dans la durée. Le pouvoir vient d'en haut. Cette pratique porte ses fruits lorsqu'en 1804 elle permet que le code civil – Code Napoléon – soit rédigé en quatre mois, sous la férule de l'Empereur. Les autres codes (du Commerce, d'Instruction criminelle, de Procédure civile, pénal), achèvent, entre 1806 et 1808, de réglementer les activités sociales – ils seront appliqués pendant les décennies suivantes.

Cette restauration de l'autorité et du contrôle social a commencé par la création de la Banque de France, en 1800, et par la réorganisation administrative, conçue autour de l'introduction des préfets et des sous-préfets, étroitement soumis aux ministres, nommant les maires des communes dépassant 5 000 habitants. Tous les mandats locaux perdent leur efficacité, même si les titulaires sont pérennisés dans leurs fonctions. La même évolution est perceptible dans la justice, où l'autorité s'exerce par des juges militaires, mais aussi par des « magistrats de sûreté » qui dirigent les poursuites au pénal. La presse est muselée, et nombre de journaux supprimés dès 1800, tandis que la police, confiée à Fouché, est renforcée. Si tous les complots et le brigandage sont réprimés, l'opinion publique est encadrée et dépolitisée. La tentation du pouvoir personnel ne cesse pas de s'affirmer par la suite.

À partir de 1806, les enfants doivent ainsi apprendre ce que sont les devoirs des chrétiens envers l'Empereur et sa famille. Cette obligation s'inscrit, d'une part, dans la politique générale de l'Empire de contrôler et d'organiser systématiquement l'opinion, et ce dans tous les domaines. Elle s'inscrit, d'autre part, dans l'utilisation non moins systématique des convictions religieuses par l'Empereur, qui a compris d'emblée le rôle important qu'avaient eu les mesures anti-religieuses ou anticléricales des régimes précédents et qui détourne à son profit les demandes de protection des catholiques et des protestants, au sortir des années de persécution. Napoléon possède une vision utilitariste de la religion ; cela lui permet de nouer des relations avec le Saint-Siège sans difficulté, d'imposer un renouvellement du clergé sans état d'âme, d'accorder la liberté du culte, mais sans rallier tous les catholiques de France pour autant.

Le catéchisme à l'usage de toutes les églises de l'Empire français.

« Demande : Quels sont les devoirs des chrétiens à l'égard des princes qui les gouvernent, et quels sont en particulier nos devoirs envers Napoléon Ier, notre Empereur ?

Réponse : Les chrétiens doivent aux princes qui les gouvernent et nous devons en particulier à Napoléon Ier, notre Empereur, l'amour, le respect, l'obéissance, la fidélité, le service militaire, les tributs ordonnés pour la conservation et la défense de l'Empire et de son trône ; nous lui devons encore des prières ferventes pour son salut et pour la prospérité spirituelle et temporelle de l'État.

D. – Pourquoi sommes-nous tenus de tous ces devoirs envers notre Empereur ?

R. – C'est, premièrement, parce que Dieu, qui crée les empires et les distribue selon sa volonté, en comblant notre Empereur de dons, soit dans la paix, soit dans la guerrre, l'a établi notre souverain, l'a rendu le ministre de sa puissance et son image sur la terre. Honorer et servir notre Empereur est donc honorer et servir Dieu même. »

Une société encadrée

L'invention du régime est l'administration préfectorale. Il est de peu d'intérêt de chercher des origines et des analogies, puisque la centralisation napoléonienne est sans égale, le ministère de l'Intérieur chapeautant l'ensemble et contrôlant étroitement le pays. Surtout le préfet est moins l'œil de Paris, que le représentant de l'Empereur dans un département, où il doit assurer l'ordre, apaiser les tensions politiques, ancrer la soumission au régime, inventer les voies du progrès économique. La réalité du contrôle par l'Empereur reste débattue, les historiens penchant soit vers l'accentuation de la centralisation, soit vers la dénonciation d'une administration finalement peu efficace.

Un préfet en costume.

La Révolution avait inauguré les marques ostentatoires de la puissance publique, mais le costume des préfets relève cependant d'une autre logique, qui isole radicalement la représentation de l'État de la société civile, sans que la légitimité de la force ne soit liée à un mystère comme celui qui enveloppait la monarchie d'Ancien Régime. Laïcisation et administration remplacent donc le prestige et la légitimité divine qui organisaient la France royale, ou la loi rationnelle et la recherche de la Cité parfaite qui étaient les objectifs affichés de la période révolutionnaire. Progressivement, les préfets se recrutent de plus en plus dans la bonne société née sous l'Ancien Régime, renouant avec les anciennes élites, au détriment des derniers survivants de l'administration révolutionnaire. Toute l'administration est marquée par la même évolution : la justice est réorganisée et dotée de commissaires représentant le gouvernement ; l'enseignement est unifié dans une pyramide scolaire et universitaire strictement hiérarchisée ; le crédit est encadré par la Banque de France, le budget de l'État, contrôlé par la Chambre des comptes.

Élites et « masses de granit »

La fusion des élites est un objectif prioritaire. Les distinctions renaissent pour récompenser les fidèles serviteurs (militaires ou politiques), qui entrent dans la Légion d'honneur, inventée en 1802 ; la création d'une noblesse d'Empire prolonge cette création. Il ne s'agit pas d'un retour au sens propre à l'Ancien Régime, puisque cette noblesse est liée étroitement au pouvoir et n'a de réalité que fondée sur la possession de biens et de rentes.

Cette réussite sociale et politique reste toujours fragile ; elle contraint l'Empereur à ne jamais relâcher ses interventions et sa surveillance. Soucieux de fonder son régime sur les « masses de granit », il charge l'administration impériale de composer des listes des principaux imposés, en s'intéressant autant à leurs pouvoirs qu'à leurs relations, y compris de leurs enfants. Ces listes permettent de nommer des officiers municipaux et de sélectionner des candidats aux élections. Les « notables » sont destinés à exercer des fonctions publiques, au moins à encadrer et à entraîner l'opinion, et sont censés, par leur fortune, par leur prestige, mais aussi par leurs relations matrimoniales, comme par les alliances qu'ils font conclure à leurs enfants, assurer leur position. Les notables désireux de faire carrière ou considérés comme des opposants potentiels devront se soumettre aux demandes du régime, en laissant leurs fils s'engager dans l'armée impériale.

Appartenance professionnelle des anoblis de l'Empire.

	effectifs	pourcentages
militaires	2087	67,93
fonctionnaires	395	12,90
magistrats	264	8,60
membres de la cour	48	1,57
négociants et manufacturiers	27	0,89
médecins militaires	23	0,76
avocats	20	0,66
médecins civils	14	0,46
autres professions libérales	11	0,36
professeurs	4	0,13
propriétaires	3	0,10
universitaires	3	0,10
ingénieurs	3	0,10
profession inconnue	170	5,53
TOTAL	**3072**	**100**
dont anoblissements en souvenir d'un parent	16	0,48
dont membres d'un institut ou d'une académie	78	2,54

In N. Petiteau, *op. cit.*

Le bouleversement social n'est pas négligeable ; mais pour un Lefebvre, devenu maréchal et incapable de renier ses fortes attaches populaires, le plus grand nombre de ces nouveaux dignitaires vient des couches aisées de la société. Reste que les distinctions d'avec la noblesse plus ancienne ne disparaissent pas d'un coup, et que des poches de rivalités et de résistances se forment.

bibliographie

PETITEAU Nathalie, *Élites et mobilités. La noblesse d'Empire au XIXe siècle*, Paris, La boutique de l'histoire, 1997.

Forces et faiblesses

Entre 1800 et 1815, l'Empire est synonyme de guerre – à l'exception de deux années d'une paix armée, entre 1802 et 1803. Tant que l'Empereur est victorieux, le soutien populaire est réel et constant. Cependant, les faiblesses internes du système impérial et les défaillances militaires vont avoir raison de l'Empire.

Une succession de campagnes

Les campagnes militaires se déroulent sur fond d'une lutte ininterrompue avec l'Angleterre, régulièrement victorieuse sur mer (notamment lors de la célèbre bataille de Trafalgar en 1805), contre laquelle l'Empereur imagine le « blocus continental » (décret de Berlin du 21 novembre 1806) et qui s'achève par l'échec français. L'instrument de ces guerres est la « Grande Armée », qui existe sous une première forme entre 1805 et 1808, avant d'être refondue totalement en 1813. Entre 1808 et 1812, plusieurs armées sont en action en même temps sur plusieurs champs de batailles. En 1813, l'armée compte autour de 400 000 hommes. Cette armée est progressivement dotée d'une administration importante et efficace, qui fait une grande place à la valeur personnelle mais qui se structure dans des hiérarchies reconnues. Cependant, les services demeurent très insuffisants. Les commissaires de guerre ont gardé des habitudes de concussion et d'inefficacité qui continueront de peser sur la vie quotidienne, si bien que la solde n'est pas payée régulièrement, que le ravitaillement n'est pas plus satisfaisant, imposant des levées exceptionnelles sur les vaincus. L'intendance ne suit pas, malgré la militarisation des transports après 1807. La Grande Armée est ainsi suivie d'un convoi qui achemine 12 millions de rations et 50 000 bœufs en 1812 ! Enfin, le service de santé est très mal organisé et peu efficace. Au total, il est possible d'estimer que les pertes militaires subies par les Français (au sens strict du terme) auraient été de 890 000, les « étrangers » de l'armée ayant perdu 405 000 hommes.

Les campagnes militaires.

campagnes militaires	adversaires étant entendu que l'Angleterre est de toutes les coalitions	principaux théâtres d'opération	principales victoires de Napoléon	principales défaites ou difficultés	conséquences pour Napoléon
1800	armées autrichiennes	Italie et Allemagne	victoire de Marengo	la flotte britannique tient la Méditerranée	victoire
1805	armées autrichienne et russe	Allemagne Empire	Austerlitz (le 2 décembre)	Trafalgar, 21 octobre, défaite navale	victoire
1806	la nouvelle coalition dont la Prusse	Prusse	double victoire d'Iena-Auerstadt		victoire
1807	les armées russes	territoire polonais	Eylau le 8 février		traité de paix à Tilsitt le 8 juillet
1807 à 1812	troupes anglaises	Portugal			retrait des Français
1808 à 1814	résistants espagnols, troupes anglaises	Espagne		nombreuses atrocités	retrait des Français et perte de l'Espagne attribué à Joseph frère de Napoléon
1809	l'Autriche rentre à nouveau en guerre	Autriche	Essling et Wagram	difficultés à obtenir ces victoires	victoire
1812	la Russie	Russie		bataille de Moscou, retraite de Russie	retrait des Français
1813	troupes russes sont en Allemagne	Allemagne		Leipzig « bataille des nations »	retrait des Français et perte des territoires en Europe
1814	« les Alliés »	France		échec malgré une campagne hardie	abdication de Napoléon
1815	« les Alliés » inquiets du retour de Napoléon le 1er mars	Belgique		Waterloo 15 et 18 juin	2e abdication de Napoléon

Le soutien populaire

La popularité de Napoléon est réelle. Pour les possédants, il a l'avantage d'avoir écarté le royalisme comme la République et d'avoir stabilisé les changements survenus pendant la Révolution. Pour beaucoup, en tant que dispensateur de richesses et de fonctions accordées à ses fidèles et aux plus méritants, il incarne l'espérance d'une promotion sociale importante. À cet égard, la carrière militaire offre de réelles espérances à de nombreux jeunes gens, qui, sur les traces du «petit caporal», trouvent aussi l'occasion d'exprimer leur sentiment national et leur envie d'aventure. La base d'une adhésion populaire, qui fera oublier dans les années de la Restauration les difficultés de la fin du régime et les contraintes policières, pour ne garder que les souvenirs des victoires, se constitue à cette époque.

Des oppositions

Le régime n'a pas cependant pu se débarrasser de franges importantes d'opposants irréductibles, et son succès a tenu longtemps au refus des régimes antérieurs plus qu'à une adhésion réelle, ce que des manipulations de résultats électoraux ont masqué.

L'opposition libérale a pu garder, quelques années, une tribune dans les rangs de la haute administration, comme au Tribunat, où se retrouvent des esprits restés indépendants, comme Benjamin Constant ou Jean-Baptiste Say. Leur résistance est certainement limitée, mais elle n'est pas nulle, constituant un frein à l'autorité napoléonienne. Ces «Idéologues», rejoints par Madame de Staël, défendent l'idée d'une société éducable et interprétable par des lois rationnelles et gardent un pouvoir sur l'opinion qui n'est pas négligeable et qui contrarie Napoléon.

Les opposants de gauche demeurent tout aussi minoritaires et surtout incapables de s'opposer à l'Empereur. La mauvaise humeur des généraux ne débouche que sur de médiocres complots sans suite; l'efficacité de la police et le prestige maintenu de Napoléon ont limité l'ampleur des tentatives, même si le complot du général Malet démontre, en 1812, que les structures administratives restent fragiles et à la merci d'un bouleversement.

Les royalistes sont de loin les plus organisés et les plus dangereux, même si en 1801 l'attentat de la rue Saint-Nicaise échoue et si Cadoudal, qui a voué sa vie au roi, est pris et exécuté. Cette répression, aggravée par l'exécution du duc d'Enghein, compromet des ralliements à l'Empire, mais jugule les tentatives de complot; cependant, les conspirateurs royalistes, entraînés par des années de résistance pendant la Terreur et le Directoire, agitent toujours l'opinion, entretiennent leurs relations avec l'Angleterre, gardent des affidés dans tout le pays, permettant qu'en 1814, et surtout en 1815, les partisans de la royauté restaurée soulèvent les campagnes de l'Ouest et encadrent les mouvements hostiles à Napoléon.

Mécontents et réfractaires

Les mécontents ne manquent pas, leur nombre s'accroît au fil du temps, mais ils ne réussissent pas à composer un courant politique. Ainsi, en particulier lorsque l'Empereur se lance dans des opérations militaires importantes, nombre de jeunes gens se marient pour échapper au recrutement militaire ou deviennent réfractaires, dans des régions qui leur sont favorables. Entre 1811 et 1813, le taux des mariages passe ainsi de 5 % à 19 % dans les catégories des jeunes gens aisés d'Angoulême. Engagés dans l'armée, beaucoup de conscrits désertent ensuite, constituant des bandes d'insoumis, dans le Massif central par exemple. En 1810, il y aurait eu plus de 164 000 insoumis dans toute la France. Le banditisme sévit de façon chronique, et s'accroît au fur et à mesure que le régime ne peut faire face aux difficultés économiques.

La distribution des aigles.

L'aigle impérial, inspiré de l'Antiquité, est placé au sommet de la hampe des drapeaux, et identifie les bataillons jusqu'en 1808 et seulement les régiments par la suite. Des soldats sont spécialement détachés à la garde du drapeau.

Distribution des aigles, 5 décembre 1804.

Le régime n'a jamais été assuré de sa pérennité et a dû s'engager dans une fuite en avant, politique et militaire, pour garder une popularité ambiguë.

b*ibliographie*

FORREST Alan, *Déserteurs et insoumis*, Paris, Perrin, 1988.

Bilan de la Révolution et de l'Empire

En 1815, les événements français ont bouleversé le pays lui-même, mais également l'Europe et le monde.

La double fin rocambolesque

La chute de l'Empereur illustre les forces et les faiblesses d'un régime exceptionnel. Abandonné en 1814 par ses proches qui négocient le retour à la paix et à la royauté parlementaire, Napoléon devient souverain de l'île d'Elbe, au terme d'un compromis politicien. Les premiers échecs de Louis XVIII, qui s'affronte autant aux « ultras » qu'aux nostalgiques de la Révolution et de l'Empire, miné par son long exil et son retour dans les fourgons de l'ennemi, lancent Napoléon dans une épopée, qui ne durera que cent jours.

Son débarquement en France et les ralliements successifs qui le conduisent sans encombre jusqu'à Paris ont été permis par la force de la légende napoléonienne. Les royalistes quittent le pays ou organisent une résistance qui ne sera pas négligeable dans l'Ouest, privant Napoléon d'une partie de ses troupes, alors que les puissances étrangères ne veulent plus d'une France potentiellement dangereuse. L'armée impériale, hâtivement reconstituée, est contrainte à l'affrontement au sud de Bruxelles, dans la plaine de Waterloo, où Napoléon est défait.

Tout compromis est dorénavant impossible. Sous surveillance anglaise, l'Empereur est déporté dans l'île de Sainte-Hélène, où il meurt en 1821. Un véritable culte naît autour de ses guerres et de ses fastes et il est vénéré par la monarchie de Juillet qui rapatrie ses cendres à Paris en 1840, tandis que le courant bonapartiste, à la fois populiste et autoritaire, demeure vivace, autorisant un neveu, agitateur politique, à s'en réclamer, avant de prendre lui-même le pouvoir.

Un pays marqué

Au sortir des guerres impériales, la France compte à peu près 30 millions d'habitants, ce qui en fait toujours le pays le plus peuplé d'Europe occidentale, malgré les pertes démographiques considérables survenues pendant les années précédentes, estimées à 1,3 million d'individus au moins. Mais le taux de la mortalité ordinaire n'a pas cessé de baisser, permettant que se dégage – hors des années ter-

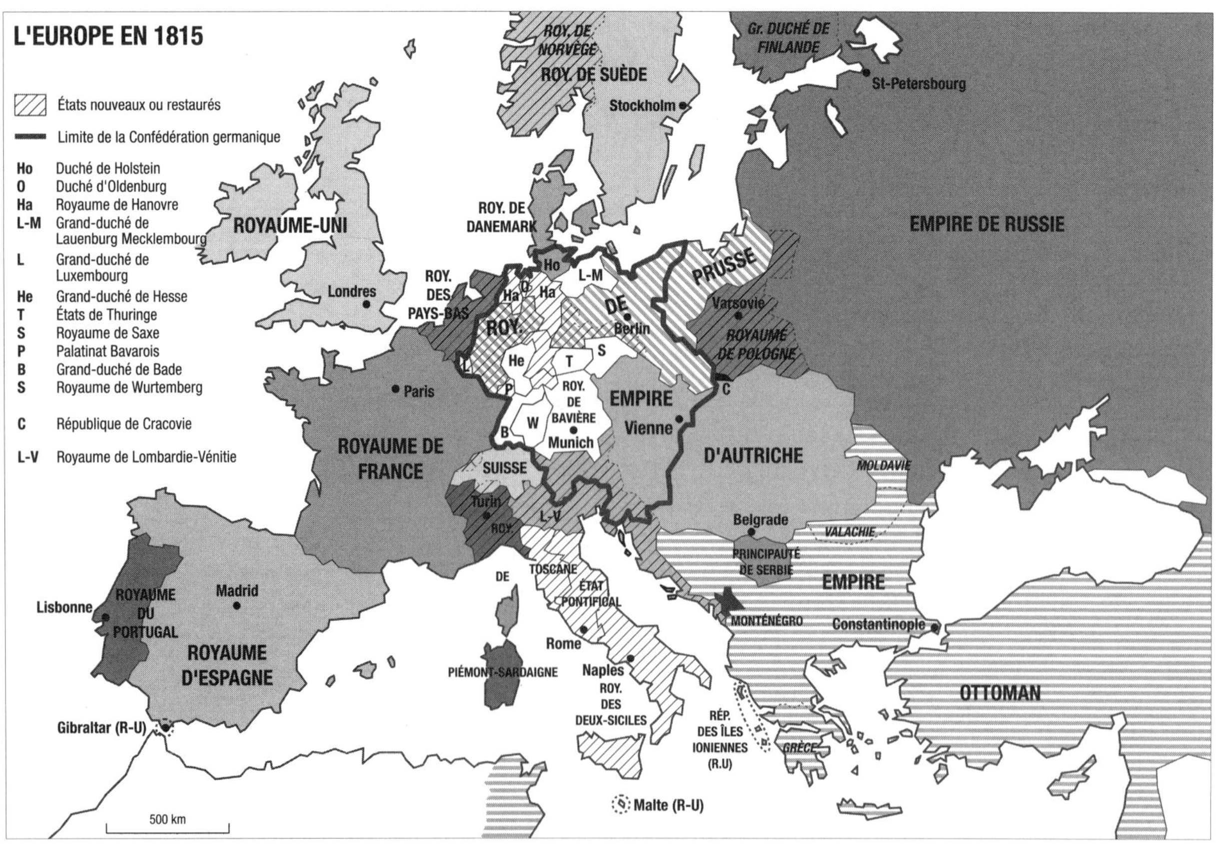

ribles 1793-1794 et 1812-1813 – un excédent des naissances sur les décès. L'amorce de la baisse de la natalité, attestant que la France entre dans une nouvelle phase démographique, est encore à peine sensible mais elle témoigne que, même dans l'intimité, les comportements ont changé, la régulation des naissances étant due au développement de l'individualisme et à une certaine laïcisation des consciences.

La situation économique et sociale du pays a été grandement remodelée en vingt ans. De nouveaux équilibres régionaux se sont opérés durablement. L'Ouest atlantique entre dans une longue période d'atonie tandis que le Nord et le Nord-Ouest profitent du renversement des axes commerciaux et des opportunités entraînées par le blocus. Les villes du Sud ne connaissent que des croissances faibles, récupérant à peine leur population d'avant 1789. Les hiérarchies sociales ont été inégalement modifiées. Les classes « privilégiées » en 1789 ont souffert des politiques qui ont été suivies. Le clergé a été le premier touché et la crise des recrutements durera encore au début de la Restauration. L'élite nobiliaire a perdu une partie de ses membres et de ses biens, mais elle entreprend la reconstitution de ses domaines et, pour une partie, se réimplante dans la société française.

La nouveauté la plus grande vient de la place de la noblesse impériale, de la bourgeoisie et de la classe des propriétaires, petits et grands, qui sont les nouveaux venus sur la scène sociale et politique pour tout le siècle qui commence. Les classes populaires ont traversé la période parfois douloureusement, sans que les plus pauvres ne trouvent d'occasion, en dehors du système terroriste ou du bonheur des armes, pour s'établir.

Les souvenirs de la Révolution et de l'Empire obsèdent tous les esprits. Les souffrances et les deuils n'ont pas été apaisés. Les divisions sont donc profondes, dans certaines régions irrémédiables avant plusieurs générations, et les orientations politiques et philosophiques trouvent un terreau d'élection. Les querelles politiques transfigurent toutes les questions sociales, religieuses, éducatives, inscrivant tout le pays dans une politisation manichéenne et populaire qui se révélera durable.

Une nouvelle idée de la nation

Cette situation a des implications en Europe. La Révolution a popularisé une nouvelle vision de la politique qui a fait des émules et suscité des débats. L'universalité des principes français proclamée en 1790 a pu s'incarner de façon imprévue et, détournée à partir de 1792, se transformer en conquête militaire dès 1795 et en sujétion après 1804, reste que les relations entre les souverains étrangers et leurs peuples ont été totalement bouleversées. Les sentiments nationaux qui sont apparus, encadrés par des élites pro- ou anti-françaises, ont permis des mobilisations populaires jusqu'à provoquer des guerres de résistance ou à se joindre aux troupes françaises. Les États se sont peut-être recomposés après 1815, ils ne reposent plus sur les principes qui étaient les leurs avant 1789.

La Révolution vue par Alexis de Tocqueville.

« Il y a de plus dans cette maladie de la Révolution française quelque chose de particulier que je sens sans pouvoir bien le décrire, ni en analyser les causes. *C'est un virus d'une espèce nouvelle et inconnue.* Il y a eu des Révolutions violentes dans le monde ; mais le caractère immodéré, violent, radical, désespéré, audacieux, presque fou et pourtant puissant et efficace de ces Révolutionnaires-ci n'a pas de précédents, ce me semble, dans les grandes agitations sociales des siècles passés. »

Tocqueville à Kergolay, lettre du 16 mai 1858, cité par François Furet, *Penser la Révolution française.*

Surtout, l'Empire s'achève par la prise de conscience par les Européens que l'équilibre politique n'est plus naturel, et que les luttes politiques opposent dorénavant révolutionnaires et traditionnalistes dans un combat sans fin et sans frontières. La France a inauguré l'ère des révolutions populaires et idéologiques, dévalorisant ainsi la Glorieuse Révolution anglaise. Chaque souverain doit tenir compte d'une opinion publique même embryonnaire. Parallèlement, les communautés nationales adoptent elles aussi les idéaux évoqués par la France conquérante, pour revendiquer leur liberté et leur unité. L'Europe est devenue une poudrière politique qui sera agitée dans les années 1820-1830 par une série de révolutions et de guerres d'indépendance. Le monde stable des souverains de droit divin est définitivement révolu.

En outre, l'instabilité se propage au reste du monde. La Révolution française et l'Empire provoquent un remaniement colonial qui profite à la Grande-Bretagne, au détriment de la France, mais aussi de l'Espagne et du Portugal. Les jeunes États-Unis d'Amérique établissent pour de bon leur indépendance toute fraîche, entrant dans une « quasi-guerre » avec la France à la fin du Directoire, achetant la Louisiane et commerçant librement dans tout le continent. L'Amérique latine entre dans l'ère des révolutions et l'empire colonial espagnol s'effondre totalement.

Au-delà des péripéties dramatiques qui ont marqué l'histoire française, la période révolutionnaire et impériale lègue au monde le sens de la rupture sociale et politique, comme la force des sentiments nationaux, inaugurant les passions du XIXe siècle.

Le XIXe siècle

Jean-Luc Pinol

Professeur d'histoire contemporaine à l'université de Tours

avec la collaboration de:
François Loyer (pages 238-239), *Directeur de recherches au CNRS*
Xavier Huetz de Lemps (pages 250-251), *Maître de conférences d'histoire contemporaine à l'université de Nice-Sophia-Antipolis*
Jean-Dominique Durand (pages 266-267), *Professeur d'histoire contemporaine à l'université de Lyon 3*

b*ibliographie*

- Bouvier Jean, *Initiation au vocabulaire et aux mécanismes économiques contemporains (xixe-xxe s.)*, Paris, Sedes, coll. « U » Histoire, 1993.

- Caron François, *Le Résistible déclin des sociétés industrielles*, Paris, Perrin, 1985.

- Caron Jean-Claude, Vernus Michel, *L'Europe au xixe siècle, des nations aux nationalismes, 1815-1914*, Paris, Armand Colin, coll. « U » Histoire, 1996.

- Girault René, *Peuples et nations d'Europe au xixe siècle*, Paris, Hachette, coll. « Carré Histoire », 1996.

- Heffer Jean, Serman William, *Le xixe siècle 1815-1914*, Paris, Hachette, 1992.

- Hobsbawm Éric, *L'Ère du capital (1848-1875)*, Paris, Fayard, 1978, Hachette Littératures, 1997.

- Hobsbawm Éric, *L'Ère des Empires (1875-1914)*, Paris, Fayard, 1989, Hachette Littératures, 1997.

- Lagoueyte Patrick, *La Vie politique en France au xixe siècle*, Paris, Ophrys, coll. « Synthèse et histoire », 1990.

- Leduc Jean, *Histoire de la France : l'enracinement de la République, 1879-1918*, Paris, Hachette, coll. « Carré Histoire », 1991.

- Le Goff Jacques, Rémond René (dir.), *Histoire de la France religieuse*, vol. III « xviiie-xixe siècle », Paris, Seuil, 1991.

- Léon Pierre (dir.), *Histoire économique et sociale du monde*, t. III et IV, Paris, Armand Colin, 1977.

- Lequin Yves (dir.), *Histoire des Français, xixe siècle-xxe siècle*, Paris, Armand Colin, 3 volumes, 1983-1984.

- Mitchell Brian R., *European Historical Statistics, 1750-1970*, Londres, The MacMillan Press, 1975.

- Pinol Jean-Luc, *Le Monde des villes au xixe siècle*, Paris, Hachette, coll. « Carré Histoire », 1991.

- Verley Patrick, *L'Échelle du monde : essai sur l'industrialisation de l'Occident*, Paris, Gallimard, 1997.

- *1848-1914. Toute une histoire ! Art, politique, science et société*, cédérom, Musée d'Orsay, RMN.

Siècle de transformations majeures dans le domaine économique et social, le XIXe siècle est aussi celui de l'apogée de l'Europe. Cette dernière connaît alors la transition démographique, terme aujourd'hui préféré à celui de révolution démographique. Dans le cadre géographique traditionnel – de l'Atlantique à l'Oural – la population européenne passe durant la période de 180 à 450 millions d'habitants à la veille de la Première Guerre mondiale. Cette forte croissance est, relativement, plus importante que celle de l'ensemble de la population mondiale : alors qu'en 1800, l'Europe rassemble un habitant de la planète sur cinq, elle en compte un sur quatre en 1914.

Aux Européens qui vivent en Europe, il faut aussi ajouter tous ceux – sans doute entre 40 et 50 millions de personnes – qui ont quitté le vieux continent pour aller peupler le reste de la planète. Sûre d'elle-même, confiante dans sa supériorité tant dans les domaines technique, industriel que culturel ou artistique, l'Europe considère qu'elle a le droit et même le devoir de faire connaître, voire d'imposer, le progrès auquel elle s'identifie.

Au sein des États occidentaux dont l'appareil administratif s'étoffe, la démocratie politique progresse davantage sous la forme du système représentatif que sous celle de la démocratie directe. La désignation des représentants, qu'il s'agisse des représentants du peuple ou de ceux des minorités nationales, est d'abord réservée à une oligarchie plus ou moins restreinte mais les principes du suffrage universel – comprenons suffrage masculin – sont progressivement adoptés de part et d'autre de l'Atlantique sans que pour autant la violence perde de son importance dans la vie politique. Joutes électorales ou barricades voient s'affronter les partisans de l'ordre ou du mouvement, mais ce sont surtout la place de l'Église dans la société et plus encore la prise en compte des sentiments nationaux d'abord, nationalistes ensuite, qui structurent les clivages politiques du siècle.

Les bouleversements économiques et sociaux du XIXe siècle transforment la vie quotidienne d'un nombre croissant d'individus et la réduction des distances-temps autorise la multiplication des échanges et élargit l'horizon à la planète. Parallèlement, la croissance urbaine oblige à repenser les modes d'organisation des villes, aussi bien dans le monde occidental que dans les territoires que l'Europe domine. Les modes de vie évoluent à des rythmes différents selon les pays et les cités. Pour autant, ce siècle, celui du triomphe européen, s'achève sur un conflit qui se solde par l'éclatement d'empires ayant réussi, jusque-là, à contenir les revendications nationales.

La transition démographique en Europe

Les changements que connaît la population européenne renvoient à un processus de grande ampleur que l'on a d'abord défini comme la révolution démographique avant de lui préférer le terme de transition démographique. On entend par là le passage du régime démographique ancien que caractérisent mortalité et fécondité élevées à un régime démographique « moderne » à mortalité et fécondité faibles qui tendraient à s'équilibrer.
À ces généralisations, la croissance de la population européenne oppose une grande variété dans la manière dont s'effectue cette transition. La France apparaît comme un précurseur : au milieu du XIXe siècle, le taux de natalité est, en France, au niveau de ce qu'il sera en Angleterre, cinquante ans plus tard.

Le recul de la mort

La croissance de la population européenne s'explique d'abord par le recul de la mort. La peste a disparu, la variole recule et les victimes du choléra et de la tuberculose, bien que nombreuses, ne provoquent plus les saignées observées auparavant. Les Européens sont mieux nourris et plus résistants. Même si la famine fait encore des victimes – l'on songe au drame irlandais des années 1840 qui aurait fait un million de morts et provoqué un déficit de 300 000 à 400 000 naissances – les crises frumentaires s'émoussent progressivement et ne persistent qu'aux confins de l'Europe, en particulier sur les franges orientales et méridionales. L'alimentation devient plus régulière et plus diversifiée et les villes diffusent de nouveaux modèles alimentaires à la fois plus riches, plus équilibrés – les céréales demeurent la base de l'alimentation mais viandes et laitages ne sont plus aussi rares – mais aussi plus coûteux. À cela s'ajoute – et il faut y insister car le nationalisme du XIXe tendrait à le faire oublier – l'absence de conflit généralisé en Europe après les guerres napoléoniennes. Certes l'Europe connaît pendant le siècle qui précède le grand massacre de 1914 des conflits localisés, qui ont pu être atroces, mais qui sont sans commune mesure avec ceux des siècles précédents. Que l'on songe à la catastrophe démographique que fut la guerre de Trente Ans pour les populations du Saint-Empire dont un tiers aurait disparu pendant le conflit.

Cette baisse de la mortalité s'inscrit dans un vaste mouvement qui s'amorce au XVIIIe siècle et qui se poursuit jusqu'au XXe siècle. Si l'on prend l'exemple de la Suède et de la Norvège, pays pour lesquels des séries fiables existent dès le milieu du XVIIIe siècle, la baisse des taux est encore très faible, voire inexistante, avant 1800, mais s'accélère très nettement ensuite. Les cheminements sont différents mais on retrouve cependant les mêmes grandes tendances dans nombre de pays européens : baisse quasi nulle au XVIIIe, forte baisse au XIXe et accélération du phénomène au XXe siècle. Parmi les causes ayant favorisé la baisse de la mortalité, quatre types d'explications ont été retenus : certains privilégient l'accroissement des subsistances et l'amélioration de l'alimentation, d'autres mettent l'accent sur les progrès médicaux ; sont également privilégiées par certains auteurs les causes liées à l'amélioration de l'hygiène, qu'il s'agisse de l'hygiène personnelle – augmentation des quantités de savon et change plus fréquent des vêtements – ou de l'hygiène publique – amélioration de la qualité des eaux et de l'organisation de la collecte des eaux usées. Les historiens sont loin d'être unanimes d'autant que, récemment, est venue aussi s'ajouter l'hypothèse climatique. La baisse du nombre des décès dus à la variole, surtout marquée chez les jeunes enfants, est un des éléments importants de la baisse de la mortalité. Faut-il conclure, puisque la vaccination n'est pas encore généralisée au début du XIXe siècle, que la virulence de l'épidémie est moindre – en Suède, plus de 14 % des décès étaient imputables à la variole dans les années 1760 mais moins de 2 % dans les années 1820 – ou que les conditions climatiques ont favorisé cette évolution ? Les étés et les automnes frais sont un handicap à la prolifération des parasites et des germes pathogènes. On retrouverait d'ailleurs la même explication pour la baisse de la mortalité infantile de la fin du siècle : les conditions climatiques auraient été moins favorables au développement des germes infectieux, en particulier ceux provoquant les diarrhées ; dans le même temps, les mesures générales d'hygiène et d'assainissement auraient alors pu atteindre leur efficacité maximale, créant une véritable spirale vertueuse permettant la disparition des pathologies traditionnelles dominées par les maladies infectieuses et la mise en place d'un cadre nosologique moderne, désormais dominé par les maladies cardio-vasculaires et les tumeurs.

La baisse de la fécondité

L'analyse de la baisse de la fécondité exige une bonne connaissance statistique de la population. Il faut connaître avec précision l'âge de la population féminine, il faut aussi que les naissances soient bien enregistrées. Ces conditions ne sont pas toujours remplies, et pour certains pays les données fiables ne sont pas antérieures aux années 1880, voire à la fin du siècle (c'est le cas de la Grèce ou de la Serbie). On comprend que dans ces conditions, l'analyse de la baisse de la fécondité soit souvent délicate. Quoi qu'il en soit, les spécialistes s'accordent pour conclure que le changement en matière de fécondité est effectif lorsque l'on peut mesurer une baisse de 10 % de la fécondité légitime. Cette date est très variable d'un pays à l'autre. En France, incontestablement le premier pays où cette inflexion est constatée, le phénomène est observé dans les premières décennies du XIXe siècle. Il faut attendre 1882 pour observer la même évolution en Belgique, 1885 en Suisse, 1890 et 1892 en Allemagne et en Angleterre ; en Irlande, en Russie, en Roumanie, en Albanie, dans le sud de l'Italie ou de la Grèce, en Espagne, au Portugal, cette baisse de 10 % de la fécondité n'est observée qu'après 1920. Pour l'ensemble de l'Europe, la date médiane de la baisse de la fécondité est 1903. Plus encore que pour la mortalité, il est particulièrement délicat d'expliquer la baisse de la fécondité, et les synthèses les plus récentes se caractérisent par un fort scepticisme à l'égard de toutes les explications générales. À propos des liens entre baisse de la fécondité et modernisation, É. van de Walle conclut : « Il n'y a pas de combinaison unique des caractéristiques de modernisation, mais des associations de facteurs diverses, et parfois contradictoires d'un pays à l'autre, reflétant leur situation particulière. Toutefois, si la relation entre les facteurs socio-économiques et la fécondité ne joue pas toujours de la même façon, le déclin de la fécondité, lui, est général. »

Le décalage chronologique entre le recul de la mortalité et celui de la fécondité explique la forte croissance de la population européenne. Deux pays apparaissent à l'écart de cette évolution générale, la France et l'Irlande. Pour la France, le phénomène s'explique par le déclin précoce de la fécondité. Dans ce cas, c'est au sein de la famille que s'opère la limitation des naissances. Le cas irlandais, même si le taux de natalité est très proche de celui observé en France, est très différent. En Irlande, la fécondité commence à décliner très tardivement mais le célibat et le mariage tardif sont très importants. Dans les années 1920, seules 35 % des Irlandaises sont mariées alors que 51 % des Espagnoles le sont.

Mortalité et natalité en 1850 et en 1900 et évolution de la population.

	1850			1900			
	Taux natalité (‰)	Taux mortalité (‰)	Pop. en millions	Taux natalité (‰)	Taux mortalité (‰)	Pop. en millions	CMT
France	26,8	21,4	36	21,3	21,9	38	1,7
Russie	49,7	37,4	60	49,3	31,1	133	4,8
Suède	31,9	19,8	3,4	27	16,8	5,1	3,2
Irlande	24,2	16,8	6,5	22,7	19,6	4,4	0,6
Angleterre	33,4	20,8	18	28,7	18,2	32	6,0
Italie	38,0	30,9	24	33	23,8	32	2,3
Allemagne	37,2	25,6	33	35,6	22,1	56	4,5

CMT : coefficient multiplicateur de transition (rapport de la population de 1910 à celle de 1750, pour l'Irlande, rapport de la population de 1910 à celle de 1820).

Moyenne quinquennale des taux de mortalité (en ‰) et taux moyen annuel d'évolution en (‰).

	Taux de mortalité		Taux annuel d'évolution	
Période	Norvège	Suède	Norvège	Suède
1750-1754	25,42	26,14		
1800-1804	25,08	25,98	-0,02	-0,01
1850-1854	17,30	21,34	-0,74	-0,39
1900-1904	14,76	15,74	-0,32	-0,61
1925-1929	11,10	12,08	-0,98	-1,05

Selon ce modèle théorique, la mortalité entame sa diminution avant la fécondité et, pendant la phase initiale du processus, l'écart croissant entre taux de mortalité et taux de natalité assure une croissance maximale. Dans une seconde phase, la fécondité baisse à son tour, à un rythme plus ou moins rapide, mais le nombre des naissances continue à augmenter car les générations en âge de reproduction sont très nombreuses.

À la veille de la Première Guerre mondiale, l'Europe a, presque tout entière, adopté le nouveau régime de limitation des naissances. Lorsque les autorités prennent conscience de cette baisse de la fécondité, elles sont souvent promptes à dénoncer les risques de décadence, voire de catastrophe nationale. La séparation des couples consécutive à une guerre bien plus longue que ce que l'on pensait va encore réduire le niveau des naissances, et plus jamais les Européens ne représenteront le quart des habitants de la planète.

bibliographie

É. van de Walle « La révolution démographique, 1750-1914 », *in* BARDET Jean-Pierre, DUPÂQUIER Jacques, *Histoire des populations de l'Europe*, t. II, Paris, Fayard, 1998.

Le triomphe de la famille bourgeoise ?

La famille européenne a, très tôt, pratiqué ce que Malthus appelle le « contrôle préventif » de la croissance démographique. Le modèle européen du mariage, surtout repéré dans l'Europe du Nord-Ouest, présente deux caractéristiques majeures : l'âge au premier mariage est relativement élevé pour les femmes – au-delà de 24 ans – et une part importante de la population, autour de 15 %, est vouée au célibat définitif. La pratique de l'âge tardif au mariage est une forme de restriction de la fécondité. Dans les civilisations où les femmes se marient dès 14 ou 15 ans, la période de fécondité est augmentée d'une dizaine d'années. Le mariage tardif différencie l'Europe des autres aires culturelles où le mariage précoce des femmes est la norme. Ce n'est qu'à la fin du XIXe siècle, une fois le déclin de la fécondité bien entamé, que l'âge au premier mariage diminue pour les femmes et que la proportion des couples mariés augmente. À ce modèle européen du mariage s'est associé le modèle bourgeois de la famille qui connaît alors son véritable triomphe.

Le modèle bourgeois de la famille

La famille est au cœur des réflexions sur les rapports entre le public et le privé. Elle apparaît comme la cellule de base de la société et elle est, par excellence, l'instance régulatrice des tensions que suscitent les transformations sociales. Dans les différents pays d'Europe occidentale, la réflexion sur l'organisation de la cellule familiale, sur la division sexuelle des rôles, occupe penseurs et observateurs sociaux. Qu'il s'agisse de Bentham et des utilitaristes en Angleterre, des libéraux français avec Guizot ou Royer-Collard ou de Hegel et des *Principes de la philosophie du droit* (1821), ce qui est à l'œuvre est bien la relation entre l'individu et le collectif et sa médiation par la cellule familiale, « cercle » essentiel de la société civile. Au sein de la famille, le chef naturel est le père et il règne sur la maison. « La maison est le fondement de la morale et de l'ordre social. Elle est le cœur du privé, mais d'un privé soumis au père, seul capable de domestiquer les instincts, d'apprivoiser la femme. » (Michelle Perrot). Parallèlement à cette valorisation de la cellule familiale se développe l'idée que l'épouse a une fonction particulière dans la construction du bonheur conjugal puisqu'elle doit sacrifier ses désirs à ceux de son époux ou à ceux de ses enfants, son bonheur est toujours un bonheur par procuration. La signification morale du rôle des femmes comme mères et comme épouses, leur nécessaire abnéga-

Un « classique » du portrait de famille : Dominique Ingres, *La Famille Stamaty*, 1818.
Les joies de la famille sont mises en scène et un rôle est assigné à chacun des personnages : le père a un geste napoléonien, la mère est en représentation, la jeune fille est au piano.

tion, est bien explicitée par l'économiste John Stuart Mill dans son ouvrage *De l'assujettissement des femmes* (1869) : « Toute femme est élevée dès son plus jeune âge dans la croyance que l'idéal féminin est radicalement l'opposé de celui des hommes ; ne pas s'entêter ni faire preuve d'autonomie, mais se soumettre et céder à la domination d'autrui. Toutes les morales lui enseignent que tel est le devoir de la femme, et toutes les sensibleries en cours lui confirment que c'est sa nature de vivre pour les autres ; vivre dans la plus totale abnégation à leur égard et ne vivre que dans leur affection. »

On a pu considérer que, dans la famille bourgeoise, le développement de liens affectifs plus intenses entre mère et enfants avait favorisé l'émergence du contrôle des naissances mais de nombreuses familles de la bourgeoisie sont très fécondes, que l'on pense à la descendance des élites textiles du nord de la France, par exemple. En fait, la limitation des naissances n'est pas au centre du modèle familial de la bourgeoisie. Elle correspond davantage aux aspirations de la moyenne bourgeoisie confrontée aux menaces pesant sur l'équilibre financier de la famille et ses possibilités d'ascension. Par ailleurs, ce modèle ne s'est imposé que progressivement aux familles de la bourgeoisie. Les femmes d'industriels ou de négociants du début du siècle ne sont pas confinées à la gestion du foyer conjugal, à l'éducation des enfants ou à la participation aux bonnes œuvres, elles épaulent leur mari dans la gestion des affaires. Au contraire il en va différemment pour leurs filles et plus encore pour leurs petites-filles.

L'adoption du modèle bourgeois dans les autres milieux ?

L'idéologie qui confine les femmes dans leur rôle maternel et dans la sphère privée, laissant aux hommes la sphère publique, ne peut réellement être pratiquée dans les familles de la petite bourgeoisie. Pour des milliers de petits boutiquiers ou pour les couples dont l'activité se déroule dans l'atelier familial, cette séparation des rôles ne peut être de mise. Et pas davantage dans les campagnes. Par ailleurs dans la contradiction que rencontrent les épouses pour être en même temps agent de production et mère de famille, la solution est souvent le recours à la mise en nourrice ou la limitation des naissances. Quoi qu'il en soit, les élites se sont beaucoup moins intéressées à la moralisation des familles de la petite bourgeoisie qu'à celle des familles ouvrières. Ces dernières ont mobilisé l'attention de très nombreux observateurs sociaux pour qui le concubinage généralisé est la démonstration de l'immoralité qui caractérise le monde ouvrier. Or le concubinage n'existe pas seulement dans la classe ouvrière et nombre de couples concubins appartiennent à d'autres groupes sociaux. Quoi qu'il en soit, on ne retient plus aujourd'hui les interprétations d'Edward Shorter, qui, au milieu des années 1970, voulait voir dans le concubinage ouvrier une manifestation contestataire ou la preuve d'une hypothétique révolution sexuelle mise en œuvre par les femmes du monde ouvrier. En fait, il n'y a pas, le plus souvent, d'opposition entre mariage et concubinage, simplement le premier type d'union implique une certaine richesse qui n'est pas exigée par le second type. La naissance d'un enfant pouvait aussi favoriser le passage de l'union libre à l'union légale. Surtout, le concubinage ouvrier correspond à une sociabilité où les solidarités sont davantage fondées sur le voisinage alors que les solidarités de la bourgeoisie s'appuient essentiellement sur les liens du sang.

LA FEMME : UNE MÈRE ET UNE ÉPOUSE POUR LE MILITANT OUVRIER.

Au sortir de la guerre, les femmes ne sont toujours pas acceptées comme des égales dans certains milieux syndicalistes. Avant le conflit, des ouvriers du livre avaient fait grève pour protester contre l'emploi de femmes typographes.

« Dans une société qui devrait être bien faite [...] la femme, compagne d'un homme, est faite d'abord pour faire des enfants, ensuite pour les débarbouiller, tenir son ménage en état de propreté, éduquer son petit, s'instruire en l'instruisant et rendre l'existence de son compagnon la plus heureuse possible de façon à lui faire oublier l'exploitation monstrueuse dont il est victime. Pour nous, voilà son rôle social [...]. »

Syndicat général des industries chimiques, CGT, 1920.

L'établissement du modèle bourgeois de la famille dans le monde ouvrier est envisagé comme une solution à la question sociale. Il se double d'une ségrégation sexuelle dans le travail. Elle a été renforcée par l'émergence du concept de ménagère professionnelle qui apparaît à la fin du XIXe siècle et par l'adoption de l'idée de salaire familial par le mouvement ouvrier européen. On peut en voir la démonstration dans les prises de position de syndicalistes défendant l'existence du foyer et de la famille avant et encore longtemps après le premier conflit mondial.

bibliographie

BURGUIÈRE André, KLAPISCH-ZUBER Christiane et *al.*, *Histoire de la famille*, t. II, « Le choc des modernités, », Paris, Armand Colin, 1986.

LYNCH Katherine, LEE Robert, « Permanences et changements de la vie familiale », *in* BARDET Jean-Pierre et DUPÂQUIER Jacques, *Histoire des populations de l'Europe*, t. II, « La révolution démographique, 1750-1914 », Paris, Fayard, 1998.

PERROT Michelle, « La famille triomphante », *in* ARIÈS Philippe et DUBY Georges (dir.) *Histoire de la vie privée*, t. IV, Paris, Seuil, 1987.

L'entrepreneur

Choisir parmi ces éléments constitutifs d'une entreprise – les capitaux, les produits, les métiers, les établissements, les propriétaires, le personnel, l'entrepreneur, les employés –, celui qui lui donne son identité n'est pas chose aisée. C'est dans le but de mieux cerner cette identité qu'a été forgé, au XXe siècle, le concept assez vague de culture d'entreprise. Au XIXe siècle, au contraire, il ne fait aucun doute que l'entrepreneur et sa famille sont les éléments essentiels de cette identité.

Héritiers et parvenus

On a longtemps considéré que les fondateurs d'entreprise des débuts de la Révolution industrielle en Grande-Bretagne vinrent de toutes les classes sociales et de toutes les régions du pays. En fait, là comme ailleurs, la grande majorité des entrepreneurs est issue du commerce ou de la proto-industrie. Souvent les interprétations qui abordent le problème de la mobilité sociale, et plus spécifiquement celui de l'origine sociale des entrepreneurs généralisent hâtivement à partir des quelques biographies dont la représentativité n'est pas établie et que des études plus systématiques ont souvent remises en cause. Avant de les présenter, dressons deux portraits qui renvoient à deux types différents d'entrepreneurs et qui aideront à mieux poser les problèmes.

L'histoire de la famille Motte-Bossut, passée en trois générations du commerce à l'état de marchands manufacturiers, puis à celui de filateurs, est typique d'une vieille famille, enracinée à Tourcoing depuis le XVIIe siècle et qui accède progressivement à la notabilité. Alfred Motte, né en 1827, est le dernier fils de Jean-Baptiste Motte, filateur et tisseur de cotonnades, premier industriel d'une famille de marchands fabricants. Alfred épouse sa cousine Louise Desurmont – son frère Étienne épouse la sœur de Louise – et après le décès de Louise, il se remarie avec Léonie Grimonprez, cousine de sa mère. La famille Motte est coutumière des mariages entre cousins. Dans les années 1840, la filature de coton Motte-Bossut emploie plus de 500 ouvriers et réalise 4 millions de francs de chiffre d'affaires. La prise en compte de tous les établissements qui appartiennent à la même mouvance familiale (Grimonprez-Bossut, Desurmont, Wattine...) augmente encore ce total de 4 millions de chiffres d'affaires et de plus d'un millier d'ouvriers. C'est dire l'impor-

La dynastie Motte-Bossut.

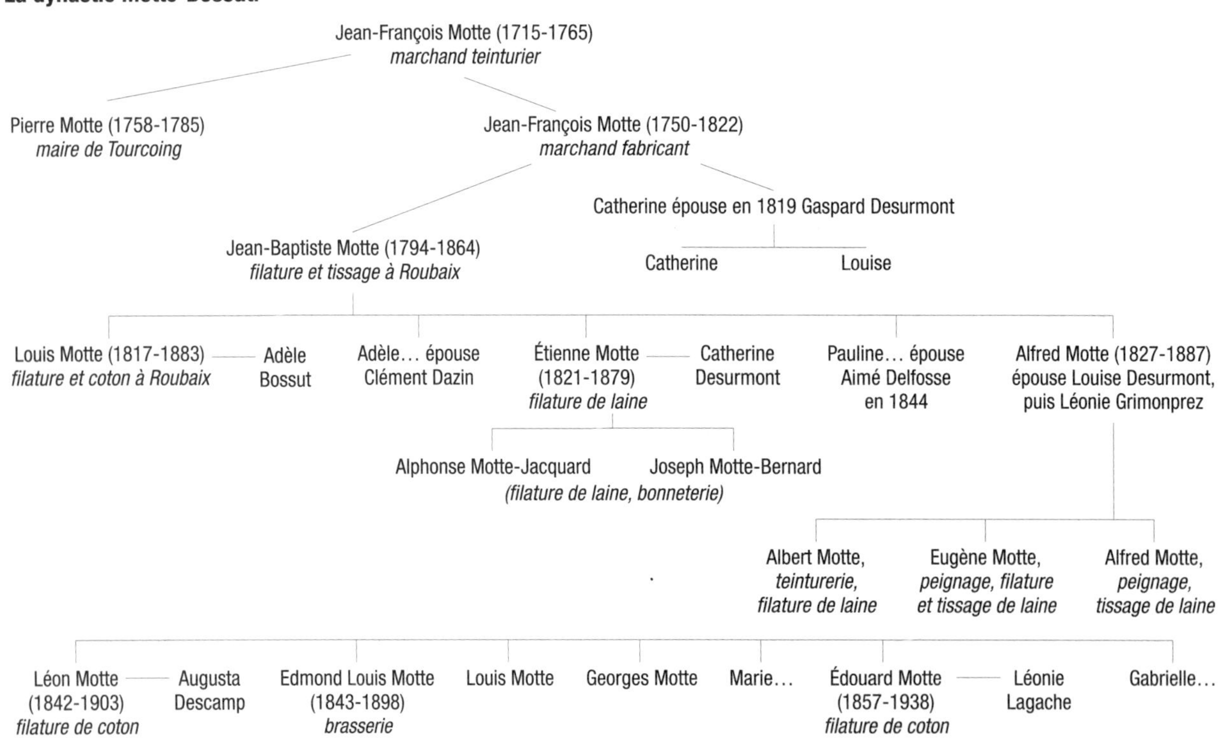

D'après Patrick Verley, *Entreprises et entrepreneurs du XVIIIe siècle au début du XXe siècle*, Paris, Hachette, coll. « Carré Histoire », 1994.

tance des réseaux familiaux dans le développement des entreprises où l'endogamie familiale évite la dispersion du capital. La famille constitue le premier réseau de soutien des entrepreneurs ; elle permet de rassembler les capitaux tout en maintenant le secret des affaires. La nombreuse descendance de la famille Motte permet de développer une véritable stratégie matrimoniale qui sert « à réunir des capitaux, à multiplier les liens avec les autres industriels de la même profession, à intégrer dans la famille des associés importants » (P. Verley).

Voici maintenant l'histoire d'August Borsig qui illustre les possibilités de mobilité sociale ascendante, surtout lorsque l'individu dispose de compétences techniques. Ce fils de charpentier, né en 1804, suit les cours de l'institut technique de Charlottenburg à Berlin avant de travailler dans l'entreprise de Eggels, qui, après son séjour en Angleterre, construit la première machine à vapeur allemande. Devenu directeur technique de cette entreprise, il décide de fonder sa propre entreprise à 33 ans. Ses économies ne représentent que 12 % du capital nécessaire à cette création. L'essentiel du capital est donc fourni par des amis. « Ce type de préfinancement est très caractéristique des entreprises fondées avant 1850. » (P. Verley.) L'une des premières locomotives allemandes sort des ateliers de Borsig qui, dès 1847, occupent plus de 1 000 ouvriers et produisent 67 locomotives par an. À sa mort en 1850, les trois quarts des locomotives prussiennes ont été fabriquées dans ses ateliers.

Le recrutement des élites industrielles

La formation des élites est un des points fondamentaux de l'étude de la mobilité sociale. La question comporte deux volets : la destinée sociale des enfants nés au sein des élites d'une part, le recrutement des élites d'autre part. Pour les élites, plus fréquentes sont les études qui privilégient l'approche par le recrutement. Étudier le recrutement, c'est se demander combien, parmi les industriels, sont fils d'ouvriers, de commerçants, d'employés… et, bien sûr, d'industriels. Dans ce dernier cas, on parle d'auto-recrutement.

Parmi les industriels américains nés pendant les trois premières décennies du siècle, 63 % sont nés au sein des élites et un quart est issu des classes moyennes. À aucun moment et dans aucun pays, la part des industriels dont les parents appartiennent aux élites n'est inférieur à 60 %. Le plus souvent, la part de l'auto-recrutement atteint les deux tiers, voire les trois quarts, et il est significatif que la part des fils d'ouvriers dans le patronat soit toujours la plus faible. Les mobiles ascendants sont donc rares. À la lecture de ces données, il est clair que les trajectoires les plus fréquentes ressemblent à celle d'Alfred Motte plus qu'à celle d'August Borsig. Les héritiers ne représentent pas la totalité des entrepreneurs mais les *self-made-men* ou les « fils de leurs œuvres » ne sont pas les plus nombreux.

Le recrutement des élites industrielles (en %)

	Élites	Classes moyennes	Monde ouvrier	Agri-culteurs
États-Unis 1801-1830	63	25	2	11
États-Unis 1861-1890	73	19	2	6
Allemagne 1800-1870	67	30	0	2
Allemagne 1871-1914	67	31	0	4
Grande-Bretagne 1865	76	7	4	13
Grande-Bretagne 1875-1895	73	11	3	13
France 1912	75	22	3	0

Les dates indiquées correspondent aux générations de naissance pour les statistiques américaines et à la période d'activité dans les autres cas. Il s'agit parfois de l'ensemble du patronat, parfois de celui de branches industrielles spécifiques.

En terme de destinée sociale, il est clair que le nombre d'enfants, et en particulier de fils arrivés à l'âge adulte, est un paramètre important. À la fin du XIXe siècle, la situation devient très délicate pour les cadets qui ne trouvent plus de place libre dans le Nord usinier, berceau de la famille Motte, et, pourtant, il faut bien « une cheminée qui fume » pour s'établir… Pour les plus dynamiques, la seule solution est l'émigration. Et l'on retrouve des cadets des familles textiles du Nord dans la région de Pawtucket et de Woonsocket, la zone cotonnière de Nouvelle-Angleterre, ou en Afrique du Nord.

L'hypothèse d'un profond renouvellement des élites économiques, née dès le début du XIXe siècle et diffusée par des contempteurs de l'industrialisation, est avant tout un mythe qu'ont d'ailleurs pu contribuer à alimenter les entrepreneurs eux-mêmes. En effet, pour se mettre en valeur, comme le montre la lecture de leurs dossiers de légion d'honneur ou celle de leurs nécrologies, ils ont tendance à minorer la part que leurs ascendants ont pu tenir dans leur réussite.

b*ibliographie*

BEDARIDA François, *L'Ère victorienne*, Paris, PUF, 1993.

VERLEY Patrick, *Entreprises et entrepreneurs du XVIIIe siècle au début du XXe siècle*, Paris, Hachette, coll. « Carré Histoire », 1994.

VERLEY Patrick, *La Révolution industrielle*, Gallimard, coll. « Folio », 1997.

Modernisation de l'agriculture et industrialisation

Afin de rendre compte des transformations économiques et sociales qui caractérisent le XIXe siècle, on emploie très souvent le terme de Révolution industrielle et l'on fait, souvent, de la Révolution agricole un préalable indispensable à cette mutation qui a modifié l'ensemble des rapports sociaux. Tous les historiens ne s'accordent pas sur la pertinence de ces notions et sur les relations de causalité qui existeraient entre la seconde et la première.

Révolution agricole et industrialisation

Observons d'abord ce qu'il en est de la causalité : de nombreuses analyses théoriques insistent sur l'importance des antécédents agricoles. C'est le cas de Marx avec son interprétation des *enclosures* qui auraient libéré la force de travail nécessaire à l'industrie et, de Paul Bairoch, pour qui les transformations rapides de l'agriculture auraient permis de dégager les capitaux nécessaires aux premières entreprises industrielles de type moderne. Ces interprétations sont aujourd'hui battues en brèche et l'on insiste sur les retombées que l'industrialisation a eu sur la productivité agricole. Patrick Verley souligne même que le cas de l'économie suisse permet d'interpréter l'industrialisation comme une réponse à la médiocrité de l'agriculture... Par ailleurs, l'existence même d'une révolution agricole a été fortement remise en cause.

D'autres analyses vont plus loin et remettent en cause la pertinence de l'expression Révolution industrielle, lui reprochant de trop mettre l'accent sur les ruptures et pas assez sur les continuités. Comme le souligne François Caron, « la société industrielle ne s'est pas construite contre la société moderne : elle a été enfantée par elle ». La thèse évolutionniste est confortée par l'examen des indicateurs macro-économiques où se lisent davantage des modifications progressives que des discontinuités. D'autres auteurs, comme Patrick Verley, restent fidèles à l'idée d'une Révolution industrielle en Europe occidentale car, plaident-ils, les indicateurs macro-économiques, dans le cadre national, ne sont pas les mieux à même de mettre en lumière les ruptures. Selon eux, seuls certains secteurs dynamiques, comme la filature dans l'industrie du coton, sont à l'origine de la Révolution industrielle et des indicateurs nationaux qui agrègent secteurs dynamiques et secteurs traditionnels ne permettent pas de percevoir les ruptures. Surtout, soulignent-ils, « la reconnaissance de l'absence de discontinuité n'est pas épistémologiquement très enrichissante » (P. Verley). Ce qu'il faut retenir de ces débats, c'est à tout le moins que l'utilisation de l'expression Révolution industrielle ne va pas de soi et qu'il ne faut pas l'utiliser comme un événement évident. Bel exemple de la construction des « faits » historiques.

POUR DES MÉTHODES PLUS MODERNES.

Un métayer veut persuader le régisseur de moderniser les façons culturales.

« Pour les choses de la culture, je n'étais pas de ceux qui aiment à se lancer dans les nouveautés, dans les frais, sans savoir ce que seront les résultats. Mais quand j'étais à même de me pouvoir convaincre de la supériorité d'un outil, je l'adoptais sans retard. C'est ainsi que dès mon entrée à "La Creuserie", je m'étais muni de deux bonnes charrues qui faisaient plus vite que l'araire du bien meilleur travail. J'aurais voulu décider le régisseur à faire chauler nos terres, sachant que tous ceux qui avaient expérimenté la chaux s'en déclaraient enchantés. Mais M. Parent, toujours craintif, faisait la grimace, objectant que ça entraînerait des frais trop considérables. Il s'en tenait au but essentiel de pouvoir verser au propriétaire une somme au moins équivalente à celle qu'il lui avait remise l'année d'avant. C'est qu'en effet, s'il y avait régression, M. Frédéric, sans admettre de raisons, témoignait de sa mauvaise humeur et de son dépit : "Bientôt les revenus de mes propriétés ne suffiront plus à payer l'impôt !... »

Cependant nous nous entendions, les métayers des six domaines, pour revenir fréquemment sur cette question de la chaux ; nous insistâmes si fort que M. Parent finit par en parler au maître qui répondit de son air le plus bourru : "Si j'avais voulu m'occuper moi-même de mes biens, il est clair que je ne vous aurais pas pris comme régisseur ! Arrangez-vous à tirer des domaines tout ce qu'ils peuvent donner, de façon que les bénéfices aillent en augmentant. Il ne m'appartient pas de vous indiquer les meilleurs moyens d'y parvenir. Ceci est votre affaire et non la mienne."

M. Parent restait donc perplexe, hésitant entre la crainte des débours à faire tout de suite et le désir d'augmenter les rendements futurs. Mais la crainte l'emportait et nous en restions là. »

Émile Guillaumin, *La Vie d'un simple* (1904).

Essor agricole, essor industriel et société englobante

Il ne faut pas voir la collectivité paysanne comme un monde fermé, sans communication avec l'extérieur. Elle entretient tout un ensemble de relations qui pèsent fortement sur ses comportements. Le village n'est pas sans lien avec les autres villages, dans une relation souvent ambivalente de similarité et de rivalité. Surtout, il n'échappe pas à la société englobante. En ce sens, la société paysanne constitue une société partielle ou une « demi-société » car elle ne peut rompre le lien avec les noyaux citadins. La ville et la campagne ne peuvent s'ignorer.

L'essor industriel a pesé sur le devenir des agricultures européennes. D'abord en favorisant l'ouverture des campagnes et, dans ce domaine, le développement des réseaux ferrés est essentiel. Le lait de Basse-Normandie arrive régulièrement sur le marché parisien à partir du second Empire. La spécialisation régionale s'amorce: dans la vallée d'Auge, la culture des céréales décline de 15 % et les surfaces consacrées à l'élevage progressent de plus de 50 % entre 1873 et 1941. Même si une réaction agrarienne, fondée sur le mythe de l'unité de la société rurale, tend à maintenir les campagnes dans un état de séparation par rapport à la société globale, et en particulier face au monde urbain, le monde rural a été obligé de s'ouvrir et de se transformer sous la pression de la demande citadine. Les recherches scientifiques débouchent sur des améliorations de productivité. Le cas est particulièrement patent dans les pays allemands où les écoles d'agriculture diffusent rapidement les innovations techniques.

LE CHEMIN DE FER DANS LES CAMPAGNES.

« Malgré ses courbes, et en dépit des criailleries diverses, le petit chemin de fer fonctionnait. Nous entendions chaque jour ses sifflements et trépidations et nous distrayions à le voir passer. Les premiers temps, nous craignions pour nos bêtes – le passage à niveau du chemin ne laissant pas que d'être dangereux. Sans compter qu'au pâturage elles pouvaient s'aviser de franchir la palissade, de descendre sur la voie. Nous pestions de compagnie contre ces inventions enragées destinées à enlever toute tranquillité au pauvre monde des campagnes. La bourgeoise, selon l'habitude, exagérait dans le mauvais sens, disant qu'on ne pourrait plus avoir de chèvres, de cochons ni de volailles. Par contraste je m'efforçais à l'optimisme. De fait nous n'eûmes jamais d'écrasé qu'un trio d'oisons nigauds. »

Émile Guillaumin, *La Vie d'un simple* (1904).

La modernisation de l'agriculture se traduit d'abord par une extension de l'espace agricole. En Allemagne encore, la surface agricole augmente de 5 % entre 1840 et 1880. En France, les gains sont beaucoup plus faibles. Par ailleurs, le recul de la jachère – obtenu par le perfectionnement des assolements et la progression de la culture de la betterave sucrière – favorise l'augmentation de la production agricole. En Bohême, par exemple, entre 1848 et 1875, la part du territoire occupée par la jachère diminue de 22 % à 5 %. On passe d'une économie grande consommatrice d'espaces à une économie céréalière plus intensive qui libère des espaces pour la viticulture et plus encore pour l'élevage. Parallèlement, le recours aux engrais et aux amendements devient plus régulier. Le rôle de l'industrie chimique allemande qui profite des mines de potasse ou de la déphosphoration du minerai de fer est là aussi essentiel. Les lignes maritimes transocéaniques assurent le transport des guanos chilien ou péruvien qui sont, avant l'utilisation des phosphates d'Afrique du Nord, essentiels à l'amélioration des rendements européens. Enfin, la mécanisation joue un rôle important dans la transformation du travail agricole, mais là aussi les différences d'une région à l'autre sont fondamentales. Quoi de commun entre la grande exploitation du Bassin parisien et du nord de l'Allemagne, et les petites exploitations familiales du Massif central ?

Les freins à la modernisation de l'agriculture

Des freins solides empêchent la transformation rapide d'une partie de l'agriculture européenne. La faiblesse de l'investissement n'est pas le moindre. Le développement du crédit mutuel est tardif et ne suffit pas toujours à briser le poids de la routine que renforce celui des servitudes communautaires. Localement, les préjugés sociaux et politiques ralentissent la marche de l'innovation et contribuent à expliquer la grande diversité des agricultures européennes. La diffusion de l'innovation renvoie à la nature des liens personnels et des liens familiaux, comme l'a fort bien montré Émile Guillaumin dans *La Vie d'un simple* (1904) en soulignant les relations complexes entre métayers, régisseurs et propriétaires de la terre. Les journaliers se sont souvent opposés, par la violence, aux premières faucheuses et aux premières moissonneuses, mais cette opposition n'a pas empêché la mécanisation. Il ne faut pas voir dans ce que l'on appelle souvent trop facilement l'exode rural la conséquence de la mécanisation de l'agriculture et l'on doit rappeler qu'en France par exemple, la population active employée dans le secteur primaire progresse nettement du second Empire à la veille du premier conflit mondial, passant de 7,3 millions d'actifs en 1856 à 8,8 millions en 1906. Les premiers à quitter les villages sont souvent les artisans et la structure sociale des villages s'en est trouvée simplifiée.

À la veille de la Première Guerre mondiale, les relations entre agriculture et industrie sont complexes et d'une grande diversité. La précocité des mutations industrielles en Grande-Bretagne fait de ce pays un cas particulier. Seule 11,5 % de la population active y est employée dans le secteur primaire. En Europe continentale, cette part n'est inférieure à 30 % qu'en Belgique et qu'au Pays-Bas. En Allemagne, elle est de 36 % et en France de 41 %. En Europe du Sud, elle dépasse les 50 %, et en Bulgarie ou en Roumanie, elle est de l'ordre de 80 %.

b*ibliographie*

CARON François, *Le Résistible déclin des sociétés industrielles*, Paris, Perrin, 1985.

VERLEY Patrick, *La Révolution industrielle*, Paris, Gallimard, 1997.

Mutations technologiques et société ouvrière (*L'exemple de la verrerie*)

Le XIXᵉ siècle voit se produire de grandes mutations techniques. Du textile à la métallurgie, de la chimie à l'électricité en passant par le développement des moyens de transport, les conditions de la production connaissent de nombreuses innovations. Le délai entre la découverte et son application à grande échelle peut être de plusieurs décennies mais, une fois adoptées, les innovations modifient les conditions de vie des hommes et des femmes. Le cas de la verrerie est assez révélateur des transformations sociales provoquées par les mutations technologiques. Les études menées sur les migrations des verriers soulignent le lien qui existe entre les deux.

La verrerie traditionnelle

Les techniques de fabrication du verre creux (flacons, bouteilles, mais aussi gobelets, assiettes...) n'ont guère évolué avant la fin du XIXᵉ siècle. Comme dans l'Antiquité, le cueillage du verre se fait toujours à la canne, la forme est ébauchée à l'aide d'un outil, le soufflage se fait à la bouche dans un moule qui n'est désormais plus en bois mais en céramique ou en métal et surtout qui n'est plus monocoque mais formé de deux demi-coquilles, ce qui permet de démouler des bouteilles cylindriques et non plus seulement coniques. En soufflage traditionnel, trois hommes fabriquent environ 500 bouteilles en une journée. Un aide va cueillir à l'aide de la canne (un bâton creux de 1,80 m) le verre en fusion et le souffleur travaille ensuite la pâte pour donner forme à la bouteille.

Traditionnellement les flacons et les bouteilles sont soufflés et chaque four est servi par une équipe de quatre ou cinq hommes. Le souffleur et le « grand garçon » sont les plus qualifiés de l'équipe, ils sont aidés par des porteurs ou des gamins qui le sont beaucoup moins. Le savoir technique du souffleur et de son équipe exige un long apprentissage qui a lieu dès l'adolescence et qui se double de l'apprentissage des valeurs du métier. Le métier est difficile et la mortalité des verriers élevée, plus encore que celle des mineurs pourtant exposés. À Carmaux, Rolande Trempé a calculé qu'au début du XIXᵉ siècle les mineurs meurent en moyenne à 55 ans alors que les verriers meurent à 38 ans.

Les métiers à fort apprentissage technique sont souvent des métiers fermés. Ils associent un recrutement géographique particulier et une forte tendance à l'endogamie professionnelle : les ouvriers ont souvent pour épouses les filles d'ouvriers exerçant les mêmes activités qu'eux. En va-t-il ainsi pour les verriers ? Les ouvriers les plus qualifiés sont tous originaires des villes de verrerie mais, si les mariages entre verriers et filles de verriers ne sont pas rares, ils ne sont pas pour autant la règle générale. Ce qui est sûr, c'est que les verriers sont de grands nomades. Leurs déplacements ne se font pas au hasard ; ainsi ceux de Jean Faussurier, un verrier né à la fin du second Empire à L'Abergement-Sainte-Colombe dans la banlieue de Chalon-sur-Saône, parti travailler à Rive-de-Gier. À 26 ans, il quitte les bords du Gier pour Carmaux. Il s'y trouve d'ailleurs l'année de la grande grève de la verrerie Résseguier dont les ouvriers, appuyés par Jaurès, vont fonder la verrerie ouvrière d'Albi. Jusqu'à 45 ans, il revient plusieurs fois à proximité de

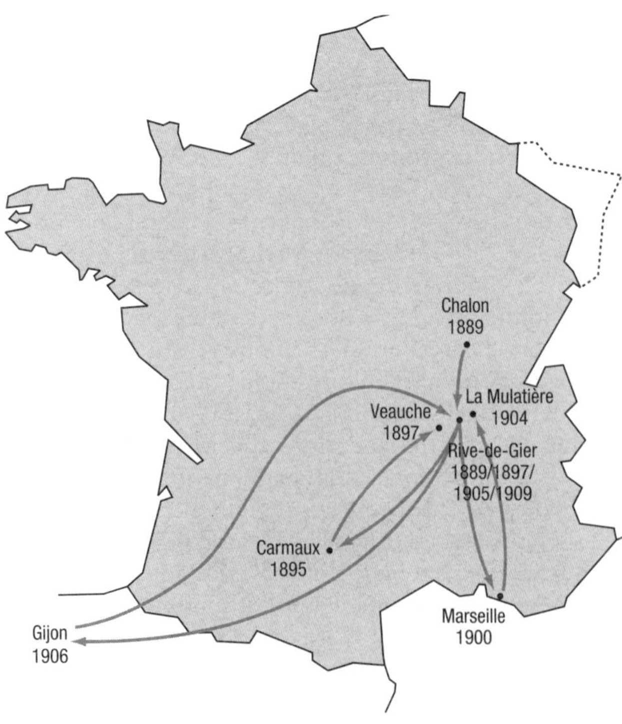

L'itinéraire du verrier Jean Faussurier. D'après Yves Lequin, *op. cit.*

sa région de naissance mais se rend également à Marseille, à La Mulatière, dans la banlieue lyonnaise, et même en Espagne, à Gijon. Chaque étape de sa vie passe par une ville de verrerie. Cet itinéraire est exemplaire des migrations professionnelles lointaines qui sont liées à la maîtrise d'un savoir-faire rare. Le verrier vit dans le monde de la verrerie et ses migrations ne sont pas dictées par des considérations de distance mais plutôt par une connaissance des offres et des demandes d'emplois.

Transformations techniques

À partir des années 1860, les fours sont modifiés selon les techniques mises au point par Siemens, ce qui permet de faire des économies de combustible et d'avoir un chauffage continu. Avec les premières machines semi-automatiques qui existent vers la fin du siècle, et surtout avec l'emploi de l'air comprimé, le rendement quotidien de trois verriers peut atteindre 1 300 bouteilles, la productivité est ainsi multipliée par 2,6. Ces machines sont toujours alimentées par la main de l'homme mais fonctionnent avec trois moules différents, l'un pour la bague du goulot, le deuxième, le moule ébaucheur, dans lequel est soufflé, à travers le goulot, la bouteille proprement dite qui y est légèrement refroidie avant de passer dans le troisième, le moule finisseur, pour y trouver sa forme définitive. Le passage du soufflage à la bouche à l'air comprimé entraîne de grandes transformations dans le travail du verrier : d'une part les maladies professionnelles liées au soufflage s'amenuisent, d'autre part les souffleurs enregistrent une déqualification importante qui modifie les rapports de force entre industriels et verriers. Les savoirs techniques rares sont une assurance importante pour les ouvriers qualifiés mais à partir du moment où des ouvriers non qualifiés peuvent rendre les mêmes services, le pouvoir ouvrier diminue.

Par la suite, les machines vont devenir complètement automatiques, certaines machines fonctionnant par aspiration de la masse de verre nécessaire à la fabrication de la bouteille (la paraison), d'autres utilisant un *feeder*, un canal qui amène le verre en fusion au-dessus des moules. Le verre est cisaillé automatiquement et des paraisons de poids constant se répartissent dans les moules. La première machine automatique est conçue aux États-Unis au tout début du XXe siècle. En 1904, une machine de dix têtes tournantes peut produire jusqu'à 3 600 bouteilles par heure. Ces machines n'arrivent en Europe qu'à la veille du premier conflit mondial. Pendant les années trente, la cadence de production augmente encore mais surtout on s'efforce de réduire le poids des paraisons nécessaires à la production des bouteilles : une bouteille d'un quart américain qui exigeait encore 700 grammes de verre en 1932 n'en utilise plus que 500 en 1940. À cette date les souffleurs ont disparu, sauf dans les métiers d'art, et rien ne distingue plus les migrations des ouvriers des verreries de celles des autres industries.

Un souffleur de verre avec son équipe en 1910.

L'introduction de la mécanisation dans la verrerie brise une communauté ouvrière dont l'identité se fonde sur les difficultés d'un métier encore plus meurtrier que celui de mineurs mais qui donne à ceux qui l'exercent fierté et certitude. Les souffleurs ont pu établir avec les industriels du verre un *modus vivendi* qui leur procure des avantages matériels non négligeables et qui leur permet de peser sur l'embauche. Les mutations techniques de la verrerie illustrent parfaitement les relations que les formes de production entretiennent avec les modes de vie, et même avec l'identité, des mondes ouvriers.

b*ibliographie*

LEQUIN Yves, *Les Ouvriers de la région lyonnaise (1848-1914)*, t. I, « La formation de la classe ouvrière régionale », Lyon, PUL, 1977.

SCOTT Joan, *Les Verriers de Carmaux*, Paris, Flammarion, 1982.

L'industriel et la cité ouvrière

Les Schneider et les ouvriers du Creusot

La croissance industrielle du XIXe siècle a posé au patronat nombre de problèmes qu'il a dû s'efforcer de résoudre. Le logement des ouvriers ne fut pas l'un des moindres, surtout dans les sites industriels nouveaux, créés à l'écart des armatures urbaines traditionnelles. Le développement du logement patronal s'est le plus souvent manifesté par la mise en place de cités ouvrières. Les exemples sont nombreux, qu'il s'agisse des cités construites à Mulhouse par les Dollfuss, qui connaissent une grande notoriété grâce à la présentation des projets dans les Expositions universelles, de celles construites par la famille Krupp à Essen ou de celles édifiées par les Schneider au Creusot. Il ne faut cependant pas considérer que les principes de fonctionnement de ces cités, souvent associées au paternalisme, président au destin de la majorité des ouvriers. Les cités ouvrières demeurent plutôt l'exception et elles n'accueillent qu'une part minime des ouvriers mais leur influence sur les modèles de l'habitat populaire est essentielle.

Les « casernes » ouvrières

Il existe, entre le Morvan et le Charolais, un sillon houiller où le charbon est exploité dès le Moyen Âge. Là se situe Le Creusot où sont installés, peu avant la Révolution française, des hauts fourneaux au coke qui alimentent en fonte la fonderie royale d'Indret. En dépit de l'expérience de Wilkinson et de De Wendel, l'opération est assez décevante tant du point de vue financier que du point de vue industriel. En 1836, Le Creusot est acheté par le banquier Seillière, le maître de forges Boigues et par les frères Schneider, liés professionnellement et familialement aux deux premiers.

En 1836, lorsque Adolphe et Eugène Schneider arrivent au Creusot, moins de 3 000 personnes y vivent. En plus de la sidérurgie, les deux frères orientent leurs activités vers les constructions mécaniques. Du Creusot, sort, en 1838, la première locomotive à vapeur française. Dès 1856, la population dépasse les 13 000 habitants. En vingt ans, le taux de croissance moyen annuel de la population a excédé 8 % et la croissance démographique est telle que les infrastructures ne suivent pas. Il n'y a pas même une église capable d'accueillir la population et les offices religieux sont célébrés dans des locaux industriels désaffectés qui attendent une bonne dizaine d'années pour être parés d'un clocher.

Le maître de l'usine, bien que ce ne soit pas dans ses intentions initiales, est amené à construire des logements pour les ouvriers. Il s'agit d'abord de « casernes ». Ce terme d'époque rappelle que l'organisation militaire sert souvent de référence lors des débuts de l'industrialisation. Le mode de construction des casernes est peu coûteux et il permet d'entasser une population nombreuse qu'il est facile de surveiller. Les premières sont construites avant même l'installation des Schneider au Creusot. La construction de celle que l'on appelle La Combe aux Mineurs, au milieu des années 1820, marque un infléchissement important du modèle. Dans ce bâtiment de deux niveaux où chaque logement a une superficie de quelque 22 m^2, il est possible, grâce à la forte pente, de donner à chaque habitation une double orientation et un accès de plain-pied sur l'extérieur. Ainsi l'indépendance de chaque ménage est préservée. Les premiers linéaments de ce qui sera l'idéal du logement ouvrier, la maison individuelle et l'absence d'espace collectif intérieur, se manifestent alors. Les mêmes principes président à la conception des Habitations à bon marché. En effet, les HBM sont, dans la généalogie des types d'habitat, les héritiers du logement ouvrier. Georges Picot, l'un des promoteurs des HBM, fait d'ailleurs cette recommandation, plus de soixante-dix ans plus tard : « Les plans seront conçus dans la pensée d'éviter toute occasion de se rencontrer entre locataires [...] Il faut proscrire rigoureusement les corridors et les couloirs quels qu'ils soient. »

Hiérarchies dans l'usine, hiérarchies des cités

À partir de 1860, la famille Schneider construit des cités ouvrières. La cité de La Villedieu, en 1865, avec ses 105 maisons unifamiliales alignées sur la rue et ses jardins individuels, devient un modèle et l'emblème de la firme à la veille de l'Exposition universelle de 1867.

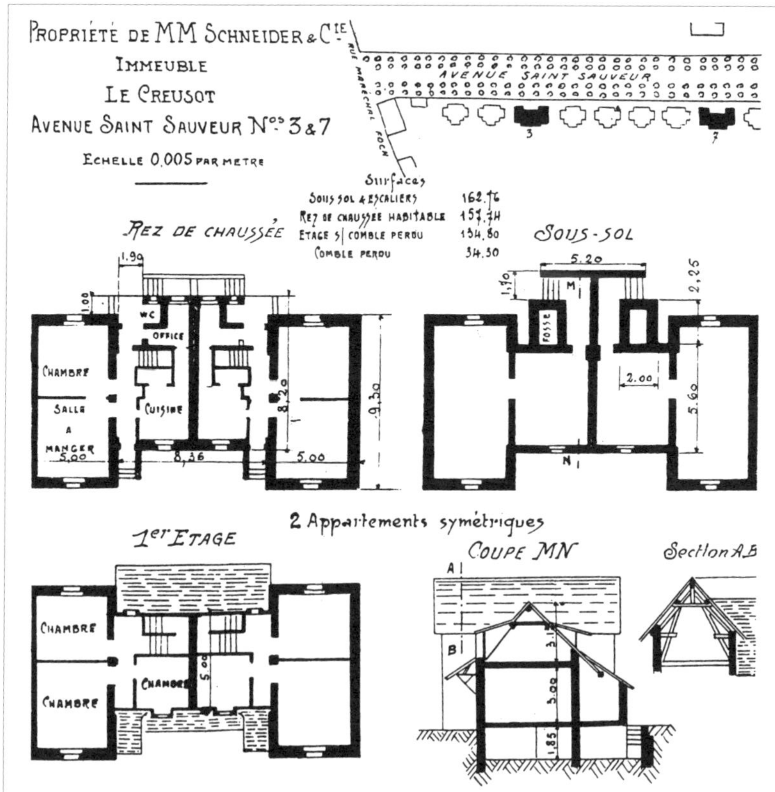

Les logements de la cité Saint-Sauveur.

Les logements de la cité Saint-Eugène.

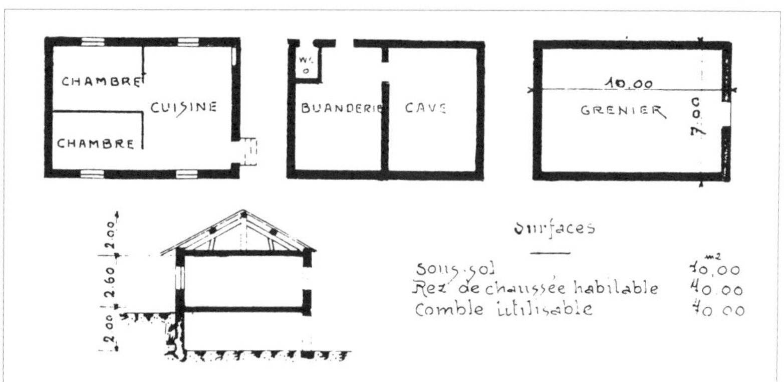

Sous le second Empire, Le Creusot devient une gigantesque usine et Eugène Schneider, un homme politique de premier plan, d'abord vice-président puis président du corps législatif. Dans le monde des affaires, ses responsabilités sont multiples : il est régent de la Banque de France et siège dans de nombreux conseils d'administration. Surtout son autorité chez les maîtres de forges est incontestée et il les regroupe, en 1864, au sein du Comité des forges. Le gigantisme de l'usine culmine au milieu des années 1870 avec 15 500 ouvriers. À cette date, Schneider est le maître de l'usine mais il contrôle aussi l'espace urbain et a les moyens de surveiller la vie quotidienne des habitants à travers l'encadrement de leurs loisirs.

Les cités ouvrières reproduisent souvent les hiérarchies de l'usine ou de la mine. Non seulement le plan hiérarchise les quartiers en séparant assez soigneusement ouvriers, contremaîtres et employés, mais la superficie des logements est proportionnelle à la place occupée. Ainsi au Creusot, la cité Saint-Eugène, construite en 1875 et agrandie en 1909, est destinée au personnel ouvrier. La surface des logements varie de 46 à 57 m². Dans la cité Saint-Sauveur, construite elle en 1905 pour des employés, la superficie varie de 70 à 120 m². La lecture des plans de ces deux types de logement montre bien que les pratiques sociales des ouvriers et des employés diffèrent sensiblement, au moins dans la conception qu'en ont la compagnie et les architectes qui réalisent les plans des cités. Alors que les maisons ouvrières sont isolées dans leur jardin, les logements d'employés forment deux appartements symétriques : la promiscuité qui doit être combattue dans le monde ouvrier comme cause d'immoralité n'est pas critiquable pour des catégories dont la moralité est avérée. Du point de vue de l'aménagement intérieur, outre les différences de superficie, il est significatif que, dans les logements ouvriers, l'accès se fasse directement par la cuisine alors que dans les logements d'employés, un couloir desserve la cuisine, munie d'un office, la salle à manger et la chambre, cette dernière pouvant fort bien devenir un salon.

La construction des cités ouvrières est souvent allée de pair avec le paternalisme patronal. Il ne faut pas pour autant considérer que les industriels ont tout contrôlé, même dans les villes-usines. Le contrôle social a été important mais il n'a pas réussi à éviter les résistances ouvrières. Et les règlements des cités pour draconiens qu'ils aient été n'ont pas toujours été respectés. Même au Creusot des grèves dures, suivies d'une répression vigoureuse, ont remis en cause le pouvoir des Schneider.

b*ibliographie*

DEVILLERS Christian, HUET Bernard, *Le Creusot, naissance et développement d'une ville industrielle, 1872-1914*, Champ Vallon, Seyssel, 1981.

DUMAY Jean-Baptiste, *Mémoires d'un militant ouvrier du Creusot, 1841-1905*, PUG / François Maspero, 1976.

La révolution des transports

Le XIXe siècle est marqué par une grande évolution dans la vitesse et le volume des déplacements. Le raccourcissement des distances-temps modifie l'accessibilité des territoires et autorise une mobilité plus rapide des biens et des personnes. Ces mutations résultent de l'amélioration des transports par route mais aussi, et surtout, de la construction des réseaux ferroviaires et du développement des transports maritimes. Les réseaux de transport interviennent à des échelles différentes. À l'échelle intra-urbaine avec la mise en place d'omnibus ; à l'échelle intercontinentale : à la veille du premier conflit mondial, des cargos frigorifiques alimentent les tables londoniennes avec des bœufs argentins.

Transports urbains

La mise en place des transports en commun a contribué aux transformations des habitudes citadines. En 1826, Stanislas Baudry fait circuler le premier omnibus à cheval à Nantes. En 1828, il crée une ligne à Paris : un omnibus tiré par deux chevaux transporte ainsi 14 passagers. Les années qui suivent voient se généraliser les omnibus à chevaux tant dans les villes européennes qu'américaines. Ces premiers omnibus, qui vont à peine plus vite que des piétons, ne transportent qu'une dizaine de passagers et affichent des tarifs prohibitifs pour la grande masse de la population. Dans les villes où existent plusieurs compagnies, la circulation est assez anarchique, d'autant que les cochers, pour arriver avant leurs concurrents, n'hésitent pas à prendre des risques dans la conduite de leur attelage : les accidents ne sont pas rares.

Le développement est cependant assez rapide, surtout lorsque se généralise la traction sur rail. Grâce aux rails, le même nombre de chevaux peut tirer des voitures deux fois plus grandes et le tramway hippomobile n'a que des avantages sur l'omnibus : moins cher, il est plus rapide et plus sûr. Les premiers rails urbains apparaissent à New York en 1832 où le premier tramway transporte une quarantaine de passagers à quelque 10-12 km/h. En 1857-1858, le parlement britannique rejette le projet de la *London Omnibus Tramway Company*. Pourtant, en 1869, après quelques essais infructueux, une ligne de tramways hippomobiles voit le jour à Liverpool et, l'année suivante, trois lignes existent à Londres. Ce n'est qu'au tout début de la troisième République que Paris possède son premier tramway hippomobile. L'étape décisive dans l'utilisation des transports urbains, entraînant une forte mobilisation de capitaux, correspond à l'électrification des réseaux.

De nombreuses villes s'efforcent d'obtenir des compagnies privées la mise en place de billets à tarif réduit pour les ouvriers afin qu'ils puissent s'installer en banlieue, dans des logements plus confortables qui, jusque-là, ne sont accessibles, en raison des prix prohibitifs des transports, qu'aux membres des couches moyennes. Les tramways cessent d'être un luxe pour devenir une caractéristique de la vie urbaine. En outre, les plus grandes villes voient se construire des métros soit souterrains comme à Londres (1863), Paris (1900) ou Berlin (1908), soit aériens comme à New York (1868). À cette date les chemins de fer, surtout utilisés pour les transports à plus longue distance, disposent déjà de réseaux desservant les périphéries urbaines et autorisant les déplacements pendulaires quotidiens : le cas de la Belgique, où des billets peu coûteux sont institués pour les ouvriers dès 1869, est de ce point de vue exemplaire. Enfin, dans le retrécissement de l'espace-temps en milieu urbain mais également dans le monde rural, il ne faut surtout pas négliger l'impact de la bicyclette. En France, le nombre de bicyclettes, qui n'atteignait pas 1 million en 1900, dépasse, en 1914, les 3,5 mil-

Le tramway de Rueil à Marly.

lions, soit l'effectif des chevaux... La bicyclette est souvent le moyen le plus commode de rallier la gare installée au chef-lieu de canton. Faut-il rappeler l'impact que la création du Tour de France, en 1903, a sur l'engouement pour «la petite reine»?

Transports à longue distance

Une fois que Stephenson a inauguré avec sa locomotive la ligne Stockton-Darlington, en 1825, la vitesse des déplacements ferroviaires augmente assez vite. Dès 1830, les locomotives de Stephenson roulent à 22 km/h sur les cinquante kilomètres séparant Liverpool de Manchester, et dès 1835 une locomotive dépasse les 100 km/h. Si à la fin du siècle, les trains de marchandises ont des vitesses qui oscillent entre 20 et 30 km/h, soit la moitié ou le tiers de celles des trains rapides pour voyageurs, cela représente tout de même une vitesse 5 à 7 fois supérieure à celle des charrettes hippomobiles. L'Angleterre, qui a également eu un rôle pionnier dans le développement des canaux, dispose dans les années 1840 de la moitié du réseau ferré européen. Sur le continent, les chemins de fer sont construits à des rythmes très différents – le développement est particulièrement lent en France – mais partout, comme le disait Jules Dupuit, ingénieur des Ponts et Chaussées et initiateur de la théorie marginaliste en économie, «on a fait des chemins de fer, non pas comme on l'a dit, par dévouement ou par patriotisme, pour mettre la France au niveau des autres nations, mais tout simplement pour gagner de l'argent; on a fait des chemins de fer comme on a fait du sucre, du café ou de la viande».

On a pu s'interroger sur l'impact que les chemins de fer avaient eu sur la croissance économique. Analysant leur rôle aux États-Unis, le plus vaste réseau du monde – 4 500 km en 1840, 465 000 en 1914 – Robert W. Fogel, prix Nobel d'économie en 1993, conteste leur caractère indispensable dans la croissance. Appliquant les méthodes de la *new economic history*, il a calculé que, en l'absence des chemins de fer, le PNB des États-Unis n'aurait, dans les années 1890, été réduit que de 7 à 8 %. Il faut cependant noter qu'aucun autre moyen de transport ne représente un tel poids dans le PNB, bien que les transports de substitution (réseau fluvial, grands lacs et système de canaux) soient, sur le continent américain, plus développés que dans nombre d'autres pays.

La croissance économique s'appuie également à la fin du XIXe siècle sur un réseau dense de transports maritimes – la flotte britannique représente plus de la moitié du tonnage mondial – où les steamers l'ont emporté à partir des années 1860 sur les voiliers, et en particulier sur les clippers. Surtout, l'organisation des transports maritimes s'est transformée au long du siècle: au début du XIXe siècle, les navires lèvent l'ancre quand le capitaine juge la cargaison suffisante, mais à partir des années 1820, à l'initiative d'armateurs de Liverpool et de New York, les départs ont lieu à jour fixe. Régularité et vitesse vont progresser et les échanges entre continents devenir plus faciles, pour les hommes comme pour les marchandises. Caractérisés par l'hégémonie européenne (62 % du commerce international en 1913), les transports maritimes sont favorisés par le percement des isthmes de Suez (1869) et de Panamá (1914).

Foule de cyclistes devant une petite gare (1900).

En un siècle, la révolution des transports a permis à l'homme de dominer l'espace planétaire. Les distances-temps sont transformées. Le mouvement n'est pourtant pas achevé à la veille de la Première Guerre mondiale: l'automobile et l'avion vont venir s'ajouter aux réseaux existants alors que les communications par câbles ont déjà permis au télégraphe d'unifier le marché mondial; la transmission des informations, qui prenait des mois et des jours, est réduite à des heures ou à des minutes... Les relations entre États en sont transformées et le caractère planétaire de l'économie renforcé.

bibliographie

STUDENY Christophe, *L'Invention de la vitesse, France XVIIIe-XXe siècle*, Paris, Gallimard, 1995.

L'électricité : fée et servante

La fin du XIXe siècle est marquée par une multiplication des innovations technologiques qui vont modifier la vie des entreprises industrielles et le quotidien des contemporains. L'électricité a exercé une grande fascination sur les contemporains et elle a fortement contribué à transformer les modes de vie. Pourtant, entre la connaissance scientifique du phénomène et ses applications industrielles, plusieurs décennies se sont écoulées.

De la découverte aux applications industrielles

Si le concept de charge électrique est acquis dès le XVIIIe siècle, si dès 1800 Volta met au point la pile chimique, et si dès 1831 Faraday dégage le concept de force électromotrice et établit les lois du phénomène d'induction électromagnétique, ouvrant ainsi la voie aux applications techniques de l'électricité, il faut attendre 1870 pour que Gramme réalise avec la dynamo le premier système de production électrique utilisable commercialement : « On peut obtenir, au moyen de cette machine, tout ce qu'on obtient avec la pile ; il y a donc lieu de penser qu'elle pourra lui être substituée avec avantage dans beaucoup de cas, soit dans les applications industrielles, soit dans les recherches scientifiques ».

Barrage de la Gittaz, La Bathie, construit en 1895.

L'irruption de l'électricité dans le monde industriel coïncide avec l'Exposition internationale d'Électricité de Paris, en 1881. Comme le dit un quotidien de l'époque, l'Exposition est pour le public l'occasion de se trouver face à un monde nouveau. Avant de devenir une force motrice pour les machines-outils, l'électricité est d'abord un moyen d'éclairage. Cet aspect est valorisé par l'Américain Edison qui présente, lors de cette manifestation, un système complet d'éclairage depuis la centrale électrique jusqu'au réseau de distribution. Pourtant, à la fin des années 1880, l'essentiel de la puissance installée pour l'éclairage électrique de Paris est le fait des théâtres, des hôtels et des grands magasins et non des stations centrales qui distribuent le courant aux particuliers.

Quoi qu'il en soit, dès le début des années 1890, l'électricité est, pour reprendre les termes de François Caron, la principale animatrice de la croissance. En Europe, les firmes allemandes sont à l'avant-garde des industries électriques même si elles exploitent de nombreux brevets américains. Siemens, par exemple, qui met au point le moteur triphasé, est aussi capable de transporter ce type de courant. À la fin du XIXe siècle, la firme est implantée à Londres, à Saint-Pétersbourg, à Vienne... Seule l'entreprise néerlandaise Philips rivalise avec les entreprises allemandes.

La transmissibilité de l'électricité devient un atout essentiel qui permet de l'utiliser loin de son lieu de production. Ce caractère est d'ailleurs à l'origine de véritables utopies qui devaient permettre d'éviter les concentrations ouvrières, toujours considérées comme dangereuses. En France, un projet de loi de 1898 l'évoque explicitement : « L'utilité sociale des distributions d'énergie n'est certes pas moindre que leur utilité économique. Notre société souffre de la concentration des ouvriers dans les grandes usines. L'atelier d'autrefois a disparu : la distribution de l'énergie à domicile permettra souvent de le reconstituer dans les campagnes, où l'artisan, sa femme et ses enfants pourront ensemble joindre le travail agricole au travail industriel et s'assurer une vie commune à la fois plus hygiénique et plus morale avec plus de bien-être. » Pour beaucoup d'économistes libéraux, la fée électricité aurait dû permettre de ressusciter les petits ateliers domestiques.

L'électrification des transports

La maîtrise de l'électricité provoque des transformations importantes dans le domaine clé de l'économie des transports. L'une des inconnues de la traction appliquée aux véhicules automobiles est celle de la nature du moteur qui pourra servir à la propulsion. Le choix doit se faire entre le moteur à explosion et l'électricité. Lors de l'Exposition automobile de Paris en 1899, plus d'une vingtaine de firmes américaines et françaises présentent des voitures. Témoignage des hésitations technologiques de l'heure, on voit même une entreprise présenter un modèle électrique équipé d'un moteur à explosion pour recharger les batteries... Les firmes qui s'intéressent à la voiture électrique n'aboutissent pas en raison de montages financiers délicats mais surtout parce qu'elles n'arrivent pas à résoudre le problème posé par le poids des batteries nécessaires au stockage de l'énergie électrique.

Ce problème a été résolu une décennie plus tôt pour les transports en commun qui ont vu s'affronter divers procédés. Le procédé qui allie câbles caténaires et trolleys l'emporte. Au début des années 1890, les tramways électriques commencent à remplacer ceux qui utilisent d'autres formes d'énergie. Au même moment, Charles J. Van Dœple à Montgomery en Alabama et Frank Sprague à Richmond en Virginie mettent au point le trolley, ce dispositif composé d'une perche et d'un organe mobile qui sert à établir le contact entre le moteur et le câble conducteur. En douze ans, le réseau électrifié américain est multiplié par près de vingt. À la veille du premier conflit mondial, il est possible de se rendre de Boston à New York sans jamais quitter le réseau des tramways électriques de la côte est des États-Unis. En Europe, le développement des tramways électriques est beaucoup plus lent, bien que les premiers essais y aient débuté. En effet, dès 1879, Siemens fait fonctionner une petite ligne de tramway électrique lors de l'Exposition industrielle de Berlin; il en fait également fonctionner un lors de l'Exposition internationale de Paris en 1881.

La Fée électricité (publicité de la fin du XIXe siècle).

En 1902, le réseau électrifié des États-Unis dépasse les 35 000 km alors qu'il est de 3 300 km en Allemagne et de moins de 2 000 km en France comme en Grande-Bretagne. La différence entre le tramway à chevaux et le tramway électrique porte, à la fois, sur le nombre de passagers et sur la vitesse. Cette dernière augmente de 25 à 50 %, permettant de multiplier le nombre de rotations d'un même véhicule; surtout, le nombre de passagers progresse très fortement, ce qui permet de réduire d'autant les coûts de transport. La réduction des coûts varie d'un réseau à l'autre mais, dans l'ensemble, elle est de 30 à 40 %. Cela permet de diminuer le prix des tickets et d'élargir la clientèle et les usages des transports urbains.

Le fluide électrique, connu par les scientifiques dès la fin du XVIIIe siècle, a bien fait pénétrer, à la fin du XIXe siècle et au début du XXe siècle, la société occidentale dans un monde nouveau sans que toutes ses potentialités soient encore exploitées dans la vie quotidienne. La Fée électricité n'a pas encore transformé l'espace domestique et l'électroménager n'a pas remplacé les servantes.

bibliographie

BELTRAN Alain, CARRÉ Patrice, *La Fée et la Servante. La société française face à l'électricité, XIXe-XXe siècle*, Paris, Belin, 1991.

L'architecture du siècle de l'industrie

Conséquence de l'industrialisation, le renouvellement des matériaux et des procédés marque en profondeur l'histoire architecturale du XIXe siècle. On n'en aurait pas moins tort de voir dans le changement d'aspect des constructions le seul héritage que nous ait légué l'époque. Car la mutation des techniques se conjugue avec l'affirmation éloquente du statut des édifices – qu'ils soient monumentaux ou ordinaires – comme avec une inflation continue de leurs ambitions idéologiques et symboliques. Dans ce siècle ambigu, les intentions les plus contradictoires peuvent cœxister, dialoguer ou s'affronter avec une surprenante franchise.

La diversité des styles

Le premier des changements, sans doute le plus significatif, tient à la définition des programmes comme à leur expression architecturale. Le débat est dans l'air depuis la fin du XVIIIe siècle, depuis que de grands académiciens (Étienne-Louis Boullée en France, John Nash en Grande-Bretagne, Karl-Friedrich Schinkel en Allemagne) se sont préoccupés de la clarification des typologies. Ils s'efforcent de distinguer des répertoires de formes adaptées à leur usage, puis d'en transcrire la signification dans le domaine de l'ornement comme du style. Quelques grandes oppositions structurent cette vision dialectique nourrie de l'opposition entre ville et campagne, maison et monument, travail et loisir, richesse et pauvreté… John Nash adopte les formes des grands palais classiques pour donner aux luxueuses «terraces» de Regent's Park (1821-1830) à Londres la dignité qui leur convient. Ce faisant, il confisque l'architecture royale en la soumettant aux ordonnances répétitives de la ville bourgeoise.

La cathédrale de Marseille conçue en 1845 par Léon Vaudoyer.

À l'autre bout de la chaîne, il est l'un des premiers à faire appel au style rustique pour les cottages pittoresques de Blaise Hamlet (1811) près de Bristol. Leurs toits de chaume, leurs volumes complexes et les grandes cheminées inspirées par la tradition nationale définissent pour plus d'un siècle le modèle de la maison de week-end. Mais quand Nash construit à Brighton, première des grandes cités balnéaires, c'est l'exotisme d'un style indien mélangeant dômes et minarets qu'il choisit pour le pavillon royal destiné aux fêtes de la cour. L'incohérence n'est qu'apparente : à travers la diversité des répertoires se lit une codification rigoureuse du statut des édifices, reflet des modes de vie alternés qui caractérisent la société contemporaine.

On retrouve ces principes lors de la construction, sur le Ring viennois, de ce que Karl Schorske nomme le «quadrilatère du droit et de la culture», c'est-à-dire le parlement, la municipalité, l'université et le théâtre pour lesquels sont choisis des styles architecturaux renvoyant symboliquement à la fonction de chaque édifice. Le style gothique du *Rathaus* vient rappeler qu'au Moyen Âge, Vienne a été une commune libre. Le baroque du *Burgtheater* renvoie à la période où la passion du théâtre était partagée par les ecclésiastiques, la cour et le peuple. Le style Renaissance est retenu pour l'université par désir de rivaliser avec le berceau de l'humanisme. Et le *Reichsrat*, qui accueille Chambre haute et Chambre basse, puise toute sa majesté dans le style grec classique.

Le discours des styles

La multitude des recueils publiés de la Révolution jusqu'à la Première Guerre mondiale nous renseigne abondamment sur cet effort systématique de catalogage. L'historicisme n'en est qu'un aspect, même si c'est le plus voyant. De prime abord la question du style est incompréhensible. Comment justifier que l'on fasse référence à l'art d'époques antérieures en renonçant à exprimer sa propre vision des choses ? Le XIXe siècle se plaint parfois de « n'avoir pas de style », tant il en a emprunté aux autres. Une telle aberration se justifie néanmoins si l'on comprend l'allusion stylistique comme une allégorie de la fonction de représentation des édifices.

Là aussi l'héritage du siècle des lumières est patent. Lorsque Nicholas Hawksmoor dessine en 1715 le premier collège néogothique d'Oxford, il justifie son projet pour des raisons de contexte, mais aussi de culture et de convenance. Après lui, les architectes du XIXe siècle n'imagineront plus d'église que médiévale et tout palais de justice devra être classique... Le style a fini par devenir une donnée du programme, l'un des moyens de le faire comprendre. Dès lors, la critique la plus fréquente que l'on fera à la tradition classique est qu'elle déguise la diversité des fonctions sous un masque uniforme. Peu à peu, le style se remplit d'ambitions ; d'ornement il devient discours. Ainsi la cathédrale de Marseille, conçue en 1845 par Léon Vaudoyer, s'affirme-t-elle comme une histoire de la chrétienté, dans l'assemblage éclectique des époques et des styles, selon les parties de l'édifice. Mais elle ambitionne également de révéler le dialogue de l'Orient et de l'Occident, par le vêtement bigarré de la bichromie de matériaux dont elle se pare. L'architecte a emprunté cette idée à Michel Chevalier, dont il transpose l'idéal saint-simonien en termes d'architecture, reprenant à son compte la formule d'Hippolyte Fortoul : « L'architecture est la véritable écriture des peuples. » La porte est ouverte à la cathédrale idéale que décrira Joris-Karl Huysmans et que construira Antoni Gaudí à Barcelone (Sagrada Familia, 1883-1926) : le vêtement du style a donné à l'architecture les moyens du récit.

Gratte-ciel de New York à structure d'acier tel qu'il apparaissait en 1904 comme siège du New York Times, et avec son ossature d'acier mise à nu en 1964.

La diversité des matériaux et des techniques

Cela ne retire rien à la passion pour les nouveaux matériaux, dont l'architecture use et abuse sans la moindre retenue. Les lanternes de verre qui éclairent les galeries du Muséum du Louvre sous un jour zénithal avouent la passion du siècle commençant pour les effets insolites de la lumière, un thème magique que gares et pavillons d'exposition multiplieront à l'envie (Crystal Palace de Londres, par Joseph Paxton, 1851). La fonte, puis le fer laminé viendront au secours de cette architecture arachnéenne dont les parois s'effaçent jusqu'à disparaître totalement, à moins qu'elles ne se parent des bigarrures de la couleur qu'autorisent la brique, l'émail et le grès, tendances dont les Expositions universelles qui se tiennent, à Paris, en 1878 et 1889, soulignent le triomphe. À la fin du siècle, les procédés industriels de production de l'acier, de la terre cuite et du verre se conjuguent dans cet édifice emblématique qu'est le gratte-ciel de bureaux, tel qu'il apparaît à Chicago, chez William Le Baron Jenney (Second Leiter Building, 1889-1891).

Tardive, la révolution des techniques ne se concrétise qu'avec la dernière décennie du siècle. Elle se situe en rupture avec la tradition savante de cette architecture cultivée, riche en allusions stylistiques comme en formules rhétoriques, qui avait été à proprement parler celle du XIXe siècle. Il n'en est pas moins vrai que, derrière un vêtement aussi somptueux que convenu, gronde la révolution latente des formes et des usages. Finalement, c'est dans l'architecture capitaliste des grandes métropoles américaines au tournant du siècle qu'elle triomphe, avant de partir à la conquête du monde.

bibliographie

HITCHCOCK Henry-Russell, *Architecture : dix-neuvième et vingtième siècles*, Bruxelles, Pierre Mardaga, 1981.

LOYER François, *Le Siècle de l'industrie*, Genève, Skira, 1983.

La restructuration des centres des grandes capitales

Dans la majeure partie des villes européennes dont le tracé des rues date d'avant la forte croissance démographique, une refonte du réseau viaire a été nécessaire pour répondre aux impératifs de circulation. Dans le même temps s'est amorcée la redistribution fonctionnelle des espaces urbains ; zones résidentielles, zones commerciales et industrielles, jusque-là confondues, se sont spécialisées.

Le percement de Regent Street à Londres

Le percement de cette artère est une innovation importante : c'est la première percée dans un centre ville surpeuplé. L'idée, pour n'être pas nouvelle, n'avait encore jamais été réalisée à une telle échelle. L'objectif de cette nouvelle rue est de relier le West End à un nouveau quartier résidentiel situé plus au Nord, sur les terres de Marylebone. Pour réaliser cette nouvelle rue, une loi fut votée par le Parlement et, grâce à l'appui du Régent, le projet de John Nash est adopté en 1812. L'architecte propose un tracé offrant de multiples avantages : l'artère passe à l'Est des beaux quartiers, près de tous les endroits à la mode, mais elle sera gagnée sur des terrains relativement bon marché, faciles à exproprier. Pour limiter les coûts de la construction, Nash associe la construction en brique, beaucoup moins onéreuse que la construction en pierre, aux facilités ornementales du stuc. Les sites les plus prestigieux sont très vite occupés par des banques ou des compagnies d'assurances.

Londres en 1852.

L'opération de Regent Street est limitée dans l'espace mais, avec elle, s'amorce un phénomène que presque toutes les villes vont expérimenter : la réorganisation de leurs centres. À chaque fois, les mêmes problèmes doivent être résolus : ceux afférant à la maîtrise du sol, aux expropriations, à l'importance des capitaux engagés, etc.

L'« embellissement » de Paris

Alors que le percement de Regent Street n'a porté que sur une partie de la ville, la transformation de Paris, survenue sous le second Empire mais que la troisième République poursuit selon des principes similaires, concerne la totalité de la capitale, le centre mais aussi les anciennes communes de banlieue situées à l'intérieur des fortifications bâties en 1841 et annexées en 1860. Ces transformations de Paris ont été voulues par Napoléon III et mises en œuvre par Georges Eugène Haussmann, devenu préfet de la Seine en juin 1853.

Les travaux sont effectués en trois étapes, en trois réseaux différents. Le premier est mené à bien avant 1858. Il aère le cœur de Paris, les quartiers où l'entassement est le plus fort. Dans le même temps, le quartier de l'Hôtel de Ville et l'île de la Cité sont dégagés. Les travaux correspondant au second réseau, financés conjointement par l'État et par la ville, débutent en 1858. Leur objectif est de relier entre eux les différents quartiers de la capitale. Le troisième réseau, financé par la ville seule, a pour but essentiel de favoriser les échanges entre l'ancien Paris et les communes annexées. La constitution de réseaux polyétoilés à l'Est, la place du Trône, et à l'Ouest, la place de l'Étoile, d'où rayonnent de grands boulevards, réorganisent l'ensemble du trafic et permettent de désengorger le centre tout en fournissant, sur des voies marquées par la monumentalité, des espaces nouveaux accueillant des appartements de prestige et des sièges sociaux des sociétés. Globalement, les sommes engagées par Haussmann pour transformer Paris s'élèvent à 2,5 milliards de francs, soit quarante fois la somme dépensée sous la monarchie de Juillet pour les premiers aménagements de la ville.

Afin de faciliter la rapidité de la transformation de la capitale, le second Empire modifie en décembre 1852 la loi sur l'expropriation : désormais un décret

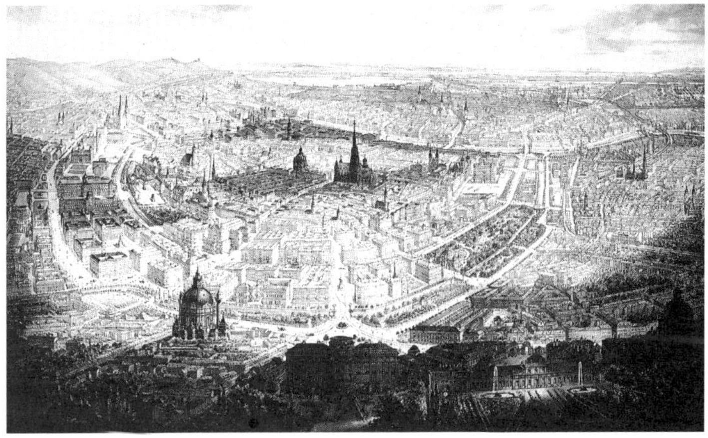

Vienne en 1873.

suffit pour exproprier sur le tracé des voies projetées. Les travaux de voirie sont confiés à des sociétés privées qui peuvent recevoir des subventions en terrains, ce qui peut faire d'elles des agents de la hausse des prix des terrains. La construction est, elle aussi, aux mains de compagnies privées. Les projets impériaux sont d'abord mal reçus par les propriétaires parisiens: « Si la population de Paris dans son ensemble était sympathique aux projets de transformation ou, comme on le disait alors, d'"embellissement" de la Capitale de l'Empire, la majeure partie de la bourgeoisie, et l'aristocratie, presque tout entière, s'y montraient hostiles », estime le baron Haussmann dans ses Mémoires.

Après 1858 pourtant, lorsque les propriétaires des terrains expropriés bénéficient d'indemnités et qu'ils peuvent réclamer les portions de terrain non utilisées par la nouvelle voie, le ton change. La récupération de lots plus petits, mais dont la viabilisation assure un forte hausse des prix, permet souvent une spéculation foncière importante.

Les transformations de Paris survenues sous le second Empire ont une grande influence sur la manière de restructurer les villes en France mais également dans le monde: de nombreuses capitales vont s'en inspirer. Lorsque Daniel H. Burnham et Edward Bennett présentèrent leur *Plan of Chicago* en 1909, ils ont pour objectif de faire de Chicago un « *Paris by the Lake* » ; l'Amérique du Sud a elle aussi ses Haussmann (voir pp. 252-253).

Le Ring viennois

Les transformations de la métropole autrichienne ne se sont pas faites dans le même contexte urbain que celles qui ont lieu à Paris. La densité de la population est beaucoup plus faible que dans la capitale française et une grande partie du territoire urbain est encore vouée à des activités agricoles. L'aristocratie réside toujours à l'intérieur des remparts et ne quitte la vieille ville que pour gagner pendant l'été, à faible distance, ses résidences des faubourgs. Ce dont manque Vienne à la veille de la construction du Ring, ce n'est pas de place pour ses activités industrielles ou commerciales, ni de place pour réduire l'entassement du centre, c'est avant tout d'espace de représentation, d'un lieu où puisse s'exprimer la pompe ostentatoire des privilégiés.

Les imposantes fortifications sont la chance d'une réorganisation à grande échelle de la ville impériale. En 1857, l'empereur François-Joseph, monté sur le trône en 1848, accepte que les fortifications et le glacis qui enserrent la vieille ville de Vienne d'une ceinture militaire de plus de quatre kilomètres de long et de plusieurs centaines de mètres de large soient utilisés pour l'embellissement de sa capitale. Ludwig von Föster gagne le concours organisé à l'occasion du remplacement des fortifications en *Ringstrasse*. L'exécution du projet s'étend sur près de trente ans mais 40 % des bâtiments sont construits entre 1868 et 1873, date du krach boursier. Le Ring marque désormais la séparation entre *Stadt* et *Vorstadt*, entre la ville et l'ancien faubourg. Les échanges entre les anciens faubourgs et le centre historique ne sont pas facilités par la construction du Ring car ils viennent buter sur le flux circulaire sans le traverser: l'ancienne ceinture militaire est devenue une frontière sociologique où se sont bâties les constructions monumentales de la bourgeoisie. Alors qu'à Paris, la restructuration de la ville provoque une dispersion de la monumentalité, à Vienne, le Ring concentre tous les bâtiments de prestige sur une seule artère.

De même que l'haussmannisation ne s'est pas limitée à Paris, des opérations similaires aux travaux du Ring sont menées dans les villes allemandes où la destruction des fortifications permet la constitution de Rings qui associent voies publiques empruntées par des tramways, érection d'édifices publics ou de constructions privées et, enfin, de parcs et de jardins.

Quels que soient les modes spécifiques de restructuration du centre des villes, les problèmes posés par la croissance rapide de la population urbaine n'ont pas tous été résolus par ces interventions, loin s'en faut. Au moment où les transports en commun se sont développés, on a cru trouver une alternative à ces difficultés en dilatant l'espace urbain et en favorisant la naissance des banlieues.

bibliographie

GIROUARD Mark, *Des villes et des hommes. Architecture et société*, Paris, Flammarion, 1987.

HITCHCOCK Henry-Russell, *Architecture : dix-neuvième et vingtième siècles*, Bruxelles, Pierre Mardaga, 1981.

SCHORSKE Carl, *Vienne fin-de-siècle, politique et culture*, Paris, Seuil, 1983.

La naissance des banlieues

*Aujourd'hui, le terme de banlieue est souvent associé aux difficultés de vie dans les grandes agglomérations. Il serait pourtant faux de projeter sur le XIX*e *siècle des conceptions forgées à la fin du XX*e *siècle et surtout marquées par une vision étroitement hexagonale. Lorsque le centre des villes, jusque-là prisé par les classes aisées, connaît le surpeuplement, les conceptions négatives, habituellement associées aux périphéries urbaines, évoluent. Pour une partie des élites, établir sa résidence en banlieue devient une solution pleine de charme.*

Le rôle des élites urbaines

Dans les villes de l'industrie textile allemande, comme Barmen ou Elberfeld, la forte croissance démographique alimentée par l'immigration provoque une dégradation du cadre de vie au milieu du XIXe siècle et les catégories citadines aisées, aussi bien les industriels que les commerçants, quittent le centre pour résider aux limites campagnardes de la ville. Le même mouvement s'est produit à Manchester à la fin des années 1820. Dès lors qu'un moyen de transport permet de faire quotidiennement le trajet entre le lieu de résidence et le lieu de travail, la banlieue devient fréquentable. Avec la baisse des coûts de transports le phénomène devient plus général. La première véritable banlieue avec *commuters* (migrants pendulaires) serait Brooklyn. Que cela soit avéré ou non, le développement de ce qui allait devenir un quartier de New York est exemplaire des liens entre technologie, spéculation foncière et développement urbain. Le premier ferry à vapeur entre Manhattan et Brooklyn date de 1814 et un journal local prédit que là se situera désormais la résidence préférée des « hommes de goût et de fortune ». Dans les années 1860, chaque jour ouvrable enregistre un trafic de 100 000 passagers. Ce développement n'a rien de fortuit et ne résulte pas uniquement du fonctionnement de forces abstraites ; il renvoie à la volonté d'hommes qui ont su voir toutes les potentialités qu'offrait la petite localité de Brooklyn dès les années 1800 et en ont profité pour s'enrichir. La transformation des terres agricoles de l'extrémité ouest de Long Island en lotissements est le processus essentiel de cette transformation. Une publicité de 1823 dit tout l'intérêt de ces lots : « Situés juste en face de la partie sud-est de la ville et en étant le coin de campagne le plus proche, ils sont l'endroit le plus proche du centre d'affaires qui soit encore inoccupé ; leur distance n'excède pas quinze à vingt-cinq minutes de marche, y compris la traversée de la rivière. Le terrain en est élevé et parfaitement sain en toute saison. Comme lieu de résidence, ils ont tous les avantages de la campagne avec toutes les facilités de la ville. Les hommes dont l'activité ou la profession exige une présence quotidienne dans la ville ne peuvent plus facilement, ou à si faible coût, assurer la santé et le confort de leur famille qu'en choisissant un tel lieu. »

Les chiffonniers du passage Trébert à Levallois-Perret en 1913.

À Londres, le développement des banlieues résidentielles commence très tôt. En effet, dès le XVIIe siècle, des marchands londoniens cessent d'habiter au-dessus de leurs bâtiments commerciaux situés dans la City pour venir s'installer dans le West End où ils pouvent se mêler aux gens de qualité, aux aristocrates. La précocité du développement de la banlieue résidentielle donne à la capitale du Royaume-Uni son caractère unique au sein des grandes villes européennes. Même dans des villes où la zone intramuros n'était pas totalement bâtie, des banlieues apparaissent. À Cologne, le lotissement d'Ehrenfeld se constitue au nord-ouest de la ville dès les années 1840 : le prix du terrain y est trois fois moins cher que dans le centre. À Paris, le retour des ultras au pouvoir et l'avènement de Charles X coïncident avec un grand développement de lotissements de part et d'autre du mur des Fermiers-Généraux. À l'intérieur de l'enceinte, Saint-Vincent-de-Paul et le quartier de l'Europe affirment leur vocation résidentielle. Composés selon une nette hiérarchie des voies dans un univers urbain encore dense, ils disposent de peu d'espaces verts. À l'extérieur du mur, la typologie est très différente à Beaugrenelle et à Passy. La vocation suburbaine se lit dans un parcellaire plus modeste et dans la construction de maisons individuelles. Dans la plaine de Grenelle, sur la commune de Vaugirard, l'entrepreneur Léonard Violet, en 1824, est à l'origine du plus vaste lotissement de Paris (200 ha). Il offre, en les dissociant dans l'espace, les fonctions industrielles, portuaires, commerciales, et résidentielles. Le lotissement de Passy, avec son vaste plan polyétoilé, est presque aussi étendu. Ces lotissements marquent une rupture avec le continuum urbain qui unissait le centre et les faubourgs. Jusque-là, les zones non bâties des faubourgs devaient être ceintes de murs si bien que, vus de la rue, centre et faubourgs conservaient une certaine homogénéité. Désormais, le passage de l'immeuble de cinq étages au centre à la maison individuelle dans la périphérie suburbaine instaure un nouveau rapport, une nouvelle hiérarchie entre centre et périphérie.

Le Vésinet en 1900.

Croissance périphérique et diversité sociale

Les nouveaux espaces périphériques ont une croissance beaucoup plus forte que les centres villes. Le cas est patent à Boston entre 1850 et 1900: le centre ville connaît un taux de croissance moyenne de 2 %, la première couronne, où furent établis les premiers moyens de transports de 4,6 % et la seconde couronne, à plus de 5 km du centre, de 3,6 %. En Allemagne, à partir des années 1860, la construction devient plus soutenue à la périphérie des villes, la population afflue dans ces zones et dès les années 1900, les migrations pendulaires sont déjà bien établies. À Berlin, le mouvement de ceux qui viennent travailler dans la ville était cependant très supérieur à celui de ceux qui allaient travailler en banlieue. On le constate aussi à Francfort, Essen ou Aix-la-Chapelle. La croissance des banlieues a été alimentée par des habitants de la ville centre mais plus encore par des immigrants venus directement s'établir à la périphérie. L'agglomération parisienne en est un bon exemple: le dépouillement des actes de mariages de Puteaux, Nanterre et Asnières entre 1861 et 1890 montre que parmi les habitants de ces trois communes de banlieue, il y a près de quatre immigrants pour un Parisien d'origine. Plus la part des Parisiens de naissance est importante, plus le niveau social de la banlieue est élevé; pour les immigrants, c'est l'inverse.

Le mouvement de développement de la banlieue amorcé en faveur des classes moyennes n'empêche cependant pas la banlieue de se diversifier et, de même que, dans les centres urbains, la ségrégation sociale s'accélère avec l'augmentation de la population, la banlieue se polarise socialement lorsque les usines vont s'installer à la périphérie. À Berlin, par exemple, les industries mécaniques migrent vers la banlieue dès les années 1890. Pas plus que dans le centre ville, la connotation sociale des banlieues n'est d'une stabilité totale. Camberwell, au sud de Londres, est d'abord une banlieue résidentielle avant de se paupériser. Quoi de commun entre Saint-Ouen, Saint-Denis, Aubervilliers ou Pantin qui, en 1891, comptent plus de 50 % d'ouvriers et moins de 5 % de rentiers et propriétaires, et Neuilly, Colombes ou Asnières qui ont moins de 30 % d'ouvriers et plus de 13 % de rentiers et propriétaires. À la polarisation sociale s'ajoute aussi la polarisation politique (voir pp. 290-291).

La diversité sociale caractérise les banlieues. Aux banlieues résidentielles, peuplées par les élites ou une partie d'entre elles, banlieues protégées par des règlements dont les cahiers des charges imposent souvent pour se prémunir des intrus des constructions coûteuses, s'opposent les banlieues populaires où se mêlent usines et ateliers, petits logements et même parfois habitat précaire. La banlieue témoigne des contradictions des sociétés urbaines du XIXe siècle.

b*ibliographie*

FAURE Alain (dir.), *Les Premiers Banlieusards. Aux origines des banlieues de Paris, 1860-1940*, Paris, Créaphis, 1991.

LOYER François, *Paris XIXe siècle, l'immeuble et la rue*, Paris, Hazan, 1987.

Miasmes ou bactéries

L'exemple du choléra

La maladie et les décès qu'elle provoque font encore partie de l'univers quotidien du XIXe siècle. Les cortèges qui traversent les villes lors des grandes épidémies viennent rappeler à tout un chacun la présence de la mort. L'une des maladies qui frappe le plus les contemporains, même si, à long terme, elle n'est pas la plus meurtrière, est le choléra. Jusque-là, le choléra n'a quitté sa niche écologique du bas Bengale que pour des incursions en Inde, en Chine ou en Indonésie mais le développement des communications lui permet d'atteindre l'Europe occidentale dans les premières décennies du XIXe siècle, et plusieurs pandémies vont toucher l'Occident tout au long du siècle.

Une peur bleue

Dans la France du XIXe siècle, on estime les victimes du choléra à un peu moins de 500 000, ce qui est peu par rapport aux 2 ou 3 millions de morts que la peste fit dans le royaume au XVIIe siècle. Dans les autres pays européens, le choléra n'a pas tué plus de quelques centaines de milliers d'hommes et de femmes. Mais ce qui a frappé les contemporains, c'est la violence de l'épidémie : en quelques mois, voire en quelques semaines, une part importante de la population peut disparaître. Le port d'Hambourg, par exemple, contaminé en 1892, enregistre entre le 15 août et le 1er octobre plus de 9 500 morts. Le choléra n'a pas frappé de la même manière toutes les catégories de populations urbaines. Les jeunes enfants et surtout les personnes âgées ont payé le tribut le plus lourd. Les populations les plus aisées échappent en grande partie à la mort, même si des victimes célèbres pourraient laisser supposer le contraire. On pense bien sûr au décès de Casimir-Perier, alors chef du gouvernement, en mai 1832. À Paris, à Lille, à Aix-en-Provence que les notables désertent d'ailleurs à la première alerte, les populations aisées sont les moins touchées, et lors de l'épidémie de 1892 à Hambourg, les taux de mortalité et de morbidité sont inversement proportionnels aux revenus.

Le choléra a grandement effrayé par sa nouveauté mais les autres maladies emportent beaucoup plus de victimes, qu'il s'agisse de la variole, de la typhoïde, de la tuberculose, de la syphilis ou même de maladies que nous pourrions considérer comme plus bénignes mais qui sont, à l'époque, meurtrières comme la diarrhée ou la grippe. Deux ans après la grande épidémie de choléra de 1832, une grippe sévère fait, en France, autant de morts mais l'opinion ne s'émeut guère.

Des miasmes au *vibrio cholerae*

Le choléra est au centre des débats qui opposent médecins et hygiénistes. Les contemporains distinguent épidémie et maladie contagieuse. Les causes de la première résident, selon les critères du temps, dans l'environnement, celles de la seconde dans la transmission par un germe. En France mais aussi ailleurs, l'opinion médicale la plus répandue se prononce pour la non-contagion et donc pour la théorie de l'environnement. Les miasmes – émanations auxquelles sont attribuées les maladies infectieuses et les épidémies – sont véhiculés par l'air considéré comme un fluide inerte dont l'absence de renouvellement favorise l'action. En fait, la théorie des miasmes est l'héritière des théories élaborées à la fin du XVIIIe siècle et qui font de l'eau stagnante le lieu de formation des émanations méphitiques. Ces putréfactions sont nuisibles à la santé. Elles sont souvent associées, dans l'imaginaire du temps, aux lieux confinés où demeurent les pauvres. Une autre

Le miasme du choléra. *Le Hanneton*, juillet 1867.
C'est la plus ancienne représentation du germe que nous ayons rencontrée. Sa physionomie reste proche de celle de l'homme, son teint bleu-vert rappelle celui du cholérique. Mais il est muni d'ailes, probablement à cause de sa propagation que l'on pense encore « aérienne ».

des caractéristiques de ces théories est leur lien avec l'effluve nauséabonde.

L'analyse de la diffusion des fièvres par John Griscom, le responsable du bureau d'hygiène new-yorkais, dans son rapport de 1845, est un exemple particulièrement clair de la mise en œuvre du principe de la théorie de l'environnement pour laquelle la santé morale et la santé physique ne font qu'un : « Ainsi une fièvre peut débuter en un certain lieu occupé principalement par des indigents et des gens crasseux : si les immeubles voisins sont occupés par la même catégorie de personnes, vivant dans les mêmes conditions de saleté et de mauvaise ventilation, les locataires de ces immeubles seront exposés aux mêmes agressions. On constatera que la maladie évite les maisons de meilleure condition et reparaît un peu plus loin quand des causes identiques prévalent. »

Ces théories, ou leurs avatars, sont considérées comme valides pendant une grande partie du siècle, comme le montre le succès des thèses de Max von Pettenkofer. Professeur de chimie médicale à l'université de Munich au milieu du XIXe siècle, il a été le maître de très nombreux professeurs ou directeurs d'instituts d'hygiène. Sa théorie est fondée sur les mouvements de la nappe phréatique qui, en augmentant l'humidité du sol, favorise la génération spontanée du miasme du choléra que l'air va ensuite répandre. Les habitants des étages supérieurs des immeubles ou des zones élevées échapperaient plus facilement au miasme alors que ceux qui vivent dans les zones basses, humides ou mal ventilées seraient plus directement menacés. Dans cette théorie, la contagion n'a que peu de place et, surtout, le rôle vecteur de l'eau n'est pas pris en compte. Les théories de Pettenkofer sont néanmoins considérées comme valides par les autorités municipales de Hambourg et le *vibrio cholerae* va circuler dans le réseau d'adduction d'eau mis en place dès 1842. Au contraire, lorsque la qualité de l'eau devient un élément essentiel de la santé publique, la mortalité diminue en milieu urbain.

Au début des années 1880, les théories bactériologiques l'emportent auprès des spécialistes de santé publique. Lorsque, pendant l'été et l'automne 1880, la presse parisienne se fait l'écho de l'opinion publique importunée par de mauvaises odeurs d'une grande intensité, l'un des experts du Comité d'hygiène et de salubrité de la Seine affirme : « Nous pouvons répéter que tout ce qui pue ne tue pas, et que tout ce qui tue ne pue pas. »

Au milieu des années 1860, Louis Pasteur et Claude Bernard échouent dans leur mise en évidence du germe cholérique. En 1883, une mission française se rend en Égypte où sévit la cinquième pandémie. Fidèle à la méthode expérimentale sur les animaux de laboratoire, elle tente d'isoler des micro-organismes et de reproduire la maladie sur l'animal. En vain puisque seul l'homme y est sensible. Au même moment, Robert Koch, qui a découvert le bacille de la tuberculose en 1882, est à Alexandrie. En histologiste, il recherche les micro-organismes qui pullulent dans les tissus intestinaux des cholériques. Il retrouve ces bacilles en Inde ; les mêmes seront mis en évidence chez les cholériques de Toulon en 1884. Les autorités françaises reconnaissent la découverte du savant allemand qui est

La décoration du docteur Koch. *Le Grelot*, 3 août 1884.

même décoré par Jules Ferry. Pour Pasteur, et pour une partie de l'opinion française, l'épisode est amer. La grande mutation introduite dans l'étiologie des maladies par les découvertes de Koch et de Pasteur se diffuse lentement dans les milieux des hygiénistes et des médecins, tant certains ont peur que la théorie des germes ne vienne ruiner tout l'arsenal législatif et réglementaire bâti, dans le domaine de l'hygiène publique, depuis les années 1840.

bibliographie

BOURDELAIS Patrice, RAULOT Jean-Yves, *Une peur bleue. Histoire du choléra en France, 1832-1854*, Paris, Payot, 1987.

BOURDELAIS Patrice, DODIN André, *Les Visages du choléra*, Paris, Belin, 1987.

Pauvres et assistés

Objets d'inquiétude depuis le Moyen Âge et d'observation, les pauvres s'expriment rarement directement. Ils sont aussi objets pour les statisticiens qui s'efforcent de les définir, pour les œuvres d'assistance privée ou pour les services de l'État qui progressivement prennent en charge leur contrôle. Les systèmes d'assistance sont multiples. Aux couvents qui pratiquent l'aumône et qui sont, de ce fait, parfois accusés de provoquer l'indigence, s'ajoutent les organismes philanthropiques privés, les œuvres charitables mais aussi des organismes publics ou semi-publics comme les bureaux des pauvres, qui peuvent être l'émanation directe ou indirecte des municipalités ou des États. Selon les traditions politiques nationales, le pouvoir laisse une place plus ou moins importante aux individus dans le contrôle des pauvres.

Gérer la pauvreté

Beaucoup d'observateurs assimilent mendicité et vagabondage, indigence et immoralité.

Dans de nombreux États du XIXe siècle, le contrôle des pauvres est un souci permanent des autorités. Aux États-Unis, les villes essaient de se protéger contre l'immigration des vagabonds et des « personnes paresseuses » en limitant l'arrivée des immigrants. Mais le besoin de main-d'œuvre limite l'impact de ces restrictions légales. À New York, au début du XIXe siècle, les compagnies de navigation qui transportent les immigrants doivent déposer une caution pour chaque nouvel arrivant, qu'elles ne récupèrent que si ce dernier n'a pas fait, dans l'année suivant son arrivée, appel à la charité publique. La pauvreté est perçue comme le résultat d'un échec individuel qui sanctionne l'intempérance ou la paresse. Menace permanente contre l'ordre social, elle devient l'objet de toute la sollicitude des groupes religieux. On en vient à distinguer la pauvreté – caractéristique d'individus incapables de subvenir à leurs besoins mais exempts de toute dépravation – du paupérisme – état d'individus qui ont totalement renoncé à l'effort individuel et qui dépendent entièrement de l'aumône. De nombreux feuilletons ou romans attirent l'attention sur la misère urbaine : Charles Dickens publie *Oliver Twist* (1838) et Victor Hugo *Les Misérables* (1862), Eugène Sue connaît la célébrité avec *Les Mystères de Paris* (1842-1843). Dans ce contexte, de très nombreuses villes abandonnent, entre 1820 et 1840, le principe des secours à domicile et construisent des asiles *(almhouses* et *workhouses)* où sont regroupés les indigents. Le passage de cet out-door relief à un in-door relief est à l'évidence inspiré par la nouvelle loi des pauvres élaborée par les utilitaristes benthamiens et par Edwin Chadwick en 1834.

L'année 1834 marque en effet un tournant dans les pratiques d'assistance outre-Manche. Cette année là, le *Speenhamland system*, qui fonctionne depuis 1795 et qui impose aux paroisses de verser des allocations aux pauvres, est transformé selon trois principes : le sort d'une personne secourue doit être moins enviable que celui d'un ouvrier, les secours à domicile sont supprimés et l'assistance impose d'entrer dans un *workhouse* ; enfin, le système doit être uniforme sur tout le territoire afin de ne pas freiner les mouvements de population. Comme les machines, les modèles de gestion sociale circulent : le système britannique a influencé les pratiques américaines, le système d'assistance britannique a été influencé, dans les années 1860, par le système d'une ville allemande, Elberfeld. Fondé sur différentes lois municipales et sur le règlement du droit des pauvres de 1855, ce système consistait en une mise en régie de l'aide aux pauvres. Dès les années 1860, il est imité par Barmen, Krefeld ou Altona. Sous l'autorité d'un conseil de six personnes, un employé bénévole visite régulièrement des familles nécessiteuses, leur cherche du travail, contrôle leur pratique religieuse.

Peurs sociales

Cette peur du pauvre et du nomade a été très prononcée dans les petites villes allemandes tradition-

LE SYSTÈME D'ELBERFELD APPLIQUÉ EN GRANDE-BRETAGNE AU DÉBUT DU XXe SIÈCLE.

« Les autorités municipales autorisent le Bureau des Gardiens à faire appel à quelque 300 concitoyens pour les aider et chacun d'entre eux devient le "père" de quelque quatre familles [...]. L'essence du système réside dans ce contrôle intime et personnalisé des pauvres. Chaque père examine soigneusement les causes de détresse et le comportement de chaque famille ; on attend de lui qu'il exerce une influence morale sur ses ouailles et qu'il aide personnellement ceux qui voudraient trouver un emploi. Par ailleurs, ce père a toute l'autorité pénale d'un père ; sur sa demande, le joueur, le paresseux ou l'ivrogne peuvent être emprisonnés. »

Traduit d'après Gareth Stedman Jones, *Outcast London, A study in the Reationship between Classes in Victorian Society*, Londres, Pantheon Books, 1984, p. 20.

nelles. Alors que dans les villes importantes, il existait en dessous des citoyens une catégorie de personnes tolérées bien que n'appartenant pas véritablement à la population de la cité, le nombre des pauvres était très faible dans les villes de taille plus modeste, hostiles à tous les groupes susceptibles de troubler l'ordre communautaire. Les autorités s'efforcent d'exclure la population flottante et instable à laquelle sont assimilés les enfants illégitimes, les juifs, les immigrants, les indigents et certains domestiques. Pour les bourgeoisies urbaines allemandes, l'arrivée des migrants est vécue comme une provocation et une menace. La migration n'est, à leurs yeux, qu'un moyen de faire passer la responsabilité des indigents des communautés rurales aux communautés urbaines. Les fonctionnaires, souvent imprégnés de principes libéraux, ont du mal à imposer la liberté de circulation des migrants. À partir des années 1840, les limitations à la mobilité diminuent en Prusse mais après les troubles de l'année 1848, on tente à nouveau de limiter les migrations vers les villes alors que les industriels, qui manquent de main-d'œuvre, militent au contraire pour la liberté de circulation qui triomphe en 1867.

En France, l'afflux d'immigrants effraie tant que certaines villes, qui voient dans les chemins de fer un encouragement à la migration, repoussent les gares, ces temples de la mobilité, très loin du centre. Tel est le cas d'Orléans. Bordeaux ne peut le faire et l'accroissement du flux migratoire est imputé à la construction de la gare Saint-Jean. Les autorités municipales s'en inquiètent : « Pour les Bordelais de souche, le migrant est un parasite qui introduit dans la cité des maux nouveaux et qui vient altérer l'harmonie antérieure. » Au conseil municipal, la majorité considère que la ville n'a pas à prendre en charge l'accueil de cette nouvelle force de travail. Les migrants font peur. Pourtant, leur nombre augmente sans cesse et il ne semble pas que les tentatives faites pour limiter les migrations les aient vraiment freinées. Les villes ont trop besoin de main-d'œuvre pour leur développement. Les libéraux les plus convaincus s'efforcent de détruire toutes les barrières qui pourraient entraver la libre circulation des hommes.

Mais plus encore qu'en France, c'est en Grande-Bretagne, et en particulier à Londres, que la pauvreté mobilise observateurs sociaux et organisations charitables. Les *slums* sont pour les observateurs une véritable jungle et l'East End londonien devient ce monde exotique où pénétrer est une véritable aventure. Le symbole même de la prise de conscience de cette pauvreté est la création de l'Armée du salut, au cœur du Londres de la pauvreté, à Whitechapel. Le fondateur et premier général de l'Armée du salut, William Booth (1829-1912), est passé de l'anglicanisme au méthodisme. De ce dernier il garde, même après sa rupture avec la branche officielle, le goût du chant, des appels à la conversion, des prédications dans la rue. Fixé dans l'East End avec sa famille, il connaît un grand succès de prédicateur qui l'incite à créer, en 1865, la Mission chrétienne de l'East End, transformée, en 1878, en Armée du salut. Le slogan salutiste est *Soup, soap, salvation* (« soupe, savon, salut »). Les aspects charitables ne sont là que pour préparer le terrain à l'évangélisation qui demeure le but ultime. La prise de conscience de la misère urbaine ne date pas des années 1880. Le mouvement prend cependant une nouvelle ampleur pendant le dernier tiers du XIXe siècle et les enquêtes se multiplient. Charles Booth (1840-1916), un homme d'affaires membre de la *Royal Statistical Society*, publie une monumentale enquête, *Life and Labour of the People of London*. Il établit que la classe la plus misérable – celle des travailleurs intermittents, des tire-au-flanc et des semi-criminels – ne dépasse pas 0,9 % de la population londonienne et que, même dans l'East End, elle n'est que de 1 %.

Un *workhouse* à Londres.

« Les hordes de barbares dont nous avons entendu parler, qui, sortant de leurs *slums* viendraient un jour submerger la civilisation moderne, n'existent pas. Il y a des barbares mais ils ne sont qu'une poignée, un faible pourcentage qui va en diminuant, une honte mais pas un danger. » À lire ces remarques de Charles Booth, on saisit bien le caractère optimiste de la fin du siècle : l'organisation de la société occidentale, l'organisation industrielle a produit des déshérités mais, à terme, les difficultés seront résolues…

b*ibliographie*

PETIT Jacques-Guy, MAREC Yannick (dir.), *Le Social dans la ville, en France et en Europe, 1750-1914*, Paris, Éditions de l'Atelier, 1996.

Art officiel, innovations picturales, spectacle de la ville

Afin de souligner les clivages qui caractérisent la peinture du XIXe siècle, deux toiles emblématiques, présentées au Salon de 1863 – la Naissance de Vénus, *d'Alexandre Cabanel – et à l'exposition des impressionnistes en 1877 –* Le Bal du moulin de la Galette, *d'Auguste Renoir – illustrent les oppositions entre l'académisme triomphant que représente bien Cabanel, né en 1823, et les recherches picturales de la génération des Sisley, Bazille, Monet ou Renoir – nés en 1839-1841 – qui ont pris Manet, né en 1832, pour maître. Les mouvements artistiques ne s'expliquent pas uniquement par des phénomènes de génération mais il ne faut pas pour autant les négliger.*

La peinture officielle

Alexandre Cabanel représente la peinture officielle du second Empire et des débuts de la troisième République. Maintes fois décoré, ce spécialiste de la peinture d'histoire et de portraits est dix-sept fois membre du jury du Salon, entre 1868 et 1888. La facture de sa peinture est toute classique et il est très éloigné des recherches picturales qui caractérisent la génération des impressionnistes. Depuis la Révolution, le Salon des artistes vivants est l'un des moments essentiels de la vie artistique française mais son influence déborde les frontières nationales. Manifestation de la nouvelle culture urbaine en émergence, révélateur de l'action que l'État exerce sur l'art, « le succès et l'échec de l'artiste au Salon, d'Ingres à Courbet, de Corot à Manet, inscrivent des repères évidents dans la vie professionnelle et sociale de l'artiste. » (G. Monnier)

D'abord installé dans le Salon carré du palais du Louvre, puis aux Tuileries (1849) et au Palais National (1850) – le Palais-Royal –, le Salon trouve un lieu durable au bas des Champs-Élysées, dans le palais de l'Industrie construit pour l'Exposition universelle de 1855. Critiqué pour son conservatisme, et en raison du refus d'œuvres non académiques, le Salon ne peut empêcher la mise en place de manifestations parallèles. L'admission au Salon provoque de nombreuses polémiques mais consacre la réussite d'un artiste. Un peintre aussi rebelle à toute compromission sociale que Courbet est très attaché au Salon et Renoir, soucieux d'une plus grande notoriété, n'expose pas avec les impressionnistes en 1879, mais au Salon.

En 1863, Cabanel présente au Salon sa *Naissance de Vénus*, une toile de deux mètres sur un. Le tableau est encensé par la critique, et Napoléon III l'achète immédiatement. Cette toile, qui représente bien les valeurs de l'académisme, est considérée comme représentative de l'art officiel du second Empire. Alors que la représentation érotisée de la femme peut provoquer le scandale, le renvoi au répertoire mythologique ou biblique autorise la représentation du nu. Le pendant scandaleux est bien sûr l'*Olympia* de Manet, peinte la même année. Admise au Salon de 1865, elle symbolise, face à l'art officiel, l'irruption de la modernité picturale. Le scandale ne vient pas de la représentation du nu, mais de la figure de la courtisane nue – ruban noir noué autour du cou et mules sont des attributs explicites de la courtisane – allongée sur un sofa et à qui une domestique de couleur apporte l'hommage d'un admirateur.

La composition du tableau de Cabanel est marquée par une double sinuosité qui s'oppose à la ligne de l'horizon. À la courbe sinueuse du corps de Vénus, conforme aux canons de la beauté féminine

Alexandre Cabanel, *Naissance de Vénus*, 1863.

du temps – blancheur et formes opulentes – fait écho la guirlande des amours. Le choix du thème est tout sauf original. De nombreuses Vénus sont présentées au Salon de 1863 et les caricaturistes du temps se moquent de cette mode. Théophile Gautier s'enthousiasme pour le tableau: « Son corps divin semble pétri avec l'écume neigeuse des vagues. Les pointes des seins, la bouche et les joues sont seules teintées d'une imperceptible nuance rose. Une goutte de la pourpre ambroisienne se répand dans cette substance argentée et vaporeuse. » Zola, au contraire, dénonce l'afféterie de la toile: « La déesse noyée dans un fleuve de lait a l'air d'une délicieuse lorette, non pas en chair et en os, cela serait indécent, mais en une sorte de pâte d'amandes rose et blanche. » Huysmans va encore plus loin en stigmatisant « la chair molle de poulpe » et en dénonçant une composition qui « est celle de tout le monde, une femme nue sur une coquille au centre ».

La passion du spectacle de la vie quotidienne urbaine

Auguste Renoir, né en 1841 dans une famille d'artisans modestes, est d'abord apprenti chez un peintre sur porcelaine avant d'entrer à l'École des Beaux-Arts en 1862. La même année il entre à l'académie privée fondée par Charles Gleyre où il rencontre Bazille, Monet et Sisley. Pour Bazille, « Manet est aussi important pour nous que Cimabue ou Giotto pour les Italiens du Quattrocento. Parce que c'est la Renaisance qui est en train de venir et il faut que nous en soyons. »; et d'ajouter « Les grandes compositions classiques, c'est fini. Le spectacle de la vie quotidienne est plus passionnant. » Il participe à la première exposition impressionniste en 1874. Lors de la troisième exposition, il présente *Le Bal du moulin de la Galette*, une toile un peu plus petite que la naissance de Vénus, qui est achetée par Gustave Caillebotte, originaire d'une riche famille normande, mécène des impressionnistes et peintre lui-même. Pour Georges Rivière, ce tableau est « une page d'histoire, un monument précieux de la vie parisienne, d'une exactitude rigoureuse ». Le bal décrit un des moments privilégiés des loisirs populaires, le bal en plein air. Ce souci de la sociabilité de la grande ville suffirait à montrer les différences avec l'art officiel marqué par le répertoire académique mais le traitement de la lumière, l'application des principes impressionnistes au traitement des visages, le mouvement général de la toile soulignent bien les différences fondamentales avec l'académisme. Des pastilles de lumière jouent sur les visages et rendent l'ambiance tamisée de la lumière naturelle sous les ombrages de Montmartre. Tout autant que par le traitement inhabituel de la lumière, le tableau surprend par sa composition. Construite autour d'une diagonale ascendante constituée par le dossier du banc et par la table, la toile frappe par l'impression de mouvement que donnent les nombreuses lignes courbes qui cernent les couples de danseurs. Sur les côtés du tableau, des personnages tronqués renforcent l'impression de réel qui se dégage de la toile.

Auguste Renoir, *Le Bal du moulin de la Galette*, 1872.

En 1877, les impressionnistes – terme au départ péjoratif – rencontrent encore l'hostilité du public et de la presse. Pour subsister, Renoir accepte des commandes de portraits et de décorations. Dès les années 1880, le marché de l'art s'oriente vers les impressionnistes, et les expositions organisées à New York ou à Paris, à la fin des années 1880 ou au début des années 1890, sont de grands succès. En revanche, les musées qui ont trop tardé à saisir les nouvelles tendances devront faire face à une impressionnante montée des prix lorsqu'ils voudront acquérir leurs œuvres.

bibliographie

BRISSON Dominique, *Au cœur de l'art du XIXᵉ siècle, 1848-1914*, cédérom, Musée d'Orsay, visite virtuelle, RMN.

MONNIER Gérard, *L'Art et ses institutions en France, de la Révolution à nos jours*, Paris, Gallimard, 1995.

L'opium, instrument de l'expansion européenne en Asie

La guerre de l'Opium (1840-1842) « ouvre une ère nouvelle dans cette région du monde », écrit Pottinger, le plénipotentiaire anglais chargé de négocier le traité de Nankin avec la Chine, en 1842. Les travaux des historiens confirment largement cette affirmation enthousiaste et la guerre de l'Opium est bien un tournant essentiel dans l'histoire de l'expansion occidentale en Asie. Jusqu'à la victoire britannique, les Occidentaux ont été soigneusement contenus aux marges de l'Empire chinois et le rapport de force, économique et diplomatique, a toujours penché, depuis le XVIᵉ siècle, en faveur de la Chine. En dépit des missions diplomatiques envoyées par les Européens depuis le XVIᵉ siècle, le gouvernement chinois s'est toujours refusé à développer le commerce avec l'Occident et surtout à établir des relations diplomatiques sur un pied d'égalité avec les Européens. Après la guerre de l'Opium, le rapport de force commence à s'inverser.

L'ouverture forcée de la Chine

La victoire écrasante de la flotte et des armées britanniques prouve tout d'abord que les Occidentaux disposent dès la fin des années 1830 d'une supériorité technologique très nette sur les armées traditionnelles asiatiques ; la marine anglaise utilise par exemple des vapeurs. Le traité de Nankin permet à la Grande-Bretagne de réaliser tous les objectifs qu'elle s'est fixée depuis la fin du XVIIIᵉ siècle : outre une indemnité de 21 millions de dollars, la Chine concède l'ouverture de cinq ports aux débouchés des zones les plus dynamiques de l'époque (Canton, Amoy, Fuzhou, Ningpo et Shanghai) et perd un des attributs de la souveraineté puisque les droits de douane sont plafonnés à 5 %. Les sujets britanniques ont désormais le droit de résider dans ces ports et d'exercer librement leurs activités. Ils jouissent de l'exterritorialité puisqu'ils répondent de leurs actes devant leurs autorités consulaires. Les Britanniques obtiennent, avec la cession de l'île de Hong-kong, un point d'appui essentiel pour leurs activités en mer de Chine. Enfin, le traité inégal de Nankin entraîne une douloureuse révision des conceptions chinoises des relations internationales : les autorités impériales doivent accepter de se conformer aux usages occidentaux de la diplomatie des traités et renoncer (au moins dans les apparences) à considérer leurs partenaires comme des États barbares tributaires, au sens strict, de l'empire du Milieu.

Cette ouverture forcée de la Chine profite à l'ensemble des puissances occidentales puisqu'elles signent des traités similaires à celui de Nankin (par exemple, en 1844, le traité de Whampoa avec la France). Jusqu'à la fin du siècle, les traités imposés à la Chine reprennent, en les aggravant, les grands axes du traité de Nankin. L'ouverture du Japon (1854) et du Siam (1855) sont largement des conséquences de la guerre de l'Opium et la poussée occidentale en Asie du Sud-Est dans la seconde moitié du XIXᵉ siècle s'explique en partie par la volonté d'acquérir des bases proches de l'empire du Milieu.

Cette vision strictement diplomatique ne permet cependant pas de donner à la guerre de l'Opium sa véritable dimension. Le nom même du conflit pose un problème historiographique essentiel. La décision des autorités impériales d'éradiquer le fléau social de l'opium, la politique très active du haut-commissaire Lin-Zexu à Canton sont indiscutablement les causes directes de l'affrontement : la pression très forte exercée, à partir de 1837, par les autorités chinoises sur les négociants européens pour qu'ils cessent d'importer illégalement l'opium, entraîne les premières frictions et la réaction officielle de la Grande-Bretagne. Cependant, l'opium est-il simplement le prétexte, le détonateur d'un conflit qui serait en réalité « une guerre pour l'ouverture de la Chine au commerce anglais », comme l'écrit Pierre Renouvin dans sa célèbre *Question d'Extrême-Orient* (1946), et comme l'absence, dans le traité de Nankin, de toute allusion au commerce de la drogue semble le suggérer ?

L'importance économique de l'opium

En fait, les travaux récents des historiens ont montré l'importance vitale du trafic de la drogue dans les intérêts britanniques en Asie : d'une part, les revenus du monopole de la production de l'opium sont indispensables à l'équilibre du budget de l'*East*

India Company, et donc au maintien de la présence britannique en Inde, et, d'autre part, les Britanniques ne sont parvenus à rétablir l'équilibre de la balance de leurs échanges avec la Chine (déséquilibrée par l'expansion des importations de thé) qu'en développant le commerce de l'opium entre l'Inde et la Chine. La réaction très vive des autorités impériales trouve aussi son explication dans les logiques économiques du trafic de la drogue : l'augmentation des tonnages illégalement introduits en Chine (environ 3 200 tonnes en 1838-1839 contre environ 400 tonnes au début des années 1820), la baisse sensible des prix (dans les années 1830, ils sont inférieurs de moitié à ceux des années 1820) s'expliquent par la concurrence entre les deux grandes régions de production en Inde, le Bengale (contrôlé par l'*East India Company*) et les États indiens indépendants (en particulier Malwa). Enfin, le ministre des Affaires étrangères Palmerston, qui engage officiellement, en avril 1840, la Grande-Bretagne dans le conflit, a subi l'influence occulte des grands trafiquants de drogue (Dent, Jardine et Matheson) qui ont progressivement concentré les opérations du commerce de l'opium entre leurs mains. Ces derniers se sont habilement appuyés sur les industriels de Manchester qui espéraient beaucoup du débouché chinois. La guerre de l'Opium montre donc, qu'en Grande-Bretagne au moins, les groupes de pression liés aux milieux économiques jouent déjà un rôle important dans l'expansion. Enfin, la justification spécieuse de la contrebande et la manipulation habile du patriotisme britannique aident aussi à la cristallisation de certains thèmes du discours colonial du XIXᵉ siècle (la supériorité britannique, l'infériorité morale et politique des Chinois, etc.).

LA CRITIQUE MORALE ET SOCIALE DE LA CONTREBANDE BRITANNIQUE DE L'OPIUM.

« Toujours depuis que le port de Canton a été ouvert, le commerce a prospéré. Depuis quelque cent vingt ou trente ans, les natifs de l'endroit ont joui de relations pacifiques et profitables avec les bateaux qui viennent de l'étranger. La rhubarbe, le thé, la soie sont tous des produits de valeur de notre pays sans lesquels les étrangers ne pourraient pas vivre. La Cour Céleste, étendant sa bienveillance à tous pareillement, autorise leur vente et leur transport à travers les mers, sans les regretter même pour des empires éloignés, sa bonté égalant la bonté du Ciel et de la Terre.

Mais il y a une catégorie d'étrangers malfaisants qui font de l'opium et l'apportent pour le vendre, incitant les sots à se détruire eux-mêmes, simplement en vue d'en retirer du profit. Auparavant le nombre des fumeurs d'opium était petit ; mais maintenant ce vice s'est répandu partout, et le poison a pénétré de plus en plus profondément. S'il est des gens stupides pour céder à ce besoin à leur propre détriment, c'est eux qui ont causé leur propre perte, et dans un pays aussi peuplé et florissant, nous pouvons nous passer d'eux. Mais notre grand Empire Mandchou unifié se considère responsable des habitudes et des mœurs de ses sujets et ne peut rester satisfait en les voyant victimes d'un poison mortel. Pour cette raison, nous avons décidé d'infliger des peines sévères aux marchands d'opium et aux fumeurs d'opium afin de mettre un terme définitif à la propagation de ce vice. Il semble que cette marchandise empoisonnée est manufacturée par certaines diaboliques personnes dans des endroits soumis à votre loi. Naturellement ce n'est pas selon vos ordres qu'elle est faite ou vendue. Ce n'est pas non plus tous les pays sur lesquels vous régnez qui la produisent, mais seulement quelques-uns d'entre eux. On me dit que dans votre pays il est interdit, sous peines sévères, de fumer l'opium. Cela signifie que vous n'ignorez pas à quel point cette action est nocive. Mais plutôt que d'interdire la consommation de l'opium, il vaudrait mieux en interdire la vente, ou mieux encore, en interdire la production, ce qui est le seul moyen de purifier la contamination à sa source. Aussi longtemps que vous ne prendrez pas cette mesure vous-même, mais continuerez à faire de l'opium et à inciter le peuple de Chine à l'acheter, vous vous montrerez soucieuse de la vie de vos propres sujets et insouciante pour la vie des autres hommes, indifférente au mal que vous faites aux autres dans votre avidité pour le gain. [...]

Les lois interdisant la consommation de l'opium sont maintenant si sévères en Chine que si vous continuez à le fabriquer vous découvrirez que personne ne l'achètera et qu'aucune fortune ne se fera par l'opium. Plutôt que de gaspiller vos efforts dans une entreprise désespérée, ne vaudrait-il pas mieux projeter quelque autre forme de commerce ? Tout l'opium qui est découvert en Chine est jeté dans l'huile bouillante et détruit. Tout bateau étranger qui, à l'avenir, viendra avec de l'opium à son bord, sera mis à feu, et tous les autres biens qu'il transportera seront inévitablement brûlés en même temps. Alors, non seulement vous ne parviendrez à tirer quelque profit de nous, mais vous vous ruinerez dans l'affaire. Ayant voulu nuire à autrui, vous serez la première à en souffrir. Notre Cour Céleste n'aurait pas gagné l'allégeance d'innombrables pays si elle n'exerçait un pouvoir surhumain. Ne dites pas que vous n'avez pas été avertie à temps. À la réception de cette lettre, Votre Majesté sera assez bonne pour me faire savoir immédiatement les mesures qui auront été prises dans chacun de ses ports. »

Lettre de Lin-Zexu à la reine Victoria (1839).

L'opium est donc un enjeu essentiel du conflit de 1840-1842. Les contrebandiers britanniques sont, bien plus que les industriels de Manchester, les premiers bénéficiaires du traité de Nankin : Hong-kong devient une véritable plaque tournante du trafic de la drogue en Extrême-Orient et les trafiquants peuvent désormais étendre leurs activités au cœur même de l'Empire. En revanche, l'opium ne joue pratiquement aucun rôle dans le déclenchement et les conséquences de ce qu'il est convenu d'appeler la « seconde guerre de l'Opium », en 1856-1860. En fait, la consommation et le trafic de l'opium sont, à cette époque, déjà institutionnalisés en Asie. La Chine elle-même en est devenue à partir des années 1850 un très gros producteur.

Dans les colonies européennes, l'opium, après avoir été un instrument essentiel de la pénétration politique et économique occidentale dans la région, devient une des principales sources de revenus des budgets coloniaux. Le démantèlement de ces systèmes de ferme et de monopoles n'intervient que dans les premières décennies du XXᵉ siècle : le problème du trafic de l'opium, devenu progressivement illégal, continue de jouer un rôle important dans les relations internationales mais les victimes, par un curieux renversement de l'histoire, sont désormais les sociétés occidentales.

bibliographie

BUTEL Paul, *L'Opium. Histoire d'une fascination*, Paris, Perrin, 1995.

Les modèles urbains européens en Amérique du Sud

L'histoire des villes d'Amérique du Sud au XIXe siècle peut être divisée en deux phases bien marquées. Jusque dans les années 1870, la croissance urbaine est lente et les villes des jeunes États sud-américains conservent l'aspect, les fonctions et les modes de fonctionnement hérités de la période coloniale. Les dernières décennies du XIXe siècle sont, en revanche, marquées par une nette accélération de la croissance urbaine, plus particulièrement aux échelons supérieurs de la hiérarchie urbaine. Cette forte croissance s'explique par l'intégration croissante de l'Amérique du Sud dans les grands circuits commerciaux et financiers du monde industrialisé. Les grandes villes portuaires profitent particulièrement de l'expansion des exportations de matières premières, végétales ou minérales, et des produits alimentaires. La croissance démographique des deux plus grandes villes d'Amérique du Sud témoigne de cette accélération; Rio de Janeiro compte environ 200 000 habitants au milieu du XIXe siècle, 525 000 en 1890 et 1 160 000 en 1920, tandis que la population de Buenos Aires passe de 178 000 habitants en 1869 à 1 500 000 en 1914.

L'influence des grandes capitales européennes

L'influence de l'Europe est alors immense : une part considérable du commerce des États sud-américains est réalisée avec l'Europe, le développement économique est financé par des capitaux européens, les migrants en provenance du « vieux continent » sont en partie responsables de la croissance démographique et, enfin, la culture européenne a une influence hégémonique sur les élites sud-américaines. Le thème de la réforme urbaine se situe à la confluence de ces multiples échanges : les élites des États sud-américains confrontées aux problèmes posés par le développement des villes ont la tentation d'importer d'Europe des modèles d'aménagement urbain.

L'influence des grandes capitales européennes est tout d'abord très sensible dans les représentations que se font les élites bourgeoises progressistes de la ville moderne. Les trois grands impératifs auxquels doit répondre la ville moderne sont calqués sur ceux de l'Europe : l'hygiène, la circulation et l'esthétique. Dans chacun de ces trois domaines, le progrès est synonyme d'alignement sur les grandes villes européennes ou plutôt sur l'image idéalisée qu'en ont les élites sud-américaines. La « régénération » urbaine aboutit à un schéma de pensée utopique dans lequel la ville à venir est idéalisée et la ville ancienne rejetée sans nuance. Le tableau des villes léguées par la période coloniale est très sombre et il ressemble étrangement à celui que les observateurs sociaux ont dressé en Europe dans la première moitié du siècle, les auteurs sud-américains utilisant d'ailleurs les textes européens comme caution de leurs propres analyses. Les hygiénistes s'appuient sur les ravages causés par les grandes endémies (en particulier la fièvre jaune) pour montrer que les vieux centres sont des foyers d'infection : le manque d'infrastructures d'assainissement, les taudis et la multitude des pauvres mettent en péril l'avenir des villes. Le réseau viaire colonial ne permet plus d'absorber l'expansion du trafic des hommes et des marchandises. Enfin, l'architecture traditionnelle et le manque de grands monuments donneraient aux villes un aspect mesquin, « provincial », indigne d'États en pleine expansion. La critique de la ville présente ne se limite donc pas au milieu physique et elle a de clairs prolongements sociaux. La présence des couches populaires dans les centres est incompatible avec l'hygiène publique, l'embellissement ou l'ordre public, et la « toilette » sociale s'impose au moins autant que la réforme du tissu urbain ou des infrastructures.

« Haussmanniser » l'Amérique du Sud ?

La charnière entre les deux siècles enregistre une intense activité de réforme urbaine en Amérique du Sud et, pour parvenir à l'objectif ambitieux de moderniser les villes de leurs États, les élites politiques et techniques se tournent une nouvelle fois vers les théories et les pratiques urbaines venues d'Europe. L'influence est directe lorsque l'étude des aménagements ou la réalisation des projets sont confiées à des techniciens européens par le biais des concours publics mais surtout, les premiers spécialistes sud-américains de la ville, ingénieurs ou architectes, ont une formation de type européen, soit parce qu'ils ont étudié en Europe, soit parce que la littérature scientifique européenne constitue la base de l'enseignement dans les écoles d'ingénieurs et d'architectes des États sud-américains.

L'inspiration européenne est décelable dans tous les domaines, de la construction des infrastructures de base (distribution des eaux, égouts, transports, éclairage électrique, etc.), aux projets de cités-jardins ou aux premiers plans régulateurs du début du XXe siècle. L'un des meilleurs exemples est l'exportation de l'« haussmannisme » en Amérique du Sud : Paris est considérée comme la ville modèle, le phare de la culture européenne. De hauts fonctionnaires, comme l'intendant de Santiago du Chili, Benjamín Vicuña Mackenna (1872-1875), l'intendant de Buenos Aires, Torcuato de Alvear (1883-1886), ou le préfet de Rio de Janeiro, Francisco Pereira Passos (1903-1906), subissent clairement l'influence des aménagements parisiens et les contemporains, puis les historiens, les surnomment d'ailleurs « l'Haussmann » chilien, argentin ou brésilien... Deux solutions sont en particulier importées de France. Tout d'abord, la percée et l'élargissement des rues de l'époque coloniale, avec, en général, un monument placé aux axes de perspective, permettent de réaménager par des opérations de chirurgie lourde le tissu urbain des quartiers populaires et, plus rarement, bourgeois (l'Avenida de Mayo à Buenos Aires, l'Avenida Central à Rio, l'Avenida Agraciada à Montevideo, etc.). L'appropriation est aussi très nette dans le domaine des espaces verts : les avenues rectilignes sont soigneusement plantées et prennent des allures de boulevard parisien, les grands parcs publics sont calqués sur le bois de Boulogne.

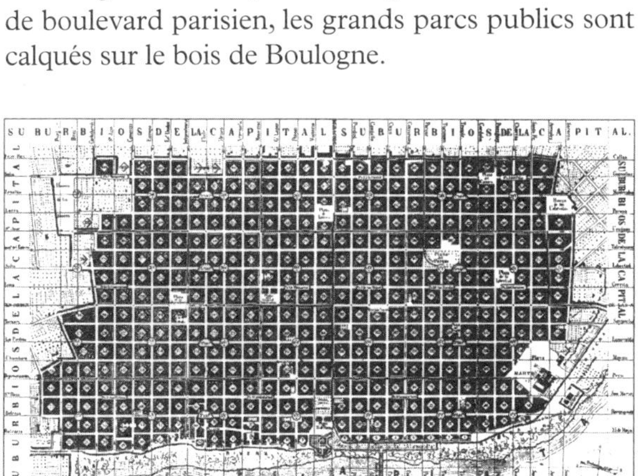

Plan administratif de Buenos Aires (1856) dessiné par Nicolas Grondona.
Le classique damier hispano-américain avant les aménagements urbains de la fin du XIXe siècle.

L'influence des modèles européens ne doit toutefois pas être surestimée et la circulation des formes ou des concepts n'aboutit en aucun cas à un simple décalque des villes européennes en Amérique du Sud. L'écart est important entre les intentions des techniciens ou des politiques et les réalisations concrètes. Fréquemment, les projets ne sont que partiellement réalisés, faute d'argent, de volonté politique ou parce que les propriétaires refusent de faire des concessions. De plus, les citadins s'approprient et déforment les modèles qui leur sont imposés par le haut : l'avenue ou le parc, qui devaient devenir lieux de prestige ou de promenade, sont boudés par la population. Les couches populaires, exclues des grands projets d'aménagement, édifient, dans l'anarchie la plus totale, des villes « alternatives » : les célèbres *favelas* de Rio naissent en même temps que les grands travaux d'aménagement du centre. L'hégémonie culturelle de l'Europe a ses limites et, dès les premières décennies du XXe siècle, des architectes, agacés par le pastiche servile des styles éclectiques européens, en appellent à la renaissance de styles nationaux.

UNE NOUVELLE CAPITALE.

« Le docteur Rocha, qui mettait un amour-propre vigilant à surveiller les moindres détails de sa grande œuvre, voulut ouvrir un concours pour les plans des principaux édifices. Les programmes furent envoyés à profusion dans le vieux continent. Il ne semble pas que cet appel ait été entendu en France. Trois projets venus de l'extérieur ont été couronnés ; ils appartiennent tous trois à des professeurs d'écoles d'architecture du Hanovre. Il n'est pas défendu de voir là un symptôme du soin avec lequel l'Allemagne suit le mouvement des pays étrangers et de la négligence, que nous mettons à savoir ce qui s'y passe. Ces trois édifices, aujourd'hui en construction, ont un fort accent germanique ; mais l'un d'eux surtout présente de sérieuses qualités. C'est la Municipalité. L'auteur s'est inspiré des hôtels de ville du Nord, berceau en Europe des libertés communales à une époque où florissait une architecture aussi virile que la vie militante de la bourgeoisie émancipée. Il a donné à son monument une allure massive, mais fière, qui ne perd point sa saveur sous le ciel éclatant et au milieu de la civilisation démocratique de La Plata.
L'école française ne laisse pourtant pas d'être représentée. Elle l'est, il est vrai, par un Belge, M. Normal, élève de l'École centrale d'Architecture de Paris et établi depuis longtemps dans le pays. Il a été chargé de l'œuvre la plus importante de la nouvelle capitale, le palais du gouverneur. Son projet, de belle ordonnance, rappelle un peu, par les lignes générales, le Luxembourg. Il a moins de sérieux et de fermeté, sans doute, mais offre un caractère de caprice élégant et de luxe gai tout à fait aimable.
On pourrait dire, à la rigueur, que la tradition française a également inspiré M. Benoît, qui était alors à la tête du service d'architecture à la direction des travaux publics, et dont le nom, qu'il est impossible de ne pas mentionner à propos de la fondation de La Plata, révèle assez l'origine. Seulement, Argentin de naissance et d'éducation, M. Benoît n'a pas démenti, dans les nombreux travaux qu'il a exécutés, les tendances et la facilité d'assimilation d'un pays cosmopolite. On peut citer de lui, entre autres, un ministère de style italien, une cathédrale gothique, un arc de triomphe renaissance, conçus avec une tranquille et correcte distinction. »

Alfred Ebelot, « Comment s'improvise une capitale »,
Études sud-américaines, *Revue des Deux-Mondes*, 15.01.1886.

bibliographie

COQUERY-VIDROVITCH Catherine, GOERG Odile, *La Ville européenne outre mers : un modèle conquérant ? (XVe-XXe siècle)*, Paris, L'Harmattan, 1996.

Construire la nation

« Le regard porté sur la nation n'était pas, au XIXe siècle, moins encore qu'aujourd'hui, un regard serein [...]. Ce regard avait d'abord une visée d'identification et de délimitation », remarquent Alice Gérard et Pierre Saly. Dans les processus d'invention et de constructions de l'identité nationale, les caricatures et les stéréotypes sont souvent, plus que la raison, susceptibles de déchaîner les passions que d'aucuns pensent nécessaires au succès de leur projet politique. L'historiographie actuelle considère que ce n'est pas toujours l'existence nationale qui a produit le sentiment national et le nationalisme mais que, bien souvent, leur existence a, au contraire, donné naissance à la nation. Celle-ci est avant tout une représentation et un mythe.

Nationalités, « nations en puissance » (Renan), États-nations

Au début du siècle, l'État-nation est loin d'être la norme et, en Europe même, France, Portugal ou Suède apparaissent comme des exceptions dans un monde où le Royaume-Uni rassemble les nations anglaise, galloise et écossaise et, au prix de difficultés nombreuses, les Irlandais. Partout ailleurs, nationalités dominées et nationalités dominantes s'affrontent. Lors du congrès de Vienne, l'équilibre européen s'est fondé sur l'existence d'empires puissants dont les souverains ignorent, pour l'essentiel, les aspirations du mouvement des nationalités. L'Empire autrichien englobe des populations allemandes, hongroises, slaves, roumaines, italiennes... L'Empire ottoman domine des populations chrétiennes (Roumains, Serbes, Grecs, Bulgares, Arméniens...) et musulmanes non turques (Albanais, Arabes du Proche-Orient et d'Afrique du Nord...). Quant à l'Empire russe, il intègre sur ses marges des populations allogènes où se côtoient Finlandais, Baltes, Allemands et Polonais. De la diversité des situations naît une multiplicité de nationalismes, du plus universaliste et du plus généreux au plus meurtri et au plus replié sur lui-même.

UNE NATION, C'EST UNE ÂME.

« L'homme n'appartient ni à sa langue, ni à sa race : il n'appartient qu'à lui-même, car c'est un être libre, c'est un être moral. On n'admet plus qu'il soit permis de persécuter les gens pour leur faire changer de religion ; les persécuter pour leur faire changer de langue ou de patrie nous paraît tout aussi mal [...]. La Suisse est peut-être la nation de l'Europe la plus légitimement composée. Or elle compte dans son sein trois ou quatre langues, deux ou trois religions et Dieu sait combien de races. Une nation, c'est pour nous une âme, un esprit, une famille spirituelle, résultant, dans le passé, de souvenirs, de sacrifices, de gloires, souvent de deuils et de regrets communs ; dans le présent, du désir de continuer à vivre ensemble. Ce qui constitue une nation, ce n'est pas de parler la même langue ou d'appartenir au même groupe ethnographique, c'est d'avoir fait ensemble de grandes choses dans le passé et de vouloir en faire encore dans l'avenir. »

Ernest Renan, Préface aux *Discours et conférences* (1887).

Conceptions subjectives, conceptions objectives

Dans les pays influencés par la Révolution française, la conception de la nation qui domine est libérale et démocratique. La langue, la religion, la culture ne sont pas ignorées mais ces éléments « objectifs » de la nationalité ne sont considérés ni comme suffisants ni comme nécessaires à l'émergence de la nation. D'ailleurs il existe des nations multilingues et pluriconfessionnelles comme la Suisse. La nation, selon ces conceptions, relève d'abord de la volonté des hommes qui la constituent, qui disent clairement qu'ils ont un destin commun à vivre ensemble, qui partagent les mêmes valeurs fondamentales et qui, périodiquement, lors des consultations plébiscitaires ou électorales, réaffirment leur appartenance nationale. Il va de soi que pour les tenants de ces conceptions « subjectives » de la nation, le droit de vote est un élément essentiel qui fonde le droit des peuples à disposer d'eux-mêmes, à s'associer à un État ou à s'en dissocier. Ces principes ont été énoncés avec force par Renan en 1882 dans sa conférence *Qu'est-ce qu'une nation ?* et maintes fois confirmés dans ses écrits postérieurs – « Ces façons de prendre les gens à la gorge et de leur dire : « Tu parles la même langue que nous, donc tu nous appartiens », ces façons-là sont mauvaises. » – mais, avant même d'être théorisés, ils ont été véhiculés par des hommes comme Michelet ou Mazzini.

Toutes différentes sont les conceptions « objectives » de la nation. La nation est alors très supérieure aux individus qui la composent et peut même aller contre la volonté de certains d'entre eux. Là est le fondement des nationalismes agressifs et expansionnistes. Même si ce sont des penseurs allemands, qui, comme Herder, ont exalté la nation comme un être vivant dont la langue commune est la première manifestation, il serait trop schématique d'assimiler conceptions objectives et tradition allemande et, *a contrario*, conceptions subjectives et tradition française. Johann Herder entend montrer dans *Une nouvelle philosophie de l'histoire* (1774) que les principes du contrat social faisant de la société un rassemblement d'individus liés par un pacte volontaire sont faux. Les civilisations sont des êtres vivants dont il faut renforcer le génie propre et, par une véritable éducation esthétique, développer des jeunes talents qui soient capables d'exalter l'âme du peuple.

Ce sont d'ailleurs un Français, Gobineau, et un Anglais, Chamberlain, qui donnent aux nationalistes allemands les principaux arguments sur les races nationales et qui vont, au nom du racisme, distinguer races supérieures et races inférieures et dénoncer la dégénérescence qui menace la race aryenne. Dans son ouvrage *Les Fondements du XIXe siècle* (1899), Chamberlain affime : « Les Aryens sont supérieurs de corps et d'âmes aux autres hommes ; ils sont donc de plein droit les seigneurs de la terre [...]. Car la liberté n'est pas un bien abstrait, auquel tout homme aurait droit naturellement : le droit à la liberté ne peut résulter que d'une aptitude à l'exercer, et cette capacité suppose à la fois la force physique et la force morale. » Selon ces conceptions, la religion n'est plus celle des individus mais celle de la nation, l'Allemagne ne peut qu'être luthérienne, la France ou l'Espagne catholiques et la Russie orthodoxe. Ainsi se définit un nationalisme d'exclusion qui ne tolère aucune déviance et qui débouche sur la persécution de l'autre.

Former une nation

La nation est une construction lente et peu de domaines échappent à son influence. Y interviennent aussi bien l'enseignement de l'histoire que la musique, les traditions militaires que les œuvres littéraires, une certaine peinture qui exalte les grandes batailles de la nation, que les organisations de jeunes. Ainsi, par exemple, les tensions franco-allemandes à la fin du XIXe siècle se manifestent-elles aussi bien dans le domaine scientifique, avec l'opposition entre Pasteur et Koch, que dans le domaine pédagogique avec la francisation des théories de Fröbel sur l'éducation du jeune enfant. Dès le second Empire, les responsables des salles d'asile sont impressionnés par les méthodes des jardins d'enfants allemands. Dans les premières années de la République, on s'efforce de démontrer que le pédagogue thuringien n'a fait que systématiser des principes déjà défendus par Montaigne, Fénelon, Rousseau ou Oberlin... La formation des esprits des enfants scolarisés est un moment essentiel de cette construction. Dans la préface du *Tour de la France par deux enfants*, dont la première édition date de 1877 et dont 6 millions d'exemplaires ont déjà été vendus avant la fin du siècle, les objectifs proclamés sont explicites : « En leur racontant le voyage courageux de deux jeunes Lorrains à travers la France entière, nous avons voulu pour ainsi dire voir et toucher ; nous avons voulu leur montrer comment chacun des fils de la mère commune arrive à tirer parti des richesses de sa contrée [...]. En groupant toutes les connaissances morales et pratiques autour de l'idée de France, nous avons voulu présenter aux enfants la patrie sous ses traits les plus nobles, et la leur montrer grande par l'honneur, par le travail, par le respect religieux du devoir et de la justice. »

LE CATHOLICISME, ÂME DE L'ESPAGNE.

« À une époque où les autres nations seraient si heureuses de trouver dans leur propre sein un principe vital qui pût leur rendre les forces que l'incrédulité a détruites, l'Espagne, qui conserve le Catholicisme et qui le possède encore seul et puissant, laisserait-elle introduire dans son sein ce germe de mort, rendant par là impossible la guérison de ses maux, ou, pour mieux dire, se condamnant elle-même, comme on n'en saurait douter, à une ruine complète ? [...]

Ah ! l'âme se remplit d'angoisse à la seule pensée qu'un jour pourrait venir où l'unité religieuse disparaîtrait du milieu de nous. Cette unité s'est identifiée avec nos habitudes, nos usages, nos mœurs, nos lois. Elle a gardé le berceau de notre monarchie dans la caverne de Covadonga, et a été la devise de notre étendard pendant une lutte de huit siècles contre le croissant. Cette unité développa et fit briller notre civilisation au milieu des temps les plus difficiles. Ce fut cette unité qui suivit nos terribles tercios, alors qu'ils imposaient silence à l'Europe ; qui conduisit nos marins à la découverte de mondes nouveaux et les guida lorsque, les premiers, ils achevèrent le tour du globe. Cette unité soutint nos guerriers jusqu'au bout de leurs conquêtes héroïques, et, dans des temps plus rapprochés, c'est cette unité qui a mis le comble à tant d'exploits en renversant Napoléon.

Vous, qui condamnez avec tant de légèreté l'œuvre des siècles [...] Consentiriez-vous à voir tarir les sources dans lesquelles notre littérature, nos sciences, notre nationalité, notre gloire, peuvent se raviver et se rajeunir ? »

Jaime Balmes, *Le Protestantisme comparé au catholicisme* (1851).

Les classes sociales, quelles que soient les difficultés de les définir, à partir du moment où l'on considère qu'elles existent, viennent rompre l'unité de la nation. C'est bien la signification de « Prolétaires de tous les pays, unissez-vous ». Pourtant, en dépit des déclarations dénonçant la mystification nationaliste, en août 1914, le mouvement ouvrier doit se rendre à l'évidence : c'est la nation qui prime. La guerre devient même la forme d'expression paroxystique de l'identité nationale et Mussolini affirme : « La guerre doit révéler l'Italie aux Italiens. »

bibliographie

HERMET Guy, *Histoire des nations et du nationalisme en Europe*, Paris, Seuil, 1996.

SALY Pierre, GÉRARD Alice, GERVAIS Céline, REY Marie-Pierre, *Nations et nationalismes en Europe, 1848-1914*, Paris, Armand Colin, 1996.

Le vote : une fonction ou un droit ?

En France, où les combats de rue et les défaites militaires scandent les changements de régime, les phases d'extension de l'électorat alternent avec celles de forte contradiction. L'élargissement du nombre des électeurs, la part qu'ils représentent par rapport à la population masculine adulte, a fortement évolué entre la Révolution et le second Empire. À l'époque révolutionnaire, dans le cadre d'un mode de scrutin indirect, entre 55 % en 1790 et 85 % en 1792, des hommes adultes peuvent voter ; ce ne sont que 1 à 2 % qui le peuvent sous la Restauration ou la monarchie de Juillet. En 1848, aux 241 000 électeurs censitaires succèdent 9,6 millions d'électeurs, soit 90 % des hommes adultes, mais la loi du 31 mai 1850 réduit le corps électoral de près de 3 millions et seuls 64 % des hommes conservent le droit de vote. L'une des premières mesures qui suit le coup d'État du 2 décembre 1851 est le rétablissement du suffrage universel masculin.

La fonction élective

Le suffrage est une fonction publique, « à laquelle personne n'a droit, que la société dispense ainsi que lui prescrit son intérêt », considère Barnave en août 1791. Tel est le principe qui explique la manière dont les modes de scrutin sont organisés pendant la Révolution. Le vote à deux degrés est alors la règle : le nombre de ceux qui peuvent voter et surtout qui peuvent être candidats en est réduit d'autant. La Constitution de l'an I envisage une démocratie plus directe, avec un seul degré, et, surtout, le contrôle des représentants par le « peuple » mais elle n'est jamais appliquée. Après le 18 Brumaire, le Consulat exacerbe la logique du suffrage indirect puisque est mis en place un système à quatre degrés qui permet par ailleurs au pouvoir de choisir les membres des assemblées nationales et locales. Dès 1802, ce simulacre de suffrage universel est remplacé par un système censitaire. Pendant les Cent-Jours, Napoléon accepte l'acte additionnel aux constitutions de l'Empire. Rédigé par Benjamin Constant, cet acte concède aux collèges électoraux l'élection directe de leurs représentants. En mai 1815, les collèges départementaux regroupent 19 500 électeurs et les collèges d'arrondissement 47 000. Avec 66 500 électeurs exerçant directement leur droit de vote, le corps électoral atteint alors son étiage : il représente moins de 1 % des hommes adultes. Les deux premières Chambres de la Restauration sont élues dans le cadre des collèges électoraux d'Empire. Ce n'est qu'en 1817 que la loi Lainé définit les nouvelles conditions d'électorat et d'éligibilité conformes à la Charte.

La Charte repousse la majorité électorale à 30 ans et exige surtout un cens de 300 francs. Pour être candidat à la députation, il faut avoir 40 ans et payer une contribution de 1 000 francs. C'est donc une mince oligarchie qui obtient le droit de vote. Les deux phases de la monarchie censitaire se caractérisent par des pratiques très différentes à l'égard du suffrage. La Restauration tente d'influencer les résultats électoraux en modifiant très souvent la législation. La première manifestation de cette politique est la diminution continuelle du nombre des électeurs qui passent de 110 000 en 1817 à 89 000 en 1827. Les ultras, plus que les constitutionnels, sont alors partisans d'un abaissement du cens, non par volonté démocratique, mais au terme d'une analyse : la classe dangereuse de la société française, c'est la classe moyenne ; il faut la contrer en s'appuyant sur les forces saines du pays, et donc diminuer le cens électoral. Encore faut-il ajouter que le système qui a leur faveur est un scrutin indirect avec assemblées primaires. Villèle, chef de file des ultras, défend explicitement son projet : « La classe moyenne, enviée de la dernière et ennemie de la première, compose la partie révolutionnaire dans tous les États. Si vous voulez que la première arrive dans vos assemblées, faites-la nommer par les auxiliaires qu'elle a dans la dernière classe, descendez aussi bas que vous pouvez et annulez ainsi la classe moyenne qui est la seule que vous ayez à redouter. » Les libéraux, au contraire, redoutent un tel élargissement du corps électoral et cherchent par tous les moyens à avantager cette classe moyenne honnie par Villèle.

Avec l'accession au trône de Charles X, la phase des dégrèvements fiscaux a objectif politique atteint son apogée. La saine gestion financière du ministère Villèle permet au gouvernement de procéder à des réductions d'impôt, d'où une diminution du nombre des électeurs. La tentative la plus aboutie pour modifier dans un sens antilibéral le calcul du cens est l'une des quatre ordonnances du 25 juillet 1830 : la patente et l'impôt sur les portes et fenêtres

Le suffrage universel dédié à Ledru-Rollin (chromolithographie de 1850).

n'entreraient plus en ligne de compte. Marchands, fabricants, aubergistes seraient exclus du pays légal. À partir de 1830, le mouvement s'inverse : le cens est abaissé à 200 francs, la majorité électorale à 25 ans. Pour l'éligibilité, le cens est ramené à 500 francs, l'âge à 30 ans. Le corps électoral est presque doublé, passant de 89 000 à 166 000 électeurs. Contrairement à la Restauration, la monarchie de Juillet ne va pas procéder à des modifications incessantes de la loi électorale. Le système avantage toujours les propriétaires fonciers, les plus lourdement imposés, aux dépens des industriels et des commerçants. Au plan politique, la richesse véritable est toujours la terre ; c'est elle qui fait le propriétaire et l'électeur. Socialement et politiquement, ce choix a toujours les mêmes conséquences : il favorise non la sélection par l'argent, mais la sélection par la propriété, élément de moralisation et de bon sens.

Tout Français est électeur

Le Gouvernement provisoire doit statuer et le souvenir de la Constitution de l'an I l'emporte : le suffrage universel est adopté le 2 mars 1848 et les dispositions définitives entérinées le 5 mars. Tous les Français âgés de 21 ans, résidant dans la commune depuis six mois, pourront participer au « vote universel », comme disent alors les quarante-huitards. Universelle et directe, la consultation se fera au chef-lieu de canton, par scrutin de liste. Ces dispositions sont sans précédent en Europe occidentale. Aux États-Unis d'Amérique, mais c'est bien loin, certains États ont adopté le suffrage universel mais, même outre-Atlantique, il n'est pas question d'un suffrage universel direct à l'échelle de l'Union. C'est bien un commencement absolu. Paradoxalement, ce sont les démocrates qui redoutent le plus l'instauration rapide du suffrage universel. Donner la parole au peuple est bien leur objectif, mais ils estiment que le peuple doit d'abord être éclairé, que des élections trop rapides conforteraient les notables établis. Lamartine décrit l'élan mystique de ces élections qui se déroulent le jour de Pâques. La démocratie naissante et le suffrage universel débutent le jour de la Résurrection. Toute l'euphorie syncrétique de la révolution de 1848 tient dans ce rapprochement.

La peur sociale amène le parti de l'Ordre à revenir sur le principe du suffrage universel. La loi du 31 mai 1850 exclut les indigents (il faut désormais être inscrit au rôle de la taxe personnelle) et les nomades (trois ans de résidence continue au même endroit sont requis). Le nomade, c'est l'ouvrier saisonnier, le nouveau migrant, le terrassier des chantiers de chemin de fer. Il faut éliminer de la vie politique les classes dangereuses, rouges en puissance. Près de 3 millions d'électeurs sont rayés des listes électorales.

L'EXCLUSION DES OUVRIERS NOMADES EN 1850.

Thiers, lors d'un discours célèbre, justifie devant l'Assemblée l'épuration des listes électorales.

« Ces hommes que nous avons exclus, sont-ce les pauvres ? Non, ce n'est pas le pauvre, c'est le vagabond. [...] Ce sont ces hommes qui forment non pas le fond, mais la partie dangereuse des grandes populations agglomérées. Les vrais républicains redoutent la multitude, la vile multitude qui a perdu toutes les républiques. »

Le second Empire rétablit pourtant le suffrage universel. Désormais, le vote est un droit et l'égalité civique n'est plus un enjeu. Ce qui le demeure, c'est la liberté de ses conditions d'exercice. Que signifie l'égalité, quand l'administration favorise les candidats officiels et entrave la diffusion des idées de l'opposition, proscrit ses chefs et enferme ses militants ? Toute différente est l'attitude du Royaume-Uni à l'égard du suffrage : l'élargissement de l'électorat est beaucoup plus régulier et il n'y a jamais de recul.

bibliographie

GARRIGOU Alain, *Le Vote et la vertu. Comment les Français sont devenus électeurs*, Paris, Presses de la FNSP, 1992.

HUARD Raymond, *Le Suffrage universel en France, 1848-1946*, Paris, Aubier, 1991.

OFFERLÉ Michel, *Un homme, une voix ? Histoire du suffrage universel*, Paris, Gallimard, coll. « Découvertes », 1993.

La question du droit de vote des femmes

Tout au long du XIXe siècle, le suffrage même lorsqu'il est dit universel demeure masculin. Pourtant, à partir des années 1860, certains États accordent le droit de vote aux femmes au niveau local (la Bohême en 1861, la Suède en 1862). En effet, dans la tradition libérale, la vie politique locale permet l'apprentissage de la vie politique nationale. À la fin du siècle, le droit de vote, tant au niveau local qu'au niveau national, commence à être accordé aux femmes. C'est le cas du Wyoming en 1890, bientôt suivi par d'autres États américains – mais pas par l'ensemble des États-Unis – puis par des pays scandinaves (Norvège et Danemark), par l'Australie et la Nouvelle-Zélande. En Angleterre, en dépit du mouvement des suffragettes, la franchise électorale, votée par le Parlement en 1911, n'est appliquée qu'en 1918.

Des revendications non satisfaites

La France, pionnière en matière de suffrage masculin, peut-être même le berceau du féminisme au moment de la Révolution, est l'un des derniers pays occidentaux à accorder le droit de vote aux femmes. Alors que la fin de la Première Guerre mondiale coïncide avec l'obtention du droit de vote pour les femmes en Belgique, en Suède, aux États-Unis, en Allemagne, il faut attendre, en France, la fin de la Seconde Guerre mondiale.

Des femmes ont voté lors de la désignation des délégués aux états généraux mais elles appartiennent pour l'essentiel aux ordres privilégiés. En 1790, Condorcet prévient dans *Sur l'admission des femmes au droit de cité*: « Celui qui vote contre le droit d'un autre, quels que soient sa religion, sa couleur ou son sexe, a dès lors abjuré les siens. » Dès 1791, Olympe de Gouges publie son ouvrage intitulé *Les Droits de la femme et de la citoyenne* et, surtout, lors de la convention jacobine des femmes se trouvent dans les armées de l'an II. Pourtant, elles vont vite effrayer le pouvoir et, dès avril 1793, Carnot dénonce « le troupeau de femmes et de filles » qui pervertit les armées. Surtout, il leur interdit le port des armes tout en tolérant qu'elles restent comme cantinières. Les conventionnels n'acceptent pas les femmes en armes et l'on peut penser que leur admiration pour la démocratie athénienne, où seuls les citoyens pouvaient porter les armes, n'y est pas étrangère. Au même moment, Olympe de Gouges, qui sera guillotinée, demande que soit accordé aux femmes, comme à tout citoyen, le droit à la tribune.

Une fois les montagnards éliminés, la revendication pour l'égalité politique des femmes et des hommes disparaît et ne ressurgit qu'au moment de la révolution de 1848. Eugénie Niboyet et Jeanne Deroin animent clubs, journaux, libelles et le 11 mars 1848, le Comité des droits de la femme demande au gouvernement provisoire des précisions sur le suffrage universel qui vient d'être institué. « Nous venons vous demander si les femmes sont comprises dans cette généralité ? » Le gouvernement renvoie la question à la future assemblée constituante qui, à son tour, ne prend aucune décision... Même les socialistes qui leur sont favorables – et tous ne le sont pas – ne se prononcent pas de manière catégorique sur la question du droit de vote. À nouveau, lorsque la poussée révolutionnaire marque le pas, après juin 1848, les clubs favorables aux femmes se trouvent isolés et sans moyens d'action efficaces.

Jusqu'au milieu des années 1870, lorsque le régime républicain semble enfin assuré, le combat pour le suffrage féminin demeure embryonnaire ou inexistant. En 1876, Hubertine Auclert fonde la société le Droit des femmes qui devient, en 1883, le Suffrage des femmes. Présente au congrès ouvrier de Marseille en 1879, elle réussit à faire admettre le principe de l'égalité civile et politique de la femme ; pourtant, il ne faut pas conclure de cette « brève rencontre » entre le féminisme et le socialisme, entre le mouvement des femmes et le mouvement ouvrier, à une communauté d'intérêts et d'objectifs. Très vite la question des femmes disparaît des congrès du mouvement ouvrier.

Les parlementaires et le vote des femmes

Au tournant du siècle, le mouvement d'Hubertine Auclert, le Suffrage des femmes, ne rassemblerait qu'une centaine de militantes et la tendance suffragiste dans son ensemble à peine quelques centaines, soit des effectifs très voisins des mouvements de femmes catholiques. En fait, le gros des forces du mouvement pour le droit des femmes est constitué par des organisations conservatrices ou modérées, et en particulier par le Conseil national des femmes françaises qui dépasserait les 20 000 adhérentes. Il s'agit en fait d'une fédération d'organisations de femmes et d'œuvres féminines. Il s'en faut de beaucoup que cette organisation, contrôlée par des femmes issues de l'élite protestante (Julie Siegfried, Sarah Monod, Avril de Sainte-Croix), soit une organisation féministe. Il n'en demeure pas moins que la force du mouvement pour le suffrage féminin est en France des plus modestes. Si l'on suit les estimations de Carrie Chapman Catt qui est à la tête du suffragisme international, la France se situerait, de ce point de vue, au même rang que le Chili, la Turquie, Cuba ou les Philippines... Alors que les suffragettes britanniques mobilisent entre 250 000 et 500 000 manifestantes à Hyde Park en 1908, elles ne sont que 5 000 à 6 000 à manifester à Paris, le 5 juillet 1914, lors de la manifestation Condorcet. Et encore, cet épisode contraste fortement avec les tentatives de manifestations des années précédentes qui n'ont mobilisé que quelques dizaines, voire une ou deux centaines, de militantes. Pourtant à la veille de la guerre, le mouvement suffragiste français considère que le but est proche et Marguerite Durand, par exemple, manifeste un optimisme sans faille. D'autant plus que des hommes politiques importants se rallient au principe. En effet, la campagne pour le vote des femmes ne laisse pas indifférentes les formations politiques. Alors que plus de huit députés socialistes sur dix se disent favorables à l'élargissement du droit de vote, ils ne sont que trois sur dix chez les républicains, au sein de la droite et surtout du parti radical. Pour ce dernier, il s'agit avant tout de manœuvres destinées à renforcer le parti du confessionnal et les militants anticléricaux sont confortés dans cette opinion par certaines prises de position du clergé.

Au lendemain de la guerre, le mouvement pour le suffrage des femmes enregistre une forte mobilisation. L'hostilité au principe recule. Dès 1912, la Ligue pour la République nouvelle de Marc Sangnier s'est rangée en faveur du vote des femmes et, une fois que Pie X s'est prononcé dans le même sens, en 1919, les milieux catholiques dans leur ensemble mènent campagne en ce sens. Tous voient dans une telle solution un moyen de barrer la route au bolchevisme... Le 8 mai 1919, la Chambre adopte par 329 voix contre 95 l'égalité de l'homme et de la femme devant le suffrage universel mais le Sénat attend trois ans pour examiner le texte et finit par le repousser. Il en va de même pour les projets adoptés en 1925, 1932 et 1935. L'hostilité d'une partie des radicaux n'y est pas étrangère même si leurs leaders y sont favorables : lors du vote de 1919 à la Chambre, alors que 38 % des députés ont voté non ou n'ont pas pris part au vote, le nombre est de 60 % chez les radicaux, et au Sénat, en 1922, alors que 56 % des sénateurs votent non ou ne prennent pas part au vote, le pourcentage parmi les sénateurs radicaux est de 81 %.

DÉBAT À LA CHAMBRE DES DÉPUTÉS LE 8 MAI 1919.

Pierre-Étienne Flandin, jeune député de l'Alliance démocratique, une organisation de la droite modérée, est partisan d'accorder aux femmes le droit de vote au niveau local.

Cependant, voici que, depuis vingt ans, autour de notre démocratie un peu fatiguée et vieillissante, de toutes parts, les femmes ont été appelées à prendre part à la vie politique. [...] Laissez-moi vous dire que nous ne pourrions nous obstiner, à mon sens, dans cet esprit conservateur qui a été de tout temps, en France, l'apanage des partis au pouvoir, qu'à deux conditions : démontrer que ces nations audacieuses se sont trompées et que l'expérience du suffrage des femmes n'a pas donné de résultats heureux ; ou bien prouver que la femme française ne possède pas les mêmes aptitudes à exercer ses droits politiques que l'anglo-saxonne, la scandinave, la russe ou l'allemande, voire la canadienne française qui, aujourd'hui, bénéficie de ces droits.

Très bien ! Très bien !

Je ne pense pas qu'il se trouve ici beaucoup de nos collègues pour défendre cette thèse. [...] Je crois que tous peuvent accepter la formule d'expérience loyale que nous proposons aujourd'hui à la Chambre. Qu'est-ce que nous demandons ? Nous demandons que vous accordiez aux femmes le droit de participer aux scrutins pour l'élection des conseils municipaux, des conseils généraux, des conseils d'arrondissement.

Manifestation de femmes devant la statue de Condorcet à Paris en juillet 1914.

Plus qu'une question de principe, le vote des femmes apparaît comme un enjeu pour les formations politiques. Ce n'est pas la reconnaissance d'un droit qui semble en cause mais plutôt les spéculations sur les futurs comportements électoraux.

bibliographie

HAUSE Steven C., KENNEY Anne R., *Women's Suffrage and Social Politics in the French Third Republic*, Princeton University Press, 1984.

BARD Christine, *Les Filles de Marianne : histoire des féminismes, 1914-1940*, Paris, Fayard, 1995.

La violence politique

En 1848, des gravures montrent l'ouvrier qui range son fusil pour déposer son bulletin de vote dans l'urne. L'insurgé devrait se transformer en électeur… On sait qu'il n'en a rien été et que, dans les mois qui suivent l'élection de l'Assemblée constituante, Paris se hérisse à nouveau de barricades. En juin 1848, les victimes sont nombreuses : près de 15 000 tués et blessés. Les insurgés comptent 4 000 morts, l'armée près de 1 800. L'année symbole du suffrage universel (masculin) est aussi celle qui inaugure l'une des périodes les plus violentes de l'histoire politique française, alors même que nombre de villes européennes, de Berlin à Vienne, en passant par l'Italie, voient aussi se dresser des barricades.

Violence urbaine, violence rurale

Mesurant le poids de la violence collective, Charles Tilly estime qu'elle occupe, en France, une place plus importante que dans les autres pays européens. Bien sûr, il n'est pas possible de dresser des statistiques comparatives des victimes de la violence dans les différents pays : outre les problèmes de sources, les définitions mêmes sont floues ; la violence ne se réduit pas à ses aspects quantitatifs, elle véhicule une forte charge idéologique. Charles Tilly a établi la courbe des violences collectives qui ont embrasé la France de 1830 à 1960. Trois périodes enregistrent un nombre record de manifestations : la seconde République, le début du XXe siècle et les années qui précèdent la Seconde Guerre mondiale.

Aucune variable simple telle que l'urbanisation ou l'industrialisation n'explique les fluctuations qui relèvent avant tout de la conjoncture politique. En un siècle, entre les années 1830 et les années 1930, la violence s'est profondément transformée. Cette mutation concerne à la fois la géographie de la violence et sa nature. Alors qu'au XIXe siècle, seuls trois départements n'enregistrent aucune violence, au XXe siècle, vingt départements ne connaissent aucune violence collective. Les départements ruraux sont souvent le théâtre de violences multiples associant émeutes sociales et révoltes politiques, comme dans les Basses-Alpes ou le Var. L'ancrage rural et méridional de la résistance au coup d'État du 2 décembre 1851 est patent. Cette violence des départements ruraux se conjugue à celle des départements qui abritent les plus grandes villes.

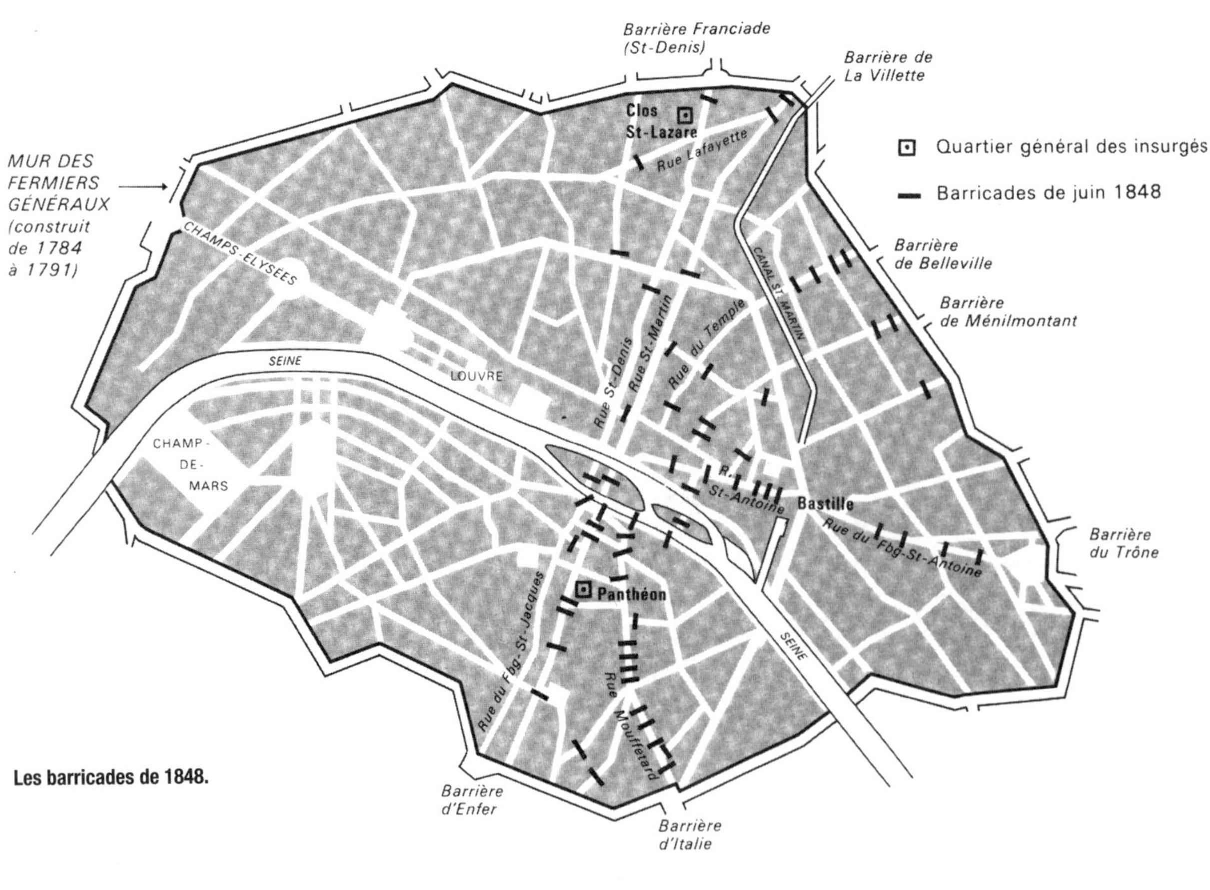

Les barricades de 1848.

Au XXe siècle, le caractère méridional de la violence collective est moins accentué, même si la façade méditerranéenne demeure une zone de force, mais là comme ailleurs la majeure partie des événements se déroule dans les grandes villes, à Nice, Marseille, etc. La violence est devenue un phénomène essentiellement urbain et les zones de forte émigration du XIXe siècle, souvent zones de violence – Basses-Alpes, Gers, Haute-Vienne, etc. –, sont particulièrement calmes.

Cette mutation géographique s'accompagne d'une transformation du caractère des manifestations : alors qu'au XIXe siècle les « foules spontanées » participent aux émeutes agraires, aux protestations contre la conscription ou résistent aux agents du fisc, elles cèdent le premier rang, au XXe siècle, aux « foules idéologiques », encadrées par des organisations politiques d'extrême droite ou d'extrême gauche. Parallèlement à cette évolution, la participation aux manifestations violentes devient plus massive, même si les conflits durent moins longtemps. Comme pour les grèves, la violence devient un élément de pression dans une stratégie globale.

Insurrection et identités

Une question essentielle se pose : qui sont les acteurs de la violence collective ? L'interrogation vaut surtout pour les « foules spontanées ». La violence – l'utilisation des armes – peut être offensive ou défensive, correspondre à une volonté de prise de pouvoir ou n'être que l'ultime sursaut d'hommes acculés qui ne peuvent choisir qu'entre « la liberté ou la mort », comme lors de l'insurrection de juin 1848. Les plus prompts à participer à la violence collective sont les moins intégrés à la hiérarchie sociale. L'action politique fondée sur l'expression régulière du suffrage universel implique une périodicité, une planification des enjeux souvent incompatibles avec l'impérieuse nécessité de l'action immédiate que fait sourdre la révolte. Cette mauvaise intégration n'implique pas nécessairement la révolte, mais induit une certaine indifférence à l'égard des rendez-vous électoraux périodiques. Ce rejet ou cette ignorance des règles électorales peuvent amener les exclus à la révolte. 1848 avait commencé dans la fraternité générale mais l'association fraternelle, la collaboration du capital et du travail, l'amour universel s'achèvent en bain de sang.

Au début du XXe siècle, la violence programmée voisine avec la violence d'identité, les manifestations de toutes sortes se multiplient. À gauche, on a surtout retenu la mutinerie du 17e régiment d'infanterie lors de la révolte des viticulteurs du Languedoc, les grèves violentes et sanglantes de Villeneuve-Saint-Georges et de Draveil-Vigneux. Mais l'agitation protéiforme de ces premières années du XXe siècle n'est pas l'apanage de la gauche. L'application de la loi sur l'inventaire des biens ecclésiastiques provoque la révolte de nombreux fidèles. La loi de séparation de l'Église et de l'État est votée le 9 décembre 1905. La perspective d'un inventaire des biens ecclésiastiques avant leur dévolution à des associations cultuelles ne provoque pas d'opposition virulente mais, le 2 janvier 1906, les agents de l'Enregistrement reçoivent l'ordre de demander aux prêtres d'ouvrir les tabernacles. Une partie de la presse catholique dénonce la profanation du corps du Christ et, aussitôt, les fidèles se mobilisent : du Pays basque à la Lozère, du Morbihan à la Flandre en passant par la Haute-Loire, l'Ardèche et la Vendée, les églises sont occupées. En Flandre, une tentative d'inventaire entraîne mort d'hommes. Les manifestants sont des ouvriers agricoles en marge de la société rurale, des ouvriers du houblon, des tisserands à domicile, un sous-prolétariat rural pour qui le caractère sacré des tabernacles impose de s'opposer aux profanateurs. Plus que manifestation politique, il s'agit de la résistance d'hommes qui se sentent outragés dans ce qu'ils ont de plus sacré et, même si le catholicisme politique exploite les événements de Bœschêpe, il n'en est pas directement à l'origine.

SAVOIR CONSTRUIRE UNE BARRICADE.

Avant de devenir mythe et symbole, la barricade est un édifice inséparable de l'évolution politique.

« Dans l'état actuel de Paris, malgré l'invasion du macadam, le pavé reste toujours le véritable élément de la fortification passagère [...]. Le cube total de la barricade et de sa contre-garde sera de 144 mètres qui, à 64 pavés par mètre cube, donnent 9 186 pavés, représentent 191 rangées à 4 x 12 ou 48 rangées. Ces 191 rangées occupent 48 mètres de long. Ainsi la rue serait dépavée dans une longueur de 48 mètres pour fournir les matériaux au retranchement complet. »

Auguste Blanqui, *Instructions pour une prise d'armes* (1868).

Le rapprochement opéré entre juin 1848 et la résistance aux inventaires heurteront plus d'une sensibilité, mais à travers ces deux événements, aux connotations idéologiques différentes, se dégage l'affirmation commune d'une identité : il s'agit d'une révolte pour la survie de l'individu atteint dans sa dignité. Ces révoltes sont à dissocier de la violence plus programmée qu'utilisent parfois les organisations politiques. Elles laissent toujours au cœur des hommes des traces plus durables que la pratique électorale. De génération en génération se transmet la tradition orale des violences subies et cette tradition peut, à son tour, induire des comportements électoraux.

bibliographie

TILLY Charles, *La France conteste*, Paris, Fayard, 1988.

Le régime impérial

Longtemps présenté par les historiens de la troisième République comme la face noire de l'histoire politique de la France, le second Empire est aujourd'hui abordé de manière plus sereine. Sa dimension plébiscitaire ne doit pas faire oublier que les consultations électorales régulières, même manipulées dans le cadre de la candidature officielle, ont contribué à enraciner les nouvelles pratiques politiques fondées sur le suffrage universel masculin. Par ailleurs, l'expansion économique incontestable de la période permet aux partisans d'un exécutif fort de souligner l'efficacité réformatrice du pouvoir impérial.

L'établissement d'un régime ambigu

L'Empire naît d'une transgression des principes de la seconde République dont la constitution précise que « toute mesure par laquelle le président de la République dissout l'assemblée nationale [...] est un crime de haute trahison », ce qui confirme les craintes de certains républicains – Jules Grévy en est – qui, dès 1848, sont hostiles à l'existence même d'un président de la République. La majorité des constituants se prononce – et le ralliement de Lamartine à cette solution est décisif – pour un président de la République élu au suffrage universel, qui, comme le président des États-Unis d'Amérique, serait élu pour quatre ans et ne serait pas rééligible.

Avec l'élection, de Louis-Napoléon Bonaparte, le 10 décembre 1848, la tonalité parlementaire est étouffée par la puissance plébiscitaire du nom de l'élu. Et le conflit avec l'Assemblée législative dominée par le parti de l'Ordre se dénoue le 2 décembre 1851 : le coup d'État se fait contre le pouvoir législatif. La dissolution de la Chambre inscrite dans le décret signé par le président de la République inaugure la rupture avec le parlementarisme, et la volonté plébiscitaire du futur empereur s'affirme par le rétablissement du suffrage universel et l'abrogation de la loi du 31 mars 1850 qui le mutilait. Ces deux choix marquent l'ambiguïté du bonapartisme qui entend renforcer le principe d'autorité et ne pas rompre avec une certaine inspiration démocratique.

Rouher aurait rédigé le projet de constitution en vingt-quatre heures mais il ne s'agit que d'adapter la Constitution de l'an VIII. Elle définit d'abord l'exécutif. Le président de la République, bientôt l'Empereur, « gouverne au moyen des ministres, du Conseil d'État, du Sénat et du Corps législatif ». Ministres, conseillers, sénateurs et députés – les seuls à être élus – doivent jurer obéissance à la Constitution et fidélité au Président. L'hostilité aux principes parlementaires est totale. Seul le Président a l'initiative des lois, car l'initiative parlementaire « était la source de si graves abus » qu'ils ont permis « à chaque député de se substituer à tout propos au gouvernement ». Ce dernier, bien sûr, n'est plus responsable du temps perdu « en vaines interpellations, en accusations frivoles, en luttes passionnées dont l'unique but était de renverser les ministres pour les remplacer. [...] Désormais, les mandataires de la

LE DISCOURS DE BORDEAUX.

Après le coup d'État du 2 décembre 1851, le Prince-Président teste devant les milieux d'affaires l'idée de restaurer, dans les termes comme dans les faits, l'Empire.

Messieurs,

« Aujourd'hui la France m'entoure de ses sympathies, parce que je ne suis pas de la famille des idéologues. Pour faire le bien du pays, il n'est pas besoin d'appliquer de nouveaux systèmes ; mais de donner, avant tout, confiance dans le présent, sécurité dans l'avenir. Voilà pourquoi la France semble vouloir revenir à l'empire.

Il est néanmoins une crainte à laquelle je dois répondre. Par esprit de défiance, certaines personnes se disent : l'empire, c'est la guerre. Moi je dis : l'empire, c'est la paix. C'est la paix, car la France la désire, et, lorsque la France est satisfaite, le monde est tranquille. La gloire se lègue bien à titre d'héritage, mais non la guerre. Est-ce que les princes qui s'honoraient justement d'être les petits-fils de Louis XIV ont recommencé ses luttes ? La guerre ne se fait pas par plaisir, elle se fait par nécessité ; et, à ces époques de transition où partout, à côté de tant d'éléments de prospérité, germent tant de causes de mort, on peut dire avec vérité : Malheur à celui qui, le premier, donnerait en Europe le signal d'une collision dont les conséquences seraient incalculables !

J'en conviens, cependant, j'ai, comme l'empereur, bien des conquêtes à faire. Je veux, comme lui, conquérir à la conciliation les partis dissidents et ramener dans le courant du grand fleuve populaire les dérivations hostiles qui vont se perdre sans profit pour personne.

Je veux conquérir à la religion, à la morale, à l'aisance, cette partie encore si nombreuse de la population qui, au milieu d'un pays de foi et de croyance, connaît à peine les préceptes du Christ ; qui, au sein de la terre la plus fertile du monde, peut à peine jouir de ses produits de première nécessité.

Nous avons d'immenses territoires incultes à défricher, des routes à ouvrir, des ports à creuser, des rivières à rendre navigables, des canaux à terminer, notre réseau de chemins de fer à compléter. Nous avons, en face de Marseille, un vaste royaume à assimiler à la France. Nous avons tous nos grands ports de l'ouest à rapprocher du continent américain par la rapidité de ces communications qui nous manquent encore. Nous avons partout enfin des ruines à relever, de faux dieux à abattre, des vérités à faire triompher.

Voilà comment je comprendrais l'empire, si l'empire doit se rétablir. Telles sont les conquêtes que je médite, et vous tous qui m'entourez, qui voulez, comme moi, le bien de notre patrie, vous êtes mes soldats. »

Le Moniteur universel, n° 286, 12 octobre 1852.

nation feront mûrement les choses sérieuses» et, pour cela, ils sont moins nombreux: moins de 300 élus au suffrage universel qui n'élisent pas leur Président et dont le seul pouvoir est de voter la loi qui n'est pas préparée par eux mais par le Président et le Conseil d'État.

L'assouplissement du régime

Dix ans après l'établissement de l'Empire, le régime s'assouplit. Le sénatus-consulte du 2 février 1861 autorise la publication *in extenso* des débats du Corps législatif et du Sénat. L'année précédente déjà, un décret a rétabli le droit d'adresse. En fait, le régime connaît une évolution institutionnelle qui aboutit, en 1870, à la constitution d'un système hybride mi-parlementaire, mi-plébiscitaire. Le sénatus-consulte du 20 avril 1870 précise, en son article 10: «L'Empereur gouvernera avec le concours des ministres, du Sénat, du Corps législatif et du Conseil d'État.» On mesure la distance entre *au moyen* (1852) et *avec le concours* (1870). Même si la responsabilité des ministres n'est pas totalement établie, elle est du domaine du possible. En revanche, l'Empereur peut toujours faire appel au peuple français et le plébiscite du 8 mai 1870 porte précisément sur l'approbation «des réformes libérales opérées dans la Constitution depuis 1860».

L'absence de crises ministérielles et la stabilité gouvernementale augmentent l'influence des ministres sur l'administration que le népotisme et le favoritisme leur permettent de peupler de fidèles. Fidèles à l'Empereur, grassement payés, les mêmes ministres peuvent appliquer des politiques opposées, autoritaires d'abord, plus libérales ensuite. Le second Empire réorganise le pouvoir des préfets. Selon le décret du 25 mars 1852, le préfet impérial n'est plus le simple agent d'exécution du pouvoir central, mais «le représentant dans son département de l'unité gouvernementale». Pour lutter encore contre les lenteurs de l'administration, le décret précise qu'«il est nécessaire de décentraliser l'action purement administrative» et, pour ce faire, d'augmenter les compétences des préfets dont les attributions concernent désormais cent douze matières, réparties en cinq tableaux. Responsable des encouragements à l'agriculture, de la petite voirie, des questions domaniales et forestières, nommant les maires et leurs adjoints, les instituteurs, les gardes champêtres et les architectes départementaux, le préfet doit adresser tous les six mois au ministre de l'Instruction publique un rapport sur les membres de l'enseignement, «depuis le proviseur de lycée jusqu'à l'instituteur communal du plus modeste village». D'après Rouher, les préfets nomment directement 55 % des 10 418 fonctionnaires qui relèvent de l'Intérieur (bureaux des préfectures et sous-préfectures, télégraphes, prisons), 98 % des 54 786 agents de l'Instruction publique, 70 % des fonctionnaires dépendant des Finances dont près de 18 000 facteurs et 40 % des agents de l'Agriculture, du Commerce et des Travaux publics. On ne saurait mieux souligner l'influence que le préfet peut exercer dans son département et saisir la diversité et le poids des requêtes qui lui sont adressées pour obtenir une place pour un proche. Ce patronage est l'un des grands pouvoirs du préfet qui doit veiller plus que jamais à éclairer l'opinion à l'occasion des élections.

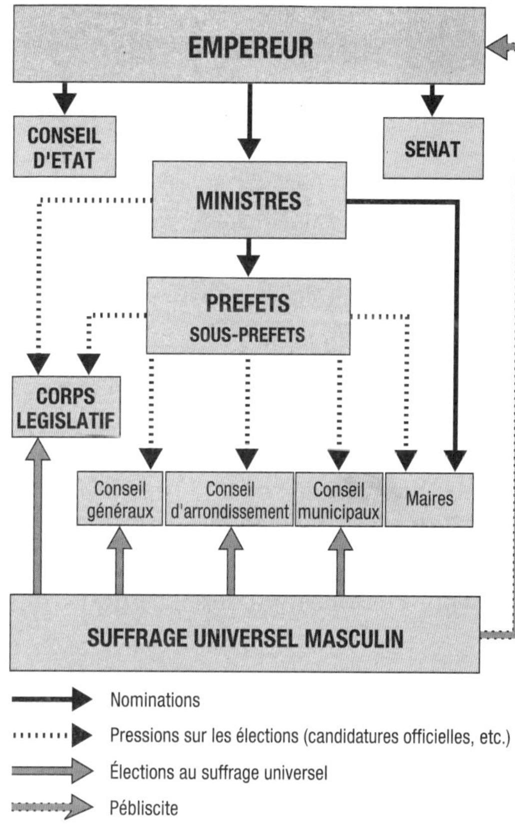

Schéma institutionnel du second Empire.

Le 8 mai 1870, à la question sur l'approbation des réformes libérales, les électeurs répondent massivement *oui*. Massivement *oui* à un Empereur qui avait bien dit le sens du oui: «Vous conjurerez les menaces de la révolution, vous assoirez sur une base solide l'ordre et la liberté et vous rendrez plus facile la transmission de la couronne à mon fils.» L'hérédité comme fruit du suffrage universel. Le second Empire s'écroule, tout comme le premier, dans la défaite militaire et cette défaite survient au moment où, en politique intérieure, le neveu semble près de réussir là où l'oncle a échoué.

b*ibliographie*

FURET François, *Histoire de France. La Révolution, de Turgot à Jules Ferry, 1780-1980*, Paris, Hachette, 1988.

Cléricalisme et anticléricalisme

Dans la France du XIXe siècle, les tensions sociales et les clivages politiques découlent souvent de l'affrontement entre cléricalisme et anticléricalisme, chaque camp se structurant souvent en fonction de la place qu'il assigne à l'Église dans la société. À une Marseillaise *proclamant «Aux urnes citoyens, contre les cléricaux / Votons, votons, et que nos voix dispersent les corbeaux» répond l'*Almanach du Pèlerin *qui fait l'apologie du corbeau «le plus astucieux des oiseaux et peut-être des animaux».*

Un clivage fondamental

L'anticléricalisme est très sensible aux empiètements que le Vatican fait subir à l'intégrité de la nation en un temps où le pouvoir pontifical est très attaché à ses prérogatives temporelles. Soumise à l'autorité du souverain pontife, l'Église de France ne peut, aux yeux des anticléricaux, avoir d'autonomie. Dans certains milieux, la politique du ralliement est ressentie comme une tentative de mystification.

L'anticléricalisme existe avant même que le mot ne soit forgé et il est significatif que l'adjectif – non le substantif – fasse son apparition après le coup d'État de Louis-Napoléon Bonaparte, au moment où aux yeux des républicains, l'Église donne sa caution à un régime né d'une violation de la Constitution. L'anticléricalisme est fondamentalement solidaire du cléricalisme ; le mot émerge d'ailleurs en un temps où le catholicisme se transforme avec l'infaillibilité pontificale, l'apparition de dévotions nouvelles et surtout la multiplication des miracles et des apparitions surnaturelles. Pour autant, le plus souvent, les anticléricaux ne se présentent pas comme tels mais se proclament libres penseurs, rationalistes, partisans de la séparation de l'Église et de l'État. Ce clivage fondamental se lit aussi bien dans la querelle scolaire que dans l'œuvre laïque des municipalités républicaines.

« LE CLÉRICALISME, VOILÀ L'ENNEMI ! »

Le discours du 4 mai 1877 que prononce Gambetta annonce la crise du 16 mai 1877. En effet, Mac Mahon renvoie le président du Conseil Jules Simon en lui reprochant de ne pas s'être suffisamment opposé aux interventions anticléricales.

« Il est remarquable, en effet, que, depuis 1870, au lendemain de nos désastres, au milieu même des ruines qui s'étaient accumulées autour de nous, cette pensée, ce plan politique, réfugiés sous le manteau de la religion, aient apparu. Il n'est pas moins digne d'attention que ce soient précisément les mêmes hommes qui, dans notre pays, mènent l'assaut contre les institutions, contre la Révolution de 1789, contre ses conquêtes, qui sont en même temps à la tête des comités catholiques, des associations catholiques, et qui, mêlant avec habileté, avec une infatigable et opiniâtre activité, la diplomatie et la religion, le parlementarisme et la bienfaisance, font de toutes ces idées associées un levier, que dis-je, un bélier, qu'ils poussent contre la citadelle de l'État. *(Acclamations prolongées à gauche et au centre.)* [...]

Eh bien ! sommes-nous véritablement des novateurs quand nous venons dire, non pas au nom de nos idées républicaines – ce serait notre devoir –, non pas au nom de la démocratie française – ce serait notre mission –, mais au nom des droits imprescriptibles des sociétés qui veulent rester libres et maîtresses d'elles-mêmes, sommes-nous des novateurs quand nous venons dire qu'il est temps de rappeler au respect des lois, et de réintégrer dans la position inférieure et subalterne qu'elles doivent occuper dans notre société les Églises, quelles qu'elles soient ? *(Vifs applaudissements à gauche et sur plusieurs bancs au centre).* [...]

Vous sentez donc, vous avouez donc qu'il y a une chose qui, à l'égal de l'Ancien Régime, répugne à ce pays, répugne aux paysans de France... *(Bruyantes interruptions à droite...)* c'est la domination du cléricalisme ! *(Bravos et applaudissements à gauche et au centre.)*

Vous avez raison, et c'est pour cela que du haut de cette tribune je le dis, pour que cela devienne précisément votre condamnation devant le suffrage universel !... *(Rumeurs à droite.)* Et je ne fais que traduire les sentiments intimes du peuple de France en disant du cléricalisme ce qu'en disait un jour mon ami Peyrat : "Le cléricalisme ? Voilà l'ennemi !" »

Discours de Gambetta, Chambre des députés, 4 mai 1877.

La querelle scolaire

Les deux camps s'affrontent violemment au moment de la création par Jules Ferry de l'école laïque, gratuite et obligatoire pour les enfants de 6 à 13 ans, véritable acte fondateur des valeurs de la troisième République. Dans un premier temps, la loi de 1879 redonne à l'État le monopole de la collation des grades. Surtout, son article 7 exclut de l'enseignement les membres des congrégations non autorisées, visant en fait les jésuites, expulsés en 1880. Dans ce contexte, Paul Bert, lors du banquet du conseil général de l'Yonne, département à la pointe de l'anticléricalisme, évoque la crise du phylloxéra : « Le département de l'Yonne a eu le bonheur jusqu'ici d'échapper à ces deux fléaux : le phylloxéra qui se cache sous la vigne, et l'autre... le phylloxéra que l'on cache avec des feuilles de vigne. Pour le premier nous avons le sulfure de carbone ; pour le second l'article 7 de la loi Ferry [...]. »

La loi sur l'école laïque n'institue pas une rupture fondamentale dans l'histoire de la scolarisation puisque 85 % des jeunes Français sont déjà scolarisés avant la promulgation des lois de 1881-1882. Deux chiffres suffisent pour montrer que les effectifs ont peu augmenté entre l'acte fondateur et la fin de la troisième République : on compte 5 224 000 élèves et 125 000 maîtres en 1881-1882 et 5 437 000 élèves et 150 000 maîtres en 1937. La proclamation de la laïcité renvoie avant tout au combat mené par les instituteurs contre le cléricalisme. Dans les grandes villes tenues par les républicains, comme Lyon, l'objectif est de concurrencer les écoles tenues par les religieux. En 1881-1882, 3,3 millions d'élèves, soit 63 %, sont scolarisés dans le public mais en 1937, les 4,5 millions d'élèves scolarisés dans l'enseignement public représentent 83 % des élèves. Au début du XIXe siècle, la guerre scolaire bat son plein : en 1902, Émile Combes fait fermer 3 000 écoles non autorisées, tandis que *Le Tour de France par deux enfants*, ouvrage dans lequel des générations d'écoliers apprennent à lire depuis un quart de siècle, est expurgé, en 1902, de toute allusion proche ou lointaine à Dieu.

LA QUERELLE DES MANUELS.

« Aux V..., le nouveau curé du village est venu à la mairie m'entretenir du changement d'un livre d'histoire, où il était dit que Jeanne d'Arc avait "cru" entendre des voix. C'était en novembre, les classes avaient repris et les élèves étaient pourvus de livres. Il m'a demandé de changer ce livre. Je lui est répondu qu'il m'était impossible de satisfaire sa demande. "Eh bien, ce sera la guerre entre l'Église et l'École", m'a-t-il dit. Et ce fut la guerre. Il m'a attaqué pendant un an, consacrant un article toutes les semaines dans le journal catholique, *La Croix de la Lozère.* Ma vie d'instituteur, de secrétaire de mairie, et ma vie privée même fournissaient motifs à déverser son fiel sur mon compte. Finalement, l'Amicale des instituteurs prit ma défense et le journal *La Croix*, condamné par le tribunal de Mende, dut insérer mes réponses aux attaques portées sur mon compte. Un matin, je trouvais la porte de l'école badigeonnée avec des excréments. Je la fis nettoyer par une femme payée par la mairie. Toujours poussées par le curé, deux familles (dont le sacristain) – au total trois enfants – refusèrent de se servir de ce livre d'histoire et refusèrent d'apprendre les leçons. J'en avisai l'Inspecteur d'Académie qui les mit à la porte de l'école. Le curé, alors, les prit chez lui pour leur faire la classe, mais cela fut de courte durée. Le tribunal de première instance de Florac condamna le curé à une forte amende pour avoir fait la classe sans autorisation, et les trois enfants cessèrent leurs études. Toute la population prit parti pour moi, et le prêtre, voyant son église se vider, fut nommé aumônier d'un couvent de Mende et rédacteur au journal *La Croix de la Lozère.* »

J. M., Lozère, 1874. Cité par Jacques Ozouf, *Nous, les maîtres d'école*, p. 151.

Clivages villageois

La lutte entre cléricaux et anticléricaux alimente aussi la vie politique villageoise. Dans ses *Visites aux paysans du Centre*, Daniel Halévy en donne maints témoignages à la veille ou au lendemain du premier conflit mondial. Lors d'un séjour à Ygrande, dans le Bourbonnais, où il retrouve son ami Émile Guillaumin, l'auteur de *La Vie d'un simple*, il constate les changements intervenus dans les communes aux mains des républicains : « Les anciennes mairies, pour lesquelles c'était assez d'une table et d'une armoire, ne suffisent plus. Une vie commune s'est instituée, qui veut une maison commune. Le maire d'Ygrande a compris cela et, nonobstant la fureur des réactionnaires, il a fait construire une nouvelle mairie que les Ygrandois commencent à trouver belle. » Et d'énumérer le lavoir couvert, la cantine scolaire, véritable œuvre laïque, l'éclairage à l'acétylène... Toutes ces innovations ne sont pas sans risques électoraux, et bien souvent les maires républicains constatent à leurs dépens que les bénéficiaires de leur action en matière scolaire quittent le village ou le bourg pour la ville, affaiblissant d'autant le camp laïc. Le combat laïc et l'attachement religieux sont en effet les grands thèmes des luttes villageoises à la veille de la Première Guerre mondiale. Contrairement à la ville où une certaine opacité protège les rapports sociaux, la transparence villageoise implique une identification permanente avec ses choix, dès que sont franchies les limites du voisinage : selon que l'on est rouge ou blanc, les commerçants, les lieux de sociabilité, voire même les itinéraires quotidiens changent.

Les clivages entre cléricaux et anticléricaux rebondissent lors de l'érection des monuments aux morts après la Grande Guerre. En 1920, Daniel Halévy est de nouveau à Ygrande et au conseil municipal : « Où placera-t-on le monument aux morts de la guerre ? À l'entrée du village, un calvaire s'élève. Il occupe la meilleure place, il faut la prendre. [...] Ce maire est un radical-socialiste, un homme qui ose. Il vient de faire peindre en vermillon le buste de la République et me montre ce trait éclatant de son administration. » Rôle essentiel de la symbolique... Partout, on note une correspondance étroite entre l'opinion et les monuments édifiés. En Bretagne, « les ports républicains et laïcs ont des monuments radicalement différents de ceux des villages catholiques voisins ».

Si l'anticléricalisme a été en France un élément essentiel à la compréhension des engagements de nombreuses générations d'hommes politiques, il en va de même dans les pays de civilisation latine, de tradition méditerranéenne, marqués par le catholicisme, longtemps seule religion reconnue par l'État. « La liberté de pensée et de croyance n'a pu s'y (dans ces pays) instaurer de haute lutte que contre le catholicisme et aux dépens de son statut privilégié. La sécularisation de la société, l'indépendance de l'État, la séparation du politique et du religieux, comme la liberté individuelle ont été acquis qu'au prix d'une véritable guerre de religion dont l'idéologie anticléricale a été l'âme et l'inspiratrice, le moteur et la justification. » (René Rémond.)

bibliographie

RÉMOND René, *L'Anticléricalisme en France de 1815 à nos jours*, Paris, Fayard, 1976.

Catholicisme et société

Le XIXe siècle, entre la Constitution civile du clergé et la séparation de l'Église et de l'État, paraît hostile à la foi. La religion semble confrontée à des défis puissants, effets politiques de la Révolution française, positivisme, bouleversements économiques et sociaux. Pourtant le XIXe siècle est aussi celui des apparitions mariales, de l'émergence de grands pèlerinages drainant des foules, de la construction d'innombrables églises et de sanctuaires (Lourdes, Fourvière), autant de signes d'une foi vivante et visible, alimentée par la puissance des engagements, congréganistes, missionnaires, caritatifs.

Une vitalité religieuse forte

La religiosité catholique du XIXe siècle se caractérise à la fois par la popularisation et la romanisation de la foi. L'ultramontanisme affecte toutes les pratiques cultuelles, et aussi les modes de pensée du clergé. La pénétration du liguorisme, du nom d'Alphonse de Liguori qui, à la fin du XVIIIe siècle, a prôné une confession moins rigoureuse et encouragé la communion fréquente, a été très importante pour rapprocher la pratique des populations. Ce mouvement vers Rome est marqué également par une piété christologique très développée, avec l'essor de la dévotion du Sacré-Cœur et de la piété mariale (1854, dogme de l'Immaculée Conception), liée à une multiplication des apparitions (Paris, rue du Bac en 1830, La Salette en 1846, Lourdes en 1858, Pontmain en 1871, Pellevoisin en 1876), dont les témoins sont généralement des personnes simples, du peuple, des enfants souvent, ce qui contribue au développement de cultes qui deviennent très vite fort populaires, avec des pèlerinages de masse favorisés par les chemins de fer. Dans les grandes villes également, d'importants sanctuaires attirent des foules de pèlerins (Notre-Dame-de-la-Garde à Marseille, 1864; le Sacré-Cœur de Montmartre à Paris, 1873; Notre-Dame de Fourvière à Lyon, 1896). Les pratiques et la liturgie tendent à s'uniformiser, et l'emprise du religieux est fort. En témoignent la popularité rapidement acquise de Thérèse de Lisieux et l'importance, dès 1899, de l'*Histoire d'une âme*, tout comme le retour des congrégations et l'explosion missionnaire.

Quatre cents nouvelles congrégations sont fondées entre 1796 et 1900; on compte 13000 congréganistes en 1808 et cent fois plus en 1880. Dans la première moitié du siècle, les grands ordres dispersés par la Révolution ont été restaurés: les Jésuites (1814), les Bénédictins (1837), les Dominicains (1839). Surtout, les fondations se multiplient, comme celle des Frères maristes et des marianistes en 1817. Le renouveau vient particulièrement des femmes: les anciennes congrégations se reconstituent (Clarisses, Bénédictines, Dominicaines, Ursulines, Carmélites, etc.) et les créations sont innombrables: Filles de la Charité de Saint-Vincent-de-Paul, Filles de la Sagesse, Sœurs de Saint-Joseph-de-Cluny, Petites Sœurs de Pauvres... Elles jouent un rôle social essentiel, prenant en charge nombre d'hôpitaux, d'écoles, d'orphelinats... Le tissu paroissial mis à mal par la Révolution se reconstitue: la France compte 36000 prêtres en 1814, 56000 en 1878 auxquels s'ajoutent plus de 130000 religieuses et 30000 religieux. Cela représente une capacité d'action remarquable, même si les diversités régionales sont marquées entre les terres de chrétienté où le recrutement sacerdotal et les taux de pratique sont les plus élevés (Ouest armoricain, sud du Massif central,

LES INTERVENTIONS DES PAPES DU *SYLLABUS* (1864)...

Deux lectures intransigeantes de la modernité, la première pour la récuser, la seconde pour la conquérir.

55. L'Église doit être séparée de l'État, et l'État séparé de l'Église.
79. Il est faux que la liberté civile de tous les cultes, et le plein pouvoir laissé à tous de manifester ouvertement et publiquement toutes leurs pensées et toutes leurs opinions, conduisent plus facilement les peuples à la corruption des mœurs et de l'esprit et à l'extension de la peste de l'indifférentisme.
80. Le pontife romain peut et doit se réconcilier et transiger avec le progrès, avec le libéralisme et avec la civilisation moderne.

... À *RERUM NOVARUM* (1891).

«Quoi qu'il en soit, Nous sommes persuadés, et tout le monde en convient, qu'il faut, par des mesures promptes et efficaces, venir en aide aux hommes des classes inférieures, attendu qu'ils sont, pour la plupart, dans une situation d'infortune et de misère imméritée.
Le dernier siècle a détruit, sans rien leur substituer, les corporations anciennes, qui étaient pour eux une protection. Tout principe et tout sentiment religieux ont disparu des lois et des institutions publiques, et ainsi, peu à peu, les travailleurs isolés et sans défense se sont vus, avec le temps, livrés à la merci de maîtres inhumains et à la cupidité d'une concurrence effrénée. Une usure dévorante est venue ajouter encore au mal. Condamnée à plusieurs reprises par le jugement de l'Église, elle n'a cessé d'être pratiquée sous une autre forme par des hommes avides de gain, et d'une insatiable cupidité. À tout cela, il faut ajouter la concentration, entre les mains de quelques-uns, de l'industrie et du commerce, devenus le partage d'un petit nombre de riches et d'opulents, qui imposent ainsi un joug presque servile à l'infinie multitude des prolétaires.»

Nord, Savoie) et les pays détachés (cœur du Bassin parisien, Morvan, Nièvre, diocèses du Midi).

Le XIXe siècle est aussi celui de l'expansion missionnaire dans une Église qui se veut universelle. Des congrégations sont fondées pour répondre à cet appel : la Société des Missions étrangères de Paris, les Pères du Saint-Esprit, la Société des Missions africaines de Lyon, les Pères blancs ; 75 % des missionnaires présents dans le monde vers 1880 sont français.

LA LOI DE SÉPARATION (9 DÉCEMBRE 1905).

Article 1. La République assure la liberté de conscience. Elle garantit le libre exercice des cultes sous les seules restrictions édictées ci-après dans l'intérêt de l'ordre public.

Article 2. La République ne reconnaît, ne salarie ni ne subventionne aucun culte.

Le temps des défis

Le premier de ces défis est celui des transformations sociales avec la remise en question de la civilisation rurale. Face à l'exploitation ouvrière, des réalisations caritatives voient le jour – il suffit d'évoquer les conférences de Saint-Vincent-de-Paul fondées par Ozanam – et des évêques se dressent, à l'instar de Mgr de Bonald à Lyon, contre cette exploitation. Mais le changement de nature de la pauvreté est mal perçu : l'ouvrier n'est plus un pauvre, il est un prolétaire. La charité n'est pas suffisante pour empêcher le détachement ouvrier de la religion (à Paris, 7 % des enfants ne sont pas baptisés en 1865 ; 28 % en 1885 ; 38 % en 1901 ; les mariages civils passent de 21 % en 1875 à 30 % en 1901), même si celui-ci diffère selon les moments et les lieux.

Le défi politique provient de la montée d'un pouvoir républicain qui s'affirme anticlérical, et s'accompagne d'un défi culturel. Au milieu du siècle, la culture catholique voit ses fondements philosophiques remis en question par le positivisme. Avec *L'Origine des espèces* (1862) de Darwin qui met en cause l'interprétation littérale de la *Genèse*, le *Catéchisme positiviste* (1891) de Comte, la *Vie de Jésus* (1863) de Renan, essai de biographie rationaliste et historique de « cet homme incomparable », les travaux d'Émile Littré et de Pierre Larousse, ce sont les fondements même de la religion qui sont mis à mal. La science exaltée par Émile Zola dans *Le Docteur Pascal* semble devoir remplacer les croyances anciennes.

Du repli à la reconquête

L'intransigeance apparaît à beaucoup de catholiques comme la réponse la mieux adaptée. Dans le prolongement de la tradition contre-révolutionnaire un corps de doctrine est fourni par Rome avec l'encyclique *Quanta cura* de 1864, accompagnée du catalogue de 80 propositions jugées inacceptables sous le titre *Syllabus errorum*, qui frappe la conception libérale de la société. Ce texte place en position difficile les catholiques libéraux qui entendent faire respecter les droits de l'Église face à l'État en reconnaissant la valeur des libertés définies par la Déclaration des droits de l'homme et du citoyen. La liberté est la conséquence du catholicisme, dit Lamennais qui fonde en 1830 *L'Avenir* avec le père Lacordaire et Montalembert. Mais l'expérience est condamnée en 1832 par l'encyclique *Mirari Vos*. Cette expérience est renouvelée en 1848, des catholiques en nombre jouant un rôle important à l'Assemblée constituante. Cependant, les journées de juin, la peur sociale, conduisent le catholicisme français à soutenir l'Empire. Par la suite le mouvement démocrate-chrétien reste très minoritaire au sein du catholicisme, malgré l'élection à la Chambre des députés de plusieurs abbés démocrates à la fin du XIXe siècle.

Pourtant les directives romaines engageaient bien à sortir des sacristies. Le pape Léon XIII (1878-1903) donne mission aux laïcs d'être actifs dans la société. Sa lecture reste intransigeante, fondée sur le quadruple refus de l'individualisme, du libéralisme, de la sécularisation (laïcisation) et du socialisme, mais il ouvre la voie à l'action politique en permettant le ralliement des catholiques à la République (encyclique *Au milieu des sollicitudes*, 1892) et à l'action sociale avec l'encyclique *Rerum novarum* (1891). Celle-ci, en définissant un ordre social d'inspiration chrétienne, offre une réponse non plus seulement d'ordre caritatif aux défis économiques et sociaux, mais d'ordre institutionnel, en faisant appel au rôle de l'État, au droit des travailleurs à s'organiser, en dénonçant la « misère imméritée » des ouvriers. Ce texte libère les énergies d'une génération qui multiplie les initiatives (associations, syndicats, mutuelles, journaux) et qui entend ainsi conquérir la société au Christ.

La séparation des Églises et de l'État (9 décembre 1905) marque l'achèvement de la République laïque. La situation est radicalement nouvelle : tous les cultes sont mis sur le même plan. L'Église catholique peut l'interpréter comme un échec, une nouvelle menace. Mais la crise passée, elle saura en tirer le meilleur parti, en usant notamment de la liberté des nominations épiscopales, avec l'arrivée à l'épiscopat d'une série de prêtres sociaux très actifs.

b*ibliographie*

CHOLVY Gérard, *Être chrétien en France au XIXe siècle 1790-1914*, Paris, Seuil, 1997.

GADILLE Jacques, MAYEUR Jean-Marie, *Histoire du christianisme*, t. XI, « Libéralisme, industrialisation, expansion européenne (1830-1914) », Paris, Desclée, 1995.

L'Europe dans le monde en 1914

Au début du XIXe siècle, la planète compte moins d'un milliard d'hommes. Elle approche les deux milliards à la veille du premier conflit mondial. C'est en Amérique que le dynamisme démographique a été le plus fort, en raison de la faiblesse du niveau de départ et de l'afflux massif d'immigrants. Pour autant, la part des populations de l'Amérique du Nord et de l'Amérique du Sud n'est encore que de 10 %. La grande masse de la population mondiale se trouve en Asie mais sa croissance est beaucoup plus lente que celle du Nouveau Monde et même que celle de l'Europe, à peine supérieure à celle de l'Afrique qui ne rassemble que 7 % de la population mondiale et constitue une proie tentante pour les populations nombreuses qui vivent au nord de la Méditerranée.

Siècle de l'Europe

À la fin du XIXe siècle, l'Européen peut vraiment croire que le siècle qui s'achève est vraiment le sien. Les Européens n'ont jamais été aussi nombreux et leur influence s'exerce sur l'ensemble de la planète, directement dans le monde colonial, indirectement ailleurs. La science et le progrès sont européens tout comme la culture. Les États-Unis ont un énorme potentiel mais l'hégémonie de la vieille Europe ne semble pas menacée, pas plus que la puissance Japon ne saurait concurrencer le pouvoir des Européens en Asie orientale : la défaite russe de 1905 est marquée du sceau de l'exceptionnel même si, pour de nombreux colonisés d'Asie, cette victoire sur les Blancs est porteuse d'avenir… L'Europe domine le monde et la colonisation est rarement contestée au sein des puissances européennes. Le congrès de la IIe Internationale à Stuttgart, en 1907, souligne l'existence d'un véritable courant impérialiste, particulièrement puissant en Allemagne, et montre que les partisans des thèses de Kautsky ou de Lénine *(Impérialisme, stade suprême du capitalisme)* sont, en la matière, très minoritaires. La majorité est prête à célébrer les vertus civilisatrices de la colonisation. Dans les colonies mêmes, des mouvements nationalistes apparaissent mais ils sont encore embryonnaires. Ils sont guidés soit par des traditionalistes, soit, au contraire, par des occidentalistes qui entendent utiliser les armes de l'Occident, l'éducation et la démocratie, pour le combattre.

Partout l'Europe semble donc triomphante. En un siècle, son niveau de vie s'est amélioré même si les hommes sont bien plus nombreux qu'un siècle plus tôt : les innovations techniques, les découvertes scientifiques, l'industrialisation et l'augmentation de la production ont battu en brèche les visions pessimistes de Malthus, mettant en cause ce qui lui semblait cette « tendance constante qui se manifeste dans tous les êtres vivants à accroître leur espèce plus que ne le comporte la quantité de nourriture qui est à leur portée ». La généralisation de l'hygiène assure à tous, et en particulier aux enfants, de meilleures conditions de vie. L'espérance de vie a fortement progressé tout au long du siècle : en Suède, par exemple, l'espérance de vie à la naissance est passée de 40 ans au début du XIXe siècle à 55 ans au début du XXe siècle. L'Europe domine l'espace mais aussi le temps. La machine à vapeur devient l'instrument de son pouvoir et de sa domination. La mine de charbon et l'usine apparaissent comme l'avenir de la civilisation industrielle.

Siècle de la stabilité monétaire, siècle de l'or

Le XIXe siècle est un siècle exceptionnel du point de vue monétaire : à l'époque moderne, les monarchies n'hésitaient pas à pratiquer les remuements de monnaie qui consistaient à réduire le poids d'or ou d'argent des pièces et le XXe siècle enregistre de très nombreuses dévaluations. Entre les deux, le XIXe siècle est celui de la stabilité monétaire : les monnaies gardent leur valeur et ce fait rend l'épargne féconde. Deux faits expliquent cette situation exceptionnelle qui va s'achever avec l'ouverture du premier conflit mondial : la forte progression de la production des métaux précieux et la stabilité des prix. Au XIXe siècle, la production mondiale de métaux précieux augmente davantage que pendant les quatre siècles précédents : alors qu'entre 1493 et 1800, la production mondiale d'or est de l'ordre de 5,5 millions d'onces, elle dépasse, pour les seules années 1851-1855, les 30 millions d'onces, et en 1910 la production est supérieure à 22 millions d'onces. Cette forte augmentation de la production du métal jaune s'explique par la ruée vers l'or qui commence en Californie en 1848, se poursuit en Australie en 1851 puis par les découvertes des années 1880-1890 en Afrique du Sud, au Klondyke

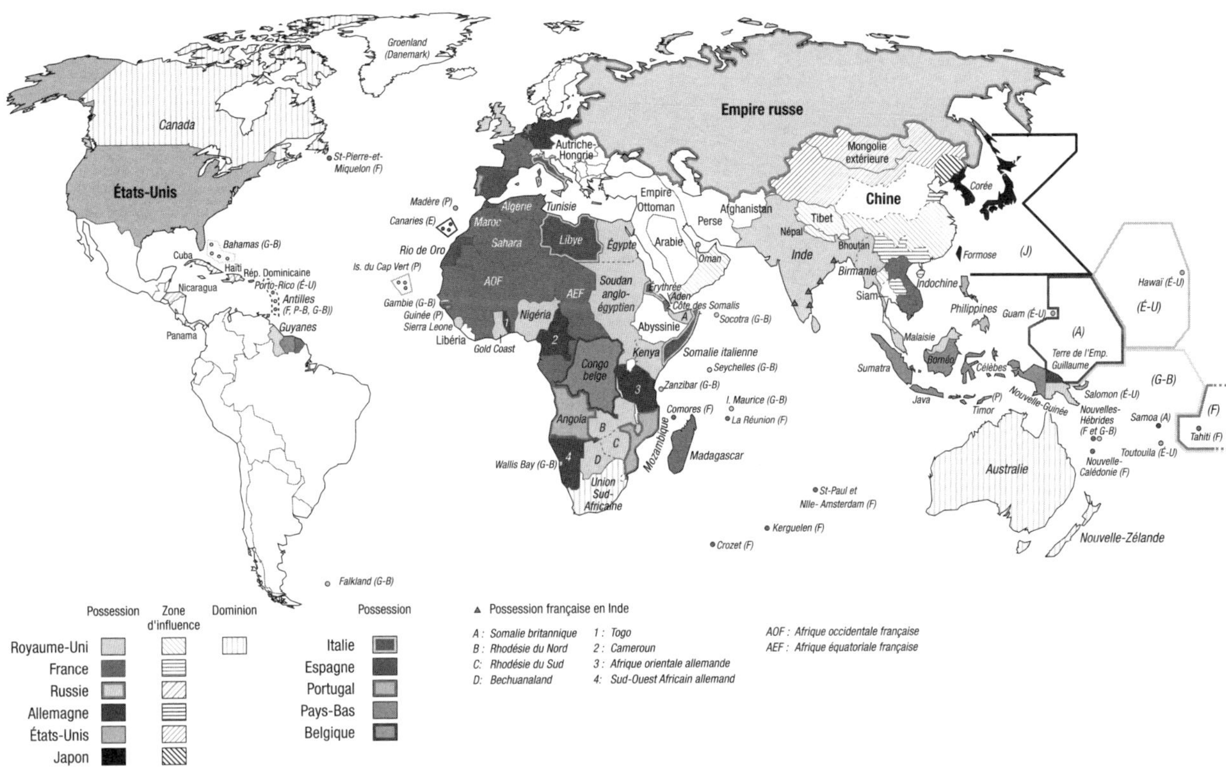

Le monde en 1914.

et en Sibérie. Sauf exception, le XIXe siècle est celui de la monnaie de papier et le billet a cours légal ; il est librement convertible en or sauf pendant les – brèves – périodes de tension. En France par exemple, le cours forcé, et donc l'inconvertibilité, n'est imposé que pendant la période 1848-1850 et pendant la guerre de 1870. Avec le premier conflit mondial, on entre dans la période du papier-monnaie avec cours forcé. Mais en fait, plus encore que l'or, c'est la livre sterling qui assure le rôle essentiel dans le commerce mondial. Ce siècle est incontestablement celui où la circulation des marchandises, des idées, des hommes, des capitaux enregistre une forte accélération qui contraste avec le niveau des siècles précédents. Dans ce jeu de la circulation, Londres joue un rôle essentiel. Premier port mondial, plus grande place de capitaux, premier centre d'assurances, le siège de la City est la Rome du libéralisme *(God save the sterling...)*. L'impérialisme anglais semble dominer le monde même s'il n'a pas su ou pu éliminer du sol de la mère patrie la misère et la pauvreté qui apparaissent comme le pendant négatif de l'expansion industrielle. Le libéralisme défendu par la City apparaît triomphant mais de plus en plus, à l'intérieur des pays industrialisés se constituent des forces d'opposition qui remettent en cause l'évidence libérale. En fait, la contestation du système capitaliste est moins vigoureuse en son centre névralgique, l'Angleterre, que dans ses espaces périphériques. Alors que l'Europe continentale de 1848 voit se dresser, dans les principales cités, des barricades, le phénomène n'a que peu d'écho de l'autre côté du *Channel*. Il faut dire que les élites anglaises sont totalement intégrées à l'économie et que, conscientes des risques potentiels que provoquerait toute manifestation sociale, elles préfèrent négocier avant qu'il ne soit trop tard. Ailleurs, dans les autres pays industrialisés, le mouvement réformateur a plus de mal à faire évoluer les structures sociales et loin de désamorcer la révolution, cette attitude, qui confine parfois à la réaction, exacerbe la protestation.

Toute l'Europe ne vit pas, en effet, au même rythme. Les pays méditerranéens restent à la traîne. Mais dans le jeu des alliances, les impératifs géostratégiques l'emportent sur les valeurs proclamées. La troisième République, qui entend faire de la promotion par le mérite son principe de base, s'allie à l'Empire tsariste qui tourne résolument le dos à la démocratie et où même l'abolition du servage n'a pas donné la dignité à la masse de moujiks. L'Europe de 1914 est travaillée par les nationalismes, et les tensions qui en découlent vont mettre un terme à la paix de cent ans qui lui avait permis d'asseoir son hégémonie. À partir du début du XXe siècle, les rivalités intra-européennes débouchent sur des crises à répétition qui vont culminer dans l'été 1914.

b*ibliographie*

MILZA Pierre, *Les Relations internationales de 1871 à 1914*, Paris, Armand Colin, coll. « Cursus », 1995.

D'une guerre à l'autre (1914-1945)

Jean-Luc Pinol

Professeur d'histoire contemporaine à l'université de Tours

avec la collaboration de :

François Loyer (pages 292-293), *Directeur de recherches au CNRS*

Jean-Dominique Durand (pages 300-301), *Professeur d'histoire contemporaine à l'université de Lyon 3*

Xavier Huetz de Lemps (pages 316-317), *Maître de conférences d'histoire contemporaine à l'université de Nice-Sophia-Antipolis*

bibliographie

- Bardet Jean-Pierre, Dupaquier Jacques, *Histoire des populations de l'Europe*, t. IV, « Les temps incertains 1914-1998 », Paris, Fayard, 1999.

- Berstein Serge, *Démocraties, régimes autoritaires et totalitarismes au XXe siècle*, Paris, Hachette, 1992.

- Berstein Serge, Milza Pierre, *Histoire du XXe siècle*, Paris, Hatier, 3 vol., 1984-1991.

- Bussière Éric, Griset Pascal, Bouneau Christophe, Williot Jean-Pierre, *Industrialisation et sociétés en Europe occidentale, 1880-1970*, Paris, Armand Colin, 1998.

- Dufour Jean-Louis, Vaïsse Maurice, *La Guerre au XXe siècle*, Paris, Hachette, coll. « Carré Histoire », 1993.

- Girault René, Frank Robert, *Histoire des relations internationales contemporaines*, t. II « Turbulente Europe et nouveaux mondes (1914-1941) », Paris, Armand Colin, coll. « U », 2e éd., 1998.

- Guillaume Pierre, *Histoire sociale de la France au XXe siècle*, Paris, Masson, 1993.

- Léon Pierre (dir.), *Histoire économique et sociale du monde*, t. V « Guerres et crises, 1914-1947 », Paris, Armand Colin, 1977.

- Lequin Yves (dir.), *Histoire des Français, XIXe-XXe siècle*, Paris, Armand Colin, 3 vol., 1983-1984.

- Mitchell Brian, *European Historical Statistics, 1750-1970*, Londres, The MacMillan Press, 1975.

- Noushi Marc, *Petit atlas historique du XXe siècle*, Paris, Armand Colin, coll. « U », 1997.

- Rémond René, *Notre siècle*, Paris, Fayard, 1991, rééd. Livre de Poche, coll. « Références », 1993.

- Rioux Jean-Pierre et *alii*, *Nouvelle histoire de la France contemporaine*, Paris, Seuil, coll. « Points Histoire », 1983-1995.

- Roncayolo Marcel, *Histoire du monde contemporain*, t. I « De 1914 à 1939 » ; t. II, vol. 1 « Depuis 1939 », Paris, Bordas, 1973.

- Sirinelli Jean-François (dir.), *Dictionnaire historique de la vie politique française au XXe siècle*, Paris, PUF, 1995.

- Zéraffa-Dray Danièle, *Histoire de la France : d'une république à l'autre, 1918-1958*, Paris, Hachette, coll. « Carré Histoire », 1992.

Les deux conflits mondiaux servent de bornes à une période assez brève. Le nom qui lui a été donné, a posteriori *évidemment, l'entre-deux-guerres, dit assez que les vingt ans qui séparent la « der des ders » de l'invasion de la Pologne ont été surtout interprétés comme une période de transition dans l'émergence douloureuse de la société contemporaine.*

L'histoire de l'entre-deux-guerres est celle de générations qui sont encore contemporaines et il devient difficile à l'historien de faire abstraction de sa propre histoire. La mémoire familiale et la mémoire collective interfèrent dans la manière d'aborder les problèmes et les sollicitations médiatiques ravivent souvent des plaies non cicatrisées. Pourtant l'Histoire ne se confond pas avec la mémoire et n'est pas écrite dans les prétoires.

La période est incontestablement celle où l'Europe qui dominait le monde voit sa suprématie battue en brèche. La puissance industrielle et financière se situe désormais outre-Atlantique et seule l'adoption des formes de production élaborées à la veille du premier conflit mondial semble pouvoir préserver l'Europe du déclin. Tel est l'enjeu de ce que l'on a appelé le fordisme ou l'organisation scientifique du travail. Cette forme d'organisation industrielle n'exige plus les mêmes qualifications de la main-d'œuvre et contrecarre les formes d'organisation ouvrière qui prévalent jusque-là. Au même moment, la puissance européenne est également menacée dans ses possessions coloniales.

Les certitudes et la croyance dans le progrès sont fortement atteintes par la boucherie du premier conflit mondial. La dénonciation des tares des sociétés qui ont abouti au carnage alimente toutes les révoltes. La période voit surgir des pouvoirs qui remettent en cause les fondements même des démocraties parlementaires, d'abord avec la révolution bolchevique puis avec le fascisme et le nazisme. Ces régimes qui s'affirment antagonistes sont parfois apparus comme les deux versants d'un seul et même système, le totalitarisme. Pouvoir fasciste et pouvoir communiste s'implantent au moment même où la prospérité économique s'essouffle et où la grande dépression exacerbe les difficultés de la vie quotidienne et attise les tensions sociales en grippant les chances de mobilité sociale.

La Seconde Guerre mondiale apparaît inéluctable à l'examen rétrospectif des tensions des années 1930 ; pourtant des contemporains ont cru pouvoir éviter le conflit en appelant de leurs vœux un pacifisme absolu au nom duquel sont justifiées concessions et compromissions avec le régime nazi. Plus encore que la première, la Seconde Guerre mondiale affecte l'équilibre planétaire. Elle provoque des millions de morts, soldats tués au combat mais plus encore civils, victimes des camps de la mort, des massacres, de la terreur de masse, des bombardements… Le second conflit mondial débouche sur de nouveaux équilibres que la guerre froide ne tarde pas à remettre en cause.

1914-1918 : une guerre totale

Avec le XXe siècle, le monde fait l'expérience de la guerre totale. Cette notion est utilisée par le maréchal Ludendorff dans ses Mémoires *et surtout dans son ouvrage de 1936 intitulé* La Guerre totale.
Ce type de guerre renvoie à l'âge des États-nations et il affecte aussi bien l'économie que la société, aussi bien la vie politique que la vie culturelle. Impliquant une mobilisation générale de la population, la guerre totale pèse tout autant sur les militaires que sur les civils : les femmes et même les enfants sont concernés par le déroulement du conflit, la manière de gouverner évolue…
Dans leur volonté de l'emporter, les belligérants n'hésitent pas à transgresser les lois internationales. Le premier conflit annonce le caractère du second.

Des millions d'hommes pour les combats

Le premier conflit mondial tranche avec les précédents par la diffusion spatiale des combats qui se déroulent pour la première fois sur plusieurs fronts en même temps. D'abord en Europe mais également en Afrique (aux frontières des colonies allemandes), en Asie orientale où les Japonais occupent les positions allemandes et surtout en Asie occidentale où le territoire de l'Empire ottoman est le théâtre de multiples opérations.

Dès le début du conflit, 12 millions d'hommes sont mobilisés et les effectifs engagés doivent être sans cesse renforcés tant est important le nombre des victimes. Ainsi, si les armées françaises comptent 4 millions d'hommes en août 1914, ce sont plus de 8 millions d'hommes qui font l'expérience directe du conflit entre 1914 et 1918. Les pertes totales sont à la mesure des effectifs engagés : 10 millions de morts et 20 millions de blessés, 5 millions de veuves et 9 millions d'orphelins… Pour renforcer les effectifs, les belligérants n'hésitent pas à mobiliser les populations colonisées. Les Britanniques, par exemple, mobilisent près de 1,5 million de *natives*, surtout des Indiens.

Des armes nouvelles

Même si la guerre est totale, le traitement des prisonniers de guerre est à peu près conforme aux usages internationaux et la Croix-Rouge ne subit que peu d'entraves à son activité. Au contraire, dans le domaine des armes, la convention de La Haye (1899) qui interdit les lance-flammes et les gaz n'est pas respectée : les Allemands utilisent les gaz à Ypres dès avril 1915 et les lance-flammes dès juillet 1915. Par ailleurs, les mutations techniques influencent fortement le conflit. Si certains combats diffèrent peu des guerres du début du XIXe siècle – des charges de cavalerie ont lieu au début du conflit – c'est l'utilisation de nouvelles armes, les blindés et plus encore l'aviation, qui marque un conflit où les moyens motorisés, et donc le potentiel industriel, sont essentiels. On ne compte que 158 avions en France en 1914 et 258 en Allemagne mais, en quatre ans, la France va en construire 51 040 et l'Allemagne 48 600. Parallèlement, le bombardement aérien devient l'une des composantes de la guerre totale. Le bombardement bouleverse la notion d'arrière en effaçant la distance et en faisant des civils et des sites industriels les enjeux des combats. Dès 1915, les Allemands utilisent des Zeppelins afin de bombarder les villes anglaises puis, en 1917, Londres est la cible des avions Gotha GIV et Staaken RVI Géants. Le 13 juin 1917, par exemple, 17 Gothas lâchent en plein jour 118 bombes sur Londres et font 160 morts. Les Britanniques dénoncent cette « guerre délibérément menée contre les hommes, les femmes et les enfants de la nation ». Français, Britanniques et Américains constituent les forces de bombardement stratégique qui effectuent des raids sur les villes et les entreprises allemandes.

La durée du conflit impose les efforts de tous et l'État prend en charge la vie économique sans qu'aucun libéral ne proteste contre cet empiétement. En France, l'industrie de guerre emploie, en 1918, 1,6 million de personnes et les « munitionnettes » sont à elles seules 430 000. On voit même

LA MOBILISATION GÉNÉRALE DES CIVILS.

Le 5 mai 1916, le maire de Mende écrit dans son journal…

« Malgré la guerre notre école est très prospère. Elle compte quatre-vingt-onze élèves. En ce moment, la section industrielle se prépare à fabriquer des gaines d'obus. Ces gaines seront exécutées par les élèves de seconde et de troisième année. Pour ce travail de défense nationale l'école a fait l'acquisition ou a pris en location six tours parallèles. M. Brousse, directeur de l'école, croit que les élèves pourront faire deux cents gaines par jour. L'acier nécessaire à cette fabrication va être livré à l'école dans quelques jours. L'État fournira l'acier et paiera à l'école cinquante centimes par gaine. […] »

des enfants fabriquer les obus de la victoire tant les besoins sont énormes : alors qu'en 1914, la production de 10 000 obus par jour est considérée comme suffisante, il faut en produire 300 000 quotidiennement en 1918. Dès le 20 septembre 1914, le nouveau ministre de la Guerre, Alexandre Millerand, réunit des industriels pour leur annoncer que la consommation d'obus est si imprévue qu'il faut immédiatement passer à une production de 100 000 par jour. Et en Angleterre, le manque de munitions provoque une crise qui aboutit à la mise en place, en juillet 1915, d'un ministère des Munitions confié à Lloyd George. Autre manière de mesurer cette entrée dans la guerre totale : durant toute la guerre des Boers (1899-1902), l'armée britannique tire 273 000 obus alors qu'elle en utilise un million pendant les six premiers mois de la Grande Guerre.

Les femmes forgent les obus de la victoire.

Les civils aussi

Les civils ne sont pas épargnés par la guerre. Dès le début du conflit, ceux qui résident dans un pays du camps adverse sont internés : la troisième République emprisonne les Allemands et les Autrichiens qui se trouvent sur son territoire et, en Allemagne, les Français sont internés au camp de concentration de Holzminden. Particulièrement exposés sont les civils résidant dans une zone sous contrôle des armées ennemies : les Allemands déportent sur leur territoire, pour les faire travailler, des Français de la région de Lille, y compris des femmes et des jeunes filles. La mobilisation des civils a aussi une dimension psychologique. Pour maintenir le moral de l'arrière les informations sont dûment contrôlées et celle que l'on surnomme Anastasie, la censure, veille au caviardage ou à l'interdiction des mauvaises nouvelles. Les « bobards », le bourrage de crâne, la propagande patriotique par l'affiche et la carte postale, par la presse et les communiqués officiels doivent préserver le moral de la nation. Une véritable culture de guerre se développe à laquelle n'échappe ni les femmes ni les enfants dont on entend entretenir les sentiments patriotiques. Ainsi, alors que devant le spectacle de la décimation des cibles vivantes en pantalon garance, le sous-lieutenant de Gaulle constate qu'en « un clin d'œil, il apparaît que toute la vertu du monde ne prévaut point contre le feu », *Le Temps* affirme « plus les armes se perfectionnent, plus le nombre des pertes diminue ! »

Le gouvernement de la guerre

Face à la guerre totale, les gouvernements tiennent de moins en moins compte de la représentation nationale et, au nom de l'efficacité, même la France républicaine et parlementaire admet l'usage des décrets-lois qui échappent au contrôle des députés. Enfin, les gouvernements sont amenés à suspendre la libre convertibilité des monnaies. Cette solution lance l'inflation et met un terme à la stabilité monétaire du XIXe siècle, marquant ainsi une rupture fondamentale dans les économies européennes. Le recours à l'impression de billets qui n'ont pas leur contrepartie métallique ne suffit pas au financement du conflit et le lancement d'emprunts nationaux et internationaux s'impose.

Avec la guerre totale, la séparation entre le front et l'arrière se dilue et toute l'activité de la nation est conditionnée par la conduite des combats pour la victoire finale. La Seconde Guerre mondiale ne fait qu'amplifier des pratiques et des méthodes apparues pendant celle qui devait être considérée comme la « der des ders » mais s'en distingue par la part plus importante que joue la guerre de mouvement.

bibliographie

BECKER Jean-Jacques, *La Première Guerre mondiale*, Paris, MA Éditions, 1985.

Lieu de visite : Le mémorial de la Grande Guerre à Péronne.

L'organisation scientifique du travail

La Première Guerre mondiale marque une inflexion du monde industriel. L'ensemble des phénomènes de transformation du travail usinier mis en œuvre à cette occasion est souvent appelé rationalisation du travail ou organisation scientifique du travail (OST), terme que l'on emploie pour traduire l'anglais Scientific Management. *Le mouvement a souvent commencé avant la Grande Guerre mais il s'est généralisé pendant et après le conflit.*

Production de masse et parcellisation du travail

La guerre a renouvelé la classe ouvrière, en intégrant davantage les femmes au travail usinier, tout comme les travailleurs immigrés, en général peu qualifiés. Leur emploi a obligé à transformer les méthodes du travail, et en particulier à le parcelliser. Après la guerre, ces travailleurs sont parfois congédiés brutalement mais les méthodes mises en œuvre pendant le conflit continuent à être appliquées, en particulier dans les très grandes usines. Celles de la métallurgie et de l'automobile sont au nombre de celles dont les méthodes sont les plus renouvelées par ce processus et l'on a pu parler dans ce cas de véritable tournant taylorien. Frederick W. Taylor, contremaître puis ingénieur dans une aciérie américaine, a divisé la production en séquences séparées simples dont il peut mesurer exactement le temps nécessaire à l'exécution. À la fin du XIXe siècle, ses principes sont appliqués par les aciéries telles la *Betlehem Steel Company* (États-Unis). Il faut d'ailleurs noter que l'amélioration de la qualité de l'acier va permettre de fabriquer de nouvelles machines à coupe rapide qui, à leur tour, sont essentielles au développement du processus de rationalisation. L'influence de Taylor est directe aux usines Ford de Detroit, qui, en 1908, lancent la production massive de la Ford T. L'objectif est de parcelliser le processus de production et de s'orienter vers une production de masse. Par ailleurs, les principes prévoient une augmentation des salaires qui permettent la mise en place d'une société de consommation de masse. Le symbole de cette nouvelle organisation est l'*assembly line*, où sont assemblés les différents éléments de produits standardisés. On sait comment, en 1935, Charlie Chaplin a dépeint cette réalité dans *Les Temps modernes.*

***Les Temps modernes*, de Charlie Chaplin (1935).**

L'organisation du travail devient une science et, parallèlement, se développent des études sur les comportements des ouvriers et la recherche de solutions susceptibles d'accroître le rendement. L'espace de travail est lui aussi transformé : nouvelle architecture et éclairage plus adapté doivent favoriser l'application des nouvelles méthodes alors que le recrutement des ouvriers s'aide de tests psychologiques et physiologiques, mesurant aussi bien le temps de réaction que l'attention diffuse ou la fatigue motrice, pour recruter une main-d'œuvre plus efficace. Dans le processus de constitution de ces pratiques usinières, l'ingénieur joue un rôle déterminant, et pour ceux qui sont responsables de l'intégration des méthodes de travail, le voyage d'études aux États-Unis devient un passage obligé. L'entreprise passe de la gestion paternaliste à l'organisation scientifique du travail. Pour autant, il ne faut pas croire que la totalité des entreprises soit concernée : seules le sont les plus grandes qui, en France, dans les années 1930, ne rassemblent qu'un ouvrier sur cinq.

Les nouvelles hiérarchies de l'atelier

Dans les entreprises taylorisées, les hiérarchies sont modifiées. La part de l'encadrement augmente tan-

UN JEUNE OUVRIER DEVENU ÉCRIVAIN DÉCRIT LE SYSTÈME TAYLOR.

« C'était une bonne usine, de construction récente, bien conçue. Elle passait pour être un bagne. C'était assez vrai hors du régime encore privilégié des outilleurs. D'abord à cause de la rationalisation. Les fraiseurs, les perceurs, les tourneurs professionnels ou les manœuvres spécialisés, ce qu'on peut appeler les robots, ceux dont le travail de série est d'une désespérante monotonie, devaient fort se démener pour usiner le nombre de pièces qui leur était demandé comme production normale. Tout leur travail était chronométré. Chronométreurs, démonstrateurs luttaient contre l'ouvrier. En l'observant travailler, montre en main, le chronométreur paraissait compter loyalement le temps nécessaire à l'usinage d'une pièce. Après quoi, il fixait le temps valable pour toute la série : si les gestes de l'ouvrier étaient gauches, trop lents, c'était au démonstrateur à lui faire sa leçon de choses. Le temps d'exécution du démonstrateur ou de l'ouvrier le plus habile, le mieux entraîné, servait de base. C'était l'application bien connue du système Taylor. Inhumain, absurde, appliqué dans le sport, il exigerait du premier venu dans le saut, la nage, le lancement du disque, qu'il parvienne au record des champions. C'était ça qui donnait à l'usine une réputation de bagne d'abord, puis le nombre excessif de gardiens en casquette qui ne cessaient de circuler dans l'usine, poussant même la porte des cabinets ou jetant un coup d'œil pardessus les box pour s'assurer que des ouvriers accroupis n'étaient pas en train de fumer. C'était rigoureusement interdit, même là où le risque d'incendie était inexistant. »

Georges Navel, *Travaux*, Paris, Stock, 1945.

dis que le rôle du contremaître est redéfini. Il n'est plus responsable d'une partie de l'atelier comme dans l'usine ancienne où ses tâches étaient, à la fois, techniques et administratives ; dans l'usine nouvelle, il n'a la responsabilité que d'une ou deux tâches très précises. Autour de lui, et pour l'épauler, s'affairent des ouvriers professionnels comme les outilleurs, les contrôleurs et les régleurs. Dans l'atelier, le pouvoir et les compétences connaissent une division fonctionnelle : le chef de fabrication veille à l'usinage des pièces et contrôle la vitesse de fabrication en fonction des fiches de fabrication ; le contrôleur vérifie la qualité du produit et sa conformité aux normes ; le chef d'entretien vérifie le fonctionnement des machines-outils et le chef de manutention est responsable de l'acheminement des éléments nécessaires à la fabrication.

L'OST suppose la mise en œuvre d'une planification du travail conçue par un service extérieur à l'atelier qui procède aux études préalables à la fixation du travail, qui prépare les instructions pour les ouvriers et qui met en place le système de rémunération. Ce service prépare pour chaque ouvrier sa fiche de travail, précisant tâche, nombre de pièces à produire, référence à la machine et au dessin, temps alloué et temps réel, rémunération proposée (le tarif) et rémunération réelle (le salaire). Cette fiche de travail est prolongée par une fiche de fabrication qui réduit encore l'initiative ouvrière : ce guide technique doit théoriquement répondre à toutes les questions que se pose l'ouvrier (nature des outils, vitesse et profondeur de coupe, nom du contremaître responsable, etc.). On est loin désormais de l'ouvrier de métier qui possédait ses propres outils. Comme le souligne Alain Dewerpe, « Le travail est décomposé, l'usine divisée en services, la hiérarchie confortée selon des règles bureaucratiques. » Autant de caractéristiques que Henri Fayol a développées, dès 1916, dans son ouvrage *Administration industrielle et générale, prévoyance, organisation, commandement, coordination, contrôle.* Par ailleurs, l'accent est mis sur le travail effectivement exécuté par chacun, la productivité individuelle est encouragée et lorsque les primes sont distribuées par équipes, des rivalités peuvent voir le jour. Autant de mutations dont témoignent, de l'intérieur, les écrits de Georges Navel qui connaît aussi bien l'usine Berliet de Vénissieux que l'usine Citroën à Saint-Ouen.

La production de masse accroît le nombre d'ouvriers sans qualification qui sont au service de machines spécialisées et bientôt automatisées. Dans les conventions collectives de la métallurgie de 1936-1938, manœuvres et OS sont définis comme des ouvriers auxquels sont confiés « des travaux simples, rentrant directement dans le cycle de fabrication donnée, et dont l'exécution suppose une adaptation de quelques jours ou de quelques semaines ». Cette définition est reprise lors de l'établissement des catégories socioprofessionnelles par l'INSEE après la Seconde Guerre mondiale. Face à cette masse non qualifiée se dégagent les ouvriers professionnels, très qualifiés, que sont les contrôleurs, outilleurs et régleurs. Cette époque est sans doute l'âge d'or du professionnel des métaux, le métallo, qui, même s'il en sait moins que son père, même s'il est déjà plus spécialisé que ses aînés, occupe une place de premier ordre dans la hiérarchie taylorienne qui le distingue d'une masse plus indifférenciée.

TENSIONS DANS L'USINE.

« Dans le travail les équipes devenaient rivales, les compagnons se disputaient l'aide des ponts roulants, l'usage des petites meules pneumatiques plus dévorantes de métal que les plus grosses limes. Il n'y avait pas assez de machines à percer, le petit outillage manquait. Les matrices dont nous faisions l'assemblage pesaient souvent plus d'une tonne. Au moment de les essayer, les ponts roulants qui les soulevaient faisaient besoin partout à la fois. »

Georges Navel, *op. cit.*

La nouvelle organisation du travail permet la production à meilleur compte de biens plus standardisés. Surtout, elle transforme les relations au sein du monde ouvrier : les formes du salaire changent avec l'essor des bonis et le pouvoir de négociation du groupe, en tant que tel, diminue.

b*ibliographie*

DEWERPE Alain, *Le Monde du travail en France, 1800-1950*, Paris, Armand Colin, 1989.

NAVEL Georges, *Travaux*, Paris, Stock, 1945, rééd. coll. « Folio », 1979.

Une société française américanisée ?

L'une des conséquences économiques essentielles de la Première Guerre mondiale est la modification de l'équilibre du monde capitaliste. Désormais, les États-Unis d'Amérique supplantent l'Europe et la traduction financière en est brutale : leur créance sur le monde est évaluée à 6 milliards de dollars en 1919. Les anciens débiteurs de l'Europe en sont devenus les créanciers. Dès les années 1920 apparaît le dollar gap, *la pénurie de dollars, manifestation de l'inégalité des échanges entre l'Europe et l'Amérique. Cette domination financière se double-t-elle d'une hégémonie culturelle ?*

La domination américaine

Les nouveaux débiteurs ne peuvent plus rembourser leurs dettes et la seule solution est, pour les créanciers, de prêter les dollars qui leur permettent d'être remboursés : entre 1921 et 1928, ils prêtent au reste du monde, et principalement à l'Europe en pleine reconstruction, 8,5 milliards de dollars. André Siegfried analyse, dès 1927, dans *Les États-Unis d'aujourd'hui* cette mutation : « Les banquiers de New York ont maintenant des intérêts, des créances [...] dans toutes les parties du monde : partout ils contrôlent des entreprises, tiennent à leur merci des gouvernements, qu'ils peuvent d'un geste réduire à la faillite [...]. Vis-à-vis du vieux continent, le prêteur newyorkais se trouve dans le rapport nu et brutal du riche qui a aidé un pauvre, et qui compte récupérer son avance [...]. Le danger dès lors c'est que tout est permis à l'Amérique [...]. » Cette mainmise de Wall Street a-t-elle pour autant impliqué une américanisation de la vie privée des Européens, et des Français en particulier ?

Les années 1920 sont le moment de l'entrée des Américains dans un nouveau type de société de consommation et de l'émergence d'une véritable culture de la consommation. Les historiens actuels le soulignent mais le fait est patent dès les années 1930 lorsque Robert et Helen Lynd dans un livre aujourd'hui classique, *Middletown*, décrivent les mutations de la vie quotidienne dans une petite ville de l'Indiana, Muncie. Les transformations ont commencé avant même le premier conflit mondial mais se sont généralisées pendant les années 1920. Cette consommation concerne les biens d'équipement du foyer et la transformation des loisirs. Le nombre des Américains qui utilisent l'électricité, le téléphone ou le réfrigérateur augmente sensiblement. En 1930, quatre foyers sur dix ont le téléphone et les deux tiers des ménages sont raccordés au réseau électrique, soit deux fois plus qu'en 1920. Le prêt-à-porter aussi bien masculin que féminin, les produits alimentaires et leurs emballages se standardisent et leur apparition en Europe provoque, à la fois, fascination et répulsion.

L'imitation du mode de vie américain

L'influence américaine dans la vie culturelle passe le plus souvent par des artistes qui refusent le mode de vie américain. Paris attire une génération perdue d'écrivains américains qui fuient le puritanisme et

Publicité parue dans *La Science et la Vie* (1923).

la prohibition. Le type du roman américain qui triomphe en Europe est celui de Francis Scott Fitzgerald qui avec son *Gatsby le Magnifique* est davantage celui de la décadence d'une société que de son triomphe. La vie privée américaine y est décrite mais le lecteur en a surtout une vision critique. Georges Duhamel ne voit dans la société américaine que « confort vulgaire, goût de la nouveauté scintillante, des articles de série, du provisoire, de la camelote, de la vitesse, de la musique anonyme distribuée au robinet, des réclames aveuglantes, des informations hurlées, de la nourriture méconnaissable, de la jouissance éperdue, de menues joies sans avenir, de menues joies misérables », et d'opposer « les peuples à génie créateur » à ceux qui n'ont que « le génie de l'application ». Robert Aron et Arnaud Dandieu véhiculent les mêmes stéréotypes dans *Le Cancer américain* (1931). L'habitant des États-Unis est « un nomade, un déraciné, assujetti seulement à l'impératif barbare de la production et de la spéculation ».

Un domaine où l'imitation des États-Unis est évidente est celui des sondages d'opinion. Lors des élections de 1936, un journal américain qui a interrogé des millions de lecteurs annonce l'élection de Landon, candidat républicain soutenu par les milieux d'affaires hostiles au *New Deal* de Roosevelt. G. H. Gallup, statisticien fondateur d'un institut de sondages, à partir d'un échantillon de moins de 2 000 personnes, annonce la victoire du président sortant qui est réélu triomphalement par 24 millions d'électeurs contre 16. Dès octobre 1938, l'Institut français d'opinion publique procède à sa première enquête. Elle révèle que 57 % des Français approuvent les accords de Munich alors que 37 % d'entre eux les récusent. Au printemps 1939, 76 % des Français estiment qu'il faut empêcher l'Allemagne, au besoin par la force, de s'emparer de Dantzig. En juin-juillet 1939, une nouvelle enquête de l'IFOP demande aux Français si, en cas d'élections, ils renouvelleraient leur vote de 1936... À peine deux ans après leur apparition aux États-Unis, les sondages font partie de la vie politique française.

En 1917, Upton Sinclair peut affirmer que « grâce au cinéma, le monde s'unifie, c'est-à-dire s'américanise ». La production cinématographique américaine est déjà consommée par un large public. *Le Chanteur de jazz* est en exclusivité pendant près d'un an et enregistre un demi-million d'entrées en 1929. Par ailleurs, lorsque les premiers *Mickey* arrivent à Paris, la salle Paramount ne désemplit pas ; mais surtout, une fois déclenchée la crise de 1929, ce que le cinéma donne à voir, c'est plus qu'un mythe auquel on peut adhérer, un contre-modèle dont l'effet est, selon Sophie Body-Gendrot, « plus dissuasif qu'incitateur ». Pour reprendre le même auteur à propos de la fascination qu'exercent les films de série B sur le public, les Français ont besoin d'Al Capone et du gangstérisme à condition qu'ils restent à Chicago et qu'à Montargis, on puisse continuer à vivre en haute sécurité.

Miss Primus improvise une danse sur une musique de jazz.

Au moins pour la période de l'entre-deux-guerres, les pratiques culturelles importées d'Amérique ne sont pas comprises pour ce qu'elles sont mais plutôt réinterprétées en fonction des attentes et des fantasmes des Français eux-mêmes. « Le modèle américain est gommé par le processus d'appropriation : la modulation l'emporte sur la modélisation. » Si le premier conflit mondial a fait rentrer la France, et le reste de l'Europe occidentale, dans la sphère d'influence économique des États-Unis et si, pendant l'entre-deux-guerres, une partie des populations urbaines semble fascinée par la culture américaine – ce sera encore plus vrai après la Seconde Guerre mondiale – la spécificité française ne semble pas avoir été entamée au plan de la vie privée car « tout message médiatique venant d'outre-Atlantique est réinterprété, traduit en fonction de notre mémoire collective ».

b*ibliographie*

BODY-GENDROT Sophie « Une vie privée française sur le modèle américain ? » *in* ARIÈS Philippe, DUBY Georges (dir.), *Histoire de la vie privée*, Paris, Seuil, 1987, t. V.

Ouvriers et divisions syndicales en France

La Première Guerre mondiale met le mouvement ouvrier au pied du mur. En dépit des prises de positions pacifistes des organisations syndicales et des organisations politiques qui s'en réclament, les ouvriers des pays belligérants se retrouvent face à face. Les clivages qui naissent à l'occasion du conflit divisent le mouvement ouvrier pour de longues décennies, provoquant l'émergence de cultures militantes antagonistes qui marquent, pour longtemps, le monde ouvrier.

Le mouvement ouvrier divisé par la guerre

Une fois passé le début de la guerre, des critiques s'élèvent contre les directions qui n'ont pas pu empêcher le déclenchement du conflit. Surtout, les forces syndicales sont désorganisées par la mobilisation. La CGT qui compte plus de 200 000 adhérents en 1914 n'en a plus que 40 000 l'année suivante et il faut attendre 1917 pour que les effectifs progressent à nouveau. Au sein du mouvement syndical, une minorité refuse la guerre ; elle se renforce au fil du conflit mais il serait erroné de considérer que tous les opposants à la guerre vont se retrouver sur les mêmes positions une fois les combats terminés. D'abord parce que, d'une fédération à l'autre, les traditions sont diverses. Ensuite, parce que tant la tendance minoritaire, hostile au principe de l'Union sacrée, que la tendance majoritaire connaissent de multiples clivages internes et que des reclassements se produisent, en fonction de l'évolution des événements. Enfin et surtout, parce que la révolution russe et le triomphe des bolcheviks surajoutent aux anciennes divisions des divergences nouvelles. De manière générale, les syndicalistes français sont très méfiants à l'égard des organisations politiques et la conception instrumentale du syndicalisme que développent les bolcheviks est aux antipodes de leur conception.

À l'issue du conflit, le monde syndical est divisé et des traditions divergentes s'enracinent. La naissance de la CFTC en 1919 manifeste la volonté d'encourager un syndicalisme qui refuse la lutte des classes et qui s'efforce d'organiser le travail féminin. Mais plus que cette confédération, encore faible numériquement, les divisions de la CGT marquent, pour longtemps, le monde ouvrier. Au sortir du conflit, une forte poussée révolutionnaire balaie l'Europe. En France, elle se manifeste par une forte progression des effectifs syndicaux. La CGT dépasse 1 million d'adhérents à la fin de 1919 et 1,5 dans les premiers mois de 1920 lorsque la centrale syndicale entame une grève où les cheminots sont aux avant-postes. Cette grève se solde par un échec et quelque 20 000 cheminots sont révoqués. Les dissensions sur la manière dont le secrétaire général de la confédération a mené la grève renforcent les clivages nés de la guerre. Ceux qui se reconnaissent dans la minorité représentent alors un tiers de l'organisation. Ils sont près de 45 % lors de la scission de décembre 1921 qui donne naissance à la CGTU, mais leur part est très différente d'une fédération à l'autre : si les minoritaires ne sont que 12 % à la fédération des Tabacs ou 17 % dans celle des Services Publics, ou encore 28 % dans celle des PTT, ils sont 69 % à la fédération du Bâtiment, 60 % dans celle des Chemins de fer et 53 % dans celle des Métaux.

Traditions militantes

Pendant le conflit, des syndicalistes, autour de Léon Jouhaux ou d'Albert Thomas, ont contribué à une institutionnalisation croissante du monde ouvrier qui a des retombées internationales avec la création de l'Organisation internationale du travail et du Bureau international du travail. Cette institutionnalisation se

ÉVOLUTION DU TAUX DE SYNDICALISATION PAR BRANCHES SOCIOPROFESSIONNELLES 1934-1937.

Branches professionnelles	Taux de syndicalisation			
	1934	1934	1935	1937
Agriculture	0,14	0,16	0,28	2,55
Fonctionnaires	9	4,6	14	17,3
Enseignement	9,9	23,3	35,1	52,8
P.T.T.	30,7	32,9	44,2	53,4
Chemins de fer	33,9	32,9	22	73,5
Transports	40	27,1	29,3	82,5
Service public	39,6	37,1	36	81,6
Employés	1,63	1,1	0,9	11
Alimentation	4,31	3,81	3,32	43,5
Cuirs et peaux	7,12	6,37	3,96	38,6
Industries chimiques	0,82	1	1,17	73,2
Bâtiment	4,27	4,21	6,1	63,5
Bois			1,05	18,7
Métaux	2,49	3,17	3,96	70,7
Textile	4,38	5,06	6,8	55
Habillement			1,2	14
Sous-sol	18,9	15,85	13,7	81
Divers	6,82	6,31	6,15	37,3
Total	**7,8**	**7,43**	**7,73**	**39**

D'après A. Prost, *La CGT à l'époque du Front populaire 1934-1939*, Armand Colin, 1964.

double d'une progression du réformisme que favorise le dialogue qui s'établit entre les syndicats et l'État. Pendant l'entre-deux-guerres, ce dernier intervient dans près de 15 % des conflits du travail alors que cela est rarissime avant 1914. L'État joue un rôle de plus en plus essentiel par la législation qu'il met en place. C'est la loi qui définit l'apprentissage (loi Astier de 1919) et, à partir de 1928, la mise en place des assurances sociales pour la maladie, la vieillesse et l'invalidité renforcent l'encadrement du monde du travail. Depuis 1919, les conventions collectives organisent les relations sociales entre le patronat et les syndicats mais, à la veille du Front populaire, seuls 4 % des travailleurs sont concernés et il faut attendre l'accord Matignon de 1936 pour que soit rendu obligatoire, dans les établissements de plus de 10 ouvriers, l'adoption d'une convention collective. Cette orientation se retrouve à la Libération dans le programme du Conseil national de la Résistance qui associe réformisme ouvrier et intervention de l'État dans les relations sociales.

À l'opposé de cette orientation, en s'appuyant sur la tradition d'autonomie ouvrière que véhicule le syndicalisme révolutionnaire, se développe, au sein de la CGTU, un syndicalisme plus combatif qui considère que les relations avec le patronat dépendent du rapport de force que les ouvriers peuvent établir. Ce syndicalisme de combat n'échappe pas aux divisions. Les militants les plus attachés à la tradition syndicaliste révolutionnaire ou au mouvement anarchiste quittent la CGTU au milieu des années 1920, soit pour rejoindre un temps la CGTSR de tradition syndicaliste révolutionnaire où se regroupent, entre autres, de nombreux militants du bâtiment, soit pour rallier la CGT. À partir du milieu des années 1920, la CGTU s'identifie de plus en plus au mouvement communiste dont la bolchévisation transforme les pratiques.

Réunification et poussée ouvrière

En 1932, la CGT regroupe quelque 500 000 adhérents et la CGTU environ moitié moins. Par rapport aux autres pays d'Europe occidentale, la France est bien le pays du militant rare, tant dans le domaine politique que dans le domaine syndical. Selon les calculs d'Antoine Prost, nettement moins de 10 % de la population syndicable serait effectivement syndicalisée au début des années 1930. Pourtant, en 1937, une fois l'unité syndicale reconstituée dans le contexte du Front populaire sans que pour autant disparaissent les différentes traditions, 40 % de la population syndicable le serait. À cette date, la CGT réunifiée approcherait des 5 millions d'adhérents et la CFTC en compterait quelque 500 000. Au sein de la CGT réunifiée, les ex-unitaires et les

Occupation des usines Sautter-Harle (1936).

ex-confédérés ne disparaissent pas totalement. Apparaît aussi la tendance Syndicats, la plus hostile aux ex-unitaires, celle aussi qui se veut fidèle à la tradition pacifiste du syndicalisme français et dont certains dirigeants se rallient à la France de Vichy et à la Charte du travail.

Le changement brutal observé dans le nombre des adhérents n'est pas spécifique au monde syndical ; on le retrouve dans le militantisme politique, aussi bien à gauche qu'à droite. Et cette évolution se retrouve logiquement dans l'évolution du mouvement gréviste. En 1931, on dénombre moins de 300 grèves et moins 50 000 grévistes mais, en 1936, 16 000 grèves sont dénombrées rassemblant près de 2,5 millions de grévistes.

La réunification de la CGT ne fait pas disparaître les traditions militantes nées des divisions consécutives au premier conflit mondial. Dans un pays où le taux de syndicalisation demeure faible, même s'il augmente fortement au milieu des années 1930, et alors qu'il a longtemps voulu ignorer les partis politiques, le syndicalisme reste marqué par des divisions qui recoupent, en partie, les oppositions entre organisations politiques. Même la réunification syndicale de l'époque du Front populaire ne les efface pas durablement et, une fois passée la Résistance, ils resurgissent dans la France de la Libération.

b*ibliographie*

MAITRON Jean, *Dictionnaire biographique du mouvement ouvrier français*, Paris, Éditions ouvrières, 1990.

MOURIAUX René, *La CGT*, Paris, Seuil, 1982.

La mobilité sociale en ville

L'exemple de Lyon

Étudier la mobilité sociale suppose de s'intéresser aux individus et de prendre ses distances avec la manière dont s'est constituée l'histoire sociale. Cette dernière a fonctionné longtemps selon des méthodes qui assignent à chaque individu une position sociale, qui le rattache à un groupe, voire à une classe sociale. Face à ces méthodes qui postulent une certaine rigidité des classifications sociales et une relation quelque peu mécaniste entre appartenance sociale et comportement, se sont progressivement mises en place d'autres méthodes dont l'objectif est de suivre les changements qui peuvent intervenir dans l'existence des individus.

Suivre le fil de la vie des individus

Suivons deux générations tout au long de leur existence en utilisant les sources publiques massives tels les listes électorales, les listes nominatives du recensement et les actes d'état civil. La première génération est née au début de la troisième République, de 1872 à 1874, la seconde en 1900. Leur vie d'adulte dans la cité rhodanienne est étudiée de 1900 à la fin des années 1930 dans le premier cas, de 1920 à la fin des années 1930 dans le second. Ces suivis longitudinaux redonnent aux hommes la première place et viennent rappeler que les chaînes événementielles ne sont pas vécues à l'identique par toutes les générations. Par exemple, alors que les premiers entrent dans la vie d'adulte à la Belle Époque et n'ont, le plus souvent, pas trop de difficultés pour trouver un logement, les seconds le font au lendemain du premier conflit mondial, en un temps où la pénurie de logements est rendue plus dramatique par les conséquences du moratoire sur les loyers décidé au début de la guerre. Cette situation rend délicat l'établissement des jeunes ménages qui doivent parfois cohabiter avec leurs parents même après leur mariage. L'analyse des itinéraires professionnels

LES BIOGRAPHIES DE FILS DE TRAVAILLEURS MANUELS.

Trois biographies de la première génération, née en 1872-1874, illustrent le devenir de ces fils de travailleurs manuels.

René Brun illustre l'insertion de ces fils de tisseurs dans les classes moyennes. Son père est un jeune tisseur qui travaille, avec son épouse, à la Croix-Rousse. Les deux témoins de la naissance sont un oncle maternel et l'aïeul paternel. Tous deux sont tisseurs. Le père n'a que 25 ans à la naissance de son fils, qui est, probablement, l'aîné d'une famille de quatre enfants. En 1896, René est employé. Il se marie en 1898. Son épouse est née à Lyon. Le recensement la présente parfois comme sans profession et parfois comme couturière ou culottière. À la veille de la Première Guerre mondiale, René est caissier, puis il devient caissier-comptable pendant l'entre-deux-guerres selon les listes électorales mais pour le recensement, il est clerc de notaire. Après la guerre, il revient habiter dans l'immeuble où il est né. Tel est l'itinéraire d'un fils d'une vieille famille de tisseurs amené à se reconvertir en raison du déclin de la fabrique. Si son itinéraire est fréquent, il n'est pas exclusif d'autres itinéraires qui vont entraîner des fils de canuts vers d'autres ateliers que ceux de tissage.

Emmanuel Mollard est de ceux-là. Sur son acte de naissance son père est enregistré comme maître tisseur et sa mère est tisseuse, le premier témoin est guimpier et le second tisseur. Cette famille de tisseurs vit sur la rive gauche du Rhône. En 1896, Emmanuel Mollard est toujours installé aux Brotteaux, à deux pas de la maison où il est né. Il vit avec sa mère, veuve, et son oncle. Son oncle et sa mère travaillent toujours sur le métier mais lui est ouvrier ébéniste. Les années suivantes les listes électorales le présentent comme ébéniste et les listes nominatives précisent qu'il est patron. Le changement de secteur professionnel d'une génération à l'autre se conjugue avec la stabilité sociale et résidentielle.

La vie de **Benoît Guenon** est, elle aussi, révélatrice des changements de secteurs d'activité qui ne s'accompagnent pas de mobilité sociale. Né à Saint-Georges dans le Vieux-Lyon, il est ouvrier peintre-plâtrier. Son père est teinturier et sa mère tisseuse. Ses aïeuls paternel et maternel sont les témoins de la naissance. Tous deux sont tisseurs. En 1896, il vit avec quatre frères et sœurs au domicile paternel. En 1904, il épouse Étiennette Brun, aux Brotteaux et s'y installe. Ils auront trois fils. Peintre en bâtiment, il travaille parfois comme salarié et parfois comme patron. Son fils aîné est d'abord apprenti ciseleur, à 15 ans, puis il est ciseleur chez Bouillet et Bourdelle, des entrepreneurs de Villeurbanne, « créateurs en France de tout le matériel de table en acier inoxydable ». Son frère cadet y travaille également comme orfèvre. Sur quatre générations, on peut suivre le glissement d'un secteur à l'autre au sein du monde ouvrier – soierie, teinturerie, bâtiment, métallurgie – et ce glissement sectoriel se double d'un glissement spatial, de la rive droite de la Saône vers les quartiers neufs de la rive gauche du Rhône. Les fils, à leur départ du domicile parental, se sont installés à Villeurbanne.

Les glissements d'un secteur à l'autre sont la norme pour les fils d'ouvriers ou d'artisans de la seconde génération, nés au tournant du siècle.

Pour l'essentiel, le père est dans des secteurs traditionnels, stagnants ou en déclin, et le fils s'insère dans les nouveaux secteurs en expansion comme la métallurgie et l'automobile. Voici un ouvrier de la seconde cohorte qui symbolise bien ces mutations. **Joseph Guille** est né aux Brotteaux, rue Montgolfier, une petite rue où des masures ont été bâties à la hâte sur les terrains des Hospices civils, à proximité de beaux immeubles de rapport. Son père est apprêteur et sa mère couturière. Il est vraisemblablement l'aîné puisque sa mère n'a que 17 ans à sa naissance. Le grand-père accompagne son fils à la mairie pour signer l'acte de naissance. Il est applicateur de ciment. De 1921 à 1936, l'itinéraire de Joseph Guille s'inscrit tout entier au quartier des Charpennes, à Villeurbanne. Il y meurt en 1947. Pour les listes électorales, il a été toute sa vie ajusteur. Il est bien le modèle de ces fils d'ouvriers traditionnels qui s'intègrent dans les nouvelles filières industrielles.

D'après Jean-Luc Pinol, *op. cit.*, pp. 315-317.

et des trajectoires sociales souligne que la viscosité de la société urbaine est plus prononcée pendant l'entre-deux-guerres qu'à la Belle Époque. Elle n'est souple qu'en période de croissance et se rigidifie dans la crise. Les mobiles professionnels sont moins nombreux parmi les fils du siècle que parmi les enfants de la République et la tendance à la rigidification des comportements sociaux se vérifie dans les sociabilités de plus en plus déterminées par les clivages sociaux.

Élites, classes moyennes et travail manuel

Arrivées à l'âge adulte, les deux cohortes n'ont pas les mêmes chances de mobilité sociale. Pour les enfants de l'élite, les risques de déclassement sont importants avant la Première Guerre mondiale, en un temps où l'économie lyonnaise est en pleine mutation et où de nouveaux venus se fraient un chemin aux sommets de la société urbaine. Au contraire, les individus de la seconde cohorte nés dans les grandes familles ont beaucoup plus de chances de conserver la même position sociale que leurs pères tant la reproduction est maintenant confortée. Sur les raisons de ce changement, rien de définitif ne peut être avancé mais l'importance très différente des études supérieures dans la formation des enfants des élites a probablement pesé dans cette évolution. Pendant l'entre-deux-guerres, les héritiers passent le plus souvent par les bancs des facultés ou des écoles d'ingénieurs.

Cette mutation dans la constitution des élites conditionne les mobilités des niveaux inférieurs de la hiérarchie sociale. Pour les enfants de la République, les classes moyennes sont la plaque tournante des trajectoires professionnelles ou sociales ascendantes. Au contraire, pour les fils du siècle, les chances d'ascension déclinent et, surtout, ils sont menacés par le déclassement. Cette mutation permet de comprendre l'explosion des écrits sur la définition des classes moyennes pendant l'entre-deux-guerres. Auparavant, l'image des classes moyennes était plus floue car ce monde un peu indéterminé était perçu comme transitoire.

La fermeture de l'univers des travailleurs manuels est incontestable. Alors qu'une génération plus tôt, nombre de ceux qui avaient commencé à travailler dans un atelier ou dans une usine pouvaient faire leur chemin au sein des classes moyennes, ces trajectoires deviennent beaucoup plus rares pour les fils du siècle. Et cette dégradation est également vraie en ce qui concerne la mobilité sociale. Dans le monde du travail manuel, l'hérédité sociale progresse fortement, la naissance pesant plus lourdement sur le devenir des hommes. Au total, et à l'exception des enfants des élites, les fils du siècle qui compareraient leur situation à celle de leurs pères auraient tout lieu de se sentir brimés par le siècle. Pour eux «le monde des emplois possibles se déploie horizontalement, non verticalement», pour reprendre une formule de Richard Hoggart dans *La Culture du pauvre*. Pour les enfants de la République, le bilan est inversé.

EXEMPLE DE LIENS ENTRE MOBILITÉ SOCIALE ET MOBILITÉ RÉSIDENTIELLE.

Itinéraire typique d'un mobile social de la première génération : Joseph-Baptiste Suchod

Joseph-Baptiste Suchod est né dans le deuxième arrondissement, entre Rhône et Saône. Fils d'un employé de commerce, il est lui-même employé en 1896. Il habite 6, rue Centrale à proximité de son lieu de naissance. En 1901, il demeure 11, cours Lafayette sur la rive gauche du Rhône. Il est négociant en mercerie et les indicateurs commerciaux soulignent l'importance de son établissement. En 1906, il réside au même endroit. En 1911, il s'installe 78, avenue de Saxe et sa famille y réside encore en 1936. Un appartement aux Brotteaux, surtout avenue de Saxe, a tout pour satisfaire l'ambition d'un négociant. Cette valeur est symbolique mais elle est aussi matérielle. Les appartements de l'avenue de Saxe correspondent à l'espace, à l'hygiène et au confort que recherchent les élites urbaines au tournant du siècle. La mobilité résidentielle, l'installation dans les quartiers neufs de la rive gauche du Rhône, est allée de pair avec une mobilité professionnelle et sociale ascendante.

D'après Jean-Luc Pinol, *op. cit.*, pp. 255-260.

Pour la génération des enfants de la République, les valeurs républicaines de promotion par l'école, les vues libérales chères aux opportunistes se sont réalisées en partie dans les faits, même si la mobilité n'a pas atteint le niveau que certains défenseurs de l'école républicaine auraient souhaité. Pour les fils du siècle, le climat change. L'arrivée au pouvoir des radicaux provoque une intervention plus massive de l'État mais, dès l'entre-deux-guerres, le projet social de la République s'essouffle. La mobilité sociale décline. Pour la première génération, la réalité correspondait tant bien que mal aux idéaux de la République triomphante ; pour la seconde, les malheurs du temps se doublent d'une crise des valeurs. Tant les enfants de la République que les fils du siècle atteignent 35-40 ans à la veille d'une guerre mondiale. Alors que les premiers vont défendre sans état d'âme la France républicaine, les seconds ne vont pas entrer en guerre avec le même état d'esprit. Pour certains d'entre eux, les déceptions subies vont justifier leur adhésion au régime de Vichy (voir p. 320). L'histoire sociale des individus éclaire ici parfaitement l'histoire politique.

bibliographie

PINOL Jean-Luc, *Les Mobilités de la grande ville, Lyon, fin XIXe-début XXe*, Paris, Presses de la FNSP, 1991.

THÉLOT Claude, *Tel père, tel fils ? Position sociale et origine familiale*, Paris, Dunod, 1982.

Les classes moyennes en Europe

Le terme classes moyennes est flou et il traduit les difficultés que l'historien rencontre pour le définir. Pendant longtemps, l'histoire sociale a davantage privilégié les extrêmes de la société que ces groupes intermédiaires qui sont aujourd'hui l'objet de nombreuses recherches. Cette notion renvoie à une conception ternaire de la société où les classes moyennes s'intercalent entre l'élite et les classes inférieures. En France, la notion de classe moyenne (au singulier) est utilisée dès la Restauration et elle est reprise tout au long du XIXe siècle en gagnant le pluriel; dans la société anglaise il est traditionnel de distinguer upper, middle *et* lower *classes. En Allemagne, au contraire, les conceptions de la société sont plutôt fondées sur la distinction de cinq ensembles : la noblesse, la bourgeoisie, les ouvriers, les paysans et le* Mittelstand *qui désigne un groupe composé des employés et des producteurs indépendants.*

Une forte croissance

Quels que soient les termes retenus dans les différents pays, significative est la difficulté à établir les critères d'identité commune entre les éléments qui les constituent. On a pu cependant souligner que plus que le niveau des revenus, ce sont souvent les modes de vie – l'attachement accordé à la vie privée et au confort du chez-soi – qui distinguent les classes moyennes du monde ouvrier. Semblent également certains le rôle de l'industrialisation et celui de l'urbanisation dans la croissance de ces catégories, soit en provoquant une augmentation des effectifs dans des métiers anciens, soit en faisant apparaître des fonctions nouvelles. La période de l'entre-deux-guerres est sans doute un peu courte pour apprécier l'ampleur de la croissance des classes moyennes car la progression numérique de ces catégories débute dès la fin du XIXe siècle. En revanche, l'entre-deux-guerres se caractérise par une fermeture volontaire des professions qui les constituent et l'on peut même dans certains cas déceler, au sein des classes moyennes, une attirance pour les régimes autoritaires. Dès la fin du XIXe siècle, la progression de la bureaucratie entraîne une forte progression du nombre des employés et une concentration des activités tertiaires dans les villes. Le phénomène renvoie sans doute aussi à des phénomènes de générations auxquels on n'a pas toujours prêté assez attention. Dans une ville comme Lyon, les employés représentent 29 % des hommes ayant moins de 25 ans à la fin du XIXe siècle alors qu'au lendemain de la Première Guerre mondiale, ils ne sont que 17 %. Mais dans l'ensemble, il semble bien que ce soit juste à la veille du premier conflit mondial que les effectifs des employés progressent le plus vigoureusement; après la guerre, la croissance du groupe est tout aussi forte mais ce sont surtout les femmes qui deviennent employées. Aux Pays-Bas, par exemple, les femmes du secteur tertiaire sont passées de 277 000 à 384 000 entre 1909 et 1930, et en Italie, le nombre des femmes employées a doublé entre 1911 et 1936. En France, si l'on s'en tient aux chiffres des recensements, les hommes employés passent de 1,5 en 1911 à 1,9 million en 1931 alors que, pour les femmes, la progression est de 0,7 à 1,2 million, soit une progression de 26 % dans le premier cas et de 71 % dans le second. Cette forte progression des employés est encore plus nette au sein même de l'entreprise. Chez Siemens, par exemple, le nombre des employés passe de 685 en 1895 à plus de 12 500 en 1912, au fur et à mesure que se multiplient secrétariats, bureaux de dessin, magasins et services du contentieux. Pendant les années 1930, près de la moitié des employés des entreprises électriques allemandes – ils sont plus de 500 000 ! – travaillent dans les sièges sociaux berlinois.

À la différence du monde des employés en forte expansion, le monde de la boutique et de l'artisanat, que l'on appelle parfois les classes moyennes de type ancien, connaît une évolution plus erratique pendant la période de l'entre-deux-guerres. Non pas que la grande industrie ait sonné le glas de l'artisanat ou que celui de la boutique l'ait été par le grand magasin. Les tendances sont variables d'un pays à l'autre, d'une ville à l'autre et ce d'autant plus que pour beaucoup de salariés, l'accès momentané ou durable à l'indépendance est un moyen d'échapper au chômage en période de crise économique.

Une tendance au repli sur soi

Plus que l'évolution contrastée de l'atelier et de la boutique, ce qui caractérise les classes moyennes pendant l'entre-deux-guerres c'est, pour ceux dont la professionnalisation est attestée par un diplôme, la revendication d'un statut reconnu. Le fait est particulièrement patent pour les ingénieurs. En France, ceux-ci ont une place centrale dans la cristallisation des cadres, une catégorie qui n'a pas son équivalent dans les autres pays européens. « Le titre d'ingénieur, aujourd'hui tellement vulgarisé qu'on cherche à en réglementer le sens et l'usage », écrit Marcel Prévost dans son roman *Polytechnique* paru en 1931. Ce souci aboutit à la loi du 10 juillet 1934 qui met en place une commission des titres et qui dresse la liste des écoles dont le diplôme permet de se prévaloir du titre. Cette tendance à la fermeture du groupe n'est pas spécifique aux ingénieurs – les avocats le font en 1920, les journalistes en 1935, etc. – et n'est pas particulière à la France. Tous les techniciens qualifiés touchés par la crise essaient d'obtenir de leurs gouvernants une restriction, sinon de l'accès à une profession, du moins de l'accès au titre. Au début des années 1930, en Belgique, en Espagne ou en Italie, lois ou décrets définissent les modalités qui autorisent un individu à porter le titre d'ingénieur. En Angleterre, les sociétés d'ingénieurs obtiennent une charte qui va dans le même sens. Finalement, le principal point commun des techniciens qualifiés que menace la crise économique est de revendiquer auprès des autorités des moyens légaux de fermeture du groupe, moyens que généralement ils obtiennent et qui traduisent le repli sur soi de la catégorie.

L'INGÉNIEUR, ENTRE L'ENCLUME ET LE MARTEAU.

Georges Lamirand, ingénieur sorti de l'École centrale de Paris, est un militant du catholicisme social et membre de l'Union sociale des ingénieurs catholiques (USIC). Dans son ouvrage, paru après la Seconde Guerre mondiale, il raconte la situation des ingénieurs pendant les occupations d'usines de 1936. La thématique du cadre mal aimé a été souvent reprise par la suite.

« Dans chaque entreprise, le jour où commença l'occupation, les délégués ouvriers se dirigèrent droit vers le bureau du patron. C'est à lui qu'ils remirent directement les cahiers de revendications, c'est avec lui qu'ils discutèrent les termes des accords provisoires ; c'est avec lui qu'ils signèrent les premières conventions collectives. L'ingénieur ? Il n'en était plus question. Le patronat, surpris et débordé par les événements, n'avait qu'une idée : régler au mieux et au plus vite, arrêter le torrent qui menaçait de tout emporter, s'en tirer avec le moins de dégâts possibles. Faisant la navette entre son conseil d'administration, sa chambre syndicale, la préfecture, le commissariat de police et les comités de grève, il lui arriva d'oublier complètement ses cadres et son personnel de maîtrise, qui resteront plusieurs jours sans recevoir la moindre parole de réconfort, voire même la plus simple consigne. Abandonnés par le patron, les ingénieurs ne le furent pas moins par le personnel, qui profita de l'occasion pour laisser se manifester des ressentiments contenus durant de longs mois. On vit dans certaines fabriques des ingénieurs former des groupes mornes et silencieux avec les contremaîtres ; ailleurs, suivant l'hostilité des piquets de grève, ils se virent refuser l'accès des locaux ou, plus rarement, la sortie de l'usine. Délaissés par les uns et par les autres, les ingénieurs prirent conscience de n'être ni chair ni poisson, et de former un tiers parti menacé des deux côtés dans la triste position du fer coincé entre le marteau et l'enclume. »

Georges Lamirand, *Le Rôle social de l'ingénieur*, Paris, Plon, 1954.
Cité par Luc Boltanski, *Les Cadres, la formation d'un groupe social*, Paris, Éditions de Minuit, 1982, p. 87.

Les classes moyennes et la politique

Diverses études citées par Jürgen Kocka examinent les liens entre la classe moyenne et le parti national-socialiste. Ces travaux portent soit sur la composition sociale des membres du parti, soit sur l'analyse des comportements électoraux. Les employés sont surreprésentés au sein du parti nazi : « Alors que les employés constituaient 24 % des effectifs du NSDAP, ils ne représentaient vers 1930 que 10 % des effectifs du SPD et 4 % seulement de ceux du KPD. » En terme de comportements électoraux, et même s'il ne faut pas chercher dans la position sociale le seul facteur explicatif, une étude sur 193 villes au moment des élections au Reichstag en juillet 1932 souligne une corrélation positive entre employés et vote en faveur du parti nazi. D'autres études ont montré que « l'ancienne classe moyenne », composée des professions indépendantes et libérales, est encore plus surreprésentée dans cet électorat que « la nouvelle classe moyenne » des employés et des fonctionnaires. En Espagne, le soutien des classes moyennes au franquisme est attesté. En France, au contraire, leur orientation semble moins tranchée même si le parti communiste, d'une part, et le parti social français, d'autre part, essaient d'attirer un électorat longtemps courtisé par le parti radical. Un dirigeant socialiste fait remarquer dans *Le Populaire* du 14 avril 1937 que « jamais, on a autant parlé des classes moyennes. Jamais on n'a dit avec la même insistance qu'il y a lieu de les gagner, chacun à sa cause ».

Les années 1930 sont une période de crispation sociale. Pour les membres des classes moyennes, les possibilités de promotion sociale deviennent plus rares alors que les risques de déclassement sont plus grands, même si les conjonctures sociales varient d'un pays à l'autre. Cela explique que les classes moyennes tendent à se replier sur elles-mêmes et, dans certains cas, à apporter leur soutien aux solutions politiques autoritaires.

bibliographie

GUILLAUME Pierre, *Histoire et historiographie des classes moyennes dans les sociétés développées*, Bordeaux, Maison des sciences de l'homme d'Aquitaine, 1998.

KOCKA Jürgen, *Les employés en Allemagne, 1850-1980, Histoire d'un groupe social*, Paris, EHESS, 1989.

LAVAU Georges, GRUNBERG Gérard, MAYER Nonna (dir.), *L'Univers politique des classes moyennes*, Paris, Presses de la FNSP, 1983.

Les anciens combattants en France

Examiner la place des anciens combattants dans la société et dans la vie politique en France pendant l'entre-deux-guerres permet de souligner la distorsion qui peut s'installer entre la perception d'un phénomène et sa réalité. Avant les travaux d'Antoine Prost sur les anciens combattants, l'affaire semble entendue : à l'image des anciens combattants allemands, les anciens combattants français, nombreux et organisés, sont des va-t-en-guerre que séduisent les solutions autoritaires. Le fait que certains d'entre eux manifestent le 6 février 1934, leur identification aux Croix de Feux du colonel de La Rocque, l'assimilation entre la politique de la France de Vichy et la Légion des combattants sont autant d'arguments qui sont utilisés pour démontrer le bien-fondé de cette thèse qui assimile les anciens poilus et les tenants, sinon d'un ordre nouveau, du moins des solutions autoritaires et de la Révolution nationale.

La force des associations

Vers les années 1930, le mouvement ancien combattant compte plus de trois millions d'adhérents. De multiples associations structurent ce mouvement et répondent à des motivations différentes. Certaines renvoient à la manière dont la Première Guerre mondiale a marqué leurs membres : ce sont les associations de mutilés, d'aveugles, des gueules cassées… D'autres se fondent sur l'appartenance professionnelle : ce sont les associations de fonctionnaires, de cheminots, etc. D'autres enfin obéissent à une logique d'enracinement local : tel est le cas, par exemple, des Poilus de la Loire. Et l'on peut dire, sans exagérer, que rares sont les communes de France qui n'ont aucune section d'anciens combattants. Le mouvement combattant a bien « épousé » la société française.

Il s'est surtout affirmé à la fin des années 1920, lorsque se tiennent les « États généraux de la France meurtrie » qui débouchent sur la création d'une Confédération nationale des anciens combattants et victimes de guerre (CNACVG) mais, plus que par cette confédération, le mouvement s'identifie à deux associations dont les effectifs représentent environ les deux tiers de l'ensemble des quelque trois millions d'adhérents : d'une part, l'Union nationale des combattants (UNC), qui est née dans les milieux proches des catholiques sociaux et qui bénéficie du soutien de l'armée, de l'Église et du patronat ; d'autre part, l'Union fédérale (UF), issue du regroupement d'associations de mutilés, plus proche de la gauche radicale et socialiste. Alors que cette dernière compte 900 000 membres au début des années 1930, l'UNC rassemble environ 850 000 adhérents.

Marianne : C'est l'Union des Anciens Combattants et des Jeunes qui réalisera la République de demain (Dessin de Charlet).

La tentation fasciste?

Aux questions sur l'identification entre mouvement ancien combattant et fascisme, à celles sur les menaces qu'il aurait fait peser sur le régime républicain, les réponses d'Antoine Prost sont totalement négatives. Quels sont ses arguments? D'une part, le caractère républicain du mouvement ancien combattant est avéré et si des souhaits de rationalisation du parlementarisme et de renforcement de l'exécutif existent, ils se fondent sur une adhésion sans réserve aux principes du suffrage universel. D'autre part, ce républicanisme s'enracine dans une double expérience que tous partagent: l'expérience de l'école et celle de la guerre. L'école leur a inculqué un moralisme fondamental et un profond respect pour les institutions existantes, excluant la violence et l'illégalité. L'expérience de la guerre, et donc l'expérience du style militaire de commandement, a nourri une allergie instinctive à tout pouvoir autoritaire. Par ailleurs, la dénonciation du militarisme et de l'impérialisme allemands a renforcé leur adhésion aux valeurs républicaines.

LES ANCIENS COMBATTANTS REFUSENT L'ORGANISATION MILITAIRE.

L'ancien combattant français est avant tout un civil.

« Les fêtes patriotiques organisées au-delà du Rhin ressemblent étrangement à des prises d'armes. Rien n'y manque, hormis les armes.
Revêtus de leurs uniformes, Fritz et Dudule, aujourd'hui comme hier, et bien que redevenus civils, défilent au pas de l'oie devant les mêmes généraux et sous le commandement des mêmes officiers.
Oui, vraiment, ces gens sont différents de nous. »

La Voix du combattant (hebdomadaire de l'Union nationale des combattants), 29 octobre 1924.

« Chez nous, vois-tu, mon vieux Fritz, il serait impossible de réunir 160 000 anciens combattants en uniforme et sac au dos pour se balader derrière des drapeaux. Certes, nous nous réunissons souvent, et lorsque nous devons aller, en rangs, comme autrefois, de la gare au monument aux morts, nos défilés sont plutôt lamentables. Nous sommes des civils. Nous n'avons aucun goût pour le pas cadencé. »

Lettre ouverte à un casque d'acier publiée le 10 septembre 1932 par le même hebdomadaire.
Extraits cités *in* Antoine Prost, *Les Anciens Combattants, 1914-1939*, *op. cit.*, pp. 86-87.

Mais l'antiparlementarisme des anciens combattants n'est-il pas un contre-argument de poids à cette interprétation? Pas vraiment. Et ce pour deux raisons. D'une part, parce qu'il ne faut pas prendre pour argent comptant tous « les appels véhéments à l'action virile » contre le système. Antoine Prost conclut que « conformément à l'un des principes les plus sûrs de la critique historique, il n'est pas acceptable de prendre au pied de la lettre ce qui est dit, sans se soucier du genre littéraire ». Derrière la « réthorique roborative », il faut surtout voir une fonction interne dont le but est d'assurer l'unité du mouvement. D'autre part, les professions de foi antiparlementaires ne sont pas une condamnation du régime républicain et des principes démocratiques mais traduisent les aspirations de groupes sociaux, qui ont du mal à peser sur les décisions du pouvoir, à voir se mettre en place une démocratie plus directe et plus efficace.

Les classes moyennes et les anciens combattants

L'étude des anciens combattants est également une occasion de réexaminer, dans le cas français, les liens qui existent entre les classes moyennes et la vie politique. La composition sociale des membres des associations renvoie à la diversité des appartenances sociales d'un mouvement qui structure une grande partie de la sociabilité masculine d'une France encore profondément rurale. La composition sociale de l'encadrement de ces associations révèle une surreprésentation des classes moyennes. Cette distorsion entre encadrement et base du mouvement est essentielle. Elle amène Antoine Prost à parler de « subterfuge » et de « camouflage ». Les classes moyennes, qui n'ont pas d'organisation spécifique au moins jusqu'au milieu des années 1930, s'expriment indirectement par l'intermédiaire d'organisations de locataires ou de contribuables et par les associations d'anciens combattants qui exercent « une fonction de suppléance ». Le mouvement combattant peut aisément jouer ce rôle car il reprend à son compte certaines valeurs des classes moyennes. Ces dernières, à la différence des ouvriers, ne peuvent concevoir une société où s'affrontent le capital et le travail, la bourgeoisie et le prolétariat. Comme elles, le mouvement combattant refuse de considérer les conflits entre classes sociales comme essentiels, voire réels. Par son fonctionnement, le mouvement combattant nie la lutte des classes et se veut le défenseur de valeurs universelles susceptibles de rassembler tous les citoyens, en ignorant les clivages politiques et sociaux.

Le maillage dense des sections d'anciens combattants et l'intense sociabilité qui en est résultée ont contribué à priver le fascisme français de ses bases populaires potentielles: les paysans, les artisans, les classes moyennes anciennes ou nouvelles, soigneusement encadrés par des organisations fondées sur le respect des principes démocratiques, ne sont plus disponibles pour les sectateurs des solutions autoritaires. « On ne trouve chez les anciens combattants ni uniformes ni marche au pas. Ce fut pour la démocratie une chance durable. » (A. Prost)

bibliographie

PROST Antoine, *Les Anciens Combattants, 1914-1939*, Paris, Gallimard-Julliard, coll. « Archives », 1977; *Les Anciens Combattants et la société française, 1914-1940*, Paris, Presses de la FNSP, 3 vol., 1977.

Les immigrés et la population française

Sans l'apport des étrangers, la France aurait été moins peuplée en 1936 qu'en 1911. En effet, à territoire égal – c'est-à-dire en intégrant l'Alsace-Lorraine – le nombre des hommes est resté stable alors que le solde naturel sur l'ensemble de la période est négatif : le nombre des décès est supérieur de deux millions à celui des naissances. Cela signifie que deux millions d'étrangers se sont installés en France depuis la veille de la Première Guerre mondiale. Ce chiffre ne préjuge en rien des flux d'entrée et de sortie : en effet, ces comptages sont réalisés à partir des recensements qui assignent aux hommes une profession, un lieu, un statut alors que la réalité est dans l'incessant va-et-vient, dans la mobilité géographique et professionnelle des individus.

Des étrangers indispensables dans une France exsangue

Au recensement de 1911, il y avait en France 1 160 000 étrangers, soit moins de 3 % de la population totale mais leur part dans la population active est plus importante : 3,28 %. Les plus nombreux sont les Italiens et les Belges. Se trouvent aussi des ressortissants des pays qui seront les adversaires de la France pendant le premier conflit mondial (plus de 100 000 Allemands, 15 000 Autrichiens, 3 000 Hongrois). La déclaration de guerre provoque un départ massif des étrangers, ce qui accentue encore les difficultés de main-d'œuvre. Pour résorber cette pénurie se créent le Service de la main-d'œuvre étrangère du ministère de l'Armement et un Service spécial du ministère de l'Agriculture.

Leur objectif est de recruter dans les pays non belligérants. Arrivent des Grecs, des Espagnols, des Portugais, des Chinois. De plus, au ministère de la Guerre, le Service des travailleurs coloniaux organise la venue d'Algériens, d'Indochinois, de Marocains, de Malgaches… Dès la fin de la guerre, on rapatrie ces travailleurs dont on ne souhaite pas qu'ils restent en France. Dans quelques cas, le rapatriement traîne et certains passent à travers les mailles du filet mais au total, en termes chiffrés, la guerre aurait dû être une opération blanche puisque ceux qui sont rentrés auraient dû repartir. Ce n'est là qu'une vision schématique. D'une part, les immigrés entrés en France pendant la guerre ne sont pas tous repartis – les Espagnols sont nombreux dans ce cas – et, d'autre part, sur les 700 à 800 000 étrangers et coloniaux venus en France pendant le conflit, beaucoup vont y revenir lorsque l'immigration sera à nouveau autorisée, en juin 1919. Au recensement de 1921, la France compte 1,5 million d'étrangers, soit 3,8 % de la population totale.

De 1920 à 1930, la France connaît une période d'immigration massive et ininterrompue dont les recensements donnent une image sans doute affaiblie. En dix ans, de 1921 à 1931, alors que la population française progresse de 2,4 millions d'habitants, plus de la moitié de ce chiffre est due à l'installation d'étrangers. En 1931, la France compte 2,9 millions d'étrangers qui représentent 6,9 % de la population totale. Ensuite, la population étrangère diminue pour atteindre 2,4 millions en 1936.

Mais il faut tenir compte des naturalisations (étrangers qui obtiennent la citoyenneté française) et des francisations (acquisition quasi automatique par naissance ou par mariage) pour avoir une idée plus exacte de l'apport de sang neuf dans la population française : entre 1921 et 1939, près d'un million d'étrangers ou d'enfants d'étrangers ont acquis la nationalité française. Ces chiffres soulignent l'apport essentiel des étrangers à la population française.

Les étudiants manifestent au Quartier latin contre l'intrusion des étrangers dans les facultés (février 1935).

Les politiques d'immigration

Cet afflux massif après la Première Guerre mondiale est le résultat d'une politique d'immigration mise en œuvre par le patronat. Les syndicats d'employeurs prennent le relais de l'État après la fin de la guerre pour importer la main-d'œuvre nécessaire. Le Comité des houillères, dès janvier 1919, fait venir des mineurs italiens et négocie avec l'Office polonais d'émigration la venue en France de travailleurs. Désormais, le patronat n'attend plus que les travailleurs étrangers viennent en France, il va les chercher. La Société de soie artificielle du Sud-Est envoie des émissaires au Moyen-Orient pour inciter les victimes du génocide arménien à venir travailler dans la Drôme ou dans le Rhône. Dès 1924 se constitue la Société nationale d'immigration qui associe les compagnies charbonnières, les maîtres de forges et les milieux ruraux. Son rôle est décisif en Pologne où « le travail humain jaillit comme du pétrole ». En 1921, on dénombre 46 000 Polonais en France ; dix ans plus tard, ils sont un demi-million. Les travailleurs étrangers sont surtout recrutés pour l'industrie où ils assurent souvent les travaux les plus pénibles mais ils ne sont pas absents du monde agricole. L'opération la plus spectaculaire est l'installation dans le Gers et la Haute-Garonne de paysans italiens. Ils sont plus de 100 000 en 1930 à pratiquer les techniques culturales de la Lombardie dans les départements du Sud-Ouest.

Cette politique s'inverse lorsque la crise économique atteint la France et une volonté délibérée de limiter le nombre des étrangers se fait jour, au moment où les réfugiés politiques sont de plus en plus nombreux. Pour nombre d'étrangers naît alors la hantise de la réception du bon de rapatriement, assorti de la gratuité du voyage de retour, qui laisse à peine deux à trois jours pour liquider ses biens avant de partir avec 30 kg de bagages… Aux élections de 1932, de nombreux candidats se prononcent pour la mise en place d'une loi plus restrictive pour les étrangers. La loi du 10 août 1932 institue un contingentement souple de la main-d'œuvre étrangère. Elle coïncide avec un raidissement de l'opinion. Les professions libérales se sentent « envahies par la marée qui vient de l'Est ». Avocats et médecins se mobilisent contre les naturalisés et les praticiens étrangers. En 1935, une grève suivie des facultés de médecine est organisée pour protester contre la concurrence des étrangers. La loi Ambruster, d'avril 1933, est aggravée en 1935 : elle impose la naturalisation pour les médecins et l'obligation de détenir des titres français, ce qui interdit aux médecins titulaires d'un diplôme étranger la possibilité d'exercer.

Sur le fond, la politique du Front populaire ne change rien mais l'ambiance n'est plus la même ; dès 1937 pourtant resurgit la hantise du complot étranger au fur et à mesure qu'affluent les réfugiés politiques, qu'ils viennent d'Allemagne, d'Autriche d'après l'Anschluss, d'Italie ou de l'Espagne républicaine. On le sait, l'une des premières décisions du régime de Vichy est d'annuler 15 000 naturalisations obtenues sous le Front populaire et d'organiser la révision des naturalisations prononcées depuis 1927. Dès l'été 1940, une loi institue l'ordre des médecins et les professions libérales verront leurs conditions d'accès strictement réglementées.

« LA FRANCE À TOUT LE MONDE ».

Sommes-nous le dépotoir du monde ? Par toutes nos routes d'accès, transformées en grands collecteurs, coule sur nos terres une tourbe de plus en plus grouillante, de plus en plus fétide. C'est l'immense flot de la crasse napolitaine, de la guenille levantine, des tristes puanteurs slaves, de l'affreuse misère andalouse, de la semence d'Abraham et du bitume de Judée ; c'est tout ce que recrachent les vieilles terres de plaies et de fléaux. Doctrinaires crépus, conspirateurs furtifs, régicides au teint verdâtre, polaks mités, gratins de ghettos, contrebandiers d'armes, pistoleros en détresse, espions, usuriers, gangsters, marchands de femmes et de cocaïne, ils accourent précédés de leurs odeurs, escortés de leurs punaises. Ils arrivent de tous les côtés, sans relâche, sur les océans, par-dessous les montagnes, à pleins trains, à pleins paquebots. Ils arrivent et on les attend. De la gauche ou de la droite, ils ont toujours des amis. Révolutions et coups d'État en offrent l'incessant prétexte. Naguère les Russes, ensuite les Polonais, puis les Grecs, puis les Italiens que suivirent les Allemands, précédant les Espagnols… à qui le tour ? Sous la couleur de droit d'asile, on laisse entrer pêle-mêle et sans la moindre précaution réfugiés politiques et condamnés de droit commun, tous d'accord au moins sur un point : le droit qu'ils s'arrogent de nous traiter en pays conquis. Tandis que ceux-ci assomment les ouvriers dont ils volent le pain, ceux-là ne cessent d'insulter à notre patriotisme dans nos propres journaux.

Henri Béraud, *Gringoire* (journal d'extrême droite), 7 août 1936.

L'intégration de ces vagues d'immigration de l'entre-deux-guerres ne s'est pas faite ni sans difficulté ni sans résistance. Des facteurs l'ont favorisée : le travail mettant l'immigrant en contact avec les Français, la réussite professionnelle, l'école pour les plus jeunes, parfois aussi le lieu de résidence, l'engagement politique et religieux. Le poids variable de ces facteurs, combinés aux traits de personnalité individuels, conduit à des résultats très différents. En 1991, une enquête de l'Institut national d'études démographiques souligne que : « Sans cet apport démographique, la France d'aujourd'hui ne compterait guère plus de 45 millions d'habitants [...]. Cette participation active de l'immigration à la croissance démographique ainsi que son rôle de frein au vieillissement tiennent au caractère quasi permanent de l'immigration en France. »

bibliographie

LEQUIN Yves (dir.), *La mosaïque France, Histoire des étrangers et de l'immigration en France*, Paris, Larousse, 1988.

NOIRIEL Gérard, *Population, immigration et identité nationale en France, XIXe-XXe siècle*, Paris, Hachette, 1992 ; *Le Creuset français. Histoire de l'immigration*, Paris, Seuil, 1988.

La croissance des banlieues populaires

À la veille de la Première Guerre mondiale, les treize grandes villes françaises (plus de 100 000 habitants) et l'agglomération parisienne comptent près de 6,4 millions d'habitants, mais les deux tiers vivent dans cette dernière dont le poids s'est affirmé tout au long du XIXe siècle. Dès le début de la troisième République, l'essentiel de la croissance ne s'explique plus par la croissance de la capitale, mais par celle de ses banlieues dont le taux est trois fois supérieur à celui de la ville centre. Cette situation renvoie au fonctionnement du système urbain de la France qui oppose une agglomération parisienne hypertrophiée à des métropoles provinciales anémiées. Pendant l'entre-deux-guerres, la prolifération des lotissements et la construction de petits pavillons occupés par les catégories populaires provoquent une première crise de la banlieue qui se manifeste essentiellement dans la région parisienne.

Lotissements et bicoques

Les conditions de vie de la population parisienne sont dramatiques, en particulier dans le domaine du logement. La Première Guerre mondiale et le moratoire sur les loyers, décidé dès le début des hostilités pour protéger les locataires des milieux populaires, aggravent encore la crise du logement. Par une sorte d'effet pervers, le blocage des loyers incite des personnes seules, souvent des veuves, déjà locataires d'un logement, à le conserver même s'il est devenu trop grand, alors que de jeunes ménages ne peuvent y accéder. Lorsque l'assouplissement de ces mesures est décidé, ce n'est pas la construction privée de logements populaires qui est relancée mais celle des appartements destinés aux catégories aisées. Par ailleurs, la construction d'Habitations à Bon Marché (HBM) est trop limitée pour desserrer les contraintes du marché du logement. Pour de nombreux mal logés, seules les solutions individuelles sont envisageables. Tel est le contexte qui préside à l'explosion des lotissements populaires pendant l'entre-deux-guerres, à une époque où dans d'autres pays occidentaux – Pays-Bas ou Allemagne de Weimar – l'effort en faveur des logements sociaux est beaucoup plus vigoureux. En France, et en particulier dans l'agglomération parisienne, la multiplication des colonies de « bicoques » permet à des familles issues de milieux populaires d'accéder à la propriété, souvent dans des conditions difficiles, en s'installant dans des lotissements défectueux. La géographie des lotissements dépend fortement du réseau ferré ; les communes les plus concernées ne sont pas celles qui sont les plus proches de Paris mais plutôt celles situées à une quinzaine ou à une vingtaine de kilomètres de la capitale où les prix des terrains agricoles sont relativement bas. La superficie des lotissements est multipliée par cinq pendant cette période – 13 000 hectares sont lotis, soit une fois et demie la superficie de Paris – et quelque 700 000 personnes auraient ainsi trouvé une solution à leurs difficultés. On a pu parler d'un prolétariat de pseudo-propriétaires. Souvent le réseau viaire n'est pas aménagé, les égouts ne sont pas construits, et certains scandales éclatent car des zones inondables ont été bâties. Le mécontentement de ces mal-lotis alimente le vote en faveur du parti communiste et se forgent alors les images univoques de la banlieue rouge.

Pour expliquer le succès de ces lotissements destinés à loger les catégories populaires, divers éléments sont à prendre en compte. D'une part, la guerre a répandu le goût de la culture potagère ; le désir d'avoir son petit jardin, confirmé par le succès des jardins ouvriers, incite nombre d'habitants des milieux populaires de la capitale à faire le choix des lotissements où sont interdites les emprises industrielles. D'autre part, en raison des moyens financiers limités des catégories visées, il a fallu résoudre le pro-

LE MAIRE DU KREMLIN-BICÊTRE PRÉVIENT LES ACHETEURS DE LOTS DE TERRAIN (juin 1922).

« Acquéreurs de lotissements, Attention !
Le maire a le devoir de rappeler aux acquéreurs éventuels de terrains l'intérêt qu'ils ont à se renseigner sur les obligations qui leur sont imposées par les divers règlements sanitaires ou de voirie.
Il les informe que, par application des lois des 15 février 1902, 22 juillet 1912 et 14 mars 1919, ils peuvent être mis en demeure de se constituer en syndicats pour ASSURER À LEURS FRAIS l'entretien et l'assainissement de leurs rues, mise en viabilité, éclairage, distribution d'eau potable, évacuation des eaux et matières usées, raccordement aux égouts, etc.
Il met en garde contre le risque de démolitions de leurs installations SANS INDEMNITÉ NI RECOURS, lorsque leur acquisition se trouve sur la zone non aedificandi des forts de Bicêtre ou de Paris. [...]
Avant de rien arrêter définitivement, il engage les intéressés à se présenter à la mairie où ils trouveront GRATUITEMENT tous renseignements sur les difficultés que peut leur occasionner une acquisition insuffisamment étudiée. »

blème de leur solvabilité. Pour qu'elles puissent accéder à la propriété, l'offre a dû évoluer: de toutes petites parcelles de terres agricoles ont été vendues à tempérament et sans équipement.

La crise des lotissements défectueux

Cette évolution indique aussi que l'attachement à l'habitat en centre ville qui a longtemps caractérisé les milieux ouvriers s'est affaibli. Les ouvriers envisagent de plus en plus d'utiliser les transports en commun: en 1921, 240 000 personnes font le déplacement journalier de la banlieue vers Paris mais elles sont déjà 447 000 dix ans plus tard; surtout, en 1931, un tiers de ces déplacements s'effectue à partir de la seconde couronne. Parallèlement, les déplacements de banlieues à banlieues progressent rapidement. Le problème des transports, de la marche matinale dans la boue pour atteindre la gare devient même un stéréotype de la vie des mal-lotis: en 1927, un dessin paru dans *Le Petit Parisien* évoque la victoire d'un champion de cross. Aux journalistes sportifs qui lui demandent le secret de son entraînement, le coureur victorieux répond: «Je vais de chez moi à la gare et de la gare à chez moi quatre fois par jour.» Les noms donnés à ces lotissements peuvent prêter à sourire mais ils disent bien les espoirs mis dans cet accès à la propriété et dans ce retour à une vie proche de la nature (Les Montagnettes, Beausite, Le Vallon, La Charmeuse...) qui entend valoriser la vie familiale ou collective (Le Nid, La Ruche, L'Avenir...), l'anglomanie (Le Cottage) mais qui rend aussi hommage à la grande ville ou à la proche banlieue dont sont originaires nombre d'acquéreurs (Montparnasse, Le Cottage dyonisien, Grenelle Cottage, Les Buttes-Chaumont, Rêve de Paris...).

L'année 1928 enregistre donc le vote de deux lois sur le logement. La loi Loucheur qui relance, pour un temps, la construction de logements et la loi Sarraut. À la crise des lotissements défectueux, la loi Sarraut apporte une solution: la proximité des élections législatives de 1928 et la crainte de voir les mal-lotis voter communiste permettent de débloquer des fonds publics qui vont aider les communes et les associations de riverains, que leurs membres appellent plus prosaïquement «syndicats des routes», à équiper rapidement les lotissements défectueux. Le nombre des parcelles à aménager sur l'ensemble du territoire national est de 210 000, mais 85 % sont situées en région parisienne. L'État finance 30 à 50 % des travaux d'aménagement, le reste étant pris en charge par les communes et les associations. En cinq ans, la loi Sarraut permet «d'assainir la banlieue». Les municipalités reconnaissantes n'hésitent alors pas à donner le nom du ministre de l'Intérieur à de nombreuses rues de ces anciens lotissements défectueux.

Pour les conservateurs, le problème des lotissements défectueux est avant tout politique. Wladimir d'Ormesson, maire d'une commune à lotissements, le dit très clairement: «Sur cent communistes de la fameuse ceinture rouge de Paris, il y en a soixante-quinze, sinon plus, dont le communisme se réduit à la question des lotissements.»

AFFICHE PUBLICITAIRE: LE RÊVE DE PARIS À ORMESSON-SUR-MARNE (1925).

«Le plus vaste et le plus beau lotissement de la région parisienne, 500 000 mètres de terrain (les moins chers et les mieux situés) par lots de toute contenance depuis 250 mètres et à tous les prix selon les emplacements. Depuis 2,75 F le mètre. Payable 20 F par mois avec huit ou dix ans de crédit, ou au gré des acquéreurs, même par anticipation et à des conditions exceptionnelles qui n'existent dans aucun lotissement (premier versement par lot: 30 F). Références: 15 hectares vendus par petits lots en cinq semaines.»

LES DÉBOIRES D'UN MAL-LOTI.

«Je suis un travailleur et non un expert en terrain. J'ai vu de belles affiches. Je me suis rencontré avec un homme qui m'a amené ici par un beau jour d'été et qui m'a dit – voulez-vous ce lot? 3 F le mètre si vous faites les travaux d'aménagement, 12 F si je les fais.
Pensez! On n'était pas riche; on venait là parce qu'on ne pouvait pas aller ailleurs... Je croyais que les routes, l'eau, le gaz, les égouts, tout cela regardait la commune et qu'avec un petit coup de main on s'en tirerait. Alors on a dit "à 3 F le mètre, ça va". Et maintenant nous pataugeons et on nous laisse patauger.»

Le Petit Parisien, 1927.

«Vus par les observateurs et les politiques comme des parias dans des bicoques, potentiellement dangereux, les mal-lotis se pensent eux-mêmes comme des pionniers soucieux de respectabilité et pressés d'obtenir l'accès à l'urbanité de leurs quartiers, qu'ils s'épuisent à atteindre au milieu des pires difficultés. La culture pavillonnaire joue ici un rôle intégrateur [...].» Cette explosion des lotissements défectueux, avec pour corollaire la hantise de la mobilisation des mal-lotis dans les rangs du parti communiste, est bien le «premier épisode majeur des crises de la banlieue». «Le lotissement pavillonnaire devient, à la fois, un antimodèle pour les aménageurs et une aspiration durable pour les classes populaires.» (A. Fourcaut)

bibliographie

FAURE Alain (dir.), *Les Premiers Banlieusards, aux origines des banlieues de Paris, 1860-1940*, Créaphis, 1991.

FOURCAUT Annie, *La banlieue en morceaux. La crise des lotissements défectueux en France dans l'entre-deux-guerres.* Ouvrage à paraître chez Créaphis.

L'architecture moderne

Longtemps, le XIXe siècle appelle de ses vœux un Art nouveau mais son éclosion tardive est sans lendemain. D'une exposition universelle à l'autre, entre 1889 et 1900, le style floral a le temps d'être adulé, vilipendé et même devenir le symbole de la perversion du goût. À l'évidence, les préoccupations qui animent les architectes de l'Art nouveau se situent à contre-courant. L'heure n'est plus à défendre, comme le fait Henry van de Velde, la vie privée et la sphère familiale contre la normalisation d'une culture bourgeoise. Quant à l'idéal rustique de la maison individuelle véhiculé depuis trente ans par le mouvement anglo-saxon des « Arts & Crafts », qu'importe s'il trouve sa plus parfaite expression dans l'imaginaire suburbain de la cité-jardin, formule d'urbanisme de la périphérie destinée au logement des classes moyennes (Letchworth, 1904). Rien de tout cela ne correspond plus aux urgences économiques et sociales d'une collectivité en profonde mutation. La nouvelle vague d'industrialisation a entraîné l'explosion des villes, avec son cortège de misère et d'insalubrité auquel il faut trouver une solution.

Urbanisme et hygiénisme

Héritier du socialisme utopique de Fourier, le mouvement moderne fonde sa légitimité sur le caractère révolutionnaire de ses propositions mettant en cause l'ordre établi. Les réponses se veulent systématiquement en rupture, qu'il s'agisse des techniques constructives, du projet urbain ou du mode de vie. L'architecte est désormais en charge d'un projet de société ; il en est le catalyseur, sinon le prophète. Le messianisme de l'époque ne se comprend pas autrement. À la reproduction traditionnelle des modèles confirmés s'oppose une stratégie d'invention contestant toutes les solutions antérieures, pour leur préférer des formules dont le caractère expérimental est notoire. Cela va de la destruction du masque de façade et de l'affirmation du squelette en béton armé dans l'architecture de l'immeuble chez Auguste Perret (rue Franklin, à Paris, 1903-1904) à la sacralisation des produits de l'industrie par Peter Behrens, devenu depuis 1907 le collaborateur d'une firme berlinoise de matériel électrique. Pour l'entreprise qui l'emploie, ce dernier dessine quantité d'objets : du papier à lettres, des catalogues ou des affiches publicitaires, ainsi que des lampes ou des bouilloires électriques, mais aussi des usines et des logements sociaux ou même des plans d'urbanisme… Premier des *designers* modernes, l'architecte participe simultanément à la fondation du *Deutscher Werkbund*, alliance des artistes et des industriels autour d'un projet de production de masse à l'échelle mondiale. Alors que la France reste profondément attachée à un artisanat d'art renvoyant à la tradition aristocratique des industries du luxe, l'Allemagne prend le tournant de la production de série et de sa diffusion commerciale à grande échelle, orientée vers un marché de la consommation de plus en plus étendu. À cette religion de l'industrie correspond un langage fait de simplification formelle et de mise en valeur des matériaux artificiels (usine de chaussures Fagus à Alfeld-an-der-Leine, par Walter Gropius et Adolf Meyer, 1911-1913).

Reste que la modernité ne saurait se réduire à une vision purement technologique. Il lui faut inclure d'autres paramètres, tout aussi décisifs pour la société industrielle et urbaine qui se met en place. Dans le monde anglo-saxon domine une interrogation existentielle sur le rapport de l'homme à la nature, aux paysages et au rythme des saisons. Le porte-parole de cette vision cosmique de l'architecture est l'Américain Frank Lloyd Wright (Robie House, Chicago, 1909). On ne s'étonnera pas qu'il ait été grand connaisseur de l'art japonais, auquel son œuvre fait constamment écho. Croisant la géographie, l'anthropologie et la sociologie, la France se spécialise dans l'architecture sociale et dans le projet urbain. Les solutions dérivent de l'idée phalanstérienne, dont elles offrent une interprétation urbaine (*Une cité industrielle*, par Tony Garnier, 1917) et fondamentalement hygiéniste en favorisant l'ensoleillement (brevet des immeubles à gradins par Henri Sauvage, 1912).

Construire

Le choc de la Première Guerre mondiale va être décisif pour trancher entre des propositions aussi contradictoires. Guidée par les arts visuels, dont l'hégémonie est manifeste durant toute cette

La villa Savoye de Le Corbusier (1929-1931).

période, la production oscille un moment entre un expressionnisme plastique riche d'arrière-plans philosophiques et une forme d'abstraction géométrique prenant pour modèle la tradition japonaise connue à travers l'exemple prestigieux du palais de Katsura. Ce débat, dont la Hollande est le pivot durant le conflit, se conclut au profit du mouvement *De Stijl*, parangon d'un art conceptuel où seules comptent les proportions mathématiques et la déclinaison codifiée des gammes de couleur. Première manifestation d'envergure, l'exposition du groupe à Paris, en 1923, démontre l'application de la théorie néo-plasticiste au domaine de l'architecture. Peintre, architecte et critique, le jeune et brillant Le Corbusier s'empare aussitôt de l'idée pour la transformer à sa manière, faisant la synthèse des courants parallèles de l'avant-garde néerlandaise, germanique ou soviétique.

Devenue pour dix ans la capitale de l'art moderne, Paris produit alors des œuvres qui resteront des incunables de la modernité, comme la villa Savoye de Le Corbusier (1929-1931) ou la Maison de verre (1928-1932) de Pierre Chareau. Le mouvement culmine avec la consécration officielle du *Werkbund* au musée des Arts décoratifs, lors de l'exposition du Pavillon de Marsan en 1930.

Ce feu d'artifice masque un changement de décor. Car la montée des régimes autoritaires entraîne, pour le mouvement moderne, une période sombre qui sera bien souvent celle de la condamnation et de l'exil. Si peu recommandables qu'aient pu être, à titre personnel, les compromissions des uns ou des autres durant ces années de fer, il n'en reste pas moins qu'elles se concluent par la dénonciation haineuse du mouvement moderne au profit de campagnes d'art national orchestrées par l'extrême droite, ainsi que par l'accélération de la fuite des cerveaux hors de la vieille Europe. À la veille de la Seconde Guerre mondiale, les figures les plus illustres de l'avant-garde des pays germaniques ont rejoint l'Amérique du Nord où ils refondent leur enseignement, à Yale, à Harvard ou au MIT. L'hégémonie culturelle de l'Europe a vécu ; la voix de l'Amérique domine le monde, elle se sert du mouvement moderne pour s'affirmer.

C'est dans un autre champ que la culture moderne va devoir s'investir : celui de la production industrielle du logement. La concurrence du Vieux et du Nouveau Monde s'y mesure en termes qui ne sont pas techniques mais idéologiques. Les procédés américains sont ceux de la préfabrication légère – métal, verre, contreplaqué, plastique – et des systèmes ouverts, autorisant l'assemblage de produits industriels hétérogènes (« Case studies » de Charles Eames à Santa Monica, 1947-1949). En Europe domine l'industrie lourde, sous forme de préfabrication en système fermé à partir de matériaux économiques comme le béton armé. Les méthodes mises au point par les Français (Marcel Lods pour La Muette à Drancy, 1932-1935) ne tarderont pas à passer en Grande-Bretagne, avant de franchir le rideau de fer pour se répandre dans les pays de l'Est. Durant les années 1960, ce sont des villes entières qui ont été préfabriquées en URSS ou dans les pays satellites selon le procédé français du système Camus, mis au point en 1945 pour la reconstruction de la ville du Havre, sous la direction d'Auguste Perret.

Près de trois quarts de siècle après sa naissance, le mouvement moderne est à ce point entré dans les mœurs qu'il n'est plus porteur de la moindre attente. Dès les années 1960, sa contestation s'organise avec éclat aux États-Unis. Le modernisme n'est pas mort aujourd'hui mais une de ses voies d'expérimentation a trouvé ses limites.

bibliographie

DAL CO Francesco, TAFURI Manfredo, *Architecture contemporaine*, Gallimard Electa, 1991.

Le totalitarisme, un concept opérationnel ?

Les historiens sont divisés sur la nature du nazisme mais les contemporains le furent aussi. Faut-il voir, comme le faisaient les théoriciens de la IIIe Internationale, le nazisme comme une forme de fascisme qui se développe dans le cadre d'un capitalisme en crise ou bien, comme l'estiment les tenants des démocraties occidentales, considérer que nazisme et communisme ne sont que les deux faces d'une même médaille totalitaire ?

La naissance d'un concept

Pour les tenants d'un concept général du fascisme, dictatures de droite et dictatures de gauche sont fondamentalement différentes alors que pour les partisans du totalitarisme, dictatures communistes et dictatures fascistes sont de nature identique. La seconde interprétation, un peu oubliée pendant le second conflit mondial pour des raisons évidentes, occupe le devant de la scène au temps de la guerre froide.

En 1937, un journaliste catholique qui a quitté l'Allemagne publie sous le nom d'Edgar Alexander un ouvrage sur le mythe d'Hitler. Il voit dans l'athéisme un élément de rapprochement entre nazis et communistes et, l'un des premiers, englobe sous le terme de « totalitaires » les deux régimes. Pour d'autres, comme le général von Schleicher, le programme social des nazis « est à peine différent du pur communisme [...]. Sans aucun doute Moscou a découvert depuis longtemps cette parenté des nazis avec le communisme et les a soutenus abondamment ». D'autres encore, comme le conservateur Hermann Rauschning, membre du parti nazi avant de le combattre – il publie, en 1937, *La Révolution du nihilisme* – le national-socialisme est un trompe-l'œil et l'anticommunisme des nazis n'est qu'une façade. Depuis que le régime a adopté le plan de quatre ans qui annihile la liberté des entrepreneurs, il se rapproche de plus en plus du bolchevisme et il envisage un rapprochement de Berlin et de Moscou dans « l'anti-Europe ».

Quelle que soit l'approche du totalitarisme, qu'elle soit plus descriptive ou plus normative, les critiques sont aujourd'hui nombreuses à l'égard d'un concept – ou plutôt d'un terme – dont l'emploi abusif a abouti à remettre en cause la pertinence et la légitimité. Raul Hilberg, qui a des mots assez durs pour Hannah Arendt, évoque ce « concept en vogue » et n'hésite pas à écrire : « Le totalitarisme [...] constituait un mot de passe aux États-Unis où les Américains s'efforçaient de trouver un dénominateur commun entre l'Allemagne nazie, qu'ils venaient d'aider à vaincre, et l'Union soviétique, leur nouvel ennemi. »

Les analyses de Carl Friedrich, et son fameux syndrome en six points, ont certainement eu la plus grande influence. Carl Friedrich définit, au milieu des années 1950, « les traits qui distinguent (ces) régimes d'autocraties différentes ou plus anciennes, aussi bien que des démocraties de type occidental : une idéologie globalisante ; un parti unique prenant en charge cette idéologie et, généralement, dirigé par un homme, le dictateur ; une police secrète très développée ; et trois sortes de monopoles, ou plus précisément de contrôle monopolistique : ceux des communications de masse, des armes opérationnelles, de toutes les organisations, y compris économiques ». Les lacunes de cette interprétation, que Friedrich reprend dans de multiples publications, sont bien connues : le modèle est essentiellement statique et nulle possibilité de changement n'y apparaît. Enfin, ces régimes totalitaires, considérés

La poignée de main entre Ribbentrop et Molotov lors de la signature du pacte germano-soviétique.
La signature du pacte conduit les politologues américains à reconsidérer la question du totalitarisme : plutôt qu'à un compromis conjoncturel, l'accord ne renverrait-il pas à la nature profonde du nazisme et du communisme ?

comme absolument monolithiques, semblent ne connaître aucune tension ou aucune contradiction interne. Même les historiens utilisant le concept ont rejeté le modèle interprétatif de Friedrich.

Les limites de l'assimilation nazisme/communisme

Pour autant, ce concept, qui paraît discrédité une fois que les tensions de la guerre froide s'atténuent, reçoit l'appui des ministres de l'Éducation des *Länder* de la République fédérale allemande qui décident, en 1962, que «les professeurs de toutes disciplines ont le devoir d'initier les élèves aux caractéristiques du totalitarisme et aux aspects principaux du bolchevisme et du national-socialisme, qui sont les deux systèmes totalitaires les plus importants du XXe siècle». Reprenant le débat sur la nature du nazisme, Ian Kershaw commence par évoquer les arguments qui militent contre le concept de totalitarisme. Les comparaisons entre système soviétique et système nazi restent forcément très superficielles : en quoi, par exemple, les différences de structure et de fonction entre le parti nazi et le parti communiste sont-elles éclairées par l'affirmation qu'il s'agit de régime à parti unique ? Ensuite, le concept de totalitarisme ne rend pas compte de l'évolution du système soviétique. Surtout, en limitant l'analyse «aux techniques et aux formes extérieures du gouvernement [...], le concept de totalitarisme a pour inconvénient majeur de ne rien dire des conditions socioéconomiques, des fonctions et des buts politiques d'un système». Et de conclure : «Il me semble préférable d'éviter de décrire le nazisme comme un système totalitaire, non seulement à cause de l'inévitable coloration politique attachée à cette étiquette, mais surtout à cause des difficultés théoriques que soulève ce terme [...]. Reste une dernière possibilité : appliquer ce concept, hors de toute perspective comparatiste, aux seuls systèmes nazi-fascistes.» Faut-il pour autant conclure que le nazisme est un fascisme ? Après avoir examiné les arguments de différents historiens allemands, Ian Kershaw conclut que le concept de fascisme est plus adapté que celui de totalitarisme pour expliquer la nature du nazisme. Même si certaines spécificités le distinguent du fascisme italien – la communauté raciale *(Volk)* est élevée au-dessus de l'État par le nazisme alors que le fascisme italien est fortement marqué par l'étatisme – le nazisme ne peut être défini avant tout comme un hitlérisme, c'est-à-dire comme un mouvement résultant avant tout de la personnalité d'Hitler.

Pourtant Ian Kershaw concède que l'on peut, dans certaines conditions, mettre en avant le caractère totalitaire du nazisme puisque ses prétentions «totales» ont eu des conséquences sur les méthodes d'encadrement de la population. En raison justement des mécanismes de contrôle exercés sur la population grâce à des techniques nouvelles de domination, «il est légitime de rapprocher les formes de gouvernement de l'Allemagne sous Hitler et en Union soviétique sous Staline, même si [...] cette comparaison est vouée dès le départ à rester superficielle et insatisfaisante [...]. Le concept de totalitarisme, si l'on veut quand même y avoir recours, doit être limité à certaines phases transitoires d'extrême instabilité reflétée dans le sentiment paranoïaque d'insécurité de ces régimes, et non être considéré comme une structure durable de pouvoir».

Une cérémonie nazie à Nuremberg.

bibliographie

AYÇOBERRY Pierre, *La question nazie. Les interprétations du national-socialisme, 1922-1975*, Paris, Seuil, 1979.

HILBERG Raul, *La Politique de la mémoire*, Paris, Gallimard, 1996.

KERSHAW Ian, *Qu'est-ce que le nazisme ? Problèmes et perspectives d'interprétation*, Paris, Gallimard, coll. «Folio», 1992.

De l'Empire tsariste à l'URSS

L'Empire russe s'est bâti pendant plus de quatre siècles. La lenteur du processus a eu de multiples conséquences : même dans les milieux éduqués, l'assimilation des indigènes, et leur acculturation à la civilisation russe, a été considérée comme « naturelle, inévitable et désirable ». Le caractère multinational de l'ensemble – les Russes ne représentent que 44 % de la population de l'empire à la fin du XIXe siècle et les Slaves, moins de 75 % – n'est pas toujours perçu par les opposants à l'autocratie tsariste. L'intelligentsia préconise même une politique uniformiste et centraliste sur l'ensemble du territoire impérial.
Cet agrégat instable est miné par le premier conflit mondial qui exacerbe les revendications nationales et menace l'empire de désintégration. Les bolcheviks reconstituent l'empire sur d'autres bases.

Mécontentement social et revendications nationales

En 1914, l'Empire russe est considéré comme un des plus puissants États du monde en dépit de l'alerte qu'a représentée la révolution de 1905. La guerre joue un rôle essentiel dans sa désagrégation : jusqu'alors, les exigences nationales se limitent à la revendication de l'autonomie culturelle ou politique, mais dès 1916 apparaissent des projets séparatistes. Les revers militaires et les défaites humiliantes – à la bataille de Tannenberg, l'armée du général Samsonov est mise en pièces, comptant 30 000 tués et 100 000 prisonniers – aggravent le mécontentement d'autant plus que dans les usines le rendement baisse fortement – on fabrique 8 ou 9 fois moins de fusils et cartouches que nécessaires – en raison de l'emploi d'une main-d'œuvre peu qualifiée. La désorganisation des transports accentue les difficultés de ravitaillement des populations urbaines. Tant à Moscou qu'à Petrograd sont instituées des cartes d'alimentation et les queues s'allongent devant les boulangeries. Les manifestations organisées le 8 mars 1917 pour la journée internationale des Femmes devant l'Assemblée aboutissent en une semaine à la double abdication du tsar Nicolas II et de son héritier désigné, le grand-duc Michel.

Dès l'instauration du Gouvernement provisoire, les revendications nationales les plus radicales se multiplient, prenant de court le nouveau pouvoir. À Kiev, par exemple, trois organisations rivales se mettent en place : un Conseil des organisations civiques, un Soviet ouvrier et une Rada (assemblée) des organisations culturelles ukrainiennes. Comme le note N. Werth, « En quelques jours, la Rada, simple organe de l'expression culturelle de l'intelligentsia ukrainienne au départ, absorba en partie le Conseil des organisations civiques et prit le pas sur le Soviet des ouvriers, organe de la lutte des classes, mais qui s'était coupé des racines nationales locales. » Et la Rada, qui incarne de plus en plus les aspirations de l'ensemble des Ukrainiens, revendique en mars l'autonomie interne et, dès juin 1917, l'indépendance. Comme la multiplication des revendications, parfois contradictoires, risque de conduire à une désintégration de l'État, le nouveau pouvoir soviétique accorde aux allogènes de nouveaux droits tels le droit de se déplacer ou celui d'utiliser sa langue nationale dans les écoles, mettant ainsi un terme aux mesures discriminatoires du régime tsariste mais, en aucun cas, il ne s'agit de la « reconnaissance d'une véritable personnalité nationale ».

Le droit au divorce n'est pas l'obligation du divorce

Lorsque les bolcheviks prennent le pouvoir, Lénine considère que le démantèlement de l'empire et les indépendances nationales sont favorables aux forces révolutionnaires mais, assez vite, il apparaît nécessaire de tenir compte des intérêts stratégiques de la Russie soviétique. Dès avril 1917, Staline, alors chargé de la question des nationalités au parti bol-

DÉCLARATION DES DROITS DU PEUPLE DE RUSSIE (15 novembre 1917).

« À l'époque du tsarisme, les peuples de Russie étaient excités les uns contre les autres. Les résultats de cette politique sont connus : massacres et pogroms d'un côté, esclavage des peuples de l'autre.
Il ne peut y avoir de retour vers cette politique honteuse aujourd'hui, elle doit être remplacée par une politique volontaire et honnête d'union des peuples de Russie…
Exécutant la volonté des conseils des Soviets, le Conseil des commissaires du peuple a résolu de se guider dans la question des nationalités sur les principes suivants :
1. Égalité et souveraineté des peuples de Russie.
2. Droit des peuples de Russie de disposer d'eux-mêmes jusqu'à séparation et constitution d'un État indépendant.
3. Suppression de tous privilèges et limitations nationaux ou religieux.
4. Libre développement des minorités nationales et groupes ethniques habitant le territoire russe. »

J. Elleinstein, *Histoire de l'URSS*, Paris, Éditions sociales, t. I, 1975, pp. 161-162.

chevik, affirme : « Le droit des nations à la séparation ne doit pas être confondu avec l'idée que les nations doivent obligatoirement se séparer » et tel est bien le sens du « décret sur les nationalités » édicté en novembre 1917 par les nouveaux dirigeants. Les peuples allogènes ont le droit de faire sécession mais les bolcheviks les appellent, dans le même temps, à soutenir la révolution. L'appel « à tous les travailleurs musulmans de Russie et d'Orient » proclame : « Vos croyances et vos coutumes, vos institutions nationales et culturelles sont désormais libres et inviolables. Organisez votre vie librement et sans entraves ! C'est votre droit. Sachez que vos droits, comme les droits de tous les peuples de Russie, sont protégés par la toute-puissance de la révolution et de ses organes, les soviets de députés, des ouvriers, des soldats et des paysans ! Alors soutenez cette révolution ! »

Au début de l'année 1918, Lénine accepte, en dépit de son hostilité au principe du fédéralisme, d'en faire le fondement du nouvel État soviétique. La survie du nouvel État, menacé par les débuts de la guerre civile, est à ce prix : pour les opposants aux bolcheviks, la mobilisation se justifie par le rejet des mesures sociales du nouveau régime mais aussi par le refus d'un pouvoir considéré comme dominé par les Russes. Le système fédéral est conçu comme une phase transitoire et Lénine affirme en mars 1918 que « la fédération des nationalités est une étape vers la fusion volontaire ». Au même moment, la signature du traité de Brest-Litovsk impose aux bolcheviks l'indépendance des Pays baltes et de la Pologne, ainsi que celle de l'Ukraine soulevée contre le nouveau pouvoir dès la fin de l'année 1917. Ce traité ampute l'empire de 800 000 km² et de 60 millions d'habitants ; aussi, dès la défaite des empires centraux, est-il annulé sans pour autant permettre un retour au *statu quo ante*, d'autant plus que des corps expéditionnaires alliés viennent épauler les armées blanches.

L'année 1920 est marquée par la fin de la guerre civile et la fin de la guerre avec la Pologne ; désormais les bolcheviks peuvent entamer la reconquête des territoires ayant fait sécession. Si l'indépendance des Pays baltes n'est pas remise en cause, il en va différemment pour celle de l'Ukraine, de la Biélorussie et du Caucase. L'alliance de la Rada d'Ukraine, des forces de Simon Petlioura et des troupes polonaises se solde, dès juin 1920, par la réintégration de l'Ukraine dans l'espace russe. Dans le même contexte, la Biélorussie, où le sentiment national est récent, se transforme, après l'invasion par les troupes polonaises et la contre-offensive de l'Armée rouge, en République soviétique dès août 1920. Dans le Caucase, dont les ressources énergétiques ne sont pas sans lien avec la rapidité de l'intervention bolchevique, l'entrée en scène de la Turquie, encore plus redoutée que la Russie, favorise l'intégration de la Géorgie et de l'Arménie à l'espace soviétique après que l'Azerbaïdjan eut, dès juin 1920, signé un traité de « fraternelle alliance » avec la République socialiste fédérative de Russie. Staline affirme lors de la reprise en mains : « Le Caucase est important pour la révolution parce qu'il est une source de matières premières et de produits alimentaires. » Dès lors peut commencer le processus d'intégration qui donne naissance, en décembre 1922, à l'URSS qui regroupe quatre Républiques soviétiques : l'Ukraine, la Biélorussie, la Transcaucasie et surtout la République socialiste fédérative soviétique de Russie qui comprend huit républiques et treize régions autonomes, peuplées d'allogènes.

« Vive l'Armée rouge ! » (1920).

La physionomie de l'ancien Empire tsariste a été bouleversée. Le pouvoir bolchevik reprend à son compte certaines données géopolitiques qui ont guidé l'Empire russe : le modèle fédéral perd de sa réalité à partir du moment où les partis communistes de ces républiques sont pratiquement unifiés. Comme à l'époque du tsar, les institutions masquent tout autant qu'elles renseignent : l'uniformité administrative de l'autocratie n'étouffait pas toutes les prérogatives locales et la diversité administrative officielle de l'espace soviétique cherche au contraire à encadrer et à limiter les expressions nationales.

b*ibliographie*

REY Marie-Pierre, *De la Russie à l'Union soviétique : la construction de l'Empire, 1462-1953*, Paris, Hachette, coll. « Carré Histoire », 1994.

WERTH Nicolas, *Histoire de l'Union soviétique*, Paris, PUF, 1990.

L'industrialisation à marche forcée en URSS

Une fois passée la guerre civile et la NEP, l'Union soviétique entame ce que ses dirigeants ont appelé le grand tournant. La collectivisation des terres et l'industrialisation forcée bouleversent la société soviétique dont l'urbanisation progresse brutalement. Ces transformations vont de pair avec le développement du goulag dont les détenus ont fourni une main-d'œuvre forcée qui a permis d'atteindre les objectifs souvent irréalistes exigés par le Gosplan.

Planifier

En avril et en mai 1929, la XVIe Conférence du parti communiste et le Ve Congrès des soviets adoptent la variante optimale du premier plan quinquennal. Est donc prévu un accroissement de 136 % de la production industrielle et de 110 % de la productivité du travail. Au début de 1933, le plan est déclaré achevé, soit quatre ans et trois mois après son lancement. Voilà le bilan que l'on peut dresser aujourd'hui : la croissance s'est accompagnée d'une forte inflation ; la croissance de l'industrie lourde et des biens d'équipements, même si les objectifs n'ont pas été atteints, a été nettement plus forte que celle de l'industrie légère. Surtout, la productivité, célébrée par le stakhanovisme, n'a pas progressé et a même souvent diminué, attestant des résistances à l'industrialisation accélérée.

Une croissance urbaine brutale

Avant même le lancement du plan, on constate une forte corrélation entre industrialisation et urbanisation. Le contrôle et la planification industrielle deviennent des moyens d'orienter la croissance urbaine. Parmi les villes industrielles, le taux de croissance médian pour la période a été de 184 % ; il a été de 69 % pour les villes où le secteur secondaire est moins essentiel. La volonté de privilégier les régions faiblement urbanisées en y favorisant les investissements industriels devrait permettre de minimiser les coûts sociaux de l'exploitation des ressources naturelles et de rapprocher les lieux de production des lieux de consommation. Sont également constituées des zones de salaires pour inciter les citadins à la mobilité.

L'industrialisation forcée a entraîné une urbanisation très rapide. De 1926 à 1939, la population urbaine passe de 26 à 55 millions. Entre 1922 et 1940, elle a eu une croissance absolue moyenne de 2,4 millions par an, soit un taux de croissance moyen annuel de 4,6 %, beaucoup plus élevé que ceux enregistrés par les pays occidentaux lors de leur phase d'industrialisation au XIXe siècle. Le taux d'urbanisation passe de 18 à 33 %, évolution comparable à celle enregistrée par le Royaume-Uni entre 1800 et 1850.

Construction d'une usine à gaz à Gorki (1933).

Ce gain de quelque 30 millions d'urbains renvoie à la conjonction de trois phénomènes distincts : le passage du statut rural au statut urbain d'un certain nombre de localités, la croissance naturelle de la population urbaine, les migrations du monde rural vers le monde urbain. Au premier phénomène peut être imputé l'accès au monde urbain de 450 localités regroupant quelque 6 millions d'habitants. Il s'agit surtout de localités des régions orientales qui ont bénéficié de la politique volontariste d'industrialisation. La croissance naturelle de la population urbaine n'a pas dépassé 5,5 millions de personnes.

Cela signifie que *grosso modo*, en treize ans, 18 millions d'habitants sont passés du village à la ville. On mesure ainsi la brutalité des mouvements de population qui se sont opérés puisque l'immigration explique au moins les deux tiers de la croissance urbaine. Cette croissance mal contrôlée est contradictoire avec les principes affirmés sur la limitation de la taille des villes. C'est pour cela qu'est institué un passeport intérieur en 1932. Ce dernier est obligatoire pour tout citadin de plus de 15 ans et les paysans devront attendre les années 1970 pour en obtenir un. On doit aussi avoir un *propiska*, un permis de résidence, une sorte de visa sur son passeport qui donne une reconnaissance légale au droit de vivre dans une ville particulière. Il peut être permanent ou temporaire ; le *propiska* temporaire permet de chercher un emploi stable ; le *propiska* permanent est indispensable pour obtenir un logement et des cas de mariages blancs destinés à l'acquérir ne sont pas rares. Jusqu'à son obtention, le logement est souvent clandestin. Les migrants qui n'ont pas d'existence légale peuvent être déplacés ou déportés. Ces mesures renouent avec les restrictions aux déplacements de la période tsariste mais ne sont pas plus efficaces. Contrairement aux souhaits des planificateurs, ce sont surtout la région de Moscou et l'Ukraine qui ont profité de la croissance urbaine des années 1930. Moscou atteint presque, en 1939, la taille limite que lui a fixé le plan de 1935 et elle aurait dépassé les 5 millions d'habitants sans la très forte croissance des villes de sa périphérie.

Distorsions entre normes et réalité

Cet afflux massif d'immigrants dans les villes aggrave encore les conditions de vie. La construction de logements de trois à quatre pièces ne correspond pas à la réalité démographique des familles urbaines dont la taille diminue régulièrement. À Moscou, par exemple, une enquête de 1940 révèle que les trois cinquièmes des ménages comptent, au maximum, trois personnes. Ce qui guide les planificateurs dans le choix de ce type de logements, c'est la volonté de ne pas grever le coût des habitations en construisant cuisines ou salles d'eau pour des appartements de deux pièces. D'où la nécessité pour de nombreux ménages de partager des logements. Ces mauvaises conditions de vie pèsent sur la natalité urbaine. On a pu avancer qu'il y aurait, dans les villes de l'époque, autant d'avortements que de naissances, ce qui amène le pouvoir à rendre plus difficiles, à partir de 1936, les avortements.

Comme dans les villes industrielles du monde capitaliste au XIXe siècle, les nouveaux prolétaires ne sont pas conformes aux normes. Les ouvriers de choc *(oudarniki)* n'étaient que des abstractions. Des phénomènes « négatifs » provoquent la désorganisation de la production industrielle et l'on retrouve dans les descriptions des images utilisées pour évoquer les prolétaires au moment de l'industrialisation

La centrale hydro-électrique Lénine sur le Volchov (région de Léningrad), une des premières en URSS.

de l'Europe occidentale : sont dénoncés l'absentéisme, l'instabilité, la destruction de machines, le non-respect des règles de sécurité, cause des accidents du travail, l'augmentation de la criminalité et de l'alcoolisme, bref autant de comportements antisociaux qui contribuent à déstabiliser la société, à désorganiser la production et vont servir de prétexte à la déportation de masse vers les camps où croupissent également les victimes des purges qui ont échappé à la peine capitale. De plus, en 1933, la famine aggrave encore les conditions de vie.

Les méthodes utilisées pour industrialiser rapidement l'Union soviétique sont souvent à l'origine de phénomènes qui ne sont pas sans rappeler ceux qui se sont produits en Europe occidentale dans les phases d'accélération de l'industrialisation au XIXe siècle. En dépit des discours officiels, la planification autoritaire a amplifié les aspects négatifs de l'industrialisation effectuée en économie de marché et, plus qu'ailleurs, elle a accéléré l'urbanisation.

b*ibliographie*

BLUM Alain, *Naître, vivre et mourir en URSS, 1917-1991*, Paris, Plon, 1994.

WERTH Nicolas, *Histoire de l'Union soviétique*, Paris, PUF, 1990.

Annales de Démographie historique, La démographie de l'Union soviétique, 1992.

L'Église et le fascisme en Italie

Reconstituer les relations entre l'Église et le fascisme exige une très grande attention tant elles ont été évoquées trop souvent dans l'esprit polémique de la double déformation de ceux qui, après la guerre, ont voulu donner aux catholiques italiens une généalogie antifasciste, et de ceux qui n'ont voulu y discerner que convergence d'intérêt et collusion.

1922-1931 : de la recherche d'un accord à la crise

Au lendemain de la prise du pouvoir par Mussolini, on nourrit dans les milieux ecclésiastiques l'illusion d'une entente possible. Le fascisme apparaît comme une idéologie conservatrice et autoritaire, en même temps qu'un rempart contre la révolution bolchevique ; on n'en mesure pas le caractère radicalement nouveau. On espère au Vatican régler la question romaine qui, depuis 1870, empoisonne les relations de l'Église avec l'Italie et pose bien des problèmes internationaux. De son côté, Mussolini s'attache à gommer les aspects anticléricaux de son mouvement et multiplie des gestes symboliques, du rétablissement du crucifix dans les salles de classe à l'adoption de mesures d'ordre moral. Naît ainsi un climat nouveau, en rupture avec la période libérale ouverte en 1860 : après des décennies de ce qui avait été vécu par l'Église comme persécution, le fascisme apparaît comme un défenseur efficace de la religion.

Le 11 février 1929, après bien des péripéties, les accords du Latran sont signés. Ils se composent d'un *traité* portant reconnaissance et organisation de l'État du Vatican, d'un *concordat* et d'une *convention financière*.

Le concordat, très favorable à l'Église, se situe dans une perspective religieuse : il vise au rétablissement de la *Respublica Christiana* à travers une confessionnalisation des structures politiques et civiles. Placé sous l'invocation de la Très Sainte Trinité, il affirme la catholicité de l'Italie et proclame le caractère sacré de Rome dès l'article un. L'Église en a tiré un bénéfice incontestable. Il suffit pour s'en convaincre d'en noter les points les plus significatifs : la libre communication des évêques avec le Saint-Siège ; l'exclusion des emplois publics des prêtres apostats ; la reconnaissance des effets civils du mariage religieux ; l'enseignement de la doctrine chrétienne dans toutes les écoles publiques.

Cet accord marque la rencontre de l'Église qui veut rechristianiser la société, ce qui passe pour elle par la liquidation du contentieux, et du chef du fascisme qui, avec cynisme, a besoin de la religion pour conforter son pouvoir. Mais cette rencontre se fait dans l'ambiguïté : à l'hypothèse d'une rechristianisation par l'entente entre l'Église et l'État, le fascisme oppose le développement de l'État totalitaire. En témoigne la crise de 1931.

Ses origines se trouvent dans les activités de l'Action catholique, fortement renforcée par Pie XI dès 1923 pour en faire l'instrument privilégié de présence de l'Église dans la société italienne. Le régime ne peut supporter de ne pas contrôler entièrement la jeunesse. Sa volonté de mettre fin à toute alternative possible aux structures d'embrigadement fascistes se traduit en 1931 par une campagne de presse, des violences verbales et physiques, la destruction de locaux.

Pie XI réagit avec la plus grande vigueur, comprenant la gravité de la situation pour l'Église qui risque de perdre, si elle laisse faire, tout espace de liberté, si mince soit-il. Sa réaction prend la forme de l'encyclique *Non abbiamo bisogno* (29 juin 1931). Des négociations aboutissent à un accord en septembre, réduisant l'Action catholique à ses seules fonctions religieuses, excluant toute activité sociale, syndicale ou même sportive.

1931-1938 : le temps du consensus ?

Le règlement de la crise ouvre une nouvelle période, marquée par un consensus. Les choix du monde catholique accompagnent la société italienne tout entière, et le moment le plus fort dudit consensus correspond au moment où le régime recueille le soutien populaire le plus massif, c'est-à-dire au moment de la guerre d'Éthiopie, en 1936-1937.

Cependant, le monde catholique est loin d'avoir une position monolithique. Une minorité, dispersée certes, nourrit une opposition irréductible. Le soutien au régime est l'expression du clérico-fascisme qui se manifeste avec force au moment des grandes « batailles » économico-politiques (batailles démographique, du blé...), et de la manière la plus spectaculaire lors du déclenchement de la guerre d'Éthiopie, présentée aux fidèles comme une nouvelle croisade ; le clergé ne fut avare ni en discours lyriques, ni en bénédictions de drapeaux et autres symboles de la conquête. D'autres, particulièrement au sein de l'Action catholique, prônent « l'afascisme », fondé sur l'idée que le fascisme n'est qu'une parenthèse, qu'il faut se préparer à la refermer par une profonde réflexion tournée vers l'avenir, en se fondant sur la préservation des valeurs chrétiennes, la préparation d'élites par une rénovation culturelle, l'ouverture au monde moderne.

1938 : un tournant

À partir de 1938, les catholiques se séparent du régime. Les causes relèvent de deux ordres. Il y a d'abord l'alignement de l'Italie sur l'Allemagne : 1938 est l'année de l'Anschluss, réalisé en mars, avec l'approbation de l'Italie (qui s'y était vigoureusement opposée en 1934), ce qui suscite une profonde émotion dans l'opinion publique et même chez certains dirigeants fascistes. En mai, le voyage d'Hitler à Rome est l'occasion pour l'Église de marquer son hostilité d'une manière éclatante : le 3 mai, Pie XI se retire à Castel Gandolfo pour ne pas être à Rome en même temps que le maître de l'Allemagne nazie, au nom du caractère sacré de la capitale du catholicisme. Ce geste symbolique fait sur l'opinion une impression considérable. La législation antisémite est pour beaucoup un révélateur : c'est la prise de conscience d'exigences éthiques et religieuses auxquelles on ne peut renoncer. Le pape fait des déclarations sans ambiguïté ; le 6 septembre, il s'écrit devant des pèlerins : « L'antisémitisme est inadmissible. Nous sommes spirituellement des sémites. » Il est suivi de l'ensemble de l'épiscopat.

Le tournant de 1938 a aussi une raison d'un autre ordre : la réactivation du conflit sur l'Action catholique. Celle-ci, loin d'être gênée par les accords de 1931, s'est développée, renforcée par les aumôniers. L'irritation de Mussolini et de son parti devant sa relance se transforme en exaspération. Fin 1937, début 1938, se multiplient les violences comme les manœuvres d'intimidation. En 1939, l'Église refuse la mystique de la guerre et la décision de Mussolini d'y participer malgré les efforts de la diplomatie vaticane pour maintenir la neutralité de l'Italie, le 10 juin 1940, ne peut qu'accentuer le divorce. Durant la guerre, le clergé s'enferme dans une activité essentiellement spirituelle et caritative.

1943-1945 : face à l'effondrement

Suite au débarquement allié en Sicile en juillet, la situation en Italie est contrôlée par les Allemands. L'Église assume une fonction essentielle : elle est présente aux côtés de la population, car les autorités ecclésiastiques, du pape aux simples curés, sont, elles, restées en place. Elles sont vite apparues, aux yeux d'une population désemparée, comme le seul recours, incarnation de l'espoir ; on en attend protection, secours, aide, ravitaillement ; la cure paroissiale, l'évêché deviennent ainsi les points de passage obligés de tout un peuple. Le pape et les évêques retrouvent leur rôle antique de *defensores civitatis*, protègent les persécutés, qu'il s'agisse des juifs ou des résistants et leur ouvrent les monastères.

Les événements de 1943-1945, et surtout la manière dont l'Église italienne leur a répondu, donnent la clé d'interprétation de la période suivante. Forte de son attitude et de son prestige, libérée de certaines compromissions passées avec le fascisme, elle peut aborder avec force et détermination la reconstruction du pays. Elle offre une solution pour une reconstruction chrétienne, comme elle avait offert le recours dans le désastre, d'autant plus que le parti démocrate-chrétien, reconstitué dans la clandestinité en 1942, lui apporte un nouveau moyen de présence dans le cadre d'une démocratie rénovée.

L'ENCYCLIQUE *NON ABBIAMO BISOGNO.*

Rédigé en italien, afin d'en faciliter la diffusion, le texte de l'encyclique condamne fermement la « statolâtrie païenne ».

La conception fasciste n'est pas conciliable avec la doctrine catholique ni avec le droit naturel.

Une conception qui fait appartenir à l'État les jeunes générations, entièrement et sans exception, depuis le premier âge jusqu'à l'âge adulte, n'est pas conciliable pour un catholique avec la doctrine catholique ; elle n'est pas même conciliable avec le droit naturel de la famille. Ce n'est pas, pour un catholique, chose conciliable avec la doctrine catholique que de prétendre que l'Église, le Pape, doivent se limiter aux pratiques extérieures de la religion (la messe et les sacrements) et que le reste de l'éducation appartient totalement à l'État. [...]

Mais, nonobstant les jugements, les prévisions et les suggestions qui, de diverses parties, même très dignes de considération, Nous parvenaient, Nous nous sommes toujours abstenu d'en venir à des condamnations formelles et explicites ; nous avons même été jusqu'à croire possibles et à favoriser, de Notre part, des compatibilités et des coopérations qui, à d'autres, semblèrent inadmissibles. [...]

Les derniers événements et les affirmations qui les ont préparés, qui les ont accompagnés et les ont commentés, Nous ôtent la possibilité que Nous avions désirée, et Nous devons dire, Nous disions que l'on est catholique seulement par le baptême et par le nom – en contradiction avec les exigences du nom et les promesses mêmes du baptême – quand on adopte et quand on développe un programme qui fait siennes des doctrines et des maximes si contraires aux droits de l'Église de Jésus-Christ et des âmes, qui méconnaît, combat et persécute l'Action catholique, c'est-à-dire tout ce que l'Église et son Chef ont notoirement de plus cher et de précieux. [...]

Et c'est pourquoi Nous ajoutons comme conclusion de tout ce que Nous venons de dire : Nous n'avons pas voulu condamner le parti et le régime comme tel. Nous avons entendu signaler et condamner tout ce que, dans le programme et l'action du parti, nous avons vu et constaté de contraire à la doctrine et à la pratique catholique, et, par suite, d'inconciliable avec le nom et la profession de catholiques.

Non abbiamo bisogno (« *Nous n'avons pas besoin* »), 29 juin 1931.

b*ibliographie*

DURAND Jean-Dominique, *L'Église catholique dans la crise de l'Italie (1943-1948)*, Rome, EFR, 1991 ; « L'Italie », dans *Histoire du Christianisme*, vol. XII, Paris, Desclée, 1990.

MILZA Pierre, BERSTEIN Serge, *Le Fascisme italien, 1919-1945*, Paris, Seuil, 1980.

Hitler : « maître du IIIe Reich » ou « dictateur faible » ?

Les divergences d'interprétations sur le national-socialisme et le rôle de Hitler ont donné lieu, en Allemagne même, à de vives polémiques déclenchées par un article de Jürgen Habermas dans le quotidien Die Zeit *en 1986. Cet intellectuel de gauche, théoricien des sciences sociales, prenait à partie des historiens comme Ernest Nolte qui envisageait alors de « repenser l'holocauste à la lumière des autres génocides commis au* XIXe *siècle ». La querelle des historiens était lancée.*

Nazisme ou hitlérisme ?

Certains historiens fondent leur interprétation du nazisme sur la psychologie de Hitler, sur sa conception du monde, sur ses idées, sur sa force de persuasion – dans ce cas, le nazisme peut être qualifié d'hitlérisme – alors que d'autres considèrent que l'analyse des structures du régime nazi montre que l'individu Hitler n'est qu'un élément parmi d'autres et que le fonctionnement du régime ne renvoie que peu à la volonté de Hitler lui-même. Le premier type d'interprétation s'appuie sur la thèse de l'intentionnalité – l'histoire du Reich découlerait des intentions de Hitler – alors que le second se rattache à ce que l'on nomme l'interprétation structuraliste, fonctionnaliste, ou même, parfois, révisionniste. Dans ce dernier cas, il faut se garder de donner à cet adjectif le sens qu'il a, aujourd'hui, en France où il sert à désigner des pseudo-historiens qui remettent en cause l'existence des chambres à gaz. En Allemagne, le terme révisionnisme est employé par ceux qui entendent « réviser » l'importance excessive accordée par l'historiographie « orthodoxe » à la personnalité et au rôle de Hitler.

Ces divergences d'interprétations peuvent être résumées par trois citations : d'une part, celle de Norman Rich estimant que « Hitler fut le maître du IIIe Reich » et celle d'Eberhard Jäckel considérant que « les décisions politiques les plus importantes étaient prises par un seul individu, en l'occurrence Hitler » et, d'autre part, celle de Hans Mommsen expliquant qu'il n'a été qu'un homme « se dérobant aux décisions, souvent hésitant [...], fortement influencé par son entourage du moment, bref un dictateur faible ».

L'hitléro-centrisme atteint son apogée dans les années 1970 lorsque la psycho-histoire va, selon Ian Kershaw, « presque jusqu'à expliquer la guerre et l'extermination des Juifs par la personnalité psychopathe et névrosée de Hitler ». Sans aller jusque-là, des historiens, comme Hildebrand, accordent une place prépondérante à Hitler considérant qu'il a appliqué, du début des années 1920 jusqu'à son suicide en 1945, sinon un plan d'action précis, du moins un programme. Selon eux, il a su transformer son idéologie en programme de gouvernement, grâce à une habileté tactique qui n'en fait pas pour autant un opportuniste. Dans ce cadre, sa conception du monde, ses obsessions idéologiques et son racisme antisémite sont des éléments essentiels pour comprendre l'évolution du régime.

Pour Hans Mommsen, « On aurait tort de minimiser le rôle moteur de Hitler dans la dynamique qui a conduit à l'autodestruction. Toutefois, il convient de reconnaître que le Dictateur n'était que la pointe avancée d'un enchaînement de pulsions antihumanistes libérées par l'effondrement des barrières institutionnelles, juridiques et morales, et qui, une fois lancées dans leur course, se régénéraient sous une forme magnifiée. »

Hitler et le pouvoir

Comment Hitler exerce-t-il le pouvoir au sein de l'État nazi ? Comment le Führer prend-il ses décisions ? Sont-elles suivies d'effet ? Quelle est sa marge de manœuvre ? Autant de questions qui permettent de tester la réalité de son pouvoir. Les structures de l'État nazi sont chaotiques : les lignes de commandement sont brouillées et les fonctions attribuées aux responsables sont souvent redondantes. Si tous les historiens sont d'accord sur le constat, ils divergent sur la signification de ce chaos. Les intentionnalistes considèrent que le chaos – chevauchements de compétences, contradictions administratives, etc. – est volontairement organisé par Hitler car cette situation lui permet d'exercer à plein sa propre autorité. Pour les structuralistes, au contraire, cette situation est la conséquence du pouvoir charismatique qu'exerce le

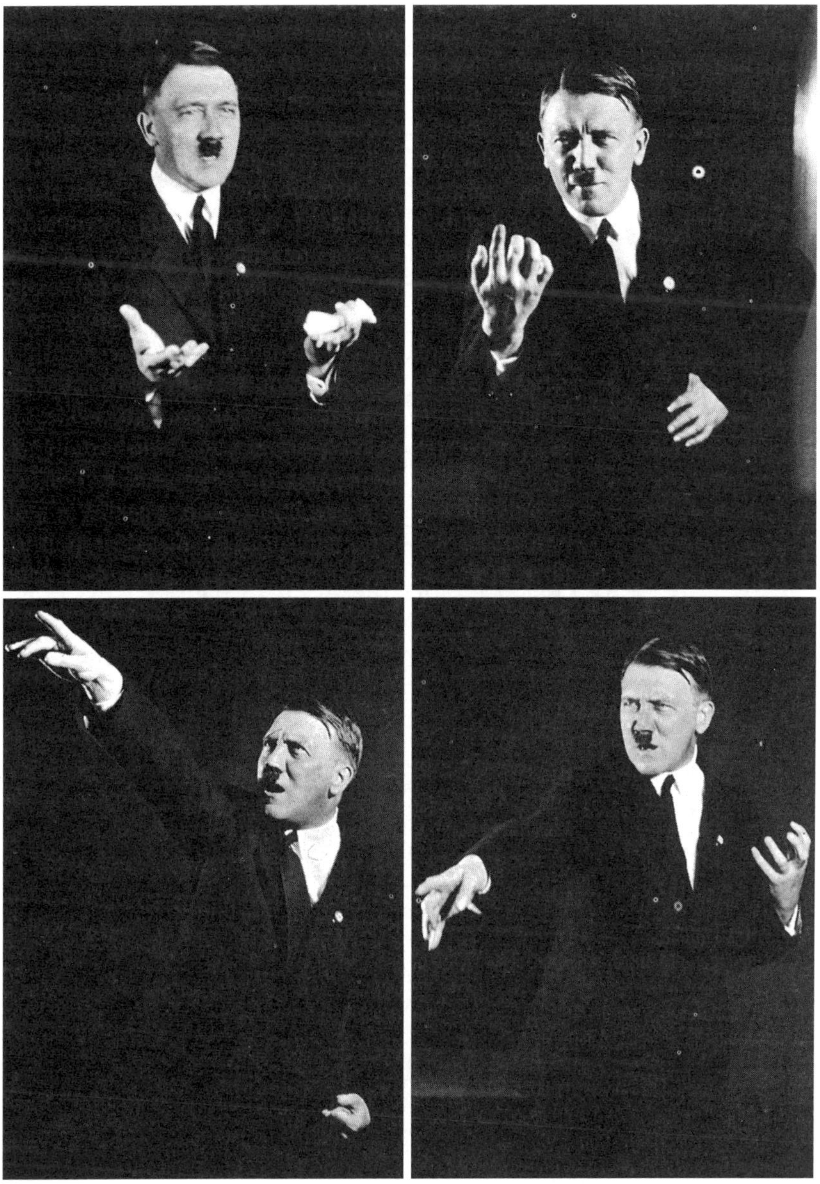

Adolf Hitler, avant août 1927.
Cette série de cartes postales largement diffusées illustre bien l'auto-mise en scène exaltée de Hitler. Chaplin les utilisera pour travailler le rôle du *Dictateur*.

Führer. Pour eux, loin d'être une dictature soucieuse de réaliser un programme, la dictature nazie est avant tout un pouvoir inefficace dont l'émiettement des décisions aggrave l'instabilité et la «radicalisation croissante». Conclure en ce sens remet en cause «l'hypothèse d'une poursuite planifiée, cohérente et systématique d'objectifs clairement définis qui sont au fondement des théories du "totalitarisme"». (I. Kershaw)

L'analyse des décisions, les conditions mêmes dans lesquelles Hitler exerce le pouvoir au niveau le plus concret – il ne prend pas de notes, n'aime pas présider de longues séances de travail, manifeste peu d'intérêt pour le travail législatif méticuleux –, souligne la réalité du chaos mais interdit de privilégier l'une des deux interprétations. On a pu faire remarquer que la compétence de certains ministres consistait à tirer le meilleur parti possible du bref instant où Hitler prenait une décision: «Celle-ci revêtait souvent la forme d'une remarque lancée négligemment qui ensuite était répercutée comme "ordre du Führer".» Sur le fonctionnement du système nazi, Ian Kershaw estime que «ce qui frappe, ce n'est pas tant la "force" ou au contraire la "faiblesse" de Hitler, que le fait qu'il ait produit si *peu* de directives de politique intérieure».

Ayant procédé à l'examen des thèses donnant la primauté soit aux «intentions» de Hitler, soit aux «structures» du régime, Ian Kershaw conclut en soulignant la nécessaire synthèse entre les deux types d'interprétations. «Il semble que les intentions de Hitler aient surtout contribué à créer le climat général dans lequel la dynamique du régime pouvait se transformer en prophétie autoréalisée.» Et il estime que le IIIe Reich constitue une démonstration classique de l'analyse de Marx dans *Le 18 Brumaire de Louis Bonaparte*: «Les hommes font leur propre histoire, mais ils ne la font pas de leur propre mouvement, ni dans des conditions choisies par eux seuls, mais bien dans des conditions qu'ils trouvent directement et qui leur sont données et transmises.» Hitler n'est donc ni un dictateur faible ni le maître absolu du IIIe Reich.

Les débats entre intentionnalistes et structuralistes, ou fonctionnalistes, traversent tous les secteurs de l'histoire de l'Allemagne nazie, depuis le rôle joué par Hitler lui-même jusqu'à l'interprétation de l'Holocauste ou de la politique extérieure, en passant par la politique industrielle. Ces clivages renvoient aux conceptions philosophiques, voire politiques et morales, que les historiens se font du fonctionnement des sociétés.

b*ibliographie*

KERSHAW Ian, *Qu'est-ce que le nazisme? Problèmes et perspectives d'interprétation*, Paris, Gallimard, coll. «Folio», 1992.

KERSHAW Ian, *Hitler, essai sur le charisme en politique*, Gallimard, 1995.

La politique culturelle du national-socialisme

Entre divertissement et esthétisme

Les années 1930 sont les années où la culture de masse se met en place. En Allemagne, les nazis entendent utiliser au mieux les nouveaux médias. Considérer que le régime nazi n'a contrôlé la société allemande que par la brutalité et la violence et que les relations entretenues avec la population ne reposent que sur un système de terreur entraîne une incompréhension de son mode de fonctionnement. Le régime a su aussi fasciner et, dans ce travail de fascination, la politique culturelle est un élément essentiel. Cette dernière ne doit pas être comprise comme marquée par les impératifs de la guerre ou de la propagande. En ce sens, la culture est supérieure à la guerre, à la propagande ou à la politique. Comme le déclare d'ailleurs Hitler: «Les guerres passent. Seules les œuvres de la culture ne passent pas. D'où mon amour de l'art.»

Une culture de masse

Dans l'Allemagne des années 1930, la radio devient un bien de consommation de masse. En 1933, quelque quatre millions de foyers allemands disposent déjà d'un poste de radio mais le mouvement s'accélère rapidement: dès 1938, grâce à la mise sur le marché du «récepteur du peuple» présenté à bas prix au Salon de la radio, 9 millions de foyers qui sont équipés et, en 1941, 16 millions de foyers peuvent, grâce au «petit récepteur allemand», écouter les émissions radiophoniques. Il ne faut pas négliger non plus les haut-parleurs installés en plein air et la pratique des auditions en groupe, encouragées dans le cadre de la «communauté du peuple». En quelques années, la radio devient un élément essentiel de la vie quotidienne des Allemands mais cette évolution n'est guère différente dans les autres nations occidentales.

Quelles sont les émissions diffusées par les radios allemandes? Ce qui frappe à l'examen des programmes, c'est leur rapide évolution et les fréquentes réorientations. Au cours de l'année 1933, par exemple, la radio ne diffuse pas moins de cinquante discours de Hitler. Mais très vite, les critiques montent contre cette saturation politique, et Joseph Goebbels, directeur de la propagande du Reich, dans le droit fil des consignes données aux directeurs, fait modifier les programmes en donnant une plus grande place aux émissions culturelles. En janvier 1934, la radio entame un cycle Beethoven et diffuse en douze jours l'ensemble des symphonies. Suivent des cycles consacrés à Wagner, à Schiller... Ces programmes présentés comme uniques et ambitieux cèdent à leur tour le pas, à partir de 1936, à des émissions de divertissement. Goebbels, lors du Salon de la radio de 1936, explique: «Il faut (ici) prêter une attention toute particulière à la détente et au divertissement, parce que la grande majorité des auditeurs de la radio est le plus souvent traitée de manière très dure et implacable par l'existence [...]. Face à ceux-là, les quelques personnes qui veulent uniquement qu'on leur serve en pâture du Kant et du Hegel ne comptent pratiquement pas.» Les responsables de la radio entendent faire la part belle au caractère populaire allemand et dénoncent tout ce qui est didactique et étranger à la vie. Contrairement à la période de Weimar, où la radio respectait une parité entre les groupes sociaux et les organisations poli-

La radio au service du Führer.

tiques, l'objectif n'est plus de «former le peuple», mais de «former un peuple», l'éducation s'efface devant la communion.

LES DIRECTIVES DE GOEBBELS.

«Surtout, ne pas être ennuyeux. Surtout pas de monotonie. Ne servez pas d'opinion. Ne pas croire que le meilleur moyen d'être utile au gouvernement serait de donner tous les soirs des marches retentissantes [...]. Il faut des opinions, mais l'opinion ne signifie pas forcément l'ennui. L'imagination doit utiliser tous les moyens, toutes les méthodes, pour faire percevoir aux masses la nouvelle mentalité de manière moderne, actuelle et vivante, intéressante et instructive mais pas didactique. La radio ne doit jamais souffrir de l'excès de mots: sans cela, on comprend l'intention et on est mal disposé.»

Goebbels, Directives aux directeurs de radio, mars 1933.

Cette prise de position est à rapprocher de celle qu'il prend pour le cinéma.

«Je ne souhaite pas, par exemple, un art qui n'ait d'autre solution, pour prouver son caractère national-socialiste, que d'en afficher les emblèmes et les symboles [...]. Pour être efficace, la propagande ne doit absolument pas paraître voulue. Dès l'instant où l'on prend conscience de la véritable nature d'une propagande, elle perd toute efficacité.»

«Plus les rues sont noires, plus nos théâtres et nos cinémas [doivent] rayonner sous les feux des projecteurs... Plus l'époque est dure, plus l'art doit s'élever au-dessus d'elle; plus il doit être lumineux et consolateur pour l'âme humaine.»

Extraits cités par P. Reichel, *op. cit.*, pp. 172 et 194.

Un divertissement apolitique

Au tout début de la guerre, actualité politique et propagande font reculer le divertissement apolitique mais c'est bien cette dimension qui l'emporte toujours dans les programmes. Le succès de l'émission «Concert à la demande» en est significatif. La première avait eu lieu en 1936. Elle permettait d'associer les auditeurs à la programmation et les dons de ces derniers étaient remis à des institutions d'entraide. Pendant la guerre, le concert à la demande associe soldats du front et auditeurs de l'arrière, devenant ainsi un instrument politique pour renforcer la «communauté du peuple». La distinction entre musique classique et musique populaire est abolie dans le concert à la demande: à *La Walkyrie* de Wagner succède *La marche de Pépita*, tandis que les opérettes alternent avec les symphonies et les fugues.

L'émission connaît un tel succès qu'elle inspire, en 1940, un film qui porte le même nom. *Wunschkonzert* de Eduard von Borsody est une histoire d'amour qui chante l'harmonie et dont l'objectif est essentiellement rassembleur et syncrétique, tant du point de vue musical que du point de vue des thématiques (guerre et paix, front et arrière...). En trois ans, le film est projeté à 25 millions de spectateurs et le livre, publié à l'occasion de sa sortie, est diffusé à 200 000 exemplaires. Ce film est un bon exemple de la production cinématographique pendant la période nazie: sur plus d'un millier de films réalisés sous le régime nazi, les films de divertissement et les comédies sans discours politique représenteraient près de 50 % de la production. Il est d'ailleurs symptomatique que l'année de la défaite de Stalingrad voit cette part progresser parmi les films projetés. Parmi les soixante films produits en 1942-1943, on ne compte que quatre films qui peuvent avoir un contenu politique, plus ou moins explicite, l'essentiel de la production est consacrée à des films musicaux, à des opérettes ou à des comédies. L'un des films porte le titre significatif de *Paradis sur terre*... Comme le souligne Peter Reichel: «Plus les espaces réels se resserraient, plus les espaces illusoires étaient nécessaires pour faire oublier les difficultés du moment.»

Ni la radio ni le cinéma ne sont pour les nazis des instruments de propagande au service d'un programme politique. Il en va de même pour l'art qui jamais n'est un simple instrument de propagande. Alors que la politique renvoie à des impératifs à court terme, l'art, dans la conception qu'en développe Hitler, renvoie à l'éternité: un peuple ne vit que par son art et sa culture. L'admiration du Führer pour les Égyptiens, les Grecs et les Romains se justifie par la pérennité des monuments qu'ils ont construits. Selon lui: «Aucun peuple ne vit plus longtemps que les documents de sa culture.» On comprend que dans ces conditions la «parole de pierre» soit fondamentale dans sa conception de la culture: «Même si les derniers témoins d'un peuple infortuné devaient se taire, les pierres alors se mettraient à parler. L'Histoire ne le trouve guère digne d'être mentionné, le peuple qui n'a pas placé la construction de son propre monument parmi les valeurs de sa Culture.» «Pour mériter à son tour le regard attentif de l'histoire, le peuple allemand devait se montrer capable d'anticiper lui aussi sa propre mort dans le monument qui saurait l'incarner dignement.» (E. Michaud.) Cette conception est celle d'une véritable esthétisation de la politique et Hitler se comporte comme un artiste qui cherche à évaluer les chances de survie de son œuvre. On retrouve là une forte parenté avec le futurisme et le fascisme dont la guerre est, selon Walter Benjamin, la réalisation ultime et l'accomplissement achevé de la théorie de l'art pour l'art. Le nazisme fut la plus parfaite réalisation de l'art pour l'art «car, si le IIIe Reich pouvait se déclarer éternel, ce n'était qu'à la condition de porter sur soi-même un regard d'artiste, un regard d'outre-tombe.» (E. Michaud.)

bibliographie

AYÇOBERRY Pierre, *La Société allemande sous le IIIe Reich*, 1933-1945, Paris, Seuil, 1998.

MICHAUD Éric, *Un art de l'éternité. L'image et le temps du national-socialisme*, Paris, Gallimard, 1996.

REICHEL Peter, *La Fascination du nazisme*, Paris, Odile Jacob, 1997.

La « destruction » des Juifs d'Europe

Le rôle des groupes mobiles de tuerie

On retrouve les controverses entre intentionnalistes et structuralistes déjà évoquées à propos du rôle de Hitler dans le système nazi sur la question de la destruction des Juifs. Remarquons qu'à la différence de celle des intentionnalistes – dès le début de sa carrière politique, Hitler envisage l'Holocauste –, l'interprétation stucturaliste implique des responsabilités beaucoup plus larges puisqu'elle suppose la participation directe d'un grand nombre de cadres du régime.

Intentionnalistes et stucturalistes

Au terme de l'examen de l'argumentation des uns et des autres, Ian Kershaw conclut à nouveau « qu'un moyen terme s'impose ». « Sans la volonté fanatique de Hitler de détruire les Juifs, qui ne revêtit qu'en 1941 la forme d'une entreprise réalisable à l'échelle de l'Europe, il est quasiment certain que l'Holocauste n'aurait pas eu lieu [...] ; il ne serait pas non plus devenu réalité sans la collaboration active de la Wehrmacht [...], sans la complicité active des bureaucrates [...] et sans celle des patrons de l'industrie allemande qui installaient leurs usines à l'intérieur même des camps. » Le rôle direct de Hitler est pour l'essentiel un travail de propagande dont l'objectif est de distiller la haine et d'annoncer en termes assez vagues la fin des Juifs. Ainsi, le 30 janvier 1939, l'une de ces « prophéties » devant le Reichstag évoque « l'anéantissement de la race juive en Europe ». Il est à noter que Hitler se référera lui-même à ce discours en le datant du 1er septembre 1939.

Après avoir précisé les critères de définition des Juifs, après les avoir expropriés et concentrés, les nazis entament le processus d'anéantissement qui se divise en deux temps. Dès l'invasion de l'Union soviétique, le 22 juin 1941, de petites unités ont pour mission de tuer sur place la population juive. Peu après le début de ces massacres itinérants, commence le deuxième temps de la destruction dont l'objectif est de transporter les Juifs vers des camps disposant d'installation de gazage. Pour citer Raul Hilberg : « La grande différence fut que, dans les régions soviétiques occupées, les tueurs pourchassèrent leurs victimes, tandis qu'ailleurs, on amena les victimes à leurs bourreaux. »

La mise en place des groupes mobiles de tuerie : les *Einsatzgruppen*

Moins connu, le premier temps de la destruction, celui de la mise en place et de l'action des groupes mobiles de tuerie, mérite d'être analysé. Ces groupes sont directement responsables de la mort de 700 000 Juifs en Union soviétique. Par ailleurs, le nombre total des victimes tuées lors de fusillades à ciel ouvert soit par les *Einsatzgruppen*, soit par les armées allemandes ou roumaines, en Union soviétique mais aussi en Galicie et en Serbie, est estimé à 1,3 million, soit le quart des victimes de l'Holocauste. Au moment où les *Einsatzgruppen* franchissent la frontière de l'Union soviétique, cinq millions de Juifs y vivent dont quatre résident dans les régions envahies. Il s'agit de populations urbaines pour l'essentiel et les villes sont les cibles principales des groupes mobiles qui ont ainsi emprisonné de très nombreuses communautés avant qu'elles ne puissent fuir ou être évacuées.

Les groupes de tuerie dépendent à la fois de l'Office central de sécurité du Reich – qui associe lui-même, sous l'autorité de Reinhard Heydrich, les forces de sécurité dépendant de l'État et du parti – et de la Wehrmacht. L'autorité fonctionnelle appartient à l'Office central mais l'autorité territoriale relève de l'état-major. En effet, les *Einsatzgruppen* progressent en territoire soviétique au même rythme que les forces armées – certains commandos se déploient au niveau même du front des combats et il doit donc exister une collaboration complète entre les services de Heydrich et la Wehrmacht. La mission initiale qui leur est assignée est d'éliminer l'intelligentsia judéo-bolchevique. Comme cette tâche est considérée comme trop délicate pour l'armée, elle est confiée à des éléments des SS et de la police mais, une fois les massacres commencés, des soldats y ont parfois participé. Les officiers qui encadrent les 3 000 hommes des groupes de tuerie ne sont en rien des maniaques ou des délinquants. Âgés de trente à quarante ans, ils sont issus des professions libérales ou des milieux artistiques.

L'engrenage de la destruction

La chronologie des massacres perpétrés par les groupes mobiles, ainsi que la nature des victimes, montre la grande confusion qui caractérise la politique antijuive pendant l'été et l'automne 1941. Au

LE *LIVRE NOIR*.

Le massacre des Juifs en Union soviétique entraîne la création, dès le mois d'août 1941, d'un Comité antifasciste juif (CAJ) qui appelle les Juifs du monde entier à combattre l'Allemagne nazie. À la fin de l'année 1942, Albert Einstein persuade le CAJ de la nécessité de rédiger un «livre noir» sur les atrocités commises par les Allemands contre la population juive. Il est rédigé sous la direction de Vassili Grossman et de Ilya Ehrenbourg (1891-1967), auteur du Dégel *en 1954. Une première mouture du* Livre noir *est envoyée au procureur soviétique du procès de Nuremberg. Dès 1946, paraissent une version américaine et une version roumaine de l'ouvrage mais la version russe est interdite. En 1952, les principaux dirigeants du CAJ sont accusés par les autorités soviétiques de nationalisme juif et exécutés. Après la chute du communisme en Union soviétique, la première édition intégrale en russe est publiée à Vilnius en 1993.*

«Le massacre de Babi-Yar, 29 et 30 septembre 1941.
Les 27-28 septembre 1941, une semaine après l'arrivée des Allemands à Kiev, on vit apparaître sur les murs des immeubles un avis imprimé en lettres capitales sur du gros papier bleu. Cet avis, non signé, était rédigé en ukrainien et en russe:
"Juifs de la ville de Kiev et des environs! Lundi 29 septembre à sept heures du matin, vous devrez vous présenter avec effets personnels, argent, papiers, biens et vêtements chauds rue Dorogojiskaïa, près du cimetière juif. Toute absence sera punie de mort. Ceux qui cacheront des Juifs seront punis de mort."
[...] À l'aube du 29 septembre, venus de tous les coins de la ville, les Juifs de Kiev se mirent lentement en marche en direction du cimetière juif de la Loukianovkaïa. Beaucoup d'entre eux s'attendaient à un transfert vers la province [...]. Cette procession de la mort dura trois jours et trois nuits. La ville était silencieuse. Tels des courants qui se jettent dans le fleuve, les foules coulant des rues Pavlovskaïa, Volodarskaïa et Nekrasovskaïa se déversaient dans la rue Lvovskaïa. Après la rue Lvovskaïa commence la rue Melnik, et plus loin une route déserte, des collines dénudées, des ravins aux pentes escarpées, c'est Babi-Yar. Au fur et à mesure que la procession se rapprochait de Babi-Yar, le murmure grandissait, mêlé de plaintes et de larmes.
Un bureau avait été aménagé à ciel ouvert à l'aide de quelques tables. La foule qui attendait au bout de la rue, le long de la barrière installée par les Allemands, ne pouvait voir ces tables.»

Le *Livre noir* sur l'extermination scélérate des Juifs par les envahisseurs fascistes allemands dans les régions provisoirement occupées de l'URSS et dans les camps d'extermination en Pologne pendant la guerre de 1941-1945.

début de l'invasion, le terme «Juif» ne désigne que les adultes de sexe masculin et ce n'est qu'au mois d'août que la tuerie devient massive et s'étend à l'ensemble de la population, sans distinction d'âge ni de sexe. Ainsi au mois de juillet 1941, l'*Einsatzkommando 3* qui opère en Lituanie tue 4239 Juifs, dont 135 femmes, alors qu'au mois d'août les chiffres bondissent à 37186 et à 56459 en septembre, dont 26243 femmes et 15112 enfants. L'extension des massacres, en août 1941, semble confirmer l'existence d'un «ordre du Führer» sans que l'on puisse en donner la date précise. Il est probable que cet ordre a été transmis par Himmler aux chefs de la SS et de la police dans les territoires occupés de l'Est qui l'ont eux-mêmes transmis aux chefs des *Einsatzgruppen* et aux chefs des *Einsatzkommandos*. «Que cette extension des massacres en août 1941 ait reçu l'aval de Hitler, cela ne fait aucun doute. En revanche, il est impossible de déterminer si le Führer en prit l'initiative, ou s'il se contenta de donner son accord à une proposition de Heydrich ou de Himmler.» (R. Hilberg.) Le point culminant des exécutions de masse est atteint à Kiev, le 29 et 30 septembre 1941, lorsque 33771 hommes, femmes et enfants sont massacrés à Babi-Yar.

Parallèlement aux exécutions massives des Juifs, les massacres des non-Juifs se multiplient à l'automne 1941. Avant la fin de l'année 1941, plus de 3350000 soldats soviétiques sont prisonniers des armées allemandes et le camp de concentration d'Auschwitz, de dimensions encore limitées, est initialement destiné aux prisonniers de guerre soviétiques. Les premières victimes des chambres à gaz sont des combattants capturés à l'Est et non des Juifs. Le froid et la sous-alimentation ont raison de nombre de ces prisonniers de guerre mais les *Einsatzgruppen* sont chargés de sélectionner, dans les camps de prisonniers de la Wehrmacht, les «révolutionnaires professionnels», les commissaires politiques de l'Armée rouge, les communistes «fanatiques» et tous les Juifs afin de les exécuter. Le 21 décembre 1941, un rapport fait état de la sélection de 22000 prisonniers soviétiques, tant Juifs que non-Juifs, et de l'exécution d'environ 16000 d'entre eux.

Pendant la première vague de tueries, qui s'achève avec l'année 1941, les *Einsatzgruppen* ont progressé de 1000 kilomètres. Sur les quatre millions de Juifs installés dans les régions conquises, environ un million et demi a pris la fuite et un demi-million a été tué. Dans leur progression les *Einsatzgruppen* ont laissé derrière eux environ deux millions de Juifs qui vont être la cible de la seconde vague de tueries qui débute, parfois, dès la fin 1941, et qui atteint son point culminant pendant l'été 1942. Des ghettos ont été constitués pour parquer les populations juives dont certaines ont été déportées des territoires de l'ouest de l'Union soviétique et d'Allemagne. Les tueries se déroulent de façon massive dans les ghettos et de nombreuses villes vont devenir en quelques jours *judenfrei*, libérées des Juifs. La population juive de Dniepropetrovsk, par exemple, passe de 30000 au moment de l'occupation à 702 individus en février 1942. Aux bords de fosses, les populations sont dénudées et fusillées par vagues successives selon le «système des sardines» qui permet à la même balle de transpercer plusieurs corps.

L'action d'extermination au grand jour mise en œuvre par les *Einsatzgruppen* présente de nombreux inconvénients. Les bourreaux, même les plus endurcis, en subissent les effets psychologiques et ces assassinats massifs ont du mal à être tenus secrets. Pour mener à bien la solution finale, les responsables nazis ont préféré les méthodes plus expéditives du regroupement et du gazage dans les camps.

bibliographie

HILBERG Raul, *La Destruction des Juifs d'Europe*, Paris, Gallimard, coll. «Folio», 2 vol., 1991.

Les droites en France

Des organisations de notables aux partis de militants

De 1876 à 1919, la droite est presque toujours à l'écart du pouvoir, alors qu'entre 1919 et 1939 elle participe au gouvernement pendant quatorze ans. L'Alliance démocratique et la Fédération républicaine, les deux principales formations de la droite, constituées au début du siècle, profitent de la victoire du Bloc national. Ces deux groupements – aucun des deux ne s'appelle parti – sont avant tout des organisations de cadres et de notables. Au milieu des années 1930, des organisations nées en dehors de la vie politique parlementaire, et souvent contre elle, se transforment en partis de militants et modifient le paysage politique.

Les organisations traditionnelles

En 1919, les droites, solidaires au sein du Bloc national, mettent en action, pour la première fois, une organisation comparable à celle de la gauche. Le nouveau système électoral, mélange de scrutin de liste majoritaire et de représentation proportionnelle, favorise la cohérence de la coalition même si la droite n'en est pas moins divisée idéologiquement. Plus proche du pouvoir, plus experte au jeu parlementaire que la Fédération républicaine, l'Alliance démocratique profite de sa position au centre droit pour participer à de nombreuses combinaisons gouvernementales. À l'issue des élections du Front populaire, l'Alliance compte 54 députés et 30 sénateurs, mais tous n'appartiennent pas aux mêmes groupes parlementaires. L'Alliance qui revendique 40 000 adhérents en 1933 en aurait quelque 60 000 en 1939. Cette faiblesse numérique s'explique par la nature même de l'Alliance, organisation de cadres par excellence. Dans ses rangs, les maires, les conseillers généraux sont nombreux, et la puissance de ses assises locales contrebalance la faiblesse des effectifs. Farouches défenseurs du libéralisme économique, hostiles à l'intervention de l'État et à toute législation sociale, les membres de l'Alliance condamnent le Front populaire, mais ils ménagent cependant les radicaux dans l'espoir de les détacher des socialistes et des communistes.

Le colonel de La Rocque à la tête des Croix de Feu (juillet 1935).

Fondée en 1903, la Fédération républicaine s'identifie pendant l'entre-deux-guerres à celui qui en devient, en juin 1925, le président, Louis Marin. En 1924, à la veille de sa prise en mains par le député lorrain, la Fédération est un tout petit parti de cadres avec 3 000 adhérents. En 1938, les effectifs atteindraient 250 000. Il n'y a aucune discipline de vote au sein du groupe parlementaire de la Fédération. Souvent, Louis Marin se retrouve isolé n'entraînant avec lui que François de Wendel et une petite minorité. Cette indépendance des élus est monnaie courante chez les modérés. Elle renvoie aux relations que noue le parlementaire avec ses mandants : plus qu'à l'organisation nationale, c'est à sa propre assise, locale et nationale, que le député doit son élection. Cette dispersion des votes des élus résulte aussi des nuances idéologiques. Les objectifs que poursuit la Fédération – ordre social, nationalisme intransigeant et défense du catholicisme – n'ont pas pour tous la même priorité. Cette droite conservatrice entretient des liens solides avec l'épiscopat et les écoles confessionnelles, et ses parlementaires sont élus dans les régions de forte pratique religieuse (Ouest, Lorraine, Franche-Comté, bordure méridionale du Massif central), même si elle est présidée par un homme qui ne fait pas mystère de son agnosticisme. Louis Marin participe aux gouvernements dans les périodes d'union nationale mais la Fédération est tenue à l'écart des rouages décisifs du pouvoir. Lors des élections de 1936, le groupe parlementaire est fort de 62 députés. À cette date, aucune ligue ne concurrence la Fédération sur le terrain électoral.

L'irruption des militants

L'équilibre général des droites est remis en cause par la création de deux grandes formations de masse dont l'objectif est de barrer la route au communisme. Après avoir rompu avec le PCF et l'Internationale communiste, Jacques Doriot crée le Parti populaire français en juin 1936. Autour des anciens militants communistes de Saint-Denis se regroupent des hommes d'horizons divers, des anciens communistes, des anciens de l'Action française, des dissidents des Volontaires nationaux du colonel de La Rocque. Ce nouveau parti est-il fasciste? À l'époque de la fondation du PPF, ni Doriot ni les instances dirigeantes du parti ne s'en réclament et les appréciations des historiens divergent. Quelle que soit la vraie nature du PPF, et même si ses forces sont importantes, la grande nouveauté à droite ne vient pas de ses rangs, mais de la formation concurrente constituée peu après.

Le Mouvement social français des Croix de Feu se transforme en Parti social français le 16 juillet 1936. Les troupes du colonel de La Rocque sont de loin les plus nombreuses: à son premier congrès, en novembre 1936, le PPF fait état de 100 000 adhérents, alors qu'en septembre le PSF aurait déjà atteint 600 000 adhérents. Même si ces chiffres doivent être pris avec précaution, ils disent l'impact d'une organisation qui est, par le nombre, la première formation politique française à la fin des années 1930. La dissolution du Mouvement social français par le gouvernement de Léon Blum facilite la tâche du colonel de La Rocque. Deux stratégies s'offrent à lui: la surenchère clandestine et subversive ou l'acceptation du système en place. Le colonel opte pour la seconde solution et la ligue se transforme en grand parti légaliste, respectueux des institutions de la République. Ses adversaires, et la gauche en particulier, le soupçonnent d'appliquer un simple badigeon légaliste sur les vieux oripeaux de la ligue dissoute mais tout confirme la réalité de la mutation. D'une part, les derniers éléments activistes n'adhèrent pas au nouveau parti dont ils récusent l'orientation. Le renouvellement des membres par rapport aux Croix de Feu est très significatif et l'on peut soutenir que la sociologie du nouveau parti qui se veut le défenseur des classes moyennes diffère sensiblement de celle de l'ancienne ligue. En tout état de cause, le formidable mouvement d'adhésions qui suit la création du parti modifie foncièrement la pratique militante. Enfin, la nouvelle organisation s'oriente résolument vers une participation intense aux combats électoraux alors que le MSF avait négligé les élections générales de 1936. D'ailleurs, cet intérêt nouveau pour les joutes électorales dresse contre la nouvelle force conservatrice les partis traditionnels de la droite parlementaire qui s'accommodent fort bien d'une ligue susceptible de les épauler mais qui ne tolèrent pas une concurrence directe. Ils essaient d'utiliser le PPF contre lui.

Dépourvu d'une représentation importante au Parlement, le PSF emporte quelques succès lors d'élections partielles mais avec sa dizaine de députés, il ne peut peser sur la politique gouvernementale. Seules des élections anticipées lui permettraient de gagner la centaine de sièges qu'il considère devoir lui revenir. Même si les chiffres sont gonflés – le PSF revendique jusqu'à trois millions d'adhérents en 1938 –, le parti est devenu, de loin, la force politique la plus importante. Le PSF est «la première grande formation moderne à surgir à droite» (R. Rémond) mais la déclaration de guerre a voué à l'échec ses potentialités politiques et électorales avec lesquelles renouera, d'une certaine manière, le Rassemblement du peuple français que fonde le général de Gaulle en 1947.

UNE DÉFINITION DU PARTI SOCIAL FRANÇAIS.

«Le PSF est un parti politique républicain et légalement constitué... Le PSF est de beaucoup le plus important parti de masses populaires qui soit actuellement et qui ait même jamais été dans notre pays...

Le mot "parti" pour le PSF désigne plutôt un rapprochement en quelque sorte familial des Français qu'un instrument de partage ou de division entre concitoyens.

Nous allons continuer, et de plus belle jusqu'aux prochaines élections législatives, c'est-à-dire jusqu'à ce que, dans une majorité parlementaire antimarxiste, le groupe PSF soit de beaucoup le plus nombreux, ce qui sera pour nos idées, et cette fois même pour nos hommes, le principal moyen de "prendre le pouvoir".

Mais nous resterons *sociaux*, d'abord parce que, pendant longtemps, on ne l'a pas été suffisamment, et en vue d'empêcher qu'un trop grand nombre de *Français* ne deviennent eux-mêmes socialistes et communistes. Car en se rappelant quel fut le régime économique dit du capitalisme libéral, du dernier siècle, ainsi que la "condition des ouvriers" d'alors, on ne s'étonne plus que les masses populaires françaises se soient jetées dans les bras d'un Karl Marx ou d'un Staline...

Vous patrons, soyez enfin vraiment sociaux, comme vous le commandent non plus seulement la simple charité, mais la justice même et l'intérêt le mieux compris. Et, vous les ouvriers, les travailleurs, qui n'êtes pas les seuls à mériter ce nom, ne cessez pas d'être *français*.

Sa tâche terminée, notre parti se dissoudra spontanément, en s'incorporant à la France même.»

Stanislas Devaux, député PSF de Constantine, *Le Petit Journal*, janvier 1938.

Le premier XXe siècle est décisif dans la mise en place du système des partis de la France. À la gauche qui s'organise la première, la droite tarde à opposer des formations organisées et structurées. Les élections de 1919 obligent les organisations traditionnelles à accepter une certaine cohérence. Surtout les années 1930, temps intense de la mobilisation politique, voient surgir des formations de type nouveau, riches de nombreux militants, organisées et plus disciplinées, qui tranchent avec les comportements habituels des organisations de cadres.

bibliographie

RÉMOND René, *Les Droites en France*, Paris, Aubier, 1982.

SIRINELLI Jean-François (dir.), *Les Droites françaises. De la Révolution à nos jours*, Paris, Gallimard, coll. «Folio», 1995.

Le communisme et les ouvriers

Pour parler du parti communiste français de l'entre-deux-guerres, on peut évoquer les changements de stratégies, le problème de l'inféodation à l'Internationale communiste, voire le rôle d'Eugen Fried, qui, dans l'ombre de Thorez, contrôle, pour Moscou, la ligne politique du parti. Mais ces lectures par le haut de l'organisation ne rendent pas compte des arcanes de l'adhésion militante.
Le triomphe qu'enregistre le PCF en 1936 ne renvoie pas au seul changement de la tactique politique et électorale. Le phénomène est de nature quasi anthropologique, a-t-on pu dire. Il est avant tout « la rencontre, dans une conjoncture donnée, entre une force politique et un milieu social. » (S. Courtois, M. Lazar.)

Hors de la nation

Au congrès de Tours, en décembre 1920, l'adhésion de la majorité de la SFIO à l'Internationale communiste a, peut-être, été fortuite mais elle a complètement transformé la réalité politique de la gauche française. Sociologiquement, la SFIC (Section française de l'Internationale communiste) n'est pas un parti ouvrier et son comité directeur est dominé par ce que Jules Humbert-Droz, envoyé de l'Internationale, appelle la « bohème littéraire ». De plus, les tendances écartèlent le tout jeune parti que désertent les militants découragés par les querelles et par le reflux du mouvement révolutionnaire. Ce n'est qu'avec la lutte contre l'occupation de la Ruhr, en 1923, et la dénonciation vigoureuse de l'impérialisme français à l'occasion de la guerre du Rif (1925) que le parti commence à évoluer. Transformé par la bolchevisation, n'hésitant pas à violer la légalité et à attaquer de front l'État capitaliste, le parti n'a qu'une influence électorale limitée, une représentation parlementaire faible et des militants de moins en moins nombreux, surtout après l'adoption par l'Internationale communiste, en 1928, de la stratégie « classe contre classe ». L'application de cette ligne politique de plus en plus dure lamine les rangs communistes : les indécis sont exclus, les plus enthousiastes souvent arrêtés. De 60000 adhérents en 1925, le PCF chute à 39000 en 1930 et à moins de 30000 en 1933. Mais il a réussi à s'implanter dans les secteurs les plus actifs de la classe ouvrière, surtout dans la région parisienne, grâce à son contrôle sur la CGTU, atout décisif dans la nouvelle phase qui s'ouvre en 1934. Ce n'est qu'à la conférence d'Ivry, du 23 au 26 juin 1934, après avis favorable de l'Internationale communiste, que Maurice Thorez change de tactique. Le 27 juillet 1934, socialistes et communistes signent le pacte d'unité d'action.

LA FRATERNISATION EN ACTION.

Les jeunesses communistes s'opposent violemment à l'occupation de la Ruhr en 1923. L'un de leurs dirigeants, Jacques Doriot, publie sous le pseudonyme de Guilleau un article très violent dans L'Avant-Garde. *Il sera condamné en correctionnelle le 9 mai 1924 et sera élu, deux jours plus tard, député de Saint-Denis.*

« Dès maintenant, nous nous mettrons à la besogne. Chaque famille, chaque fiancée, chaque ami doit envoyer la lettre vengeresse qui dira : "Fraternisez avec les prolétaires d'Allemagne" et d'un autre côté : "Ici l'on songe activement à vous. Le Parti a protesté contre le traitement qui vous est infligé".
Chaque Jeunesse doit aussi expédier dans la Ruhr les *Avant-Garde*, les *Caserne* aux amis mobilisés.
Tant que le danger existera, tant que la Ruhr sera occupée, tant qu'une baïonnette française menacera la poitrine d'un ouvrier allemand, nous devrons propager notre mot d'ordre : "Fraternisez !", l'expliquer, amplifier nos moyens d'actions.
Aucun effort, aucun sacrifice ne sera trop élevé pour les Jeunesses communistes de France pour accomplir cette besogne révolutionnaire de solidarité internationale. »

L'Avant-Garde, 15-30 juin 1923.

Réintégrer la nation

Pour le PCF, le Front populaire provoque une mutation fondamentale. C'est une véritable seconde naissance. Au ban de la nation pendant près de quinze ans, le parti communiste français réintègre la communauté nationale. Son idéologie même se transforme ; d'ailleurs, comment un parti de 300000 adhérents pourrait-il avoir la même idéologie qu'une « secte » de 30000 membres ? La grande mutation que connaît alors le PCF n'est rien moins, si l'on suit les analyses devenues classiques de Georges Lavau, que le passage d'un parti révolutionnaire à un parti tribunitien. Qu'est-ce à dire ? Pour un tel parti, la fonction principale est « d'organiser et de défendre des catégories sociales plébéiennes (c'est-à-dire exclues ou se sentant exclues des processus de participation au système politique, comme d'ailleurs du bénéfice du système économique et du système culturel) ». Pour un tel parti, programme et action politiques sont moins importants par leur pertinence que par la signification qu'ils prennent « aux yeux des masses plébéiennes représentées ». La colère plébéienne est « officiellement représentée par des mandataires qui leur ressemblent et parlent leur langage mais sous une forme politique articulée ».

Le monde ouvrier est, depuis les années 1920, en pleine expansion, en particulier dans le secteur des métaux. Quelque 85 000 emplois sont créés tous les ans dans le secteur secondaire, essentiellement en région parisienne et dans le Nord. Cette progression ouvrière se nourrit de l'immigration étrangère et des ruraux qu'attirent les villes industrielles. Ces ouvriers entendent s'intégrer à la société, les rêves de promotion sociale ou l'engouement pour le logement pavillonnaire en propriété traduisent cette volonté de profiter des fruits de la prospérité. Mais, à partir de 1931, la crise économique plonge le monde ouvrier dans une situation très difficile: chômage, baisse des revenus, précarité... «Le processus d'enracinement social et territorial est remis en cause et pousse à abandonner des stratégies de promotion individuelle pour des stratégies de défense collective.» (S. Courtois, M. Lazar.) Le discours ouvriériste et misérabiliste clamé dans l'indifférence depuis le milieu des années 1920 par les militants communistes devient audible; il apparaît comme une solution à la «quête d'identité sociale, territoriale et culturelle».

Il faut attendre 1935 et même 1936 pour que des ouvriers de plus en plus nombreux fassent confiance au PCF qui peut ainsi constituer des bastions dans de grandes usines: chez Renault, par exemple, les militants communistes passent en quelques mois d'une centaine à plus de 6 000, regroupés dans 55 cellules. Au plan électoral, le PCF progresse de 784 000 électeurs en 1932 à 1 493 000 en 1936 et il peut, ainsi, devenir avec 72 députés une grande force parlementaire. Tribun du monde ouvrier, il s'attache à enraciner son image nationale. Le vocabulaire qu'il utilise puise de plus en plus aux sources du nationalisme traditionnel et même dans des domaines qui peuvent paraître anodins, comme le montrent les termes utilisés dans l'organisation du parti: pour tenir compte des traditions politiques nationales, il est proposé «que le rayon s'appelle section, tout simplement».

Par ailleurs, la recherche de la respectabilité devient un enjeu essentiel. En accueillant les nouveaux députés, Maurice Thorez leur déconseille de porter la casquette lorsqu'ils ont leur écharpe de parlementaire: «Vous le savez bien, personnellement je ne portais pas de chapeau; j'ai commencé à le porter l'année dernière au mois de novembre... des camarades pensaient que cela ferait une révolution à Ivry. Ce n'est pas vrai. Je considère que les ouvriers d'Ivry préfèrent me voir en chapeau qu'en casquette, parce qu'avec une casquette cela pouvait être considéré comme de la démagogie.»

La dimension sociale de l'identité communiste dont témoigne l'origine sociale de nombre de cadres du parti – des ouvriers qualifiés – et de celles des adhérents – des OS et des manœuvres – se double d'une dimension territoriale. Cette seconde dimension naît du triomphe municipal de 1935 qui donne à la banlieue, et en particulier à la banlieue parisienne, son identité politique. C'est ce que dit explicitement et avec fierté *La Voix de l'Est*: «Nous avons maintenant d'un seul tenant Bagnolet, Montreuil, Romainville, Noisy-le-Sec, Bobigny, Drancy. De la porte de Montreuil ou de Bagnolet aux confins de la Seine-et-Oise, on peut pendant des kilomètres et sans aucune interruption, marcher sur la terre communiste.»

LE PROGRAMME DU PCF POUR LES ÉLECTIONS LÉGISLATIVES D'AVRIL-MAI 1936.

«[...] La Nation française, c'est le peuple admirable de notre pays, au cœur généreux, à la fière indépendance et au courage indomptable.
La Nation française, c'est cette somme de glorieuses traditions et de généreuses aspirations, que piétinent les tenants du fascisme.
La Nation française, c'est la pléiade des intellectuels et des représentants de la science qui, devant la décadence de notre pays, se tournent de plus en plus nombreux vers le grand idéal humain qu'est le communisme.
La Nation française, c'est le prolétariat magnifique, amoureux de son travail, en qui vivent les souvenirs de 1793, de 1830, de 1848, de 1871, et en qui s'incarnent les grands espoirs de l'avenir.
La Nation française, c'est la masse des paysans, des fils de Jacques Bonhomme qui, maintes fois, se levèrent contre leurs oppresseurs et qui, pendant la grande Révolution, brûlèrent les titres de propriété des comtes et des marquis, dont les descendants voudraient aujourd'hui faire revivre leurs vieux privilèges.
La Nation française, c'est cette magnifique jeunesse qui, toujours, a incarné les plus pures vertus d'abnégation et de vaillance et en qui sont latentes aujourd'hui les qualités des devanciers qui écrivirent de magnifiques pages de notre histoire.
L'union de la Nation française seule peut redonner à la France le rayonnement qu'elle a perdu.
Seule cette unité peut arrêter la course à l'abîme et faire de notre pays, que nous aimons, un pays fort de l'amour inspiré à tous les peuples.
Le peuple de France veut la paix dans la fraternité internationale. Avec le Parti communiste, il salue dans l'Union soviétique le rempart de la paix et la grande espérance de fraternité humaine.
Il salue dans la fraternité de combat de tous les peuples contre les ennemis de la paix et de la liberté la garantie des victoires de demain. [...]»

N. Racine, L. Bodin, *Le Parti communiste pendant l'Entre-deux-guerres*, Paris, Armand Colin, 1972.

À la fin des années 1930, il existe une véritable identité ouvrière communiste. Le pacte germano-soviétique déchire nombre de militants et rejette, pour un temps, l'ouvrier communiste au ban de la nation. Cette identité se retrempe au moment de la Résistance et éclate, triomphante, dans la France de la Libération.

bibliographie

COURTOIS Stéphane, LAZAR Marc, *Histoire du parti communiste français*, Paris, PUF, 1995.

LAVAU Georges, «Le parti communiste dans le système politique français», *in Le Communisme français*, Cahiers de la FNSP, Paris, Armand Colin, 1969.

Le Front populaire

La gauche et le pouvoir

Après le succès électoral de la gauche en 1932, la montée du chômage, les faillites, les scandales financiers alimentent l'antiparlementarisme qui culmine lors de l'émeute du 6 février 1934. La police tire, faisant de nombreux morts parmi les manifestants qui dénoncent le scandale Stavisky, le régime des voleurs, la « démocrassouille ». Danger fasciste que ces manifestations de l'hiver 1933-1934, alimentées par une puissante campagne de presse ? Toujours est-il que la rue conteste l'honnêteté et la légitimité des parlementaires. On sait la conclusion de René Rémond : « S'imaginer voir dans les ligues un fascisme français, c'est prendre un épouvantail au sérieux : elles n'ont emprunté que le décor du fascisme, revêtant ses oripeaux, mais dépouillant son esprit. » Pourtant, cet épouvantail est une réalité pour les militants de gauche.

Conquérir, exercer ou occuper le pouvoir ?

La conscience qu'ils ont du danger fasciste est si forte qu'elle contribue à remettre en cause toute la stratégie du parti communiste qui abandonne le mot d'ordre « classe contre classe » pour celui de « Front populaire ». Le 6 février 1934 n'est pourtant pas le creuset fondateur de l'unité de la gauche : en avril 1934 encore, Maurice Thorez dénonce « le vomissement social-démocrate » et « l'adversaire social-fasciste ». C'est que l'Internationale n'a pas encore révisé sa stratégie : elle ne le fait qu'au mois de juin 1934. Quelles que soient les péripéties de l'unité de la gauche, sa progression influence toute la vie politique jusqu'aux élections du printemps 1936.

Du côté socialiste, la question du pouvoir est centrale depuis le milieu des années 1920. Lors du congrès de la SFIO, en janvier 1926, Léon Blum explique la différence entre conquête et exercice du pouvoir. La conquête du pouvoir est pour lui un phénomène révolutionnaire même s'il le distingue de l'insurrection violente de caractère blanquiste. Plus que par ses modalités pratiques, la conquête se définit par sa fin : la transformation du régime de la propriété. Il entend ainsi dépasser l'alternative entre réforme et révolution et se distinguer du bolchevisme, héritier à ses yeux du blanquisme. La conquête du pouvoir est cependant un objectif lointain et quelque peu mythique et les socialistes seront, dans la logique de leur action parlementaire, amenés à exercer le pouvoir, même si cet exercice présente des dangers. En particulier, le respect de la légalité risque de provoquer des « déceptions révolutionnaires ». Et Léon Blum de conclure : « Bien qu'en ce qui concerne la conquête du pouvoir, je ne sois pas un légaliste, je le suis en ce qui concerne l'exercice du pouvoir, j'estime que si le déroulement des pratiques parlementaires nous appelle à exercer le pouvoir dans le cadre des institutions actuelles, nous devrons le faire légalement, loyalement, sans commettre cette espèce d'escroquerie qui consisterait à profiter de notre présence au gouvernement pour transformer l'exercice du pouvoir en conquête du pouvoir. » Après le 6 février 1934, Léon Blum est amené à évoquer une troisième possibilité qui s'offre aux socialistes et qu'il définit comme l'occupation du pouvoir. Par rapport à la conquête et à l'exercice, l'occupation du pouvoir a un caractère « purement défensif et préventif ». « Le parti politique du prolétariat occupe le pouvoir gouvernemental pour que le fascisme ou ses complices n'y soient pas, pour empêcher que la force gouvernementale et les forces fascistes se combinent et se coalisent contre lui, pour retrouver les meilleures chances de victoire. »

Non-participation communiste

La victoire électorale du Front populaire n'est pas due à un raz de marée électoral, mais à un changement de tactique au niveau des désistements au second tour de scrutin. Dès 1932, le parti communiste, le parti socialiste et le parti radical détiennent la majorité électorale. En 1936, au soir du premier tour de scrutin, ces trois formations qui totalisent 5 420 790 suffrages ont progressé de 288 560 voix par rapport à 1932. La progression relative est inférieure à 1,5 % de l'électorat inscrit (44,48 % des électeurs inscrits en 1932, 45,94 % en 1936). Seuls les désistements du second tour expliquent la victoire parlementaire de 1936. Au sein de la gauche, le rapport de force a évolué depuis 1932. Le parti socialiste devance maintenant les radicaux, et les communistes progressent nettement en voix et en sièges. En raison de la victoire, les communistes doivent envisager de participer au gouvernement. Comme aux socialistes au moment du Cartel des gauches, la question du pouvoir leur est posée. Léon Blum le fait explicitement au lendemain du second tour de scrutin : « La victoire ne nous paraîtrait pas complète si les communistes ne s'associaient pas à nous dans l'exercice du pouvoir conquis. La déception serait grande dans nos rangs, et sans doute hors de nos rangs. » Les communistes distinguent participation et soutien au gouvernement et déclinent l'offre de participation tout en affirmant leur soutien : « Tant que les conditions ne permettront pas la constitution d'un gouvernement de Front populaire tel que nous le concevons, nous sommes décidés à soutenir de nos votes le gouvernement de gauche réalisant un programme conforme aux intérêts et à la volonté du peuple de France. » Cette position, qui est en contradiction avec la volonté de nombre de militants communistes, renvoie-t-elle aux hésitations de l'Internationale communiste à ce propos ou aux divergences au sein de la direction du PCF où l'on sait que Thorez aurait volontiers accepté l'offre ?

Bilan de l'occupation du pouvoir

Il est clair que la victoire du Front populaire ne peut s'analyser uniquement en termes de victoire parlementaire, et que la vague de grèves avec occupation d'usines qui débute en juin 1936 est pour beaucoup dans l'évolution de la vie politique. Le gouvernement de Léon Blum, que soutiennent les communistes, contraste avec l'atonie de bien des gouvernements de l'entre-deux-guerres et, même si certaines décisions s'avèrent en définitive de mauvaises solutions aux problèmes posés – les quarante heures comme moyen de réduction du chômage –, le bilan que peut dresser le président du Conseil lorsque le Sénat lui refuse les pleins pouvoirs est loin d'être négatif, d'autant plus que l'on ne saurait l'apprécier à l'unique aune de la réussite économique. Comme il l'a lui-même indiqué, Blum a mené une politique dont l'objectif ultime est l'intégration de ceux qui, disait-il, « campaient aux portes de la cité ». Surtout, il s'agit d'une période d'intense mobilisation militante. Pour les hommes et les femmes qui s'engagent alors dans les rangs de la SFIO et plus encore dans ceux du PCF, la dimension antifasciste est souvent la première motivation, car même si les historiens débattent de la réalité du danger en France, aux frontières la menace est bien réelle et se renforce avec le déclenchement de la guerre civile espagnole. La dimension antifasciste est la pierre angulaire de l'engagement de toute une génération. Si on l'oubliait, on ne comprendrait pas le trouble et le désarroi qui vont toucher les militants communistes lors de la signature du pacte germano-soviétique.

Le 14 juillet 1935.
Assis sur le toit d'un taxi, pendant le défilé, M. Pierre Cot, ancien ministre de l'Air, répond aux acclamations de la foule en levant le poing. À ses côtés le professeur Rivet. À gauche, sur le toit de l'automobile : Thorez et Barbusse.

Dès juin 1937, l'expérience Blum cesse et la « gestion loyale » du système en place revient aux radicaux de plus en plus méfiants à l'égard des alliés communistes de la veille. Mais la guerre s'annonce, et ce n'est plus uniquement la politique intérieure mais la politique internationale qui divise forces parlementaires et opinion publique : à Munich déjà s'ouvre une ère nouvelle.

b*ibliographie*

BRUNET Jean-Paul, *Le Front populaire*, Paris, PUF, 1992.

WOLIKOW Serge, *Le Front populaire*, Bruxelles, Complexe, 1995.

Que faire d'un empire colonial ?

Pour la France, dont l'économie est atteinte par la grande crise des années 1930, l'empire colonial apparaît, au moins dans certains secteurs, comme un palliatif aux difficultés des échanges internationaux. Cette situation amène à réexaminer les relations économiques qui se sont tissées entre la France et son Empire. Cette évolution est concomitante de « l'Exposition coloniale internationale et des pays d'outre-mer de Paris » qui, en 1931, accueille quelque 8 millions de visiteurs. Est-ce à dire que les Français acquièrent enfin une conscience impériale ?

Économie de la métropole, économie impériale

Ce qui est sûr, c'est que la mise en cause de la politique coloniale qui s'exprime encore en 1931 par l'organisation d'une exposition anti-impérialiste disparaît au cours des années suivantes. Le PCF passe de l'anticolonialisme qui l'anime au moment de la guerre du Rif à une acceptation des principes coloniaux. En décembre 1937, Maurice Thorez affirme que « le droit au divorce n'est pas l'obligation de divorcer » et, au même moment, dans les *Cahiers du bolchévisme*, le président de la commission coloniale du parti précise le sens de la nouvelle analyse : « Ceux qui n'ayant rien compris ou rien voulu comprendre à la situation politique en France et dans le monde voudraient voir se dresser, aujourd'hui même, les peuples coloniaux dans une lutte violente contre la démocratie française, sous le prétexte de l'indépendance, travaillent en réalité à la victoire du fascisme et au renforcement de l'esclavage des peuples coloniaux. »

Pourtant la place que les colonies ont tenu dans l'économie française suscite de nombreux débats. Dès 1917, Lénine publie *L'Impérialisme, stade suprême du capitalisme* où il entend prouver que l'impérialisme colonial est intrinsèquement lié au développement du capitalisme occidental. La colonisation répond à une logique économique et le pillage des empires coloniaux serait à l'origine de la croissance des économies occidentales.

La France étant l'une des principales puissances coloniales, la part de son empire colonial devrait donc être prépondérante dans son économie. Or en 1913, l'empire colonial n'intervient que peu dans les échanges économiques de la France. Il ne participe que pour 13 % au total des exportations françaises, c'est-à-dire que 87 % des exportations des entreprises françaises se dirigent vers des pays qui ne sont pas sous sa domination politique. De même, l'Empire ne représente que 9,4 % des importations totales du pays. L'empire colonial occupe donc une place réduite par rapport aux échanges internationaux de la France et ces réalités mettent à mal la vulgate marxiste sur l'impérialisme colonial.

Les difficultés économiques de l'entre-deux-guerres vont faire de l'Empire un partenaire commercial essentiel. La progression constante de la part de l'Empire dans les échanges contribue à lui donner un rôle de régulateur et de compensateur des fluctuations de l'économie. Déjà pendant les années 1920, l'Empire a tendance à jouer un rôle accru, mais c'est la crise économique mondiale qui en fait un débouché privilégié pour une partie de l'industrie française en mal de modernisation. Et l'Empire devient le fournisseur privilégié de l'économie métropolitaine en un temps où la contraction des échanges caractérise le commerce international.

Alors que les exportations vers l'étranger diminuent de moitié entre 1930 et 1936, celles destinées à l'Empire ne fléchissent que faiblement. La part des produits français exportés vers l'empire colonial passe de 20 à 33 % entre le début et le milieu des années 1930 et, s'il n'y a pas progression en chiffres absolus, la structure des exportations se modifie complètement. De même pour les importations ; alors que les importations en provenance de l'étranger diminuent de moitié, celles qui proviennent de l'Empire progressent : par rapport à l'ensemble des importations, elles passent de 12,5 % en 1930 à 28,5 % en 1936. Peut-on, pour autant, conclure que s'est alors développée une stratégie de repli impérial du capitalisme français ?

UNE STRATÉGIE ANTICIPATRICE.

La chambre de commerce de Lyon, où les soyeux jouent un rôle prépondérant, dénonce régulièrement le protectionnisme qui anime les industriels du coton et se fait même parfois anticipatrice comme le montre ces prises de position de juillet 1926.

« Nous ne pouvons rien... contre ce fait géographique que nos possessions éloignées – si elles veulent se développer – sont obligatoirement tenues de commercer avec les pays qui les environnent, de vivre dans un monde différent du nôtre, dans lequel elles doivent rester libres de s'assurer des débouchés plus voisins et plus lucratifs que ceux que leur offrent les échanges commerciaux avec la métropole... Ainsi dans un siècle, l'Empire français pourrait devenir un ensemble diplomatique et économique harmonieux, réglé par des conventions douanières créatrices de richesses pour les colonies et pour la métropole vivant dans la paix son plein épanouissement [...]. »

« Le monde du XXe siècle, plus petit et plus solidaire. », *in* J. Marseille, *op. cit.*, pp. 228-230.

Stratégies pour l'Empire

La réponse est plus complexe qu'il n'y paraît. L'économie française a une structure duale et toutes ses composantes ne développent pas la même stratégie face à la dépression des années 1930. L'évolution de la part représentée par l'Empire dans différents secteurs de l'économie souligne cet aspect. Seuls les secteurs les moins compétitifs choisissent préférentiellement le repli impérial afin de pouvoir écouler leur production sur un marché protégé. Alors que les exportations de produits chimiques en direction de l'Empire ne progressent que de 8 à 12 % entre 1929 et 1938, celles de tissus de coton qui atteignaient déjà 50 % en 1929 passent à 85 % en 1938.

Dans une situation de crise économique, trois stratégies divergentes peuvent être distinguées. La première est définie par Albert Sarraut, radical, longtemps ministre des Colonies (1920-1924, 1932-1933). Lors de la conférence économique de la France métropolitaine et d'outre-mer, en décembre 1934, il la définit comme une politique d'« autarchie », au sens de repliement économique au sein d'une zone protégée. Lorsqu'il utilise autarchie, Sarraut veut dire autarcie. Il propose « d'organiser à titre de système défensif une sorte d'autarchie » dont le programme serait d'« intensifier la production coloniale et les échanges avec la métropole, c'est-à-dire d'établir un régime privilégié permettant à la métropole d'écouler aux colonies ses produits fabriqués et d'absorber la production coloniale ». Il faut remarquer qu'au même moment, l'Angleterre, bastion du libre-échange, se rallie à une politique de *national self-sufficiency*, ou d'auto-suffisance nationale. Et John Maynard Keynes affirme dans une étude de 1933 : « Dans les circonstances du moment, les avantages de la politique d'auto-suffisance sont très supérieurs à ceux qu'une nation obtiendrait par la spécialisation internationale. » Cette politique de repli sur soi est en fait celle de l'industrie cotonnière, et en particulier des industriels vosgiens qui entendent protéger leur production de la concurrence anglaise.

La deuxième solution est celle des libéraux, souvent liés aux industries de luxe, comme la soierie – et la chambre de commerce de Lyon joue ici un rôle essentiel – qui souhaitent la suppression de la zone impériale protégée. Edmond Giscard d'Estaing représente bien ce point de vue. Il faut produire le plus possible au plus bas prix possible pour s'adapter aux conditions du marché, restructurer les secteurs peu productifs et mettre en valeur l'Empire en intégrant sa production à l'économie mondiale.

La troisième solution est celle de l'industrialisation des colonies. Cette stratégie anticipatrice s'exprime assez vigoureusement à travers les propos d'un polytechnicien, Paul Bernard, administrateur de société en Indochine. Pour lui, les colonies sont appelées à évoluer. L'industrialisation présente, outre son intérêt économique, l'avantage de résoudre les contradictions de la colonisation française qui éduque des élites indigènes sans leur donner de véritables responsabilités. « Ayant ainsi rejeté ces élites du processus de la production, nous ne devrions pas nous étonner de les voir encombrer les carrières dites libérales et administratives. Il serait encore moins juste de les en blâmer, car c'est nous-mêmes, en les contraignant au métier d'avocat sans cause ou de fonctionnaires sans initiative et sans responsabilité, qui préparons une génération d'aigris et de ratés, levain des troubles politiques du lendemain. »

La plus grande France. Affiche pour l'Exposition coloniale à Paris (1931).

Les Français ont tardé à prendre conscience de leur empire colonial et l'exposition coloniale a sans doute eu une influence plus superficielle que réelle. Quoi qu'il en soit, au moment où la crise des années 1930 atteint la France, le capitalisme français peine à définir une politique acceptée par toutes ses composantes pour intégrer l'empire colonial à son développement.

bibliographie

MARSEILLE Jacques, *Empire colonial et capitalisme français, histoire d'un divorce*, Paris, Albin Michel, 1984.

Les mouvements d'émancipation dans les colonies *(L'exemple du Vietnam)*

Le nationalisme moderne est né au Vietnam dans les trois premières décennies du XXe siècle. Le processus de cristallisation de ces idées et les premières manifestations d'une volonté d'émancipation à l'égard de la colonisation française sont le fruit d'une évolution complexe qui présente l'ensemble des forces politiques, culturelles et sociales à l'œuvre dans les colonies européennes.

Une première génération nationaliste entre Orient et Occident

L'émergence du nationalisme est dans une large mesure une rupture avec un passé devenu synonyme de défaite et d'humiliation. Même si les forces traditionnelles du Vietnam ont opposé une résistance farouche à la conquête française, elles sont déconsidérées car leur défaite peut être interprétée comme la victoire des valeurs occidentales, modernes et dynamiques, sur les valeurs confucéennes, responsables de l'ankylose du Vietnam. Une nouvelle génération d'intellectuels cherche à redéfinir la nation vietnamienne sur des bases modernes et à doter la résistance à la domination étrangère d'un arsenal d'idées efficaces en s'inspirant de modèles politiques étrangers. La première source d'inspiration est « le voyage vers l'Est ». Ainsi, Phan Boi Chau (1867-1940), fasciné par la victoire du Japon sur la Russie en 1905, s'exile au Japon et suit attentivement le développement du Guomindang chinois. Il tente de former une élite révolutionnaire pour qui la violence doit permettre de débloquer la situation de sujétion coloniale. Le « voyage vers l'ouest » nourrit aussi la réflexion nationaliste. La métropole est un modèle d'État-nation moderne qui pourrait permettre de revivifier la nation vietnamienne. Phan Chau Trinh (1872-1926) est un exemple de ce nationalisme moderniste qui insiste sur l'éducation des masses et l'implantation de la démocratie. À la différence de Phan Boi Chau, Phan Chau Trinh refuse la voie de la violence : il espère s'appuyer sur les forces progressistes de métropole (socialistes, radicaux, francs-maçons...) pour obtenir une participation de plus en plus grande des Vietnamiens à la vie publique. Ce réformisme patient cherche en quelque sorte à profiter de la colonisation pour moderniser le Vietnam.

Nationalisme et communisme

Dans les années 1920 émerge une seconde génération, plus jeune et plus radicale, conséquence involontaire de la colonisation qui a favorisé, dans les villes, l'éclosion d'une bourgeoisie moderne et qui, par la mise en place d'écoles secondaires, a multiplié le nombre des intellectuels vietnamiens occidentalisés, sans leur offrir les responsabilités qu'ils seraient en droit d'espérer. Ces jeunes intellectuels des années 1920 rejettent les pesanteurs des relations familiales et sociales traditionnelles et sont fascinés par les idéologies de la gauche européenne (féminisme, pacifisme...). Leurs moyens d'action sont nombreux : tracts, manifestes, journaux, organisation de manifestations ou de grèves, en particulier dans les écoles. Des partis révolutionnaires clandestins très disciplinés se constituent, comme le Vietnam Quoc Zan Dang (VNQZD) de Nguyen Thai Hoc, fondé sur le modèle du Guomindang chinois. Le recours à la violence est systématique. Le meilleur symbole de cet activisme est la multiplication des attentats terroristes et, surtout, le soulèvement de la garnison de la forteresse de Yen Bay sur le fleuve Rouge, en février 1930.

L'émergence du communisme au Vietnam offre des solutions nouvelles. L'acclimatation de cette idéologie occidentale aux réalités vietnamiennes a été lente et complexe : Hô Chi Minh se convertit au communisme dès 1920 (il participe au congrès de Tours) et le marxisme-léninisme se diffuse dans l'intelligentsia vietnamienne dès le milieu des années 1920, mais il faut attendre février 1930 pour que se constitue le parti communiste vietnamien qui devient le parti communiste indochinois à l'automne de la même année. Le communisme semble très tôt avoir exercé une profonde séduction sur la jeunesse nationaliste vietnamienne car il associe modernisation et indépendance, libération nationale et libération sociale, lutte nationale et soutien international du Komintern. La diffusion d'une identité nationale moderne et largement occidentalisée dans une population dont l'outillage mental reste très traditionnel se révèle difficile. Le terrain est pourtant favorable. En effet, la colonisation a déstabilisé les paysanneries ; la lourdeur de fiscalité coloniale, la corruption des notables, l'accaparement des terres par la bourgeoisie locale s'exacerbent pendant les années 1930. De plus, la modernisation économique du Vietnam a entraîné l'apparition de noyaux ouvriers dans les villes et dans les grandes plantations d'hévéas. Ces couches s'agitent dès le milieu des années 1920 : les premières grèves ou la renaissance du millénarisme populaire autour des sectes (caodaïsme et secte Hoa Hao) révèlent des potentialités qui peuvent être mises au service de la lutte anti-coloniale. La force du communisme est d'offrir aux intellectuels les moyens idéologiques et les structures (syndicats, mutuelles, fraternités...) susceptibles de canaliser ces mouvements sociaux. L'encadrement par les communistes de l'agitation révolutionnaire des campagnes misérables du nord de l'Annam (Nghê Tinh et Nghê Anh), la mise en place de Xo Viet (soviets) en 1930-1931 dans ces provinces montrent que le communisme est déjà solidement implanté dans certaines régions et chez certaines catégories sociales.

LES THÈSES POLITIQUES DU PARTI COMMUNISTE INDOCHINOIS (1930).

« [...] La révolution démocratique bourgeoise est la période de préparation de la révolution socialiste. La révolution démocratique bourgeoise consiste essentiellement, d'une part, à effacer les vestiges du féodalisme, à liquider les méthodes d'exploitation précapitaliste et à réaliser à fond la réforme agraire, d'autre part à renverser complètement l'impérialisme français et à rendre l'Indochine complètement indépendante. Ces deux aspects de la lutte sont intimement liés, car ce n'est qu'en renversant l'impérialisme qu'on peut abolir la classe des propriétaires fonciers et réaliser avec succès la révolution agraire, et ce n'est qu'en anéantissant le régime féodal qu'on peut renverser l'impérialisme.

Pour réaliser ces tâches essentielles, il est indispensable d'instituer le pouvoir des Soviets d'ouvriers et de paysans. [...]

Les tâches essentielles de la révolution démocratique bourgeoise sont :

1. Renverser l'impérialisme français, le féodalisme et les propriétaires fonciers.
2. Instituer le gouvernement des ouvriers et des paysans.
3. Confisquer toutes les terres des propriétaires fonciers étrangers et autochtones et des églises, les remettre en possession aux paysans moyens et aux paysans pauvres, le droit de propriété appartenant au gouvernement des ouvriers et des paysans.
4. Nationaliser toutes les grandes entreprises des capitalistes étrangers.
5. Abolir les impôts et taxes actuels, créer l'impôt progressif.
6. Décréter la journée de travail de 8 heures, améliorer la vie des ouvriers et des masses laborieuses.
7. Faire de l'Indochine un pays complètement indépendant, en reconnaître le droit d'autodétermination des peuples.
8. Mettre sur pied une armée des ouvriers et des paysans.
9. Promouvoir l'égalité des sexes.
10. Soutenir l'Union soviétique ; s'allier au prolétariat mondial, au mouvement révolutionnaire dans les colonies et semi-colonies. »

In Jacques Dalloz, *Textes sur la décolonisation*, Paris, PUF, coll. « Que sais-je ? », 1989, pp. 10-11.

Une métropole impuissante

La vigueur des nationalismes vietnamiens et l'échec de leurs tentatives de subversion s'expliquent en partie par la réaction du pouvoir colonial. Ce dernier oscille entre deux solutions. La première est la répression systématique et sans nuances des mouvements nationalistes. La seconde, plus subtile, associe promesses et concessions ponctuelles. Lancée par le gouverneur général Albert Sarraut (en poste de 1911 à 1914 et de 1916 à 1919) à la fin des années 1910, elle met en avant le thème de la « collaboration franco-annamite » pour la modernisation économique et politique du Vietnam ; pratiquée dans les années 1920, elle l'est à nouveau au moment du Front populaire. Aucune de ces deux politiques ne permet de résoudre le problème posé par l'émancipation du Vietnam. Le dialogue devient peu à peu impossible entre le pouvoir colonial et des nationalistes soit trop radicaux parce qu'ils ont été pourchassés par la Sûreté, soit sans audience parce qu'ils se sont laissé associer à une politique qui ne vise qu'à maintenir le Vietnam dans l'Empire français. En dépit de la répression coloniale, les communistes indochinois continuent leur patient travail clandestin en s'appuyant sur des bases arrière comme le Siam, Hong Kong ou le Yunnan. La défaite de juin 1940 et l'entrée des troupes japonaises au Vietnam offrent au PCI une occasion inespérée d'unir toutes les forces nationalistes dans un front commun, le *Viet Minh*, contre les « fascistes » français et japonais (mai 1941).

L'émergence du nationalisme vietnamien est un cas exemplaire des mouvements d'émancipation qui agitent les colonies européennes entre les années 1900 et 1960. Le Vietnam se singularise par la précocité et la vigueur du nationalisme. La complexité des mouvements nationalistes dans les colonies résulte du jeu entre des forces qui n'ont pas partout la même vigueur et dont l'entrée en scène peut être décalée dans le temps en fonction de l'histoire précoloniale, de l'ampleur des transformations subies par la colonie ou de l'attitude de la métropole à l'égard du territoire concerné. La forte identité ethno-culturelle des Vietnamiens par rapport à d'autres peuples colonisés par la France a, sans aucun doute, favorisé l'émergence précoce d'un nationalisme moderne. Les causes de la réussite de l'implantation du communisme, la précocité de la logique de la violence au Vietnam sont en revanche des sujets de débat qui restent ouverts.

bibliographie

BROCHEUX Pierre, HEMERY Daniel, *Indochine. La colonisation ambiguë 1858-1954*, Paris, La Découverte, 1995.

Hô Chi Minh, de l'Indochine au Vietnam, Paris, Gallimard, coll. « Découvertes », 1992.

Le syndrome de Vichy

Le dossier de Vichy s'enrichit chaque jour de nouveaux éléments, depuis le passé controversé d'un président de la République à la spoliation des biens juifs à Paris en passant par la responsabilité des hauts fonctionnaires qui ont servi l'État français, sans compter les innombrables biographies des principaux protagonistes. Cette situation amène à parler d'un véritable syndrome de Vichy, c'est-à-dire de « l'ensemble hétérogène des symptômes, des manifestations, en particulier dans la vie politique, sociale et culturelle, qui révèlent l'existence d'un traumatisme engendré pendant l'Occupation, particulièrement celui lié aux divisions internes, traumatisme qui s'est maintenu, parfois développé, après la fin des événements » (Henry Rousso).

Renouveau historiographique

Longtemps l'attitude la plus commune par rapport à la France de Vichy fut de considérer l'État français comme un épisode qu'il fallait s'efforcer d'oublier et qui ne constituait qu'une parenthèse déchirante mais brève entre la troisième et la quatrième République. Cette attitude n'a plus cours aujourd'hui ; la mémoire est constamment ravivée par les procès, les débats télévisés et l'abondance des ouvrages sur le sujet.

En quelque vingt-cinq ans, le paysage s'est, en la matière, complètement transformé. Le changement peut être précisément daté. L'ouvrage d'Yves Durand, paru à la fin de 1972, a mis a mal la thèse de la singularité des quatre années noires et souligné que l'État français et la Révolution nationale n'étaient pas sans rapport avec la continuité historique française : Vichy n'est pas une simple parenthèse ou une anomalie rompant totalement avec le climat politique de la troisième République. Mieux, les circonstances exceptionnelles du temps ont fait de Vichy le révélateur de certaines tendances profondes de la société. En 1973 paraît la traduction du livre de Robert Paxton qui arrive à la conclusion que « voulant sauver l'État, Vichy a failli perdre la nation et l'État ». Et l'auteur n'esquive pas les questions que peut se poser chacun d'entre nous dans son for intérieur : « Lorsqu'il fallut choisir – et le choix était dramatique – entre deux solutions, faire son travail, donc courir des risques moraux et abstraits, ou pratiquer la désobéissance civile, donc s'exposer à des dangers physiques et immédiats, la plupart des Français ont poursuivi leur travail. L'auteur et les lecteurs de cet ouvrage auraient peut-être été tentés, hélas, d'en faire autant. » Les polémiques suscitées par ces ouvrages, surtout le second, ravivent celles nées de la projection du film de Marcel Ophuls, *Le Chagrin et la Pitié*, sorti en salle en avril 1971, et qui dut attendre plus de dix ans pour être présenté à la télévision en octobre 1981.

Avec les années 1970 et surtout les années 1980, de nouvelles générations d'historiens, qui n'ont pu connaître Vichy et qui, de plus en plus, peuvent accéder à des archives jusque-là non consultables, vont contribuer à transformer la vision de la période et à intégrer celle-ci dans une continuité. Ne prenons que deux exemples : la politique du logement et celle de l'aménagement du territoire, qui devaient se développer après 1945, ont été préparées par des études techniques menées par les services de Vichy et parfois appliquées par des hauts fonctionnaires

APRÈS MONTOIRE, ALLOCUTION RADIODIFFUSÉE DU MARÉCHAL PÉTAIN, 30 OCTOBRE 1940.

« Français ! J'ai rencontré, jeudi dernier, le Chancelier du Reich. Cette rencontre a suscité des espérances et provoqué des inquiétudes. Je vous dois à ce sujet quelques explications.
Une telle entrevue n'a été possible, quatre mois après la défaite de nos armes, que grâce à la dignité des Français devant l'épreuve, grâce à l'immense effort de régénération auquel ils se sont prêtés, grâce aussi à l'héroïsme de nos marins, à l'énergie de nos chefs coloniaux, au loyalisme de nos populations indigènes. La France s'est ressaisie. Cette première rencontre entre le vainqueur et le vaincu marque le premier redressement de notre pays.
C'est librement que je me suis rendu à l'invitation du Führer. Je n'ai subi, de sa part, aucun "diktat", aucune pression. Une collaboration a été envisagée entre nos deux pays. J'en ai accepté le principe. Les modalités en seront discutées ultérieurement. [...]
Celui qui a pris en mains les destinées de la France a le devoir de créer l'atmosphère la plus favorable à la sauvegarde des intérêts du pays. C'est dans l'honneur et pour maintenir l'unité française, une unité de dix siècles, dans le cadre d'une activité constructive du nouvel ordre européen que j'entre aujourd'hui dans la voie de la collaboration. Ainsi, dans un avenir prochain, pourrait être allégé le poids des souffrances de notre pays, amélioré le sort de nos prisonniers, atténuée la charge des frais d'occupation. Ainsi pourrait être assouplie la ligne de démarcation et facilités l'administration et le ravitaillement du territoire.
Cette collaboration doit être sincère. Elle doit être exclusive de toute pensée d'agression, elle doit comporter un effort patient et constant.
L'armistice, au demeurant, n'est pas la Paix. La France est tenue par des obligations nombreuses vis-à-vis du vainqueur. Du moins reste-t-elle souveraine. Cette souveraineté lui impose de défendre son sol, d'éteindre les divergences de l'opinion, de réduire les dissidences de ses colonies.
Cette politique est la mienne, les ministres ne sont responsables que devant moi. C'est moi seul que l'histoire jugera. Je vous ai tenu jusqu'ici le langage d'un père : je vous tiens aujourd'hui le langage du chef. Suivez-moi ! Gardez votre confiance en la France éternelle ! »

D'après Yves Durand, *Vichy, 1940-1944, op. cit.*

qui ont servi aussi bien l'État français que la quatrième, voire la cinquième République.

Réalités vichyssoises

Désormais Vichy n'apparaît plus comme le bouclier qui a pu protéger les Français contre la sauvagerie nazie, et le mythe de la connivence secrète entre le bouclier (Pétain) et le glaive (de Gaulle) n'a plus guère de fondements. D'autant que la politique de collaboration n'est pas le résultat d'une demande allemande, mais une offre qui émane de l'État français. Vichy forge la trilogie « Travail, Famille, Patrie » pour effacer la devise républicaine « Liberté, Égalité, Fraternité » associée « aux mensonges qui nous ont fait tant de mal », selon les termes du maréchal Pétain. Elle symbolise la Révolution nationale qui doit permettre de renouer avec les vertus anciennes.

La patrie, c'est avant tout la terre de France. Une terre purifiée des communistes, des francs-maçons, des juifs et des métèques. L'enracinement au terroir devient le fondement de la citoyenneté. D'où la politique de réexamen des dossiers de naturalisations postérieurs à 1927 et la promulgation du statut des Juifs en octobre 1940 qui définit le Juif comme « toute personne issue de trois grands-parents de race juive ou de deux grands-parents de la même race, si son conjoint est lui-même juif ». Tout individu qui tombe sous le coup de ce statut ne peut plus exercer de fonctions publiques. Xavier Vallat, commissaire général aux Questions juives, en profite pour faire la leçon à Théodor Danneker, responsable du Sonderkommando antijuif : « Je suis un plus vieil antisémite que vous. » Le statut du 2 juin 1941 supprime la référence à la race pour la remplacer par celle à la religion. Différent de celui des nazis, l'antisémitisme de Vichy contribue cependant à la solution finale ; l'État français livre les juifs étrangers de la zone Sud et assure leur transport, après les avoir regroupés à Drancy, jusqu'à la frontière.

Longtemps le « bon » Vichy, celui de Pétain, fut opposé au « mauvais », celui de Laval. Entre eux, les divergences existent et le second ne prend pas très au sérieux la Révolution nationale prônée par le premier mais tous deux ont, après la débâcle, procédé à la même analyse : la guerre allait bientôt finir et l'Allemagne nazie serait victorieuse. De ce postulat découle leur politique, même si l'on peut distinguer plusieurs inflexions dans la pratique politique de l'État français – entre juillet 1940 et avril 1942, sept remaniements ministériels –, de plus en plus soumis aux nécessités d'une guerre mondiale qui dure et qui tourne au désavantage du IIIe Reich.

Le collaborationnisme et la Révolution nationale ont trop souvent masqué une autre réalité de Vichy incarnée par des technocrates qui veulent voir dans l'État français un gage d'efficacité. Vichy est une période intense en matière de transformation et de modernisation de l'économie française. Pendant la guerre, la rationalisation et la concentration industrielles, préconisées par le grand patronat et les technocrates, à rebours de la propagande officielle qui chante plutôt les louanges de la petite entreprise et de l'artisanat, ont progressé. Le régime n'est pas une parenthèse dans l'histoire économique de la France, mais une préfiguration de la planification et de l'organisation économique qui prend toute sa signification sous la quatrième République.

Les nouvelles lectures de Vichy soulignent que l'État français est une étape dans l'histoire politique, culturelle, économique et sociale de la France. Elles montrent que la compréhension des années 1940-1944 doit se faire dans la longue durée : on ne peut comprendre Vichy en ignorant la troisième et la quatrième République, et on ne peut pas saisir certaines tendances de la France du XXe siècle si l'on considère cette période comme une parenthèse.

bibliographie

AZÉMA Jean-Pierre, *De Munich à la Libération*, Paris, Seuil, coll. « Points Histoire », 1979.

DURAND Yves, *Vichy, 1940-1944*, Paris, Bordas, 1972.

PAXTON Robert, *La France de Vichy, 1940-1944*, Paris, Seuil, 1973.

ROUSSO Henry, *Le syndrome de Vichy, 1944 à nos jours*, Paris, Seuil, coll. « Points Histoire », 1990.

Collaborateurs et collaborationnistes

Vichy n'est pas un bloc comme les gaullistes et la gauche ont eu tendance à le dire. Ses adversaires ne distinguent pas les clivages qui divisent les différents courants, les contradictions qui minent des familles politiques que les circonstances ont amené à cohabiter. Vu de l'intérieur, « Vichy est aussi divers à un moment quelconque de son existence que dans le temps », et Stanley Hoffmann évoque à son propos une « dictature pluraliste ».

Diversité de la collaboration d'État

La collaboration d'État comme le collaborationnisme parisien sont, au plan idéologique, des phénomènes dont la complexité est accentuée par le caractère de revanche qu'ont ces quatre années pour des générations tenues jusque-là à l'écart du pouvoir. « Comme toutes les grandes crises, la débâcle a éliminé les gens en place et donné leur chance à des hommes plus jeunes : hommes mûrs, arrivés à cet âge où l'on sait qu'il est temps de réaliser après avoir appris, mais bridés jusque-là par l'absence de compétition dans une société française à démographie pauvre et économie malthusienne ainsi que par le respect pour la génération précédente, héroïsée par la guerre et la victoire. Formés à l'esprit d'une même génération, ces hommes de quarante ans peuvent être par là réunis à Vichy sans venir pour autant du même milieu et chercher à servir forcément les mêmes intérêts. » (Y. Durand.) Cette prépondérance de la génération née au tournant du siècle dans la mouvance collaboratrice et collaborationniste a sa contrepartie, après la défaite allemande, dans l'effacement relatif de ces générations au sein des droites.

Du 10 juillet au 13 décembre 1940, après les manœuvres de Laval pour obtenir le vote des pleins pouvoirs et la poignée de main de Montoire entre Hitler et Pétain, l'habileté tactique de Laval tient les conservateurs traditionalistes et les maurrassiens en lisière du pouvoir. Après le coup de force du 13 décembre contre Laval, les principes républicains et ceux de la Révolution de 1789 sont remis en cause. Alors s'affrontent les idéologues maurrassiens, des technocrates férus d'efficacité mais aussi des parlementaires libéraux dont Flandin est le représentant le plus éminent. Le bref passage au pouvoir du président de l'Alliance démocratique est plus qu'un épisode dans l'histoire de Vichy : il marque le ralliement d'une partie de la droite modérée, conservatrice et libérale, à l'État français. Ces hommes, soucieux de réformer l'État depuis l'entre-deux guerres, acceptent l'autoritarisme et la mise sous le boisseau des principes démocratiques avant de défendre à nouveau, mais seulement après 1943, le retour au suffrage universel. L'Alliance des républicains de gauche, émanation de l'Alliance démocratique, est le groupe de parlementaires le plus surreprésenté au sein du Conseil national. Alors qu'il ne rassemble que 7 % des députés en 1939, ses parlementaires représentent 22 % de ceux qui sont membres du Conseil national. Pour la Fédération républicaine, les pourcentages sont respectivement 10 % et 14 %. Cette période est aussi celle où des technocrates se rallient au régime au nom de l'efficacité. Un professeur à la faculté de droit de Montpellier le note avec satisfaction à propos du statut des fonctionnaires de 1941 : « La Révolution nationale a fait en un an ce que le régime précédent n'avait pas réussi à faire en plus d'un siècle. » De même Jean Berthelot, ingénieur des chemins de fer et secrétaire d'État aux communications de septembre 1940 à avril 1942, se réjouit de pouvoir enfin réaliser la rationalisation des transports parisiens. Ces techniciens veulent ignorer les implications idéologiques de leur engagement. Cette tendance culmine avec Pierre Pucheu, ministre de l'Intérieur de juillet 1941 à avril 1942. Se voulant étranger à toute idéologie, bien qu'ancien du PPF, écartant d'un revers de main la spéculation intellec-

DE VICHY À LA RÉSISTANCE.

François Valentin, député de la Fédération républicaine en 1936, mobilisé en 1939, devient le directeur général de la Légion des combattants avant de choisir la Résistance. Inéligible à la Libération – il a voté oui le 10 juillet 1940 – il est le représentant à Paris du général de Lattre de Tassigny avant de renouer avec la vie parlementaire une fois l'amnistie votée.

« Le 29 août, la Légion célébrera le troisième anniversaire de sa création. Jusqu'au retour au pouvoir de Pierre Laval, j'ai été le directeur général de la Légion. À ce titre, et quelles qu'aient été mes intentions, j'ai pu contribuer à tromper sur leurs devoirs de bons Français, légionnaires ou non... Un cri de colère monte de nos cœurs quand nous jetons un regard sur le chemin parcouru depuis trois ans et que, nous rappelant les espérances d'alors, nous constatons à quelles réalités nous avons été conduits, de lâchetés en lâchetés [...]. Il n'y a plus de place pour l'hésitation : il n'est pas d'autre devoir que de rallier sans arrière-pensée les rangs des mouvements de Résistance. »

Message de François Valentin diffusé le 28 août 1943 par la BBC à l'occasion du troisième anniversaire de la Légion des combattants.

tuelle et même l'émotion, il doit faire face à la tragédie des fusillés de Châteaubriant en octobre 1941. En strict terme comptable, le nombre des fusillés de Châteaubriant est réduit de 100 à 50 mais le ministre de l'Intérieur couvre lui-même le choix des victimes, refusant la première liste présentée par les Allemands car composée d'anciens combattants décorés de la croix de guerre ou de la médaille militaire mais gardant le silence lors de la présentation de la seconde, exclusivement composée de communistes. De cette décision, le chef de l'État se sent déshonoré et il envisage même de se constituer prisonnier, comme le révèle Marc Ferro dans la biographie qu'il lui a consacrée.

La période de Révolution nationale est celle où les contradictions sont les plus vives entre les idéologues du régime, les conservateurs traditionalistes qui se méfient fondamentalement de l'État, et les collaborationnistes parisiens qui aspirent à un État fort, appuyé sur un parti unique, directement inspiré du modèle fasciste mais purgé de sa composante nationaliste, trop sulfureuse en ces temps d'occupation.

Diversité du collaborationnisme

Dès juillet 1940, Laval avait invité Marcel Déat à mettre en place un parti unique mais il se heurte à l'hostilité de Jacques Doriot, du colonel de La Rocque et surtout de l'Action française. L'ancien néo-socialiste abandonne la dénonciation de l'embrigadement fasciste et choisit, par souci d'unanimisme, le camp nazi. Première grande organisation née après la défaite, le Rassemblement national populaire entend fondre dans une même mystique des activistes du mouvement social révolutionnaire, des anciens combattants, des néo-socialistes et surtout des inorganisés, mais la fusion ne se réalise pas réellement et les effectifs stagnent. En 1942, le mouvement compte, à peine, 15 000 à 20 000 adhérents. Le collaborationnisme n'envisage son triomphe que dans une Europe allemande où la France se dissoudrait en tant que nation. Déat milite pour l'instauration d'un national-socialisme collaborationniste et le RNP devrait devenir «la section française de la nouvelle Internationale européenne». Sa démarche est aux antipodes de celle de Doriot, partisan de l'éviction de Laval et de l'arrivée au pouvoir de Flandin puis de Darlan. Alors que le premier dénonce les côtés réactionnaires de la révolution nationale, le second souhaite son approfondissement et se veut l'homme du maréchal.

Le retour de Laval au pouvoir en avril 1942 et l'occupation totale du territoire par les troupes allemandes marquent le terme de la mystique pétainiste qui a rallié une grande partie des droites et entraîné une série de reclassements essentiels à la survie de ces familles politiques après la Libération. La collaboration dans l'Europe hitlérienne est acceptée par Laval mais elle est, de plus en plus, subie par Pétain. En dépit des tensions, la rupture entre le maréchal et les Allemands ne se produit pas, même si Abetz a envisagé son éventualité en décembre 1943. La dissolution de l'État et l'édification de communautés conservatrices ne sont plus de saison. Les conservateurs voient leur territoire amputé par les fascistes et les fascisants sous l'effet d'un triple mouvement: au sein des institutions créées par Vichy, les activistes occupent de plus en plus le devant de la scène; deuxièmement, le Service d'ordre légionnaire et la Milice de Darnand s'engagent dans la répression des résistants; enfin, au sein du gouvernement sont nommés des proches des collaborationnistes parisiens dans l'espoir irréaliste de diminuer les critiques adressées à l'État français. Par contrecoup, ces décisions entraînent le départ des conservateurs qui comprennent que la collaboration et les collaborationnistes pourraient bien être plus dangereux que la République qu'ils ont tant décriée. Somme toute, la «gueuse» ne les a pas éliminés physiquement.

LETTRE DE FRANÇOIS VALENTIN À XAVIER VALLAT, LE 24 AOÛT 1943, APRÈS SON ENTRÉE DANS LA RÉSISTANCE.

«La colère que mon attitude provoque dans les milieux marxistes me prouve que je n'ai pas mal visé. Ils sont furieux de mon intrusion dans la résistance, dont ils voudraient faire (et ont presque fait) une chasse gardée. Les autres vont croire que je suis passé à l'ennemi, à la Loge, aux Juifs et aux francs-maçons. Mon seul but, à l'inverse, est de tenter de déjouer leurs manœuvres, d'avoir le droit de parler et d'agir si j'en sors, d'avoir fourni un "martyr" à mes amis si je dois y rester. La "révolution" qui nous menace n'a rien de "nationale", hélas! Sous prétexte qu'ils ont peur du communisme, une masse de bons bourgeois se jettent dans les bras de l'Allemagne... C'est là l'atout majeur du communisme, bien plus qu'une victoire militaire de la Russie. Essayer de neutraliser cette trahison morale me paraît un devoir national. Cela me paraît la seule façon de sauver ce qui peut l'être de l'unité du pays et de ne pas être complètement éliminé de la réorganisation de l'après-guerre.»

Cité dans Olivier d'Ormesson, *François Valentin, 1909-1961*, préface d'Henri Massis, Paris, Berger-Levrault, 1964, p. 86.

La complexité même de Vichy, les reclassements et les évolutions qui se soldent, à partir de 1943, par des passages à la résistance, active ou non, permettent aux forces de droite, laminées à la Libération, de se reconstituer assez vite dans la France de la quatrième République.

b*ibliographie*

AZÉMA Jean-Pierre, *De Munich à la Libération*, Paris, Seuil, coll. «Points Histoire», 1979.

SIRINELLI Jean-François (dir.), *Les Droites françaises. De la Révolution à nos jours*, Paris, Gallimard, coll. «Folio», 1995.

Le monde en 1945

1914-1945, la période s'ouvre par un conflit qui devient total et dans lequel la frontière entre front et arrière s'estompe. Elle se clôt par une autre guerre, mondiale, où cette frontière disparaît complètement. L'adversaire est aussi bien le civil que le militaire et chaque camp utilise les bombardements stratégiques. À Dresde, le bombardement de février 1945 fait 100 000 victimes. Parmi les 50 millions de victimes du conflit, les non-combattants sont particulièrement nombreux en Europe continentale.

L'Europe affaiblie et contestée

À la différence du premier conflit mondial qui connaît une assez rapide stabilisation des fronts, la Seconde Guerre mondiale est marquée d'emblée par le triomphe de la guerre de mouvement mise en œuvre par le IIIe Reich. À l'ouest comme à l'est, des territoires immenses sont conquis par les armées allemandes. L'offensive à l'ouest et l'invasion provoquent des politiques de collaboration au niveau des pouvoirs publics. Ces politiques délibérément choisies par les Laval et les Quisling entraînent le déclenchement de véritables guerres civiles dont les conséquences marquent pour plusieurs générations les mémoires. L'offensive à l'est et l'invasion de l'URSS dans le cadre de l'application du plan Barbarossa se doublent d'une volonté d'extermination des Juifs qui va mener à Auschwitz et à la destruction des Juifs d'Europe. Mais, dès l'année 1942, le Blitzkrieg cède le pas à la « guerre des sorciers », la guerre des V2 et de l'atome. Elle s'achève à Hiroshima et à Nagasaki, les 6 et 9 août 1945. À Hiroshima, le nombre des victimes dépasse les 150 000 dont 80 000 morts. Sous le feu nucléaire, le Japon accepte la capitulation.

La guerre s'achève à peine en Europe que déjà éclatent des flambées de violence dans le monde colonial : le 8 mai 1945, alors que l'Algérie fête la victoire des Alliés, une manifestation musulmane entraîne des massacres à Sétif. Elle est suivie d'une répression féroce. Mais plus encore qu'en Afrique du Nord, c'est en Asie et en Asie du Sud-Est que les antagonismes débouchent rapidement sur des évolutions sensibles. L'Inde, le Pakistan, la Birmanie, l'Indonésie accèdent très vite à l'indépendance alors qu'en Indochine la guerre ne tarde pas à éclater. Le temps des empires coloniaux est désormais compté.

En effet, la Seconde Guerre mondiale a relancé la dynamique des mouvements de libération nationale amorcée pendant les années 1930. Sous les coups de boutoir du Japon ou de l'Allemagne, les puissances coloniales que sont le Royaume-Uni et la France apparaissent fragiles et leur invincibilité toute relative. Dans le même temps, la Charte de l'Atlantique proclame le « droit de tous les peuples à choisir la forme de gouvernement sous lequel ils veulent vivre », et le président Roosevelt précise qu'elle ne s'applique « pas seulement aux parties du monde qui sont riveraines de l'Atlantique, mais au monde tout entier ». Parallèlement, en Chine, les combats entre communistes et nationalistes tournent à l'avantage des premiers qui entendent bien peser sur l'avenir des mouvements de libération nationale de la région.

En Europe, l'un des principaux théâtres d'opération du conflit, la situation est assez catastrophique en 1945. Tout est à reconstruire et les difficultés économiques sont énormes. Bien plus encore qu'au lendemain du premier conflit mondial, les États-Unis d'Amérique, avec la mise en place du plan Marshall, vont jouer un rôle important dans le redressement économique de l'Europe, à l'image de celui qu'ils ont joué après 1919. Pourtant, au cœur même de ces difficultés, le vieux continent a des raisons d'espérer. La guerre a été marquée par des pertes humaines impressionnantes mais, au même moment, et bien que les contemporains, frappés par les malheurs du temps, n'en aient pas immédiatement conscience, s'amorce le *baby boom*. Aussi bien parmi les pays belligérants que parmi les pays neutres, la natalité cesse son déclin et repart à la hausse. Le redressement de la fécondité coïncide avec l'arrivée à l'âge adulte des classes d'âge nées pendant ou au lendemain du premier conflit mondial. Même s'il est difficile d'expliquer rationnellement cette évolution, le retournement de la conjoncture démographique est pour l'Europe une chance essentielle. Les sombres prédictions des démographes des années 1930 sont désormais caduques. La reconstruction nécessaire peut déboucher sur la prospérité économique. Mais le vieux continent ne joue désormais qu'un rôle secondaire derrière les deux superpuissances qui émergent de la Seconde Guerre mondiale.

Des alliés divisés

À la différence de la Première Guerre mondiale, la seconde n'est pas suivie par un arrêt de la produc-

L'EUROPE EN 1949

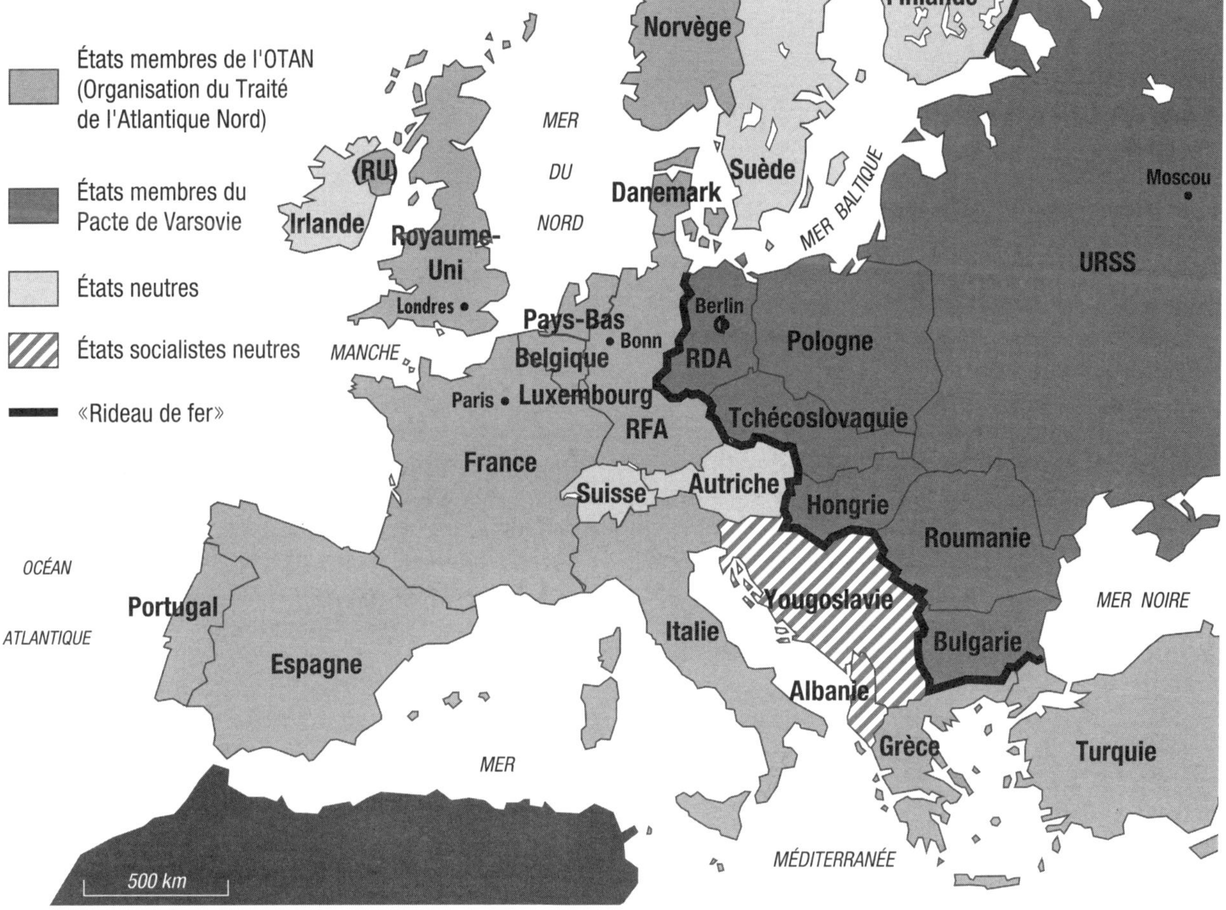

tion d'armements car, entre les alliés que dominent l'Amérique libérale et l'URSS, la méfiance règne avant même la fin du conflit. La création de l'ONU, décidée par les trois Grands à Yalta, devenue officielle avec l'adoption de la Charte des Nations Unies élaborée dans le cadre de la Conférence de San Francisco, n'empêche pas la désagrégation de l'alliance après la défaite de l'Allemagne et du Japon et, conséquence directe, la course aux armements. Les objectifs de la Charte des Nations Unies sont non seulement de « maintenir la paix et la sécurité internationale » mais aussi de développer la coopération internationale et d'encourager le progrès social, mais ces projets généreux ne peuvent rien contre la réalité de la division des vainqueurs.

À l'ancien système d'équilibre multilatéral centré sur l'Europe se substitue un système bipolaire dominé par deux superpuissances extra-européennes. Cette bipolarité est d'autant plus accentuée que l'URSS – en 1949, l'Union soviétique dispose d'une capacité nucléaire militaire – et les États-Unis détiennent le monopole des armes atomiques jusqu'en 1952, date à laquelle le Royaume-Uni commence ses premiers essais.

Cet « équilibre de la Terreur » dans lequel chacun soupçonne l'autre de vouloir déclencher une nouvelle guerre mondiale où interviendrait le feu nucléaire laisse peu de place pour la neutralité. L'« engagement » est alors de rigueur et l'affrontement entre les deux Grands se double au sein de chaque pays de clivages politiques profonds. Cet affrontement se traduit par des conflits très violents mais localisés qui se déroulent, à l'exception de la guerre civile grecque, hors d'Europe.

De 1914 à 1945, le monde a donc profondément changé. La puissance destructrice dont dispose l'humanité a été démultipliée et les frontières de l'horreur franchies. Des peuples dominés aspirent à une indépendance qu'ils vont conquérir. L'Europe, sapée par les conflits qui s'y sont déroulés, n'a plus les capacités nécessaires pour régenter le reste du monde et elle risquerait ne n'être plus que le terrain d'affrontements entre les deux superpuissances si elle ne pouvait, à partir de ses populations, reconstruire les fondements économiques de sa puissance. C'est, en tout cas, le pari que font dans une Europe meurtrie par la Seconde Guerre mondiale les artisans de l'Union européenne.

bibliographie

RONCAYOLO Marcel, *Histoire du monde contemporain*, t. II, vol. 1, Paris, Bordas, 1972.

Le temps présent

Hubert Néant

Inspecteur pédagogique régional – Académie de Paris
(pages 327, 334-335, 344-363, 374-375)

Jacques Staniec

Professeur de première supérieure au lycée Chatelet à Douai
(pages 328-333, 336-343)

Ralph Schor

Professeur d'histoire contemporaine à l'université de Nice-Sophia-Antipolis
(pages 364-373)

---

bibliographie

L'histoire immédiate

- Noiriel Gérard, *Qu'est-ce que l'histoire contemporaine ?*, Paris, Hachette, coll. « Carré Histoire », 1998.
- Versaille André (dir.), *Penser le XXe siècle*, Bruxelles, Complexe, 1990.
- Soulet Jean-François, Guinle-Lorinet Sylvaine, *Précis d'histoire immédiate. Le monde depuis la fin des années soixante*, Paris, Armand Colin, coll. « U », nouvelle édition, 1998.
- Chauveau Agnès, Tétard Philippe, *Questions à l'histoire des temps présents*, Bruxelles, Complexe, 1992.
- Droz Bernard, Rowley Anthony, *Histoire du XXe siècle*, t. IV, « Crises et mutations de 1973 à nos jours », Paris, coll. « Points », Seuil, 1992.

L'Europe et le monde

- Bruneteau Bernard, *Histoire de l'unification européenne*, Paris, Armand Colin, coll. « Prépas Histoire », 1996.
- Ferranderry Jean-Louis, *Le Point sur la mondialisation*, Paris, PUF, 1996.
- Ferro Marc, *Histoire des colonisations : des conquêtes aux indépendances, XIIIe-XXe siècle*, Paris, Seuil, 1994.
- Furet François, *Le passé d'une illusion : essai sur l'idée communiste au XXe siècle*, Paris, Robert Laffont / Calmann-Lévy, 1995.
- Lacoste Yves, *Dictionnaire de géopolitique*, Paris, Flammarion, 1993.
- Milza Pierre, *Les Relations internationales de 1945 à 1973*, Paris, Hachette, coll. « Carré Histoire », 1996.
- Milza Pierre, *Les Relations internationales de 1973 à nos jours*, Paris, Hachette, coll. « Carré Histoire », 1997.
- Rupnik Jacques (dir.), *Le Déchirement des nations*, Paris, Seuil, 1995.

La France de la IVe et de la Ve République

- Agulhon Maurice, Nouschi André, Schor Ralph, *La France de 1940 à nos jours*, Paris, Nathan, 1998.
- Becker Jean-Jacques, *Histoire politique de la France depuis 1945*, Paris, Armand Colin, coll. « Cursus », 1988.
- Berstein Serge, Milza Pierre, *Histoire de la France au XXe siècle*, Bruxelles, Complexe, 1995.
- Borne Dominique, *Histoire de la société française depuis 1945*, Paris, Armand Colin, coll. « Cursus », 1998.
- Rioux Jean-Pierre, Sirinelli Jean-François, *Histoire culturelle de la France*, vol. IV, « Le temps des masses », Paris, Seuil, 1998.

La Seconde Guerre mondiale pèse lourdement sur les décennies suivantes. Elle est, selon l'expression de Jean-Pierre Azéma, la « matrice du temps présent ». La prégnance de cet héritage paraît en partie liée à l'affrontement – d'une gravité variable – entre les deux Grands. Même si de multiples conflits, hors d'Europe, et des mutations capitales se produisent sur la planète, l'effet de Yalta et la logique de la guerre froide perdurent jusqu'en 1989-1991.

Le temps présent – auquel le terme d'histoire immédiate fait concurrence – est celui de l'expérience vécue. En l'interprétant, l'historien donne du sens à l'événement (le 13 mai 1958, le retour de Khomeiny à Téhéran, l'explosion de Tchernobyl, la guerre du Kosovo…), tout en restituant à l'histoire son épaisseur; aujourd'hui n'est rien d'autre qu'un point d'arrivée toujours repoussé. Celles et ceux qui ont vécu les cinquante dernières années entretiennent avec cette histoire une relation spécifique et vigoureuse, et souvent affective.

En dépit de vieilles méfiances, il est possible d'écrire l'histoire du temps présent. Les historiens ont en effet modifié leur relation avec la durée et prouvé – à propos de 1939-1945 d'abord – qu'ils pouvaient dans une large mesure s'affranchir du redouté « manque de recul » et de l'absence d'objectivité, et aborder avec les règles de la critique historique, les sources, souvent surabondantes et spécifiques de notre époque : archives officielles, archives privées, presse écrite, enregistrements de radio-télévision, archives filmiques, souvenirs, documents officiels imprimés… Sans compter l'appel à la mémoire vivante des témoins, les « archives provoquées » de l'histoire orale. Le rôle de l'historien est donc différent de celui du journaliste – baptisé « historien de l'instant » par Camus et commentateur de l'actualité –, bien que celui-ci ait vu sa fonction magnifiée, du fait de la considérable extension des médias, et notamment de la télévision.

Ce mouvement ascendant de l'histoire du temps présent provient à coup sûr d'une demande sociale. La France, qui a peine à se remettre complètement de la défaite de 1940 et du régime de Vichy, qui conserve aussi des plaies civiques de la décolonisation et reste sensible à l'affirmation de son identité, interroge le temps présent. Des historiens sont sollicités, jusque dans les prétoires (procès Barbie, Touvier, Papon), mais ils prennent soin de marquer la frontière entre l'histoire, qui décortique et explique le passé, et la mémoire, dont la fonction est autre : s'approprier le passé et lui conférer une valeur mythique et commémorative.

Dans cette recherche en histoire très contemporaine s'inscrivent en bonne place les controverses sur les idéologies marquantes du XXe siècle – relancées après la chute du mur de Berlin –, la résurgence des traditions nationales et religieuses en Europe et ailleurs, l'exacte appréciation du « péril atomique » du temps de l'antagonisme des blocs, et l'évolution des rapports Nord-Sud. À l'énoncé de ces chantiers, on saisit mieux une des responsabilités majeures des chercheurs du temps présent : entretenir et renforcer la relation établie entre la science historique et le corps social.

Le temps de la guerre froide

Le second conflit mondial renforce les États-Unis et l'URSS autant qu'il affaiblit les anciennes puissances européennes. Entre les deux Grands, de la rupture, consommée dès 1947, naît un affrontement, la guerre froide, qui, pendant plus de quarante ans, oppose deux blocs sous des formes inédites.

Le déclenchement de la guerre froide

La rupture en 1947 de la « grande alliance » américano-soviétique a suscité des débats historiographiques importants ; la question essentielle étant celle des responsabilités dans le déclenchement de la guerre froide. C'est aux États-Unis que le débat a eu le plus d'ampleur : les écoles « traditionalistes » – Hubert Feis –, « réaliste » – Arthur S. Schlesinger – ont mis l'accent sur les responsabilités soviétiques. La politique d'expansion conçue et appliquée par Staline a entraîné, de la part des États-Unis, des mesures de protection. Dans les années 1960, une école « révisionniste » (David Horowitz et Gabril Golko) impute la responsabilité principale aux décideurs américains soucieux d'imposer leur vision du monde et de placer l'URSS sur la défensive.

C'est peu dire que les deux États sont porteurs de projets radicalement incompatibles. Vu de Washington, le monde de l'après-guerre doit se reconstruire en s'inspirant des principes américains : libéralisme économique et politique, libre concurrence. Par ailleurs, l'expérience de la guerre conduit à une nouvelle définition de la sécurité. Le « syndrome de Pearl Harbor » provoque l'adéquation entre la sécurité nationale et la sécurité internationale. Pour autant, la diplomatie américaine ne s'infléchit pas brutalement en 1945-1947. Des débats existent dans le cercle des décideurs : secrétaire d'État au commerce, H. Wallace incarne une attitude de souplesse vis-à-vis de l'URSS. Mais la ligne représentée par G. Kennan et D. Acheson l'emporte : il s'agit de jouer au maximum de la supériorité américaine face aux Soviétiques.

L'ouverture, même limitée, des archives soviétiques, a permis aux historiens d'affiner leur analyse des objectifs de Staline à partir de 1945. Le dirigeant soviétique et ses conseillers ont une perception régionale de la puissance de leur pays : c'est à l'intérieur du « continuum euro-asiatique » (Marie-Pierre Rey) qu'ils souhaitent développer l'influence soviétique. Inquiet de l'infériorité économique de l'URSS par rapport aux États-Unis, Moscou obéit d'abord à une logique de sécurité territoriale qui implique la constitution d'une zone d'influence étendue en Europe et en Asie. La discordance est frappante entre les préoccupations de la diplomatie soviétique et les prétentions universelles de l'idéologie communiste.

« Paix impossible, guerre improbable » (Raymond Aron)

Dès 1947, le terme de « guerre froide » s'impose pour qualifier les relations entre l'Est et l'Ouest. Elle se caractérise d'abord par l'absence d'affrontement direct entre les deux blocs. Outre les conflits localisés comme la guerre de Corée, la confrontation revêt des aspects économiques et idéologiques. Choc entre deux visions du monde, la guerre froide influence les façons de vivre et de penser.

Ses débuts se situent en 1947-1948 : la doctrine du *« containment »* et le plan Marshall marquent le raidissement américain ; y répondent la soviétisation accélérée de l'Europe orientale et la création du Kominform.

Les années 1948-1953 se caractérisent par la multiplication des crises : en Europe d'abord (question allemande et Berlin, 1948-1949), en Asie ensuite (Chine et guerre de Corée, 1949-1953). Sur fond de course aux armements, chacun des deux Grands s'assure la maîtrise de sa sphère d'influence car la confrontation a aussi une dimension interne à chaque camp : purges en Europe de l'Est et en URSS, maccarthysme aux États-Unis.

À partir de 1953, une nouvelle période commence : « dégel » puis « détente ». Du côté soviétique,

LE RAPPORT JDANOV, SEPTEMBRE 1947.

« Le but que se pose le nouveau cours expansionniste des États-Unis est l'établissement de la domination mondiale de l'impérialisme américain. Ce nouveau cours vise à la consolidation de la situation de monopole des États-Unis [...] établi par suite de la disparition de leurs deux concurrents les plus grands – l'Allemagne et le Japon – et par l'affaiblissement des partenaires capitalistes des États-Unis : l'Angleterre et la France. Ce nouveau cours compte sur un large programme de mesures d'ordre militaire, économique et politique, dont l'application établirait dans tous les pays visés par l'expansionnisme des États-Unis, la domination politique et économique de ces derniers, réduirait ces pays à l'état de satellites des États-Unis [...]. C'est aux partis communistes qu'incombe le rôle historique particulier de se mettre à la tête de la résistance au plan américain d'asservissement de l'Europe. [...] Les communistes doivent être la force dirigeante qui entraîne tous les éléments antifascistes épris de liberté à la lutte contre les nouveaux plans expansionnistes américains d'asservissement de l'Europe. »

A. Jdanov (représentant de l'URSS à la conférence des PC européens).

une nouvelle conception des relations internationales prévaut avec Khrouchtchev. Elle se caractérise par une appréciation plus optimiste des capacités de l'URSS. Il est possible de rattraper et de dépasser dans tous les domaines l'adversaire comme en témoignent les succès remportés dans la conquête de l'espace (Spoutnik, 1957). Par conséquent, une coexistence prolongée est acceptable avec les États-Unis dans la mesure où la victoire finale du système socialiste ne fait pas de doute. D'autre part, une attention nouvelle est accordée au tiers monde où l'influence américaine doit être combattue. Du côté américain, un discours dur, le « Roll Back », s'impose à partir de 1953 : il ne s'agit plus seulement de contenir mais aussi de refouler le communisme. Très largement à usage interne, cette théorie masque une pratique en fait plus complexe. Les États-Unis cherchent à conserver bien sûr les positions acquises en Asie et en Europe. En revanche, dans une vision élargie de la confrontation, l'influence américaine s'accentue dans le tiers monde. Washington utilise pour cela les ressources de la diplomatie classique, comme la conclusion du pacte de Bagdad en 1955 avec l'aval des États-Unis. Le développement de l'activité de la CIA va dans la même direction, comme le montre le cas de l'Iran en 1953.

Tout cela éclaire une période complexe, parce que entrecoupée par des signes de détente (règlement du problème autrichien, 1955) et des facteurs de tension (crise de Berlin, 1961). Toutefois, la course aux armements s'intensifie entre les deux grandes puissances. Outre les risques d'affrontement majeur dont elle est porteuse (crise de Cuba, 1962), elle entraîne une charge financière de plus en plus lourde. Mais pour que la route de la détente soit ouverte, il faut que chacun des deux adversaires expérimente les limites de sa propre puissance : c'est la fonction de la guerre du Vietnam pour les États-Unis et la rupture avec la Chine pour l'URSS. Dans ces conditions, une détente peut aboutir à des résultats concrets : maîtrise de la course aux armements nucléaires (accords SALT I, 1972), cogestion des affaires internationales, accords commerciaux. Les années 1970-1975 marquent l'apogée de ce processus de rapprochement des deux États. Dès la fin des années 1970, les relations américano-soviétiques traversent à nouveau une période difficile, à tel point que l'on a parlé de « nouvelle guerre froide ».

Pour comprendre ce virage, il faut faire le point sur la situation de chacune des deux grandes puissances : la détente a permis à l'URSS de conserver son statut de puissance mondiale. La parité stratégique, la reconnaissance de son influence en Europe orientale et le développement de ses positions dans le tiers monde – en particulier en Afrique – y ont concouru. À l'opposé, un débat se développe aux États-Unis à partir de 1975 autour des mécomptes de la détente. Le pays connaît une poussée de « déclinisme » (S. de la Foye) qui porte à considérer qu'il faut mettre fin à une relation qui aurait d'abord profité au partenaire-adversaire. Ce raidissement américain est sensible dès la fin de la présidence de Jimmy Carter et va s'amplifier avec l'entrée de Ronald Reagan à la Maison Blanche. Il sous-estime les positions de force que conservent les États-Unis. Surtout il surestime la réalité de la puissance soviétique, « puissance pauvre » (Georges Sokoloff). Les difficultés intérieures, le coût de l'aide aux alliés de l'Europe et du tiers monde inclinent les dirigeants soviétiques à une grande prudence quant à leurs engagements extérieurs, comme en témoigne la stratégie déployée en Afrique (décrochage en Mozambique, 1982-1983). La détérioration des relations américano-soviétiques se manifeste à l'initiative de Washington par une relance de la course aux armements (projet IDS).

Cependant, l'accession de Mikhaïl Gorbatchev au pouvoir se traduit par un virage de la politique étrangère soviétique. Accordant la priorité aux problèmes intérieurs, le nouveau dirigeant soviétique souhaite limiter drastiquement les engagements extérieurs de son pays et au-delà « désidéologiser » les relations entre les États en mettant l'accent sur ce qui les rapproche : la paix, la justice, le progrès. Cela conduit à de nouvelles relations d'entente à partir de 1987 (signature du premier traité de suppression des armes nucléaires de portée intermédiaire). La guerre froide paraît bel et bien achevée avant que la disparition de l'URSS rende le conflit sans objet.

L'affrontement Est-Ouest a ainsi dominé les relations internationales jusqu'en 1990. Structurés par des alliances militaires (OTAN et pacte de Varsovie), les deux blocs manifestent une grande cohésion au début des années 1950. Toutefois, ils ne fonctionnent pas selon les mêmes règles. L'influence américaine sur l'Europe occidentale laisse aux États européens des marges de manœuvre réelles sans équivalent à l'Est. Circonscrite à l'Europe et à l'Extrême-Orient, la confrontation se mondialise dès la fin des années 1950. L'émergence du tiers monde (Bandoung, 1955 ; crise de Suez, 1956) incite les deux Grands à infléchir leur stratégie alors même que leur domination est discutée dans leur sphère d'influence par certains États (France, Chine). Tout cela rend les relations internationales moins tributaires d'une stricte polarisation Est-Ouest depuis le début des années 1970.

b*ibliographie*

ELLEINSTEIN Jean, *La paix froide, les relations États-Unis / URSS depuis 1950*, Londres, Londreys, 1988.

GROSSER Pierre, *Les Temps de la guerre froide*, Bruxelles, Complexe, 1995.

Le bloc socialiste européen (1945-1970)

À la fin de la Seconde Guerre mondiale, l'URSS apparaît comme la puissance dominante en Europe centrale et orientale. La prise du pouvoir par les différents partis communistes en 1947-1948 ainsi que la conclusion d'accords bilatéraux avec Moscou provoquent l'émergence du bloc socialiste dans la logique de la guerre froide.

La construction du bloc communiste

Le renversement de la situation militaire en faveur de l'Armée rouge à partir de la victoire de Stalingrad (1942) permet aux Soviétiques de préciser leurs objectifs en ce qui concerne l'Europe de l'Est. Pour Staline, il est impératif d'assurer la sécurité de l'URSS sur ses frontières occidentales et donc de rompre avec la situation qui avait prévalu dans les années 1930, caractérisée par l'hégémonie allemande et des régimes politiques hostiles à l'URSS.

Pour autant, il n'est pas question d'appliquer à cette partie de l'Europe le modèle soviétique. Moscou souhaite d'abord y exercer une influence diplomatique majeure et traiter avec des régimes mieux disposés à son égard. Ces objectifs sont défendus face aux partenaires de la « Grande Alliance ». Staline impose en fait très largement ses vues en ce qui concerne le statut de la Pologne par le réaménagement de ses frontières et l'installation d'un gouvernement de coalition favorable à Moscou. De même les projets de fédération élaborés sous l'égide des Britanniques, comme la fédération polono-tchécoslovaque, sont abandonnés. Il n'est pas question pour les Soviétiques d'accepter dans leur futur glacis défensif l'émergence d'une puissance concurrente. Pour séduire les populations de l'Europe de l'Est et encourager la résistance à l'Allemagne et à ses alliés, d'autres ressorts sont utilisés. Ainsi l'URSS redécouvre les vertus de l'idée panslave : un comité panslave est créé à Moscou dès août 1941. Il entretient l'idée de la solidarité slave face au nouveau pangermanisme nazi. L'accent mis sur la dimension nationale de l'affrontement permet d'atteindre les milieux non communistes alors même que la IIIe Internationale est dissoute en 1943.

À partir de 1944, l'avance de l'Armée rouge en Europe orientale s'accompagne de l'installation de nouveaux régimes politiques largement animés par les partis communistes. Ceux-ci accroissent leur influence grâce au concours actif des Soviétiques mais aussi grâce à une très grande popularité. Ils bénéficient en effet de leur participation active à la résistance anti-allemande et aux régimes alliés du IIIe Reich ; surtout, ils capitalisent les aspirations réformatrices de la société. Leur programme politique ne met pas en avant l'installation du communisme.

Au contraire, avec leurs alliés, ils proposent un vaste programme de réformes économiques et sociales. Ils incarnent un espoir de progrès pour des sociétés caractérisées par de fortes inégalités. Tout cela concourt à la victoire électorale des coalitions politiques qu'ils animent sous le nom de Front national ou de Front patriotique. De 1945 à 1947, chacun de ces États applique donc une ambitieuse politique de réformes. Pour les dirigeants communistes le contrôle de postes clés de l'appareil d'État, en particulier les ministères de la Défense, de l'Intérieur et de la Justice permet de ménager l'avenir.

La bipolarisation du monde, assumée par Moscou, entraîne un changement d'attitude à l'égard des pays est-européens. En 1947-1948, la soviétisation politique se réalise par la liquidation des forces d'opposition (« coup de Prague » en février 1948). Pour Staline l'objectif à atteindre est alors celui de l'homogénéisation des pays est-européens sur le modèle soviétique. Le Kominform, créé en septembre 1947, sera l'instrument de cette mise au pas. L'uniformité recherchée est une garantie de sécurité pour l'URSS. Mais l'application des méthodes soviétiques doit aussi permettre un développement économique rapide par la mobilisation intense des ressources intérieures des différents États. Face au défi du plan Marshall, il n'est pas possible en effet à l'URSS d'accorder une aide économique massive à ses alliés.

Le conflit soviéto-yougoslave

La rupture entre Moscou et Belgrade peut étonner dans la mesure où les dirigeants yougoslaves acceptaient apparemment une orthodoxie politique parfaite. Dès 1945, l'imitation du modèle soviétique est à l'ordre du jour en Yougoslavie par la mise en route prévue de la planification et de la collectivisation des terres. Cependant, du côté yougoslave, cette stratégie va de pair avec la volonté d'atteindre une indépendance économique et donc le refus de s'inscrire dans une division internationale du travail, qui aurait voué le pays à la production de matières premières dans l'organisation du camp socialiste. Tito est également exaspéré par les tentatives de noyautage de l'État et du parti communiste par les Soviétiques. Vue de Moscou, la nécessaire cohésion du bloc ne peut s'accommoder de l'activisme diplomatique de Belgrade. La Yougoslavie a ébauché en 1947 un vaste projet de fédération balkanique incluant l'Albanie et la Bulgarie.

LE KOMINFORM CONDAMNE LE PARTI COMMUNISTE YOUGOSLAVE.

« Le Bureau d'information constate que la direction du Parti communiste de Yougoslavie poursuit une politique inamicale à l'égard de l'Union soviétique et du Parti communiste (bolchevik) de l'URSS. On a laissé se développer en Yougoslavie une politique indigne de diffamation contre les spécialistes militaires soviétiques [...]. En ce qui concerne les spécialistes civils soviétiques en Yougoslavie, on a créé pour eux un régime spécial en vertu duquel ils ont été soumis à la surveillance des organes de sécurité d'État [...]. Dans leur politique à l'intérieur du pays, les dirigeants du Parti communiste de Yougoslavie abandonnent les positions de la classe ouvrière en rompant avec la théorie marxiste des classes et de la lutte des classes [...]. Le Bureau d'information constate que [...] le comité central du Parti communiste de Yougoslavie [...] se met et met le Parti communiste yougoslave en dehors de la famille des partis communistes frères, en dehors du front communiste unique et, par conséquent, en dehors du Bureau d'information [...]. Aux forces saines du Parti communiste de Yougoslavie incombe la tâche d'obliger leurs dirigeants actuels à reconnaître ouvertement et honnêtement leurs fautes [...] ou bien [...] de les changer et de promouvoir une nouvelle direction internationaliste du Parti communiste de Yougoslavie. »

Résolution du Kominform, juin 1948.

La dissidence yougoslave achève de convaincre Staline qu'il importe désormais de s'appuyer dans les autres États sur des équipes dirigeantes à la fidélité éprouvée. Tel est le sens principal des purges déclenchées dans les démocraties populaires entre 1948 et 1952. Partout, il faut se débarrasser des « communistes nationaux » susceptibles d'être séduits par la démarche titiste.

Pays repoussoir, la Yougoslavie est un facteur de cohésion du bloc socialiste. Sa capacité de résistance s'enracine dans une guerre de libération menée entre 1941 et 1944, dans laquelle l'Armée rouge n'a pas joué de rôle majeur. Le régime titiste peut s'appuyer sur ce puissant élément de légitimation.

Les craquements dans le bloc

La mort de Staline en 1953 ouvre une période complexe. De 1953 à 1956, les révoltes se succèdent en RDA et en Tchécoslovaquie (1953) puis en Hongrie et en Pologne (1956).

« L'été polonais » et « l'automne hongrois » ont suscité de multiples interrogations. Les difficultés des conditions de vie ne sont pas propres à ces deux États, mais plusieurs facteurs contribuent à amplifier la protestation populaire : la puissance ancienne du catholicisme ainsi que la faible implantation du communisme. Par ailleurs, deux personnalités fortes vont cristalliser les aspirations de la population, Imre Nagy et Wladyslaw Gomulka. Polymorphes, ces mouvements ont un ressort national évident ; ils traduisent sur ce plan une affirmation de la dignité et de l'indépendance de la nation en réaction à la mainmise soviétique. Les deux crises n'ont pas la même issue : en Pologne, la capacité du parti communiste à canaliser la crise et les gages de fidélité donnés par Gomulka rendent inutile l'intervention militaire préalablement envisagée. Des raisons inverses en Hongrie font considérer à Moscou que la répression armée s'impose.

La quête d'un meilleur enracinement social conduit les différents régimes sur la voie des réformes économiques et sociales en profitant ainsi des marges de manœuvre accordées par Moscou. Les politiques réformistes sont défendues par un groupe social de plus en plus imposant, celui des techniciens et spécialistes. Elles se heurtent cependant à l'inertie des structures bureaucratiques héritées de l'époque stalinienne. Les variations de la politique réformatrice durant les années 1960 traduisent en fait les fluctuations des rapports de force entre groupes conservateurs et réformateurs dans les différents États du bloc. Le « printemps de Prague » s'inscrit dans cette logique. La situation économique difficile de la Tchécoslovaquie donne du poids aux réformateurs dans un parti communiste qui a procédé à une déstalinisation tardive et partielle. C'est à un réaménagement de grande ampleur du système socialiste que procèdent les nouveaux dirigeants tchécoslovaques à partir d'avril 1968. Ils ne touchent pas cependant au monopole du pouvoir communiste et à l'appartenance au pacte de Varsovie constitué par les « pays frères » en 1955.

L'intervention soviétique d'août 1968 brise net cette expérience. Elle traduit les limites étroites de l'autonomie intérieure des États est-européens par ce que l'on appellera la « doctrine Brejnev » de souveraineté limitée.

Pour autant, une certaine diversité caractérise les différents pays du bloc au début des années 70. En matière économique, la Pologne et la Hongrie font figure de pays pilotes : la décollectivisation partielle de l'agriculture, le développement d'un modeste secteur privé et des échanges avec l'Occident y contribuent. À l'opposé, la Roumanie et l'Albanie, imperméables aux réformes, développent un « national-communisme » (Jean-François Soulet). Il repose sur une stricte orthodoxie intérieure et une politique étrangère indépendante.

b*ibliographie*

POTEL Jean-Yves, *Les 100 portes de l'Europe centrale et orientale*, Paris, Éditions de l'Atelier, 1998.

SOULET Jean-François, *Histoire comparée des États communistes de 1945 à nos jours*, Paris, Armand Colin, 1996.

L'éclatement du bloc socialiste

La « décommunisation » de l'Europe de l'Est a été brutale : de la formation du premier gouvernement à direction non communiste en Pologne durant l'été 1989 à la défaite électorale du parti communiste albanais au printemps 1992, à peine trois années se sont écoulées. Cet effondrement rapide a en fait des causes anciennes.

Les blocages du système

À des degrés variables, les États est-européens sont touchés dans les années 1970 par une véritable crise de « mal-développement » (I. Sachs). La chute des indicateurs macro-économiques traduit l'incapacité à passer d'une croissance extensive, fondée sur l'accroissement des facteurs de production, à une croissance intensive fondée sur leur meilleure utilisation. Cette panne générale du système économique, malgré les réformes entreprises, a aussi des causes exogènes liées aux effets de la crise économique mondiale. Elle se traduit en tout cas pour les populations par la médiocrité des conditions de vie. Face à des régimes politiques immobiles, les sociétés réagissent. Globalement, elles gagnent une autonomie face à la toute-puissance apparente des partis-États.

L'évolution de la Pologne au cours des années 1970 est particulièrement exemplaire : l'Église, dont l'influence catholique est demeurée forte va aider au développement d'organisations indépendantes du régime. Les intellectuels vont jouer un rôle tout particulier dans l'organisation de la contestation et réussissent à opérer une jonction avec le monde ouvrier. L'ampleur du mécontentement populaire, comme le prouvent les émeutes de 1970, 1976, 1980, se nourrit d'une situation économique catastrophique malgré les promesses d'Edward Gierek et de son équipe.

Ces facteurs conjugués débouchent sur la fondation du syndicat Solidarnosc en 1980. Cet événement rompt avec les précédentes vagues de contestation des années 1950 et 1960 qui visaient à améliorer le système de l'intérieur et témoignaient de la conviction qu'il était possible de transformer le parti communiste. Au contraire, l'exemple polonais démontre qu'il n'y a plus d'illusion chez les contestataires sur la capacité du système à se réformer profondément. Il s'agit en fait d'installer des zones d'autonomie sociale les plus larges possibles et de contourner l'État-Parti.

Le cas polonais est bien évidemment singulier mais des formes de contestation peuvent être repérées avec une intensité variable dans d'autres États. À la vitalité de la société, on peut opposer l'inertie des régimes en place.

Loin de la conception léniniste du mouvement d'avant-garde, les différents partis communistes pratiquent un recrutement très large. Cette inflation des effectifs s'accompagne d'un taux de rotation élevé et d'une surreprésentation des cadres et des diplômés. Il est bien évident que pour ces catégories de la population, l'adhésion est la condition indispensable de l'accès aux postes intéressants. Surtout, ces partis sont totalement contrôlés par les nomenklaturas. Cette invention soviétique, implantée après 1948 dans les pays de l'Est, définit les postes clés de l'État et du parti à tous les niveaux réservés à des individus politiquement sûrs. L'accès à ces postes s'accompagne de facilités et de privilèges matériels. C'est en réalité ce groupe qui exerce le rôle dirigeant. Cette élite sociale restreinte fonctionne sur la base de la cooptation ; elle est largement touchée par la corruption et le népotisme : en Pologne en 1981, 3 400 cadres du parti seront sanctionnés.

Ainsi, face à la société dynamique, fonctionne de plus en plus mal un système politique bloqué. Entre les deux, hormis les moments d'affrontement, un *modus vivendi* est de rigueur. Le régime accepte tacitement des phénomènes déviants qui sont autant de soupapes de sûreté : l'économie parallèle et la culture non officielle. Symétriquement, la société consent à participer aux rituels du régime : élections et défilés.

Ces pays présentent donc un double visage. Un groupe dirigeant concentre les pouvoirs mais contrôle de moins en moins une société de plus en plus rétive. Dans les marges d'autonomie, conquises ou tolérées, une nouvelle élite est en formation.

Jean-Paul II et Gorbatchev

En 1978, l'élection d'un pape polonais a eu un impact encore difficile à mesurer. Dans les pays de tradition catholique, de la Slovénie à la Lituanie, elle a contribué à renforcer l'influence de l'Église. Elle accompagne le mouvement de retour à la religion que l'on a déjà observé et encouragé la dissidence dans la mesure où Jean-Paul II s'est d'emblée placé du côté du combat pour les droits de l'homme. Cependant, l'*Ostpolitik* du Vatican dans les années 1980 est caractérisée par la modération. Rome cherche d'abord à négocier pour les Églises nationales la plus large autonomie possible.

De tous les facteurs externes et internes qui ont eu une influence sur la désintégration du bloc communiste, l'influence prêtée à Mikhaïl Gorbatchev est la plus discutée. A-t-il été un spectateur passif refusant de prendre des initiatives au nom de la nouvelle politique de non ingérence dans les affaires intérieures des États du bloc (Jacques Levesque) ? A-t-il plutôt encouragé ou laissé intervenir son entourage afin de pousser en avant des réformateurs comme en Roumanie ou en Bulgarie (Jean-François Soulet) ? En fait, il y a des inflexions chronologiques dans la politique gorbatchévienne : les années 1985-1987 voient la mise en route de la perestroïka et l'autorité de Gorbatchev n'est pas sans limites. À partir du début de l'année 1988, le secrétaire général écarte les opposants réels et potentiels et renforce son pouvoir par l'instauration d'un véritable régime présidentiel. Une stratégie plus audacieuse est possible : désengagement militaire envisagé en Europe de l'Est et répudiation publique de la doctrine de la souveraineté limitée. Bien sûr les dirigeants soviétiques ne programment pas la liquidation du bloc. L'hypothèse gorbatchévienne est celle d'une revitalisation politique par captation d'une partie de l'opposition. Le pluralisme contrôlé doit permettre un rapprochement entre l'État et la société civile. Quoi qu'il en soit, le gorbatchévisme a eu des effets imprévus sur les populations de l'Europe de l'Est. Son attitude est perçue comme un encouragement à la dissidence.

LE RÔLE DE M. GORBATCHEV.

Bronislaw Geremek, conseiller de Lech Walesa en 1988, évoque le rôle de M. Gorbatchev dans la désintégration du bloc communiste.

« Je pense pourtant que, même si c'était ce que pensait Gorbatchev, même si dans les changements polonais ou allemands il cherchait une confirmation de sa politique ou un avenir pour celle-ci, c'était tout à fait irréaliste de sa part. Il n'avait intérêt qu'à des transformations venues d'en haut, contrôlées par la hiérarchie détentrice du pouvoir et que l'on pouvait freiner à tout moment. En 1989, les communistes européens n'avaient plus la force requise pour tenir les rênes d'un processus politique. C'était évident, même si la force et l'énergie des protestations sociales ont surpris tous les services secrets et toutes les polices du monde, et certainement le KGB. [...]

Il ne se rendait peut-être pas tout à fait compte que, dans ces pays, sa politique trouvait une résonance complètement différente de celle qu'elle rencontrait en URSS, parce que la situation sociale et politique y était autre. Dans tous ces pays, les structures du pouvoir n'avaient aucune assise et les partis communistes n'avaient pas la moindre chance d'exister sans l'appui de l'Union soviétique. Sans l'ingérence soviétique, le seul changement possible était le rejet du communisme et l'entrée dans la démocratie. La politique rénovatrice de Gorbatchev ne pouvait donc que se conclure comme elle s'est conclue. »

La rupture. La Pologne du communisme à la démocratie, Paris, Seuil, 1991, pp. 272-273.

Les chemins du postcommunisme

L'effondrement des régimes communistes (1989-1992) tient compte de l'état des rapports de force dans chaque État. La Pologne et la Hongrie y jouent encore une fois un rôle pionnier qui s'explique largement par la « démocratisation rampante » (Georges Mink) qui l'a précédé.

À partir de 1989-1990, les PECO (Pays d'Europe centrale et orientale) doivent organiser le passage à la démocratie et à l'économie de marché. Partout les choix économiques sont objets de débats entre partisans du « gradualisme » et ceux « de la thérapie de choc ». Si la Hongrie opte pour la première voie, la Pologne adopte dès 1989 des réformes radicales. Cependant, sur le moyen terme, cette distinction est assez factice car un grand pragmatisme domine.

Quelles que soient les voies empruntées, la reconstitution d'une économie de marché a été un succès si l'on considère les transformations des structures. Une décennie après le début de la transition, la part du secteur privé dans la formation du PIB dépasse 50 % pour l'ensemble des États de l'ancien bloc. L'évolution des indicateurs économiques a été particulièrement contrastée : les premières années de la transition, de 1989 à 1993, ont été marquées par une forte contraction de la production avec un développement massif du chômage. En revanche, depuis 1993, la conjoncture s'est nettement améliorée avec toutefois de fortes différences.

Le défi de la démocratisation pose des problèmes d'une autre nature. Partout les critères de l'État de droit se sont imposés. Trois éléments forts caractérisent la vie politique des États de l'ancien bloc communiste. Elle est d'abord marquée par la fréquence des alternances politiques. Les considérables difficultés économiques et sociales expliquent largement l'usure rapide des majorités. Dans l'espace politique, les anciens communistes ont pu à la faveur des élections reconquérir le pouvoir. Convertis à la social-démocratie et à l'économie de marché, bénéficiant de leur professionnalisme et de leurs réseaux, les anciens communistes ont en fait capitalisé à leur profit le mécontentement provoqué par les politiques économiques libérales. Enfin, un dernier facteur a favorisé leur remise en selle : la prudence des politiques d'épuration anticommuniste. Depuis dix ans, cette question fait débat, mais nulle part une politique systématique d'épuration n'a été menée, sauf en République tchèque.

« Géographiquement au Centre, culturellement à l'Ouest et politiquement à l'Est » (Milan Kundera), l'autre Europe frappe à la porte de l'Union européenne. Sur les décombres des structures soviétiques, les demandes d'adhésion actuelles ou à venir ne sont somme toute que la conséquence logique du processus enclenché en 1989.

b*ibliographie*

MINK Georges, *Vie et mort du bloc soviétique*, Florence, Casterman-Giveste, 1997.

RUPNIK Jacques, *L'autre Europe, crise et fin du communisme*, Paris, Odile Jacob, 1990.

L'Allemagne : de la division à la réunification

« Le sort de l'Allemagne est le problème central de l'univers », affirmait le général de Gaulle en 1944. De fait, après l'écroulement du nazisme, et pendant près d'un demi-siècle, le destin de l'Allemagne est étroitement dépendant de l'état des rapports entre les puissances victorieuses en 1945. Il en résulte même la création de deux États quasiment rivaux, rattachés chacun à l'un des camps antagonistes. Mais, au terme d'une lente évolution, la réunification, que personne n'attendait aussi vite, s'opère. L'Europe est abasourdie par cette accélération de l'Histoire.

Le poids de la guerre froide (1946-années 1980)

Les conférences de Yalta et de Potsdam ont permis aux trois principaux vainqueurs d'arrêter le principe d'une gestion quadripartite et de s'entendre sur un minimum : quatre zones d'occupation, quatre secteurs à Berlin, dénazification. Très vite, la détérioration des relations entre l'URSS et les trois pays occidentaux rend improbable la signature d'un traité de paix. La limite entre leurs zones respectives devient une frontière étanche : le « rideau de fer ». La grave crise de Berlin (1948-1949) entérine la formation des deux blocs idéologiques et débouche sur la création de deux États allemands : la République fédérale allemande (RFA) et la République démocratique allemande (RDA), dont Bonn et Berlin-Est deviennent les capitales.

Les deux États allemands connaissent des évolutions contrastées, chacun dans son camp. La RFA s'associe très vite à la construction européenne (CECA, puis Marché commun) et connaît une croissance économique spectaculaire. Signataire du pacte Atlantique (1954), elle fait partie du dispositif occidental de défense. Parallèlement, la RDA est intégrée dans le dispositif économique dirigé par l'URSS (Comecon, 1950), et dans l'alliance militaire (pacte de Varsovie, 1955). Le décalage économique entre les deux Allemagnes s'accroît. Il encourage les Allemands de l'Est, grâce à la facilité du transit par Berlin, à s'installer en RFA. Dans un contexte de tension entre Moscou et Washington, les autorités de RDA font construire le Mur qui empêche la communication entre les deux parties de Berlin et stoppe toute émigration vers l'Ouest (août 1961). Berlin demeure une sorte d'abcès ; en juin 1963, le président Kennedy vient rendre hommage à la fermeté des habitants *(« Ich bin ein Berliner »)*. Au début de la même année, Konrad Adenauer et le général de Gaulle ont signé le traité d'amitié qui consacre la réconciliation franco-allemande, un élément fondateur dans l'histoire contemporaine de l'Europe.

L'*Ostpolitik* – ou politique de l'Est – est mise en œuvre par Willy Brandt, chancelier de 1969 à 1974, à la tête d'une coalition sociale-démocrate et libérale. Sans négliger l'alliance européenne et l'axe cardinal Paris-Bonn, la RFA se doit désormais de « définir sa propre politique à l'Est, afin de contri-

WILLY BRANDT DÉFINIT L'OSTPOLITIK (12 DÉCEMBRE 1971).

*Le chancelier, qui a reçu la veille le prix Nobel de la Paix, prend la parole dans l'église principale de Stockholm. L'*Ostpolitik *vise trois objectifs : obtenir une meilleure communication entre Allemands de RFA et de RDA, atténuer la pression sur Berlin-Ouest, obtenir des facilités de retour pour les minorités allemandes de certains pays (Pologne, Hongrie, URSS…).*

« […] Le chancelier fédéral Adenauer a pu achever un premier grand chapitre : l'entente et la coopération confiante avec les États de l'Ouest. Il nous restait à nous attaquer à la tâche suivante, à la deuxième partie, non moins importante, de cette œuvre : la réconciliation avec les voisins de l'Est et une coopération de tous les pays européens, qui dépasse le conflit Est-Ouest et s'y superpose.

Hier, à Oslo, j'ai parlé de ce que devait être, selon mon optique et mon expérience, une politique de paix européenne dans notre temps. J'ai dit qu'il ne faut pas vouloir trop, mais pas trop peu non plus. Qu'il nous faut la renonciation sans restriction à l'emploi de la force. La réduction des armements et, si possible, leur contrôle. En dépit de toutes les divergences et des oppositions qui subsistent, un réseau de coopération pratique englobant toute l'Europe sur le plan économique, technologique et culturel […].

Pour nous, en Europe, il s'agit de réduire encore davantage et de surmonter autant que possible l'opposition entre l'Est et l'Ouest, qui a déjà pu être atténuée. À cet égard, nous devons partir de la réalité, qu'elle nous plaise ou non, telle qu'elle a résulté de la Seconde Guerre mondiale. Cela veut dire que nous devons partir du principe de l'inviolabilité des frontières. Reconnaître des frontières existantes ne signifie pas que l'on veuille les cimenter. Renoncer à l'emploi de la force ne signifie pas que l'on renonce à lutter pour obtenir des facilités sur le plan humain et la réalisation des droits de l'homme. Mais il est seulement possible de faire prendre une meilleure tournure à certaines réalités lorsqu'on les a reconnues comme telles […].

On peut préparer un pacte de paix européen par des accords sur la renonciation à l'emploi de la force […]. D'un autre côté, cette volonté doit prendre une forme contractuelle. C'est ainsi que nous avons soit conclu, soit préparé les traités avec nos voisins de l'Est. C'est ainsi que nous avons promu l'Accord quadripartite sur Berlin et mené les négociations complémentaires interallemandes. »

Cité dans Zorgbibe Charles, *Textes de politique internationale depuis 1945*, Paris, coll. « Que sais-je ? », PUF, 1985.

buer au processus d'apaisement de la guerre froide en Europe dans les années 1960 et 1970, ainsi qu'à l'amélioration de la situation en Allemagne » (R. Fritsch-Bournazel). Les entretiens Brandt-Stoph d'Erfurt (mars 1970) sont décisifs et suivis d'une série d'accords entre la RFA et l'URSS, la Pologne (1970), la RDA (1972) et la Tchécoslovaquie ; sans parler de l'accord quadripartite sur Berlin. Dans cette logique, les deux Allemagnes sont admises à l'ONU en décembre 1973.

C'est la preuve de l'acceptation d'un *statu quo* territorial en Europe, mais la perspective, bien hypothétique, d'une réunification, n'est pas complètement abandonnée. Optant pour un bilan modeste de l'*Ostpolitik*, le conseiller de Brandt, Egon Bahr, déclare en 1973 : « Les États allemands et leurs habitants commencent à essayer de se fréquenter [...] Jamais depuis 1945 on n'a autant parlé les uns des autres, les publications et les échanges n'ont été aussi nombreux. » La décennie 1975-1985 paraît moins favorable aux relations intra-allemandes, parce que l'atmosphère internationale s'est alourdie, surtout en raison de la crise des euromissiles.

La réunification et ses suites

Les réformes introduites en URSS par Mikhaïl Gorbatchev et son nouveau style de gouvernement ébranlent en profondeur le système communiste est-européen. Mais l'attitude personnelle du chef soviétique compte beaucoup dans le processus de « libération ». En effet, Gorbatchev, lors de son voyage en République fédérale (juin 1989), co-signe la déclaration commune qui reconnaît le droit, pour chaque pays européen, de « choisir librement un système économique et social ». Quatre mois plus tard, Gorbatchev est l'hôte de Erich Honecker pour la célébration du 40e anniversaire de la RDA : des manifestants profitent de la présence du réformateur soviétique pour réclamer des changements, mais les forces de l'ordre réagissent sans ménagement. La tension est vive.

Depuis 1986, la RFA ne cesse d'accueillir des immigrants de souche allemande, venus d'URSS et des démocraties populaires. Au cours du second semestre 1989, des milliers de citoyens de RDA profitent des commodités de passage des frontières et de transit par Prague, Budapest et Vienne pour rejoindre la RFA ; ils symbolisent la désaffection vis-à-vis du régime et même la rupture. Le Mur de Berlin, ainsi contourné, cède de façon spectaculaire le soir du 9 novembre 1989 dans une atmosphère de fête, et sans réaction de la police est-allemande. Les experts des questions allemandes n'auraient pas parié sur un tel bouleversement. Cet événement considérable sert de point d'ancrage : très vite, des analystes avancent l'idée que le XXe siècle porte en fait sur la période 1914-1989. Profitant de l'impulsion, d'autres pays de l'Est procèdent à leur tour à l'éviction des régimes communistes en place.

Après des déclarations hâtives sur la frontière Oder-Neisse, le chancelier Kohl mène avec habileté les négociations qui rendent possible la réunification des deux Allemagnes, effective le 3 octobre 1990. Il a surtout fallu convaincre l'URSS. Avec près de 80 millions d'habitants, le nouvel État allemand creuse l'écart avec ses partenaires européens. Longtemps qualifiée de « géant économique, mais nain politique », la RFA se donne les moyens d'une grande puissance ; hormis l'arme nucléaire. Signe des temps : en 1994, la Cour constitutionnelle de Karlsruhe autorise les forces armées allemandes à participer à des opérations militaires (missions de l'ONU), partout dans le monde, mais l'autorisation du Bundestag demeure obligatoire.

La réunification pose pourtant des problèmes spécifiques. D'abord par son coût global. Les transferts publics d'Ouest en Est ont nécessité des emprunts, mais aussi une augmentation des impôts, d'où des réactions de mécontentement et des grèves dans les Länder plus riches. Ensuite par les contraintes générées, dans les Länder de l'Est, par l'indispensable restructuration des industries (usines obsolètes, pollution...) et la montée du chômage.

Malgré ces pesanteurs, l'Allemagne joue loyalement le jeu de la mise en place de la monnaie unique de l'Union européenne.

En septembre 1998, après seize années à la chancellerie, Helmut Kohl est battu par la coalition des sociaux-démocrates et des Verts. Gerhard Schröder lui succède et n'hésite pas à innover dans quelques domaines. Ainsi, l'Allemagne annonce l'abandon de son programme nucléaire civil et, en modifiant le code de la nationalité, se prépare à offrir la double nationalité à plusieurs millions d'immigrés russes, mais aussi italiens, grecs, et surtout turcs.

Ayant surtout subi, depuis 1945, les contraintes liées à sa position géographique, l'Allemagne est en mesure aujourd'hui d'en utiliser les atouts. La réunification a accéléré l'enracinement à l'Est de la démocratie et de l'économie de marché. Des États de la zone orientale sont à leur tour candidats à l'Union européenne. La puissance de l'Allemagne justifie son souhait d'obtenir aujourd'hui un siège permanent au Conseil de sécurité de l'ONU.

bibliographie

GROSSER Alfred, *L'Allemagne de notre temps*, Paris, Fayard, 1970, rééd., coll. « Pluriel », Hachette, 1978.

FRITSCH-BOURNAZEL Renata, *L'Allemagne depuis 1945*, Paris, Hachette, coll. « Carré Histoire », 1997.

Israéliens et Palestiniens

Le conflit entre Israéliens et Palestiniens est une des données majeures du « Proche-Orient éclaté » (Georges Corm). La mise en route d'un processus de négociations directes entre Israël et l'OLP depuis 1993 constitue un tournant important. Il s'inscrit dans un contexte pourtant défavorable aux Palestiniens : puissance militaire et économique d'Israël, hégémonie des États-Unis dans la région, désunion des États arabes.

Le nationalisme palestinien

Un premier mouvement national palestinien émerge au début du XXe siècle. Hostile au sionisme, le nationalisme palestinien est miné par les dissensions internes. Celles-ci portent d'abord sur le contenu à donner à l'idée nationale : les partisans de la « Palestine aux Palestiniens » s'opposent aux tenants d'un État arabe aux horizons plus larges. D'autres lignes de fracture apparaissent en ce qui concerne les réponses à adopter face au développement de l'immigration juive et au comportement de la puissance mandataire (le Royaume-Uni). Affaibli et divisé, le mouvement palestinien n'est pas un acteur de poids lorsque s'organisent le partage de la Palestine et la naissance de l'État d'Israël en 1947-1948. Ce sont les États arabes qui gèrent alors la question palestinienne.

La reconnaissance du nationalisme palestinien, s'opère dans un contexte très différent. La création de l'Organisation de libération de la Palestine à Jérusalem en 1964 est d'abord une initiative égyptienne. Pour Nasser, la défense de la cause palestinienne est un atout précieux dans la lutte qui l'oppose aux États arabes plus conservateurs comme la Jordanie.

La défaite des pays arabes lors de la guerre des Six Jours en 1967 modifie considérablement la situation. L'OLP passe sous le contrôle des groupes armés apparus en grand nombre dans les années 1950 et qui secouent la tutelle des notables traditionnels.

Elle adopte la stratégie de la libération armée de la Palestine face à Israël. Ce choix, qui semble ne pas tenir compte du rapport des forces sur le terrain, doit se comprendre à la lumière des succès des guérillas algérienne et vietnamienne. Il est aussi un facteur d'unité pour les différentes composantes de l'OLP aux projets politiques par ailleurs fort variables. Il est enfin un puissant facteur d'identification pour un peuple géographiquement éclaté après les exodes de 1948 et de 1967. Parallèlement, l'OLP récuse toute idée de création d'un État palestinien en Cisjordanie et à Gaza. L'infléchissement de ses positions doit beaucoup aux mutations qui affectent l'ensemble du Proche-Orient à partir de 1973. Amorcé dès 1974, le « tournant stragégique » (Nadine Picaudou) se traduit par la recherche d'une solution politique au conflit : l'OLP propose l'édification d'un État palestinien en Cisjordanie et à Gaza. Cela permet à l'organisation d'obtenir une reconnaissance diplomatique internationale sans parvenir à fléchir l'intransigeance israélienne.

En réalité, l'OLP est affaiblie par des conflits internes car une partie de ses composantes refuse le choix opéré au nom du réalisme alors même que l'intervention israélienne au Liban en 1982 contribue encore davantage à la marginaliser. Lorsque la « guerre des pierres » (l'*intifada*) se déclenche en 1987, le mouvement national palestinien est en crise ouverte. D'autre part, le Jihad islamique créé en 1980 et le Hamas fondé en 1987 développent, hors de la tutelle de l'OLP, une lutte violente contre l'armée israélienne.

Histoire et identité d'Israël

La genèse et la naissance de l'État d'Israël sont l'objet depuis une quinzaine d'années d'intenses controverses historiographiques dans les milieux intellectuels israéliens. De « nouveaux historiens », comme Ilan Greilsammer, remettent en cause ce qu'ils considèrent comme une histoire officielle éloignée de la réalité des faits dans le sillage de Simha Flapan (*The birth of Israël : Myths and Realities*, 1987) et de Benny Morris (*The birth of the Palestinian Refugee Problem*, 1987). Ces historiens s'attaquent à ce qu'ils considèrent comme une histoire en service commandé. Ils remettent en question des certitudes largement admises en ce qui concerne la naissance d'Israël : forte infériorité des combattants juifs, départ volontaire des populations palestiniennes, volonté de paix des dirigeants du Yichouv – communauté juive de Palestine, avant la création de l'État d'Israël. L'historiographie traditionnelle insiste sur leur acceptation sincère du plan de partage adopté par l'ONU en novembre 1947 et donc d'un État palestinien. Son échec est à mettre sur le compte de l'intransigeance arabe. Dans une relecture de la période 1946-1948, des auteurs tels que Avi Shlaim arrivent à des conclusions fort différentes. Il n'est pas question pour les dirigeants juifs d'accepter le plan de partage. Une entente avec l'Émir Abdallah de Transjordanie est recherchée avec l'aide des Britanniques.

Sans vouloir rendre compte de l'étendue de la controverse, il importe d'en dégager la signification. D'abord, ces débats ne restent pas confinés dans les cercles de spécialistes. Relayés par les médias, ils touchent un plus large public. D'autre part, cette nouvelle vision de l'histoire d'Israël n'apparaît pas fortuitement au milieu des années 1980. L'intervention au Liban, le blocage complet du processus de paix, l'*intifada* provoquent des interrogations dans la société israélienne. Derrière un débat d'histoire, c'est en fait de mémoire et d'identité dont il est question.

LA DÉCLARATION DE PRINCIPES ENTRE ISRAËL ET L'OLP (13 septembre 1993)

« Article VI : Transfert préliminaire des pouvoirs et responsabilités

1. À dater de l'entrée en vigueur de la présente Déclaration de principes et du retrait de la bande de Gaza et de la région de Jéricho, un transfert de pouvoirs des autorités militaires israéliennes et de leur Administration civile vers les Palestiniens habilités à exercer cette fonction, comme précisé sur ce point, prendra effet. Ce transfert d'autorité sera de nature préparatoire jusqu'au moment de l'entrée en fonction du Conseil.

2. Immédiatement après l'entrée en vigueur de la présente Déclaration de principes et le retrait de la bande de Gaza et de la région de Jéricho, dans la perspective de promouvoir le développement économique sur la rive occidentale et dans la bande de Gaza, des pouvoirs seront transférés aux Palestiniens dans les domaines suivants : éducation et culture, santé, affaires sociales, levée d'impôts directs, et tourisme. La partie palestinienne commencera à constituer la force de police palestinienne, comme convenu entre les parties. Dans l'attente de la prise de fonction du Conseil, les deux parties pourront négocier le transfert de compétences et de responsabilités supplémentaires, comme convenu entre les parties. »

A. Gresh, A. Vidal, *op. cit.*, p. 374.

En devenant un objet de controverse, l'idéologie sioniste se désacralise ; pour une part croissante des Israéliens, elle ne peut suffire comme facteur d'identité nationale. Deux projets identitaires de substitution se dessinent aujourd'hui dans la société israélienne. « L'identité laïque postsioniste » (Ilan Greilsammer), parmi plusieurs composantes, témoigne de l'aspiration à faire de l'État d'Israël une démocratie occidentale classique, « normale », animée par le souci du bien-être. Tous les citoyens y bénéficieraient des mêmes droits, sans préjuger de leur appartenance ethnique ou religieuse. Le projet concurrent « néosioniste » (Ilan Greilsammer), porté en particulier par les partis religieux, privilégie la judéité : il revendique une identité fondée sur les données ethniques et religieuses et non civiles.

La transformation des relations israélo-palestiniennes

La signature des accords d'Oslo, en 1993, a été considérée comme un changement majeur de la stratégie israélienne. L'examen de la situation des territoires occupés par Israël – Cisjordanie et Gaza – permet de mieux comprendre le processus.

L'occupation par Israël de ces zones s'est accompagnée du développement d'une politique de colonisation. De 1967 à 1977, il s'agit d'abord de satisfaire des objectifs de sécurité, en particulier par le contrôle de la vallée du Jourdain. L'arrivée de la droite au pouvoir va modifier la donne. Les implantations juives sur les territoires de peuplement arabe vont se multiplier avec l'aval du gouvernement : fin 1995, 130 colonies habitées par 150 000 personnes sont ainsi installées en Cisjordanie. Les implantations, à l'exception de celles du plateau du Golan, n'ont plus d'abord une fonction de glacis stratégique. Elles permettent de résoudre à bon compte la crise du logement qui sévit en Israël ainsi que le problème de l'eau. Cette politique s'appuie sur le postulat implicite de la docilité de la population palestinienne, malgré une situation sociale de plus en plus explosive. Le déclenchement de l'*intifada* fait voler en éclats ce schéma. En effet, la rigueur de la répression ne met pas fin à la révolte et suscite des interrogations en Israël, d'autant que le Hamas, tenant d'une ligne islamo-nationaliste intransigeante, gagne en audience.

Pour l'OLP, la « guerre des pierres » permet de reconquérir une légitimité dans la mesure où le soulèvement se réclame de l'organisation depuis son déclenchement. D'autre part, l'organisation se trouve dans une situation difficile après la guerre du Golfe, la disparition de l'allié naturel que constituait l'URSS, le tarissement de l'aide financière des pétromonarchies, la disparition de ses moyens logistiques après la perte des bases libanaises, poussent son appareil dirigeant à être réceptif aux ouvertures du gouvernement israélien à partir de 1992. Pour Itzhak Rabin, nouveau Premier ministre, le contexte est éminemment favorable à l'élaboration d'une solution politique avec un adversaire affaibli. « Faucon et Colombe à la fois » (Alain Gresh), il a dirigé un processus où l'OLP a opéré les concessions les plus importantes. Certes, une autorité palestinienne s'est mise en place ; mais elle est soumise à une étroite surveillance israélienne. Surtout, les problèmes fondamentaux – Jérusalem, les implantations juives, le futur État palestinien... – n'ont pas reçu de réponses.

Les relations israélo-palestiniennes s'insèrent dans un contexte où d'autres sources de tensions existent : contentieux entre l'Iran et les États arabes, inégalités de développement, enjeux pétroliers, question kurde, problème irakien. Parcouru par la fracture Est-Ouest provoquée par la guerre froide, le Proche-Orient reste l'un des points chauds de la planète.

bibliographie

GREILSAMMER Ilan, *La nouvelle histoire d'Israël. Essai sur une identité nationale*, Paris, Gallimard, 1998.

GRESH Alain, VIDAL Dominique, *Les 100 portes du Proche-Orient*, Paris, Éditions de l'Atelier, 1996.

La Chine communiste

Depuis un demi-siècle, la Chine cherche à combler son retard économique. De Mao Zedong à Deng Xiaoping, les dirigeants communistes ont cherché à élaborer une voie chinoise vers le progrès qui soit spécifique. De l'utopie au réalisme, du repli à l'ouverture, cet objectif est demeuré constant.

À l'ombre de l'URSS

La victoire des communistes chinois sur le Guomindang en 1949 est fort peu redevable de l'affrontement Est-Ouest dans le cadre de la guerre froide. Certes, dans la guerre civile qui reprend en 1946, les États-Unis prennent parti pour Jiang Jieshi et son régime. Mais l'aide qui lui est accordée ne peut se comparer à celle dont bénéficiera l'Europe occidentale car dans la mise en œuvre du « containment », l'Europe a la priorité sur l'Asie. À Moscou, la méfiance vis-à-vis du parti communiste chinois est ancienne. Elle traduit d'abord une incompréhension face à la stratégie, prônée par Mao Zedong, d'appui sur les campagnes ; depuis la création du PCC en 1921, les heurts ont été nombreux. D'abord préoccupé de la sécurité européenne de l'URSS, Staline n'estime pas souhaitable une victoire totale des communistes chinois. Si la proclamation solennelle de la République populaire de Chine le 1er octobre 1949 est d'abord le résultat de la déconfiture des armées du Guomindang, elle a également d'autres causes : l'ardeur réformatrice manifestée dans les régions occupées par les troupes communistes, ainsi que la dimension patriotique mise en valeur face à un régime corrompu et soutenu par l'étranger. Tout cela confère aux nouveaux dirigeants chinois une légitimité dont ne peuvent se prévaloir les communistes de l'Europe de l'Est, à l'exception des Yougoslaves et des Albanais.

Dans ce contexte, l'alignement sur Moscou peut surprendre puisque tous les ingrédients d'une dissidence chinoise paraissent réunis. Or le 14 février 1950, Mao signe à Moscou un traité d'amitié, d'alliance et d'assistance technique qui consacre le rôle dirigeant de l'URSS et la position subordonnée de la Chine à l'intérieur du camp socialiste. De plus, la Chine choisit l'application du modèle soviétique afin de sortir le pays du sous-développement. Les dirigeants chinois considèrent que la sécurité et la modernisation de leur pays passent par un rapprochement étroit avec l'URSS. Du côté soviétique, on est attentif au risque de l'émergence d'une « Yougoslavie asiatique » (Jacques Lévesque).

La Chine maoïste

« Le bon élève de l'URSS » (Alain Roux) s'interroge tôt sur la pertinence des résultats qu'il obtient. Pour Mao et ses partisans, l'application du modèle soviétique conduit la Chine à l'impasse. De nombreuses raisons militent selon eux pour la rupture avec ce modèle, ne serait-ce que parce qu'il contribue à accroître l'écart entre l'industrie et l'agriculture et à accepter la dépendance technologique vis-à-vis de l'Union soviétique. Dans ces conditions, la Chine est vouée à un sous-développement durable et à une position subordonnée au plan géopolitique. Cela concourt à la recherche d'une voie chinoise vers le socialisme dans une logique autarcique.

Du Grand Bond en avant (1958-1961) à la Révolution culturelle (1966-1969), la Chine expérimente dans la douleur l'édification d'un autre socialisme. Dans cette période confuse quelques tendances profondes peuvent être dégagées : la période peut se comprendre à la lumière des luttes pour le pouvoir au sein de l'appareil du parti communiste chinois. Si l'adoption d'une nouvelle stratégie de développement économique en 1957 avait fait l'objet d'un accord très large au sein du groupe dirigeant, le bilan désastreux dressé du Grand Bond en avant dès 1959 provoque des mises en cause de la position de Mao, particulièrement en 1961-1962.

Au fond, deux lignes coexistent et se combattent selon une dynamique complexe entre 1962 et 1976. Attentif aux risques de sclérose, le maoïsme veut moderniser la Chine par la révolution. Le primat de l'idéologie doit l'emporter sur tout autre considération. L'accroissement de la production sera le résultat de l'émergence d'un homme nouveau plus sensible aux stimulants idéologiques que matériels. Une seconde ligne – Liu Shaoqi, Deng Xiaoping et Zhou Enlai – escompte une modernisation produite par des procédés plus conventionnels : stimulants matériels, reconnaissance des qualifications. Cependant, l'opacité de la période est accrue par le caractère sinueux des positions de Mao : même au plus fort de la Révolution culturelle, le « Grand Timonier » préserve la position de Zhou Enlai.

Cette nouvelle orientation intérieure de la Chine a connu comme corollaire naturel en matière de politique étrangère la priorité accordée à la recherche de l'indépendance. Tout cela conduit au « grand craquement » (Paul-Marie de la Gorce), c'est-à-dire à la rupture avec l'Union soviétique. Les nouvelles orientations en vigueur à Moscou à partir de 1955-1956, déstalinisation et recherche de la coexistence pacifique, suscitent des critiques à Pékin. Les dirigeants soviétiques comprennent mal la nouvelle stratégie chinoise de développement.

La querelle nucléaire va largement envenimer des relations déjà passablement détériorées. Pékin aspire à la possession d'un armement nucléaire considéré comme le seul instrument efficace de dissuasion, dans un environnement jugé hostile. Pour Moscou, le monopole atomique à l'intérieur du bloc communiste est un élément de domination sur les autres États du bloc; de plus, Khrouchtchev entend conserver la maîtrise de cette arme dans la perspective de négociations globales avec les États-Unis.

MAO ZEDONG FACE AUX CRITIQUES.

Cette intervention de Mao Zedong, le 23 juillet 1959, à Lushan, devant le Comité central, constitue une réponse aux critiques de la politique du Grand Bond en avant.

« J'ai commis deux crimes. Le premier est d'avoir lancé l'objectif de dix millions sept cent mille tonnes d'acier raffiné. Puisque vous avez approuvé cette proposition, vous deviez en partager avec moi les responsabilités [...]. Il y a aussi la Ligne générale *[associée aux communes populaires et au Grand Bond en avant, ndlr]*. Qu'elle soit dénuée de réalité ou pas, vous avez aussi votre part de responsabilité. Sa mise en pratique dans l'industrie et l'agriculture en témoigne [...]. Il s'agirait d'être un peu plus prudent [...]. En parlant de hâte, Marx aussi a commis de nombreuses erreurs. Tous les jours, il pensait à l'avènement d'une révolution européenne, mais elle n'arriva pas [...]. N'est-ce pas là un exemple d'impatience et de fanatisme petit-bourgeois? [...] Marx tout d'abord s'opposa à la Commune de Paris et Zinoviev condamna la révolution d'octobre. Zinoviev fut par la suite exécuté. Marx aurait-il dû être aussi exécuté? [...] Avons-nous cette fois subi un échec? Selon les camarades ici présents, ce n'est pas un échec total. Nous avons obtenu des résultats positifs, ce n'est donc qu'un échec partiel. Nous avons payé gros. Un coup de « vent communiste » a soufflé, mais le peuple tout entier a subi une leçon [...].
Pour en revenir au problème de la responsabilité, XX et XXX ont leur part de responsabilité, ainsi que XXX du ministère de l'Agriculture. Mais le premier responsable, c'est moi [...]. Je suis responsable des dix millions de tonnes d'acier, et des quatre-vingt-dix millions de personnes lancées dans la bataille. »

Patente dès 1960, par l'arrêt de l'aide économique à l'initiative de l'URSS, la rupture s'amplifie jusqu'aux accrochages militaires de 1969. Ce sont les impératifs de la sécurité qui convainquent la Chine de la nécessité d'un rapprochement avec les États-Unis, couplés à une nouvelle analyse des rapports de force dans le monde: les États-Unis, handicapés par leur défaite au Vietnam en 1975, sont sur la pente du déclin; en revanche, la puissance soviétique s'accroît dans le monde, et particulièrement en Asie. Pour Washington, le rapprochement avec la Chine est autant un moyen de pression sur Moscou qu'une occasion de reprendre l'initiative dans le Sud-Est asiatique.

L'ère Deng Xiaoping

Deng Xiaoping, homme du Sud, exerce une influence prépondérante de 1978 jusqu'à sa mort en 1997. C'est peu dire que le réalisme « dengxiaopingien » s'oppose à l'utopisme maoïste. Soucieux de légitimité historique, le nouveau maître de la Chine affirme la continuité, par-delà les vicissitudes historiques, entre sa politique et le plan des « quatre modernisations » énoncé en 1964 par Zhou Enlai. En fait il s'agit d'accroître fortement le rôle du marché par touches successives et de façon empirique mais sans programme d'ensemble. Cette économie socialiste de marché prend des allures de « puzzle géant » (Jean-François Soulet). Convaincu alors des risques d'une brutale démaoïsation à la lumière de l'expérience soviétique de la déstalinisation, Deng et ses alliés souhaitent cependant procéder à une nouvelle évaluation du rôle du « Grand Timonier ». Nécessaire à la légitimation du nouveau cours politique, elle doit contribuer à consolider l'hégémonie du PCC. Ainsi peut-on mieux comprendre que soit d'abord critiquée la dérive « gauchiste » du maoïsme au moment de la Révolution culturelle.

Les difficultés économiques croissantes à partir de 1986 relancent les débats politiques au sommet de l'appareil dirigeant entre conservateurs et réformateurs. La répression sanglante du mouvement de la place Tien'anmen (avril/juin 1989) semble sonner le glas des réformes. Perçu en Occident comme une grande aspiration à la démocratie et à la liberté, ce « Printemps de Pékin » a d'abord pour objectif « Une réforme du parti » (Marie-Claire Bergère). Cependant, dès 1990 le processus des réformes est relancé et même amplifié.

Dans le même temps, l'effondrement de l'URSS a modifié les données de la politique extérieure chinoise. La Chine cherche d'abord à s'affirmer comme une puissance régionale. Le contentieux avec la Russie a été réglé en 1991. Le « partenariat stratégique » conclu à Shanghai en 1996 entre les deux États consacre un rapprochement déjà ancien. Au-delà de ses « frontières maritimes » (Alain Roux), la Chine cherche à développer son influence (voir le problème de Taiwan). Le recouvrement de Hong-kong en 1997 et celui de Macao programmé en 1999 nourrissent le développement d'un nationalisme chinois qui représente également une source de légitimation pour le régime en place.

Ouverte sur le monde aux plans économique et diplomatique sous l'impulsion de ses dirigeants, la Chine reste imperméable au libéralisme politique et à la démocratie présentés comme étrangers à la culture chinoise. La toute-puissance du parti-État permet en tout cas de neutraliser les velléités autonomistes latentes dans un État multinational.

b*ibliographie*

GODEMENT François, *Dragon de feu, dragon de papier, l'Asie a-t-elle un avenir?*, Paris, Flammarion, 1998.

ROUX Alain, *La Chine au XXe siècle*, Paris, SEDES, 1998.

L'Europe en construction

Ancien, le projet européen se concrétise après 1945. En cinquante ans, il a transformé fondamentalement les relations entre les États membres. Loin de l'enthousiasme de ses débuts, la construction européenne a emprunté la route du réalisme et du pragmatisme. Lancé à l'ombre de la guerre froide, le processus doit affronter les défis provoqués par la réunification géopolitique de l'Europe.

Des débuts hésitants

Il existe un décalage chronologique important entre l'idée et la réalité de la construction européenne. «L'européisme» (É. du Réau) apparaît tôt dans l'histoire du continent puisque certains la font émerger sous Charlemagne et parlent d'une Europe carolingienne! En revanche, les premières réalisations concrètes ne se développent qu'après 1945. Plusieurs facteurs se conjuguent alors pour les encourager: nécessité de sauvegarder la paix, impératif de la reconstruction, pressions américaines. D'autre part, portée par un mouvement européen actif bien que divisé, la volonté de rapprochement entre les États européens rencontre l'adhésion large des opinions publiques comme en attestent les sondages: en France, le thème des «États-Unis d'Europe» recueille 61 % d'opinions favorables en juin 1947.

Un premier pas décisif est franchi en 1951 par la création de la CECA (Communauté européenne du charbon et de l'acier). Cette première expérience communautaire oriente durablement le processus de construction européenne dans sa configuration – l'Europe des Six –, dans ses compétences, – les questions économiques –, autant que dans les modalités, – des transferts limités de souveraineté. Cette Europe se construit sur le rapprochement franco-allemand. Or, c'est peu dire qu'il n'allait pas de soi. Dès 1945, la diplomatie française joue un rôle actif dans le domaine de la construction européenne: l'entité européenne à édifier est conçue comme un moyen de consolider la puissance française, de lui permettre de jouer un rôle important dans le monde. Le partenaire naturel vers lequel la France se tourne est le Royaume-Uni. Va-t-on vers un axe franco-britannique structurant la future Europe? Il n'en est rien: entre les deux pays se développe une «mésentente cordiale» (René Girault). L'histoire des premières tentatives européennes est d'abord celle de leurs désaccords. Soucieux de jouer d'abord la carte de l'Atlantisme, de s'appuyer sur le Commonwealth, le Royaume-Uni ne souhaite pas s'impliquer fortement dans un processus d'intégration européenne. La création du Conseil de l'Europe en 1949 dans le sillage du Congrès de La Haye de 1948 illustre les réticences britanniques: champ d'intervention très limité et refus de tout transfert de souveraineté. Sur le terrain de l'économie les divergences sont considérables car les deux pays adoptent des priorités différentes: la lutte contre l'inflation et pour la défense de la monnaie outre-Manche, le combat pour la modernisation économique à Paris. Ce divorce est également commercial: les échanges entre les deux pays stagnent après 1945.

Dans le même temps, la France est conduite à réviser sa politique allemande sous la pression américaine. Dans la conjoncture de guerre froide, le relèvement allemand devient une nécessité pour Washington malgré les inquiétudes exprimées à Paris. Dans ce contexte, le plan présenté par Robert Schuman le 9 mai 1950 vise à atteindre plusieurs objectifs: relancer, à l'initiative de la France, une dynamique européenne grippée et masquer le redressement allemand. L'intégration de la république fédérale d'Allemagne dans un cadre contractuel européen présente aussi, vu de Paris, un double avantage: favoriser l'approvisionnement français en charbon et en coke, et donc le redressement économique, mais aussi réduire les risques de résurgence d'un nationalisme allemand toujours redouté en France.

LA VISION EUROPÉENNE DU GÉNÉRAL DE GAULLE.

«La première idée, c'est qu'il faut que l'Europe occidentale s'organise, autrement dit que ses États se rapprochent, d'Amsterdam à la Sicile, de Brest à Berlin, de façon à devenir capables d'attirer les autres et de faire contrepoids aux deux mastodontes, les États-Unis et la Russie. Tant que nos pays restent dispersés, ils sont une proie facile pour les Russes, sauf si les Américains les protègent. Ils ont donc le choix entre devenir des colonies russes, ou des protectorats américains. Ils ont préféré la seconde solution et on comprend qu'elle ait d'abord prévalu. Mais ça ne pourra pas durer éternellement. Il est donc urgent qu'ils s'unissent pour échapper à cette alternative.

Il faut commencer par ces cinq ou six pays, qui peuvent former le noyau dur; mais sans rien entreprendre qui puisse barrer la route aux autres, l'Espagne, le Portugal, l'Angleterre si elle arrive à se détacher du Commonwealth et des États-Unis, un jour la Scandinavie, et pourquoi pas la Pologne et les autres satellites quand le rideau de fer finira par se lever.

La deuxième ligne directrice, c'est que l'Europe se fera ou ne se fera pas, selon que la France et l'Allemagne se réconcilieront ou non. C'est peut-être fait au niveau des dirigeants; ce n'est pas fait en profondeur. Il n'y aura pas de construction européenne si l'entente de ces deux peuples n'en est pas la clef de voûte.»

Entretien avec Alain Peyrefitte, le 27 janvier 1960. Cité dans Alain Peyrefitte, *C'était de Gaulle*, Paris, Éditions de Fallois/Fayard, 1994, p. 62 et suiv., *in* Ph. Mioche, *De l'idée européenne à l'Europe*, Paris, Hachette, coll. «Fondamentaux», 1997, pp. 71-72.

Un processus complexe

L'histoire de la construction européenne n'est pas linéaire, des périodes de progrès alternent avec des périodes de difficultés. Entre les deux phases, des crises jalonnent l'histoire de l'Europe. 1954 marque ainsi l'échec de la Communauté européenne de défense ; l'année 1965 est dominée par des désaccords entre la France et ses partenaires à propos de la politique agricole commune et au-delà sur l'avenir du Marché commun. En 1979, les demandes britanniques de renégociation de la contribution du Royaume-Uni au budget européen provoquent un « imbroglio agrobudgétaire » (F. de la Serre). Cependant, ces crises récurrentes sont résolues par l'adoption de compromis et débouchent sur des initiatives de relance.

L'axe franco-allemand a joué un rôle essentiel dans le processus de construction européenne. Cette entente n'était pas évidente et n'a pas été immédiate. Elle se cristallise lors de la signature du traité de l'Élysée le 22 janvier 1963. Se construit alors une relation complexe : l'Allemagne fédérale sera la locomotive économique de l'Europe comme en témoigne l'ascension du mark ; la France, détachée de l'allégeance aux États-Unis par la possession de l'arme nucléaire, s'installera dans le rôle de locomotive politique. Chacun des deux partenaires trouve son compte dans cette entente féconde pour la dynamique européenne. Bonn y trouve une légitimité perdue depuis 1945, tandis que Paris y puise la possibilité d'accroître son influence politique.

Conçu pour six pays dans des domaines clairement circonscrits, le processus de construction européenne a subi un double élargissement, à la fois sectoriel et géographique. Ce dernier s'est opéré en trois vagues successives : l'adhésion du Royaume-Uni, de l'Irlande et du Danemark en 1973 déplace le centre de gravité de la Communauté européenne vers le nord du continent. Une deuxième vague d'adhésions, Grèce en 1981, Espagne et Portugal en 1986, corrige le mouvement.

Enfin, l'entrée de la Finlande, de la Suède et de l'Autriche en 1995 concerne à nouveau le Nord et l'Est du continent. Souhaitée à chaque fois par les élites dirigeantes des pays concernés, l'entrée dans la Communauté européenne suscite des réactions diverses dans les opinions publiques : dans les pays méditerranéens, un large consensus se dégage sur la question de l'adhésion ; l'Europe vaut promesse de progrès économique et social et ancrage à la démocratie. La volonté des pays méditerranéens de participer dès que possible à la monnaie unique est d'ailleurs particulièrement significative de cet état d'esprit. En revanche, en Europe du Nord, la construction européenne ne présente pas les mêmes vertus pour des sociétés démocratiques à haut niveau de vie. L'Europe reste alors un élément de clivage politique important dont témoigne le double refus norvégien.

Des perspectives problématiques

L'Union européenne vit aujourd'hui à l'heure du passage à l'euro. La mise en place de la monnaie unique signifie pour les onze États qui y participent un transfert décisif de souveraineté et traduit la convergence des économies. Les potentialités du traité de Rome sont ainsi réalisées. Passé cette étape, l'Union européenne doit relever trois défis. Elle est d'abord confrontée à la perspective d'un élargissement de grande ampleur : si des négociations sont entamées avec six États, il y a plus d'une quinzaine de candidats potentiels.

Les différences de niveau de développement autant que les coûts prévisibles entraînés par l'adhésion des anciens membres du bloc de l'Est rendent les dirigeants européens prudents alors que l'impatience est grande dans les pays candidats. Cette perspective rend indispensable l'adoption de nouveaux modes de fractionnement : conçues pour six États, les institutions montrent leurs limites avec quinze pays membres.

Avec de nouveaux adhérents, la paralysie menace. Il s'agit de rendre l'Union européenne plus efficace (nombre de commissaires européens) et plus démocratique dans son fonctionnement (compétences du Parlement européen). L'Union européenne doit redéfinir ses champs d'intervention : si l'Europe économique est faite, l'Europe politique, diplomatique, sociale ou culturelle reste largement virtuelle malgré les initiatives prises.

Profondément originale, l'Union européenne ne peut se comparer aux autres organisations créées sur une base régionale (ALENA, ASEAN, MERCO SUR). Elle a hérité de ses pères fondateurs les ambitions plus larges que la simple réalisation d'une zone de libre-échange : maintenir la paix et la démocratie dans un continent ravagé. Au-delà des problèmes qu'elle doit résoudre, il lui faut se définir une identité et un projet : limites géographiques ? Articulations avec les États-Nations la composant ? Cohésion militaire et diplomatique ? Une culture commune européenne ne saurait se limiter à l'usage d'une monnaie unique. Jean Monnet en était d'ailleurs conscient lorsqu'il déclarait au soir de sa vie : « Si c'était à refaire, je recommencerai par la culture. »

b*ibliographie*

NOUSCHI Marc, *En quête d'Europe. Construction européenne et légitimité nationale*, Paris, Vuibert, 1994.

RÉAU (du) Élisabeth, *L'Idée d'Europe au XXe siècle*, Bruxelles, Éditions Complexe, 1996.

Une nouvelle donne internationale

La disparition de l'URSS et du bloc soviétique ainsi que la fin de la guerre froide ont créé des conditions nouvelles pour les relations internationales entre les États. En cette fin du XXe siècle, la puissance américaine est à l'évidence le phénomène majeur qui se dégage dans un monde plus incertain.

La suprématie américaine

La puissance des États-Unis repose sur des bases économiques. Le poids de ce pays dans l'économie mondiale est inégalé puisqu'il contribue au quart du produit mondial brut. Plus significatif encore est l'écart, du simple au double, avec le Japon, deuxième puissance économique de la planète. Le rôle financier et monétaire des États-Unis leur permet d'exercer une influence prédominante dans les institutions internationales.

Aussi en 1985, lors d'une réunion du G 7 à New York, leurs partenaires seront invités à participer à une opération de baisse de la valeur du dollar et deux années plus tard à Paris à aider à sa stabilisation. Plus significative encore est la capacité américaine d'innovation et d'adaptation dans le domaine des technologies de pointe : dans le secteur clé des logiciels, les trois premiers fabricants mondiaux sont américains. En outre, par le cinéma, la musique et la télévision, la culture américaine se diffuse largement dans le monde, et l'anglo-américain est devenu la langue scientifique internationale et la langue véhiculaire de la planète. Depuis la disparition de l'URSS, nul ne peut contester la position dominante des États-Unis dans le domaine militaire. La fin de la guerre froide n'a pas provoqué la dislocation de leur système d'alliances dont le pivot est l'OTAN.

Significativement, les pays d'Europe centrale et orientale, débarrassés de la tutelle soviétique, cherchent à Washington les garanties de leur sécurité, prêtant peu de crédit aux discours sur « l'Europe européenne ». Le succès militaire de la guerre du Golfe en 1991 illustre la capacité des États-Unis à neutraliser un adversaire de poids et à s'ériger en gendarme du monde.

Dans le même temps, les dirigeants américains peinent à élaborer une doctrine diplomatique claire. Il est difficile de tracer précisément les contours du « nouvel ordre mondial » souhaité par le président Bush en 1990. Le thème du « Wilsonisme pratique », mis en valeur par l'administration Clinton à partir de 1993, manque de lisibilité. En matière diplomatique, les initiatives de la Présidence sont placées sous la surveillance du Congrès où la méfiance est forte vis-à-vis des interventions extérieures.

Au-delà de la défense proclamée des grands principes, la « Pax americana » sert d'abord les intérêts de Washington. Au Proche-Orient, le soutien apporté au processus de paix israélo-palestinien et l'isolement maintenu de l'Irak façonnent un ordre régional sous étroite dépendance américaine. Vis-à-vis de la Chine, la sensibilité aux droits de l'homme a vite cédé le pas à la conquête de nouveaux marchés. En 1996, le refus d'accepter la reconduction du mandat du secrétaire général de l'ONU, Boutros-Ghali, illustre le peu de cas fait par les États-Unis de la concertation entre les États qui est à la base du fonctionnement de l'organisation.

Cependant, la puissance a aussi ses limites. La suprématie économique ne doit pas occulter des phénomènes de dépendance : l'endettement de l'État fédéral, mais aussi des entreprises, implique une dépendance vis-à-vis des flux de capitaux étrangers.

En matière diplomatique, les États-Unis essuient également quelques déboires : en Somalie, le débarquement très médiatisé des troupes américaines dans le cadre de l'opération « Restore Hope » en décembre 1992 s'est achevé par un retrait sans gloire quelques mois plus tard.

Paradoxalement, l'affirmation de la suprématie globale des États-Unis coïncide avec un retour en force du thème récurrent du déclin américain. Une importante littérature nourrit le débat. Le pessimisme, démenti par les faits au plan géopolitique, traduit en partie les préoccupations d'abord d'ordre interne de l'opinion publique américaine.

UNE VICTOIRE DES ÉTATS-UNIS.

« Le Koweit est libéré. L'armée irakienne est défaite. Nos objectifs militaires sont atteints. Le Koweit est à nouveau dans les mains des Koweitiens, qui contrôlent maintenant leur propre destin. Nous partageons leur joie, qui est uniquement tempérée par notre compassion pour l'épreuve qu'ils ont subie. Ce soir, le drapeau koweitien flotte de nouveau au-dessus de la capitale d'une nation libre et souveraine, et le drapeau américain flotte au-dessus de notre ambassade. Il y a sept mois, l'Amérique et le monde avaient tracé une ligne dans le sable, en déclarant que l'agression contre le Koweit ne serait pas tolérée. Et, ce soir, l'Amérique et le monde ont tenu leur parole.

Ce n'est pas le moment de l'euphorie et certainement pas celui de se vanter. Mais c'est le moment d'être fiers. Fiers de nos soldats, fiers de nos amis qui ont été à nos côtés durant la crise, fiers de notre nation et de son peuple dont la force et la détermination ont rendu la victoire rapide, décisive et juste. »

Discours de G. Bush (président des États-Unis), le 27 février 1991.
Cité dans Histoire Terminales, Hachette, 1998, p. 253.

Recomposition et décomposition

La disparition du bloc communiste a considérablement accéléré le processus de « mondialisation » amorcé dès le XVe siècle par le désenclavement du monde. Un espace économique unique émerge, où les obstacles aux flux de toute nature sont progressivement levés ; il est régi par les lois du marché. Si la liberté de circulation des capitaux est la règle à l'échelle de la planète, les échanges de biens et de services obéissent largement à une logique régionale. Se consolident ainsi des blocs économiques régionaux comme l'Union européenne ou l'ALENA créée en 1992 entre les États-Unis, le Mexique et le Canada. L'économie mondiale reste en fait organisée en blocs régionaux qu'ils aient ou non une forme institutionnelle. Éléments de fractionnement ou étapes sur la voie de la mondialisation, ils constituent une donnée durable. Par ailleurs, la globalisation fonctionne selon un rapport de forces favorable au capital par rapport au travail. Mais si le capital est mobile, le travail est un facteur de production qui circule moins facilement.

Le versant culturel de la globalisation est souvent décrit sous les traits du « MacMonde ». L'uniformisation des modes de vie et de pensée selon les standards américains serait à l'œuvre et les produits culturels feraient l'objet d'un marché planétaire. Certes, l'industrie culturelle américaine exporte massivement ses produits et les fast-foods prolifèrent dans le monde. Cependant, si la standardisation progresse, elle n'est pas la seule logique en action. La « monoculture » (Claude Lévi-Strauss) doit composer avec des phénomènes de crispation identitaire qui jouent à plusieurs échelles, qu'ils soient à dimension religieuse, ethnique ou nationale. D'autre part, la circulation des flux culturels obéit à des règles complexes. C'est une logique de métissage qui est souvent à l'œuvre. Loin d'être moribondes, les cultures locales manifestent de fortes capacités de recyclage des phénomènes culturels arrivant de l'extérieur. Au Brésil, le succès des *télénovelas* n'a rien à envier aux séries américaines. On fait grand cas de la « macdonaldisation » des habitudes alimentaires en Europe et de la consommation de Coca-Cola, mais la pizza a plus de succès que le hamburger. Et les débuts difficiles d'Euro-Disney montrent qu'il n'est pas possible d'implanter en Europe sans les modifier les standards culturels américains.

La fin de la guerre froide n'a pas été la « fin de l'Histoire » (Francis Fukuyama). Au contraire, les conflits localisés ont proliféré. Ils sont majoritairement des guerres civiles difficiles à décrypter à cause de l'absence fréquente de repères idéologiques précis ; ces affrontements sont souvent présentés sous l'angle du tribalisme et de l'ethnicisme. Ils mettent en fait en lumière la crise de l'État. Incapable dans le tiers monde de satisfaire les exigences de développement économique ou de protection sociale, l'État en faillite ouvre la voie aux conflits « tribaux » ou « ethniques », comme on le perçoit en Afrique ou dans les Balkans. La fragilité de l'État n'est pas le monopole du Sud quand on voit le Canada et la Belgique menacés d'éclatement.

Dans un monde plus instable, la fin de l'affrontement Est-Ouest a ouvert la voie à un regain d'activité de l'ONU. Grâce au consensus régnant au sein du Conseil de sécurité, l'Organisation va multiplier ses interventions, ainsi au Cambodge en 1992-1993 ou dans l'ex-Yougoslavie en 1992. Cependant, le bilan de ces actions est mitigé : conçue pour régler des conflits interétatiques, l'ONU éprouve des difficultés à appliquer le droit d'ingérence qui émerge dans le droit international. Il n'est pas aisé en effet de résoudre des conflits complexes d'autant qu'il n'est pas question d'utiliser les Casques bleus dans une stratégie offensive.

Ainsi le rêve d'un ordre international régulé par l'ONU se dissipe-t-il. Les conflits, comme ceux de la Tchétchénie entre 1994 et 1996, se déroulent sans intervention de l'organisation internationale. D'autres, comme en Bosnie-Herzégovine et surtout du Kosovo, se caractérisent par l'entrée en action de l'OTAN. Tributaire pour ses moyens financiers des grands États, l'ONU ne saurait être l'instrument de substitution au duopole américano-soviétique. Dans un monde plus complexe, elle est un instrument de régulation parmi d'autres.

Unipolaire et multipolaire à la fois, le monde se recompose selon de nouvelles logiques. Uni par les principes de l'économie de marché, il reste polarisé économiquement. Les États-Unis peuvent exercer un « impérium » que nul n'est en état de leur contester. Mais cette hégémonie n'annihile pas les capacités d'action des autres puissances à une échelle régionale. Anciens comme la France ou émergents comme la Chine, le Pakistan, l'Inde..., ces États ont des capacités d'action qu'une globalisation simplificatrice ne doit pas occulter. Toute compréhension de la guerre civile qui ravage l'Afghanistan implique un examen attentif de la stratégie pakistanaise en Asie centrale. De même, l'influence de la Russie dans les Balkans n'est plus à démontrer. Enfin, la mondialisation ne provoque pas la disparition de la frontière Nord-Sud. Les inégalités de développement demeurent tout aussi spectaculaires dans le village planétaire. Elles représentent sans conteste une forte source de tensions pour l'avenir.

b*ibliographie*

DE LA GORCE Paul Marie, *Requiem pour les Révolutions*, Paris, Flammarion, 1990.

NOUAILHAT Yves-Henri, *Les États-Unis et le monde du XXe siècle*, Paris, Armand Colin, 1997.

Nationalismes et régionalismes en Europe

À partir de 1988, les bouleversements de l'est de l'Europe et du Caucase s'accompagnent de vives poussées nationalistes, rarement spontanées d'ailleurs. De nouveaux États-nations s'inscrivent sur les cartes, parfois dans un contexte de violences guerrières. Mais les questions nationales peuvent aussi s'inscrire dans un cadre plus diffus, sans revendications territoriales spectaculaires ; les exigences culturelles peuvent déboucher sur les « séparatismes à domicile » (Guy Hermet) de l'Irlande du Nord, de certaines provinces espagnoles ou de la Corse.

La réapparition d'États-nations issus de l'URSS

Ce phénomène est surtout la conséquence de la fragilisation, puis de la disparition de l'URSS. L'État multinational que Mikhaïl Gorbatchev a pris en charge en 1985 – et qui s'inscrivait lui-même dans la logique de l'Empire tsariste – présente une solidité apparente. La culture soviétique et le nivellement internationaliste y étaient la règle. Or, dans les années 1989-1991, l'immense empire s'est scindé et les républiques socialistes soviétiques sont devenues des États-nations avec toutes leurs prérogatives. Par quel processus ? Et pourquoi l'opération ne s'est-elle pas soldée – hormis le cas de la Tchétchénie – par de graves affrontements générés par les nationalismes ?

L'Union soviétique n'a pas été victime, comme certains spécialistes l'envisageaient, du dynamisme et de la volonté d'émancipation des républiques musulmanes d'Asie centrale, mais elle a pâti de l'instabilité du Caucase et de la détermination des républiques baltes : l'Estonie, la Lettonie et principalement la Lituanie. Ces trois dernières entités ont connu le statut d'État entre 1920 et 1940. Dès 1988 sont constitués des « fronts populaires » nationalistes. La première, la Lituanie, a proclamé son indépendance (mars 1990) et la politique de *perestroïka* a rendu difficile le recours à la force de la part du Kremlin. C'est d'ailleurs la réforme, en 1988, du mode d'élection des parlements des républiques, et de leurs présidents, qui a permis ces premiers exemples d'expression démocratique et a contribué à l'affirmation des identités nationales.

Mais au mouvement centrifuge des républiques périphériques, s'est ajouté le comportement du centre, donc de la fédération de Russie. Au sein de celle-ci, l'opposition aux réformes de Gorbatchev s'est appuyée sur le mouvement nationaliste grand-russe qui, depuis les années 1970 surtout, défend et entend revaloriser la terre et le village russes, la nature, l'orthodoxie et la sainte Russie. Le pas décisif a été franchi lorsque Boris Eltsine a proclamé la souveraineté de la Russie. La création d'une présidence proprement russe a compromis le système et rendu l'affrontement inévitable. Le sort de Gorbatchev et de la Fédération a donc été scellé par la désorganisation économique, la crise des nationalités et l'attitude d'Eltsine.

L'éclatement de l'URSS n'a pas débouché sur le chaos. L'indépendance des républiques, en effet, s'est réalisée dans un contexte relativement favorable. Le système soviétique avait encouragé la constitution d'une « bureaucratie des nationalités » (Marc Ferro) et offert des places importantes, dans la hiérarchie pansoviétique, aux représentants des républiques de la périphérie. Celles-ci, dotées de structures administratives, étaient prêtes à se muer en États-nations libres d'attaches idéologiques, et l'incertitude de leurs frontières est rare. Si le retour en Russie des millions de Russes installés à la périphérie – les « pieds-rouges » – s'accomplit souvent sous le signe de l'improvisation, le processus de restructuration de l'ancienne Union soviétique n'est pas intervenu de façon brutale.

1991 : LES ÉTATS-CONFETTIS.

« Dans l'Europe postcommuniste, il n'y a pas seulement contradiction entre deux principes, le droit des peuples à l'autodétermination et la stabilité des États. Il n'y a pas seulement duel inégal entre la légitimité de la souveraineté populaire et la légalité des frontières nées de deux guerres mondiales. Il y a surtout conflit entre trois données qui se contredisent curieusement : le droit des nations à devenir des États, le droit des États à unir des nations, et le droit des minorités à n'être écrasées, ignorées ou persécutées ni par les nations ni par les États. Or, dans toute l'Europe qui fut communiste, les cartes des États, des nations, des peuples et des religions s'enchevêtrent diaboliquement. »

Alain Duhamel (journaliste et politologue), *Le Point*, n° 984, 27 juillet 1991.

Les nationalismes de Yougoslavie

Dans l'État fédéral dirigé par Tito (1945-1980), les nationalismes les plus vifs – croate et serbe – étaient théoriquement condamnés, mais seul le premier a vraiment été combattu. En 1986, un mémorendum de l'académie des Sciences de Serbie présentait la Yougoslavie de Tito comme un régime dirigé contre les Serbes. Le nouveau leader Milosevic exploite cette soi-disant sujétion dans des meetings, et surtout lors de la célébration du sixième centenaire de la bataille de Kosovo (juin 1989), cérémonie à laquelle l'Église orthodoxe est étroitement associée.

L'idée d'une Grande Serbie est alors développée. La recherche de territoires homogènes débouche bientôt sur la guerre et les méthodes de « purification ethnique ». La guerre de 1991-1995 s'explique par trois facteurs. La direction communiste de Serbie exploite le nationalisme pour se maintenir au pouvoir. L'armée fédérale, surtout composée de Serbes, est prête à défendre les privilèges de ses chefs. Enfin, il existe en Serbie un nationalisme populaire intolérant, encouragé par les autorités politiques et religieuses. En fait, malgré la réputation flatteuse des méthodes économiques d'autogestion, le régime titiste n'a jamais permis un véritable dialogue démocratique. L'éclatement de la Fédération s'est donc accompagné d'une guerre civile, entretenue quatre ans en Bosnie-Herzégovine, et responsable de 300 000 morts, peut-être. Et il se confirme avec la lutte entre Serbes et Kosovars, qui entraîne l'intervention de l'OTAN en 1999.

LES PARADOXES DES NATIONALISMES.

Sentiment légitime renforçant la solidarité ou idéologie belliqueuse, le nationalisme peut être exploité, selon les cas, dans deux directions contraires, pour ou contre la modernité.

« Le critère des nationalismes actuels est simple. Ils sont utiles lorsqu'ils servent à faire progresser la modernité. Les sociétés sorties du communisme ont été atomisées par un pseudo-égalitarisme. Elles doivent faire face à des processus d'adaptation pénibles qui exigent la remise en cause des habitudes de paresse et d'irresponsabilité du régime antérieur. Elles doivent accepter le risque du chômage. Or, les contreparties sont lointaines, la hausse du niveau de vie ne peut être immédiate, car la production industrielle a partout reculé en raison de l'effondrement du commerce avec la Russie et du recul des branches inutiles de l'industrie lourde. En Hongrie, dans la République tchèque et, à un moindre degré, en Pologne, le nationalisme représente un moyen d'accepter les sacrifices nécessaires des individus pour préserver l'avenir de la collectivité. L'entrée dans la Communauté économique européenne, qui reste l'objectif de toutes les sociétés d'Europe centrale, est à ce prix. Dans d'autres pays, le pouvoir est resté entre les mains de l'ancienne nomenklatura communiste. Elle est hostile aux réformes économiques si celles-ci doivent s'accompagner d'une démocratisation de la société. Dans ce cas, le nationalisme sert de prétexte pour refuser la modernité. Le gouvernement de Meciar en Slovaquie a réclamé l'indépendance pour ne pas appliquer les réformes de privatisation de l'économie [...]. En Serbie, la guerre a été un moyen de Milosevic pour renforcer son pouvoir sur l'ancienne Ligue des communistes serbes, au nom du salut national. Dans ce deuxième cas, le nationalisme, loin d'être un facteur d'intégration, aggrave les tensions avec les minorités. »

Bernard Michel, *Nations et nationalismes en Europe centrale, XIXe-XXe siècle*, Paris, Aubier, collection historique, 1995.

Les micro-nationalismes identitaires

Ils se rattachent à un mouvement général, éparpillé, qu'Octavio Paz appelait la « revanche historique des particularismes ». Ils correspondent à d'anciennes spécificités ethniques, linguistiques ou religieuses et sont la réponse de minorités au centralisme institutionnel. L'incertitude devant l'avenir et l'incapacité des gouvernants à maîtriser les données économiques en raison du poids de la mondialisation les renforcent souvent. On ne saurait citer tous les cas.

La Corse constitue un exemple. Les années 1950-1960 sont marquées par la perte de l'ancien empire colonial français. D'une part, de nombreux Corses trouvaient un emploi dans l'administration des colonies, d'autre part, la cohabitation se révèle parfois conflictuelle avec les rapatriés d'Algérie qui s'installent dans l'île, en particulier ceux qui s'occupent de viticulture. Les aspirations nationalistes et indépendantistes se nourrissent de rancœurs ; on reproche à l'État son désintérêt, on récuse le tourisme de masse, source de revenus, mais révélateur – croit-on – d'une forme de sous-développement. Des groupes rivaux se livrent à des attentats et entretiennent l'insécurité. L'émotion culmine avec l'assassinat du préfet Erignac (février 1998). L'État fait alterner le dialogue et la manière forte.

Un autre exemple, celui de l'Espagne, démontre, à une échelle plus significative, l'inventivité dans la recherche de solutions. Durant la dictature franquiste, une conception strictement unificatrice de la nation l'emporte, préjudiciable au désir d'autonomie – reconnu d'ailleurs entre 1931 et 1936 – du Pays basque et de la Catalogne. La démocratie étant rétablie, la Constitution de 1978 vise à réparer les torts, en évitant les affrontements internes et une éventuelle réaction de l'armée. On y parvient alors en instaurant une régionalisation systématique à travers les 17 « communautés autonomes ». La Catalogne, le Pays basque – fragilisé par les violences de l'ETA –, ainsi que la Galice, ne paraissent pas bénéficier d'un statut privilégié : « l'Espagne des autonomies est née de cette manœuvre tactique, presque par mégarde » (Guy Hermet). Chaque région fixe le dosage de son autonomie. L'État central espagnol a dévolu tant de pouvoirs aux communautés autonomes qu'on peut dire qu'il se retrouve « sans territoires ».

La renaissance de mouvements nationalistes très localisés peut être mise en relation avec la résurrection du régionalisme. Ces courants comblent le vide laissé par l'évaporation des idéologies universalistes. Mais, si les États-nations résistent bien, les Balkans sont redevenus une poudrière.

bibliographie

BIRNBAUM Pierre, *Sociologie des nationalismes*, Paris, PUF, 1997.

HERMET Guy, *Histoire des nations et du nationalisme en Europe*, Paris, Seuil, coll. « Points Histoire », 1996.

La dépression de la fin du siècle

On a usé et abusé du mot «crise» depuis 1973-1974, date du premier «choc pétrolier». Comme il ne s'agit pas d'une rupture d'équilibre, relativement brève, mais d'une flagrante et durable désorganisation de l'économie mondiale, aux lourdes implications sociales, le terme de dépression paraît plus approprié. Le phénomène concerne plus directement les pays industrialisés – laissant assez démunis les gouvernants et les experts –, mais atteint, par ricochet, les pays pauvres. Sur un quart de siècle, la dépression ménage d'ailleurs des surprises, comme le maintien d'une croissance indiscutable, et se traduit par une série de mutations capitales dans les relations économiques internationales.

La recherche d'explications

La crise dite de 1929, traumatisme de référence pour les commentateurs de la crise récente, se prête à quelques rapprochements. Dans les deux cas, un événement que l'on voudrait déclencheur : le krach du «Jeudi noir», le 24 octobre à *Wall Street*, le relèvement brutal du prix du pétrole brut par l'OPEP en 1973. Dans les deux cas, un chômage structurel de masse impossible à faire baisser de manière significative (32 millions de demandeurs d'emploi, en 1992, dans les pays industrialisés). Mais les différences sont bien plus marquées. Dans le premier cas (1929), les prix s'effondrent ; dans le second, l'inflation règne, associée à la stagnation économique (d'où la création du terme «stagflation»). Dans les années 1930, le commerce mondial chute de 40 % ; dans les années 1973-1990, les échanges continuent de croître. En scrutant d'autres indicateurs, le contexte des années plus proches apparaît également moins défavorable. Malgré des baisses ponctuelles, la production des pays industrialisés se maintient, la circulation des capitaux n'est jamais compromise, les autorités monétaires prennent leur responsabilité, comme lors du krach d'octobre 1987, afin d'éviter des faillites en cascade. Finalement, dans une logique de cycles économiques, la dépression des années 1970-1990 est davantage comparable à celle des années 1873-1890 qu'à celle des années 1930.

L'une des explications de la crise est-elle à chercher dans le renchérissement des hydrocarbures ? On peut répondre par la négative. Certes, les deux chocs pétroliers, auxquels s'ajoute une hausse des matières premières, alourdissent les coûts de production. Mais les clients de l'OPEP cherchent à diversifier leurs sources d'énergie. Et la baisse des prix du brut (1985-1986) ne provoque pas de reprise. Mais, parce que le conflit a fait de l'OPEP une sorte de redresseur de torts, les pays occidentaux pensent qu'un rapport de force s'inverse et qu'une autre forme de décolonisation s'est accomplie. L'importance attachée à la question pétrolière doit beaucoup à cette perception défensive.

L'explication retenue par les économistes, dits monétaristes, fait du dollar le responsable de la tourmente. Certes, à partir de 1971, l'éclatement du système de Bretton-Woods, la position dominante du dollar et la fabrication excessive de billets verts provoquent une instabilité monétaire prolongée. Mais la crise n'est pas née de ces errements, et le net recul de l'inflation dans les années 1980 n'a pas d'influence sur elle.

D'autres arguments méritent d'être pris en compte. La mauvaise santé des entreprises est l'un d'eux. La productivité stagne, en rapport avec un

1929-1974 : LA MISE EN PERSPECTIVE DE L'HISTORIEN JEAN BOUVIER.

L'étude comparée des deux crises permet de souligner leurs ressemblances comme leurs sensibles différences et de mieux percevoir les spécificités de chacune. Ce rapprochement favorise une analyse plus lucide du grand bouleversement du dernier quart du siècle.

« Mais enfin, pourquoi les deux grandes crises, et pourquoi celle de 1974, après tant d'années de développement accéléré depuis le dernier après-guerre ? [...]. La question est : quels types de "disparités", quels genres de "tensions", quels mécanismes de "contradictions" ont joué effectivement et différemment, *hic et nunc* ? [...].
Pour Jacques Marseille, "la crise de 1929" (en France) serait, ainsi, non pas la dernière du XIXe siècle, non pas la première du XXe siècle, mais le divorce explosif entre deux mondes, le monde productiviste du XXe siècle, qu'annonce l'essor fantastique de la productivité des années 1920, et le monde du XIXe siècle, où le salaire et la consommation sont encore soumis à la "loi d'airain", le monde où le fait de "jouir de la vie" est encore considéré par la majorité du patronat comme puissant facteur de "désorganisation sociale".
La crise de 1974 s'est épanouie, elle, au sein de la société de consommation et d'inflation, après trois décennies d'urbanisation accélérée, de consommations de masse normalisées, de développement des échanges extérieurs, d'intensifications capitalistiques et d'accélération des concentrations monopolistes. Ce régime spécifique de croissance et d'accumulation, beaucoup plus intensif, efficace, et profond que celui des années 1929, s'est trouvé ébranlé à la fin des années 1960 et au début des années 1970 par des processus internes de "suraccumulation" (thèse marxiste, voire néo-keynésienne) ; mais aussi en raison des changements induits par les progrès rapides de "l'internationalisation". »

Communication au congrès de l'Association internationale d'histoire économique, Berne, 1986.
Cité dans *D'une crise à l'autre, 1929-1973-1993*,
La Documentation photographique n° 1026, Paris, 1994.

tassement de la consommation des ménages, dont l'équipement domestique et automobile est achevé, et face à la concurrence directe du Japon et des nouveaux pays industriels (NPI). Dès le milieu des années 1960, la crainte du chômage est sensible en France. Bientôt se durcit un mouvement de contestation des méthodes de travail issues du taylorisme; conflits sévères (le Joint français en 1972, Lip en 1973) ou absentéisme banal situent le malaise. L'augmentation du salaire comme stimulant de la consommation – c'est le fordisme – n'attire plus autant une classe ouvrière plus attachée désormais à la qualité du travail – des ateliers «flexibles» et de petites unités plutôt que la chaîne – aux conditions de sécurité et aux temps de loisirs. Sur fond de crise, les patronats européens cherchent bientôt à comprimer les coûts salariaux par l'automatisation de leurs unités et/ou par la délocalisation d'emplois, non sans gonfler les effectifs de chômeurs. «Ainsi, les ressorts de la croissance apparaissent déjà profondément entamés lorsque intervient le choc pétrolier de 1973.» (Michel Margairaz.)

Les surprises de la dépression

Les années 1973-1993 souffrent d'une interprétation d'ensemble trop pessimiste, ne serait-ce que parce que les États-Unis connaissent un sort beaucoup plus enviable. Sans doute, depuis 1973, le taux moyen de croissance du PIB des pays industrialisés ne dépasse-t-il pas 2,5 %, soit la moitié du chiffre de la période précédente; mais ce taux permet la même création de richesses par habitant. En volume, le PIB par habitant a fortement augmenté. Entre 1973 et 1997, il passe, pour l'Allemagne, de 13 000 à près de 20 000 dollars, pour la France de 13 000 à près de 19 000, pour les États-Unis de 16 500 à près de 24 000. Malgré des «pannes» de croissance en 1975, 1991 et surtout 1993, le revenu disponible et le niveau de confort ont augmenté. Mais ce sont les chômeurs qui acquittent le coût social de cette croissance maintenue.

Les plans gouvernementaux de lutte contre la dépression s'inspirent des deux courants économiques majeurs (néo-keynésianisme ou libéralisme). Or, quelle que soit l'option privilégiée, le chômage s'aggrave. Il est la plaie des «années calamiteuses». La France est la plus touchée des grandes nations industrielles; depuis 1993, elle compte trois millions de chômeurs, soit plus de 12 % de la population active. Elle connaît une croissance économique sans pouvoir créer des emplois, hormis durant la période 1987-1990, alors que des pays, comme le Japon, ont été capables de juguler le chômage en l'absence de toute croissance. Ce paradoxe cruel a rendu inévitables le débat sur le coût et le partage du travail (extension du temps partiel, semaine de 35 heures) et les premières décisions en 1997-1998.

Ces évolutions s'inscrivent dans le contexte de la mondialisation. Celle-ci est un processus, un mode de régulation réalisé «quand les entreprises arrêtent leurs décisions de production, de commercialisation, de gestion des capitaux, en prenant en compte l'ensemble du marché mondial» (Janine Brémond). L'amorce est déjà ancienne et le rôle des multinationales a été souvent souligné. Mais la dernière décennie du siècle marque l'extension d'un courant qui récuse les marchés nationaux indépendants les uns des autres et rejette l'État-providence. C'est le succès de l'ultra-libéralisme, initié par la globalisation financière, c'est-à-dire la création d'un marché mondial des capitaux, peu contrôlé. La mondialisation se caractérise aussi par les marchés des matières premières ou «commodités»; sous ce terme, on ne classe pas seulement des produits agricoles et industriels de base, mais aussi des services. Grâce à l'électronique, producteurs et acheteurs du monde entier peuvent agir en temps réel.

À ceux qui critiquent le règne du «tout marché» – sans défendre, pour autant, le «tout État» –, qui craignent la mainmise des banquiers et rendent la mondialisation responsable des bouleversements boursiers, monétaires et commerciaux de l'Asie depuis 1997, les défenseurs de cette forme de capitalisme répondent que la crise asiatique provient des imprudences commises et du non-respect des règles du marché dans les pays émergents (Thaïlande, Indonésie, etc.), et même dans un pays comme la Corée du Sud. Cette crise se répercute instantanément sur les marchés financiers et la bourse, mais aussi sur les producteurs de matières premières, et affaiblit encore les pays du Sud ou la Russie, qui tire du pétrole l'essentiel de ses devises.

Si la dépression entérine la fin du plein emploi, elle ne compromet pas la croissance. Par sa durée, elle rend vain le débat sur la «sortie de crise». La disparition des économies planifiées dans une partie de l'Europe et en ex-URSS accentue le succès du capitalisme et des thèses libérales. Pour compenser les risques d'instabilité, des structures existent, plus ou moins influentes: les unions régionales d'Amérique (ALENA, MERCOSUR), l'Union européenne, le FMI et la Banque mondiale, l'OCDE, le Groupe des sept pays les plus industrialisés (G 7). Dans ces instances, on mesure la quasi-absence des pays pauvres.

b*ibliographie*

«Les crises du XXe siècle», *XXe siècle*, n° 52, octobre-décembre 1996.

BAVEREZ Nicolas, *Les Trente Piteuses*, Paris, Flammarion, coll. «Champs», 1998.

Les défis de la science

Le second XXe siècle coïncide avec un extraordinaire élargissement de la connaissance scientifique. Les moyens humains et matériels de la recherche ont augmenté de façon spectaculaire, l'autorité de l'ingénieur s'est accrue, la compétition est aiguisée – entre les firmes comme entre les États. Les progrès scientifiques et techniques ont produit surtout leurs effets dans les pays industrialisés et ont transformé les façons de vivre. C'est aussi dans ces mêmes pays que s'observent, au sein de sociétés mieux informées, des mises en cause parfois virulentes de la science.

Succès de la science, prestige des scientifiques

Un changement d'échelle touche les conditions de la recherche. Le chercheur isolé n'a plus guère sa place, à l'heure où des équipes organisées travaillent sur d'ambitieux projets pluriannuels. Le temps se réduit entre la découverte proprement dite et la diffusion commerciale du produit mis au point (dix ans pour la télévision, trois pour le transistor). D'une façon générale, les liens sont plus étroits entre la recherche fondamentale et le champ d'application des sciences ; aux États-Unis, le phénomène est rendu patent par la collaboration entre universités et entreprises, implantées les unes près des autres, comme le long de la « route 128 » à Boston par exemple.

La nécessité de mettre en œuvre des investissements lourds mobilise des entreprises privées puissantes et structurées, mais également – c'est une caractéristique de l'expansion scientifique contemporaine – des États. D'abord, parce que la science symbolise, en 1945, la supériorité militaire des États-Unis face au Japon. Mais encore, parce que la rivalité idéologique entre les deux Grands s'inscrit dans une « course poursuite » touchant les domaines de l'atome et de la conquête spatiale. Les gouvernements des pays industrialisés dotent la recherche-développement (RD) de budgets conséquents : pour les cas les plus favorables, 2 à 3 % du PIB. Dans l'URSS des années 1950-1980, la recherche et le complexe militaro-industriel ont été largement privilégiés. Dans ce contexte, le potentiel de recherche des pays les mieux dotés tend à se renforcer grâce à la « fuite des cerveaux ». Celle-ci, amorcée en 1945 par le départ de chercheurs allemands, touche par la suite des pays d'Europe de l'Ouest et du tiers monde, et même l'ex-URSS après 1990, les États-Unis étant le principal bénéficiaire. L'Europe elle-même constitue un pôle fort, d'une part à l'échelon des États, et d'autre part en raison de structures communes – comme le Centre européen de recherches nucléaires (CERN) de Genève – ou de la participation aux programmes de la fusée Ariane.

L'accumulation des performances provient de découvertes théoriques souvent antérieures à la Seconde Guerre mondiale et d'une maîtrise toujours plus poussée de l'électronique (radar, télévision, laser, microscope), et de sa forme la plus significative : l'informatique. Celle-ci prend un essor considérable, à travers plusieurs générations d'ordinateurs. L'ordinateur est à la base de l'aventure spatiale et de la modernisation industrielle par la robotique ; il est à l'origine de l'imagerie médicale. Il pénètre dans la vie professionnelle et familiale. Il change les conditions de la paix comme de la guerre.

La double utilisation de l'arme nucléaire par le président Truman a donné une dimension dramatique durable à l'atome : « Ce n'est pas Yalta qui a partagé le monde, c'est Hiroshima » (André Fontaine). Militairement, la menace réciproque rend les deux adversaires prudents ; ils s'acheminent finalement vers une limitation des armements, puis vers

Mission Apollo XI : 21 juillet 1969, deux astronautes américains sur la Lune.
Armstrong, puis Aldrin descendent du module et foulent le sol lunaire. Le drapeau américain est planté. Ils procèdent à l'installation des instruments de mesure de la mission.

une destruction partielle concertée. Mais l'énergie nucléaire libérée – peut-être *la* caractéristique du siècle – n'a pas qu'une fonction destructive. L'époque contemporaine, en effet, est marquée par la mise en activité de centrales électriques à combustible nucléaire (423 en 1990 dans le monde) et par les applications médicales de la connaissance scientifique des éléments radioactifs.

L'indiscutable maîtrise scientifique et technique qui rend possibles toutes les différentes formes de conquête de l'espace ne s'inscrit pas dans une évolution linéaire. Les impulsions politiques, les enjeux idéologiques et les choix budgétaires ont eu leur part dans ces réalisations. Tant il est vrai que la rivalité américano-soviétique, au moins pendant trente ans, a donné du sens aux efforts des savants. À l'URSS qui lance « Spoutnik 1 » puis acquiert une nette avance dans les vols habités, les États-Unis et la NASA répondent par l'imposant programme « Apollo » et les missions successives sur la Lune. Mais après l'accident de la navette « Challenger », les États-Unis restreignent leurs programmes et leurs budgets, tout en affirmant leurs compétences dans la réparation spatiale (remise en état du télescope « Hubble »). La Russie, qui cherche des financements extérieurs, les États-Unis et quatorze pays s'associent, à la fin du siècle, dans le projet de Station spatiale internationale (ISS). De fait, la compétition s'est déplacée depuis les années 1980, sur le marché du lancement des satellites. Car la science offre des possibilités considérables dans ce secteur : selon leur conception, les satellites peuvent assurer des télécommunications, développer la télédétection (Landsat, Spot), ou réunir des informations relatives à la végétation, aux climats, et à la géostratégie. Si l'on a tendance, aujourd'hui, à relativiser les « retombées » technologiques des programmes spatiaux, le prestige acquis par les astronautes et cosmonautes perdure. Une aura respectueuse entoure aussi les biologistes, maîtres de l'infiniment petit. Depuis la mise en évidence de la structure de l'ADN, la génétique n'a pas cessé d'accumuler les découvertes et d'en étendre les applications. Entrent dans son champ d'étude et d'intervention la procréation médicalement assistée (PMA), les techniques de transplantation, et les thérapies géniques, qui permettent de réparer les gènes dont l'absence ou le mauvais fonctionnement provoquent une maladie génétique. Tous ces progrès sont liés à l'essor de la biochimie. À la complexité de la recherche s'ajoute le poids des impératifs éthiques et des risques non prévisibles. Les recherches sur l'identité génétique des embryons humains sont-elles scientifiquement justifiées ? L'homme peut-il sans danger recevoir des greffes d'origine animale ?

La position hégémonique – et pourtant globalement acceptée – de la science provoque des interrogations, voire des inquiétudes.

Le progrès scientifique en question

La crainte de l'industrie nucléaire réunit un premier ensemble de protestataires. Ce n'est plus la peur instinctive devant le péril de la bombe, mais une opposition fondée et sur l'accident de Tchernobyl (1986), et sur la tendance des administrations responsables du nucléaire civil à minimiser les conséquences d'incidents identifiés et à diffuser les résultats de leurs propres enquêtes ou analyses.

La biologie et la médecine focalisent une réserve plus nette encore. En France, l'opinion est plus particulièrement sensibilisée par l'affaire du sang contaminé – elle-même en rapport avec le sida – et par la maladie dite de la vache folle. Mais, plus généralement, s'affirme la crainte de manipulations génétiques incontrôlables. La procréation artificielle pourrait déboucher sur une sélection eugénique. Le clonage, pratiqué sur des ovins pour améliorer la race, pourrait, techniquement, s'opérer chez l'être humain. Sur ce point, les autorités politiques de plusieurs pays ont décidé une totale interdiction. Des comités nationaux d'éthique existent depuis une quinzaine d'années. Beaucoup de manipulations génétiques concernent des micro-organismes, dont le patrimoine héréditaire a été modifié pour produire des médicaments ou des vaccins.

La volonté déclarée de préserver les ressources de la planète et la qualité de la vie est révélatrice des préoccupations contemporaines. Depuis une trentaine d'années, les courants écologistes – parfois structurés en partis, les « Verts » –, ont œuvré dans ce sens. Ils sont hostiles à l'énergie nucléaire, et généralement précautionneux face à l'activité scientifique. Mais on distingue, parmi les tenants de l'écologie politique, des réalistes, et d'autres attachés à une « nature » idéale de configuration assez floue. La prise en compte de l'environnement est assumée par bon nombre d'États. Des « sommets » (Rio en 1992, Kyoto en 1997) permettent d'arrêter des décisions sur le très discuté effet de serre. Seuls les pays industrialisés s'engagent à limiter leurs émissions polluantes. Les pays du Sud, eux, sont plus directement exposés à certaines formes de dégradation de l'environnement, celle des forêts et des sols de la zone intertropicale.

La science est partout dans le débat public. Ce débat peut-il éviter les réactions irrationnelles ? La résistance à l'innovation technique est un fait de société ; une culture scientifique plus approfondie peut sans doute en partie la gommer.

bibliographie

DODET Michel, LAZAR Philippe, PAPON Pierre, *La République a-t-elle besoin de savants ?*, Paris, PUF, 1998.

SERRES Michel, FAROUKI Nayla, *Le trésor. Dictionnaire des sciences*, Paris, Flammarion, 1997.

Communication et information

Les technologies modernes de communication permettent à la «galaxie Marconi» d'éclairer le XXe siècle, sans toutefois éliminer la «galaxie Gutenberg». Par définition, l'information transmise par les ondes, par satellites, par fibre optiques est devenue instantanée et planétaire. Parmi les médias, la télévision demeure sans doute l'outil symbolique de la seconde moitié du siècle. L'internationalisation des informations rend particulièrement sensibles les liens de la politique et des médias.

Une révolution des communications?

L'expression n'est pas excessive. Car, en quelques décennies, l'électronique a multiplié les possibilités. Les transistors, les circuits intégrés, les tubes cathodiques, la numérisation des informations (sons, écrits, images fixes ou animées, réelles ou virtuelles, banques de données) permettent la fabrication d'appareils performants dont le coût baisse régulièrement: postes de radio et de télévision, magnétoscopes, caméras vidéo, ordinateurs et imprimantes, télécopieurs, vidéodisques, CD-roms, appareils photographiques numériques, etc.

Le développement des industries de l'information est surtout manifeste dans les pays d'économie libérale, où sévit une âpre compétition. Les technologies en cause produisent des effets socio-économiques qu'il n'est pas encore possible d'évaluer; quelle sera la place du télé-travail, la proportion des télé-achats? La technologie la plus porteuse concerne aujourd'hui les «autoroutes de l'information». Internet se répand avec la diffusion des micro-ordinateurs multimédias et offre trois types principaux de fonctions: le courrier électronique (la messagerie personnelle), le web (l'accès à une pluralité d'informations) et le transfert de fichiers. L'enjeu est considérable. La croissance économique annuelle des États-Unis dépend, pour 40%, des industries de communication au sens large, parmi lesquelles les télécommunications, l'informatique, les logiciels, l'électronique grand public, l'audiovisuel.

Plus modestement, parce qu'elle est entrée dans les mœurs, la télévision conserve sa fonction privilégiée d'information. Elle a d'ailleurs intégré toutes les améliorations technologiques intervenues depuis quarante ans.

La reine Télévision

Le poste de télévision figure toujours en tête dans le taux d'équipement des ménages. Le triomphe est patent. Si la diffusion par ondes hertziennes se poursuit, la télévision bénéficie aussi du relais des satellites géostationnaires; dans ce cas, elle atteint presque tous les points du globe, autrement dit le «village planétaire» suggéré par Mac Luhan. La généralisation de la télécommande satisfait chez le téléspectateur le rêve d'ubiquité, et son aptitude à pratiquer le «zapping» effraie tous ceux qui ont intérêt à mesurer l'audimat.

On a presque tout dit sur les avantages et les méfaits de la télévision, phénomène social s'il en

LES ÉTAPES DU PROGRÈS EN INFORMATIQUE.

Jocelyne Attal, chef d'entreprise, évoque les transformations de l'informatique – en liaison avec des attentes sociales – jusqu'à la déterminante ère du réseau.

«Il est devenu classique de représenter l'histoire d'un demi-siècle d'informatique en trois phases, marquées par trois révolutions successives où coïncident mutation technologique et changement dans l'organisation. La première révolution, née de l'électronique, fut celle des systèmes d'entreprise, dominée par les ordinateurs centraux. De vastes et, à l'époque, volumineux ensembles matériels étaient abrités dans d'immenses salles de verre [...]. Les techniques de télétraitement permettaient aux établissements décentralisés d'accéder au système central par l'intermédiaire de terminaux passifs et de lignes téléphoniques plus ou moins rapides, l'ensemble obéissant à des procédures relativement rudimentaires. L'apogée de cette période peut être situé dans les années soixante-dix. Il eut pour conséquence un développement considérable des échanges et du commerce international.

La seconde révolution, celle de l'avènement de l'informatique personnelle, a commencé au début des années quatre-vingts, avec l'arrivée du micro-ordinateur qui, mettant la puissance informatique dans la main de l'individu, a conforté les tendances qui émergeaient alors: préférence donnée au local, goût pour ce qui est petit ("small is beautiful") et primat donné à l'individualisme sur le général avec sa conséquence naturelle, le repli sur le cocon personnel ou familial.

Tout porte à croire qu'aujourd'hui commence une troisième révolution, celle de la circulation généralisée de l'information et, avec elle, de l'avènement des communautés électroniques qui marquera un retour des valeurs associatives. Dans ce contexte, les ordinateurs eux-mêmes sont transformés en simples dispositifs d'accès au réseau de l'information. On peut parler alors de la vague "résocentrique". L'information est aujourd'hui devenue décisive pour la productivité et la compétitivité des entreprises. Et plus l'information devient disponible grâce à l'électronique, plus la connexion au réseau à valeur ajoutée informationnelle est nécessaire. Le réseau Internet a vu sa capacité doubler chaque année depuis son lancement en 1988. C'est l'illustration parfaite de notre irrésistible besoin d'être "branchés" [...]. Je suis persuadée que ce type de réseau global intelligent sera bientôt aussi facilement accessible que le téléphone [...]»

«Le réseau et l'infini», *Défense*, mars 1996.

est. Mais les perspectives ont changé. Dans les années 1960 et 1970, sociologues, réalisateurs, membres de la classe politique s'interrogent sur sa mission. Doit-elle informer ? Éduquer ? Divertir ? Doit-on privilégier une de ces tâches ? Certains dénoncent une contradiction – que d'autres nient – entre des formes culturelles « nobles » (émissions sur la peinture, l'opéra...) et le divertissement (jeux-concours aux gains fabuleux, variétés, feuilletons américains). Un autre débat, vite réglé, concerne l'opportunité de la publicité à la télévision.

Depuis les années 1980, l'exigence est autre. On se préoccupe de la lisibilité et de l'opportunité de l'information télévisée et les critiques ne manquent pas, adressées à la chaîne américaine CNN pour ses mises en scène théâtrales de la guerre du Golfe (1990-1991) ou du débarquement militaro-humanitaire en Somalie (1992). Ces réactions touchent à un domaine plus vaste, qui est celui de l'information politique et civique, au moins dans les pays où existe une pleine liberté d'expression.

Médias et politique

Malgré des évolutions, toute la gamme traditionnelle des médias est représentée : la presse écrite, quotidienne ou hebdomadaire – qui est plus d'information que d'opinion – et la radio, que le triomphe de la télévision n'a pas écrasée. Internet est appelé à fournir des informations immédiates dans le domaine politique. Mais si la presse, qui suppose chez le lecteur un effort d'information et d'analyse, peut constituer une sorte de contre-pouvoir, la télévision représente, elle, un vrai pouvoir.

En France, depuis l'instauration de la cinquième République, les hommes politiques ont pris le goût et la mesure de la télévision. Les leaders des partis sont régulièrement invités. Les campagnes électorales leur permettent de s'exprimer. Des émissions rituelles comme le débat des deux ultimes candidats à l'élection présidentielle ou les confrontations des soirs de résultats électoraux, des déclarations spécifiques du président de la République ou du Premier ministre permettent de conclure que la politique se fait souvent d'abord à la télévision. Les contraintes de ce média amènent les élus à s'entraîner, à chercher à améliorer leur style. Car les règles de la communication par le petit écran ne s'improvisent pas.

Les chaînes de télévision peuvent commettre des erreurs, par excès de zèle. On se souvient de la reprise, sans vérification, d'une information sur un « charnier » à Timisoara, lors de la révolution roumaine de décembre 1989. Mais, le plus souvent, elles assument leurs responsabilités. À l'automne 1989, les villes de RDA qui reçoivent les émissions de l'Ouest sont celles où défilent le plus grand nombre de manifestants hostiles au gouvernement en place. Elles sont également indispensables dans la lutte pour la défense des droits de l'homme et le soutien aux détenus politiques.

La vie politique des pays démocratiques est influencée par la publication de sondages, que les médias commandent parfois et relaient toujours. On en est venu a suspecter certains sondages, si l'on pense que leur publication est destinée à déstabiliser un concurrent ou qu'ils n'apportent pas d'indication utile au débat. La démocratie a intégré les sondages. Au plus fort des ennuis politiques de Bill Clinton en 1998, ils restent favorables au Président.

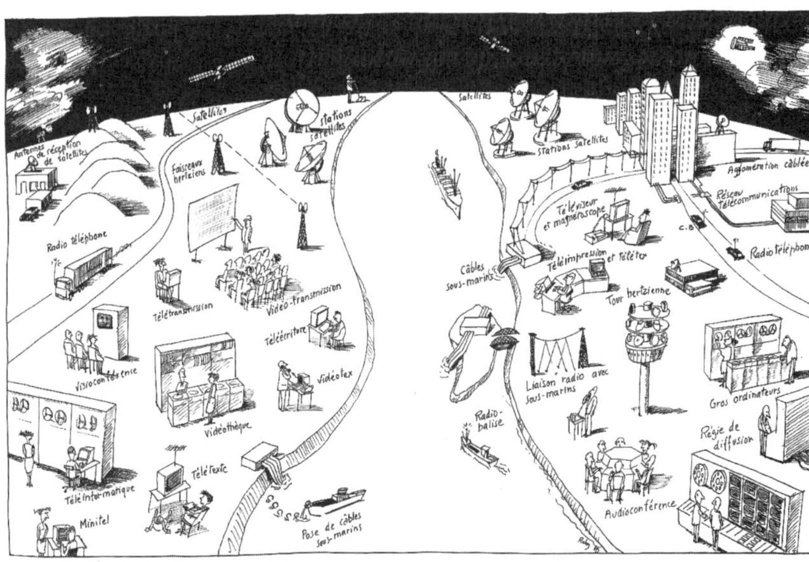

Les techniques de la communication audiovisuelle en 1986.
En utilisant la référence de la Carte du Tendre, le dessinateur déploie la panoplie des techniques exploitées. Maintenant, on devrait y ajouter, pour le moins, le téléphone cellulaire et Internet.
(Cahiers français, n° 227, juillet-septembre 1986)

En cette fin de siècle, Internet symbolise la modernité. Il marque une génération qui trouve là une occasion d'échanger et d'inventer. Si le réseau Internet stimule la compétition économique, il reflète surtout une réalité culturelle.

bibliographie

CAYROL Roland, *Les Médias*, Paris, PUF, coll. « Thémis », 1991.

GRISET Pascal, *Les Révolutions de la communication*, Paris, Hachette, coll. « Carré Histoire », 1991.

WOLTON Dominique, *Penser la communication*, Paris, Flammarion, 1997.

Une culture de masse ?

Les sociétés des pays favorisés par la croissance économique accèdent plus largement à la culture, mais une culture étendue à de multiples domaines, plus uniforme sans doute et en voie de mondialisation. Dans ce contexte, une politique culturelle de l'État semble demeurer une spécificité française. L'essor des technologies et la diffusion internationale des produits culturels ont complètement modifié les conditions d'appropriation des œuvres et le rapport à la culture.

La démocratisation de la culture

Les pratiques sociales ont évolué. Dans le budget des ménages, la répartition des différents postes de dépense s'est modifiée. Une place plus importante est faite à la culture et aux loisirs. La scolarisation de masse, l'allongement de la scolarité obligatoire (jusqu'à 16 ans en France depuis 1959) et la démocratisation de l'enseignement secondaire sont des éléments décisifs. À cela s'ajoutent l'essor du livre de poche (création des *Penguin books* dès 1935 au Royaume-Uni ; lancement de la collection du Livre de poche par Hachette en 1953) ainsi que le succès des encyclopédies ou des ouvrages de vulgarisation. Un public nouveau issu le plus souvent des classes moyennes se presse aux expositions, aux représentations théâtrales, aux concerts, aux manifestations de valorisation du patrimoine ou bien encore fréquente le festival d'Avignon, ouvert en 1947.

En France, l'État se préoccupe traditionnellement des « Arts et Lettres ». Avec la cinquième République, la tendance s'affirme et les présidents s'intéressent aux dossiers. Nommé ministre des Affaires culturelles, André Malraux entend « rendre accessible au plus grand nombre les œuvres capitales de l'humanité », et fait organiser de grandes expositions, largement visitées et commentées (le Siècle d'or espagnol, Toutankhamon, Picasso, l'art d'Iran...). Surtout, il lance un programme de construction de « Maisons de la culture », qui privilégient le théâtre, le cinéma et la musique. Réalisées et financées en partenariat avec la ville d'accueil, elles sont souvent confiées à des architectes de renom : Le Corbusier à Firminy, Oscar Niemeyer au Havre, Mario Botta à Chambéry. C'est bien un effort de démocratisation. À partir de 1981, l'intervention de l'État est orchestrée par le ministre de la Culture, Jack Lang, qui redéfinit et élargit le champ d'action culturel. L'accent est mis sur la déconcentration en donnant plus d'initiative aux DRAC (Direction régionale des affaires culturelles) et sur une culture plus décentralisée et moins « élitiste », dont un des axes est la multiplication des événements musicaux (Printemps de Bourges, États généraux du rock). Pour inciter les Français à s'impliquer dans ce mouvement, la Fête de la musique est instituée – 21 juin –, ouverte à tous les styles de musique et prise en charge par des interprètes amateurs aussi bien que professionnels. À son tour, une Fête du cinéma voit le jour. Avec l'aide des collectivités territoriales et des municipalités, certaines Maisons de la culture sont restructurées et rendues moins monumentales, mieux adaptées à des publics nouveaux. En 1991, neuf d'entre elles – dont Amiens, Bobigny, Bourges, Grenoble – sont classées « scènes nationales », une indiscutable référence pour le théâtre. Mais l'État exerce aussi son influence culturelle par une active politique de grands travaux (Centre Georges-Pompidou, Grand Louvre, Bibliothèque François-Mitterrand), et par des commandes d'œuvres. Cette stimulation de la création culturelle par le mécénat est également pratiquée par d'autres acteurs, tels que les conseils régionaux, les villes ou les entreprises.

LA CULTURE HORS LES MURS.

Jacques Rigaud, qui occupa de hautes fonctions au ministère de la Culture, marque l'importance des festivals et des animations culturelles saisonnières et décentralisées.

« (La) mutation des institutions culturelles s'accompagne d'une transformation plus diffuse qui pousse la culture hors les murs. Sans doute comportera-t-elle toujours une part de recueillement et les exigences de la qualité imposeront en tout cas le maintien de hauts lieux pour les manifestations de référence. Néanmoins, il est bon qu'on assiste à un foisonnement comme celui qui se produit en tant d'endroits et à toute saison [...]
Ainsi, en temps de festival, des villes comme Avignon ou Nancy sont tout entières transformées ; le théâtre et la musique se répandent sur les places, dans les rues, les cours et les jardins. Des esprits raffinés peuvent préférer le pèlerinage à Salzbourg ou à Bayreuth et son cérémonial aristocratique. Il s'agit ici d'autre chose qui, par son exubérance et son cosmopolitisme, n'a guère qu'un précédent dans l'histoire européenne, celui des grandes foires du Moyen Âge.
Pendant tout l'été, de Montélimar à Salon et d'Uzès au Thoronet, la Provence entière est terre de culture. Des manifestations prestigieuses d'Orange et d'Aix jusqu'au théâtre de tréteaux sur les places de village, en passant par les choralies de Vaison, les concerts de grégorien dans les abbayes et les expositions de peinture en tous lieux, clos ou ouverts, il se produit alors une véritable explosion. Même si tous les snobs de Paris s'y donnaient rendez-vous, ils ne suffiraient pas à remplir ces lieux multiples d'une foule dont l'enthousiasme et la fraîcheur ont de quoi dérouter les smockings blancs et les faux haillons du Tout-Paris de la culture. Le phénomène se répand maintenant à travers tout le territoire, du Morbihan à la Haute-Savoie et au Quercy [...]. »

La Culture pour vivre, Paris, Gallimard, 1975.

Cette démocratisation appelle-t-elle quelques réserves ? D'abord, le public des expositions, du théâtre ou de l'opéra demeure une minorité. Un Français sur trois ne lit jamais un livre, et peu d'Européens fréquentent régulièrement les musées. Ensuite, la crise de mai-juin 1968 et les contrecoups des difficultés économiques ont pu, passagèrement, entraîner une remise en question de la notion de culture, et raviver les reproches à l'égard d'une culture « bourgeoise ».

Les nouveaux vecteurs

Les inventions et innovations technologiques continuent de modifier les pratiques culturelles ainsi que les mentalités. La radio, la télévision et le disque (le disque compact audionumérique à lecture laser, mis au point en 1983, qui offre une qualité de son parfaite) confirment l'entrée dans l'ère de l'audiovisuel. La radio, dont l'utilisation est plus souple depuis la création du poste à transistor en 1955 et depuis la multiplication des autoradios et la floraison des radios libres, mélange les informations et les musiques. Elle est l'un des vecteurs essentiels de cette civilisation de masse dont elle forge et dirige les modes de pensée et de consommation. Le disque présente des effets ambigus : une promotion savamment orchestrée débouche sur la vente de « tubes » de valeur souvent contestable, mais le disque est aussi un instrument de démocratisation : le « grand public » profite ainsi de la musique classique et de la création musicale. Le cinéma est à la fois le « septième art » mais également une activité industrielle. Intimement lié aux loisirs, il conditionne la société de consommation, comme le fit le modèle de l'« american way of life » dans les années 1950 ; il est également le reflet de cette société, que ce soit dans ses modes de vie comme dans ses mentalités. Depuis les années 1960, le cinéma est concurrencé avec succès par la télévision, ce qui du reste engendre une collaboration entre les deux médias : droits de diffusion, réalisation en commun de téléfilms…

C'est toutefois la télévision qui devient le support par excellence de la culture à grand débit. Jusqu'aux années 1980, la télévision véhicule une culture uniformisatrice. La tyrannie de l'audimat réduit les expériences originales ou moins porteuses de profit, même si le petit écran permet à certains de découvrir le théâtre, la danse ou l'opéra et de suivre la remise de récompenses prestigieuses à des professionnels du cinéma (les « César ») ou du théâtre (les « Molière »). Puis une évolution se fait jour : la télévision par câble, l'usage du magnétoscope, le « zapping » amènent la multiplication mais aussi la spécialisation des chaînes publiques ou privées. La télévision est l'un des domaines où commence à se faire sentir, au-delà de la massification, une parcellisation des cultures. Internet déjà la concurrence.

Américanisation ou mondialisation ?

La crainte d'une américanisation de la culture dans l'ensemble des pays du monde est souvent formulée. Les arguments ne manquent pas : emprise de la langue anglaise et de sa variante américaine (en 1964 le linguiste René Étiemble évoque le « franglais »), toute-puissance des États-Unis sur les réseaux de communication, sur les médias électroniques et sur le cinéma. Le mode de vie américain paraît s'imposer tout comme le « modèle » Disney symbolise le spectacle et le divertissement de masse. Pourtant, l'hégémonie des Américains n'est pas absolue ; les Japonais ont racheté des studios hollywoodiens, le cinéma européen, et tout particulièrement le cinéma français, tentent de résister face à la création américaine, encore magnifiée par l'énorme succès du film *Titanic* en 1998.

Il serait peut-être plus juste d'évoquer une culture mondiale et stéréotypée. La révolution des télécommunications permet l'uniformité d'une culture, celle du « village planétaire ». Cette tendance est renforcée par l'existence à l'échelle internationale de groupes de réseaux financiers, artistiques ou de distribution. Les mêmes musiques sont écoutées dans presque tous les pays, les mêmes jeux et « séries TV » mobilisent des millions de téléspectateurs. Dans la culture de masse prévaut apparemment le modèle occidental transmis à travers un vocabulaire anglicisé. L'interdiction, dans certains États du Proche-Orient, des antennes paraboliques révèle la crainte d'une trop grande influence de ce modèle. Pour obtenir le marché le plus large possible, les auteurs de dessins animés au Japon mettent en scène des personnages occidentaux.

Si le monde est un « village global », les influences africaines, asiatiques, latino-américaines pourraient toutefois bien être autre chose que des « folklores » et la culture de masse aller dans le sens d'un vaste métissage culturel mondial, dans lequel la création cinématographique de l'Inde, du Brésil, ou de l'Égypte a déjà une place.

bibliographie

La culture du XXe siècle, Dictionnaire d'histoire culturelle, Paris, Bordas, coll. « Les actuels », 1995.

GOETSCHEL Pascale, LOYER Emmanuelle, *Histoire culturelle et intellectuelle de la France au XXe siècle*, Paris, Armand Colin, coll. « Cursus », 2e éd., 1995.

L'explosion urbaine

Le considérable développement des villes depuis 1950 est un phénomène universel, mais non uniforme. Entre 1960 et 1995, le nombre de citadins a doublé, pour atteindre 2,5 milliards – dont 900 millions pour les pays industrialisés –, ce qui représente plus des deux cinquièmes de la population mondiale. Cette croissance sans équivalent tient avant tout à l'évolution démographique générale et aux diverses initiatives étatiques d'aménagement de l'espace. Mais, du fait de ses fortes implications économiques, sociales et culturelles, l'urbanisation accélérée des dernières décennies pose des problèmes préoccupants aux gouvernants, aux édiles et aux bâtisseurs.

Une croissance multiforme

29 % en 1950 et 43 % en 1995 : l'augmentation, entre ces deux dates, du taux d'urbanisation de l'ensemble du monde peut paraître modérée. C'est que la montée des effectifs de citadins ne présente pas partout la même intensité et que l'évolution du tissu urbain diffère selon le niveau de développement des États. « En gros, la croissance est d'autant plus élevée que le taux d'urbanisation est faible ; il y a donc un très net processus de rattrapage. » (Daniel Noin.) L'expression d'explosion urbaine a été en premier lieu appliquée aux États du tiers monde. De 1950 à 1995, Mexico est passé de 6 à 18 millions d'habitants, et Sao Paulo de 2,5 à 19. Ce mouvement irrésistible, lancé par l'afflux de ruraux, perdure par l'effet de l'accroissement naturel sur les grands nombres. C'est l'Asie, au poids démographique considérable, qui abrite la plus forte concentration de citadins (340 millions en Chine et 220 en Inde), tout en gardant une majorité de ruraux. Plusieurs mégapoles dominent à l'excès leur système urbain national : Le Caire, qui regroupe 40 % de la population urbaine de l'Égypte, offre un exemple de macrocéphalie, tout comme Buenos Aires.

Dans les pays développés, l'urbanisation s'insère dans un mouvement plus lent, amorcé en Europe du Nord-Ouest et en Amérique du Nord lors de la Révolution industrielle du XIXe siècle. Les taux d'urbanisation sont déjà très élevés : les Pays-Bas, le Royaume-Uni et l'Allemagne atteignent 90 %, et la France 75 %. Le nombre de citadins augmente donc de plus en plus lentement (1 % par an environ), et plutôt au profit de la périphérie des grandes villes et au profit des villes de moyenne et petite tailles. Mais, dans le demi-siècle écoulé, d'importantes régions urbaines se sont développées : les mégalopoles. Ce terme, employé d'abord pour nommer la coalescence de grandes villes de la côte nord-est des États-Unis, vaut aussi pour la partie du littoral japonais située entre Tokyo et Kita-Kyushu et pour la « dorsale européenne » unissant le bassin de Londres au nord de l'Italie.

Un faisceau de causes

Des politiques volontaristes d'urbanisation, dans différents pays, ont donné une impulsion décisive au mouvement. Dans la France de la Libération, il faut reconstruire un nombre important de villes détruites (Le Havre, Rouen, Caen, Brest...) et, bientôt, le contexte du baby boom incite les gouvernements à résoudre la crise du logement. D'où les grands programmes de construction des années 1950 à 1970, qui privilégient l'habitat collectif et les grands ensembles : les barres de HLM marquent durablement les paysages urbains. Les entreprises du bâtiment font appel à une main-d'œuvre immigrée venue principalement d'Afrique du Nord.

Ailleurs, des projets visent la création *ex nihilo* de villes spécifiques. Dans les pays d'économie planifiée, des villes à vocation industrielle s'édifient : Nowa Huta en Pologne ou Togliattigrad, la ville de l'automobile en URSS. Dans le cas de l'Inde et du Brésil, il s'agit de la construction d'un chef-lieu régional (Chandigarh) et d'une capitale fédérale (Brasília) ; dans les deux cas, il est fait appel à des architectes renommés.

Volontaristes aussi, mais originales, apparaissent les expériences de « villes nouvelles », particulièrement au Royaume-Uni et en France. La logique retenue est celle de la décentralisation et de l'aménagement du territoire. Une vingtaine de « New Towns » sont réalisées, dont huit doivent alléger la capitale britannique. Habitat, lieu de travail, centres de culte et de loisirs, services y sont groupés. En France, le projet est plus tardif (1965). Il s'agit de décongestionner Paris et de structurer sa banlieue en créant cinq villes autonomes et en pariant sur un urbanisme ambitieux. Cergy-Pontoise et Évry, chefs-lieux de leur département, semblent avoir le mieux réussi. D'autres villes nouvelles existent, hors de la région parisienne : Villeneuve-d'Ascq, près de Lille, et L'Isle-d'Abeau, près

LA CROISSANCE DES GRANDES MÉTROPOLES N'EST PAS TERMINÉE.

Les grandes métropoles participent à la mondialisation des échanges, jouent un rôle majeur à l'échelon national, assument des fonctions de commandement et offrent un marché du travail plus ouvert.

« C'est aujourd'hui une nouvelle phase de l'internationalisation de l'économie, l'"économie-monde" comme d'aucuns l'appellent, qui gouverne la vie et la croissance des grandes métropoles. Celles du tiers monde la subissent, tout comme celles du Nord, qui la dirigent néanmoins. Toutes sont branchées sur le réseau télématique mondial, qui a consacré l'avènement de cette "économie-monde".

Parmi les métropoles du tiers monde, déjà quelques-unes d'entre elles occupent dans cette partie bien plus qu'une fonction d'utilités ; elles deviennent peu à peu le siège d'initiatives financières et économiques, notamment industrielles, qui commencent à les rapprocher de leurs rivales des pays développés, même s'il leur reste du chemin à parcourir. Ce sont, soit des villes-États comme Singapour [...], soit les capitales ou métropoles d'États que leur dynamisme économique appelle à jouer un rôle croissant dans le monde du XXIᵉ siècle : Pékin, Seoul, Bangkok, Djakarta, Sao Paulo, Mexico et quelques autres encore sans doute. En effet, si leur insertion dans un réseau télématique mondial constitue la principale caractéristique des grandes métropoles, du tiers monde comme des pays développés, elles n'ont pas pour autant perdu leur rôle de domination d'une économie nationale. C'est ce rôle qui, dans le passé, a porté les grandes métropoles du Nord à la place prépondérante qu'elles occupent actuellement. Et c'est encore aujourd'hui, dans la mesure ou certaines métropoles du tiers monde dirigent des économies dynamiques ou y sont appelées, qu'elles pourront étoffer leur position dans le réseau mondial et y poursuivre leur promotion. C'est seulement dans les grandes métropoles, du Sud comme du Nord, que peut se réaliser la concertation, préalable aux décisions, entre dirigeants de la politique, de la finance et de l'économie, qui y sont en outre attirés et retenus par une vie universitaire, scientifique et culturelle plus intense que partout ailleurs [...]. Rappelons aussi que, même ralenti, le rythme de croissance des métropoles du tiers monde reste aujourd'hui supérieur à 3 % par an pour la plupart d'entre elles. La "désurbanisation" des grandes métropoles ne semble donc pas d'actualité. »

Raymond Guglielmo, *op. cit.*

de Lyon. L'action décentralisatrice de l'État a également encouragé en province le développement des « métropoles d'équilibre ».

Dans les pays pauvres, l'exode rural est toujours un des facteurs de l'urbanisation. Dans les pays industrialisés, la réalité est plus compliquée. En France, par exemple, entre 1945 et 1980, la modernisation poussée de l'agriculture a provoqué la « fin des paysans ». Mais il ne faut pas confondre exode agricole et exode rural. Les villages agricoles ont pu se dépeupler alors que, par compensation, les petites villes ont vu leur population augmenter. Avec la ville qui avance vers la zone de contact – les géographes parlent de rurbanisation –, on constate qu'*urbs* et *rus* ne sont plus des catégories opposées et contradictoires. « Aujourd'hui, citadins, banlieusards, habitants des petites villes et campagnards ne se distinguent plus que par les nuances et par les contraintes différentes que leur impose une urbanisation plus ou moins dense. » (Henri Mendras.)

Des villes qui inquiètent

Distincte de celle qui a presque toujours opposé quartiers riches ou aisés et quartiers populaires, une différenciation socio-spatiale affecte certaines grandes métropoles. En Amérique du Nord, les centres anciens, proches des CBD *(Central Business District)*, se dégradent peu à peu et se muent en ghettos. Les familles riches, elles, s'installent à la périphérie la plus éloignée. La perte de recettes fiscales qui en découle a acculé, en 1975, la ville de New York à la faillite.

Dans les pays pauvres, l'arrivée de ruraux déracinés est à l'origine d'excroissances urbaines soit des banlieues d'habitat non réglementé, soit des bidonvilles où règne une totale illégalité. Édifiés sur des terrains pentus, peu praticables, dangereux, à proximité d'usines polluantes ou de montagnes de détritus, les bidonvilles groupent des populations démunies. Pourtant, une sorte d'organisation interne s'établit, dans le cadre d'un habitat et d'une économie informels.

Le déclassement, le chômage, les tensions ethniques, la misère alimentent périodiquement des violences urbaines. Des émeutes éclatent dans les quartiers noirs de Los Angeles (1965, 1992). Les actes de violence touchent aussi des agglomérations européennes. En France, les « grands ensembles » de certaines banlieues connaissent les attaques et les incendies d'autobus, le pillage de magasins, les affrontements avec les policiers.

Enfin, l'urbanisation, en distendant l'espace bâti, a justifié la réalisation d'infrastructures de transport, mais a aussi encouragé la prolifération de l'automobile. La surabondance de véhicules provoque des embouteillages et une pollution atmosphérique dont on se soucie désormais de calculer le taux et que l'on cherche à prévenir par une politique de transports urbains.

Dès les années 1960, le mode de vie des banlieusards est résumé par la formule ironique « métro, boulot, dodo ». Au temps gaspillé dans les transports vient s'ajouter l'excès de développement des logements par rapport aux autres composantes d'une ville équilibrée ; notamment dans les zones péri-urbaines où vit, à la fin du XXᵉ siècle, la moitié de la population française. Les responsables des « politiques de la ville », les élus locaux et les associations cherchent pourtant à transformer ces lieux d'habitation en lieux de vie.

bibliographie

GUGLIELMO Raymond, *Les Grandes Métropoles du monde*, Paris, Armand Colin, coll. « U », 1996.

PELLETIER Jean et DELFANTE Charles, *Villes et urbanisme dans le monde*, Paris, Armand Colin, collection « U », 3ᵉ éd., 1997.

PRUD'HOMME Rémy et *alii*, *Le Monde des villes*, Bruxelles, Complexe, 1996.

Les religions en mutation

Le fait religieux s'inscrit dans la vie des sociétés humaines, et en répercute aussi les ruptures. Les Églises sont fragilisées en tant qu'institutions, mais la recherche spirituelle ne se tarit pas ; car « les sociétés modernes rationnelles sont des sociétés où la croyance prolifère » (D. Hervieu-Léger). À l'aube du XXIe siècle, le religieux occupe, plus que jamais, une place essentielle dans la vie internationale.

Les Églises en perte d'influence

Plusieurs signes révèlent la moindre importance, dans la seconde moitié du XXe siècle, du fait religieux. D'abord, la baisse de la pratique religieuse, qui touche presque toutes les religions. Moins de 20 % des catholiques continuent de pratiquer ; toutefois, le passage à l'église demeure rituel pour le baptême, le mariage, les obsèques. Ensuite, la chute des vocations. En Europe, le nombre de prêtres a chuté de 13 % depuis 1978 et la moyenne d'âge du clergé reste élevée. Parallèlement, l'agnosticisme – plus que l'athéisme – gagne du terrain. Enfin, en raison de l'importance de la laïcisation et du « désétablissement » des Églises d'État, les autorités religieuses n'interviennent pas, ou très peu, dans la vie politique des pays ; hormis dans les pays musulmans, puisque les deux domaines n'y sont pas disjoints.

La sécularisation croissante a diverses origines. La mondialisation et l'essor des technologies de communication effacent en partie les frontières. Les religions sont ainsi confrontées à des cultures qui les relativisent et même les désignent à la critique. Souvent, les religions ne répondent pas aux aspirations nées de la société de consommation et de la libération des mœurs. Des questions se posent, entre autres, sur le statut des clergés, sur la place et le rôle de la femme – depuis 1994, l'Église anglicane admet des femmes prêtres et même évêques –, sur la morale sexuelle et conjugale (contraception, IVG, homosexualité). D'autre part, l'attitude des Églises paraît à certains en retrait sur les problèmes sociaux. La « théologie de la libération », diffusée en Amérique latine, dont l'objectif était d'aller vers les pauvres et de dénoncer la collusion entre certains dignitaires des Églises et la classe dominante, est écartée par le pape Jean-Paul II depuis 1996, comme « morte avec le marxisme ».

Les Églises tentent pourtant de répondre à l'évolution des sociétés et de définir leur place dans un monde devenu plus matérialiste et individualiste. Pour les catholiques, le concile de Vatican II (1962-65), initié par Jean XXIII, est l'occasion de « jeter un pont entre l'Église et le monde contemporain ». Le pouvoir épiscopal devient plus collégial, les messes sont dites désormais dans les langues vernaculaires, les laïcs sont invités à prendre plus de responsabilités. Mais il faut un temps pour la mise en application, et un courant intégriste protestataire reproche au concile d'avoir donné le signal du laisser-aller. Cet effort d'adaptation et de clarification se prolonge par quelques actes significatifs, comme le ralliement du Vatican – sous certaines réserves – à la théorie de Darwin (1996), ou la déclaration officielle du pape sur la Shoah (1998).

Les tentatives œcuméniques débouchent sur des succès inégaux. La rencontre de Jérusalem de 1964 (le pape Paul VI et le patriarche Athénagoras Ier), très symbolique, n'a pas entraîné de rapprochement complet entre Rome et les communautés orthodoxes. Quant au COE (Conseil œcuménique des Églises), créé en 1948, il groupe des Églises protestantes et orthodoxes (316 membres en 1991). L'utilisation des techniques modernes de communication peut aussi être un moyen pour les Églises de rétablir ou d'étendre leur influence. En France, les principales religions présentent une émission télévisée hebdomadaire sur une chaîne publique.

Un besoin de spiritualité

Le détachement vis-à-vis des Églises « formelles » ne signifie donc pas la faillite du sentiment religieux. Le succès des pèlerinages ne s'est pas démenti, qu'il s'agisse de Saint-Jacques-de-Compostelle, Lourdes, Fatima pour les catholiques, de La Mecque pour les musulmans sunnites, ou de Kerbala pour les musulmans chiites. L'édition religieuse réalise des ventes probantes.

Faute de « codes du sens » stables, les individus et les groupes recherchent des sortes de valeurs-refuges qui pourraient orienter leur vie, et des connaissances qui leur permettraient d'agir en harmonie avec eux-mêmes et les autres. Les attitudes peuvent varier, du renouveau d'intérêt pour la pensée philosophique à l'attirance pour les religions orientales. Le bouddhisme, en particulier, qui propose une sagesse morale simple, teintée d'écologie, a trouvé des fidèles en Europe occidentale, où plusieurs lieux de cultes importants lui sont consacrés.

Le repli communautaire est aussi l'un des comportements observés. Des groupes se sont constitué, (souvent, au départ, aux États-Unis) pour prier, chanter, étudier et exprimer leur foi de façon concrète. Parmi ces communautés émotionnelles se trouvent les Pentecôtistes et les mouvements charismatiques.

Dans un autre registre, le succès remporté par les sectes est un phénomène courant en période de crise, en l'occurrence celle des valeurs morales. Au nombre d'au moins 10 000 dans le monde, elles offrent une « famille » et un maître à penser. Leur message rassure et apporte une sécurité apparente à des adeptes vulnérables psychologiquement. De leur typologie, on peut extraire les sectes « millénaristes », qui annoncent le retour du Christ (Mormons, Témoins de Jéhovah...), les sectes syncrétistes, qui prétendent faire la synthèse de toutes les religions (Moon, la Scientologie – environ 8 millions d'adeptes chacune) et les sectes « orientales » (Krishna, 6 millions d'adeptes). Des actes spectaculaires et criminels, comme des « suicides » collectifs, émeuvent les opinions publiques, mais il n'existe à l'égard des sectes aucune harmonisation des législations nationales.

INTÉGRISME ET ISLAM.

Le politologue Sami Naïr explique comment l'intégrisme conteste l'État arabo-musulman et en affaiblit les bases.

« Toutes les sociétés connaissent, pour des raisons plus ou moins analogues, un réveil religieux ; celui-ci témoigne d'un besoin irrépressible de références identitaires dans un monde de plus en plus désincarné, où les relations entre les hommes deviennent de simples rapports entre choses et où le fétichisme de la consommation ne peut suppléer la disparition des utopies laïques. Mais ce réveil est d'autant plus puissant dans les pays arabo-musulmans qu'il s'y conjugue avec une crise globale : échec du nationalisme arabe, faillite des despotismes bureaucratiques baptisés "socialistes", insertion dans le système économique mondial actuel, etc.

Dans sa version islamique, ce retour du religieux oppose deux orientations : celle d'un islam "moderne", officiel, fondé sur une cléricature dépendant de l'État et celle de l'intégrisme. Aujourd'hui, l'islam officiel partage avec les pouvoirs autoritaires le même discrédit : ceux-ci ne se sont-ils pas servis de lui pour légitimer des systèmes sociaux profondément inégalitaires et des pouvoirs systématiquement corrompus ? L'intégrisme est, lui, porteur d'un puissant conservatisme culturel : bouclier contre les effets destructeurs de la modernisation ou fixation paroxystique devant cette nouvelle réalité, il incarne une peur abyssale de l'avenir. De là son ressentiment devant le présent, sa nostalgie d'un passé idéalisé et son rêve de retour à une époque mythiquement pure, celle des quatre premiers califes de l'islam [...].

Entre ces deux versions de l'islam, il y a à la fois profonde communauté de projet et opposition tranchée : toutes les deux font de la référence islamique un absolu identitaire – où s'entremêlent la nationalité, la culture et la confession – mais elles divergent quant au rapport entre religion et État. »

« Que faire de l'intégrisme ? », *Le Monde*, 13 octobre 1994.

L'influence politique et diplomatique de la religion

À l'échelle mondiale, la religion s'affirme comme un élément marquant des relations internationales. Les religions les mieux implantées comptent toutes des réseaux transnationaux. Le catholicisme conserve des structures telles que la Compagnie de Jésus ou l'Opus Dei. Mais c'est surtout par l'activité pontificale que s'exerce l'influence de l'Église. Le cardinal polonais Wojtyla, élu pape en 1978 sous le nom de Jean-Paul II, est le premier pape non italien de l'époque contemporaine. Il donne à sa fonction une signification nouvelle et ambitieuse. En tenant tête à l'URSS et aux dirigeants de l'Europe de l'Est, il contribue à affaiblir leurs régimes. Il prend la parole devant l'Assemblée générale de l'ONU, reçoit au Vatican Arafat, Gorbatchev et Castro, multiplie les voyages sur tous les continents. Il publie treize encycliques en vingt ans, dont plusieurs abordent des thèmes de nature politique : les relations Nord-Sud, le travail et la participation, etc. La religion apparaît aussi comme un moyen d'affirmer son identité face à un État ou à un gouvernement oppresseur dont on veut se libérer, ou face à la communauté internationale : ainsi le catholicisme, très lié au syndicalisme, en Pologne à l'époque du bloc communiste, ou la révolution chiite de Khomeiny plutôt dirigée contre les États-Unis et leurs alliés du Moyen-Orient.

L'affirmation identitaire peut aller cependant jusqu'au repli, le plus souvent lié au terrorisme et à la guerre, y compris la guerre civile. Si le fondamentalisme est une attitude personnelle, l'intégrisme est une option politique. Il s'appuie sur une théorie de l'État à dimension culturelle et économique. Le FIS (Front islamique du salut) en Algérie, le Hezbollah en Iran et au Liban, le Hamas en Palestine sont des forces politiques puissantes. En Afghanistan, les Talibans imposent par la force leur lecture particulière de la charia, la loi coranique.

La religion paraît être à la base de la majorité des tensions et des conflits déclenchés depuis les années 1980, même si l'argument politique peut servir d'alibi. La guerre entre l'Iran et l'Irak est vécue comme un affrontement entre chiites et sunnites. Lors de la guerre du Golfe, Saddam Hussein a appelé à la guerre sainte. Certains lieux de rencontre entre les religions se trouvent ainsi constituer les « points chauds » du globe. La question de Jérusalem, lieu saint des trois grands monothéismes, traduit sur le plan international la complexité et l'imbrication des enjeux politiques et religieux.

bibliographie

CLÉVENOT Michel (dir.), *L'État des religions dans le monde*, Paris, La Découverte, 1987.

HERVIEU-LÉGER Danièle, *Vers un nouveau christianisme*, Paris, Cerf, 1986.

Le sport et ses enjeux

Le sport moderne représente un fait social majeur, inhérent à la civilisation industrielle née au XIX*e siècle. Il s'est particulièrement développé depuis 1945, devenant, grâce aux progrès technologiques, un phénomène mondial. Symbole de l'ère des masses, il repose sur une assise sociale élargie ; il reflète aussi les rivalités et les contradictions politiques du monde, ainsi que l'âpreté de la compétition économique.*

Démocratisation, massification, mondialisation

Inventé en Angleterre au XIXe siècle, le sport moderne s'est démocratisé sous l'effet de l'urbanisation, du développement des systèmes éducatifs et de l'extension du temps libre. L'intervention des États et des municipalités – avec parfois, comme dans certains régimes totalitaires, des objectifs viciés – permet la pratique sportive à un public plus large. Le tennis ou le ski, par exemple, ne sont plus réservés à une minorité. La démocratisation s'opère aussi par des symboles : la vedette sportive incarne souvent un rêve d'ascension ou d'intégration sociales. Par ailleurs, le sport peut être aussi un exutoire à la misère ou aux revendications sociales.

L'emploi, dans les domaines politique et économique, du vocabulaire et des métaphores propres au sport atteste l'extension du fait sportif. Les personnalités politiques en vue, en Europe surtout, tiennent à assister à des matchs internationaux importants. Le sport est devenu un phénomène de masse et s'est mondialisé grâce aux progrès des moyens d'information. Les retransmissions télévisées offrent aux spectateurs de l'ensemble des continents la possibilité de suivre « en direct » les grandes compétitions internationales. Le nombre de journaux sportifs, de fédérations, de licenciés ne cesse d'augmenter. En France, le tennis comptait un peu plus de 50 000 licenciés en 1950, et presque 1 400 000 en 1991. Parallèlement, les clubs de supporters se sont multipliés, avec des aléas. Car ces sociétés en miniature que sont les publics sportifs peuvent reproduire les pulsions. La fonction cathartique du sport ne s'exerçant plus, la violence va parfois jusqu'à l'extrême : en 1985, le « hooliganisme », qui s'est développé sur fond de chômage, est responsable de 39 morts au stade du Heysel à Bruxelles, lors de la finale de la Coupe des Champions de football, entre Liverpool et la Juventus de Turin.

En dépit des débordements, le sport-spectacle demeure pourtant un instrument de conciliation entre les hommes, et d'égalité, sans distinction de couleur de peau ou de religion. En 1998, au lendemain du succès français en Coupe du monde de football, les commentateurs saluent les vertus d'une équipe censée représenter la diversité française et la fusion réussie, et célèbrent les qualités de ténacité et de simplicité de l'entraîneur Aimé Jacquet, ancien ouvrier métallurgiste.

Les enjeux politiques et nationalistes

Avant la Seconde Guerre mondiale, le sport se fait déjà l'écho des relations internationales et des rivalités politiques. Après 1945, pendant la guerre froide, la compétition entre l'Est et l'Ouest s'exprime tout particulièrement dans le domaine sportif. Dès les jeux Olympiques d'Helsinki, en 1952, États-Unis et URSS se livrent à la course aux médailles. Les pays socialistes multiplient les stades et les instituts, telle l'Université allemande de culture physique de Leipzig, dont les sportifs doivent en grande partie leurs performances à des substances pharmaceutiques. Lorsque les tensions se font plus vives, un bloc peut choisir de boycotter les Jeux organisés sur le territoire de l'adversaire ; d'où l'absence, à Moscou, en 1980, des États-Unis, du Canada, du Japon et de la RFA. À l'inverse, en 1984, l'URSS et les républiques populaires qui lui sont liées boudent les Jeux de Los Angeles.

La disparition du bloc socialiste ne signifie pas la fin des affrontements idéologiques. Lors du « Mondial » de football de 1998, la victoire de l'équipe d'Iran sur celle des États-Unis dépasse le cadre sportif. En effet, malgré le propos revêche de l'ayatollah conservateur Khameneï – « le puissant et arrogant adversaire a senti le goût amer de la défaite » –, l'événement a semblé de nature à améliorer les relations entre les deux États.

Pour un État, le sport est encore le moyen d'affirmer son existence et son identité. « On considère de plus en plus un exploit sportif comme un symbole du statut des nations » (R. Elias et E. Dunning). Les coureurs de fond éthiopiens, kenyans ou marocains valorisent leur pays sur la scène internationale. Plus qu'avant, le sportif devient l'ambassadeur de son pays ou d'une minorité. En 1968, aux Jeux de Mexico, des athlètes américains noirs montés sur le podium expriment, par leur poing levé et ganté, les revendications de leur communauté. Et, en 1972, exploitant l'écho mondial des Jeux de Munich, des terroristes palestiniens abattent douze athlètes israéliens.

Le sport de masse n'est pas à l'abri des excès nationalistes. Si, dans ses *Mythologies* (1957), Roland Barthes démontre brillamment la dimension épique du Tour de France, la grande épreuve cycliste offre plus d'un exemple de l'hostilité d'une partie du public à l'égard de coureurs étrangers, italiens surtout. La virulence même de certains commentaires des médias, comme la violence de certains supporters, compromet l'objectif de neutralité du sport. Ce ne sont pas les seules menaces.

Les enjeux économiques et financiers

De plus en plus, le sport obéit à la logique du marché, et les transferts de footballeurs ou de basketteurs le montrent assez. Fondé sur un large professionnalisme, devenu un spectacle d'audience mondiale, il intéresse les entreprises de la communication. Le «produit» sportif rapporte beaucoup, même s'il s'achète au prix fort. Les télévisions s'efforcent d'obtenir les droits exclusifs de retransmission des rencontres importantes, spécialement en football, tennis, boxe, sport automobile (Formule 1), athlétisme, cyclisme. La publicité s'est emparée du sport. La firme Coca-Cola et la chaîne de télévision NBC ont pesé de tout leur poids pour que leur ville, Atlanta, soit choisie pour les Jeux de 1996.

Le sportif, par ses vêtements et son équipement, vante les mérites d'articles de sport, mais aussi de marchandises souvent fort éloignées de sa discipline, voire sans rapport aucun avec elle. Cette intrusion du marché explique le gonflement des sommes allouées. Certains sportifs bénéficient de contrats exceptionnels, tels les footballeurs brésiliens Pelé ou Ronaldo. L'argent se retrouve aussi dans les paris et les jeux sportifs. 35 % des Italiens jouent au «totocalcio», fondé sur le résultat des matchs de football.

Les sources de financement sont diverses: communes, régions, mais surtout fonds privés des «sponsors». Des groupes financiers vont jusqu'à influer sur les règles du jeu sportif: c'est le cas dans le basket-ball américain. Les intérêts en lice sont si forts qu'ils peuvent rendre vaines des tentatives de pression internationale; ainsi s'explique, en 1978, l'échec des organisations de défense des droits de l'homme, qui voyaient dans le boycott de la Coupe du monde de football le moyen d'affaiblir la junte militaire au pouvoir en Argentine. Dans une perspective positive, cette fois, l'organisation des jeux Olympiques peut contribuer à la modernisation d'une grande ville (Barcelone, 1992) ou au développement d'une région (Savoie, 1992).

Le sport polarise donc des intérêts puissants qui n'ont souvent que peu de rapports avec lui. Une telle situation engendre des effets pervers. Le professionnalisme étant devenu la règle, la brièveté des carrières et la recherche des meilleures performances augmentent la tentation du dopage. Celui-ci, d'abord pratiqué par quelques coureurs cyclistes et par des boxeurs, semble avoir touché plus largement l'athlétisme à partir des années 1980. Les contrôles sont plus sévères, mais la diversification des produits dopants encourage les tricheries.

Les athlètes de la CEI aux jeux Olympiques de Barcelone (1992).
Sur la scène mondiale que constituent les Jeux, les nations de l'ex-URSS défilent – chacune avec son drapeau –, affirmant ainsi leur identité et leur indépendance.

De fait, la logique mercantile accentue la différence entre deux types de sport: celui qui se rattache au monde des loisirs quotidiens, et celui des professionnels drainant des sommes considérables et appartenant aux formes modernes et planétaires de spectacle. Dans cette perspective, les situations des clubs sportifs et celles des États sont dissemblables. Car le sport est aussi le reflet, à toutes les échelles, des inégalités mondiales.

bibliographie

ARNAUD Pierre, *Une histoire du sport*, La documentation photographique, n° 7029, La Documentation française, 1995.

DUMONS Bruno, POLLET Gilles, BERJAT Muriel, *L'Histoire du sport moderne*, Lyon, La Manufacture, 1987.

La condition féminine

L'évolution de la condition féminine s'inscrit, pour une part majeure, dans les bouleversements économiques, sociaux et culturels de la seconde moitié du XXe siècle. Plus nombreuses sont les femmes sorties de la sphère « domestique » afin d'assumer leurs choix professionnels, leur autonomie financière, leur projet de vie personnelle ; et plus nombreuses celles qui jouent un rôle politique ou social éminent. Toutefois, l'égalité entre les sexes demeure souvent plus formelle que réelle, y compris dans les pays développés.

Les acteurs de l'évolution

Dans *Le Deuxième Sexe* (1949), Simone de Beauvoir dénonce l'infériorisation des femmes. Le contexte peut paraître favorable, avec la victoire des démocraties et la place prise par les femmes dans la Résistance. Mais l'époque voit aussi une nouvelle mobilisation, celle du travail, et l'oblitération de la vie privée par les idéologies collectives. « On ne naît pas femme, on le devient » : par cette formulation, Simone de Beauvoir proclame que la féminité n'est pas une essence, ni une nature, mais une situation créée, imposée par un pouvoir masculin. « En affirmant que les femmes ne sont pas déterminées par leur sexe, Simone de Beauvoir ouvre aux femmes les chemins de leur liberté » (Danielle Sallenave).

C'est toutefois avec les actions contestataires des années 1960 que se développe le mouvement. Aux États-Unis, Betty Friedan, auteur de *La Femme mystifiée* (1963), crée en 1966 la *National Organization for Women* (NOW), qui milite pour l'égalité des droits. En 1968, des féministes perturbent le concours de Miss America : ainsi naît le *Women's Lib*, plus radical, animé par Kate Millett, dont le pamphlet *La Politique du mâle* (1970) connaît un réel succès. Le mouvement féministe gagne le Canada, le Royaume-Uni, l'Allemagne et, à partir des années 1970, l'ensemble de l'Europe de l'Ouest. C'est la presse française qui baptise MLF (Mouvement de libération des femmes) la coalescence de plusieurs groupes protestataires. En France, pendant quelques années, des structures fonctionnent au sein du gouvernement : un secrétariat d'État à la condition féminine (1974-1981), puis un ministère des Droits de la femme (1981-1986). Leurs impulsions sont parfois décisives.

Le combat pour l'égalité entre les femmes et les hommes est aussi mené à l'intérieur des grandes organisations régionales et internationales. L'interdiction de toute discrimination sexuelle est inscrite dans la Charte de l'ONU (1945), ainsi que dans la Déclaration universelle des droits de l'homme de 1948 – plus précisément les articles 2, 16 et 23. Une « année de la femme », décidée à Mexico en 1975, ouvre une décennie d'efforts de l'ONU. Les conférences internationales de Nairobi (1985) et de Pékin (1995) soulignent les progrès mais révèlent les blocages et les ambiguïtés. En 1979 est adoptée la Convention sur l'élimination de toutes les formes de discrimination à l'égard des femmes (CEDAW), que seuls 137 États – sans les États-Unis – ont ratifiée. Toutes ces actions portent essentiellement sur l'égalité formelle. En outre, elles sont globales et se heurtent aux politiques et aux mentalités nationales (attitudes culturelles, intégrismes) et pâtissent des disparités économiques et socio-culturelles des États.

La conquête de l'égalité juridique

La plupart des pays occidentaux ont reconnu aux femmes le droit de voter, et d'être élues, avant la Seconde Guerre mondiale. Mais les Françaises votent pour la première fois en 1945, les Italiennes en 1947, les Suissesses en 1971. Dans le monde, seuls quelques États, comme le Koweit, écartent encore les femmes des scrutins.

L'éligibilité, et la possibilité d'accéder aux plus hautes charges de l'État, n'accompagnent pas forcément le droit de vote. En fait, la contribution des femmes à la vie politique est complexe. Si leur participation est forte à la base, leur présence est le plus souvent faible dans les organes de direction. Quelques brillantes exceptions – plusieurs femmes Premier ministre – ne masquent pas la réalité. Quant aux Parlements, ils comptent toujours une majorité d'hommes. À la fin du siècle, en Amérique du Nord et en Europe, seuls cinq pays dépassent le seuil de 30 % de femmes députés. En France, où l'on comptait 33 femmes députés en 1946, et autant en 1993, un texte sur la parité en matière politique est laborieusement adopté en 1999.

L'égalité civile progresse surtout à partir des années 1960, mais les disparités demeurent selon les pays. En France, le code civil (1804), qui faisait de la femme une incapable majeure, est modifié à plusieurs reprises. Depuis 1965, la femme peut exercer une activité professionnelle et ouvrir un compte en banque sans l'autorisation de son mari ; depuis

1970, l'autorité parentale est exercée par les deux conjoints.

L'égalité professionnelle progresse également. Le contexte économique et social, en effet, y est plus favorable depuis 1945, du moins dans les pays développés, en raison de la généralisation du salariat, des garanties apportées aux fonctionnaires et des actions plus égalitaires des syndicats. Les femmes peuvent poursuivre des études plus longues débouchant sur de plus hautes qualifications. L'École polytechnique s'ouvre aux femmes en 1972. Des professions que les hommes se « réservaient » sont dorénavant accessibles aux deux sexes. En France, la première femme notaire est reconnue en 1948, mais la première commissaire de police en 1976, et la première conductrice de métro en 1978.

Les revendications portent sur l'égalité devant l'emploi et le respect de la formule « à travail égal, salaire égal ». Le principe en est inscrit dans l'article 119 du traité de Rome, créant la Communauté économique européenne, mais il est mal respecté, comme en témoigne la grève des ouvrières de Herstal (1966), en Belgique, « première grève européenne » selon É. Sullerot. Actuellement, dans le monde, les salaires féminins sont inférieurs de 25 % en moyenne aux salaires masculins. Les raisons alléguées sont l'absentéisme – lié aux grossesses et à la prise en charge d'enfants en bas âge – et la qualification moindre.

LE « RAPPORT SULLEROT » (1975).

Évelyne Sullerot, sociologue, cofondatrice du Mouvement pour le planning familial, est nommée en 1974 au Conseil économique et social. Elle y est chargée de rédiger un rapport sur le travail et l'emploi des femmes. Dans cet extrait est posé le problème de la valeur du travail féminin, des nouveaux rapports avec les hommes que ce travail induit, ainsi que des choix politiques et économiques qui devraient en découler.

« Travailler, pour de très nombreuses femmes, c'est consciemment ou inconsciemment atténuer leur marginalité par rapport à la société dominante en réduisant leur vulnérabilité économique et en se donnant une identité dans une société où tout être est défini par la réponse à la question "que fait-il ?" et non à la question "qui est-il ?". C'est aussi établir de nouveaux rapports avec les hommes fondés sur un partage repensé des rôles et des tâches. Car cette évolution irréversible qui conduit au partage (bien qu'encore inégal) des rôles économiques conduit aussi inéluctablement à repenser le partage des autres tâches non encore affectées d'une valeur économique franche, comme l'entretien de la maison et l'éducation des enfants. À ce point de l'évolution, le débat ne se circonscrit plus seulement aux hommes et aux femmes dans leur vie privée, aux pères et aux mères : il pose le problème de la part que la société peut prendre pour soulager les familles d'une partie de ces tâches et de les relayer dans leurs rôles. »

La libération et ses limites

L'égalité n'est pas tout. La libération, à laquelle est liée la reconnaissance de l'identité des femmes, est un autre objectif. La libération « matérielle » est favorisée par les progrès techniques et la production massive des biens d'équipement. En 1962, une firme française de matériel électroménager se vante de « libérer la femme », mais le partage des tâches domestiques n'est pas garanti pour autant.

Plus significative, la libération « culturelle » s'inscrit peu à peu dans les changements de société et dans l'évolution des mœurs, au moins dans les pays occidentaux. Elle se traduit par une plus grande liberté sexuelle, par une augmentation des divorces et par une modification de l'image et de la structure de la famille – apparaissent les familles « pluriconstituées ». Les femmes revendiquant la maîtrise de leur fécondité, la loi Neuwirth (1967) autorise la contraception. Puis, en 1975, la loi Veil légalise, sous certaines conditions, l'interruption volontaire de grossesse (IVG) ; la loi n'a d'ailleurs été adoptée qu'avec l'appui de l'opposition de gauche. Ces deux dispositions sont capitales. Ultérieurement, des mesures législatives encore insuffisantes ont pour but de sanctionner le viol – enfin reconnu comme un crime –, les violences conjugales, l'inceste, le harcèlement sexuel. Sur un autre registre, des progrès sont enregistrés dans l'éradication du sexisme des manuels scolaires ; en revanche, les entreprises qui fabriquent des jouets restent fidèles aux stéréotypes : aux garçons l'aventure et l'action, aux filles les activités maternelles et domestiques.

Le bilan « fin de siècle » incite à la prudence. La lutte des femmes semble avoir cessé. Est-ce parce que tous les succès souhaitables ont été remportés ? Ou plutôt parce que des formes nouvelles et déguisées d'antiféminisme sont apparues ? On peut interpréter ainsi la pratique de la procréation médicalement assistée (PMA), sorte « d'OPA sur la maternité et la reproduction » (A.-M. de Vilaine), sans oublier l'action illégale des commandos « anti-IVG », ni la propension à réserver aux femmes les emplois à temps partiel. En France, 60 % des femmes qui travaillent sont encore ouvrières ou employées.

À l'échelle planétaire, un immense fossé sépare les femmes des pays riches de celles confrontées au problème de la survie. Dans de nombreuses régions du monde, les femmes sont opprimées, torturées, mutilées par l'excision ; exclues de l'éducation, elles constituent les deux tiers des analphabètes. Dans plus d'un conflit récent – et pas seulement en ex-Yougoslavie – on a pratiqué le viol systématique comme moyen de terreur et de « purification ethnique ».

bibliographie

DUBY Georges, PERROT Michelle (dir.), *Histoire des femmes en Occident*, vol. V « Le XXᵉ siècle », (dir. Françoise Thébaud), Paris, Plon, 1992.

MONTREYNAUD Florence, *Le XXᵉ siècle des femmes*, Paris, Nathan, 1989.

L'art dans la société contemporaine

Dans le domaine des arts plastiques, la création artistique contemporaine est marquée par une fuite en avant des artistes, obsédés par le désir d'innover, donc de provoquer. Il ne s'agit pas pour le créateur de poser le problème du progrès de l'art dans sa continuité ou ses techniques, mais de repousser constamment les limites du champ de la création, voire de la notion d'art elle-même. Se succèdent ainsi, dans des temps très courts, des avant-gardes et des micro-révolutions. Un public de plus en plus large et intéressé, mais dubitatif, et des institutionnels fascinés par ces transgressions, tentent de suivre le mouvement. L'architecture, au contraire, apparaît moins novatrice que dans la première moitié du siècle.

Arts plastiques et architecture : des démarches différentes

Dans les années 1950, les plasticiens exploitent la trivialité de l'objet quotidien, de manière brute, à l'imitation de Rauschenberg (né en 1925) qui, n'ayant pu, faute de moyens, acheter des toiles, expose ses propres édredon et oreiller rehaussés de couleurs. L'œuvre baptisée Lit (1955) fait partie des collections du MoMA de New York. La reconnaissance accordée à ce type d'œuvres et les prix très élevés qu'elles atteignent valorisent seulement l'intervention de l'artiste sur des matériaux sans valeur matérielle intrinsèque ni valeur symbolique.

Andy Warhol (1928-1987) exploite le caractère industriel et standardisé des objets de la société de consommation conquérante. Ceux-ci deviennent le contenu signifiant unique de ses figurations, qui conservent cependant un support traditionnel en deux dimensions. La boîte de soupe Campbell's, ou la boîte de Coca-Cola, ne sont pas « belles » ; depuis longtemps, cette notion n'est plus pertinente. Leur présence prouve seulement que l'art est tout-puissant et peut intégrer ce qui lui était jusque-là opposé : le manufacturé, le semblable, le jetable. La limite ténue entre l'art et la vie quotidienne est en train de disparaître. L'œuvre, comme l'objet qu'elle représente, est à son tour dupliquée. Elle est sérigraphiée, traitée, reprise, comme le sont aujourd'hui les images de synthèse... Ce n'est plus son caractère unique qui en fait la qualité. Les portraits des stars (*Marilyn Diptych*, 1962) et des hommes politiques (*Mao Acrylique*, 1972) paraissent avec les couleurs et le graphisme de la publicité et sont reprographiés dans la presse écrite qui est à son apogée.

Des objets du quotidien, des automobiles par exemple, sont ensuite compressés par le sculpteur César (1921-1998), ou simplement exposés au regard du public : ce sont les « installations » de Boltanski (né en 1944). Dans ce jeu de surenchères pour élargir le domaine des arts, certains créateurs organisent des « expositions-événements » dans le but d'étonner ou de choquer. D'autres plasticiens adoptent une démarche inverse : l'effacement de la trace d'action de l'artiste sur l'œuvre. Ce sont des expériences minimalistes comme les toiles monochromes d'Yves Klein (1928-1962), sans modelé ni effet de matière. Une autre caractéristique de l'œuvre d'art, sa durabilité, est battue en brèche : Christo (né en 1935) modifie temporairement les paysages par ses « empaquetages » : le Pont-Neuf, à Paris, en 1985, les bâtiments du Reichstag à Berlin,

Andy Warhol, *Nine Jackies* (1964).
À partir de trois photos de presse prises avant et après l'assassinat de son mari, Andy Warhol propose un portrait multiple de Jackie Kennedy, sérigraphié dans son grand atelier new-yorkais baptisé Factory. Il resserre le cadrage du visage et rend tangible la tragédie qui vient d'avoir lieu. « Si je peins de cette façon, c'est que je veux être une machine », affirme-t-il.

en 1997. Dans une société devenue essentiellement urbaine, c'est au passant qu'il s'adresse, et non à celui qui irait à la rencontre de l'œuvre dans un espace muséographique traditionnel. Échappant à cette recherche de limites spectaculaires, et approfondissant une démarche personnelle, quelques artistes d'exception marquent l'époque. Francis Bacon (1900-1992) travaille des portraits et autoportraits tragiques. Il revisite les toiles de Vélasquez – *Portraits du pape Innocent X* –, comme en un jeu de miroir à travers le temps.

Pablo Picasso (1881-1973) mène une quête incessante de nouveaux graphismes forts, hérités de Goya. La rétrospective qui lui est consacrée en 1966 à Paris fait, pour la première fois depuis la rupture entre l'art et la société à l'époque des impressionnistes, se presser un public nombreux devant l'œuvre d'un contemporain. Et quand son approche du portrait, menée sur quatre-vingts ans, est présentée en 1996, elle remporte un vif succès.

Pendant les Trente Glorieuses, l'architecture est très sollicitée en Europe comme au Japon, à la fois pour la reconstruction et pour le logement de populations plus nombreuses. C'est l'époque de l'urgence, de la qualité incertaine et de la spéculation immobilière. L'architecte d'alors développe les formes préparées par les maîtres du passé, Le Corbusier ou Gropius. Au Japon, Kurokawa se consacre à la production de capsules d'habitation préfabriquées dont les tours à capsules pour célibataires de Norgakin-Tokyo (1971).

Dans la période plus récente, les commandes des États ou des grands organismes financiers stimulent la compétition entre les architectes. Il en sort quelques créations magistrales comme le Centre Georges-Pompidou (1976) – réalisé par l'association Renzo Piano et Richard Rogers –, qui accorde une très grande importance aux services mécaniques devenus visibles dans de grandes tubulures transparentes. Par leur circulation, les hommes animent l'espace, et la couleur joue un rôle essentiel, rarement exploité ailleurs. Les années 1980-1990 sont marquées par le retour à une extrême simplicité des formes, mises en valeur par l'association de matériaux représentatifs du moment, le métal et le verre : Institut du Monde arabe à Paris (J. Nouvel, 1987), extension de la *National Gallery* à Washington (1978), Pyramide du Louvre (1988) et *Bank of China* à Hong-kong (I.M. Pei, 1989), Arche de la Défense (J.O. von Sprekelsen, 1989).

Adhésion du public et nouveaux visages de l'art marchand

Dans le domaine pictural, les démarches de transgressions successives opérées par les partisans d'un art extrême intéressent et intriguent le public qui fréquente les galeries d'art, les expositions et les foires internationales (FIAC, Foire de Bâle).

Une partie du jeune public accomplit une démarche active et s'empare des techniques et des thèmes du « Graffi Art » (milieu des années 1970), ou de la « Bad Painting » (début des années 1980), s'identifiant à Jean-Michel Basquiat (1960-1988) ou à son image médiatisée, et investit les murs des villes comme autant de supports pour ses graffs, œuvres au pochoir ou tags hermétiques.

Sur un autre registre, un phénomène de masse affecte la visite des grandes expositions des maîtres du passé : Gauguin (1989), Seurat (1991) à Paris, ou Van Gogh (1990) à Amsterdam. Le public prend conscience que des talents immenses ont été ignorés de leurs contemporains.

L'intérêt pour l'art contemporain se manifeste aussi par la cote relativement élevée des œuvres en ventes publiques, même pour des artistes dont la célébrité n'a pas franchi l'épreuve du temps. Des sommets spéculatifs sont atteints au début des années 1980, des réalisations récentes servant même de valeurs refuges. Les principales places de marchés sont Londres et New York, qui ont détrôné Paris, place brillante jusque dans les années 1960. Cette considération de l'objet de création très récente comme marchandise semblable à toute autre peut amener l'artiste à se muer en entrepreneur et en homme d'affaires. L'image de l'artiste maudit et crève-la-faim appartient à un autre temps.

Parmi les acheteurs se trouvent les institutionnels, de grandes entreprises et de grands musées ou fondations, au premier rang desquels figure, pour la France, le Centre Georges-Pompidou. Dans les régions, les FRAC (Fonds régionaux d'art contemporain) sont également des investisseurs importants. Et de nouveaux espaces consacrés à l'art récent s'ouvrent régulièrement : les musées de Villeneuve-d'Ascq, de Saint-Étienne et, en 1998, le nouveau musée Guggenheim de Bilbao. Cet accueil empressé des acheteurs institutionnels traduit sans doute leur crainte de rester en marge de courants importants, comme ce fut le cas dans la première partie du siècle.

Plus que jamais, l'art contemporain suscite aujourd'hui un questionnement intellectuel et sensitif, et exerce sur la société un pouvoir attractif d'autant plus fort qu'il est médiatisé et joue ainsi un rôle patent dans la communication sociale et dans le débat philosophique.

b*ibliographie*

HEINICH Nathalie, *Le Triple Jeu de l'art contemporain*, Paris, Éditions de Minuit, 1998.

MILLET Catherine, *L'Art contemporain en France*, Paris, Flammarion, 1994.

Une espérance de gauche : le mendésisme

Pierre Mendès France (1907-1982) connut une carrière gouvernementale relativement brève. Malgré la fermeté de ses convictions, il ne se posait pas en idéologue, il ne voulait pas fonder une nouvelle formation politique et il resta fidèle au vieux parti radical, essoufflé et peu apte à attirer des adhésions. Pourtant, Mendès France a donné son nom à un courant qui se réclamait de ses idées et a rénové considérablement la culture politique de la gauche au milieu des années 1950.

Aux origines du mendésisme

Au centre du mendésisme se trouve bien évidemment la forte personnalité de Pierre Mendès France. Celui-ci, membre du parti radical dès ses années d'études, commence sa carrière politique avant la Deuxième Guerre mondiale. Ayant rejoint la France libre, il est appelé par le général de Gaulle dans le Gouvernement provisoire au sein duquel il est ministre de l'Économie. En désaccord avec la politique financière du gouvernement qu'il trouve trop laxiste, Mendès France démissionne en avril 1945. Il acquiert ainsi une réputation de rigueur. Dès lors, il n'occupe plus de fonction ministérielle jusqu'en 1954 et il critique les erreurs de la quatrième République, ce qui lui vaut l'image d'un homme neuf, lucide et réaliste. Investi président du Conseil le 17 juin 1954, Mendès France reste en place sept mois et dix-sept jours. Il accomplit une œuvre considérable : signature des accords de Genève qui mettent un terme à la guerre d'Indochine, octroi de l'autonomie interne à la Tunisie, débat parlementaire qui aboutit au rejet de la Communauté européenne de défense (CED), réforme constitutionnelle permettant entre autres le renforcement des pouvoirs du Conseil de la République, volonté de modernisation et d'expansion économique dans la stabilité des prix, lutte contre l'alcoolisme...

Cette politique suscite des oppositions. Dans le même temps, Mendès France voit se rassembler autour de lui une partie de l'opinion séduite par sa personnalité et les grandes orientations de sa politique. Le vieux militant radical qu'il est reste fermé aux extrémismes de gauche et au marxisme qui, trop économiste, ne lui paraît pas refléter la complexité du réel. Il se montre à la fois démocrate, voulant développer la liberté individuelle, épris de justice sociale, et jacobin, entendant confier à l'État un rôle de planificateur et de régulateur de la société. Dans le domaine politique, Mendès France veut s'affranchir de la tutelle des partis et donner à l'exécutif les moyens de gouverner. Ses options économiques font de lui un apôtre de la modernisation réinterprétant les idées de Keynes dans un style plus dirigiste. Lucide, il sait que l'homme de gouvernement est contraint à des choix ; pédagogue, il explique ceux-ci, notamment par des allocutions radiophoniques régulières, dites « causeries au coin du feu ». Au total, l'expérience mendésiste apparaît comme une sorte d'éclaircie dans une quatrième République mal aimée, qui ne mobilise pas les Français et semble incapable de s'amender.

LE TÉMOIGNAGE DE MAURICE DUVERGER.

Maurice Duverger, né en 1917, a publié de nombreux ouvrages de droit et de sociologie politique. Citoyen engagé, il a souvent pris parti et exprimé ses idées dans la grande presse.

« Nous avions été frappés par la rigueur de cet homme dans une époque qui était sans rigueur et nous avons écouté Cassandre. Il avait gouverné 245 jours, nous avons espéré qu'il reviendrait au pouvoir après avoir déplacé un million de voix vers la gauche aux élections de 1956 : quand nous avons vu arriver Guy Mollet, nous sommes quelques-uns à avoir compris que jamais il ne reviendrait aux affaires dans un système pareil. Alors, nous avons rêvé d'un autre système qui permettrait d'installer Mendès au pouvoir dans la longue durée. Notre drame, c'est que nous préparions pour Mendès quelque chose dont il ne voulait pas. Il a été sans le vouloir un des pères d'une réforme qu'il détestait. Nous avions une espérance. Il a refusé de jouer le jeu. Du jour où l'élection du président de la République au suffrage universel a été acceptée par le peuple français et inscrite dans les lois de la République, nous pensions qu'il allait essayer de la républicaniser encore. Il y a eu sur ce point des discussions passionnées et passionnantes. Mais il n'a jamais voulu et ce fut pour nous une immense déception. Mais aujourd'hui, nous comprenons mieux la grandeur d'un homme qui a sacrifié sa carrière à ce qu'il croyait être la vérité. Et c'est ce refus qui lui vaudra une influence bien plus durable. »

La nébuleuse mendésiste

Le mendésisme rassemble ses troupes autour de quelques idées forces telles que la modernisation, l'efficacité et la rigueur, la morale, la vérité et la justice, la fidélité aux valeurs républicaines, l'appel à la jeunesse. Mendès France sort ces mots de l'abstraction et, avec son caractère d'homme d'action, neuf et honnête, paraît en mesure de leur donner un contenu tangible. Ses partisans répandent ses initiales, PMF, comme signe de reconnaissance, et focalisent sur lui toutes leurs espérances.

Dans le mendésisme s'additionnent librement, sans lien organique, des personnalités et des groupes très divers. Certains hauts fonctionnaires comme Simon Nora, François Bloch-Lainé, Michel

Jobert, attendent une modernisation au moyen de l'État et une volonté politique forte que PMF incarne. Dans les partis, seules des minorités sont sensibles au projet mendésiste comme, chez les radicaux, Charles Hernu. L'impératif moral, le devoir de vérité, ainsi que la volonté d'efficacité séduisent particulièrement les chrétiens, comme les syndicalistes de la CFTC qui, avec Paul Vignaux, Edmond Maire, Jacques Delors, veulent déconfessionnaliser leur centrale. La gauche catholique, dont François Mauriac est le plus éloquent porte-parole, soutient Mendès France et se détache du MRP devenu trop conservateur. Des intellectuels comme Ernest Labrousse, Maurice Duverger, Alain Touraine se rallient aussi. PMF peut encore compter sur des appuis dans la presse, avec au premier rang *L'Express* de Jean-Jacques Servan-Schreiber et Françoise Giroud, mais aussi *Le Monde* d'Hubert Beuve-Méry, *Témoignage chrétien* avec Georges Suffert, *Esprit* avec Jean-Marie Domenach et même *Le Canard enchaîné*. Une frange importante de la jeunesse est séduite par le caractère novateur de l'expérience; la Jeunesse étudiante chrétienne et les étudiants socialistes, conduits par Michel Rocard, entretiennent une sorte de mystique mendésiste.

Il se révèle très difficile d'évaluer l'importance numérique d'un mouvement d'opinion comme le mendésisme. En août 1954, le président du Conseil qui vient de mettre un terme à la guerre d'Indochine enregistre dans les sondages 62 % d'avis favorables, mais ce taux élevé, conjoncturel, ne peut être confondu avec une adhésion globale aux idées de PMF. Plus significatif, les quelque 40 000 adhérents nouveaux au parti radical, surtout des jeunes, des enseignants, des membres des professions libérales, semblent davantage attirés par le prestige de Mendès France. Enfin, une analyse des résultats des élections législatives organisées en janvier 1956 conduit à dénombrer environ 2 400 000 voix mendésistes, soit 11,4 % des suffrages exprimés, ce qui place le courant en cinquième position derrière le PC, la SFIO, les modérés et les poujadistes. Le mendésisme ne représente donc pas un raz de marée électoral et les soutiens qu'il recueille sont éphémères.

Pierre-Mendès France (1907-1982), figure emblématique de la rigueur, de l'intransigeance et du refus de la démagogie.

L'échec du mendésisme

Si le mendésisme se délite rapidement, c'est d'abord en raison de son caractère composite. Les hommes et les groupes qui le constituent sont en effet animés par des espérances diverses et parfois contradictoires : favoriser l'émergence des élites, rester d'abord fidèle à l'esprit républicain, donner la priorité à la modernisation économique, respecter les principes libéraux, gérer dans un style technocratique, régénérer le radicalisme...

Pierre Mendès France porte aussi une grande part de responsabilité dans l'échec du mouvement qui se rassemble derrière lui. Il se montre en effet trop démocrate pour exploiter sa popularité et jouer les hommes providentiels. Éloigné de toute démagogie, il veut convaincre durablement et non profiter de l'engouement peut-être passager qu'il suscite. Ainsi, il se refuse à fonder un nouveau parti et il situe son action dans le cadre d'un radicalisme rénové. Cette attitude modérée entraîne des déceptions.

Enfin, Mendès France s'enferme dans une hostilité irréductible à la cinquième République déconsidérée à ses yeux par le coup de force de mai 1958. Or le nouveau régime réalise dans les faits une partie du programme de l'ancien président du Conseil ; ainsi la mise au pas des partis, le renforcement de l'exécutif, le progrès économique et social. Nombre de mendésistes ne s'y trompent pas et se rallient au général de Gaulle ou à ses successeurs.

Mendès France qui refuse d'organiser le mendésisme-doctrine en mendésisme-force devient de plus en plus un homme seul, condamné à n'exercer qu'un magistère moral. Cependant, le courant qui se réclame de lui facilite une mutation de la gauche non communiste : celle-ci peut s'engager désormais dans une voie autre que le marxisme qui a fasciné tant de progressistes jusque-là, une voie combinant l'héritage républicain, le sens de l'État, le volontarisme et l'efficacité, une ouverture à la technocratie pour réaliser la nécessaire modernisation du pays.

bibliographie

«Le mendésisme», *Pouvoirs*, 1983, n° 27.

BÉDARIDA François et RIOUX Jean-Pierre (dir.), *Pierre Mendès France et le mendésisme. L'expérience gouvernementale et sa postérité*, Paris, Fayard, 1985.

Comprendre mai 1958

La chute brutale de la quatrième République en mai 1958 suscite d'emblée les interrogations. Est-ce un événement fatal ou accidentel ? Le général de Gaulle est-il sorti de sa retraite pour sauver une nouvelle fois la France ou a-t-il comploté pour reprendre le pouvoir, ou encore a-t-il laissé se développer un coup de force organisé par ses amis en sa faveur ?

Des faiblesses de la quatrième République

Les faiblesses dont souffre la quatrième République depuis sa naissance rendent ce régime incontestablement fragile. La Constitution de 1946 ne donne pas la primauté à l'exécutif qui apparaît seulement aux titres V et VI. Cependant, le gouvernement ne se trouve pas totalement démuni ; en particulier le président du Conseil est censé détenir une autorité forte découlant de son investiture à la majorité absolue. Mais la pratique qui s'établit dès le début renforce le poids du législatif : double investiture, contrôle des partis sur le choix des ministres, longue durée des sessions parlementaires, fragilité des majorités, démission de gouvernements mis en minorité sur des questions secondaires... Les partis, nombreux et divisés, deviennent les maîtres du jeu politique et entravent l'action gouvernementale.

À l'extérieur, la quatrième République doit composer avec son puissant allié américain et affronter deux guerres coloniales dures, en Indochine et en Algérie. L'armée, humiliée par les défaites, ne veut pas quitter l'Afrique du Nord sur un nouvel échec. Les militaires se sentent des devoirs à l'égard des populations civiles d'Algérie et redoutent que les politiciens de métropole irrésolus, plus ou moins influencés par les intellectuels de gauche, ne négocient une paix boiteuse.

Ainsi, la chute de la quatrième République peut être comprise comme le résultat d'une conjonction de problèmes graves que des institutions trop faibles et un peuple trop divisé n'ont pas résolus. De Gaulle offre lui-même cette explication dans son communiqué du 15 mai 1958 : « Depuis douze ans, la France, aux prises avec des problèmes trop rudes pour le régime des partis, est engagée dans ce processus désastreux. » Il faut cependant se garder d'une interprétation abusivement déterministe. René Rémond souligne la dimension contingente de la crise, « le caractère fortuit d'une partie des événements [...] à la fois indéterminés et déterminants [...] Rien n'était au départ absolument joué ». En fait, le régime ne meurt pas seulement de ses faiblesses : sa fin est accélérée par ceux qui y trouvent leur intérêt.

Des complots

Dès 1959, dans un livre à succès, au titre accrocheur, *Les 13 complots du 13 mai* (Fayard), les journalistes Serge et Merry Bromberger mettent en évidence l'écheveau d'intrigues qui ont précipité la chute de la quatrième République. Par la suite, les historiens, reprenant l'étude de la crise, réduisent le nombre des complots, sans en nier la réalité. Ainsi Jacques Julliard s'arrête à deux : un complot rassemblant les activistes d'outre-Méditerranée partisans de l'Algérie française, et un complot gaulliste voulant « ramener le général de Gaulle au pouvoir [...] avec la conviction que c'est le meilleur moyen d'éviter l'abandon de l'Algérie » (*La Quatrième République*, Calmann-Lévy, 1968). Cependant, l'un des principaux acteurs gaullistes de la crise, Jacques Soustelle, qualifie de légende la thèse d'une conjuration, « ou alors, ajoute-t-il, il faut appeler complot toute action politique, même menée en pleine lumière par des gens qui reprenaient inlassablement [...] les mêmes thèmes et ne faisaient nul mystère de leurs intentions » (*Vingt-huit ans de gaullisme*, la Table Ronde, 1968).

En fait, même si les protagonistes ne cachent pas leurs idées, l'existence de complots plus ou moins sérieux n'est pas niable. Certains militaires veulent renverser le régime et établir à Paris un gouvernement énergique décidé à poursuivre la guerre jusqu'à la victoire. Le même rêve est nourri par les activistes d'Algérie qui professent souvent un extrémisme antirépublicain et antiparlementaire. L'extrême droite métropolitaine, organisée en groupuscules, apporte son renfort. Les gaullistes, Jacques Soustelle, Michel Debré, Roger Frey, Léon Delbecque, Olivier Guichard... se tiennent informés des intrigues menées à Alger et en métropole pour utiliser celles-ci en vue de ramener de Gaulle au pouvoir.

La légalité a déjà été violée en 1956 : le 6 février, le chef du gouvernement, le socialiste Guy Mollet, venu à Alger, a dû reculer devant les violentes échauffourées de la rue et renoncer à nommer le général Catroux comme ministre-résident. La loi et la démocratie sont à nouveau défiées en 1958. Le 13 mai 1958, la manifestation algéroise organisée à la mémoire de trois soldats français assassinés par le FLN est, à l'initiative des activistes, détournée en démonstration d'hostilité à l'encontre du président du Conseil pressenti, le MRP Pierre Pflimlin, car celui-ci passe pour favorable à une solution négociée. La manifestation se transforme en émeute et aboutit à la prise du Gouvernement général, puis à la formation du Comité de salut public. Par la suite, le risque de guerre civile prend corps quand l'armée prépare l'opération « Résurrection » qui aurait consisté à larguer des parachutistes sur la métropole dans la nuit du 27 au 28 mai. Les hommes et le matériel sont prêts, mais s'agit-il d'une menace réelle ou d'une manœuvre d'intoxication pour impressionner les dirigeants métropolitains ? En fait, dans les complots de mai 1958, dans les défis réels ou potentiels lancés à la légalité, le rôle des hommes, et du général de Gaulle au premier rang, se révèle essentiel.

Des hommes

Trois hommes jouent un rôle essentiel dans le dénouement de la crise. Le président de la République, René Coty, conscient de l'impuissance du régime, pense que de Gaulle peut offrir une solution. Dès le 5 mai 1958, il lui fait demander secrètement les conditions qu'il mettrait à son retour à la tête du gouvernement. Le 29 mai, la situation semblant bloquée, au lendemain de la démission de Pierre Pflimlin, Coty brusque les événements par une initiative audacieuse : il désigne « le plus illustre des Français » pour former le gouvernement et, agitant la peur du vide, il menace de démissionner si les parlementaires repoussent de Gaulle.

Le deuxième grand acteur de la crise est Guy Mollet, secrétaire général de la SFIO, le parti-charnière qui peut donner à de Gaulle une majorité parlementaire et lui permettre un retour légal. Un refus des socialistes favoriserait un coup de force. Mollet qui craint à la fois une dictature militaire et une installation des communistes au pouvoir voit en de Gaulle un moindre mal. Aussi, tout en demandant à ce dernier des garanties républicaines, travaille-t-il à obtenir de ses amis leur ralliement à l'homme de Colombey. Il y parvient, mais au prix d'une cassure de la SFIO. Mollet fait de la sorte passer l'intérêt du pays avant l'intérêt de son parti.

Quant à de Gaulle, persuadé d'avoir une mission historique à remplir, il veut revenir à la tête du pays pour préserver l'unité nationale et effectuer de grandes réformes. À la fois calculateur et pragmatique, il préfère que son retour emprunte des voies légales, mais il ne désavoue pas les comploteurs agissant pour lui. Il exploite habilement les circonstances, le coup de force d'Alger qu'il n'a pas préparé et qui affole l'opinion, le désarroi des partis et des hommes politiques, l'armée qui se tourne vers lui, l'aspiration des métropolitains à une normalisation rapide. De Gaulle, offrant la seule issue à la crise, est maître du jeu. Il triomphe après avoir pris un minimum d'engagements.

La victoire de De Gaulle se révèle paradoxale. Il revient légalement au pouvoir en partie grâce à des factieux qu'il n'a pas condamnés. Il est soutenu par les métropolitains de plus en plus nombreux à souhaiter des négociations avec le FLN pour aboutir à la paix, et par les pieds-noirs qui attendent de lui le maintien de l'Algérie française. Ces deux séries d'aspirations semblent difficiles à concilier. Quant à de Gaulle, il se consacre d'abord à la préparation d'une nouvelle constitution.

L'ENTREVUE DE GAULLE-PFLIMLIN (NUIT DU 26 AU 27 MAI) ET LE COMMUNIQUÉ DU 27 MAI 1958

« Je commence par exposer les inquiétudes que m'inspire la situation, les risques de guerre civile. [...]
Je lui demande de désavouer les actes de révolte, d'inviter les Français, particulièrement les militaires, à respecter la légalité. Il m'écoute, réservé, légèrement ironique... "Je ne puis pas faire ce que vous me demandez, dit-il enfin. Après tout, ces gens veulent que ça change ; ils trouvent le régime mauvais, je ne peux pas leur donner tort."
Je fais observer que le changement de régime ne doit pas s'opérer dans le désordre et la violence, que le problème, pour l'heure, est d'empêcher la guerre civile afin de rendre possible la réforme des institutions. Une fois de plus, j'insiste pour que de Gaulle affirme sa volonté de respecter la légalité [...].
Il répond : "Je ne peux pas inviter les gens qui veulent bouger à se tenir tranquilles s'il n'y a pas un fait nouveau ou l'assurance que quelque chose va changer." Et, bientôt, il précise, à ma demande, sa pensée : "Le fait nouveau, ce serait l'assurance d'un changement de gouvernement." Je réponds : "Je suis prêt à me retirer, mais je ne le ferai que lorsqu'un nouveau gouvernement aura été constitué légalement, avec l'accord du Parlement. – Le Parlement ? Ils ne voudront jamais voter pour un gouvernement constitué par moi." [...]
De Gaulle me reconduit vers la porte. Il est 2 heures du matin.
À 11 heures, ce 27 mai, [...] Michel Poniatowski, qui m'a rejoint, me tend un pli. Il contient la lettre d'un collaborateur de De Gaulle, auquel est joint le texte d'un communiqué que le général, dit la lettre, s'apprête à publier. En lisant ce texte dans la voiture qui nous ramène à Matignon, je sursaute, surpris et choqué. Voici ce texte :
"J'ai entamé hier le processus régulier nécessaire à l'établissement d'un gouvernement républicain capable d'assurer l'unité et l'indépendance du pays.
Je compte que ce processus va se poursuivre et que le pays fera voir, par son calme et sa dignité, qu'il souhaite le voir aboutir.
Dans ces conditions, toute action, de quelque côté qu'elle vienne, qui met en cause l'ordre public, risque d'avoir de graves conséquences. Tout en faisant la part des circonstances, je ne saurais l'approuver.
J'attends des forces terrestres, navales et aériennes présentes en Algérie qu'elles demeurent exemplaires sous les ordres de leurs chefs : le général Salan, l'amiral Auboyneau, le général Jouhaud.
À ces chefs, j'exprime ma confiance et mon intention de prendre incessamment contact avec eux."
La première phrase : "J'ai entamé hier le processus régulier", ne correspond évidemment pas à la conclusion de notre entrevue nocturne. »

Pierre Pflimlin, *Mémoires d'un Européen de la Quatrième à la Cinquième République*, Paris, Fayard, 1991.

b*ibliographie*

RÉMOND René, *Le Retour de De Gaulle*, Bruxelles, Complexe, 1983.

RUDELLE Odile, *Le 13 mai, de Gaulle et la République*, Paris, Plon, 1988.

Les débuts de la cinquième République

Le général de Gaulle revient au pouvoir en 1958 à l'issue d'une crise complexe lancée par l'insurrection du 13 mai à Alger et marquée par des violations de la légalité. Des hommes politiques de la quatrième République, comme Pierre Mendès France et François Mitterrand, auteur d'un livre au titre éloquent, Le Coup d'État permanent, *ne pardonnent pas ces irrégularités initiales. Pendant des années, la gauche et les fidèles du parlementarisme traditionnel, opposés au renforcement de l'exécutif, fustigent le «pouvoir personnel» exercé par de Gaulle. Quarante années plus tard, l'analyse des premières années de la cinquième République conduit à nuancer ces jugements.*

La fidélité au principe républicain

Le modèle républicain peut être schématiquement défini comme héritier des Lumières, du positivisme et des principes de 1789. Il postule l'idée de progrès favorisé par l'existence d'un État démocratique et libéral permettant l'épanouissement de l'individu. Il reste fidèle aux symboles, devise, hymne, drapeau, légués par la Révolution.

Le général de Gaulle se situe d'emblée dans la lignée républicaine. Dans sa conférence de presse du 19 mai 1958, il déclare: «La République! Il fut un temps où elle était reniée, trahie par les partis eux-mêmes. Alors, moi, j'ai redressé ses armes, ses lois, son nom.» Le 2 juin suivant, lors du débat engagé à l'Assemblée nationale, il ajoute: «Ce qu'il y aura, ce sera la continuation de la République.»

En application de cette volonté de continuité, de Gaulle refuse une procédure constitutionnelle qui, faisant en quelque sorte table rase juridique, renierait le passé. Aussi, pour préparer la nouvelle constitution, s'appuie-t-il sur l'article 90 de la Constitution de 1946, article qui définissait les modalités de révision de ce texte. Les symboles républicains sont exaltés. Pour présenter la nouvelle loi fondamentale aux Français, de Gaulle choisit un lieu et une date chargés de sens: la place de la République à Paris, le 4 septembre 1958, jour anniversaire de la proclamation de la troisième République. Dans son discours, il déclare: «Quand le 18 juin commença le combat pour la libération de la France, il fut aussitôt proclamé que la République à refaire serait une république nouvelle. La Résistance tout entière ne cessa pas de l'affirmer.»

La permanence de la République se trouve renforcée par la constitution elle-même. Celle-ci se réfère à la Déclaration des droits de l'homme et du citoyen de 1789 et au préambule de la Constitution du 27 octobre 1946 qui invoquait les «principes fondamentaux reconnus par les lois de la République». Ces principes sont, pour la première fois dans l'histoire institutionnelle de la France, confiés à la garde d'un organe, le Conseil constitutionnel. La survie du régime est garantie par l'article 89: «La forme républicaine du gouvernement ne peut faire l'objet d'une révision.» Précaution supplémentaire, une révision ne peut être engagée «lorsqu'il est porté atteinte à l'intégrité du territoire».

La stricte séparation des pouvoirs

Le général de Gaulle considère comme essentielles la séparation des pouvoirs et la prééminence du président de la République. Avant même la rédaction de la nouvelle constitution, l'un des principes fondamentaux dont elle devra s'inspirer est défini par la loi du 3 juin 1958: «Le pouvoir exécutif et le pouvoir législatif doivent être effectivement séparés de façon que le gouvernement et le Parlement assurent chacun pour sa part et sous sa responsabilité la plénitude de leurs attributions.» Il en résulte que le gouvernement procède du chef de l'État et non des Chambres. En application de cette règle, il appartient au président de la République, et à lui seul,

LA FRANCE DU GÉNÉRAL DE GAULLE.

«La France vient du fond des âges. Elle vit. Les siècles l'appellent. Mais elle demeure elle-même au long du temps. Ses limites peuvent se modifier sans que changent le relief, le climat, les fleuves, les mers qui la marquent indéfiniment. Y habitent des peuples qu'étreignent, au cours de l'Histoire, les épreuves les plus diverses, mais que la nature des choses, utilisée par la politique, pétrit sans cesse en une seule nation. Celle-ci a embrassé de nombreuses générations. Elle en comprend actuellement plusieurs. Elle en enfantera beaucoup d'autres. Mais, de par la géographie du pays qui est le sien, de par le génie des races qui la composent, de par les voisinages qui l'entourent, elle revêt un caractère constant qui fait dépendre de leurs pères les Français de chaque époque et les engage pour leurs descendants. À moins de se rompre, cet ensemble humain sur ce territoire, au sein de cet univers, comporte donc un passé, un présent, un avenir, indissolubles. Aussi l'État, qui répond de la France, est-il en charge, à la fois, de son héritage d'hier, de ses intérêts d'aujourd'hui et de ses espoirs de demain.»

Charles de Gaulle, *Mémoires d'espoir*, Paris, Plon.

sans contreseing ministériel ou investiture parlementaire, de nommer le Premier ministre (article 8). La séparation des pouvoirs impose aussi à un député ou à un sénateur entrant au gouvernement d'abandonner son mandat parlementaire (article 23).

Ainsi la Constitution du 4 octobre 1958, rompant avec les républiques précédentes, remplace l'ancienne suprématie parlementaire par la primauté présidentielle. La réforme de 1962 qui établit l'élection du président au suffrage universel confirme et couronne cette nouvelle règle.

La pratique gaullienne des institutions

Le général de Gaulle donne dès 1958 à la fonction présidentielle une puissance qu'elle n'avait jamais possédée. Ce renforcement est permis par la conjonction de plusieurs facteurs. En premier lieu, les partis politiques qui n'ont pas réussi à résoudre la question algérienne avant 1958 préfèrent laisser une marge d'autonomie à de Gaulle, apparemment seul apte à trouver une solution. Aussi le président profite-t-il de cette atonie relative pour prendre de nombreuses initiatives. De plus, le Premier ministre Michel Debré, en fonction jusqu'en 1962, éprouve pour le chef de l'État un tel attachement qu'il accepte le transfert de nombreuses compétences à l'Élysée et se fait le docile exécutant de la volonté présidentielle.

Enfin et surtout, le général de Gaulle, convaincu de sa légitimité nationale et de l'importance historique de sa mission, se donne tous les moyens d'action nécessaires. Il constitue, selon une formule attribuée à Jacques Chaban-Delmas, un «domaine réservé», soustrait à la compétence du gouvernement: la diplomatie, la défense, l'Algérie, la coopération avec les anciennes colonies, toute question jugée momentanément importante. Pour gérer ce domaine et contrôler l'action globale du gouvernement, de Gaulle s'entoure de conseillers et de comités qui parfois gèrent à la place des ministres en titre.

En ce qui concerne les droits du Parlement, le Président interprète la constitution de manière restrictive, par exemple en refusant la convocation des élus nationaux en session extraordinaire, demande présentée par la majorité en 1960. En revanche, il utilise habilement à son profit les ressources qu'offre la loi fondamentale, cela à l'occasion des crises successives que connaît la cinquième République à ses débuts. Ainsi, en février 1960, le gouvernement, en fait totalement soumis au Président, légifère par ordonnances (article 38) après la semaine des barricades d'Alger. D'avril à septembre 1961, de Gaulle utilise les pleins pouvoirs au titre de l'article 16 à la suite du putsch des quatre généraux. En 1961 et en 1962, il organise trois référendums (article 11), les deux premiers pour faire approuver sa politique algérienne, le troisième pour renforcer la légitimité du président de la République en le faisant désormais élire au suffrage universel. Le chef de l'État applique la consultation référendaire à des matières plus larges que celles qu'avait prévu la constitution. Il dissout deux fois l'Assemblée nationale (article 12), en 1962 et en 1968. Enfin, de Gaulle noue un contact direct avec les Français, par ses allocutions radiotélévisées et ses conférences de presse, par ses nombreux voyages en province ponctués de «bains de foule» très appréciés du Général.

Dessin de Jacques Faizant.
De gauche à droite: le général Einsenhower, président des États-Unis, le général de Gaulle, président de la République française, Michel Debré, Premier ministre.

C'est donc bien un nouveau type de pouvoir qui est institué en 1958. La continuité républicaine est incontestable. La séparation des pouvoirs garantit les libertés individuelles et la souveraineté de la nation. Mais entre le législatif et l'exécutif règne un déséquilibre inverse de celui qui existait auparavant. Le parlementarisme classique en vigueur sous les deux républiques précédentes est aboli et l'hégémonie des partis refusée. La volonté d'affirmer l'autorité de l'État se confond avec un renforcement du pouvoir présidentiel. Celui-ci tire sa légitimité de la consultation fréquente des Français par la voie législative, référendaire et par l'élection du chef de l'État au suffrage universel. Le général de Gaulle démissionne aussitôt quand le soutien populaire lui fait défaut au référendum du 27 avril 1969.

bibliographie

CHAGNOLLAUD Dominique, QUERMONNE Jean-Louis, *Le Gouvernement de la France sous la cinquième République*, Paris, Fayard, 1996.

Les immigrés dans les années 1990

Nécessaires au développement de l'économie pendant les Trente Glorieuses, les étrangers sont venus nombreux et ont souvent fait souche en France. Avec l'apparition des difficultés et la montée du chômage, leur présence suscite des avis contradictoires dans l'opinion. Leurs facultés d'intégration se trouvent particulièrement mises en doute.

L'enseignement des chiffres

Dans l'usage courant les mots « étranger » et « immigré » sont employés indifféremment, mais, pour les statisticiens, ils ne possèdent pas le même sens. Les étrangers, nés en France ou non, habitent ce pays mais n'en possèdent pas la nationalité. Les immigrés sont nés hors de France et s'y sont ensuite établis ; certains sont restés étrangers, d'autres sont devenus français.

Les chiffres semblent indiquer une stabilisation des effectifs. En réalité, l'immigration se poursuit au rythme d'environ 100 000 entrées par an. La stabilité statistique vient du fait qu'un nombre équivalent d'étrangers acquiert chaque année la nationalité française, notamment par naturalisation, mariage avec un citoyen, attribution au bénéfice d'enfants remplissant les conditions légales.

En ce qui concerne la composition par nationalité, les 650 000 Portugais occupent la première place, suivis par les 614 000 Algériens et les 573 000 Marocains. Mais les non-Européens sont majoritaires avec 59 % des effectifs. L'Afrique constitue la première aire géographique de provenance des étrangers.

Les hommes restent proportionnellement les plus nombreux, mais la part des femmes (44,3 %) augmente, surtout dans les nationalités installées de longue date. La féminisation se double d'un accroissement du nombre des étrangers mariés, ce qui stimule la natalité. Cependant, avec le temps, la fécondité recule chez les femmes issues de l'immigration : les Algériennes qui mettaient au monde en moyenne près de 9 enfants en 1968 sont passées à 3,2 en 1990. Malgré ce ralentissement, l'apport démographique des étrangers se révèle considérable : en 1990, 10 millions de personnes nées en France possèdent un parent ou un grand-parent immigré.

Une population malmenée

Les immigrés, traditionnellement peu qualifiés, subissent rudement le choc du chômage, ainsi que le progrès de la robotisation et de la sous-traitance. En 1993, ils représentent 5,8 % des salariés et 12 % des demandeurs d'emploi.

La population active étrangère s'est stabilisée aux alentours de 1 500 000 personnes. Le besoin d'une main-d'œuvre peu qualifiée, acceptant des contrats à durée déterminée ou intérimaires, reste stable, en particulier dans le forestage, le bâtiment, les grands chantiers comme ceux du TGV et du tunnel sous la Manche. Dans le pire des cas, l'immigré est condamné au travail clandestin. Le déclin du salariat industriel entraîne une redistribution des étrangers vers le secteur tertiaire et les professions indépendantes, comme l'artisanat et le commerce de proximité.

Français, étrangers et immigrés résidant en France métropolitaine

	1982	1990
Français de naissance et Français par acquisition nés en France	49 420 000	51 760 000
Français par acquisition nés hors de France	1 170 000	1 290 000
Ensemble des Français	50 590 000	53 050 000
Étrangers nés hors de France	2 850 000	2 840 000
Étrangers nés en France	830 000	740 000
Ensemble des étrangers	3 680 000	3 580 000
Ensemble des immigrés	4 020 000	4 130 000

D'après l'INSEE.

Malmenés par la crise, les immigrés sont regardés avec suspicion par une partie de l'opinion. Les enquêtes et les sondages permettent de dresser un long catalogue de craintes éprouvées par certains Français : l'invasion, la concurrence, l'insécurité, l'apport de maladies, la différence culturelle... Des discriminations, des incidents, des agressions illustrent l'hostilité et parfois le racisme. D'après une synthèse publiée en 1992 par la Commission nationale consultative des droits de l'homme, 21 % des Français se déclarent racistes convaincus et 34 % tentés par le racisme.

Si les organisations humanitaires et les Églises luttent résolument contre la xénophobie, la réponse des partis politiques n'est pas unanime. Le Front national fait de la « résistance à l'occupation étrangère » et de la « préférence nationale » un point central de son programme. La droite classique, partagée entre son désir de fidélité à des positions modérées et sa volonté de contenter ses électeurs parfois sensibles à l'argumentation frontiste, tient un discours contradictoire, voire ambigu. La gauche se heurte souvent aux mêmes difficultés. Les socialistes, revenus de l'éloge des différences, admettent généralement avec Michel Rocard que, «pour la France, être multiraciale est une richesse, mais rester uniculturelle est une force» (*Le Parisien*, 15 mars 1993). En fait, les partis de gouvernement se trouvent d'accord sur trois grands principes : limiter les entrées, favoriser les départs volontaires, stimuler l'intégration.

Les voies de l'intégration

L'installation en France n'efface pas immédiatement la culture d'origine. Certains immigrés essaient de préserver leur identité en se regroupant dans des quartiers, en fondant des associations religieuses, festives, sociales, en organisant des entreprises ethniques très concentrées comme le montre l'exemple des Chinois, en maintenant la langue, les usages alimentaires ou vestimentaires, l'endogamie.

DÉCLARATION DE L'ÉPISCOPAT CATHOLIQUE À DESTINATION DES IMMIGRÉS

«Vous êtes en quelque sorte nos compatriotes.» (15 décembre 1983)

«Les immigrés font partie de notre avenir.» (10 mai 1985)

«L'immigration est une chance pour la France.» (Mgr Herbulot, évêque d'Évry, 16 avril 1991)

Cependant, des nuances doivent être relevées et des évolutions sont en cours. Si parfois les immigrés se sont délibérément rassemblés en quelques lieux, beaucoup se sont installés dans des quartiers déshérités que les Français quittaient. Les grandes concentrations d'immigrés dans l'habitat social des banlieues résultent essentiellement d'une politique d'attribution faite par l'administration qui a profité du départ des locataires français dès les années 1960 pour reloger les anciens hôtes des bidonvilles et des cités de transit. Quant aux associations, si certaines conservent jalousement l'identité d'origine, d'autres se vouent à l'intégration ; celles qui imposent un encadrement strict peuvent limiter les écarts de comportement chez les jeunes et préparer l'adaptation à une vie nouvelle.

La situation sanitaire des nouveaux venus se révèle inférieure à celle des nationaux, mais le retard se trouve progressivement comblé grâce aux structures médicales publiques et à une prise de conscience des intéressés. La forte délinquance des étrangers résulte de facteurs particuliers : ces individus sont exposés à des délits spécifiques concernant les conditions de séjour ; plus jeunes que la moyenne des Français, plus isolés, moins instruits, voire frustes, bousculés par la crise et parfois plongés dans la misère, ils appartiennent aux catégories les plus exposées à la délinquance. Le sport représente un facteur essentiel d'intégration que renforce les succès internationaux de l'équipe «black, blanc, beur» vainqueur de la coupe du monde de football en 1998 (voir p. 358).

Les structures familiales traditionnelles subissent un net ébranlement. Les femmes issues de pays où elles sont contraintes s'émancipent plus ou moins vite. Les jeunes revendiquent généralement leur liberté, notamment pour le choix du conjoint. Les mariages mixtes, en augmentation régulière, représentent 11 % du total des unions. La vie quotidienne se rapproche de plus en plus du modèle français parfois appelé «moderne» ou «moderniste» par les intéressés.

L'identité musulmane reste vivante et même se renforce chez les immigrés âgés, ceux qui cherchent un remède à la destructuration de la cellule familiale, ceux qui sont choqués par les jugements négatifs formulés contre l'islam. Cependant, l'observance stricte recule, surtout chez les Algériens qui sont seulement 11 % à fréquenter la mosquée. Certaines fêtes sont célébrées plus en raison de leur dimension conviviale que de leur signification religieuse. Beaucoup de musulmans, adaptant les rites à leurs rythmes de travail et à leurs loisirs, font entrer la religion dans la sphère du privé.

L'école est généralement vue par les parents immigrés comme un instrument de réussite sociale et elle joue un rôle important dans le processus d'intégration. D'après les grandes enquêtes effectuées par l'Éducation nationale, l'échec scolaire doit être rapporté non à l'origine étrangère des élèves, mais à leur situation socio-culturelle : à milieu égal les résultats des jeunes issus de l'immigration sont égaux et parfois supérieurs à ceux des petits autochtones.

Ainsi la part de la tradition et de l'intégration apparaît diverse selon les individus, les lieux, l'ancienneté du séjour, le milieu social, la nationalité, le poids de la religion... Mais la vie en France, l'éducation et la socialisation des jeunes dans ce pays transforment progressivement les modes de pensée et les comportements.

bibliographie

BERNARD Philippe, *L'Immigration*, Paris, Le Monde-Marabout, 1993.

SCHOR Ralph, *Histoire de l'immigration en France de la fin du XIXe siècle à nos jours*, Paris, Armand Colin, 1996.

L'identité nationale en question

Le concept d'identité collective a été compris diversement au cours du temps et reste difficile à définir car il juxtapose des éléments objectifs et des idées, des images, parfois des obsessions ou des fantasmes. Quoi qu'il en soit, l'identité française telle qu'on la comprend habituellement se trouve aujourd'hui remise en question.

Les débats historiques sur l'identité

Dès le XVIIIe siècle, Boulainvilliers présente une conception aristocratique de la nation qu'il confond avec la noblesse d'origine franque, laquelle aurait su préserver la pureté de son sang. En revanche, l'abbé Mably, représentant des Lumières, réfute l'exclusivisme de Boulainvilliers : pour lui, Gaulois et Francs se sont mêlés pour engendrer une nation unifiée. Sous la Révolution, Sieyès, repoussant les prétentions aristocratiques, pense que la nation se compose de citoyens égaux, volontairement et contractuellement associés. Au XIXe siècle, Augustin Thierry croit à l'existence de races diverses en Gaule et à la fusion progressive de ces races au long de leur histoire commune. Michelet critique cette théorie ethnique et souligne l'action du milieu sur l'homme : l'identité de la France vient de l'ancienneté de son unité géopolitique. Cette réalité l'amène à comparer la France à une personne dont les provinces constituent les membres et Paris l'esprit assimilateur. Enfin, Michelet voit dans les couches populaires l'élément de progrès et la force vitale qui soudent la nation. Dans la seconde moitié du XIXe siècle, Taine, Renan, Fustel de Coulanges repoussant les ruptures révolutionnaires réhabilitent les facteurs de continuité, une identité déterminée notamment par le milieu et la permanence raciale. Mais, à la fin du siècle, ces théoriciens, obligés de prendre position contre les Allemands qui ont annexé l'Alsace et la Lorraine, reviennent à une conception plus démocratique de l'identité et invoquent le droit des peuples à disposer d'eux-mêmes. En 1882, Ernest Renan, dans une conférence célèbre, *Qu'est-ce qu'une nation ?*, répond : « C'est une âme, un principe spirituel [...], le consentement actuel, le désir de vivre ensemble [...], un plébiscite de tous les jours. » Cependant, Maurice Barrès célèbre le culte de la terre natale et des ancêtres qui ont bâti la France. André Siegfried et Élie Faure cherchent, avec les méthodes de la psychologie sociale, les éléments permanents d'un tempérament national.

Ces définitions se révèlent d'autant plus différentes et tranchées qu'elles servent souvent d'armes idéologiques à leurs auteurs, pour ancrer la société dans le passé ou développer des thèses républicaines et démocratiques. Les ambiguïtés sont fréquentes : ainsi, la référence au passé peut justifier une conception réactionnaire appuyée sur l'hérédité et le sang ou permettre une ouverture au progrès fondée sur le legs seulement symbolique que représentent l'héritage culturel et la mémoire collective.

Les débats contradictoires rendent délicate la mise au point d'une définition acceptable de l'identité. Peut-être peut-on suivre Fernand Braudel qui comprend l'identité de la France comme le résultat vivant, donc en devenir, « de ce que l'interminable passé a déposé patiemment par couches successives ».

Les éléments constitutifs de l'identité française

Le sentiment d'appartenance à la nation française reste important au XXe siècle : 60 % des personnes interrogées se définissent d'abord comme français (sondage *L'Express-Louis Harris*, 10 février 1979). Le sentiment d'appartenance semble reposer sur trois séries de facteurs principaux.

Le territoire et ses symboles forment un premier élément d'ancrage. Le réactionnaire Maurice Barrès comme le communiste Louis Aragon témoignent de leur attachement au sol natal. Jusqu'au milieu du XXe siècle, les écrivains et les géographes enseignent qu'il faut aimer la France car elle est belle, inscrite

DIVERSITÉ ET DIVISIONS DE LA FRANCE.

« Dans cet étirement, hier, de l'espace, villages, bourgs, villes, "pays", régions, provinces, institutions, cultures, parlers, originalités diverses et très anciennes, ont vécu à l'abri, presque à l'écart les uns des autres. Aussi se sont-ils épanouis en toute quiétude et les plus petites unités ont été miraculeusement préservées. [...] La diversité est donc fille première de la distance, de l'immensité qui a préservé tous nos particularismes, venus du fond des âges. Toute nation est divisée, vit de l'être. Mais la France illustre trop bien la règle : protestants contre catholiques, jansénistes contre jésuites, bleus contre rouges, républicains contre royalistes, droite contre gauche, dreyfusards contre antidreyfusards, collaborateurs contre résistants... La division est dans la maison française, dont l'unité n'est qu'une enveloppe, une superstructure, un pari. Tant de diversités entraînent le manque de cohésion. [...] Le malheur est que toutes les divisions, physiques, culturelles, religieuses, politiques, économiques, sociales, s'ajoutent les unes aux autres et créent l'incompréhension, l'hostilité, la mésentente, la suspicion, la querelle, la guerre civile qui, allumée, s'apaise un jour sous la cendre, mais reprend au moindre coup de vent. »

Fernand Braudel, *L'Identité de la France*, Arthaud-Flammarion, 1989.

La France du candidat Mitterrand (1981).

dans un hexagone parfait, dotée de paysages harmonieux, idéalement située au cœur de la zone tempérée, enrichie d'influences complémentaires venues de ses frontières continentales et de ses mers bordières, en somme parfaitement équilibrée : « Territoire remarquable par sa situation au cœur de l'Europe occidentale, territoire émouvant par la variété de ses paysages et de ses promesses », note Jacqueline Beaujeu-Garnier (*Histoire de France*, Larousse). Dans la seconde moitié du XXᵉ siècle, la célébration du territoire se traduit davantage par des images emblématiques, notamment la représentation de l'hexagone comme label publicitaire, logo, reproduction sur des pièces de monnaie, des timbres, des plaques minéralogiques. Enfin, selon les sondages, les symboles nationaux et les lieux de mémoire, la *Marseillaise*, les fêtes nationales, le drapeau, Verdun, la tombe du soldat inconnu, Notre-Dame de Paris, conservent une signification forte.

L'éducation tient une place considérable dans la formation du lien national. Effectuée en français, définie par des programmes nationaux, elle offre, notamment à travers les matières littéraires, historiques, géographiques et civiques, des références communes qui façonnent les esprits. La culture chrétienne, marquée notamment dans la toponymie et les fêtes religieuses qui rythment le temps civil, concoure aussi à former l'identité.

L'opinion commune pense qu'il existe une mentalité française spécifique. Peu importe que ce portrait repose sur des stéréotypes ou possède une valeur scientifique : le fait qu'on le croit réel amène un autre niveau d'identification. Les analystes assurent que, de ses racines paysannes et celtiques, le peuple français tire son bon sens, sa sagesse, son équilibre, son goût de la propriété. L'éparpillement des individus entre d'innombrables terroirs, bourgs et villages a multiplié les particularités et même les oppositions. Les racines latines sont censées avoir donné aux Français une remarquable faculté de raisonnement et d'expression, une sorte d'élan vers l'universalisme, une « confiance magnifique dans l'intelligence humaine (qui)… encourage la révolte de l'esprit » (André Siegfried, *L'Âme des peuples*, Hachette, 1950). Ainsi les Français, poussés par leur messianisme, veulent faire partager leurs idées et leur art de vivre au reste du monde. Ils passent aujourd'hui pour transférer leur fierté nationale sur les victoires sportives exaltantes, les réussites culturelles, scientifiques et technologiques.

La crise de l'identité française

L'affaiblissement de l'influence internationale de la France, les difficultés intérieures, les fractures sociales, la construction d'une Europe qui n'est pas toujours acceptée mettent au cause l'identité traditionnelle « menacée par des changements accélérés et mal maîtrisés » (Alain Touraine, *Le Monde*, 13 mai 1990). Une partie de la droite, inquiétée par la mondialisation et la naissance d'une Europe intégrée, voit dans l'identité une valeur refuge. Au contraire, les partisans de l'Europe pensent que l'universalisme français s'accordera bien avec les nouvelles entités internationales. Quant aux régionalistes, ils veulent profiter de la crise pour desserrer l'étreinte de l'État-nation accusé d'avoir étouffé les cultures locales.

L'extrême droite encourage la crainte qu'éprouvent certains Français face aux immigrés. Ceux-ci sont soupçonnés de ruiner l'indépendance et l'identité nationale car ils se mureraient définitivement dans leur différence, en particulier un islam qui entraverait toute intégration : « L'épuration ethnique, au détriment des Français de souche, est en cours dans notre pays », note Jean-Marie Le Pen (*Les Français d'abord*, Carrère-Lafon, 1984).

Enfin, quelques-uns redoutent la diffusion de la culture américaine illustrée depuis 1945 par le jazz, le rock, le cinéma, le « jean », le « fast-food », les « soap opera », l'apparition des grandes surfaces, l'importance des mots anglo-saxons dans le vocabulaire scientifique, technique, commercial…

Ainsi les grandes synthèses, comme l'idéal républicain au début de la troisième République ou le gaullisme, se trouvent en crise et favorisent les divergences sur la définition du lien identitaire. Mais celui-ci n'a pas disparu et il est même stimulé par les peurs contemporaines. Dans ce cas, l'identité devient une protection qui oublie la dimension généreuse, conquérante, universaliste traditionnellement reconnue à la culture française.

b*ibliographie*

NOIRIEL Gérard, *Population, immigration et identité nationale en France, XIXᵉ-XXᵉ siècle*, coll. « Carré Histoire », Hachette, Paris, 1992.

Le sentiment national d'identité en Europe, *Historiens et Géographes*, n° 366, avril-mai 1999.

Le monde à l'aube du troisième millénaire

Une décennie 90 étonnamment dense amène à relativiser le syndrome euphorique de la chute du Mur de Berlin. Les événements ahurissants de 1989-1991 à l'Est ont vite donné lieu à des interprétations globales. (la «fin de l'Histoire», de F. Fukuyama, le «choc des civilisations», de S. Huntington). Dans la réalité, si le schéma hérité de la guerre froide – les deux «super-Grands» et les non-alignés – n'a plus lieu d'être, les conflagrations localisées et les grandes tensions économiques ne manquent pas. S'ajoute l'amplification des peurs et des incertitudes plus anciennes des démocraties, liées le plus souvent aux progrès accélérés des techniques. D'aucuns pensent que la redéfinition du rôle de l'ONU et l'affirmation d'une Europe plus soudée seraient de nature à mieux réguler les relations internationales.

Les nouveaux risques mondiaux

Sur des registres différents, plusieurs conflits régionaux graves affectent la stabilité internationale, depuis la guerre du Golfe jusqu'aux affrontements liés aux questions de nationalités ou d'ethnies (ex-Yougoslavie, Caucase, Afrique de l'Est et des Grands Lacs). Des guerres civiles perdurent (Cambodge, Algérie) et le règlement de la question palestinienne s'éternise. En Asie, des incertitudes pèsent sur les intentions des États majeurs: Chine, Inde et Pakistan.

Indiscutables bénéficiaires de l'écroulement du communisme, les États-Unis demeurent l'unique «super-puissance», c'est-à-dire celle qui peut agir seule, quand elle décide, et où elle veut, tout en préférant la formule d'une intervention dans le cadre de l'ONU. Son armement et son poids économique ne souffrent pas de comparaison. C'est l'impulsion de Washington, et elle seule, qui interrompt en 1995 la guerre en Bosnie et rend possible, en 1999, l'intervention au Kosovo. Pourtant, une possible hégémonie se trouve limitée par les problèmes internes de la société américaine, par une méfiance retrouvée à l'égard des interventions internationales qui engageraient la vie des *boys*, et surtout par la difficulté de contrôler des résistances locales déterminées (Irak, Corée du Nord, Cuba, Somalie). L'approbation des États-Unis à toutes les décisions d'embargo décidées par l'ONU joue en leur défaveur, car ce mode de sanction, qui a pu donner quelques résultats pour l'Afrique du Sud de l'*apartheid*, frappe lourdement les populations et raffermit plutôt le pouvoir du gouvernement autoritaire que l'on compte mettre en difficulté.

D'autres risques concernent les enjeux de la compétition économique internationale. Les États-Unis ont conduit les négociations qui ont permis de remplacer le GATT par l'Organisation mondiale du commerce (OCM), et patronné l'édification d'importantes unions économiques en Amérique et en Asie-Pacifique. La fin du siècle est marquée par de graves bouleversements financiers et bancaires, partis d'Asie du Sud-Est en 1997 et relayés l'année suivante par le Japon et la Russie. C'est que les pays riches ont dirigé d'importants flux de capitaux vers les «marchés émergents», sans réagir suffisamment aux premiers signes de déstabilisation des anciens «tigres» asiatiques.

Les démocraties et leurs craintes

Dans la décennie 1990, les démocraties, en particulier celles d'Europe occidentale, ont dépassé la satisfaction de voir (re)venir dans la famille institutionnelle maint État d'Europe centrale et orientale, affectées qu'elles sont par une crise de confiance qui revêt divers aspects. L'un d'eux correspond à un regain de scepticisme à l'égard de la classe politique et même du fonctionnement des institutions. Les difficultés des gouvernements à vaincre un lourd chômage structurel renforcent ce sentiment. Il s'ensuit une réactivation de certaines tensions identitaires (France, Allemagne, Espagne) et de l'indifférence à l'égard des plus démunis. Toutefois, en contrepoint, les mêmes démocraties sont aussi capables de générer des structures d'aide internationales, d'inventer et de promouvoir – en dépit d'obstacles juridiques indéniables – une notion comme le droit d'ingérence humanitaire.

Vives depuis les années 1960, les craintes provoquées par l'exploitation systématique des découvertes scientifiques majeures sont toujours exprimées, voire accentuées. Elles portent sur l'industrie nucléaire civile; le fonctionnement des centrales, le traitement et l'enfouissement des déchets polarisent les critiques. De son côté, le risque génétique est mal apprécié et les opinions publiques s'émeuvent des manipulations diverses, du clonage, des aliments transgéniques. Les gouvernements répondent par des mesures de contrôle et l'appel aux savants, aux

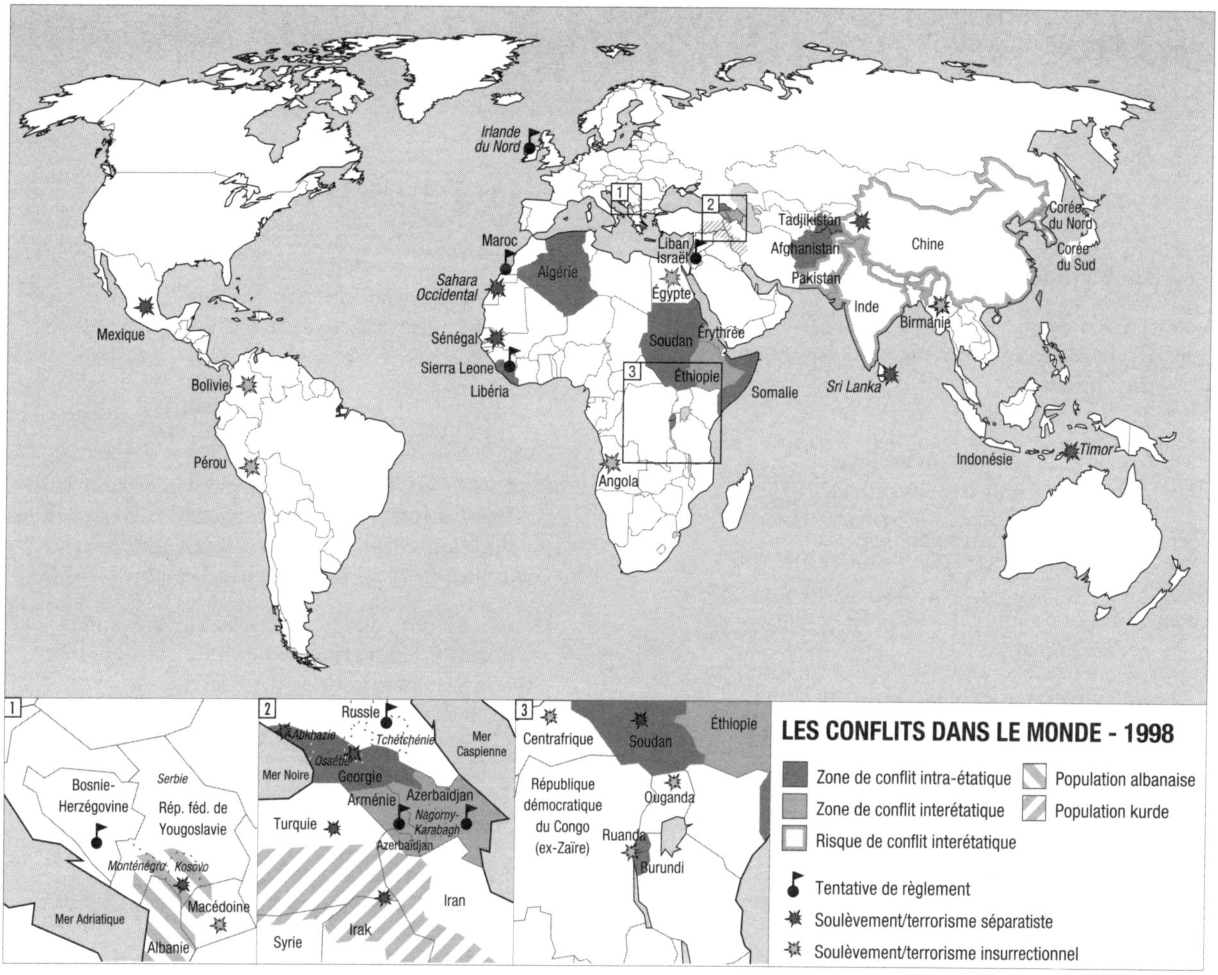

médecins et aux juristes des comités d'éthique. Une partie des appréhensions se porte encore vers le risque « informationnel », celui qui pourrait menacer les citoyens dans l'exercice de leurs libertés, en raison de la profusion de diverses cartes et de divers réseaux électroniques permettant des recoupements investigateurs. Plus encore, et ce fut l'origine du succès des courants écologistes, se manifestent des oppositions à certaines formes de développement technologique, susceptibles de menacer l'équilibre biologique de la planète et l'environnement immédiat. Sont alors dénoncés les atteintes aux forêts tropicales, l'effet de serre – sur lequel les savants émettent des avis partagés –, les menaces sur l'air et l'eau. Pour pallier ces réactions, les États et l'ONU organisent régulièrement des rencontres et des échanges plus réguliers et prêtent davantage d'attention aux théories dites de développement durable. C'est la survie de la Terre qui est déclarée en jeu.

Des attentes : l'arbitrage international, l'Europe

En fait, deux mondes sont « finis », celui de la hantise d'une grande guerre nucléaire – malgré les dangers réels de la prolifération –, et celui, plus bref, d'un rêve de fraternisation planétaire entrevu par certains du côté de la porte de Brandebourg en 1989.

Mais des perspectives existent, qui donneraient à l'ONU ou à ses organismes spécialisés des moyens nouveaux d'atténuer les effets négatifs d'entreprises avérées d'atteinte aux droits de l'homme. Le signal vient peut-être des tribunaux pénaux internationaux ; sans illusion excessive, en s'occupant des criminels ayant sévi en Bosnie et au Rwanda, ils commencent à dire le droit. La création d'une Cour criminelle internationale (1998) représente aussi une avancée remarquable.

Et du côté de la « vieille Europe », qui met enfin en route le processus de la monnaie unique, l'euro (1er janvier 1999), il existe suffisamment de forces vives pour afficher un optimisme mesuré en faveur de l'avenir. L'Europe, détruite par deux guerres mondiales, trouve une carte maîtresse dans son jeu.

bibliographie

DE MONTBRIAL Thierry, *Mémoire du temps présent*, Flammarion, Paris, 1996.

DOREL Gérard, *La Puissance des États*, Documentation photographique, n° 8006, La Documentation française.

Table des documents

Textes

175. **Le roi absolu.**
En mars 1766, face à l'opposition parlementaire, Louis XV définit la monarchie absolue.

176. **Louis XIV et les ministres.**
Ézéchiel SPANHEIM, *Relation de la cour de France en 1690.*

177. **L'absolutisme contesté.**
Denis DIDEROT, article «Autorité» dans l'*Encyclopédie*, 1751.

178. **Les devoirs d'un souverain d'après Frédéric II.**
Œuvres de Frédéric II, roi de Prusse.

179. **Patente de tolérance de Joseph II (13 oct. 1781).**

180. **Les misères de la guerre de Trente Ans.**
GRIMMELSHAUSEN, *Les Aventures de Simplicius Simplicissimus*, 1669.

182. **Le Bill of Rights (1689).**

183. **Les droits de l'homme en Amérique.**
Thomas JEFFERSON, *Déclaration unanime des Treize États Unis d'Amérique*, 1776.

190. **Un événement inoubliable.**
Emmanuel KANT, *Le Conflit des facultés*, 1789.

193a. **Les Déclarations des droits de l'homme et du citoyen (26 août 1789 et 24 juin 1793).**

193b. **Bref donné par le pape (13 avril 1791).**

194. **La loi Le Chapelier (14 juin 1791).**

195. **Le point de vue de Robespierre en 1792.**
Le Défenseur de la Constitution, n° 1, mai 1792.

197. **Déclaration des droits de la femme et de la citoyenne.**
Déclaration établie par Olympe de Gouges, 1791.

199. **Une relation de l'exécution de Louis XVI.**
Le Républicain, Journal des Hommes libres de tous les pays, 22 janvier 1793.

200. **La dénonciation de la Révolution.**
Augustin BARRUEL, *Mémoire pour servir à l'histoire du jacobinisme.*

205a. **La Constitution de 1795.**

205b. **Déclaration de l'un des premiers «patriotes» de l'Ouest.**
VOLNEY, *Leçons d'histoire*, «Avertissement» de 1800.

211. **L'économie, souci politique.**
CHAPTAL, *De l'industrie française*, 1819.

212. **Le catéchisme à l'usage de toutes les églises de l'Empire français.**

217. **La Révolution vue par Alexis de Tocqueville.**
Tocqueville à Kergolay, lettre du 16 mai 1858.

225. **La femme: une mère et une épouse pour le militant ouvrier.**
Syndicat général des Industries chimiques, CGT, 1920.

228. **Pour des méthodes plus modernes.**
Émile GUILLAUMIN, *La Vie d'un simple*, 1904.

229. **Le chemin de fer dans les campagnes.**
Émile GUILLAUMIN, *La Vie d'un simple*, 1904.

246. **Le système d'Elberfeld appliqué en Grande-Bretagne au début du XXe siècle.**

251. **La critique morale et sociale de la contrebande britannique de l'opium.**
Lettre de Lin Ze-xu à la reine Victoria (1839).

253. **Une nouvelle capitale.**
Alfred EBELOT, «Comment s'improvise une capitale?», 15 janvier 1886.

254. **Une nation, c'est une âme.**
RENAN, *Préface aux Discours et conférences*, 1887.

255. **Le catholicisme, âme de l'Espagne.**
Jaime BALMES, *Le Protestantisme comparé au catholicisme*, 1851.

257. **L'exclusion des ouvriers nomades, Adolphe Thiers, 1850.**

259. **Débat à la Chambre des députés, Pierre-Étienne Flandin, 8 mai 1919.**

261. **Savoir construire une barricade.**
Auguste BLANQUI, *Instructions pour une prise d'armes*, 1868.

262. **Le discours de Bordeaux, Louis-Napoléon Bonaparte, 2 décembre 1851.**

264. **Le cléricalisme, voilà l'ennemi!**
GAMBETTA, Chambre des députés, 4 mai 1877.

265. **La querelle des manuels, J. M., Lozère, 1864.**

266. **Les interventions des papes du *Syllabus* (1864)... à *Rerum novarum* (1891).**

267. **La loi de séparation (9 décembre 1905).**

274. **1914-1918: la mobilisation générale des civils.**

277. **Un jeune ouvrier devenu écrivain décrit le système Taylor.**
Georges NAVEL, *Travaux*, 1945.

277. **Tensions dans l'usine.**
Georges NAVEL, *Travaux*, 1945.

282. **Mobilité sociale en ville.**
Biographies de fils de travailleurs manuels.

283. **Mobilité sociale en ville.**
Exemples de liens entre mobilité sociale et mobilité résidentielle.

285. **L'ingénieur entre l'enclume et le marteau.**
Georges LAMIRAND, *Le rôle social de l'ingénieur*, 1954.

287. **Les anciens combattants refusent l'organisation militaire.**
L'Union nationale des combattants, 29 octobre 1924 et 10 septembre 1932.

289. « La France à tout le monde ».
Henri BÉRAUD, *Gringoire*, 7 août 1936.

290. **Le maire du Kremlin-Bicêtre prévient les acheteurs de lots de terrain (juin 1922).**

291a. **Une affiche publicitaire : Le Rêve de Paris à Ormesson-sur-Marne (1925).**

291b. **Les déboires d'un mal-loti.**
Le Petit Parisien, 1927.

296. **Déclaration des droits du peuple de Russie (15 novembre 1917).**

301. **L'encyclique *Non abbiamo bisogno* (29 juin 1931).**

305. **Les directives de Goebbels aux directeurs de radio (mars 1933).**

307. **Les massacres des Juifs en Union soviétique, *Le Livre noir*.**

309. **Une définition du Parti social français.**
Stanislas DEVAUX, *Le Petit Journal*, janvier 1938.

310. **La fraternisation en action.**
L'Avant-Garde, 15-30 juin 1923.

311. **Le programme du PCF pour les élections législatives d'avril-mai 1936.**

314. **Une stratégie anticipatrice.**
Dénonciation du protectionnisme qui anime les industriels du coton de Lyon (juillet 1926).

317. **Les thèses politiques du parti communiste indochinois (1930).**

318. **Après Montoire.**
Allocution radiodiffusée du Maréchal Pétain, 30 octobre 1940.

320. **De Vichy à la Résistance.**
Message de François Valentin diffusé le 28 août 1943 par la BBC.

321. **Lettre de François Valentin à Xavier Vallat le 24 août 1943, après son entrée dans la Résistance.**

328. **Le rapport Jdanov (septembre 1947).**

331. **Le Kominform condamne le parti communiste yougoslave.**
Résolution du Kominform (juin 1948).

333. **Le rôle de M. Gorbatchev d'après Bronislaw Geremek (1991).**

334. **Willy Brandt définit l'Ostpolitik (12 décembre 1971).**

337. **La déclaration de principes entre Israël et l'OLP (13 septembre 1993).**

339. **Mao Zedong face aux critiques le 23 juillet 1959 devant le Comité central.**

340. **La vision européenne du général de Gaulle.**
Entretien avec Alain Peyrefitte (17 janvier 1960).

342. **Une victoire des États-Unis.**
Discours de George Bush (27 février 1991).

344. **1991 : Les États-confettis.**
Alain DUHAMEL, *Le Point*, 27 juillet 1991.

345. **Les paradoxes des nationalismes.**
Bernard MICHEL, *Nations et nationalismes en Europe centrale, XIXe-XXe siècle*, 1995.

346. **1929-1974 : la mise en perspective de l'historien Jean Bouvier.**
Communication au congrès de l'Association internationale d'histoire économique, Berne, 1986.

350. **Les étapes du progrès en informatique.**
Jocelyne ATTAL, « Le réseau et l'infini », *Défense*, mars 1996.

352. **La culture hors les murs.**
Jacques RIGAUD, *La Culture pour vivre*, 1975.

355. **La croissance des grandes métropoles n'est pas terminée.**
Raymond GUGLIELMO, *Les grandes métropoles du monde*, 1996.

357. **Intégrisme et Islam.**
« Que faire de l'intégrisme ? », *Le Monde*, 13 octobre 1994.

361. **Le « rapport Sullerot » (1975).**

364. **Le mendésisme : le témoignage de Maurice Duverger.**

367. **L'entrevue de Gaulle-Pflimlin (nuit du 26 au 27 mai 1958) et le communiqué du 27 mai 1958.**

368. **La France du général de Gaulle.**
Charles DE GAULLE, *Mémoires d'espoir*, Paris.

371. **Déclarations de l'épiscopat catholique à destination des immigrés.**

372. **Diversité et divisions de la France.**
Fernand BRAUDEL, *L'Identité de la France*, 1989.

Cartes, schémas, plans et données statistiques

pages

13. **Plan de la bergerie romaine de la Crau.**
Négreiro-Nègres/Arles, Fouilles SRA/CNRS, Badan-Brun-Congès.
© Service régional de l'archéologie, Aix-en-Provence/G. Congès.

14. **Plan du village danubien de Cuiry-lès-Chaudardes (Aisne).**
© Plan URA 12.

15. **Maison reconstituée de Chalain.**
© Petrequin/CRAVA.

21. **Alphabet du linéaire B.**
Reconstitué par M. Ventris et J. Chadwick.

37. Plan de la maison de Trebius Valens à Pompéi.

41. Plan restitué du temple d'Edfou dans son enceinte.
D'après S. AUFRERE, J.-C. GOLVIN, J.-C. GOYON, *L'Égypte restituée*, Paris, Errance, 1991-1994.

43. Plan du sanctuaire d'Apollon à Delphes.
Dans F. CHAMOUX, *La Civilisation grecque*, Arthaud, 1968.

44. Plan des phases successives du sanctuaire de Gournay-sur-Aronde.
Dans J.-L. BRUNAUX, *Les Gaulois, sanctuaires et rites*, Paris, Errance, 1986.

45. Restitution d'un groupe statuaire d'Entremont.
Dessin R. AMBART, Musée Granet, Aix-en-Provence.

46. Plan du sanctuaire de la fontaine à Nîmes.
D'après P. GROS, *L'Architecture romaine*, Paris, coll. « Les manuels d'art et d'archéologie antique », Paris, Picard, 1977.

48. Plan du temple d'Hérode.
D'après Xavier LORIOT, Christophe BADEL, *Sources d'histoire romaine*, Larousse, coll. « Textes essentiels ».

53. Plans de la villa de Sette Finestre.
D'après Andrea CARANDINI et *alii*, *Sette Finestre, una villa schiavisitica nell'Etrusia Romana*, Modène, Panini, 1945.

54. Plan de l'atelier de Sallèles d'Audes.
Dans Fanette LAUBENHEIMER, Mireille COURRENT, *Les Potiers de Sallèles d'Audes, un atelier gallo-romain au cœur des vignes*, Sallèles d'Audes, Association des fouilles archéologiques, 1993.

59. Dessin du chariot de Langres.
D'après M. MOLIN, *Quelques considérations sur ce chariot des vendanges de Langres*, Haute-Marne, Gallia, 1984.

60. Plan de l'agora d'Athènes au début du Ve siècle et au IVe siècle av. J.-C.
D'après American of school of Athens, *The Athenian Agora, A guide to the excavation and Museum*, Athènes, 1976.

61. Plan de l'agora d'Athènes au IIe-Ier siècle av. J.-C.
D'après American of school of Athens, *The Athenian Agora, A guide to the excavation and Museum*, Athènes, 1976.

62. Plan schématique de Pompéi (79 apr. J.-C.).
D'après Paul ZANKER, *Pompéi*, Turin, Einaudi, 1993.

63. Plan du forum de Pompéi.
D'après Paul ZANKER, *Pompéi*, Turin, Einaudi, 1993, fig. 41, p. 100.

65. Plans comparés du théâtre d'Épidaure et du théâtre d'Orange.
Dans Pierre GROS, « L'architecture romaine », *in L'Italie d'Auguste à Dioclétien*, Rome, École française de Rome, CEFR n° 198, pp. 287-307.

67. Plan restitué du Colisée (coupe).
Dans Jean-Claude GOLVIN, *L'Amphithéâtre romain, essai sur la théorisation de sa forme et de ses fonctions*, Paris, CNRS, 1988.

69. Plan des thermes de Caracalla à Rome.
Dans F. COARELLI, *Guide archéologique de Rome*, Paris, Hachette, 1994.

71. Carte de l'Empire romain au début du Ve siècle.

84. Plan du palais d'Aix-la-Chapelle.
D'après Karl DER GROSSE, *Werke, Ausstrahlung und Ueberleben*, Catalogue de l'exposition de 1965 d'Aix-la-Chapelle, p. 386.

86. Plan de la Grande Mosquée de Damas.
D'après G. DEGEORGE, *Syrie*, Paris, Hermann, 1983.

90. Carte de la châtellenie de Brancion-Uxelles au XIIe siècle.
D'après Georges DUBY, *La Société aux XIe et XIIe siècles dans la région mâconnaise*, Paris, 1953.

92. Reconstitution d'une maison paysanne, Pen-er-Malo.
Dans Jean-Marie PESEZ, « La maison médiévale, XIe-XIIe siècle », *in Matériaux pour l'histoire des cadres de vie dans l'Europe occidentale, 1050-1250*, Nice, CEM, p.127, 1984.

101. Plan de la nécropole de Saint-Denis après les translations de 1264.
D'après Andrew W. LEWYS, *Le Sang royal*, Paris, Gallimard, coll. « Bibliothèque des histoires », p. 280, 1986.

104. Plan de l'abbaye cistercienne du Thoronet.
D'après Paul COLAS, architecte en chef des Monuments historiques.

108. Plan de Florence du XIe au XIVe siècle.
Dans Robert FOSSIER, *Le Moyen Âge*, tome III, Le temps des crises (1250-1520), Paris, Armand Colin, 1997.

112. Carte du commerce en Occident à la fin du XIIIe siècle.
D'après Édouard PERROY, *Le Moyen Âge*, Histoire générale des civilisations, PUF, coll. « Quadrige », 1993.

123. Carte de la fortune foncière d'un homme de loi lyonnais, Jean Jossard, vers 1450.
D'après René FEDOU, *Le Terrier de Jean Jossard*, Paris, Éd. du CHTS, 1966.

129. Carte de l'Europe politique en 1492.

147. La pyramide des âges en 1740.

153. Le calendrier agro-liturgique traditionnel.
D'après François LEBRUN, « Le calendrier agro-liturgique dans la société traditionnelle de la France de l'Ouest, XVIIe-XIXe siècle », *in* F. Lebrun et N. Seguin (dir.), *Sociétés villageoises et rapports villes-campagnes au Québec et dans la France de l'Ouest*, Trois Rivières, Rennes, 1987, p. 351.

Références et crédits photographiques

pages

39. **Statue d'Auguste, dite de Prima Porta.**
Braccio Nuovo Vaticano.
© Scala (Florence).

47. **La maison carrée à Nimes.**
© Hachette.

49. **Arc de Titus.**
© R. Tournus.

51. **Basilique Sainte-Apollinare in Classe, à Ravenne.**
© Scala (Florence).

55. **Bordereau d'enfournement des potiers de La Graufesenque.**
© MAN (Saint-Germain-en-Laye).

56. **Épave de la Madrague.**
© CNRS/Chéné.

57. **Maquette du bateau de la Madrague.**
© CNRS/Camille Jullian/Reveillac.

58. **Fragment de la table de Peutinger.**
© Hachette.

66. **Le Colisée de Rome.**
© Fotogram-stone images/Jean Pragen.

73. **Façade du Palais-Bourbon.**
© Agence TOP/Michel Cogan.

75. **Église romane de Saint-Nectaire.**
© Images PH/Le Naviose.

78. **La divinité impériale.**
© BNF.

79. **Une monnaie byzantine.**
British museum.
© Josse.

80. **Saint Gall et l'ours.**
© Musée de Saint-Gall (Suisse).

89. **Caravane marchande vers la Chine.**
© Tallandier.

93. **Le village de Wismes au milieu du XVe siècle.**
Collection privée de M. le Baron Armel de Wismes (Nantes).

94. **La société chevaleresque.**
Prise de Dinan.
Musée de la tapisserie (Bayeux).
© Josse.
Bataille de Hastings.
Musée de la tapisserie (Bayeux).
© Hachette.

95. **Cérémonie de l'hommage.**
Archives départementales de Perpignan.
© Lauros-Giraudon.

99. **Sceau de Philippe Auguste et contre-sceau.**
Archives nationales (Paris).
© Jean Vigne.

100. **La justice de Saint Louis (manuscrit du début du XIVe siècle).**
BNF.
© Hachette.

107. **Beauvais, vue intérieure du chœur, fin XIIIe siècle.**
© Agence TOP/Hervé Champollion.

110. **Une rue médiévale en Flandres.**
Bibliothèque de l'Arsenal (Paris).
© Jean Vigne.

115. **Un juif, un chrétien et un musulman en discussion. Enluminure d'un manuscrit de Raymond Lull.**
© BNF.

117. **La prise de Jérusalem (1099).**
Chroniques d'outre-mer de Godefroi de Bouillon (1099). Attaque de Jérusalem, première croisade.
BNF.
© Josse.

119. **Une danse macabre.**
Église de la Ferté-Loupière, fresque fin XVe siècle.
Détail : le curé, le laboureur, le cordelier, l'enfant et le clerc.
© Dagli Orti.

122. **Scène de fiançailles au XVe siècle.**
© BNF.

127. **Entrée de Charles VII à Rouen.**
BNF.
© Édimédia.

130, 134. **L'Amérique vue par les Européens.**
Planisphère de Waldsenmüller, 1507.
BNF.
© Hachette.

137. **Le château de Fontainebleau.**
La salle de bal.
© La photothèque, SDP/Benoît Fontaine.

139. **Gillis Mostaert, *La Passion représentée sur la Grand-Place d'Anvers.***
© Koninklijk Museum voor schone Kunsten (Anvers)/Pelegrie.

143. **Art de la Réforme catholique.**
Saorge, Alpes-Maritimes.
© Hoaqui/Valentin E.

155. **Pieter Breughel le Jeune, *La Danse de noce*, vers 1600.**
Copie ancienne d'un tableau de Pieter Breughel l'Ancien. Musée des Beaux-Arts de Quimper.
© Hachette.

161. **Nicolas Bernard Lépicier, *Intérieur de la maison des douanes* (1775).**
Collection Thyssen-Bornemisza (Madrid).
© AKG Paris.

163. **Le Nain, *Le Repas des paysans* (1642).**
Louvre.
© Hachette.

165. **Étienne Jeaurat, *Le Marchand de rubans*.**
Fragment de carton pour « La foire de village », tapisserie tissée aux Gobelins vers 1753.
Musée Carnavalet (Paris).
© Giraudon.

168. **Le château de Versailles.**
© BNF.

169. **Le château de Sans-Soucis.**
© Hoaqui/Buss Wojtek.

170. **P.-F. Martenasie, *La Lecture de la Bible* (1818), d'après Greuze.**
BNF.
© Roger-Viollet.

172. **Symbolique royale funéraire de Louis XII (1515).**
Estampe extraite de *Le Rozier, historial de France*, Paris, 1523.

174. **Hyacinthe Rigaud, *Louis XIV en habit de sacre* (1701).**
Louvre.
© Hachette.

181. **Nouvelles fortifications urbaines, Neuf-Brisach.**
Cartes des environs de plusieurs places fortes entre la Moselle et le Rhin, fin XVIIe siècle.
© BNF.

187. **Les femmes dans les manifestations des 5 et 6 octobre 1789 à Versailles.**
Gravure et dessin de Philippe Caresne.
BNF.
© Hachette.

191a. **Prieur-Berthault, *La Prise de la Bastille*.**
BNF.
© Hachette.

195b. **Journée du 2 juin 1793.**
Insurrection contre les députés.
Musée Carnavalet (Paris).
© Hachette.

196. **Les femmes dans les manifestations des 5 et 6 octobre 1789 à Versailles.**
Gravure et dessin de Philippe Caresne.
BNF.
© Hachette.

198. **La mort du roi.**
Exécution de Louis XVI, dessin anonyme.
© Tallandier/Jean Dubout.

199. **Caricature de Louis XVI.**
© Hachette.

202. **La guillotine.**
© Hachette.

203. **Duplessis-Bertaux, *Noyades dans la Loire* (1793).**
© Hachette.

204. **Costume de directeur sous le Directoire.**
© Roger-Viollet.

206. **La bataille d'Arcole.**
BNE.
© Hachette.

208. **J.-L. David, *Le Sacre de Napoléon* (1805-1807).**
Musée du Louvre.
© Hachette.

210. **Malmaison, *Les Travaux de la place Vendôme*.**
© Tallandier.

213. **Un préfet en costume.**
Musée Carnavalet (Paris).
© Bulloz.

215. ***Distribution des aigles*, 5 décembre 1804.**
© Musée de l'Armée (Paris).

219. **Pierre Auguste Renoir, *Le Moulin de la Galette*.**
Orsay.
© Bulloz.

224. **Dominique Ingres, *La Famille Stamaty*, 1818.**
Louvre.
© Giraudon.

231. **Un souffleur de verre avec son équipe en 1910.**
© Roger-Viollet.

234. **Le tramway de Rueil à Marly.**
© SELVA.

235. **Foule de cyclistes devant une petite gare (1900).**
© Collection Viollet.

236. **Barrage de la Gittaz, La Bathie (1895).**
© La médiathèque EDF/Michel Brigaud.

237. **La Fée électricité : publicité pour un constructeur électricien vers 1870-1880.**
Bibliothèque des Arts décoratifs (Paris).
© Jean-Louis Charmet.

238. **La cathédrale de Marseille.**
© Roger-Viollet.

239. **Gratte-ciel de New York.**
© OTUA (Paris).

240. **Londres en 1852.**
© Guildhall Library.

241. **Vienne en 1873.**
© AKG Paris.

242. **Chiffonniers, cité Valmy à la porte d'Asnières (Photo de Atget).**
Musée Carnavalet (Paris).
© Jean-Louis Charmet.

243. **Le Vésinet en 1900.**
© BNF.

244. **Le miasme du choléra (détail), *Le Hanneton*, juillet 1867.**
© ACRPP.

245. **Caricature du Grelot, 3 août 1884, Décoration du docteur Koch.**
© Hachette.

247. **Un workhouse à Londres.**
© Hulton Getty/Fotogram Stone Images.

248. ***La Naissance de Vénus*, A. Cabanel, 1863.**
Orsay.
© Bulloz.

249. **Pierre Auguste Renoir, *Le Moulin de la Galette*.**
Orsay.
© Bulloz.

257. **Le suffrage universel dédié à Ledru-Rollin (1850).**
Chromolithographie de 1850.
© Musées de la ville de Paris/LADET.

259. **Manifestation de femmes devant la statue de Condorcet en juillet 1914.**
© Hachette.

271. ***Les Temps modernes*, de Chaplin (1935).**
© Collection Christophe L.

275. **Les femmes forgent les obus de la victoire.**
© Branger-Viollet.

276. ***Les Temps modernes*, de Chaplin (1935).**
© Collection Christophe L.

278. **Publicité d'une machine à laver le linge parue dans *La science et la Vie* (1923).**
© Jean-Louis Charmet.

279. **Miss Prima improvise une danse sur une musique de jazz.**
© Collection D.I.T.E./U.S.I.S.

281. **Occupation des usines Sautter-Harle (1936).**
© Collection Viollet.

286. **Union des anciens combattants et des jeunes (Dessin de Charlet).**
© DR.

288. **Les étudiants manifestent au Quartier latin contre l'intrusion des étrangers dans les facultés (février 1935).**
© L'illustration/Sygma/Keystone.

293. **La villa Savoye.**
© Archipress/Franck Eustache.

294. **La poignée de mains entre Ribbentrop et Molotov lors de la signature du pacte germano-soviétique.**
© Keystone.

295. **Une cérémonie nazie à Nuremberg.**
© Keystone.

297. **Affiche de propagande soviétique : « Vive l'Armée rouge ! » (1920).**
© CIRIP/Alain Gesgon.

298. **Construction d'une usine à gaz à Gorki (1933).**
© ITAR-TASS.

299. **La centrale hydro-électrique Lénine sur le Volchov.**
© Agence Novosti.

303. **Cartes postales de Hitler, avant août 1927.**
© Dr. Rudolf Herz (Munich)/H. Hoffmann.

304. **La radio au service du Führer.**
© Kharbine-Tapabor.

308. **Le colonel de La Rocque à la tête des Croix de Feu (juillet 1935).**
© Keystone.

313. **Manifestation du Front populaire (14 juillet 1935).**
BHVP.
© Keystone.

315. **Affiche exposition coloniale pour l'exposition coloniale de 1931.**
BHVP.
© J.-L. Charmet.

319. **Affiche de propagande de Vichy.**
© Kharbine-Tapabor.

325. **La chute du mur de Berlin.**
© Gamma/Ferry/Liaison.

348. **Mission Apollo XI.**
© Gamma/Salaber/Liaison.

351. **Les techniques de la communication audiovisuelle en 1986.**
© Michel Raby.

359. **Les athlètes de la CEI à la cérémonie d'ouverture des jeux Olympiques de Barcelone (1992).**
© Agence Vandystadt/Benji.

362. **Andy Warhol, *Nine Jackies* (1934).**
© Artephot/Held.

365. **Pierre Mendès France.**
© Magnum/Marc Riboud.

369. **Les débuts de la cinquième République.**
© Jacques Faizant.

373. **La force tranquille (1981).**
© Gamma/G. Bassignac.

Index

a

b

C

d

e

n

o

p

q

r

s

t

Table des matières

L'Antiquité

9-73

La sédentarisation et la conquête de nouvelles terres

Naissance et développement de l'écriture

Princes et sujets ; citoyens et exclus

Religions et sanctuaires antiques

Archaïsmes et progrès dans la production et les échanges

La ville et les privilèges de la vie urbaine

La fin de l'Antiquité

Le Moyen Âge

75-129

La naissance du monde médiéval : l'émergence de trois civilisations (Ve-Xe siècle)

Le grand essor de l'Occident (XIe-XIIIe siècle)

Épreuves et mutations (XIVe-XVe siècle)

Les temps modernes

Découvertes, redécouvertes et réformes au XVIe siècle

La France moderne : économie, société, culture

La France et l'Europe absolutistes

La Révolution et l'Empire

187-217

Les tentatives révolutionnaires

La nation problématique

L'invention impériale

Le XIXe siècle

219-269

La population et la famille

L'industrialisation de l'Europe

L'urbanisation de l'Europe

L'expansion de l'Europe

Enjeux et clivages politiques et religieux en France

D'une guerre à l'autre (1914-1945)

La rupture de la Première Guerre mondiale

La société de l'entre-deux-guerres

Les régimes « totalitaires »

La crise des régimes démocratiques : le cas français

Le temps présent

325-374

Les recompositions du monde

Imprimé en France par I.M.E. 25110 Baume-les-Dames
Dépôt légal n°8203-10/1999
Collection n°31 - Édition n°01
17/0522/7